Frohne-Hagemann (Hg.)
Rezeptive Musiktherapie

Isabelle Frohne-Hagemann (Hg.)

Rezeptive Musiktherapie

Theorie und Praxis

zeitpunkt musik
Reichert Verlag Wiesbaden 2004

Bibliografische Information Der Deutschen Bibliothek
Die Deutsche Bibliothek verzeichnet diese Publikation in der Deutschen Nationalbibliografie; detaillierte bibliografische Daten sind im Internet über http://dnb.ddb.de abrufbar.

Dr. Ludwig Reichert Verlag Wiesbaden 2004
ISBN: 3-89500-389-1

Gedruckt auf alterungsbeständigem Papier mit neutralem pH-Wert.
Printed in Germany.

INHALT

REZEPTIVE MUSIKTHERAPIE

Zur Einführung

ISABELLE FROHNE-HAGEMANN

Seit den 70er Jahren des letzten Jahrhunderts hat die rezeptive Musiktherapie im deutschsprachigen Raum einen Dornröschenschlaf gehalten, aus dem sie erst allmählich erwacht. Dieser Sammelband, welcher der erste deutschsprachige zur rezeptiven Musiktherapie ist, soll dazu dienen, der rezeptiven Musiktherapie einen gleichberechtigten Platz neben der aktiven Musiktherapie zu verschaffen, denn den hat sie verdient. Doch geht es zunächst darum, eine Bestandsaufnahme zu machen und führende existierende Methoden vorzustellen. Eine übergreifende Theorie rezeptiver Musiktherapie im Rahmen von Musiktherapie zu entwickeln, wäre zum gegenwärtigen Zeitpunkt noch verfrüht.

Fragt man einen Laien, was er sich unter *Musiktherapie* vorstelle, so bezieht sich die Antwort eher auf das *Hören von Musik* als auf das aktive Improvisieren auf Instrumenten. Die Vorstellung vom Musikhören zu therapeutischen Zwecken liegt auch nahe, da Menschen täglich Musik hören, jedoch Wirkungen eines eigenen Musizierens weniger erfahren (Bruhn, Frank-Bleckwedel 1994, 412). Außerdem ist die Vorstellung, dass Musik die Seele des Menschen in Ordnung bringen könnte, tausende von Jahren alt und tief in uns verwurzelt. Von der Antike bis mindestens in die Neuzeit wurde komponierte Musik als Kunstwerk angesehen, das durch seine ihm innewohnenden Gesetze eine entsprechende Wirkung auf uns hat. Die Frage erscheint deshalb durchaus berechtigt, wie und wodurch Musik denn wirke. Wenn Patienten[1] erwarten, dass Musik in der Therapie wie ein Medikament verordnet werden müsse, ist dies nachzuvollziehen, zumal diese Vorstellung heute immer noch gepflegt wird. Rueger, ein Musiktheoretiker, schlägt in seiner „musikalischen Hausapotheke“ (Rueger 1991, 158) z. B. vor, bei Melancholie die beiden Klavierkonzerte von Chopin zu hören.

---

1 In diesem Buch werden die männlichen und weiblichen Formen abwechselnd benutzt, um der Sprache keine Gewalt durch umständliche Doppelbegriffe wie „der Therapeut/die Therapeutin“, „er/sie“ usw. anzutun

Musiktherapeuten lehnen solche Empfehlungen ab. Zwar wird nicht geleugnet, dass Musik Wirkungen hat – wie oft fährt sie in die Beine, wie oft löst sie Affekte aus, wie oft wirkt sie wie Balsam für die Seele, wie oft ist sie mit Erinnerungen an bestimmte Situationen verknüpft und löst entsprechende Stimmungen und Gefühle aus –, doch kann sie nicht *per se* den Menschen heilen und seine psychischen Probleme lösen, als ob man Seele und Körper nur wie ein Instrument „stimmen“ müsse.

In der Antike war Musik Ausdruck kosmischer Harmonie und Symmetrie. Es bestand die Auffassung, dass Musik keine individuelle Schöpfung des Menschen sei, sondern kosmische Gesetze widerspiegele (Möller 1977b). Das Universum (der Makrokosmos) sei nach einem musikalischen Code aufgebaut und die Aufgabe des Menschen als mikrokosmisches Instrument sei es, die makrokosmische Ordnung erklingen zu lassen. Dazu müsse er aber gesund sein. Gesundheit war gleichbedeutend mit musikalischer Ordnung, während Krankheit bedeutete, dass das menschliche Instrument eben nicht richtig „gestimmt“ war (vgl. dazu auch Kümmel 1976a, 31 ff, 1976b, 29 ff). Musik hatte eine rein ethisch-moralische Bedeutung und sollte erzieherisch wirken. In den philosophischen Traditionen der Pythagoräer, Platons und Aristoteles hatte Musik die Aufgabe, die Seele zu führen (Seelenführung = *psychagogia*), um wieder in Konsonanz mit der höheren Wirklichkeit zu sein. Dazu gehörte auch die Reinigung der Seele (*katharsis*), wobei Katharsis jedoch nicht als bloßes Abreagieren heftiger Gefühle verstanden wurde, sondern eher als Läuterung.

In diesem metaphysisch orientierten Weltbild hatte das subjektive Empfinden von Musik keine Relevanz, obwohl die Bedeutung der *Erfahrung* und damit der sensualistischen, subjektiven und hedonistischen Hörempfindung und -erfahrung z. B. von den Sophisten und den Epikuräern durchaus gesehen wurde. Die Erlaubnis, Welt subjektiv wahrzunehmen und zu erleben, konnte sich jedoch auch in den folgenden Jahrhunderten nicht durchsetzen, denn das Hinterfragen des absolut Wahren, Guten und Schönen war in diesem Weltbild nicht denkbar (vgl. dazu Frohne-Hagemann 2001). Die Frage nach der Wirkung von Musik und ihrer entsprechenden therapeutischen Relevanz wurde vor dem Hintergrund des antiken pädagogischen Musikverständnisses in den Jahrhunderten immer wieder mit neuen Theorien zu erklären versucht. Noch Zarlino warnte im 16. Jahrhundert davor, Musik nur zum Genuss zu hören, weil die Wirkung des sinnlichen Hörens den Menschen verderben würde (vgl. dazu Tatarkiewicz 1979, 267).

Im 17. Jahrhundert entwickelte Athanasius Kircher eine interessante Theorie. Unter Rückgriff auf die hippokratische antike Lehre von den Körpersäften erklärte er, *wie* Musik auf die sog. Lebensgeister (die *spiritus*) wirke und wie Musik deshalb therapeutisch genutzt werden könne (dazu ausführlich Möller 1976a, 35): Die Lebensgeister seien das „Vehikel der Seele". Ihr Verhalten werde durch die Zusammensetzung und Art der Körpersäfte beeinflusst (daher die unterschiedlichen Temperamente und unterschiedlichen krankhaften Zustände). Die *Spiritus* vermittelten also zwischen Körper und Seele. *Dass* nun Musik auf die Lebensgeister wirken könne, liege am Phänomen der „Resonanz". Die verschiedenartigen musikalischen Schwingungen, die durch unterschiedliche Tonhöhen und Lautstärken entstünden, führten auch zu verschiedenartigen Bewegungen der Lebensgeister in den Nerven und Arterien und somit zu verschiedenartigen Affekten. Nun wirke Musik so auf die Lebensgeister ein, dass die in Unordnung geratene Mischung der Körpersäfte wieder in ein normales Verhältnis gebracht werde. Ruhige (trophotrope) Musik solle einen krankhaft Erregten wieder „zur Vernunft bringen, indem man seinen *spiritus* ruhigere Bewegungen aufzwingt" , während schnelle und stimulierende (ergotrope) Musik „die trägen Lebensgeister eines antriebslosen, melancholischen Patienten zu rascherer Bewegung ... zwinge ...und ihn die krankmachenden Säfte ausschwitzen ... lasse" (Möller, 36).

Kirchers Ideen erklärten im Sinne des *damaligen* Weltbildes den Wirkmechanismus recht plausibel, eben weil die Individualität und das subjektive Erleben des Patienten nicht berücksichtigt wurden. Seine Ideen waren dadurch natürlich sehr unspezifisch. Er sah die Wirkung von Musik nicht in Abhängigkeit von Faktoren wie Kontext, Kultur, Hörgewohnheiten, Biographie usw. wie wir es heute tun. Die Vorstellung, dass die Wirkung von Musik u. a. vom Kontext, der Beziehung zum Arzt oder Therapeuten abhängt sowie von biographischen Faktoren und von der momentanen Bereitschaft, sich einzulassen, war ja überhaupt nicht denkbar. *Trophotrope* (beruhigende) und *ergotrope* (anregende) Musiken haben ja nur dann auf die Patienten einen entsprechenden Einfluss, wenn diese dafür bereit sind.

Noch im 19. Jahrhundert, als in Frankreich erstmals auch in der Psychiatrie mit dem Musikhören experimentiert wurde, ging man von dem traditionellen Musikmodell aus (Lecourt 1988). Musik galt als das „vorzügliche Mittel, unmittelbar die affektive Region zu erreichen" (Möller 1976b, 40). Der Franzose Jean Etienne Dominique Esquirol – leitender Arzt der Salpetrière – ließ Patientengruppen Musikprogramme vorspielen, um die Patienten affektiv im Sinne der ethisch-moralischen Erziehung bzw. einer Sozialisation bzw. des „traîtement moral" (Lecourt 1988, 16) zu beeinflussen. In dieser Erwartung wurde er natürlich zwangsläufig enttäuscht, weil die Gefühlswelt

seiner Patienten auf diese Weise eben nicht vereinheitlicht und „normalisiert“ werden konnte. Er meinte: „Ich schließe aus diesem Misserfolg nicht, dass es unnütz sei, den Irren Musik vorzuspielen ... Wenn die Musik nicht heilt, zerstreut sie, sie verschafft körperlichem und seelischem Schmerz Erleichterung; offenbar nützt sie Rekonvaleszenten; man soll also ihren Gebrauch nicht verschmähen“ (zit. in Möller, ebd.).
Es wurde deutlich, dass das bloße Hören von Musik nicht heilen kann. So wundert es nicht, dass das gemeinschaftliche Musikhören den psychiatrischen Patienten von nun an vielmehr der „Unterhaltung“ oder der „Unterbrechung krankhafter Gedanken“ dienen sollte (R. Schumacher 1982, zit. in Schumacher / Muthesius / Frohne-Hagemann 2004).
1954 interessierte sich der Franzose Jacques Jost für die Wirkung von Musik auf das Individuum und begann auch, mit moderner Technik physiologische Messungen bei den einzelnen Patienten vorzunehmen (Lecourt 1988, 16). Diese Untersuchungen brachten für die psychotherapeutische Arbeit jedoch nicht viel, denn Josts Musikverständnis blieb dem alten Sender-Empfänger-Denken verhaftet. Immerhin experimentierte er ab 1963 in Einzel- und in Gruppentherapien mit ca. 45-minütigen Programmen, bei denen er Ausschnitte aus Musikstücken verwendete. Das erste Stück sollte den psychischen Zustand des Patienten widerspiegeln, das zweite sollte ihn neutralisieren oder lindern (im Sinne einer Katharsis reinigen), während das dritte Stück therapeutisch stimulieren, mobilisieren oder beruhigen sollte (Lecourt, ebd., 36).
Widmete Teirich (1958) noch 10 von 18 Beiträgen in seinem Buch der rezeptiven Musiktherapie, so wurde sie in den 60er Jahren im deutschsprachigen Raum zunehmend abgelehnt. Interessanterweise nicht so in der ehemaligen DDR. Hier florierte die rezeptive Musiktherapie in Form der von Christoph Schwabe entwickelten und praktizierten *Regulativen Musiktherapie* (RMT). Es scheint, als ob hier zwischen dem alten Konzept des „trâitement moral“, das Gefühlsleben *regulieren* zu wollen, und der Wertschätzung subjektiver Wahrnehmungen eine Brücke gebaut wurde. Auch in England und USA behielt die rezeptive Musiktherapie ihren Stellenwert (dazu Gembris 1993, 198 ff). Vor allem in Bezug auf die Verwendung von „Hintergrundmusik“ zur Schmerzlinderung, Entspannung oder zur Verstärkung erwünschter Verhaltensweisen wurde, wie Gembris hervorhebt, intensiv geforscht. Das hier geltende Musikverständnis ist ein pragmatisches: Musik wirkt nicht per se, sondern als „vertraute und daher von vielen Menschen erwünschte akustische Kulisse für therapeutische Zwecke“ (Gembris 1993, 198 f). Was sich also verändert hatte, war die Erkenntnis, dass ein Musikstück nicht auf jeden gleich wirkt und auch bei jedem Einzelnen nicht

immer gleich. Gembris wies schon 1981 darauf hin, dass ein Modell für eine „Konstanz von Rezeptionsbeziehungen" nicht existiere (Gembris 1981, 96). Die in der rezeptiven Musiktherapie verwendeten Musikstücke könnten deshalb nur „transitorisch, nicht endgültig" sein (ebd., 97).

Diese Aussage bringt die Problematik allerdings auf den Punkt. Wenn Musikstücke nur vorübergehend wirken, weil „Musik, die heute für bestimmte musiktherapeutische Zwecke geeignet ist, diese Eigenschaft zu einem späteren Zeitpunkt möglicherweise verloren hat" (ebd., 97), kann die Konsequenz die sein, dass man sie eben nur als Hintergrundmusik verwendet, was die sehr praktisch veranlagten Amerikaner mit guten therapeutischen Ergebnissen machten. Hier handelte es sich dann nicht um Psychotherapie im engeren Sinne, sondern um eine therapeutisch begleitete funktionelle Therapie. In den USA wurden intensive klinische Forschungen unter Berücksichtigung der Parameter der Musik betrieben. Eine andere Konsequenz kann aber auch die sein, dass man das Musikerleben weiter erforscht. Helen Bonny untersuchte z. B. in den USA in den 70er Jahren den Einfluss von Musik auf Menschen in veränderten Bewusstseinszuständen (Bonny 1976). Wie wird Musik wahrgenommen, erlebt, wie unterstützt Musik welche Arten von Imaginationen?

Die Rezeptionsforschung ist ein interdisziplinäres Forschungsgebiet und befasst sich mit der „Wahrnehmung, dem Erleben und der Wirkung von Musik" (Gembris 1996, 321). Das Wissen um neurobiologische, entwicklungspsychologische und emotionspsychologische Verarbeitungsvorgänge beim Musikhören hat sich seit den 70er Jahren immens erweitert, ebenso hat die Sozialpsychologie das Wissen um die Rolle der soziokulturellen Faktoren beim Musikerleben, der musikalischen Sozialisation, der Hörgewohnheiten und -weisen, das Wissen um den Einfluss der medialen Realisierung und der jeweiligen Interpretation von Musikwerken sowie der (u. a. semantischen) Funktionen von Musik bei verschiedenen Höranlässen erweitert (Bruhn et al. 1993). Auch ist aus psychoanalytischer Sicht die Beziehung zwischen Musik, Rezipient und Therapeutin intensiv Gegenstand der Forschung geworden.

Die angloamerikanischen Forschungen werden im deutschsprachigen Raum offenbar wenig zur Kenntnis genommen. Was auch Gembris 1993 schon beklagte (Gembris 1993, 199) gilt auch heute noch: die Wichtigkeit eines fachlichen Austausches in der weltweiten Scientific Community scheint nur wenigen Musiktherapeuten einzuleuchten.

Die Gründe dafür sind sicher vielfältig und können hier nicht diskutiert werden. Was aber die Tatsache betrifft, dass die rezeptive Musiktherapie in den sich etablierenden musiktherapeutischen Ausbildungsgängen ein Schat-

tendasein fristete (Oerter 1993, 340 ff), so sollte man sich doch fragen, warum das so war. Neben der Ablehnung des musikalischen Sender-Empfänger-Modells kann man mindestens noch folgende kulturbedingte Gründe anführen:
In den 70er Jahren lehnten viele Musiktherapeuten mit dem verordneten Musikhören die Manipulation des Erlebens und der Affekte mit der Begründung ab, dass sie nur die Macht der Therapeuten bestätige, nicht aber die Selbstheilungskräfte des Patienten anrege. Vielleicht waren die Deutschen auf Grund ihrer Geschichte auch besonders allergisch in Bezug auf jedwede Manipulationen geworden, so dass sie überreagierten und hier gleich das Kind mit dem Bade ausschütteten. Dass sich die aktive Musiktherapie als Methode der Wahl durchsetzte, mag auch darin liegen, dass mit erfolgreicher Einübung von Demokratie auch die freie Meinungsäußerung und das Tragen von Verantwortung für persönliches Handeln selbstverständlicher wurden und sogar das subjektive Erleben und der eigene Ausdruck stärker gefördert werden wollten. Der Beginn des Siegeszuges der freien Improvisation in der Musiktherapie kann vielleicht ein Ausdruck dafür sein, dass alte metaphysische oder autoritäre Weltbilder überwunden und eigene Gefühle frei ausgedrückt werden wollten und sollten.
Das Bedürfnis, Musik zu *therapeutischen* Zwecken subjektiv zu erleben, sie aktiv zu erschaffen und sich handelnd mit ihr auseinander setzen zu dürfen, begann wohl nicht zufällig zur Zeit der 68er-Generation. Zeitgleich mit der Zerstörung und Überwindung alter Strukturen im Jazz wurde in der Musiktherapie die freie Improvisation „erfunden“, welche Freiheit von festen Normen und Ordnungen versprach. Dies war allerdings ein Phänomen, das sich nicht nur im deutschsprachigen Raum zeigte. Überall wurde die aktive Musiktherapie entdeckt. Aktive Musiktherapie blühte auf und galt in Folge bis heute bei den meisten Musiktherapeutinnen als die eigentliche Musiktherapie.

Dennoch haben sich im Schatten der aktiven Musiktherapie die verschiedenen in diesem Buche zu Wort kommenden Methoden rezeptiver Musiktherapie weiter entwickelt. Ihr gegenwärtiger Stand zeigt, wie weit (oder wenig) die moderne Rezeptionsforschung zur Kenntnis genommen wurde. Auf jeden Fall muss berücksichtigt werden, dass sich die Methoden erst zaghaft der fachlichen Diskussion in der internationalen Scientific Community stellen können, zumal von der deutschsprachigen Musiktherapieszene her fast nichts auf Englisch publiziert wird.

Das Spektrum moderner Formen rezeptiver Musiktherapie, die in diesem Buche dargestellt werden, ist breit. Es dürfte interessant und bereichernd sein, sich mit diesem Spektrum vertrauter zu machen, um durch Kenntnis der Methoden und ihrer Zielsetzungen einschätzen zu lernen, welche Methoden wann bei wem und warum den Bedürfnissen der Patienten und Klienten am besten gerecht werden könnten.
Rezeptive Musiktherapie weist eine große Vielfalt sowohl klinischer als auch anthropologischer Zielrichtungen und Praxisfelder auf. Neuere Methoden mit spezifisch klinischer Zielsetzung wurden entwickelt. Andererseits brauchen die in unserer Gesellschaft immer drängender werdenden existenziellen Sinnkrisen auch eine Behandlung mit möglicher Orientierung auf seelisches und spirituelles Wachstum. Hilfreich können dabei die alten schamanistischen und spirituellen Traditionen rezeptiver Musiktherapie sein, die sich zu modernen Methoden differenziert haben.

Die Funktion der Musik in diesen Methoden ist unterschiedlich und oft auch gemischt. Methoden mit klinischer Zielsetzung können Musik als Hintergrundmusik oder als *Medium* benutzen, z. B. um die Wahrnehmung zu trainieren (wie bei der Regulativen Musiktherapie), um Strategien zur Tiefenentspannung zu lernen (wie bei der Musiktherapeutischen Tiefenentspannung) oder um über das Musikhören die narrative Praxis zu fördern (wie bei musikalischer Erinnerungsarbeit bei alten Menschen oder Geschichten erzählen bei Adoleszenten).
Andere Methoden geben auch der Musik selber mehr Raum und Bedeutung, (z. B. bei Guided Imagery and Music oder bei der Klanggeleiteten Trance). Hier ist Musik weniger Medium und Mittel zum Zwecke, als dass sie selber zum *musikalischen Erlebnisraum* oder *Behälter* wird, in welchem sich seelische Verarbeitungsprozesse vollziehen. Diese können auch transpersonale Dimensionen der Seele betreffen. Es werden dabei ggf. auch andere Bewusstseinszustände erforscht. Unsere Gesellschaft definiert sich sehr einseitig auf nur eine Art, bewusst zu leben. Es ist jedoch denkbar, dass wir schon bald ganz andere mentale Kräfte brauchen werden, um der Komplexität der biopsychosozialen Wirklichkeiten gerecht werden zu können.

Rezeptive Musiktherapie verlangt eine *Kultur des Zuhörens*. Qualitäten wie zuhören, empfänglich werden, sich über Musik auf das eigene Erleben einlassen, helfen, sich selbst orten zu lernen. Zuhören bedeutet aktiv werden, bewusst wahrnehmen und bewusst erleben. So gesehen ist auch rezeptive Musiktherapie eine aktive Therapie. Und im Grunde beinhaltet auch jede aktive Musiktherapie das Rezeptive, weil Musik nur entstehen kann, wenn man zuhört, hinhört und sich auf das Erleben einlässt.

Wie wirkt Musik also? Prägnant ist folgendes Zitat, das die Leser dieses Buches als Grundthese durch die Kapitel begleiten könnte: „Der Einfluss von Musik entsteht erst durch den Umgang des Menschen mit der Musik: Musik wirkt nicht dadurch, dass sie einfach vorhanden ist, sondern dadurch, dass ein Klient die Musik aufsucht, ihr zuhört oder selbst aktiv improvisiert" (Bruhn, Frank-Bleckwedel 1994, 416). Wie vielschichtig sich dies in der rezeptiven Musiktherapie jedoch darstellt und theoretisch und im Einzelnen praktisch geschieht, werden die Autoren und Autorinnen im Folgenden darstellen.

MUSIKHÖREN ALS GESTALT

ROSEMARIE TÜPKER

1. Musikhören als Forschungsgebiet in der Musikpsychologie

Fragen und Untersuchungen zum Musikhören eröffneten mit den Schriften Carl Stumpfs[1] (1883, 1890, 1911) und Hermann von Helmholtz' (1863) zu Ende des 19. Jahrhunderts das neue Forschungsgebiet *Musikpsychologie* und bleiben bis heute eines ihrer zentralen Themen. Die Musikpsychologie versteht unter dem Begriff *Musikrezeption* „die verstehende und geistig erfassende Aufnahme von Musikstücken" (Gembris 1999, 25). Einen ersten Schwerpunkt bildeten Versuche der Einteilung in Hörertypologien (Besseler 1926; Wellek 1930/31; Adorno 1962), die zunehmend in die (meist weniger wertend behandelte) Frage der musikalischen Präferenzen und der Wirkungen von Musik übergingen[2]. Daneben finden sich vor allem auch Untersuchungen zur Differenzierungs- und Leistungsfähigkeit des musikalischen Hörens.
Die Systematische Musikwissenschaft als das übergeordnete Fachgebiet beschäftigt sich darüber hinaus mit den Fragen der Wahrnehmung musikalischer Phänomene unter psychoakustischen und physiologischen Aspekten als den materialen und biologischen Grundbedingungen auf der einen Seite und den soziologischen, kulturellen und historischen Einflussfaktoren auf der anderen. Eine klare Trennung der einzelnen Teilgebiete der Systematischen Musikwissenschaft erscheint dabei weder möglich noch erstrebenswert. Von Anfang an finden wir naturwissenschaftlich und geisteswissenschaftlich orientierte Betrachtungsweisen, experimentelle Versuchsanordnungen neben gestaltpsychologischen, psychoanalytischen und kulturwissenschaftlichen Diskursen. Quantifizierende und qualitative Forschungsmethoden aller Art kommen dabei zur Anwendung.

Neben der Musikwissenschaft waren und sind stets auch Forscher anderer Disziplinen an diesem Thema interessiert. So lässt sich etwa ein eigener Diskurs

1 Für die Gestaltpsychologie ist Stumpf auch als Lehrer der Berliner Gestaltpsychologen Wolfgang Köhler, Kurt Koffka, Max Wertheimer, Kurt Lewin von Interesse.

2 Einen Überblick über Wahrnehmung und Rezeption aus musikpsychologischer Sicht bietet Band 14 des Jahrbuchs „Musikpsychologie".

psychoanalytischer Autoren aufzeigen, der von der universitären Musikwissenschaft nur rudimentär rezipiert worden ist (siehe Oberhoff 2002a, b und 2003). Eine eigene Wissenschaftsdisziplin bildet sich in jüngerer Zeit unter dem Stichwort *Klangdesign* heraus: Ausgehend von den Forschungen und Ideen des kanadischen Komponisten und Wissenschaftlers Schafers (dt. 1988) findet sich hier in einer Art wissenschaftlichem „*Crossover*" eine interdisziplinäre Gruppierung, die vom kompositorischen Schaffen über kommerzielle Anwendungen und technische Spielereien verschiedenster Art bis hin zur seriösen Forschung reicht, die auch für die Musiktherapie von Interesse sein könnte.

Vielschichtig sind innerhalb der musikwissenschaftlichen Rezeptionsforschung neben den angewandten Methoden auch die forschungsleitenden Fragestellungen sowie die Verwendbarkeit der Ergebnisse in pädagogischen, therapeutischen oder kommerziellen Zusammenhängen. Im historischen Überblick fällt positiv – wenn auch nicht durchgängig – eine zunehmende Differenzierung in der Betrachtungsweise auf. Während etwa Musikwirkungen zunächst eher wie biologische Reaktionen[3] und als anthropologische Konstanten gesehen und Musikvorlieben wie Charaktereigenschaften gehandelt wurden, betonen neuere Forschungen z. B. die historischen und kulturellen Bedingtheiten des Musikerlebens (Kötter 1996; Rejzlik 2001), die situative Gebundenheit (Lehmann 1994; Behne 1984; Gembris 1990; Müller 1990, 2000) oder den Aspekt der Entwicklung des Musikhörens (Schwarzer 2000; Troué/Bruhn 2000). Eine ähnliche Differenzierung zeichnet sich in einigen musiktherapierelevanten Untersuchungen aus der Musikpsychologie ab. So untersuchen z. B. Karow/Rötter (2000) die Erhöhung der Schmerztoleranz durch Musik nicht mehr nach Art einer Medikamentenwirkung unabhängig vom Subjekt, sondern in Abhängigkeit zu anderen Faktoren wie Hörstrategien, Zugangsweisen zur Musik und Aufmerksamkeitszuwendung. Dennoch kritisiert Gembris zu Recht die „einseitige Vorherrschaft experimentell-kognitivistischer Forschungsansätze" und die oftmals fehlende Relevanz der Ergebnisse und plädiert für Methodenvielfalt und einen „Abschied vom Leitbild der experimentellen Naturwissenschaft" (Gembris 1999, 24). Weiterführend scheinen auch neuere Ansätze, die über die klassisch musikwissenschaftlichen Gegenstandsabgrenzungen *Komposition – Interpretation – Rezeption* hinausgehen (de la Motte-Haber / Kopiez 1995) bis hin zur Vision des Aufgehens der verschiedenen Teilgebiete der (Systema-

3 Natürlich gibt es diese Forschungen auch weiterhin. Die Tatsache, dass von der Blutdruckmessung (Dogiel 1880) über das EEG (Petsche 1987) bis zur Kernspintomographie (Janata et al. 2002) das jeweils neueste Untersuchungsarsenal zum Zuge kommt, nährt dabei bisweilen den Verdacht eines eher extrinsischen Forschungsinteresses.

tischen) Musikwissenschaft in einer interdisziplinären „Systemischen Musikwissenschaft“ (Fricke 1989, 2003).

2. Musikhören als psycho-logische Einheit

Wenn wir hier Musikhören im psychologischen Sinne als eine Gestalt auffassen wollen, so meint dies die Erfahrung, dass es in unserem Erleben und Verhalten eine Einheit *„Musikhören“* gibt, die sich als eine Ganzheit von anderem abgrenzen und als etwas Bestimmtes charakterisieren lässt. Das lässt sich unterscheiden von einer Betrachtungsweise, die von der Werkeinheit *„Musikstück“* ausgeht und *von da aus* fragt, wie ein Mensch dieses rezipiert: empfängt, aufnimmt und auffasst. Während bei letzterer Sichtweise zwei in sich abgeschlossene Einheiten (Musik hier, Hörer dort) betrachtet werden und nach der Wirkung der einen auf die andere gefragt wird, soll hier einmal ausgelotet werden, welche Tatsachen in den Blick rücken, wenn wir „das Musik*hören*“ als die gestaltbildende Einheit bestimmen, die als ein eigenes Etwas in Erscheinung tritt und sich als wirksames seelisches Geschehen psychologisch untersuchen lässt.

Ausgehend von den Grundlagen der Gestaltpsychologie und der Morphologischen Psychologie (Salber 1991) soll hierbei durchgängig nur nach der *Psycho-Logik* der Gestalt „Musikhören“ gefragt werden. Das heißt, dass andere Fragen, wie die nach Schallausbreitung und musikalischer Akustik, den physiologischen Voraussetzungen des Hörens, der Schallverarbeitung im Gehirn oder der Wirkung auf Herzschlag oder Immunstatus nicht betrachtet werden, was natürlich keine Leugnung dieser Phänomene beinhaltet, sondern lediglich eine Umgrenzung der wissenschaftlichen Gegenstandsbildung. *„Musikhören“* ist begriffsimmanent gekennzeichnet als ein Untersuchungsgegenstand, der nicht ohne den hörenden Menschen gedacht werden kann. Und in Anlehnung an Straus können wir anfügen: Es ist der Mensch, der Musik hört, nicht das Ohr und nicht das Gehirn (vgl. Straus 1956, 112 ff). Dem liegt ein Musikbegriff zugrunde, der Musik nicht in einem An-Sich zu beschreiben sucht, sondern als ein immanent kulturelles Phänomen, also als ein Gebilde, welches erst zwischen Menschen entsteht und nur für Menschen ist. „Sie ist Gestaltung und Gestaltet-Werden (...). Sie ereignet sich im Beziehungsraum zwischen Menschen, Spieler und Hörer, Komponist und Interpret, zwei und mehr SpielerInnen (...). Sie lässt einen Beziehungsraum entstehen und hilft Beziehungen als Strukturen zu verinnerlichen und die verschiedenen ‚inneren Räume‘ miteinander zu verbinden“ (Tüpker 2002, 100). Das beinhaltet auch, dass Musikhören kein ahistorisch beschreibbares Phänomen ist: Viele der im Folgenden dargestellten Phänomene sind z. B. an

die Existenz der Tonträger und der damit völlig neuen Verfügbarkeit von Musik gebunden. Und es bedeutet ferner, dass wir uns bewusst sein müssen, dass die verschiedenen Formen des Musikhörens an bestimmte kulturelle, gesellschaftliche und ökonomische Voraussetzungen gebunden sind. Dementsprechend gelten die Ausführungen auch nur für ein bestimmtes kulturelles Umfeld.
Gestalten sind in unserer Wahrnehmung und in unserem Erleben etwas, was sich ganzheitlich (eine Einheit bildend) von anderem als etwas Bestimmtes abheben lässt. So können wir „Musikhören" als Gestalt unterscheiden von der verwandten Gestalt „Musikmachen" oder – bezogen auf den Tageslauf – vom „Lernen" vorher und der Einheit „Zu-Bett-Gehen" nachher. Auf anderer Ebene können wir solche *Handlungseinheiten* abgrenzen von langlebigeren psychologischen Einheiten wie „Charakter", „Persönlichkeit" oder auch „Neurose" oder umfassenderen, das Personale überschreitenden *Wirkungseinheiten* wie „Familie", „Institution", „Gesellschaft". Im Sinne einer Einordnung in derlei verschiedene Sorten psychologischer Einheiten können wir festhalten, dass Musikhören zunächst zu den aktualgenetisch sich konfigurierenden Gestalten gehört (Handlungseinheiten). Damit sind – an einen Begriff Sanders (1927) anknüpfend – Gestaltbildungen gemeint, in denen das Hier und Jetzt einer Tätigkeit deren Eigenart, Formenbildung und Wirkung bestimmt, während anderes – wie etwa der Charakter, die Persönlichkeit, die musikalische Vorbildung – zwar auch noch mitwirkt, aber eher sekundär, etwa als individuelle Brechung oder typisierbare Art des Hörens. Der Morphologe Salber nennt solche Handlungseinheiten auch *Stundenwelten* (1989): In ihnen bestimmt etwas, was auf eine kleinere Zeiteinheit *(„Stunde")* begrenzt ist, unser Erleben und unser Handeln und bildet eine in gewissem Sinne abgeschlossene Gestalt *(„Welt")* aus, die psychologisch beschreibbar ist: in ihrer Formenbildung und Wirkung, ihren Bedingungen und Grenzen, ihren Varianten und Übergängen zu anderem. *Musikhören* schafft einen solchen bestimmten und bestimmbaren Zusammenhang des Erlebens und Verhaltens, der sich von anderen Stundenwelten wie Lernen, Putzen, Kochen, Klavierspielen und Malen, Gartenarbeit und Autofahren unterscheidet.

3. Musikhören im Zentrum des Erlebens

Fragen wir in diesem Sinne nach Situationen des Musikhörens, so fallen zunächst zwei unterschiedliche Konstellationen ein. Wir hören Musik „live": Musizierende und Hörende befinden sich zur selben Zeit am selben Ort. Und wir hören Musik von Tonträgern: Die Musizierenden sind nicht am selben Ort, meist gehört ihr Spielen längst der Vergangenheit an, oft fand es nicht einmal in einem zusammenhängenden Zeitkontinuum statt. Als Drittes fallen dann all die Situationen ein, in denen wir etwas anderes tun und *dabei auch noch, zusätzlich, nebenher* Musik hören: Musikhören im Hintergrund. Zunächst sollen hier nun die Situationen betrachtet werden, in denen das Musikhören im Vordergrund, im Zentrum des Erlebens steht:[4]

Musik dringt an unser Ohr. Wir wenden uns ihr zu und verlassen das, worin wir vorher waren. Wir sitzen *erwartungsvoll, aufgeregt* im Konzertsaal oder haben es uns *gemütlich gemacht, alles zurechtgerückt, den richtigen Augenblick gewählt*, die *Fernbedienung zurechtgelegt*, um *den Anfang bewusst mitzuerleben*. Die Musik *zieht* uns *in ihren Bann, nimmt* uns *auf, trägt* uns *mit sich fort* und damit fort vom Alltag, vom gerade noch Wichtigen und Beengenden, von anderen Obsessionen und Verwicklungen. Sie *löst* uns – aus diesem anderem heraus. Sie *entspannt* uns, indem sie uns mitnimmt in ihre Spannungen, ihren *gekonnten, vorbildlichen* Wechsel von Spannung und Lösung. Wir lassen uns von ihr *verzaubern, tauchen ein* in die Formen, Bewegungen und Bewegtheiten, die sie uns anbietet. Das ist immer irgendwie aktiv und passiv zugleich: Die Musik *reißt* uns *mit, wir lassen* uns *mitreißen*: Das lässt sich nicht trennen. Aber wir können uns natürlich dem verweigern. Wenn wir uns darauf einlassen, wenden wir oft unbemerkt den Blick ab von der Welt, schauen nur noch vor uns hin oder schließen die Augen. Mit der Ausklammerung des Visuellen intensiviert sich die Gestalt des Musikhörens. Die *Musik ist nicht mehr außen*, sie *erklingt* zugleich *in uns* – oder *sind wir in ihr*? Solche Bestimmungen scheinen jetzt überholt, nichtig. Wir wenden den Blick ab von der Welt und fühlen uns doch *aufs Innigste* mit ihr *verbunden*, mit den Musikern, den Tönen, dem, wofür sie stehen. Wir geben uns den Bögen und Linien der Musik anheim, lassen unser Erleben rhythmisieren und in Form bringen von dem, was wir hören, überlassen uns den Steigerungen und Zuspitzungen, Lösungen und Wendungen, die zugleich unsere eigenen zu sein scheinen. Wenn es besonders gut geht, das Musikhören, sind wir *ganz die Musik*; *sind, was wir hören*. Das kann *berauschend* sein, *überwältigend, erregend, erschütternd, aufwühlend* oder *still, beruhigend, auflösend, begeisternd* oder *erhebend*. Das hängt von der Musik ab und von uns. Oft ist es auch scheinbar Widersprüchliches in Einem:

4 Bei den folgenden beschreibenden Texten handelt es sich um vereinheitlichende Zusammenfassungen, die auf Erlebensbeschreibungen über das Musikhören beruhen. Charakteristische Formulierungen aus den Texten sind kursiv gesetzt. Der Leser, die Leserin möge die Beschreibungen im eigenen Erleben auf Übereinstimmung überprüfen, wobei naturgemäß jeweils nur Teile der Beschreibungen auf das eigene Erleben zutreffen werden. Für eine systematischere Erfassung des Musikhörens würde sich die Autorin über Zusendungen weiterer Erlebensbeschreibungen zum Musikhören sehr freuen.

schmerzvoll und doch beruhigend, traurig und tröstlich zugleich, heftig und erleichternd, spannend und entspannend. Es macht auch körperlich etwas mit uns: Gänsehaut, ein Schaudern, Herzklopfen, hinterher sind die Schmerzen weg oder wir haben Hunger bekommen.
Aber da ist zugleich noch mehr: Bilder steigen in uns auf, Erinnerungen, längst Vergessenes oder noch nicht Dagewesenes, Irreales oder ganz Banales. Die Musik *versetzt* uns: in eine andere Zeit, einen anderen Raum, in eine Art Traumzustand, in eine Landschaft, in Szenen und Stimmungen, erregende oder erhebende, besinnliche oder sinnliche. Empfindungen tauchen auf, die wir vergessen glaubten oder jetzt gar nicht in uns vermuteten. Endlich *können wir weinen* oder *müssen uns bewegen*, wollen tanzen oder mit dem Fuß wippen, fangen *automatisch* an *rumzuzappeln* oder mitzuklopfen. Am liebsten würden wir jetzt mitsingen oder dirigieren – oder tun es, wenn die Situation es erlaubt. Oder: Wir merken, dass wir doch eine ganze Weile an etwas anderes gedacht haben, etwas ganz Unwichtiges, Alltägliches. Erst durch eine überraschende Wendung holt uns die Musik zurück. Wo waren wir? In uns, in der Musik, ganz woanders? Oder wir ärgern uns: Jetzt ist der Satz schon zu Ende. Warum haben wir nicht „besser“ zugehört? Aber „schlecht“ ist das schlimmstenfalls für die idealisierenden Bilder vom „guten Zuhören“, die wir vielleicht im Kopf haben. Die Gestalt des Musikhören verträgt diese „Ablenkungen“ meist problemlos ohne zu zerbrechen: Schon im nächsten Moment hat sie uns wieder. Schon der nächste Satz nimmt uns wieder auf. Die Musik grollt nicht. Im Gegenteil: Dies andere scheint jetzt *aufgehoben in der Musik*. Sie hat es verwandelt. Nicht nur wir folgen der Musik. Sie scheint auch umgekehrt unser eigenes Erleben zu fassen, unsere momentane Verfassung oder unsere derzeitige Lebenssituation. Wir *fühlen* uns *von ihr verstanden*: Als wäre sie *für uns geschrieben*, als würden wir sie *gerade erfinden*. Sie *trägt* uns *fort*, wir *lassen los*, aber dann *finden wir uns in ihr wieder*. Wenn wir wieder austreten aus der Gestalt des Musikhörens, fühlen wir uns *„irgendwie“ verstanden* oder *getröstet*, *belebt* oder *beruhigt*, *besänftigt* oder *erschüttert*, *angeregt* oder *gefasster*, *angekommen* oder *aufgerichtet*: verwandelt und zu uns gekommen.

Variation: Nicht jeder hört Musik gleich

Natürlich gibt es verschiedene „Typen“ von Musikhörerinnen: Während die eine darauf schwört, *ganze Opern mit geschlossenen Augen* anzuhören, bevorzugt ein anderer den Platz, von dem aus *ein guter Überblick* möglich ist oder er *dem Pianisten auf die Finger gucken* kann. In der Live-Situation können wir uns durch Öffnen und Schließen der Augen nach eigenem Gusto

zwischen zwei Verfassungen hin- und herbewegen: Mit geöffneten Augen erleben wir stärker das „Gesamtkunstwerk“, hören und sehen, wie die Musikerinnen spielen, wie sie dabei auch mit ihrer Gestik und Mimik etwas zum Ausdruck bringen. Wenn übereinstimmt, was wir sehen und hören, kann das unser Erleben intensivieren und den Genuss steigern, dann wirkt es *vollkommen, wunderbar, einfach perfekt, wie der spielt.* Wenn sich *da mehr die Person in den Vordergrund drängt, die so albern rumhampelt, dauernd so übertriebene Ausdrucksbewegungen* macht oder *so steif da steht,* dann stört das eher auch den Höreindruck. So gibt es nicht nur Hörertypen, sondern auch Typen des Hörens, durch die jeder sich auf die Besonderheiten der jeweiligen Hörsituation einstellt und diese an die eigenen Vorlieben anpasst. Manchmal schließen wir die Augen unbemerkt, wenn die Musik dramatischer, inniger, komplexer oder lieblicher wird und auf der Bühne vielleicht gerade nichts Neues passiert. Oder wir öffnen sie, weil eine neue Stimme hinzu kommt und wir wissen wollen, wer da die Bühne betritt. Oder wir wollen sehen – etwa bei Neuer Musik –, wie dieser besondere Klang erzeugt wird, der zum ersten Mal an unser Ohr dringt.
Der eine will die Musik *nur mit den Ohren* hören, die andere liebt es, wenn auch *die Füße und der Bauch mitvibrieren.* Der eine hört intensiver, wenn die Musik live ist oder ist Live-Darbietungen gegenüber viel *toleranter, was Musikstile, Fehler oder Unvollkommenheiten anbetrifft,* weil die Lebendigkeit der live gespielten Musik als das Entscheidendere erlebt wird. Andere lassen sich mehr durch die vielen Ablenkungen, die anderen Leute und das Zwischen-den-Menschen-Sein in einem Konzert stören und können die Musik zu Hause von der CD deshalb besser genießen, können dadurch mehr bei sich sein und erleben dort eine größere Intensität. Die *eine hört in Bildern*, der andere kennt es eigentlich nicht, dass Bilder zur Musik auftauchen. Der eine leidet, wenn er rhythmische Musik hört, und die Situation es nicht erlaubt *mitzurocken,* die andere hört am liebsten still sitzend oder *besser noch im Liegen*, mit der Übergangsmöglichkeit zum Schlaf. Allgemeine typisierbare Eigenheiten wie Temperament, Extrovertiertheit und Introvertiertheit, Betonung des Rationalen oder Emotionalen usw. finden in der Art des Musikhörens ihren Niederschlag – oder ihren Ausgleich.

Variation: Mal hör ich so, mal so

Wie bereits erkennbar wurde, sind solche Variationen des Musikhörens aber nur teilweise individuelle Eigenarten. Auch jeder Einzelne hört Musik nicht jedes Mal gleich und die meisten hören verschiedene Musikarten unterschiedlich. Mal regt die Musik zur Bewegung an, mal hören wir sie ganz regungslos, gehen lieber *nach Innen*. Vielleicht hören wir Klassik lieber live und Rockmusik lieber so, dass wir selbst *Herr am Lautstärkeregler* bleiben. Aber obwohl wir *eigentlich* Live-Musik bevorzugen, weil wir dort eine stärkere Lebendigkeit verspüren, können wir es andererseits schätzen, dass wir mit der CD *zum Fürsten werden*, der bestimmen kann: „Jetzt dieses Stück!" – „Den Anfang bitte noch mal!" – „Das gleiche Stück noch mal mit der anderen Sängerin." – „Den letzten Satz lieber ein anderes Mal." – „Mit Kopfhörern auch nachts um drei in voller Lautstärke."

Ein bedeutsamer Unterschied ist es, ob wir eine Musik zum ersten oder zum wiederholten Male hören. Eine Musik zum ersten Mal zu hören, kann *eine neue Welt eröffnen*. Graduell hängt dies natürlich davon ab, wie neu diese Musik im Vergleich zu unseren bisherigen Hörerfahrungen ist; und davon, in welcher Lebenssituation uns dies widerfährt. Die Erlebnisse mit einer *noch nie gehörten Musik*, einer völlig neuen Stilrichtung, der Musik einer anderen Kultur werden oft als wesentliche Wendepunkte des Lebens erlebt. Dazu muss der Zeitpunkt *genau der Richtige sein*. Aber es gibt das auch im Kleinen: Ein neues Stück, ein neues Lied, eine unbekannte Phrase, ein noch nie gehörter Klang können zu einem ganz besonderen Erlebnis werden. Hören wir eine Musik zum ersten Mal, so wird Musikhören erlebt als ein *absichtsloses Sich-Mitbewegen-Lassen*; offen für jede Wendung stellt sich eine Verfassung *wacher Ruhe, schwebender Aufmerksamkeit* ein, in der wir uns *von der Musik leiten lassen*. Hören wir eine Musik häufiger, so geht es demgegenüber immer auch um ein *Wiederfinden und Wiedererinnern*. Manchmal hören wir ein bestimmtes Stück so lange, bis wir es *ganz verinnerlicht*, uns *satt gehört* haben oder es *nun plötzlich satt sind*. Psychologisch ist es zugleich nicht nur das Stück, welches wir auf diese Weise verinnerlichen, sondern ein ganzer Komplex an Regungen, Spannungen, Leiden, Freuden und Konflikten, der mit dem Hören dieses Stückes von Mal zu Mal Form gewinnen und schließlich zu einem Abschluss finden kann (Gestaltschließung): Das haben wir jetzt. Es geht uns nicht mehr verloren. Es ist gelöst, gefasst oder mit Bion gesprochen „contained" (vgl. Tüpker 2003, 109 ff). So kann es jetzt erst einmal bleiben. Wir sind wieder frei für anderes.

Haben wir eine Musik lange nicht gehört und hören sie zufällig oder gewollt erneut, so *prüfen* wir unsere *Erinnerung*, unsere *Gefühle, die Konsistenz unserer inneren Welt*. Wir *überprüfen*, was wir *be-halten* haben. Warum möchten wir *jetzt ausgerechnet diese Musik, diesen Interpreten hören*? Wir suchen mit der Musik, die wir aussuchen, etwas in uns wiederzufinden und wieder herzustellen, wieder ins Erleben zu holen („wiederholen"). Wir wollen uns – nicht immer bewusst – in eine bestimmte Stimmung versetzen. Manchmal klappt das aber auch nicht: Die ehemals *glückliche Zeit, aus der die Musik stammt*, will sich nicht einstellen, das macht dann eher traurig. So ist jedes wiederholte Hören immer auch zugleich ein neues Hören, eine *Überschreibung* des früheren Erlebens und trägt dennoch zur Stabilisierung bei (vgl. Tüpker 2002).

Variation: Biographien des Musikhörens

Musikhören ereignet sich zwar als aktuelles Geschehen, aber jede von uns hat auch ihre eigene Hörbiographie. Da sind die ersten Hörerlebnisse, die unser Ohr öffneten, die wir als *innerste* Erfahrungen hüten und bewahren, oder die erst wieder belebt werden müssen, damit wir uns ihrer er-innern. Begegnen sie uns überraschend, so kann dies ein *flashartiges Wiederbeleben* einer Gesamtatmosphäre hervorrufen, ähnlich wie bei Gerüchen. Die meisten Menschen können verschiedene Phasen des Musikhörens in ihrem Leben beschreiben. Eine wichtige Musikhörphase ist oft die Zeit des Erwachsen-Werdens, in der wir auch mit Hilfe des Musikhörens unsere Identität suchen und finden: Musikhören ist da *Hunger nach Neuem, Aufregendem, Bewegendem, Suche nach Identifikation, Wunsch nach Heimat, die selbst gefunden und gewählt werden kann, Stabilisierung von etwas Eigenem*. Da wird Musik als etwas gefunden, was *mir und meinen Freunden schmeckt* und den Eltern nicht, was die Eltern nicht hören wollen oder zumindest nicht so oft oder nicht so laut. Kühn bezeichnet diese identitätsstiftende Rolle der Musik gerade auch im Bezug zur heutigen Jugend als wesentliche Triebfeder des Hörens, aber auch der Produktion und des Austausches von Musik: „Im Spiegel des Affiziertseins von Musik erkenne ich den anderen und fühle mich von ihm erkannt" (Kühn 2001, 85 f).
Aber auch spätere Übergangszeiten sind oft durch ein verändertes Musikhören und häufig auch durch eine besondere Intensität gekennzeichnet: Es wird *exzessiv viel* gehört und das Musikhören ist besonders erlebnisintensiv und nachhaltig in der Erinnerung. Eine neue Lebensphase bedeutet oft eine andere Musik, eine andere Art des Hörens. Das kann auch hier mit einer Neuabstimmung der Identität in einer und durch eine neue Gruppe verbunden sein, die eine andere Musik hört und der man sich jetzt zugehörig fühlt. Verschiedene Lebensphasen *lassen sich an der Plattensammlung ablesen*. Deshalb lassen sich solche Hörbiographien auch in der Musiktherapie als Anknüpfung und Erinnerungshilfe nutzen (vgl. Frohne-Hagemann 1996/2000/2001, 175 ff).
Musiker beschreiben den Zusammenhang zwischen den unterschiedlichen Phasen des Musikhörens (und -machens) und dem übrigen Leben manchmal eher umgekehrt: Nicht die Musik folgt dem Leben, sondern die *Musik hat*

immer bestimmt, wo es lang ging. Da war *erst ein Sprung, eine radikale Wendung, eine Horizonterweiterung* im Musikerleben, dem *dann* andere Lebensveränderungen folgten. Oder man kann nicht mehr sagen, *was zuerst* oder *was eigentlich wichtiger* war, der neue Freund oder die Musik, die er machte. Manchmal ist die neue Musikerfahrung dann *das, was aus einer bestimmten Zeit bleibt.*

4. Musikhören im Hintergrund

Psychologisch können wir zwischen Gestaltbildungen unterscheiden, bei denen das Musikhören das einheitsbildende Zentrum des seelischen Zusammenhangs bildet und solchen, bei denen *auch* Musik gehört wird, aber ein anderes Geschehen aktualgenetisch im Vordergrund steht wie etwa Autofahren, Bügeln, Putzen, Lernen, Kochen, Essen. Dieses Musikhören im Hintergrund ist bisweilen allgegenwärtig und fast nur im privaten Raum noch selbst regulierbar. Das ist für die, die das nicht wünschen, ein ernsthaftes Problem, weil eine Musik, die sich als Störung in den Vordergrund des Erlebens drängt, nicht bewusst in den Hintergrund gerückt werden kann (wie der Schmerz). Musik als Gestaltung eines Hintergrundes gab es zwar auch in früheren Zeiten als Tafelmusik, bei Aufmärschen und Prozessionen, als Promenadenkonzerte und Gartenmusik, in der Kirche wie bei Hofe und dann in der bürgerlichen Gesellschaft (Salonmusik). Obwohl auch dabei anderes im Vordergrund des Geschehens und Erlebens stand, waren diese Situation und die so geschaffene Atmosphäre aber das Hervorgehobene, Festtägliche, waren Luxus und Zeichen der Fülle. Erst die Möglichkeiten eines *Musikhörens ohne Anwesenheit der Musizierenden* führte dazu, dass heute eher die Stille das Besondere und der Luxus ist.

Von der Musique d'Ameublement zu Muzak und Sounddesign

So steht am äußersten Pol eines Musikhörens im Hintergrund die Allgegenwart von Hintergrundmusik. Die unbemerkte „Wirkung“ solcher Musik, insbesondere der kommerziellen Variante Muzak, wurde in der Hoffnung derer, die sie einsetzten wie in der Befürchtung derer, die sich ihr mit einem gewissen Widerwillen ausgesetzt fühlten, vermutlich weit überschätzt. So kommen Untersuchungen zunehmend zu dem Ergebnis, dass zumindest die erwünschte Wirkung (Steigerung der Produktivität oder der Kaufbereitschaft) eher nicht zu verzeichnen ist (vgl. Behne 1999, 7 ff). Aufgrund der Struktur dieser Untersuchungen erlaubt das natürlich nicht den Umkehrschluss, dass dieser musikalische Hintergrund nun gar nicht wirke.

Viel häufiger finden wir im Alltag Hintergrundmusik als persönliche Auswahl durch eigene CDs oder einen Radiosender, der uns mit einer nicht genau bestimmten Folge von Musikstücken „versorgt" (oft im wohldosierten Wechsel mit Wortbeiträgen). Dem von Muzak-Untersuchungen her bekannten Problem der Wirkungsverminderung durch Habituation begegnet jeder Radiosender mit einem passenden Verhältnis von neuen und bekannten Stücken. So *unterhält* uns *unser* Radiosender den lieben langen Tag. Die doppelte Bedeutung des Wortes „unterhalten" (Unterhalt zahlen, ernähren/ sich gut unterhalten, amüsieren) spiegelt hier den Aspekt einer gelungenen seelischen Versorgung, die so preiswert und mühelos ist wie sonst kaum etwas im Leben. Die Vorliebe für eine Musik, die im Hintergrund *mitläuft*, die *immer da ist,* ohne dass wir uns weiter mit ihr beschäftigen müssen, ohne dass sie etwas von uns verlangt, können wir psychologisch verstehen als Gestaltung einer Atmosphäre des Belebten, Bewohnten, des Nicht-Allein-auf-der-Welt-Seins, der *primären Substanz* (im Sinne Balints 1973, 79 f), auf die wir erst durch ihr Fehlen aufmerksam werden. Das macht auch die Kehrseite verständlich: Weicht das, was da ununterbrochen in uns hineinzuströmen scheint, zu sehr ab von dem, was wir brauchen und mögen, so wird es schnell *unerträglich*, wird zur *giftigen Substanz*, der man sich nicht entziehen kann.
Auch in Lokalen und Geschäften entspringt die CD-Auswahl oder der ausgewählte Radiosender (aufgrund der GEMA-Bestimmungen auch hier die preiswertere Variante) meist eher den Vorlieben des Kneipiers oder der Ladenbesitzerin als dass hier eine gezielte Auswahl nach Art der Muzak oder den moderneren Varianten aus der Werkstatt der Klangdesigner stattfindet. Dennoch ist diese subjektive Auswahl vermutlich die beste Wahl, weil sie in aller Unbestimmtheit und Unschärfe dennoch eine bestimmte Atmosphäre schafft und das trifft, was auch hier im doppelten Sinne *unterhält:* Als auditive Charakteristik trägt sie dazu bei, dass die Menschen zueinander (und zur angebotenen Ware oder Dienstleistung) finden, die sich durch einen Lebensstil, eine Haltung, einen Geschmack miteinander verbunden fühlen und sich damit zugleich als Gruppierung gegen andere abgrenzen. Hintergrundmusik ist hier in ihrer Funktion der Innenarchitektur, Möblierung und Dekoration vergleichbar und kommt damit einem Einfall Saties nahe, dessen erste und einmalige „Aufführung" brillant scheiterte, der aber unseren heutigen Umgang mit Hintergrundmusik m. E. treffend beschreibt:
1920 realisierte Erik Satie anlässlich eines Theaterabends die Idee einer *Musique d'Ameublement*. Sie sollte „nicht mehr Bedeutung haben als die Möbel im Salon", „Teil der Geräusche der Umgebung" sein, „den Lärm der Messer und Gabeln mildern", „das lastende Schweigen zwischen den Gästen möb-

lieren", den Besuchern „die üblichen Banalitäten ersparen". Satie dachte sie sich völlig zweckfrei, als reinen „Komfort", dem eine „gleiche Aufgabe wie Licht und Wärme" zukommen sollte, „wie ein Sessel, in dem man sitzt oder nicht sitzt", wie „das Muster einer Tapete" (Zitate nach Wehmeyer 1974, 227 f). An besagtem Abend wurde die von Satie und Milhaud zu diesem Anlass komponierte Musik in den kurzen Pausen zwischen den einzelnen Szenen im Aufführungssaal dargeboten. Das Publikum wurde mit einer (unbeabsichtigt?) paradoxen Anweisung auf diese Musik vorbereitet: „Wir bitten Sie dringend, ihr keinerlei Bedeutung beizumessen und sich während der Pause so zu verhalten, als ob keine Musik gespielt würde" (ebd.). Das konnte nur misslingen! Besonders die Betonung „dringend", lässt schon ahnen, was Milhaud aus der Erinnerung an diese „Aufführung einer Hintergrundmusik" dann beschreibt: „Ganz gegen unsere Absicht strömte das Publikum jedoch eilends zu seinen Sitzen zurück, sobald die Musik einsetzte. Umsonst schrie Satie: ‚Unterhaltet euch! Geht herum! Hört nicht zu!' Schweigend lauschten sie. Der ganze Effekt war verdorben, denn Satie hatte nicht mit dem Charme seiner Musik gerechnet. Dies blieb unser einziges öffentlichen Experiment mit dieser Art von Musik." (Milhaud 1962 zit. nach Wehmeyer 1974, 227)
Unter der Kategorie des Musikhörens im Hintergrund des Erlebens lassen sich psychologisch weitere Varianten herausarbeiten. Ohne Anspruch auf Vollständigkeit sollen hier zwei Beispiele gegeben werden.

Musikhören bei den Schulaufgaben oder „Musik hilft mir, mich zu konzentrieren"

Viele Schülerinnen machen die Erfahrung, dass sie mit Musik besser ihre Hausaufgaben machen können (Drewes/Schemion 1991, 46–66). Das lässt sich gestaltpsychologisch dahingehend verstehen, dass mit Hilfe der Musik eine bestimmte seelische Verfassung der Konzentration vor dem Hintergrund Musik erreicht wird. Die Musik hilft paradoxerweise, die seelische Bindung an die zu erledigende Aufgabe zu erhalten. Das gelingt ihr dadurch, dass sie eine Verfassung erzeugt, die quasi lustvoll genug ist, um eine Abschirmung gegen andere Verlockungen von außen wie von innen (das schöne Wetter, Triebregungen) zu leisten. Dazu wäre die gestellte Hausaufgabe und der äußere oder schon verinnerlichte Druck, sie zu erledigen, ohne die Musik weniger in der Lage. Noch einmal anders formuliert: Die Musik hilft, die ablenkenden Impulse einzufangen, bindet sie an sich und hält sie im Hintergrund. Das zeigt sich gerade auch darin, dass diese Verfassung nicht stabil ist: Kommt das derzeitige Lieblingsstück, so wird der Schüler die Hausaufgabe wahrscheinlich unterbrechen. Wir sagen: „Die Musik lenkt ihn ab."

Psychologisch heißt das: Die Musik tritt in den Vordergrund, die Aufmerksamkeit, das Erleben findet ein anderes Zentrum, die seelische Verfassung kippt zu einer Seite, die stärker lustbetont, attraktiver ist. Wenn es gut geht, ist das aber durchaus kein „Problem". Die Musik gönnt dem Schüler eine Pause, die aufgrund der Standardlänge der hier gemeinten Musik vermutlich kaum länger als drei Minuten dauern wird. Der Schüler lehnt sich vielleicht entspannt zurück, atmet durch, träumt kurz weg oder bewegt sich vielleicht etwas zur Musik: All das sind durchaus geeignete „Maßnahmen", um danach mit frischem Schwung weiterzuarbeiten. Wenn das *nicht* funktioniert, so sind die Gründe dafür vermutlich eher selten in der Musik zu finden. Vielmehr wird es meist gewichtigere Gründe geben, die nicht aktualgenetisch, sondern biographisch bedingt sind oder mit einer schwierigen Lebens- oder Lernsituation zu tun haben. Deshalb würde es auch nicht helfen, dem Schüler die Selbstregulation seiner Verfassung durch Musik zu verbieten, in der Hoffnung, dass er dadurch besser seine Hausaufgaben machen würde. Eine funktionierende Selbstbehandlung mit Musik beinhaltet in dieser Figuration auch das (Erfahrungs-)Wissen, dass es Musik gibt, die sich weniger als schützender Hintergrund eignet, und dass es Aufgaben gibt, bei denen man das Radio abschalten muss.
Insgesamt steht das Schulaufgabenbeispiel für einen Erfahrungstypus im Umgang mit dem Musikhören, den natürlich auch viele Erwachsene nutzen und der sich zusammenfassen ließe als: „Musikhören hilft, sich zu konzentrieren".

Der Begriff Typus ist hier und im Folgenden – anders als bei den Hörertypen – aktualgenetisch gemeint: Es wird eine Art des Musikhörens zusammenfassend charakterisiert, die sich von anderen Möglichkeiten, Musik zu hören, unterscheiden lässt und an der sich bestimmte psychologische Eigenheiten des Musikhörens beleuchten lassen. Die meisten dieser Formen kennt jeder Mensch, unterschiedlich kann sein, wer was bevorzugt oder nicht mag.

Musikhören beim Bügeln oder „Mit Musik geht alles besser"

Dem vorigen Typus verwandt sind Figurationen, die sich um das Musikhören bei der Hausarbeit (Bügeln, Putzen, Kochen, Spülen) ranken. Gemeinsam ist, dass auch hier ein Dabeibleiben gefragt ist, zu dem die Musik ihren Beitrag leisten kann; anders, dass hier nicht ein besonderes Maß an Konzentration gefordert ist. Im Gegenteil! Diese Tätigkeiten gelten als *langweilig, monoton, lästig,* verlangen wiederkehrende Handlungsabläufe und *nehmen kein Ende* (weil es immer wieder schmutzig wird ...). Psychologisch geht es hier um Stundenwelten, die unser Seelenleben nicht vollständig in Anspruch nehmen, die uns *nicht ausfüllen*, in denen aufgrund ihrer Redundanz noch *Platz für anderes* ist: für Tagträumen, Tagesreste Ausbrüten, unsystematisches Nachdenken oder eben Musikhören. Während wir beim Tagträumen oder Nachdenken auf uns selbst gestellt sind, uns selbst aus unserem Inneren heraus gestalten müssen, kann die Musik hier eine Gestaltungshilfe sein. Mit diesem Typus des Musikhörens kann ein Zuviel an „Langeweile" (die aus verschiedenen Gründen als bedrohlich erlebt werden kann), ein Übermaß an „Leere" gut behandelt werden. Der seelisch ungestaltete Raum, in den sonst anderes unkontrolliert drängen könnte, wird durch die Musik bis zum nötigen Maß vorgeformt, lässt aber immer noch genügend Platz für „Träumereien", die ebenfalls mit diesen Tätigkeiten – wie mit dem Musikhören – vergesellschaftet sind. So haben wir – wie in der Überraschungseiwerbung – dreierlei zugleich: Wir haben Zeit für lustvolles Musikhören, erledigen in Tagträumen Tagesreste oder bereiten schon einmal den nächsten Aufsatz vor und wie nebenbei ist es hinterher auch noch sauber, der Spülberg ist weg oder die Bügelwäsche fertig. Das könnten nur die Heinzelmännchen von Köln noch übertreffen! Bei genauerem Hinsehen ist dies Dreierlei auf kunstvolle Weise miteinander verwoben: Das Putzen kann Aspekte der Musik, etwa ihren Schwung, ihr Tempo, eine Rhythmisierung, aufgreifen und umsetzen: Mal beschleunigt die Musik das Putzen, mal lässt sie uns wegträumen, mal lässt sie uns gründlich und langsam arbeiten. Deshalb „geht es mit Musik besser". Aber ist es wirklich die Musik, durch die es uns nachher so gut geht? Oder sind es auch die missachteten Alltagstätigkeiten selbst, die uns geholfen haben? Mit dem Aufräumen scheinen sich auch unsere Gedanken und Alltagssorgen zu sortieren. Mit dem Geschirr ist zugleich der angesammelte Tagesärger abgewaschen. Mit dem Bügeln hat sich auch unsere Stimmung geglättet. Sich nur hinsetzen und Musik hören, könnte nicht nur aufgrund der fehlenden Heinzelmännchen diese „Gesamtkunstwerke des Alltags" nicht ersetzen. Eine zergliedernde wissenschaftliche Sichtweise wüsste hier zwar gerne, wer hier eigentlich wem hilft? Die Musik dem Putzvorgang? Das Putzen dem Musikhören? Bügeln zur Affektregulation? Musik gegen Langeweile? Aber der seelische Alltag sagt: Es geht eben genau so: *alles in einem Ei* und *indem* wir uns auf diese Mischung einlassen. *So* kommt da am Ende etwas Bestimmtes heraus. Diese Mischformen, die wir in unserem Alltag ausbilden, sind kunstvoll und gekonnt. Musikhören ist für viele Menschen ein integraler Teil des Bewerkstelligens weiter Teile ihres Alltags geworden, ist Teil der Selbstbehandlung. Über die Fragen einer Wissenschaft, die es gerne unvermischt, eindeutig zugeordnet und sauber sortiert hätte, „lacht der Alltag". Gestaltpsychologisch können wir verstehen, dass die Gestalt, die hier wirkt, eben dieses Ineinander ist. Die Ganzheit „Beim-

Putzen-Musik-hören-und-in-Gedanken-Sein" *ist mehr und anders* (Ehrenfels 1890) als Putzen + Musikhören + In-Gedanken-Sein. Auch die Frage, ob es *nur so* ginge und nicht *auch anders*, stellt sich nur sekundär. Erst wenn es nicht mehr klappt, wenn uns auffällt, dass das früher irgendwie anders funktioniert haben muss und dass es auch Menschen gibt, die keine Hintergrundmusik mögen, wird erkennbar, dass es natürlich auch anders gehen kann, ohne dass wir wiederum konkrete Ersatzformen ausmachen könnten.

5. Verschiedenes in Einem

Musikhören im Vordergrund und Hintergrund ist nur eine erste grobe Annäherung an die Vielfalt der Formen, in denen wir Musik hören. Musikhören kann in anderen Tätigkeiten und Erlebensformen inbegriffen sein oder es entstehen Schwebezustände von Musikhören und anderem, wie sie auch in der Musiktherapie genutzt werden. Auch hören wir manchmal Musik, ohne dass sie von außen an unser Ohr dringt. Hören etwas von „innen" kommend als Ohrwurm, musikalischen Einfall, Erinnerung: im Wachen wie im Traum.

Musikhören inklusive

So ist es weder historisch noch interkulturell zutreffend, dass wir Musik immer als ein bestimmtes Etwas von anderem abgrenzen können. Musikethnologen sind bisweilen in der paradoxen Lage, mit musikwissenschaftlichen Methoden musikalische Erscheinungsformen zu untersuchen und dabei festzustellen, dass die allzu selbstverständlich erscheinenden begrifflichen Abgrenzungen und die gebrauchten Vokabeln (Musik, musikalische Formenbildung) zweifelhaft sind, weil damit eine der untersuchten Kultur nicht immanente Gegenstands- und Begriffsbildung den zu untersuchenden Gegenstand schon von vorneherein verformt. Etwas Ähnliches wird deutlich, wenn man das Vorkommen der Musik in Märchen untersucht. Auch dabei finden wir Hinweise darauf, dass „Musik" historisch nicht immer klar abgegrenzt aus der Vielfalt der Erscheinungsformen abstrahiert und begrifflich generalisiert war (vgl. Tüpker 1999).
Das macht darauf aufmerksam, dass Musikhören „inbegriffen" sein kann in eine umfassendere Erlebensgestalt. So beinhaltet z. B. jegliches Musizieren und Komponieren natürlich immer ein Musikhören. Auch im Tanzen steckt das Musikhören: Dabei kann das Erleben der Musik im Vordergrund stehen oder das der Bewegung, notfalls kann es ausreichen, die Musik nur innerlich zu hören. Im freien Ausdruckstanz setzen wir unser Musikhören unvermittelt in Bewegung um, beim Gesellschaftstanz tanzen wir eher *zur* Musik.

Dabei kann es von unserer Geübtheit oder der jeweiligen Verfassung abhängen, ob wir auf die Musik achten oder auf das Tanzen oder ob beides in den Hintergrund tritt, weil wir uns dabei anregend unterhalten, die Verliebtheit in die Tanzpartnerin das Spannendere ist oder der gewünschte oder befürchtete Eindruck auf die Zuschauer am Rande der Tanzfläche. Tanzen ist vielleicht diejenige Formenbildung, anhand derer wir am ehesten verstehen können, dass Musik psychologisch nicht notwendig eine *eigene* Gestalt ist: Wir können den Tanz verstehen als eine aktive Form des Musikhörens: Unsere Bewegungen zeigen, wie wir die Musik hören. Oder wir können umgekehrt Musik verstehen als eine verinnerlichte Form des Tanzens, die Geste als inkarnierte melodische Phrase, die musikalische Phrase als inkorporierte Gebärde. Wir finden hier Hinweise auf ein Ineinander verschiedener Sinnesmodi, wie dies auch in der neueren Säuglingsforschung mit dem Begriff der amodalen Wahrnehmung ausgeführt ist. Stern geht dabei von der Vorstellung einer gemeinsamen Matrix von Gestaltbildungen aus, die sich erst sekundär in die verschiedenen Sinnesmodi differenzieren (1992, 74 ff). Dieses Konzept rückt auch die Frage der Synästhesien in ein neues Licht: Nicht eine zusätzliche Verknüpfung oder besondere Eigenschaft Einzelner erklärte dann dieses Erleben, sondern der Rückgriff auf eine frühere Erlebensform.
Inbegriffen ist das Musikhören natürlich auch im *Gesamtkunstwerk Oper* und bei fast allen Filmen, die wir sehen. Selbst Dokumentationsfilme und Nachrichtensendungen sind oft mit Musik „unterlegt", was uns erst dann bewusst wird, wenn es Anlässe zu einer kritischen Reflexion gibt wie etwa anlässlich der „Begleitmusik" zu den einstürzenden Türmen des World-Trade-Centers oder den Bildern des Krieges gegen den Irak. Die Filmmusikforschung zeigt, wie unbewusste Musikwahrnehmungen maßgeblich zur Wirkung und Konnotation einer Szene beitragen. Die gehörte Musik kommentiert und interpretiert uns manche Szenen bis hin zur Konkretisierung der Bedeutung. Die unterlegte Musik entscheidet z. B. darüber, ob ein Blick böse-bedrohlich oder intensiv-verliebt wirkt. Diese Filmerfahrung kann umgekehrt wiederum unseren Alltag variieren: Walkmanhören kann uns – die *„Störgeräusche der Wirklichkeit"* ausblendend – in eine Verfassung bringen, in der wir das *Leben an uns vorüberziehen lassen wie einen Film,* dessen Szenen durch die gehörte Musik untermalt und emotional kommentiert werden.

Musikhören in der Schwebe

Im Drehpunkt zwischen Vordergrund und Hintergrund können wir eine Verfassung unseres Erlebens ausmachen, in der wir uns zwischen dem Hören der Musik und etwas anderem wie bei einem (entschlüsselten) Vexierbild hin und her bewegen können. Situativ kennen wir eine solche Verfassung bei verschiedenen bereits beschriebenen Formen des Musikhörens: im Konzert, beim Musikhören zu Hause, beim Autofahren, Tanzen oder in der Oper. Wir entdecken diese besondere Schwebe oder Kippfigur des Erlebens, bei der mal die Musik, mal etwas anderes in den Vordergrund unseres Erlebens tritt, allerdings meist erst, wenn wir unser Erleben genauer beobachten und beschreiben. Diese Schwebe kann sich als entspannter Wechsel zwischen einem In-der-Musik-Sein und inneren Bildern, Körperwahrnehmungen, Gedanken und Erinnerungen gestalten; als eine Kippfigur, in der wir mal aufhorchen und uns dann wieder mit etwas anderem als der Musik beschäftigen oder als ein schnelles Oszillieren, welches jenes Gefühl erzeugt, dass Musik und etwas anderes sich gegenseitig in der Schwebe halten und zugleich uns in einen Schwebezustand versetzen.

In unseren alltäglichen Selbstbehandlungsformen durch Musikhören suchen wir diese Verfassung nicht auf, sondern sie kommt in anderem vor. Anders in der rezeptiven Musiktherapie: Hier wird m. E. genau diese Verfassung aufgesucht, um im Seelischen etwas in Gang zu setzen, verborgene Empfindungen zu beleben, Abgewehrtes in verträglichem Maße im Erleben auftauchen zu lassen. In der *Regulativen Musiktherapie*[5] (Schwabe) und vergleichbaren musiktherapeutischen Entspannungsverfahren wird der Patient aufgefordert, sich gleichermaßen akzeptierend dem Wechsel der Wahrnehmung der Musik wie der der Körperempfindungen, Gedanken und Gefühlen zu überlassen. In der Behandlungsform *GIM* (Guided Imagery and Music, vgl. dazu auch die Beiträge von E. Geiger, C. Maack, D. Körlin, L. O. Bonde, B. Süselbeck-Schulz und I. Frohne-Hagemann in diesem Buch) finden wir eine Verfassung angestrebt, in der Imaginationen, d. h. innere Wahrnehmungen wie Bilder, Empfindungen, Erinnerungen, Gedanken und Musik in einen oszillierenden Wechselprozess gebracht werden. Zusätzlich finden wir hier eine Kippfigur dahingehend, dass Patientin und Therapeutin schon während der Musik miteinander sprechen und sich so Musikhören und Sprechen als Vordergrund und Hintergrund gegeneinander verschieben. Auch beim Geschichtenschreiben zur Musik (siehe den Beitrag von L. Schiltz in diesem Buch), der Psychodynamischen Bewegung (Priestley) oder dem Malen zur Musik (dazu der Beitrag von H. Kapteina in diesem Buch) setzen wir therapeutisch auf eine Verfassung, die sich im Raum *zwischen* Musik und einem anderen Medium auf Spurensuche in die Vergangenheit, Verdrängtes, Verlorenes begibt; wie auf die Suche nach einer

---

5 Da die im folgenden Text erwähnten Musiktherapien in diesem Band ausführlich dargestellt werden, wird hier auf die entsprechenden Literaturhinweise verzichtet.

neuen Wendung, einer neuen Richtung der seelischen Bewegungsmöglichkeiten.

Resumée

Musikhören ist eine seelische Gestalt, mit der wir vielfältige Erfahrungen verbinden: alltägliche wie außerordentliche, belanglose, triviale und solche von herausragender und beglückender Qualität. Musikhören als Gestalt ist beweglich und wandelbar, so dass sie – einmal gefunden – die Wechselfälle des Lebens überlebt, mitgestaltet und begleitet. Wir nutzen diese Gestaltbildung in unserer Selbstbehandlung: von der alltäglichen „*Unterhaltung*" durch Hintergrundmusik über die Konfliktbewältigung in Krisenzeiten bis hin zur Identitätsfindung und Wahrung unserer Kontinuität. Diese Selbstbehandlung durch Musikhören bildet vermutlich die Erfahrungsgrundlage der rezeptiven Musiktherapie, auch wenn nur einige ihrer Formen geeignet sind, in eine klinische Behandlung integriert zu werden.

EINIGE GEDANKEN ZUR REZEPTIVEN MUSIKTHERAPIE AUS PSYCHOANALYTISCHER SICHT

SUSANNE METZNER

1. Eigenes

> Meine erste Erfahrung mit musikgeleiteter Imagination erinnere ich sehr präzise, obwohl sie bereits mehr als 16 Jahre zurückliegt. Es war eine praktische Einführung im Rahmen meiner Ausbildung. Die Studiengruppe hatte sich in Paare aufgeteilt, die wiederum die Rollenverteilung in Therapeutin und Patientin ausgemacht und sich im Raum einen Platz gesucht hatten. Ich hatte die Rolle der Patientin. Nach einer Entspannungsübung legte die Dozentin eine Musik auf, ein symphonisches Werk mit Frauensingstimme, das ich nicht kannte. Ich imaginierte eine Berglandschaft bei sonnigem Wetter. Von einer Anhöhe aus blickte ich ins Tal hinab und sah etwas unterhalb von mir eine Holzhütte liegen, deren Eingang von mir abgewandt lag. Meine Partnerin bemühte sich, mit mir die in dieser Imagination liegenden Strebungen, Wünsche oder Gefühle herauszufinden. Doch mir reichte das Schauen ohne weitere innere Bewegung völlig. Nach einer Weile merkte ich, dass mir Tränen über das Gesicht liefen. Ich war nicht traurig, eher gelöst. Die anderen im Raum anwesenden Personen nahm ich nicht wahr, und meine „Therapeutin" schwieg glücklicherweise. Als die Musik endete, versiegten meine Tränen.

Im anschließenden Gespräch reflektierten wir das Geschehen, ohne jedoch zu einer Erkenntnis darüber zu gelangen, was es bedeutete. Ein wie auch immer gearteter Zusammenhang zu meinem derzeitigen oder vergangenen Leben ließ sich nicht herstellen. Allerdings muss ich einräumen, dass im Rahmen einer Selbsterfahrungsübung die therapeutischen Möglichkeiten fehlten, um zu tiefer liegenden, unbewussten Inhalten zu gelangen.
Bei der Musik handelte es sich um eines der „Vier letzten Lieder" von Richard Strauß. „Im Abendrot" basiert auf dem gleichnamigen Gedicht von Joseph von Eichendorff. Den Text hatte ich nicht verstanden, doch will ich nicht ausschließen, dass er, oder wenigstens einige Worte, eine unterschwellige Bedeutung für mich hatten: Wandern, Schlafenszeit, sich verirren, Einsamkeit, Friede, Tod.
Etwa ein halbes Jahr später besuchte ich zufällig das Haus, in dem Richard Strauß eine Zeitlang gelebt hatte. Das Schild neben der Tür gab Auskunft

darüber, welche Werke er dort komponiert hatte. Darunter befanden sich u. a. auch die „Vier letzten Lieder“. Die Erkenntnis traf mich wie ein Schlag, denn ich brauchte mich ja nur umzuschauen, um die Berglandschaft wiederzuerkennen, die ich in meiner Imagination gesehen hatte. Bald darauf eröffnete sich mir eine zusätzliche Parallele zwischen meinem Erleben von Gelöstheit und der persönlichen Bedeutung dieses Werkes für den Komponisten: Eichendorffs Gedicht hatte ihm in den letzten Jahren seines Lebens den Anstoß für einen Liederzyklus gegeben. Auf sein von Triumphen, zuletzt aber von Sorgen und Krankheit geprägtes Lebensschicksal zurückblickend, komponierte er diese Lieder, die ohne die prunkvolle Schwerfälligkeit früherer Werke auskommen und von Einfachheit, Stille, innerer Ruhe und Gelöstheit geprägt sind.

2. Einstellung

Meine Gedanken sind als psychoanalytische Annäherungen an bestehende Konzepte rezeptiver Musiktherapie zu verstehen, nicht aber als Entwicklung oder Darstellung eines psychoanalytischen Konzeptes rezeptiver Musiktherapie. Ich gehe im Folgenden von der Annahme aus, dass sich in meinem Erlebnis etwas Typisches für die rezeptive Musiktherapie widerspiegelt, nämlich – zunächst sehr vereinfacht ausgedrückt – vom Standpunkt der Patientin aus betrachtet, eine Verschiebung der Beziehungsachse von der Therapeutin hin zur Musik (bzw. zur Komponistin[1] und Interpretin). Somit erhebt sich die Frage bezüglich des Einflusses von komponierter Musik auf die intrapsychische und die interpersonelle Dynamik innerhalb der Therapie sowie ihres therapeutischen Nutzens für den Prozess. Dabei geht es mir grundsätzlich nicht um den Nutzen auf dem Niveau von Brauchbarkeit, wie er von einem überwiegend naturwissenschaftlich geprägten Wissenschaftsbetrieb mit Tendenz zur quantitativen Faktenakkumulation gefordert und gefördert würde, sondern um den Sinn in einer geisteswissenschaftlichen Dimension. Diese Verbindung zur geisteswissenschaftlichen Tradition, die Pohlen (1999) generell für eine wissenschaftliche Psychotherapie fordert, ist gerade für die Musiktherapie grundlegend, da sie Kunst – per se Ausdruck von Sinnsuche und von Lebensentwürfen – als integralen Bestandteil ein-

1 Mit der Verwendung der weiblichen Form möchte ich darauf aufmerksam machen, dass in allen mir bekannten Katalogen der in der rezeptiven Musiktherapie verwendeten Musikstücke kein einziges von einer Komponistin stammt und Musiktherapeutinnen auf diese Weise die androzentrische Musikgeschichtsschreibung unreflektiert übernehmen.

setzt, um Menschen im weitesten Sinne bei ihrer Suche nach Sinn und nach neuen Lebensentwürfen zu begleiten.
Die psychoanalytische Reflexion, die ja keineswegs die einzig mögliche, jedoch die von mir bevorzugte ist, richtet sich vorrangig auf die interpsychischen und interpersonellen Vorgänge innerhalb eines therapeutischen Rahmens. Dort ist die Psychoanalyse auch entwickelt worden, doch sie ist nicht auf diesen Bereich beschränkt. Im Grunde ist Psychoanalyse immer auch Kulturanalyse, denn sie kann als Möglichkeit der Erkenntnisbildung überall dort begriffen werden, wo es um Fragen nach dem Menschen und seinem Begehren geht, zum Subjekt seiner Geschichte und seiner umgebenden Welt zu werden. Folglich auch in der Kunst.
Für eine psychoanalytisch verstandene rezeptive Musiktherapie bedeutet dies, dass die psychoanalytische Erkenntnis auch an dem Phänomen ‚Musik' und an einzelnen Musikstücken ansetzen muss, und zwar im Hinblick auf die Dialektik von den offensichtlich sinnfälligen Erscheinungen und ihrem latenten Gegensinn. Somit ist Psychoanalyse immer Versuch der Enträtselung und kritischer Eingriff zugleich. Dies impliziert, dass die psychoanalytische Reflexion ihren Gegenstand mit all seinen zu berücksichtigenden individuellen, situativen, historischen, gesellschaftlich-kulturellen Bestimmungen stets als exemplarisch begreift und Pauschalisierungen ausschließt.
Der hier von mir unternommene Versuch der Enträtselung besteht darin, zu formulieren, was aus psychoanalytischer Sicht an der rezeptiven Musiktherapie bedenkenswert ist. Ich beschränke mich dabei ausschließlich auf musiktherapeutische Ansätze, in denen das Anhören von komponierter Musik bei Wachbewusstsein den Mittelpunkt bildet. Von den teils gravierenden Unterschieden zwischen Therapieschulen, Indikations- und Settingfragen sehe ich einmal ab. Möglich, dass dies dazu beiträgt, jenseits aller Polarisierungen zwischen verschiedenen Therapieschulen gemeinsame Anschauungen zu erkennen.

3. Übereinstimmung

Im Laufe der Geistesgeschichte wurden zu der Fragestellung, worin das Wesen der Musik besteht, vielfältige, und das bedeutet sowohl wechselvolle als auch kontroverse, Überlegungen angestellt. Zu den Philosophen, Musikern, Musikkritikern und Musikwissenschaftlern der vergangenen Jahrhunderte gesellten sich in jüngerer Zeit auch die Musiktherapeuten, deren Denken in vielerlei Hinsicht an der Schnittstelle der genannten Wissens- und Tätigkeitsbereiche ansetzt. In den „Thesen der Kasseler Konferenz" (dem Zusammenschluss musiktherapeutischer Vereinigungen in Deutschland) wurde

1998 der schulenübergreifende Konsens zum Musikbegriff in der Musiktherapie folgendermaßen definiert:

> „These 4:
> Musik ist vom Menschen gestalteter Schall. Als akustisches, zeitstrukturierendes Geschehen ist sie Artikulation menschlichen Erlebens mit Ausdrucks- und Kommunikationsfunktion.
>
> Sie befindet sich im dialektischen Spannungsfeld individueller – körperlicher, psychischer, spiritueller, sozialer – und gesellschaftlich-kultureller Bedingungen und ist dort wirksam und bedeutsam.
>
> Musik wird zum subjektiven Bedeutungsträger über den Prozess des Wiedererkennens interiorisierter Erfahrungen, die im Zusammenhang der Menschheitsgeschichte, dem Enkulturationsprozess und der aktuellen Situation stehen.“[2] (Thesen der Kasseler Konferenz 1998, 233 f)

Der aufmerksamen Leserin wird nicht entgangen sein, dass keine Aussage über die emotionale Wirksamkeit von Musik getroffen wird, obwohl dies zur Begründung von Musiktherapie häufig herangezogen und auch wissenschaftlich beforscht wird. Die Tatsache, dass insbesondere komponierte (aber durchaus auch improvisierte) Musik komplex ist, d. h. kunstvoll vielgestaltig und durchdrungen von einander widerstrebenden Bewegungen, und dass aufgrund ihrer Vergänglichkeit die emotionalen Regungen der Spielerin oder Zuhörerin nicht anhaltend sind, erschwert natürlich den Nachweis von bleibenden emotionalen Wirkungen von Musik auf den Menschen erheblich. Komplexität und Vergänglichkeit der Musik werden in der musiktherapeutischen Praxis in dem Gespräch, das in aller Regel dem Musikhören bzw. -machen folgt, zumindest ein Stück weit kompensiert, indem die derzeitige subjektive Bedeutung fokussiert wird. Solch einen Zusammenhang hätten die Verfasser der Thesen ohne weiteres herstellen können, so dass hier also nicht der eigentliche Grund für das Fehlen einer Aussage liegen kann. Vielmehr war kein Konsens zu erzielen aufgrund der Differenz zwischen den unterschiedlichen Auffassungen über den Wirkungsbegriff.

2 Auf die in den Thesen enthaltenen Erläuterungen zu einzelnen Begriffen sei hier nur auf die Quelle verwiesen.

4. Bedeutung

Für die Psychoanalyse beinhaltet Musik weniger eine Wirkung als vielmehr einen Sinngehalt. Dieser hermeneutische Ansatz hat freilich Konsequenzen, wie der Umgang mit Musik gesehen und die therapeutischen Prozesse verstanden werden. Er basiert vor allem auf den Theorien des präsentativen und diskursiven Symbolismus (Langer 1984) und der Übergangsphänomene (Winnicott 1985). Um die psychoanalytische Auslegung der oben zitierten Kasseler These zu verdeutlichen, bedarf es einiger Ausführungen zu dem in musiktherapeutischen Publikationen bereits viel zitierten Satz von Langer (1984, 215) „Wenn Musik überhaupt einen Sinngehalt hat, so ist dieser semantisch und nicht symptomatisch". Aus logischen Überlegungen heraus unterscheidet Langer zwischen dem Symbolisierten (z. B. Gefühl oder einem Gedanken) und dem Symbol (z. B. Musik oder Sprache). Gerade bei präsentativen Symbolformen sind die Strukturen des Symbols und des Symbolisierten einander sehr ähnlich – im Fall von Musik und Gefühl beispielsweise die Dynamik. Dadurch ist das Symbolisierte sozusagen im Symbol verborgen, was zu Verwechslungen führen kann.[3] Als Symbol ist Musik nicht Ursache von Gefühlen, sondern sie ist logischer Ausdruck von Gefühlen. Der Begriff Gefühl muss sehr weit gefasst sein, denn gemeint sind nicht nur Kategorialaffekte wie Wut, Freude oder Trauer. Vielmehr geht es um die Reichhaltigkeit des gesamten emotionalen Erlebens, also der Spannungen, Stimmungen und reifen Empfindungen ebenso wie der Regungen und Strebungen von ursprünglich-vitalem und vorrationalem Charakter. Langer bezeichnet letztere „von der Art des Lebensrhythmus, den wir mit allen wachsenden, hungernden, sich regenden und furchtempfindenden Geschöpfen teilen: er betrifft letzte Wirklichkeiten, die zentralen Fakten unseres kurzen, bewussten Daseins." (Langer 1984, 254)

In der Musik wird emotionales Erleben ausgedrückt, oder noch präziser formuliert: in Musik wird das, was jemand vom Gefühlsleben weiß, ausgedrückt. Dies ist niemand anders als die Komponistin. Komponieren (und auch Improvisieren) ist jedoch kein freier Selbstausdruck sondern eine Auseinandersetzung mit den disziplinierten und artikulierten Formen der jeweils zeitgenössischen (Musik-)Kultur. Der emotionale Inhalt wird somit in den Kontext gesellschaftlicher, soziokultureller, ökonomischer und historischer

---

3 Den Hinweis auf die Verwechslungsgefahr kann man bereits bei Novalis (1799) finden: „Auf der Verwechselung des Symbols mit dem Symbolisierten – auf ihre Identisierung – auf den Glauben an wahrhafte vollständige Repraesentation – und Relation des Bildes und des Originals (...) beruht der ganze Aberglaube und Irrthum aller Zeiten, und Völker und Individuen." (zit. in Samuel 1983, 397)

Bedingungen gestellt und vom Rein-Persönlichen und Situativen einer emotionalen Katharsis abstrahiert.

Musik ist nicht reiner Gefühlsausdruck, der in eine mehr oder minder starre Form gepresst worden ist, sondern sie vermittelt subjektives Erleben in und an einem soziokulturellen Kontext. Sie ist Ausdruck und Ergebnis des Ringens um eine unauflösliche Legierung von Inhalt und Form und trägt die Handschrift ihrer Komponistin und den Stempel ihrer Zeit. Ein gelungenes Musikstück ist ein (durchaus intellektueller) Sieg, über Schranken hinweg wörtlich ‚unsagbare' Realitäten zum Ausdruck gebracht zu haben, und gleichzeitig ist sie nichts weiter als ein Spiel.

Musik (Kunst allgemein) wird an ihrer Stimmigkeit „gemessen", nicht an ihrer Schönheit, denn auch der gelungene Ausdruck von Unstimmigkeit oder vom Scheitern kann das ästhetische Empfinden, wenn auch nicht die Harmoniewünsche befriedigen.

Musik wohnt außerdem ein Entwicklungsprinzip inne. Da ihr im Gegensatz zur Sprache keine Vokabeln zur Verfügung stehen, besitzt ihr Inhalt auch keine feststehenden oder spezifischen Konnotationen. Ein einzelnes Musikstück erlangt seine individuell-subjektive Bedeutung immer wieder neu. Selbst dann, wenn wir ein Musikstück schon lange kennen. Sonst hat es keine Bedeutung. „Die Musik macht offenbar, wo Worte verdunkeln, weil sie nicht nur einen Inhalt haben kann, sondern viele flüchtig ineinander spielende Inhalte zugleich. Sie vermag Gefühle zu artikulieren, ohne an ihnen hängen zu bleiben." (Langer 1984, 238)

Musik hat schließlich auch eine interaktive Potenz (vgl. Niedecken 1988, 85), denn durch sie eröffnet sich ein phantasierter Dialog zwischen Hörerin und Komponistin. Auf Seiten der Komponistin betrifft dies die Motivation etwas auszudrücken ebenso wie die Entscheidung, das entstandene, in sich offene und bewegliche Produkt ihrer Auseinandersetzung einem interpretierenden Gegenüber zur Verfügung zu stellen. Die Dialogpartnerin, Interpretin oder Hörerin, entwickelt empathische – das bedeutet nicht automatisch deckungsgleiche und beständige – Antworten auf das, womit und in welcher Form sich eine Komponistin auseinandergesetzt hat.

In der Therapie können die Antworten der hörenden Patientin als Gegenübertragungen verstanden werden, und zwar in der heutzutage zweifachen Bedeutung dieses Begriffes: Es sind zum einen Bedeutungszuschreibungen im Sinne von Übertragungen, die gedeutet werden müssen, um Erkenntnis über die eigenen, unbewussten Bewegungen zu gewinnen. Zum andern beruht die Gegenübertragung auf Wahrnehmungen der im musikalischen Objekt verborgenen Bedeutungen, die begriffen und von den individuellen

Bedeutungszuschreibungen unterschieden werden müssen, um Verwechslungen zu vermeiden.
Innerhalb einer psychoanalytisch verstandenen rezeptiven Musiktherapie würde sich die Aufmerksamkeit folglich nicht allein auf die emotionalen Antworten der Patientin richten, sondern auf dieses von mir als phantasierter Dialog bezeichnete Interaktionsgeschehen zwischen Patientin und Komponistin. Dies setzt auf Seiten der Therapeutin nicht nur eine profunde Kenntnis der verwendeten Musikstücke und ihrer (Entstehungs-)geschichte voraus, sondern die Fähigkeit, eigene Gegenübertragungen bezogen auf die Musik wahrzunehmen und von denen der Patientin zu unterscheiden.
Eine psychoanalytische Kritik (vgl. Niedecken 1988, 29 ff) würde der Einsatz von Musik in der Therapie immer dann hervorrufen, wenn die Musik einseitig den Bedürfnissen der Patientin dienstbar gemacht wird, d. h. wenn die in der Musik vorhandenen, materialspezifischen Widerstände, die der Verformung durch das subjektive Erleben (den Bedeutungszuschreibungen) entgegengesetzt sind, nicht ausreichend berücksichtigt werden. Kritik würde aber auch dann ansetzen, wenn die Patientin einseitig zur Anpassung an die Musik gebracht würde, indem bestimmte emotionale Reaktionen auf ein Musikstück regelhaft erwartet werden und der bewegliche, vieldeutige Sinngehalt von Musik nicht in Betracht gezogen würde.

5. Zwischen/raum

Leitgedanke für meine folgenden Überlegungen ist, dass der Begriff des ‚Potential Space' (Winnicott 1984) als ein Gemütszustand aufgefasst werden kann, der beim Hören von Musik eine bedeutende Rolle spielt. Ihm liegen eine Reihe von dialektischen Beziehungen zugrunde, die z. B. zwischen Realität und Phantasie, zwischen Ich und Nicht-Ich oder zwischen dem Symbol und dem Symbolisierten bestehen. (Ogden 1997, 1)
‚Potential Space'[4] ist zwar zunächst ein entwicklungspsychologischer Begriff, doch Winnicott bezeichnete damit auch den Spielraum allgemein, den analytischen Raum, den Bereich der kulturellen Erfahrung und der Kreativität. Ihm zugeordnet sind die Begriffe ‚Übergangsobjekt' und ‚Übergangsphänomen'. Diese bezeichnen wiederum Objekte von eigenartigem Doppelcharakter, nämlich Gegenstände oder Erscheinungen der sinnlich wahrnehmbaren Welt, die paradoxerweise vom wahrnehmenden Individuum erst erschaffen werden und zu seinem inneren Besitz gehören. Daher werden Übergangsobjekte vom Individuum nicht als etwas tatsächlich Äußeres, vom

4 Ich verwende den englischen Begriff, weil ‚Space' mehr impliziert als das deutsche Wort Raum, nämlich Zwischenraum, Zeitraum, Weltraum, grenzenloser Raum.

Ich Getrenntes anerkannt. Währenddessen ist die Funktion, die sie für das Individuum haben, für die Außenwelt durchaus bemerkbar und wird im günstigen Falle respektiert, ihre volle Bedeutung bleibt aber undurchsichtig. Niedecken (1988) hat vorgeschlagen, Musik als Übergangsobjekt zu verstehen, um der psychoanalytischen Betrachtung der Musikrezeption eine Perspektive zu eröffnen, wie sie oben bereits angeklungen ist: eine sich an der Objektivität der musikalischen Strukturen verformende subjektive Bedeutungszuschreibung. Bei diesem Akt der Aneignung und Verfügbarmachung handelt sich um einen dialektischen Prozess, unter dessen Bedingungen der therapeutischen Erfahrung erst eine dauerhafte Bedeutung verliehen werden kann.

Dialektische Prozesse[5] spielen bei der psychischen Erschaffung der Subjektivität generell eine zentrale Rolle. Subjektivität ist im Gegensatz zu einem Zustand reflexiver Reaktivität bzw. zur Konstituierung von Reiz-Reaktionsmustern zu sehen. Sie kann sich in dem nahezu unmerklichen Gefühl des Ich-Seins zeigen, das der Erfahrung die Qualität verleiht, die eigenen Gedanken zu denken und die eigenen Gefühle zu fühlen. Ebenso zeigt sie sich in der reifen Fähigkeit zur intentionalen Selbstreflexion. Untrennbar mit der Herstellung von Subjektivität verbunden ist die Herstellung einer Unterscheidung zwischen Symbol und Symbolisiertem. Konkret bedeutet dies, die eigenen Gedanken davon zu unterscheiden, worüber man nachdenkt und die eigenen Gefühle davon, worauf man reagiert.

Diese Fähigkeit bildet sich in der frühen Kindheit erstmals mit der Schaffung und Verwendung eines Übergangsobjekts aus. Von da an hat sie eine dauerhafte Bedeutung für den Menschen bei der aktiven Gestaltung seines äußeren und inneren Lebens.

Zwischen Symbol und Symbolisiertem liegt ein Raum von Möglichkeiten, den das Individuum mit seiner Interpretation sowohl errichtet als auch füllt und dadurch die eigene Subjektivität herstellt. Darin liegt die Dialektik des Potential Space, die besonders deutlich in der Negation wird: Wenn es keine für das Individuum differenzierbaren Zwischenräume zwischen Symbol und Symbolisiertem gibt, gibt es weder einen Zwischenraum zwischen Phantasie und äußerer Realität noch einen Zwischenraum zwischen dem Ich und dem Nicht-Ich. Und vice versa!

Den Potential Space, den ich oben in Anlehnung an Ogden (1997) als Gemütszustand bezeichnet habe, konstituieren Zwischenräume, die inmitten der psychischen Dreiheit aus Symbol, Symbolisiertem und interpretieren-

---

5 Bei dialektischen Prozessen sind zwei gegensätzliche Begriffe beteiligt, die in einer dynamischen Beziehung zueinander stehen, indem sie den jeweils anderen erschaffen, aufrechterhalten, prägen und negieren.

dem Subjekt entstehen. Ich möchte diese psychische Triangulierung am Beispiel des Musikhörens konkretisieren: Weiter oben erwähnte ich bereits, dass ein gelungenes Musikstück an seiner Stimmigkeit gemessen wird. Dies ist jedoch nur dann möglich, wenn die Hörerin (das interpretierende Subjekt) den Zwischenraum zwischen Symbol und Symbolisiertem erkennen und sich auf die Beziehung zwischen beiden beziehen kann[6], was wiederum voraussetzt, dass das Subjekt die eigenen Gedanken und Gefühle von denen, die in der Musik enthalten sind, unterscheiden kann.

Die Errichtung des Potential Space, der sich also als Triangulierungsvorgang entpuppt hat, ist keineswegs ein seltener, vielmehr ein ganz normaler und alltäglicher psychischer Vorgang, der allerdings gestört sein kann (vgl. Ogden 1997). Er führt dazu, dass wir ein trauriges Musikstück genießen können oder dass wir in einem Konzert nacheinander mehrere verschiedene Musikstücke hören können, die uns ein Wechselbad der Gefühle bereiten, ohne dass wir anhaltend darin hängen bleiben würden. Fehlt der nötige Abstand, um diese Unterscheidung zu vollziehen, dann findet die Hörerin weder einen Zugang zur Musik noch zu sich selbst, so paradox dies klingt.

Es scheint jedoch für Menschen besonders genussvoll zu sein, diese Dreiheit von Symbol, Symbolisiertem und eigenem Erleben für eine Weile in der Schwebe zu halten und die Abstände zu verwischen. Dies ist ein psychischer Akt, der m. E. nicht allein als Regression gedeutet, sondern als Aktivität des Primärprozesses verstanden werden kann: Um das Symbolisierte erkennen zu können, macht sich die Hörerin das Symbol zu eigen, indem sie sich in seine Bewegungen hineinschmiegt. Das Symbolisierte wird dann mit den eigenen interiorisierten Erfahrungen (s. Kasseler These 4) solange abgeglichen, bis als Ergebnis dieses Integrationsprozesses schließlich eine neue dialektische Beziehung hergestellt ist, nämlich die Anerkennung des Fremden durch die Hervorbringung der eigenen Subjektivität.

Dies entspräche der allgemeinen Zielrichtung einer psychoanalytisch verstandenen rezeptiven Musiktherapie. Um dieses Ziel zu erreichen, bemüht sich die Therapeutin, der Patientin dabei behilflich zu sein, einen ‚Potential Space' errichten zu können, dort, wo diese es nicht kann. Dabei kommt es nicht primär auf die Anwendung von Methoden, Techniken oder bestimmten Musikstücken an, sondern auf die empathiegeleitete Bereitstellung eines Beziehungsangebots. Winnicott paraphrasierend (1985, 49) könnte man sagen, dass Psychotherapie dort geschieht, wo sich der Potential Space der Therapeutin mit dem der Patientin überschneidet.

---

6 Dies entspricht dem 3. Interaktionsmodus des von mir entwickelten triadischen Strukturmodells (Metzner 1999).

Die Patientin darf freilich von der Fähigkeit einen Potential Space errichten zu können, nicht allzu weit entfernt sein, um vom therapeutischen Einsatz von komponierter Musik zu profitieren. Bei ich-strukturell oder sog. früh gestörten Patientinnen, psychotischen und/oder persönlichkeitsgestörten aber auch schwer traumatisierten Patientinnen ist dies häufig nicht der Fall. Denn bei ihnen liegt eine akute Pathologie des Potential Space vor, die aufgrund labiler oder vorübergehend labilisierter Ich-Funktionen beispielsweise in der Verkennung von Ich und Nicht-Ich oder in der Verwechslung von Realität und Phantasie besteht. Aus psychoanalytischer Sicht kann der Einsatz von komponierter Musik in der Therapie immer dann als kontraindiziert angesehen werden, wenn die Musik einseitig als Projektionsfläche für Übertragungen oder gar für projektive Identifikationen fungiert und nicht dazu eingesetzt wird, an ihr die Fähigkeit zu entwickeln, ein Übergangsobjekt zu finden.

6. Anderes

Was mag aus psychoanalytischer Sicht an der therapeutischen Beziehung innerhalb der rezeptiven Musiktherapie das Besondere sein? Bei meinen vorangegangenen Gedanken, die den Dialog von Patientin mit der komponierten Musik zum Gegenstand hatten, und zwar einerseits unter dem Gesichtspunkt, dass Musik ein Symbol ist und einen Sinngehalt hat, andererseits dass beim Hören von Musik dialektische Prozesse innerhalb des Potential Space eine Rolle spielen, habe ich die Funktion der Musiktherapeutin an einigen Stellen gestreift. Allein an der Tatsache, dass die Musiktherapeutin ja selbst auch in einen Dialog mit der Musik hineingezogen ist, lässt sich die Vielschichtigkeit und Vieldeutigkeit der Prozesse ablesen, ohne dass schon etwas über die Übertragungs-Gegenübertragungs-Beziehung zwischen Patientin und Therapeutin, über regressive Prozesse, über den Umgang mit Abwehrstrukturen oder die Rolle des Widerstandes gesagt wurde. Zweifelsohne wird die Bedeutung und Gestaltung all dieser Prozessvarianten durch die Einbeziehung von komponierter Musik beeinflusst, so wie dies ja auch innerhalb der aktiven Musiktherapie durch das Improvisieren der Fall ist. Da jede Therapie sehr individuell verläuft, je nach dem Zusammenspiel von Patientin, Therapeutin und Musik, müsste sich eine psychoanalytische Reflexion am Einzelfall abarbeiten, so dass ich in diesem Rahmen nicht näher darauf eingehen kann. Dennoch scheint sich bei aller Komplexität etwas abzuzeichnen, was die therapeutische Funktion in der rezeptiven Musiktherapie angeht und was im Vergleich mit anderen Psychotherapieformen einzigartig ist. Um dies zu verdeutlichen, konzentriere ich mich auf ein wichtiges Moment in der rezeptiven Musiktherapie, auf die Musikauswahl.

In den meisten Fällen, zumindest dann, wenn kein vorgefertigtes Musikprogramm verwendet wird, trifft die Therapeutin die Auswahl oder eine Vorauswahl der Musik. Dabei spielt Empathie eine Rolle, ein Begriff, der im psychotherapeutischen Zusammenhang allerdings so häufig gebraucht wird, dass er nahezu Ideologie-Charakter bekommen hat. Oftmals ist sogar von Empathie-Fähigkeit die Rede, was die Negation, das mögliche Versagen der Therapeutin, impliziert.
Kennzeichnend für die Musikauswahl ist, dass die Therapeutin sich mit einer empathischen Wahrnehmungseinstellung darum bemüht, die Patientin aus deren innerem Bezugsrahmen heraus zu verstehen. Dieser (emotionale und kognitive) Verstehensvorgang schließt ein, die Musik mit den Ohren der Patienten (voraus)hören zu können – auch wenn diese es nicht selbst artikulieren könnte und noch keine eigene Vorstellung davon hat.
Treurniet (1981), der sich auf Winnicott bezieht, merkt jedoch an, dass die Einzigartigkeit und das Anderssein des erlebenden Selbst der Patientin dem therapeutischen Einfühlungsvermögen reale Grenzen setzt. Da auch Musikstücke etwas Einzigartiges sind, kann die Auswahl logischerweise niemals vollständig auf das Erleben und die Bedürfnisse der Patientin abgestimmt sein. Aus psychoanalytischer Sicht müssen diese Grenzen anerkannt und respektiert werden, andernfalls dringt das Selbst der Therapeutin zerstörerisch in den Potential Space der Patientin ein. Der Versuch, Empathie als eine „Methode" gezielt einsetzen zu wollen, kann vielmehr Ausdruck der Phantasie sein, die unbewusste Dynamik der therapeutischen Beziehung beherrschen zu wollen.
Wellendorf (1999) geht davon aus, dass Empathie, neben der persönlichen, gleichsam privaten Fähigkeit eines Individuums, eine empathische Wahrnehmungseinstellung einzunehmen, das Produkt und die spezifische Qualität eines intersubjektiven Geschehens ist. Er schlägt daher einen Perspektivenwechsel vor. „Es handelt sich um eine Beziehung, die es dem Analytiker ermöglicht, sich selbst und sein eigenes Erleben (Empathie) zu benutzen –, um das Fremde im Eigenen und das Eigene im Fremden zu verstehen. Empathie ist deshalb ein Relationsbegriff. Wenn wir ihn benutzen, bewegen wir uns in einem Feld der Wechselseitigkeit und Intersubjektivität." (Wellendorf 1999, 16 ff.)
Für Musiktherapeutinnen bedeutet dies, dass die Musikauswahl als Produkt eines intersubjektiven Geschehens angesehen werden muss. Dies ändert zwar faktisch nichts daran, dass die Musiktherapeutin weiterhin eine Aus-

wahl treffen wird, aber dies geschieht in einer veränderten Haltung gegenüber der Patientin. Die Musik – ganz gleich, ob sich die Auswahl im Nachhinein nun als gelungen oder weniger gelungen erweist – wird zum Dritten, zum gemeinsamen Bezugspunkt, der im gleichen Atemzug zurück auf die therapeutische Beziehung weist. Daraus folgt wiederum, dass die Möglichkeiten der Musikauswahl ganz neue Dimensionen erhalten. Sie muss sich nicht länger auf den bewährten Bereich der klassischen oder romantischen Symphonik beschränken und auch nicht unbedingt an den Hörgewohnheiten der Patientin orientieren. Entscheidend ist vielmehr, ob es gelingt, die Musik an die Stelle des Dritten innerhalb eines intersubjektiven Beziehungsgeschehens zu setzen bzw. darauf hinzuwirken, dass dies geschehen kann.

In den Mittelpunkt der Aufmerksamkeit rückt das Anderssein, das sich jeder Bindung und Integration, was auch heißt: jeder Empathie entzieht. Die Bereitschaft der Therapeutin zur Empathie benötigt einen Kontrapunkt, nämlich die Bereitschaft, das Fremde im Eigenen und das Eigene im Fremden anzuerkennen. Bei jedem Versuch der Enträtselung bleibt ein sich prinzipiell entziehendes Anderes, ein kostbarer Rückstand, den es zu bewahren, nicht aufzulösen gilt.

Gerade mit dem Einsatz von komponierter Musik wird die (schmerzliche) Erfahrung provoziert, dass Diskontinuität Bestandteil von Prozessen und die Dimension der Alterität Bestandteil jeder Beziehung sind. Selbsttheoretisierungen und Illusionen, die über die Beziehung zum Anderen gebildet wurden, werden angegriffen, und mit jedem Schritt des vertieften Verstehens wird gleichzeitig das Rätsel vergrößert, wer wir selbst sind, wer der Andere ist und was die Musik ist. Die Begegnung mit einem neuen, unbekannten Objekt, das nicht vollständig mit bewussten oder unbewussten Phantasien, mit Imagines oder Reproduktionen vergangener Erfahrungen zu belegen ist, darin liegt die verändernde Potenz von komponierter Musik in der Therapie.

PSYCHODIAGNOSTIK, PSYCHOTHERAPIE UND FORSCHUNG MIT HILFE VON MUSIKALISCH INDUZIERTEN GESCHICHTEN

LONY SCHILTZ

1. Einleitung

Meine Ausbildung in psychoanalytischer Musiktherapie (Diplôme Universitaire Paris-V) machte ich, nachdem ich zwanzig Jahre lang als klinische Psychologin mit verbalen Psychotherapieverfahren gearbeitet hatte, und zwar mit einer Verbindung von Psychoanalyse und humanistischen Ansätzen. Nachdem ich die Musiktherapie mit einbezog, konnte ich die Erfahrung machen, dass der therapeutische Prozess sich bei schweren Störungen des Jugendalters schneller und flüssiger abwickelte. Da die Frage nach dem Warum mich interessierte, begann ich den therapeutischen Prozess wissenschaftlich zu untersuchen und möchte einige meiner Forschungsarbeiten vorstellen.

Psychoanalytische Musiktherapie geht vom Prinzip des freien musikalischen und verbalen Assoziierens aus. Genauso wenig wie der freie Fluss der Gedanken behindert wird, wird der freie Fluss der musikalischen und poetischen Einfälle eingeengt. Der notwendige Halt entsteht nicht durch Anregungen und Vorschriften zum Spiel selbst, sondern durch den Aufbau der therapeutischen Beziehung, welche erlaubt, auch furchterregende, destruktive Inhalte in einer angstfreien und spielerischen Atmosphäre darzustellen. Die Aufmerksamkeit des Therapeuten ist sowohl auf die Manifestationen des Unbewussten als auch auf die Anpassungsfähigkeiten der Person gerichtet. Ziel ist die Wiederherstellung der Fähigkeit des symbolischen Denkens und der imaginären und kognitiven Verarbeitung der seelischen Erlebnisse. Diese Fähigkeit ist bei schwerwiegenden Problemen psychopathologischer, sozialer oder psychopädagogischer Natur gestört. In der französischen Psychoanalyse spricht man von einer Schwäche der mentalen Verarbeitungsprozesse (Marcelli / Braconnier 1999) oder von einer Störung der Subjektivierung. (Cahn 1998; Richard 2001)

2. Musikalisch induzierte Geschichten als Bestandteil der psychotherapeutischen Behandlung Jugendlicher

Während der letzten zwölf Jahre habe ich Jugendliche mit einer Kombination von freiem musikalischem Spiel und dem Schreiben von Geschichten unter musikalischer Induktion behandelt, wobei die bewusste Aufmerksamkeit nicht auf die Musik gerichtet wird sondern auf den kreativen Akt des Schreibens. Die Musik wird also nur im Hintergrund wahrgenommen und wirkt eher im Vorbewussten und Unbewussten als im klaren Bewusstsein. Diese Methode habe ich zuerst entwickelt, um Jugendlichen zu helfen, die unter einer tiefgehenden Blockade des authentischen Gefühls- und Willenlebens litten (McArthur 1988; Schiltz 1995). Während meiner Doktorarbeit habe ich die Methode wissenschaftlich mit Hilfe einer Längsschnittstudie an verhaltensgestörten Jugendlichen überprüft (Schiltz 1999).

Die Verbindung von freiem musikalischen Improvisieren und dem Schreiben von Geschichten erschien mir vor allem sinnvoll, weil die Durcharbeitung und die Distanzierung zu den eigenen Vorstellungen und Gefühlen dadurch gefördert wird. Bei labilen, ichschwachen Jugendlichen hat die klassische rezeptive Musiktherapie (z. B. Escande 1993), die darin besteht, in entspanntem Zustand Musik zu hören und sich seinen Gefühlen und Einfällen hinzugeben, nicht dieselbe tiefgreifende Wirkung wie die formale Arbeit der Konstruktion einer Geschichte, die die Integrierung von primären und sekundären Denkinhalten fördert. Dazu soll die Geschichte während des Hörens von Musik geschrieben werden und nicht nachträglich erzählt werden, wie es bei Fantasiereisen geschieht. Im ersten Fall werden die vielfältigen musikalischen Eindrücke progressiv auf der Fantasieebene verarbeitet, im zweiten Fall handelt es sich um eine nachträgliche Rekonstruktion.

Innerhalb einer individuellen Musiktherapiesitzung wechselt freies Musizieren, allein oder im musikalischem Dialog mit dem Therapeuten, mit dem Schreiben von Geschichten unter musikalischer Induktion ab. Dabei entsteht eine fruchtbare Wechselwirkung; die in der Geschichte beschriebene Atmosphäre kann als Ausgangspunkt für eine Improvisation dienen, und die Geschichte wird auf Grund der durch das freie Spiel entstandenen Entkrampfung und des erleichterten Zugangs zu unbewussten Bildern und Vorstellungen authentischer.

Die an die künstlerische Produktion anknüpfende verbale Verarbeitung bleibt auf der poetischen Ebene der analogen Sprache und benutzt die von den Patienten selbst produzierten Symbole und Metaphern. Im Verlauf des therapeutischen Prozesses kommt es zu einer persönlichen Sinnfindung. Die eigene Geschichte wird in einem neuen Licht gesehen. Ich konnte zeigen

(Schiltz 2002a), dass mit dieser Methode eine Restrukturierung der Persönlichkeit bei Borderline-Patienten innerhalb einer ein- bis zweijährigen Behandlungsdauer möglich ist. Projektive Testverfahren zeigen, dass reifere Abwehrmechanismen nach und nach die Spaltung, die primitive Idealisierung und die projektive Identifizierung ersetzen. Nach der psychoanalytischen Auffassung ist ja die strukturelle Ebene des Erlebens dieser Menschen durch das Überwiegen der archaischen Abwehrmechanismen gekennzeichnet (Dulz / Schneider 1996). Die in den Geschichten und während des freien Assozierens auftauchenden Bilder und Symbole können archetypischen Charakter haben, und die Patienten produzieren an wichtigen Wendepunkten ihrer Entwicklung genau die Bilder, die für sie selbst von existenzieller Bedeutung sind und die ihre zukünftige Entwicklung vorwegnehmen (Schiltz 2002b).

Mit einem experimentellen Versuchsplan[1] konnte ich nachweisen, dass die musikalische und poetische Kreativität sich parallel entwickeln und dass die Komplexität und Strukturierung des musikalischen Spiels in Beziehung gesetzt werden kann mit der Originalität, der kunstvollen Verarbeitung und der Qualität der Sprache in den Geschichten (Schiltz 1999, 2002a). Dieser statistisch überprüfte Zusammenhang führt zur Annahme einer grundlegenden Fähigkeit zum symbolischen Denken, die sich sowohl als musikalisches wie poetisches Schaffen äußern kann und die diese parallele Entwicklung erklärt. Diese Fähigkeit gründet möglicherweise im frühkindlichen präverbalen sinngebenden Denken, das das Erlernen der Sprache erst möglich macht (Richard 1990).

Um die geeigneten Musikstücke herauszufinden, ging ich empirisch vor. Wenn ich die Rock- oder Popmusik auswählte, die die Jugendlichen liebten und von morgens bis abends hörten, schrieben sie nur sehr konventionelle Geschichten. Die besten Resultate erhielt ich mit den drei folgenden musikalischen Stilen: barocke, resp. klassische Musik, ethnische Musik, romantische Musik. Auf Grund meiner klinischen Erfahrung schließe ich aus, dass ein bestimmtes Musikstück durch seine strukturellen Eigenarten eine bestimmte Wirkung hat, unabhängig von der seelischen Verfassung des Hörers, wie verschiedene Untersucher in der Vergangenheit annahmen. Der Zuhörer projiziert seine eigenen Gefühle und Vorstellungen in die Musik. Zugleich gibt es aber gemeinsame Grundthemen, die bei verschiedenen musikalischen Stilrichtungen öfters auftauchen, nicht jedoch bei einzelnen Musikstücken.

---

1 Es handelt sich um eine kontrollierte Längsschnittstudie mit je 50 Probanden in der klinischen Gruppe und in der Kontrollgruppe. Die Behandlung wurde in Einzelsitzungen durchgeführt; ihre Dauer lag zwischen sechs Monaten und zwei Jahren.

Mit Hilfe der phänomenologisch-strukturellen Analyse[2] (Mucchielli 1983) gelang es mir, für die oben genannten Stilrichtungen gemeinsame Gruppenstrukturen für Untergruppen der Borderline-Symptomatik aufzuzeigen (Schiltz 2003a). Im Laufe der Behandlung fand eine Annäherung an die Thematik einer Kontrollgruppe von unauffälligen Jugendlichen statt. Zugleich wiesen die Geschichten eine größere Differenzierung und Individualisierung auf. Eine Zusammenfassung der Ergebnisse der statistischen Berechnungen wird in folgender Tabelle dargestellt. (P wenigstens < .05).

Variablen	*Prätest*	*Entwicklung*	*Posttest*
Formale Strukturierung	N > B	B N	n.s.
Zeitliche Strukturierung	N > B	B N	n.s.
Zeitperspektiven	N > B	B N	n.s.
Differenzierung des Wortschatzes	N > B	/	N > B
Banalität des Inhalts	B > N	B N	n.s.
Passivität des Helden	B > N	B N	n.s.
Kontrollierte Aggressivität	N > B	B N	N > B
Primäre Aggressivität	n.s.	/	n.s.
Depressive Grundstimmung	N > B	B N	B > N

B = Borderline Gruppe; N = neurotische Gruppe; n.s. = nicht signifikant; (nach Schiltz, 2003a)

Tabelle 1: Entwicklung während der musiktherapeutischen Behandlung

Interessant ist die scheinbar paradoxe Entwicklung der Kategorien, die die Aggressivität und die Depressivität betreffen. Es ist das Verhältnis vom sekundären zum primären Aggressionsausdruck, das sich im Laufe der Behandlung ändert. Das Zunehmen der Aggressivität in der Borderline-Gruppe ist ein Zeichen seelischer Reifung, da die depressiven Themen erst in den Geschichten auftauchen, wenn die Impulsivität abnimmt.

Es gibt eine vielschichtige Wechselwirkung zwischen der Persönlichkeit des Einzelnen, der musikalischen Stilrichtung sowie verschiedenen elementaren

2 Diese in verschiedenen Geisteswissenschaften angewandte qualitative Untersuchungsmethode erlaubt es, latente, sinngebende Strukturen im menschlichen Verhalten aufzuzeigen, und zwar sowohl auf der Fantasieebene, in der Sprache als auch im Handeln. Sie ermöglicht es ebenfalls, gemeinsame Grundthemen in der artistischen Produktion einzelner Versuchspersonen herauszuarbeiten.

Charakteristiken der musikalischen Parameter; es ist aber trotzdem möglich, auf bestimmten Ebenen gewisse Gemeinsamkeiten festzustellen. Die Entwicklung eines allgemeinen Modells dieser Wechselwirkung, mit Einbeziehung der psychopathologischen Komponenten, ist ein interessanter Aufgabenbereich für die zukünftige Forschung.

3. Die Eignung musikalisch induzierter Geschichten als projektives Testverfahren

Seit 30 Jahren benutze ich projektive Persönlichkeitstests wie Rorschach und TAT[3] in der Persönlichkeitsdiagnostik, wobei ich die ganzheitliche psychoanalytische Interpretationsweise bevorzuge (Brelet 1986; Chabert 1995). Es fiel mir auf, dass die unter musikalischer Induktion geschriebenen Geschichten teilweise ähnliche, teilweise komplementäre Seiten der Persönlichkeit beleuchten wie der TAT. Ich konnte die Geschichten also sowohl zu Beginn der Behandlung in das psychodiagnostische Inventarium miteinbeziehen, als auch während der Behandlung und bei der Abschlussuntersuchung mit ihrer Hilfe die psychologische Entwicklung des Patienten dokumentieren. Dabei setzte ich sie vor allem ein, um dem Patienten seine verborgenen Entfaltungsmöglichkeiten bewusst zu machen und ihm seine Fortschritte vor Augen zu führen. Auch die Testverfahren des Rorschach und TAT benutze ich auf diese Weise, nicht um psychopathologische Symptome in den Mittelpunkt der Aufmerksamkeit zu rücken, sondern um den Patienten in Kontakt mit dem gesunden Teil seiner Persönlichkeit zu bringen und sein Selbstvertrauen zu stärken. Dadurch dass ich Geschichten aus verschiedenen Phasen der Behandlung miteinander vergleiche, weise ich ihn auf seine Selbstheilungstendenzen hin. Interessant ist, dass in den Geschichten eine Verschiebung der Zeitperspektive stattfindet, indem einerseits vergangene Schwierigkeiten erst literarisch verarbeitet werden können, wenn die Gefahr des Zusammenbruchs überwunden ist und andererseits die Helden der Geschichten latente Möglichkeiten der Patienten realisieren, für welche diese noch nicht die notwendige Reife erlangt haben.

3 TAT: Thematic Apperception Test von Murray. Bei diesem Testverfahren werden Geschichten zu Bildvorlagen, die meist menschliche Figuren darstellen, erzählt. Beim Rorschach Test werden schwarz-weiße und farbige Flecken interpretiert.

Geschichten, die an wichtigen Wendepunkten der Behandlung entstanden sind

Literarische Verarbeitung einer überstandenen Gefahr:

> „Sie weinte, weinte ... weinte die ganze Nacht bis zum Abend, bis dass das letzte Licht in der Nachbarschaft erloschen war. In ihrer Einsamkeit war sie vollkommen verzweifelt und niemand konnte sich ihren Zustand vorstellen. In den Augen aller schien sie sehr glücklich zu sein, obwohl ihr Mann vor zehn Jahren gestorben war. Aber sie litt sehr; sie hatte einen schweren Verlust erlitten und war depressiv geworden. Sie wollte sterben, hatte aber nicht den Mut dazu. Niemand hatte jemals versucht, die Schicht Farbe abzukratzen, die das wahre Bild verhüllte, es kam niemandem in den Sinn, dass sich hinter dieser idyllischen Fassade die schwarze Farbe des Todes und die rote Farbe des Lebens verbarg.
> So begab sie sich eines Tages in den Wald, an einem schneereichen Wintertag, bedeckt von ihrem schwarzen Mantel, den sie am Begräbnistag ihres Mannes getragen hatte. Sie hielt einen Dolch in ihrer rechten Hand. Mitten im Wald blieb sie stehen und ließ das Leben in Strömen aus ihrem Körper rinnen."
> (Vivaldi: Die Jahreszeiten)

Diese Geschichte stammt von einem vierzehnjährigen Mädchen, das an einer narzisstischen Persönlichkeitsstörung leidet. Sie wurde geschrieben, nachdem eine akute Beziehungskrise überstanden war. Bemerkenswert ist die theatralische Inszenierung der Handlung, in welcher der unerträgliche Objektverlust mit Hilfe archaischer Abwehrmechanismen, wie z. B. Idealisierung und Farbenmagie verarbeitet wird. Auf dem Papier wurde der Selbstmord dramatisch ausgemalt, im wirklichen Leben konnte er vermieden werden.

Symbolische Verarbeitung neuer Entwicklungsmöglichkeiten:

> „In der Tiefe des Waldes ist es dunkel. Hier befindet sich ein See. Auf der Oberfläche des Wassers spiegelt sich der Mond und die Tannen, die an seinem Ufer wachsen. Manchmal kann man alles genau erkennen und das Schauspiel erinnert an einen Film. Aber manchmal, wenn ein Windstoß sich erhebt, sieht man die Tannen hin und her schaukeln. In dem Moment sieht alles furchterregend aus und von weitem kann man das Heulen des Wolfes vernehmen.
> Wenn man weitergeht, kommt man an einen Wasserfall, der langsam und friedlich nach unten abfällt. Oben auf dem Felsen, wo das Wasser ruhig ist,

spiegelt sich ein Wolf mit dem Mond im Hintergrund. Obwohl er grimmig aussieht, ist er friedlich. Er bleibt sitzen und sieht mich an. Plötzlich habe ich den Eindruck, dass er mir zulächelt. Er kommt näher und leckt mir die Hand. Ich streichle ihn und fühle mich vollkommen glücklich, denn das ist es was ich mir immer gewünscht habe. Die Wölfe sind meine Lieblingstiere.
Plötzlich wache ich auf und merke, dass es nur ein Traum war. Seither kehre ich jede Nacht zu meinem Freund im Wald zurück."
(Beethoven: Violinkonzert)

Die seelische Entwicklung dieses jungen Mädchens wird in den verschiedenen Phasen der Geschichte dargestellt. Zuerst die Unterdrückung ihrer Gefühle und Triebe (die mondbeschienene, leblose Landschaft), dann die Angst vor ihrem eigenen Begehren (der Windstoß, das Heulen des Wolfes) und endlich die Annahme der dunklen Seite ihrer Persönlichkeit. Die bekannten Motive der Märchen (Bettelheim 1984) erscheinen oft in den Geschichten, ohne dass es sich um eine einfache Wiedergabe handelt. In unserem Beispiel wird der weibliche Individuationsprozess während der Adoleszenz dargestellt. Die sehnsüchtigen und begehrlichen Klänge der Geige entsprechen in diesem Fall genau der inneren Gefühlswelt des Mädchens.
Die Wirkung der Musik muss hier aus dem Kontext eines langdauernden therapeutischen Prozesses heraus verstanden werden, bei dem auch die verbale Durcharbeitung eine große Rolle spielt. Es sind sicher nicht die strukturellen Eigenschaften der barocken oder klassischen Musik an sich, die von Bedeutung sind, sondern ihre Wechselwirkung mit der Vorgeschichte und der Persönlichkeitsstruktur des Patienten sowie mit der Dynamik der therapeutischen Beziehung.

Visuelle und musikalische Stimuli der Fantasie

Welches sind nun die Unterschiede zwischen dem TAT und den musikalisch induzierten Geschichten? Was bewirkt ein visueller im Vergleich zu einem musikalischen Anreiz in unserer Fantasie? Im ersten Fall handelt es sich um ein Bild, das zwar vielschichtig interpretierbar ist, das trotzdem durch die Darstellung der Figuren, ihr Alter, ihre Haltung, ihr Gesichtsausdruck ein bestimmtes Beziehungsgefüge nahelegt (Mucchielli 1983). Musik dagegen hat keine Bedeutung im sprachlichen Sinne; die Bedeutung wird ganz vom Hörer erschaffen. Da die Musik mit ihrer Dynamik das Leben selbst widerspiegelt, stellt sie eine ideale Grundlage für die Projektion innerseelischer Konflikte dar.

Im Vergleich zum TAT ist die Vielfalt der Geschichten bei musikalischen Stimuli viel größer, wenn auch, wie oben beschrieben, verschiedene Stilrichtungen gemeinsame kulturelle Assoziationen hervorrufen können; z. B. wird ethnische Musik sehr oft mit einem Fest assoziiert, unabhängig vom Herkunftsland. Ob aber das Fest mit einer grausamen Opferszene, mit einem Trinkgelage oder mit einem kultischen Tanz endet, hängt vom Hörer ab. Zu romantischer Musik schreiben Jugendliche oft Geschichten mit Liebes- oder Abenteuerthematik. Bei akuten Angstzuständen wirkt die barocke Musik meist ausgleichend und strukturierend. Die Auswahl der Musikstücke hängt von der klinischen Intuition des Therapeuten ab. Zu jedem Zeitpunkt der Behandlung benutze ich jedoch die verschiedenen musikalischen Stilrichtungen, aber nur nachdem eine haltgebende therapeutische Beziehung hergestellt ist, welche eine eventuell destabilisierende Wirkung verschiedener Musikstücke auffangen kann.
In den unter musikalischer Induktion geschriebenen Geschichten tauchen die archetypischen Figuren früher und häufiger auf als im TAT. Sie betreffen das Verhältnis vom Ich zum Ich-Ideal und zu den idealisierten oder dämonisierten Elternfiguren. Sie sind vor allem stärker zukunftsorientiert und zeigen den Personen ihre Wünsche und verborgenen Entwicklungsmöglichkeiten zu einem Moment, wo die Geschichten des TAT noch stärker die aktuellen intrapsychischen Konflikte widerspiegeln (Schiltz 2003b).

4. Die Geschichten als Instrument der Forschung

Ich möchte einige Bereiche vorstellen, in denen die unter musikalischer Induktion geschriebenen Geschichten sich als vielseitiges Forschungsinstrument bewährt haben.

Die Spezifizität der Borderline-Problematik am Beispiel des Doppelgängers

Eine Untersuchung über die archetypische Figur des Doppelgängers in den Geschichten jugendlicher Bordeline-Patienten zeigte, dass in den verschiedenen klinischen Untergruppen während der musiktherapeutischen Behandlung eine komplementäre Entwicklung zur Ausgangsproblematik stattfand und dass ihre Entwicklung sich in neuen Eigenschaften des Doppelgängers widerspiegelten. (Schiltz 2003c).

Die Bewältigung der Lebenskrisen

In der Arbeit mit älteren Leuten wurde die Suche nach einem neuen Lebenssinn und die Auseinandersetzung mit einem veränderten Selbstbild durch die oben beschriebene Methode gefördert. Ein Vergleich zwischen den Bewältigungsstrategien während der Krise der Adoleszenz und des dritten Alters zeigte interessante Unterschiede in den Anpassungsmechanismen, welche in den Geschichten auftauchten.

Variablen	*Signifikanzniveau*	*Richtung der Differenz*
Künstlerische Verarbeitung	n.s.	
Humoristische Verarbeitung	P< .01	AG > JG
Kognitive Verarbeitung	P< .05	AG > JG
Dramatische Verarbeitung	P< .05	AG < JG

AG: Gruppe der älteren Versuchspersonen; JG: Gruppe der jugendlichen Versuchspersonen (nach Schiltz, 2003d)

Tabelle 2: Die Verarbeitungsstrategien in verschiedenen Lebensaltern

Die Tendenz zur künstlerischen Verarbeitung, d. h. das Einbeziehen ästhetischer Gesichtspunkte, ist in beiden Gruppen gleich verbreitet. Die älteren Versuchspersonen setzen häufiger den Humor sowie kognitive Strategien ein, die darin bestehen, sich über das einzelne Schicksal hinaus auf den Standpunkt der Allgemeinheit zu erheben.
Der dramatische Verarbeitungsmodus, d. h. die szenische Darstellung der inneren Konflikte, wird von den jüngeren Versuchspersonen bevorzugt.

Die Demotivierung hoch begabter jugendlicher Schulversager

Die tiefe Hemmung des symbolischen Denkens, gekoppelt mit Selbstwertzweifeln, Leergefühlen und einem vollkommenem Mangel an intrinsischer Motivation erschien in den Geschichten dieser Versuchspersonen. Zugleich konnten die Fortschritte in der Behandlung mit Hilfe der oben beschriebenen Methode dokumentiert werden (Schiltz 1995, 2004). Die Schulresultate, welche als Außenkriterien miteinbezogen wurden, verbesserten sich hochsignifikant.

Die Behandlung der kognitiven Störungen bei psychiatrischen Patienten im Erwachsenenalter

Zum Schluss möchte ich ein weitgefächertes Forschungsprogramm erwähnen, das vom Herbst 2004 bis Ende 2008 unter der Leitung des Centre de Recherche Public-Santé und mit Unterstützung der Nationalen Forschungsstiftung in Luxemburg durchgeführt werden wird. Unter anderem wird die Wirkungsweise der Musiktherapie während einer einjährigen Behandlung bei den negativen Symptomen der Schizophrenie sowie bei den Denkstörungen, die die Depressions- und Angstsymptomatik begleiten, untersucht werden. Vor allem sind wir daran interessiert, die Wirkung der Musik auf die Konzentrationsfähigkeit, die logische Strukturierung und Flüssigkeit des Denkens sowie den Antrieb der Patienten zu erforschen. Auch in diesem Fall wird die Behandlung in einer Kombination von aktiver und rezeptiver Musiktherapie nach der oben beschriebenen Methode bestehen. Die Evaluierung erfolgt mit psychoneurologischen, psychometrischen und projektiven Testverfahren.

5. Schlussfolgerung

Die belebende Wirkung der Musik auf das seelische Erleben ist seit langem beschrieben worden (zum Überblick siehe Klein 1995). Eine vorübergehende Anhebung der Gefühls- und Stimmungslage genügt jedoch nicht, um andauernde Veränderungen zu bewirken. Sonst könnten die zahlreichen entwurzelten Jugendlichen, deren einzige Freizeitbeschäftigung oft darin besteht, stundenlang Musik zu hören, sich selbst helfen. Kommt jedoch die formale Arbeit des Schreibens von Geschichten innerhalb der haltgebenden Atmosphäre der therapeutischen Beziehung hinzu, können sich mannigfaltige kognitive und affektive Verarbeitungs- und Anpassungsstrategien entwickeln, die das Seelenleben bereichern und sogar zu einem strukturellen Wandel führen können. Diese Feststellung ist besonders wichtig für die präventive Arbeit mit Jugendlichen, bei denen sich die ersten Anzeichen einer psychopathologischen Funktionsstörung andeuten.

Es ist banal zu sagen, die Musiktherapie entwickele die Kreativität. Es geht jedoch gar nicht um die Kreativität des künstlerischen Ausdrucks; diese Form der Kreativität ist das Ziel der Kunstpädagogik. Im therapeutischen Bereich geht es um die Beweglichkeit des Denkens und um den kreativen Umgang mit den angstbesetzten Inhalten des eigenen Seelenlebens.

Anhang : Rezeptive Musiktherapie in Frankreich

In meiner allgemeinen Darstellung der rezeptiven Musiktherapie in Frankreich beziehe ich mich nur auf die offiziellen Ausbildungslehrgänge. Die rezeptive Musiktherapie ist ein fester Bestandteil der fünf universitären Lehrgänge, die zurzeit in Frankreich bestehen und für welche die Initiative von Edith Lecourt an der Universität Paris-V bahnbrechend war. Diese Ausbildungen sind alle an medizinische oder psychologische Fakultäten angegliedert und setzen ein vorher abgeschlossenes Universitätsstudium sowie eine persönliche Kunstpraxis voraus. Sie sind also vor allem klinisch und psychotherapeutisch ausgerichtet und lehnen sich an die klassischen Psychotherapiemodelle an. Ihr theoretischer Unterbau ist in Frankreich meistens psychoanalytisch oder verhaltenstherapeutisch. Da es sich um Aufbaustudiengänge handelt, gehen Forschung und Lehre Hand in Hand. Es wird von den Studenten verlangt, dass sie genügend Kenntnisse und Autonomie besitzen, um ihre eigenen Behandlungsmethoden zu entwickeln, indem sie diese genau an die Bedürfnisse der jeweiligen Patientengruppe anpassen. Wert wird vor allem auf die Entwicklung der therapeutischen Beziehung und auf den Umgang des zukünftigen Therapeuten mit seinen eigenen Gefühlen gelegt. Zugleich müssen die Studenten eine kritische Distanz zu ihrer Tätigkeit bewahren und sie sowohl klinisch wie experimentell evaluieren können. Darum liegt ein weiterer Schwerpunkt der Ausbildung in der Methodik der Forschung. Technische Verfahren wie die Methode von Tomatis oder die Sophrologie werden an den Universitäten nicht gelehrt.

Da also keine festgelegten Regeln vermittelt werden, haben sich in der rezeptiven Musiktherapie sehr vielfältige Praktiken entwickelt, von denen die Beiträge in der „Revue française de musicothérapie“ ein Bild geben können. Diese Zeitschrift enthält klinische und experimentelle Forschungsarbeiten über die emotionalen, kognitiven und körperlichen Reaktionen, die durch das Hören von Musik bei verschiedenen Patientengruppen hervorgerufen werden (z. B. Lecourt 1997). Es gibt interessante Ansätze zur Theoriebildung in der rezeptiven Musiktherapie bei Autismus, geistiger Behinderung, Schizophrenie, Depressionen im Erwachsenenalter, Borderline-Störungen und Altersdemenz. Außerdem wird die rezeptive Musiktherapie immer öfters im schulischen Bereich eingesetzt.

Ich kann hier nicht auf die einzelnen Beiträge eingehen, möchte jedoch die Pionierarbeit von Jacqueline Verdeau-Paillès (1993) erwähnen. Die Fachärztin für Neurologie und Psychiatrie hat auf wissenschaftlicher Basis eine Typologie der möglichen Reaktionen auf ausgewählte Musikstücke aufgestellt und in ihr psychomusikalisches Inventar integriert. Dieses Inventar umfasst auch das Experimentieren mit Instrumenten und ist ein guter Ausgangspunkt für eine musiktherapeutische Behandlung, da es sowohl über die emotionalen, imaginären und kognitiven Möglichkeiten der Person Auskunft gibt als auch über ihre Familiengeschichte und ihren kulturellen Hintergrund.

Die meisten der an den Universitäten ausgebildeten Musiktherapeuten verbinden rezeptive mit aktiven Ansätzen. Sehr oft beziehen sie auch andere künstlerische Medien mit ein. Eine systematische Untersuchung über die verschiedenen Praktiken steht noch aus.

ZUR THERAPEUTISCHEN VERWENDUNG VON KLÄNGEN IN DER FRÜHESTEN LEBENSZEIT

MONIKA NÖCKER-RIBAUPIERRE

Es erscheint immer mehr Musik auf dem Markt, die das menschliche Leben von Anbeginn an therapeutisch begleiten und entwicklungsfördernd unterstützen soll. Das Spektrum umfasst ein reiches, teilweise sogar in Apotheken erhältliches Angebot an Musik speziell für die Zeit der Schwangerschaft, die dem heranwachsenden Kind Entspannung und Wohlbefinden ermöglichen soll, Musik „zur Förderung der Mutter-Kind-Bindung" oder auch gezielte musikalische Förderprogramme für das ungeborene Kind. Diese kommerziellen Angebote täuschen ein simples Ursache-Wirkungs-Prinzip vor, das ganz sicher nicht vertretbar ist. Auf der anderen Seite sind viele Krankenschwestern und betroffene Eltern auf neonatologischen Intensivstationen dazu übergegangen, den Babys beruhigende Musik vorzuspielen, von klassischer „kindgerecht" aufbereiteter Musik bis zu Entspannungsmusik mit Delphingesängen oder Wellenrauschen. Sie haben gehört, dass dies gut sei, und sie haben das Gefühl, etwas tun zu können, um das Leben in einer derartigen, hochtechnisierten Umgebung erträglicher zu gestalten. Das alles ist verstehbar, muss aber deutlich von einer therapeutischen Arbeit mit Musik abgegrenzt werden.

Im Folgenden soll die professionelle therapeutische Verwendung von Klängen dargestellt werden, wie sie von Musiktherapeuten in einer Neugeborenen-Intensivstation (NICU) für früh- und neugeborene Babys beforscht und angeboten wird. Aufbauend auf den biomedizinischen, organischen Voraussetzungen und der physiologischen Wirkung von Musik werden verschiedene rezeptive musiktherapeutische Ansätze dargestellt und abschließend kritisch beleuchtet.
Ich möchte dabei den Begriff Musiktherapie über unser deutsches Verständnis hinaus erweitern, da man in anderen Ländern, vor allem in den USA, unter „Musiktherapie" auch den rein funktionalen Gebrauch von Musik unter wissenschaftlichen Annahmen subsumiert. Ich unterscheide im Folgenden Medizinische Musiktherapie (medical music therapy) und Musikpsychotherapie. Beide rezeptiven Ansätze haben als Ausgangspunkt die physiologische Wirkung von Musik auf den menschlichen Organismus, unter-

scheiden sich aber in der Betrachtung der Situation Frühgeburtlichkeit und deren Behandlung. Dies soll im Folgenden ausgeführt werden.

Zur Entwicklung

Die intrauterine Entwicklung des Menschen ist ein Kontinuum, beginnend mit dem Ereignis, dass sich Ei- und Samenzelle vereinigen, teilen und daraus ein winziges Etwas entsteht, das nach 8 Wochen 12 mm misst und erste Bewegungen zeigt. Im Weiteren folgen die Entwicklung des Zentralnervensystems und der Sinnesorgane einem genetischen Plan in vorgegebenen Stufen, wobei davon auszugehen ist, dass jedes Sinnesorgan ab der Zeit reaktions- bzw. aufnahmefähig ist, ab der es gebraucht wird. Die ganze pränatale und anfängliche postnatale Lebenszeit ist im Wesentlichen durch Körpererfahrungen geprägt: es ist eine Zeit, in der durch ständige Integration und Differenzierung einer unendlichen Fülle von multi-sensorischen Information aus der Umgebung ein „Körper-Ich“ (Fröhlich 1994) oder „autonomes oder Körper-Selbst“ (Zieger 1993) entsteht. Die Begriffe „Körper-Ich“ oder „Körper-Selbst“ stehen dabei für einen Zustand, in dem Körper und Seele, Innen und Außen, Subjekt und Objekt noch nicht voneinander getrennt sind oder sich gegenüberstehen. Das Körper-Ich „umfasst das vegetative Erleben, die Einheit der Sinnesempfindungen auf elementarer Ebene unter Einschluss der Intero- und Propriozeption sowie das archaische Unterbewusste und den Tiefschlaf“ (Gustorff / Hannich 2000, 33) – eines ist zugleich das andere, die Verankerung in der Welt ist eine einheitliche. Das heranwachsende Kind ist darin aufgehoben. Eine therapeutische Behandlung in dieser frühesten Lebenszeit sollte diesen ungeteilten Zustand berücksichtigen.
Über das Wissen um die sich zeitlich unterschiedlich entwickelnden Sinnesorgane und ihre integrierende Funktion sowie über die Beobachtung der Fetalbewegungen und die Reaktionen auf externe Reize kann man auf die Entwicklung von Affekten schließen. Stimmungsänderungen als Vorformen von Affekten werden bei so kleinen Lebewesen nur durch vegetative Veränderungen wie Herzschlag, Atmung oder Motorik sichtbar; Affekte äußern sich also über vegetative Reaktionen und werden als solche im Köper-Ich gespeichert. Findet in dieser Zeit über Beziehungserfahrungen keine Integration dieser frühen Affekte statt, kann eine erste psychische Spaltung entstehen, die oft Jahre später in psychoanalytischen Behandlungen von Kindern (Maiello 2003) oder von Erwachsenen (Janus 1992) deutlich wird.

Unterschiedliche Forschungsansätze (Nöcker-Ribaupierre 1995; Aldridge 1999; Gustorff / Hannich 2000) zeigen, dass Musiktherapie eine wirkungs-

volle Methode gerade für Patienten ist, mit denen man sprachlich noch nicht oder nicht mehr kommunizieren kann. Die physiologische Grundlage hierfür ist in der Phylogenese und Ontogenese unseres Hörsystems zu finden und durch die Hirnforschung verifiziert: Die Prozesse der Musikverarbeitung finden zentral in beiden Hirnhemisphären, im limbischen System und im Hirnstamm (formatio reticularis) statt. Im Hirnstamm werden u. a. die aus dem Ohr stammenden Informationen verarbeitet, bevor sie zum Cortex weitergeleitet werden. D. h. dass zum einen das „Hören" beim Menschen nicht an einen funktionierenden Cortex gebunden ist, weil subcortical ein erstes Integrationszentrum existiert. Dieses Zentrum ermöglicht, dass Menschen durch Klänge vegetativ, emotional und motivational beeinflusst werden. Diese Bahn funktioniert auch, wenn der Cortex noch nicht entwickelt oder beschädigt ist. Zum anderen ist das Hörsystem anatomisch ab der 18. Schwangerschaftswoche voll funktionsfähig (Rubel 1984). Ungeborene Kinder reagieren mit 24 Wochen Gestationsalter sichtbar auf extrauterine Klänge (Birnholtz / Benacerraf 1983), manchmal sogar schon mit 19 Wochen (Hepper / Shahidullah 1994). Ab welchem Alter das ungeborene Kind akustische Reize speichert, ist nicht bekannt, aber man kann über Ultraschall sehen, ab wann es reagiert. Diese eher akademische Frage ist im therapeutischen Vorgehen nicht unbedingt ausschlaggebend, denn gemäß den ganzheitlichen beziehungsmedizinischen (Zieger 1998) und psychoanalytischen (Maiello 2003) Theorien bedingt eines das andere, da Subjekt und Objekt, Wahrnehmung und Reizverarbeitung noch ungetrennt sind.
Dennoch, wenn man in einer Intensivstation vor einem Inkubator mit einem 500 g kleinen Kind steht, das man inmitten der vielen Versorgungs-Kabel manchmal kaum als lebendiges Wesen wahrnimmt, braucht man Zeit, um zu erspüren bzw. zu erkennen, was es einem mitteilen will. Kann man sich darauf einlassen, vermittelt es einem weit entferntes, stillschweigendes Leiden und unendliche Einsamkeit. Es ist m. E. notwendig, sich bei der therapeutischen Anwendung von Klängen für ein solches Kind die therapeutische Haltung dieses Angerührtseins zu bewahren und sich immer an das zu halten, was man sehen und beobachten kann.

Das akustische Umfeld

Die akustische Umgebung des ungeborenen Kindes ist durch den kontinuierlichen niedrigfrequenten Geräuschteppich der ventrikulären und intestinalen Geräusche im Mutterleib bestimmt und durch den mütterlichen Herzschlag und ihre Atmung strukturiert. Durch „Unberechenbares" unterbrochen wird dieses Kontinuum durch die Stimme der Mutter, wenn sie spricht

oder singt, oder durch andere, von weiter entfernt kommende Stimmen, durch Musik, die die Mutter hört, singt oder selbst spielt, durch natürliche Umweltgeräusche oder den Lärm des äußeren Lebens. Das ungeborene Kind nimmt dieses gesamte Spektrum in verschiedenen Intensitäten über Schalldruck, Knochenleitung oder Vibration wahr.
Das neugeborene gesunde Kind zeigt uns durch seine Reaktionen und sein Verhalten, dass es durch sein vorgeburtliches Erleben akustisch auf das nachgeburtliche Leben vorbereitet ist. Denn gleich nach der Geburt zeigt es deutliche Präferenzen für pränatal Gehörtes, das es wiedererkennt und von neuen akustischen Reizen unterscheidet. Dazu gehören der mütterliche Herzschlag und ihre Gefäßgeräusche, ihre Stimme, die Stimmen und Geräusche ihrer alltäglichen Umgebung oder auch Texte und Musik (DeCasper / Fifer, 1980; Fernald, 1982; DeCasper / Spence 1986; Righetti 1996).

In einer Intensivstation, inmitten der überwältigenden Anwesenheit von Technik, Licht und Lärm (einem konstanten Geräuschpegel von etwa 50–60 db und den unberechenbaren Alarmsignalen von bis zu 110 db), liegen Patienten, die keine Möglichkeit haben, in einer uns vertrauten und verständlichen Weise zu kommunizieren. Wir können den Zustand ihres Bewusstseins, ihrer affektiven Befindlichkeit und ihrer Entwicklung nur anhand von EEG, Herzschlagvariation, Sauerstoffsättigung, sichtbaren Reflexen, Aufregung oder Unruhe und vegetativen Reaktionen beobachten und annähernd verstehen. Anzeichen von Stress, Angst oder Unruhe können wir beobachten oder über messbare physiologische Parameter erkennen. Man weiß heute, dass die Routinebehandlung, das durchgehend angeschaltete Licht, der exzessive Lärm Stress bewirken. Oft müssen die Patienten medikamentös sediert werden, um den Stress und die daraus entstehenden physiologischen Folgeerscheinungen zu reduzieren.
Ebenso wie erwachsene Patienten reagieren frühgeborene Kinder sicht- und messbar aversiv auf das Leben in dieser unphysiologischen Umgebung. Sie zeigen sinkende Sauerstoffsättigung und reduzierten Herzschlaglevel (Apnoen und Bradycardien), große Blutdruckfluktuationen, erhöhte Aufregung und Unruhe, Weinen und Schlafstörungen. In Folge dessen verbraucht das frühgeborene Kind zur Stress-Bewältigung ein großes Maß derjeniger Energie, die es eigentlich für Wachstum und Entwicklung benötigte. Auch deshalb wird auf Frühgeborenen-Intensivstationen nach unterstützenden Maßnahmen gesucht, um Stress zu vermindern oder zu vermeiden.
Seit vielen Jahrzehnten wird aus diesen Gründen auf Intensivstationen Musik eingesetzt (Spintge / Droh 1992; Gustorff / Hannich 2000; Schwartz 2003). Spintge, der seine medizinischen Forschungen auf der Grundlage von

Hirnforschung, hirnphysiologischer Wirkungsforschung und Emotionsforschung zusammenfasst, nennt als medizinisch nutzbare Wirkung von individuell ausgewählter Musik die Senkung des Stresshormonspiegels, eine Harmonisierung des Atemrhythmus', ein Herabsetzen der Muskelspannung, die Senkung von Herzfrequenz, Blutdruck, Sauerstoffverbrauch und Stoffwechsel: Musik reduziert das Schmerzempfinden und vermindert die Angst (Spintge / Droh 1992).

Wenn man in der frühesten Lebenszeit Musik einsetzt, um den Geräuschpegel zu maskieren und den aversiven Stress für frühgeborene und kranke neugeborene Kinder zu reduzieren, kann man anhand physiologischer Parameter beschreiben, dass Musik die Kinder tatsächlich erreicht, und man kann daraus folgern, dass Musik sie emotional berührt. Unter der Annahme, dass Emotionen das zentrale Steuerungsprogramm menschlichen Verhaltens sind und damit Voraussetzung für die Entwicklung darstellen, kann man den Einsatz von Musik auf Intensivstationen ganzheitlich begründen.

Zur therapeutischen Verwendung von Klängen in der frühesten Lebenszeit

Seit dem Ende der 80er Jahre wurden vorwiegend in den USA zahlreiche multimodale und rein akustische Studien zur Musik für frühgeborene Kinder durchgeführt. Die veröffentlichten Arbeiten beschreiben physiologische Reaktionen der Kinder auf spezielle Musik. Ergebnisse dieser ersten Forschungsphase zeigen, dass Musik von Anfang an beobacht- und messbar positive beruhigende Auswirkungen hat. Die seit 1991 beschriebenen musiktherapeutischen Forschungen sprechen von signifikanten Ergebnissen bezogen auf die momentanen physiologischen Parameter sowie auf die Entwicklung der Kinder. Es handelt sich ausnahmslos um rezeptive Angebote mit Musik von Tonträgern. Dieser funktionelle Bereich wird heute „medical music therapy" genannt, da der Fokus auf den physiologischen Parametern des Kindes während des Klinikaufenthaltes liegt (Loewy 2003; Schwartz 2003).

Medical music therapy

Die Musikstücke, die bei diesen amerikanischen Studien damals wie heute verwendet werden, sind das Wiegenlied von J. Brahms, kommerzielle Wiegenlieder, speziell komponierte Musik mit „womb sounds" (d. h. mit Gefäßgeräuschen und Herzschlag), Frauenstimmen, die Wiegenlieder mit Gitarren- bzw. Streicherbegleitung oder freie Vokalise singen, singende und

sprechende Frauen- und Männerstimmen, die sprechende und singende Mutterstimme.
Alle Studien haben sich als partiell effektiv erwiesen und signifikante Ergebnisse gezeigt hinsichtlich der Reduktion des zu beobachtenden Stressverhaltens und allgemeiner Beruhigung (Busnel 1986; Caine 1991), des signifikanten Anstiegs der Sauerstoffsättigung (Caine 1991), des signifikanten Anstiegs der Sauerstoffsättigung und Beruhigung (Collins / Kuck 1991; Cassidy / Standley 1995; Standley / Moore, 1995), einer besseren Gewichtszunahme (Chapmann 1979; Caine 1991), einer schnelleren Gewichtszunahme bei Mädchen als bei Jungen (Coleman et al. 1998), einer Verkürzung des Krankenhausaufenthaltes (Caine 1991) bzw. einer signifikant früheren Entlassung (3–5 Tage) aus der Klinik (Coleman et al. 1998).
Auch langfristig wirkt sich medical music therapy positiv aus: In zwei Kliniken in den USA, in denen Musik routinemäßig in das Neugeborenen-Intensivpflegeprogramm aufgenommen wurde, konnte ein schnelleres Wachstum des Kopfumfanges unter Musikanwendung beobachtet werden (Schwartz 1998; Standley 1998). Dies ist deshalb von Bedeutung, weil der zu frühe Verlust der intrauterinen Umgebung eine Wirkung auf Wachstum und Reifung des Gehirns hat (Hüppi 1996). Dem kann man mit Musik begegnen. Auch frühere Arbeiten über pränatale intrauterine Klangstimulation haben erhöhtes Wachstum des Kopfumfanges des Neugeborenen sowie gesteigerte Entwicklungsfähigkeiten gezeigt (Logan 1991). Da in den ersten zwei Lebensjahren der Kopfumfang ein zuverlässiger Indikator für die Gehirngröße ist (Sheth 1995), hat ein vermindertes Kopfwachstum, das in der weiteren Entwicklung nicht aufgeholt werden kann, definitiv negative Auswirkungen auf die kognitiven Fähigkeiten. Verminderter Kopfumfang im Alter von acht Monaten, auch bei normal ausgetragenen Kindern, ist ein strenger Indikator für verminderte intellektuelle Fähigkeiten ab acht Jahren (Hack 1991).

Ein weiteres Problem für die Langzeitprognose sehr unreif geborener Kinder stellt die später häufig auftretende Hyperaktivität und ADS dar. Auch deshalb sind die Ergebnisse der Musiktherapie-Studien von Bedeutung, da sie zeigen, dass Musik insgesamt betrachtet die Stressreaktionen verringert. Die durch Stress hervorgerufenen Ausschüttung von Stresshormonen im Plasma (ACTH, Kortisol, ß-Endorphine) kann eine Schädigung des neuronalen Netzwerks zu Folge haben, was die später sehr häufig auftretende ADS-Problematik erklären könnte.

Live-Musik für das Kind

Einen anderen Weg für Musiktherapie in NICUs beschreibt Joane Loewy, nämlich das Live-Musizieren für ein Kind. Sie hat ein zeitlich und in den praktischen Vorgaben genau strukturiertes, differenziertes Musiktherapieprogramm für stabile frühgeborene Kinder (älter als 32 Wochen) entwickelt, das sie „environmental music therapy" nennt. Es umschreibt einen speziellen Ansatz der Musiktherapie, in dem der Therapeut mit dem Ziel arbeitet, milieubedingten Lärm und Stress zu reduzieren. Dazu reicht es ihrer Ansicht nach nicht, einfach eine bestimmte Musik in einem bestimmten Tempo zu spielen. Die Tonhöhe der Maschinen-Pieptöne, die Stimmung beim Pflegepersonal und der Rhythmus der chaotischen akustischen Umgebung müssen eingeschätzt werden, bevor musiktherapeutische Maßnahmen dagegen begonnen und während der Intervention bewertet werden. Die von der Therapeutin live gestaltete Musik richtet sich nach ihrem Erleben in der aktuellen Situation und daraus resultierenden Therapieziel: z. B. werden zum Schlafen Wiegenlieder gesungen, oder es wird bei Atemproblemen die Gato drum eingesetzt, die den Atemrhythmus des Kindes aufnimmt, bei Unruhe die Oceandrum und Summen/Singen, oder zur Förderung der Bindung (wenn das Baby bei seiner Mutter liegt) Musik und leises Summen/Singen (Loewy 2003). Hier nimmt also eine weitere Person eine zentrale Rolle ein: die Therapeutin, die für das Kind spielt.

Die beiden folgenden Ansätze arbeiten mit der Annahme, dass Mutter und Kind in diesem Stadium der Entwicklung als ungetrennt zu sehen und zu behandeln sind, und beziehen die Mutter mit ein.

Beziehungsorientierte Musiktherapie

Musizieren für Mutter und Kind

Monica Bissegger musiziert für beide (vgl. dazu auch den Beitrag von M. Bissegger in diesem Buch). Sie will für beide eine Atmosphäre von Geborgenheit und Sicherheit in Form einer „Klanghülle" schaffen, die nur durch den lebendigen Klang entstehe. Die Mutter hat das Kind auf der Brust oder sie steht, wenn ihr Kind noch zu unreif ist, am Inkubator. Die Therapeutin versucht, die Befindlichkeit des Kindes und die Atmosphäre der Umgebung aufzunehmen und improvisatorisch umzusetzen, summend oder singend; dabei begleitet sie sich mit einer pentatonischen Leier. So entsteht eine „Klanghülle", die beiden Sicherheit, Geborgenheit und Zuwendung vermittelt. Die Mutter kann, wenn sie dazu bereit ist, mit einstimmen. Dann tönen sie zusammen oder die Therapeutin überlässt ihr die Stimme. Auf diese Weise kann die Mutter aktiv am Wiederaufbau der Beziehung mitwirken und mit Hilfe der Therapeutin die getrennte Verbindung zum Kind wieder aufbauen. Das Kind kann durch Atmen, Mimik und Bewegungen selbst in den Dialog mit eintreten (Bissegger 2000a, b).

Auditive Stimulation mit Mutterstimme

Als Letztes spreche ich über meinen musikpsychotherapeutischen Ansatz der Auditiven Stimulation mit Mutterstimme. Ich möchte damit zeigen, dass es über die rein rezeptive funktionale Anwendung von Klängen und deren unwidersprochen positiven und entwicklungsfördernden Auswirkungen möglich ist, einen ganzheitlichen Therapieansatz zu vertreten, wobei ganzheitlich das System und dessen Psychodynamik meint.
Mein ursprünglich rein rezeptiver Ansatz war zunächst entwickelt worden, dem zu früh geborenen Kind in einer unphysiologischen Welt andere akustische Eindrücke als die der es umgebenden Technik zu geben: etwas, das es aus seiner verlorenen Zeit kannte und das ihm ein Stück Geborgenheit geben sollte, nämlich die Stimme seiner Mutter. Damit sollte Stress abgebaut und positive Stimulation vermittelt werden. Der Mutter wurde freigestellt zu erzählen, etwas vorzulesen oder zu singen; ihre Stimme wurde auf Tonband aufgezeichnet und über 6 Wochen dem Frühgeborenen fünf mal täglich zu störungsfreien Zeiten im Inkubator vorgespielt.

Ich habe zwei Studien durchgeführt: In der ersten Studie wurde der unmittelbare Effekt der Mutterstimme auf das Kind beobachtet und die Entwicklung der Kinder bis zum Alter von 20 Monaten untersucht, in einer weiteren Untersuchung wurde die Entwicklung des Kindes bis zum Schuleintritt mit 6 Jahren verfolgt.
Die Ergebnisse zeigten, dass die Kinder sicht- und messbar ab der 26. Schwangerschaftswoche auf die Mutterstimme reagierten, wenn sie nicht aufgrund von Krankheit oder Medikamenten von äußeren Reizen abgeschirmt waren. Darüber hinaus wurde deutlich, dass die Mutterstimme beruhigend auf das Kind wirkte, was einen signifikanten Anstieg des transkutan gemessenen Sauerstoff-Partialdrucks zur Folge hatte.
Im Alter von fünf Monaten zeigten die Babys der Studie eine signifikante Steigerung der verbalen und der motorischen Entwicklung. Im Alter von 20 Monaten bestand bei diesen Kindern sowohl motorisch als auch verbal weiterhin ein Entwicklungsvorsprung gegenüber den Kindern der Kontroll-

gruppe; bei den Sechsjährigen fanden sich Unterschiede in den Intelligenztests und in der Sprachentwicklung (Nöcker-Ribaupierre 1995, 1999).
Die Auditive Stimulation hat sich während dieser Studienzeit zu einer ganzheitlichen Form entwickelt, die unter Berücksichtigung der Psychodynamik des Geschehens intensiv die Mutter und damit die Entwicklung der Mutter-Kind-Bindung einbezog. Es wurde so deutlich, dass man in dieser frühesten Phase der Entwicklung Mutter und Kind nicht als getrennt sehen und behandeln kann, eine Erfahrung, die sich über entsprechende interdisziplinäre Literatur untermauern ließ (Bowlby 1969, Winnicott 1965, Klaus / Kennell 1976, Ainsworth 1976, Eagle 1988, Fedor-Freyberg 1987, Janus 1990, Stern 1992). Eine zu frühe Geburt stellt ein für beide Beteiligten traumatisches Ereignis dar, das man gemeinsam behandeln muss, um den Weg für eine optimal mögliche Entwicklung zu ebnen.

Dies soll im Folgenden näher erläutert werden:
Die Mutter: Da eine zu frühe Entbindung meistens mit einer Sectio verbunden ist, sieht die Mutter ihr Kind oft erst nach ein paar Tagen, wenn es ihr möglich ist, aufzustehen und das Kind auf der neonatologischen Intensivstation zu besuchen. Obwohl sie durch Fotos ihres Kindes und Gespräche über dessen Zustand aufgeklärt und vorbereitet ist, bedeutet der erste Besuch der Intensivstation meist einen Schock, der sie zutiefst erschreckt und verängstigt und hilflos macht. In dieser Situation muss man ihr, neben der Trauerarbeit über die unvollendete Schwangerschaft und das zu früh entbundene Baby, helfen, aktiv zu werden. Indem man ihr die Gelegenheit gibt, etwas für ihr Baby zu tun, etwas von sich selbst zu vermitteln, wird sie sich aus ihrem bisherigen Erleben des Einsseins mit ihrem Kind lösen: das Kind ist nicht mehr ein Teil von ihr bzw. ihres Körpers, sondern es wird zu einem Gegenüber. Hier geschieht dies dadurch, dass sie über ihre Stimme, einem dem Kind aus der pränatalen Zeit vertrauten Klang, einen neuen Weg zu ihrem Kind finden und entwickeln kann. Wenn es ihr möglich wird, ihr Kind anzusprechen, sieht bzw. erlebt sie, dass ihr Kind auf sie reagiert. Das ist eine entscheidende Voraussetzung für die neu zu gewinnende Handlungsfähigkeit der Mutter und für das Entstehen von Bindung zu ihrem Baby. Auf dieser Grundlage und den Beobachtungen von Forschungen, dass frühgeborene und gesunde termingeborene Kinder die Stimme ihrer Mutter allen anderen Stimmen vorziehen (Standley / Moore 1995), begleitet der Ansatz der Auditiven Stimulation mit Mutterstimme die Mütter und versucht, die Mutterstimme therapeutisch zu nutzen.

Das Kind: Um die Psychodynamik des Lebens frühgeborener Kinder zu verstehen, müssen angrenzende Verstehens- und Erklärungsmodelle herangezogen werden, wie die der Säuglingsforschung, neuen analytischen Theorien, der Bindungsforschung. Stern (1985) spricht von „genetischer Determinierung von Wahrnehmung“, was bedeutet, dass der Säugling von Anfang an unterschiedliche soziale und kognitive Erfahrungen miteinander verknüpfen kann. Er sieht dies als ein Entwicklungsprinzip, das von Anfang an den anderen mit einschließt. Die physiologische Regulation des Lebens erfolgt über die Fähigkeit des Kindes zum sozialen, interaktiven Austausch. Dabei spielen die Vitalitätsaffekte eine entscheidende Rolle. Die Vitalitätsaffekte der Mutter erreichen das Kind auch über ihre Stimme, auf die es reagiert. Das erklärt, dass man dem frühgeborenen Kind über die emotionale und klangliche Qualität der Stimme seiner Mutter auch im Inkubator einen psychischen Raum erhalten kann, einen Raum, in dem Beziehung stattfindet und sich weiter entwickelt. Die Kinder spüren das und reagieren deutlich darauf.

> Sandra kam nach 28 Schwangerschaftswochen mit lebensbedrohlichen medizinischen Problemen zur Welt. Sie musste sofort beatmet und auf die Frühgeborenen-Intensivstation verlegt werden. Ihre Mutter kam einen Tag nach der Sectio in die Station. Sie saß stumm vor dem Inkubator, hatte große Angst und wenig Hoffnung auf ein Überleben ihres Kindes. Aber sie nahm das Angebot zu einer Aufnahme ihrer Stimme gerne an. Ihre Stimme klang matt, tonlos, sie sprach zögernd langsam und leise. Seither besuchte sie Sandra täglich und sprach zunehmend mehr mit ihr. Mit der Zeit stabilisierte sich der psychische Zustand der Mutter, sie freute sich über Sandras Entwicklung und nahm vorsichtig an der Pflege teil. Als Sandra 34 Wochen alt war, fing sie an zu weinen, wenn sie die Stimme der Mutter über das Tonband hörte, nicht aber, wenn die Mutter direkt zu ihr sprach. Die Stimme der Mutter klang aufgrund ihrer verbesserten Stimmungslage jetzt kräftig und positiv. Deshalb ersetzten wir die alte Aufnahme durch eine neue – ab dem Zeitpunkt wendete Sandra jedes mal den Kopf in Richtung des Lautsprechers, wenn die Stimme ihrer Mutter erklang.

Ein zweiter Aspekt liegt in der Fähigkeit des Kindes, auf akustische Eindrücke zu reagieren. Wir konnten beobachten, dass – im Gegensatz zur Habituierung auf technische Geräusche – das frühgeborene Kind immer mit voller Aufmerksamkeit auf die Stimme seiner Mutter achtete. Es reagierte, wenn es nicht krank oder sediert war oder fest schlief, mit wacher Aufmerksamkeit und später mit Hinwenden des Kopfes auf die Schallquelle. Wenn,

wie in der ersten Studie, feste Zeiten für die Auditive Stimulation vorgesehen waren, wartete es oft darauf. Eagle (1984) erklärt dies mit der Entwicklung von Objektbeziehungen, nämlich einer angeborenen Neigung, Bindungen zu Objekten in der Welt herzustellen, die nicht mit dem Erfüllen von Bedürfnissen zusammenhängen.
Deshalb richtet sich meine musiktherapeutische Methode sowohl an das Kind als auch an seine Mutter und damit auf die Beziehung der beiden. Das musikalische Medium ist die Stimme der Mutter: der nonverbale, emotionale, von musikalischen Parametern bestimmte Gehalt der Stimme, die prägende psychische Wirkung durch den für jedes Kind unverwechselbaren Klang, die Melodie und den Rhythmus dieser Stimme, jenseits aller Semantik, als einem Träger der pränatalen emotionalen Interaktion.

Um, wie in anderen Gebieten der rezeptiven Musiktherapie, komponierte und auch improvisierte Musik therapeutisch sinnvoll einzusetzen, bedarf es einer zumindest minimalen Symbolisierungsfähigkeit des Klienten. Wir gehen davon aus, dass in dieser frühesten, prä-mentalen, prä-verbalen Lebenszeit Klänge und Rhythmus für das Kind noch keine symbolischen Qualitäten besitzen. Das frühgeborene Kind ist von seinem Alter und von seiner Entwicklung her noch nicht zur Symbolisierung fähig. Denn Symbolbildung ereignet sich auf der Basis der Bildung innerer Repräsentanzen, setzt also Erinnerung und ein gewisses Maß an Bewusstsein voraus. Der Symbolwert der Musik, der in der Therapie mit erwachsenen Menschen eine so entscheidende Rolle spielt, hat dort keinen Sinn, wo sich der Klient noch in einer vorbewussten Welt, einer Prä-Symbolwelt aufhält. Rhythmus und Klänge begleiten die Anfänge des frühkindlichen Erlebens und sie sind beziehungsstiftend, wenn sie über die Mutterstimme vermittelt werden. Durch sie gibt es auch nach der dramatischen Unterbrechung der engen Verbindung durch die zu frühe Entbindung die Möglichkeit, dem Kind mit den musikalischen Parametern der Mutterstimme ein Kontinuum für primäre akustische Repräsentanzen zu erhalten. Die Mutterstimme ist in dieser Situation einerseits Ersatz, andererseits Symbol für Beziehung. Wenn die Intention einer therapeutischen Begleitung die Unterstützung der Beziehung von Mutter und Kind ist, kann das therapeutische Mittel deshalb weder komponierte Musik noch andere Klänge sein.

Diskussion

Alle beschriebenen rezeptiven Angebote sind praktische Folgerungen aus sorgfältigen quantitativen Forschungen. Es mag Vorbehalte oder Einwände dagegen geben, dass man therapeutisch mit Klängen so arbeiten könne, als gäbe es eine musikalische Hausapotheke für frühgeborene Kinder, die ohne Beteiligung des Kindes verabreicht würde. Man muss natürlich immer das jeweilige Entwicklungsstadium des Kindes berücksichtigen. Beispielsweise ist ein Kind mit 25 Wochen Gestationsalter (Anfang des 6. Monats) etwa 600 g schwer, noch nicht – und für längere Zeit nicht – in der Lage, ohne technische Hilfe zu atmen oder Nahrung zu sich zu nehmen. Es wird beatmet, sondiert, ist mit vielen Kabeln an viele Überwachungsgeräte angeschlossen, man kann inmitten der Technik das Kind als Individuum kaum wahrnehmen oder erspüren. Es wird rund um die Uhr beobachtet, kontrolliert und versorgt. Die Stationen bestehen aus übersichtlichen großen Räumen, in denen mehrere Inkubatoren mit der dazugehörigen technischen Ausstattung nebeneinander stehen. Es gibt also auch keine Möglichkeit, eine private oder geschützte Umgebung zu gestalten.

Pflegepersonal und Musiktherapeuten, die diesen Kindern in den durchsichtigen Kästen zur Unterstützung Musik vorspielen, sind angetreten, jedem einzelnen dieser Kinder zu helfen. Sie beobachten sorgfältig, wie das Kind auf das klangliche Angebot reagiert, sind in der Lage, es zu modifizieren und seinen Bedürfnissen entsprechend zu verändern. Eindeutiges Ziel ist, den Kindern eine unterstützende, fördernde Stimulation anzubieten, die die hochtechnisierte Umgebung einer NICU etwas natürlicher und damit menschenwürdiger gestaltet und ihre Entwicklung unterstützt. Dem kindlichen Entwicklungsstand gemäß ist die Beobachtung dessen, was geschieht, primär über physiologische Parameter möglich, aber auch durch Direktbeobachtung der Mimik und der Bewegungen des Kindes. Jeder dort arbeitende Therapeut beobachtet die Reaktionen jedes einzelnen Kindes sehr sorgfältig und reagiert darauf, bezieht also das Kind als Person, als Gegenüber, mit ein.

Auch die verwendete Musik folgt Kriterien, die dem Entwicklungsstand des Kindes entsprechen. In Anlehnung an zeiten- und kulturübergreifende Gemeinsamkeiten von Wiegen- oder Schlafliedern wird die Musik rhythmischen, melodischen, harmonischen Vorgaben folgen, werden die Instrumente danach bestimmt, die Stimme der Mutter oder auch andere ausgebildete Frauenstimmen verwendet und die Lautstärke individuell modifiziert. Es gibt genaues Wissen über das jeweilige Verhalten in den jeweiligen Entwicklungsstufen.

Im Alter von 34–36 Wochen sind Kinder neurologisch so weit entwickelt, dass sie mit vorhersehbaren Antworten auf Reize reagieren. Etwa ab diesem Alter zeigen die Kinder deutlich, dass sie nicht mehr allein mit der Stimme vom Tonband zufrieden sind, sondern nur in der Verbindung mit anderen taktilen Angeboten, wie streicheln, halten, getragen werden. Und sie zeigen auch eine erste Entwicklung von Objektkonstanz: wenn sie über einen längeren Zeitraum Stimme und Gesicht zusammen erlebt haben, können sie, wenn die Mutter nicht mehr da ist, mit einem Wiegenlied oder einer Geschichte ihrer Mutter vom Tonband ruhig einschlafen. Stern empfiehlt für Säuglinge, dass Gesichter und Stimmen zusammengehen, d. h. in sich stimmig sein sollen (Stern 1997) – dieser Entwicklungssprung einer kreuzmodalen Wahrnehmung findet deutlich vier Wochen vor dem eigentlichen Geburtstermin statt. Wenn die Kinder stabil genug sind, um ohne die intensive Technik weiter zu wachsen, werden sie oft in andere, kleinere intimere Zimmer verlegt, in denen es leichter möglich ist, mit aktivem Musizieren in einen Dialog zu treten (Shoemark 2003).

Abschließend möchte ich noch einen mir persönlich wichtigen Gedanken anfügen:
Im Rahmen ihrer psychoanalytischen Forschung berichtet Piontelli (1996) von ihrer Studie, in der sie Kinder von den Anfängen des vorgeburtlichen Lebens bis in die ersten Lebensjahre beobachtet hat. Mithilfe von Ultraschallbeobachtungen vor der Geburt und Direktbeobachtungen nach der Geburt kommt sie zu der Feststellung, dass vor- und nachgeburtliche Verhaltensmuster weitgehend übereinstimmen. So erscheint ein ungeborenes Kind, das sich nach einem externen akustischen Reiz in eine „Ecke" des Uterus „zurückzieht", den Daumen im Mund, auch später eher schüchtern und zurückgezogen. Dies weist darauf hin, „dass das vorgeburtliche Kind nicht erst das zukünftige Kind werden wird, sondern dass es das Individuum, das es sein wird, schon ist." (Maiello 2003). Dies gilt auch für jedes frühgeborene Kind und verlangt Respekt und Empathie in der Begegnung mit dem kleinen Individuum.

Abschließende Gedanken

Mit frühgeborenen Kindern auf einer Intensivstation ist nur ein rezeptives Arbeiten möglich. So unterschiedlich die vorgestellten Ansätze auch sind, sie haben etwas gemeinsames: Musiktherapie unterstützt und hilft frühgeborenen Kindern – physiologisch und psychisch, beobachtbar und messbar, hinsichtlich ihres momentanen Befindens und in ihrer weiteren Entwicklung. Musik wirkt entspannend, Stress reduzierend, entwicklungsfördernd und damit präventiv zur Reduzierung von Folgeschäden, die bei ehemals Frühgeborenen bis in die Schulzeit hinein feststellbar sind (Achenbach et al. 1993).

Zusätzlich unterstützt die Arbeit mit Mutterstimme die Wiederaufnahme von Beziehung bzw. Bindung und bildet so eine Grundlage für das weitere Leben.

Zusammenfassend sei festgestellt, dass auch in der Neonatologie mit rezeptiv musiktherapeutischer Arbeit mit Musik, Singen und Klängen nachweisbar positive Ergebnisse erreicht werden, um im Moment zu helfen und für die Zukunft zu sorgen.

DIE KLANGGELEITETE TRANCE NACH WOLFGANG STROBEL

Rezeptive Musiktherapie mit Klangarchetypen – eine tiefenpsychologische Methode

ANDREA SCHMUCKER

Einleitung

Die von Wolfgang Strobel[1] vor circa 20 Jahren entwickelte und von ihm so benannte „Klanggeleitete Trance" hat mehrere Wurzeln und stellt eine Synthese verschiedener therapeutischer Ansätze dar, die aus Musiktherapie, Hypnotherapie, Psychoanalyse und Tiefenpsychologie stammen. Nicht zuletzt steht die Klanggeleitete Trance jedoch dem Schamanismus sehr nahe, der wohl ältesten Heilmethode der Menschheit. Auch sie hat ihren Ursprung in der therapeutischen Arbeit mit veränderten Bewusstseinszuständen und arbeitet mit monotoner repetitiver akustischer Stimulation, die auf urtümlichen Instrumenten ‚live' erzeugt wird. Zu allen Zeiten und in den unterschiedlichsten Kulturen nutzten die Schamanen die Zaubermacht archaischer Musik, um sich und ihre ‚Klientel' in einen anderen Bewusstseinszustand zu versetzen, um andere Wirklichkeiten anzureisen und Götter, Hilfsgeister oder Dämonen anzurufen, Krankheiten zu heilen oder verloren gegangene Seelenanteile zurückzuholen. Die gebräuchlichsten ‚Transportmittel' für solch eine schamanische Reise in nichtalltägliche Wirklichkeiten sind die Trommel, die auch als das „Pferd des Schamanen" bezeichnet wird (Drury 1989) oder auch die Rassel.

Die Klanggeleitete Trance nach Strobel verwendet noch weitere Instrumente und stellt damit heute innerhalb der rezeptiven Musiktherapie eine sehr wirkungsvolle Methode zur Verfügung. Durch eine bestimmte monotone Spielweise sowie durch Ritualisierung des Musikhörens wird ein veränderter Wachbewusstseinszustand hervorgerufen, der den Zugang zu unbewussten wie auch überbewussten Tiefenschichten der Psyche ermöglicht. Von daher kann man auch das ‚Musikalische Katathyme Bilderleben' von Hanscarl

---

1 Wolfgang Strobel, Dr. med., Facharzt für Psychotherapeutische Medizin, Facharzt für Psychiatrie und Neurologie, Psychotherapie, Psychoanalyse; Lehrmusiktherapeut. Leiter des Weiterbildungsinstituts für Musik-, Körper- und Trance-Therapie.

Leuner aus den 60er Jahren sowie die sog. ‚Guided Imagery and Music‘ (GIM, vgl. dazu den Beitrag von E. Geiger in diesem Buch), die von Helen Bonny in enger Zusammenarbeit mit Stanislav Grof Anfang der 70er Jahre in Amerika entwickelt wurde, als Vorläufer bezeichnen. Beide sind eigenständige Methoden innerhalb der rezeptiven Musiktherapie, arbeiten allerdings mit vorgefertigter (komponierter) Musik aus der Konserve.
Angeregt durch die Zusammenarbeit mit seinem Freund Tonius Timmermann und dessen Experimente und Ergebnisse mit den elementaren Klangstrukturen des Monochords beginnt Wolfgang Strobel Anfang der 80er Jahre selbst die energetischen Urmuster und Urkräfte weiterer Klänge zu untersuchen. Er erforscht die sog. Klangarchetypen anderer archaischer Musikinstrumente sowie deren spezifische Klangeigenschaften und deren Wirkung auf den Menschen im Zusammenhang mit ihrer psychotherapeutischen Nutzbarkeit[2]. Das Neue in der Methode der ‚Klanggeleiteten Trance‘ liegt in der Erkenntnis, dass „die Art des verwendeten Klanges ... einen Einfluss auf das Thema des Erlebens hat“ (Strobel 1992, 99), so dass der jeweils verwendete Klang mit seinem spezifischen psychologischen Bedeutungshof gezielt eingesetzt und das Erleben auf bestimmte Themenbereiche fokussiert werden kann. Die Klanggeleitete Trance nutzt also die Erkenntnis, „... dass spezifische, auf urtümlichen Instrumenten erzeugte monochrome Klangstrukturen sich mit bestimmten Themen des Unbewussten in Resonanz setzen und diese ins Bewusstsein treten lassen. Die Klänge haben dabei eine hohe Affinität zu vorgeburtlichen Erfahrungen, Geburt, früher Kindheit, Tod und Transzendenz.“ (Strobel 1999b, 221). Über den veränderten Bewusstseinszustand tritt eine Erlebnisregression ein, wodurch die entsprechenden verdrängten (traumatischen) Erfahrungen bewusstseinsfähig und damit bearbeitbar gemacht werden können. Darüber hinaus ist es auch möglich, neue Erlebens- und Erfahrungsräume zu betreten und individuelles Wachstum zu fördern

Zum besseren Verständnis der nun folgenden Ausführungen sei darauf hingewiesen, dass die hier beschriebene Form der Klanggeleiteten Trance als aufdeckende Methode für die Behandlung von neurotischen Patienten und Menschen mit Borderline-Störungen entwickelt wurde und sich auch im Bereich der Selbsterfahrung sehr bewährt hat. Es handelt sich dabei um eine Klientel, bei der ein Verbalisieren und Durcharbeiten auf der Erkenntnisebene möglich ist. Die Klanggeleitete Trance bzw. die Arbeit mit Klangarchetypen kann aber unter bestimmten Umständen auch bei Psychiatriepa-

2 Die Ergebnisse dieser Arbeit beschrieb Strobel erstmals 1988 in seinem Aufsatz ‚Klang – Trance – Heilung. Die archetypische Welt der Klänge in der Psychotherapie‘.

tienten mit psychotischen Störungen, in der Kinder- und Jugendlichentherapie, bei Behinderten oder gar bei Wachkoma-Patienten (Jochheim 2004) mit Erfolg angewandt werden. Der Trance-Aspekt tritt in den Hintergrund und es sind zum Teil erhebliche Modifikationen der Methode erforderlich, auf die im Rahmen dieser Arbeit nicht eingegangen werden kann.

Die Trance: Verändertes Wachbewusstsein

Früher hat man unter dem Begriff ‚Trance' einen Zustand aufgehobenen Wachbewusstseins verstanden und im volkstümlichen Sprachgebrauch meint man auch heute noch, dass man nicht bei Bewusstsein ist, wenn man sich in Trance befindet. Spätestens seit Milton H. Ericksons Hypnotherapie (Erickson 1981, 1989) in den 70er Jahren publik geworden ist, wird der Begriff Trance jedoch für alle Bewusstseinszustände verwendet, bei denen das Bewusstsein nicht auf die Außenwelt, sondern nach innen gerichtet ist. Da das normale Wachbewusstsein dabei erhalten bleiben kann und lediglich verändert ist, spricht man in wissenschaftlichen Zusammenhängen von ‚veränderten Wachbewusstseinszuständen' (VWB).
Monotone Klänge und Rhythmen sind hervorragende Mittel, solche Zustände veränderten Wachbewusstseins hervorzurufen und führen damit in die Zentriertheit einer nach innen gerichteten und erhöhten Wahrnehmung. Die archetypische Wirkung der Klänge setzt erst dann ein, wenn die Trance Tiefenschichten des Bewusstseins erreicht hat. Da die Reaktionen auf einen bestimmten Klang individuell sehr verschieden sind, empfiehlt Strobel zur besseren Orientierung, die Klangerlebnisse bestimmten Bewusstseinsebenen zuzuordnen, so dass die vielfältigen Wahrnehmungen während einer Klangtrance sinnvoll interpretiert und angemessen verstanden werden können (Strobel 1992, 112). Er listet insgesamt 7 Schichten des Bewusstseins auf: die Ebenen 1 bis 3 entsprechen dem normalen Wachbewusstsein, die Ebenen 4 bis 7 (die er von Grof 1983a übernimmt) dem veränderten Wachbewusstsein, wobei die Ebene 4 ein Zwischenstadium darstellt.

Normales Wachbewusstsein

1) *Ebene der kritischen Beschreibung des Außenreizes* – der Klient versucht, das äußerliche Klangphänomen selbst zu beschreiben (z. B. „Ich höre einen hohen Ton, der ist ganz hell und silbrig.").
2) *Ebene der Alltagsassoziationen* – die Klänge werden mit bestimmten Alltagssituationen verbunden (z. B. „Das klingt wie ein Rasenmäher.").

3) *Ebene diffuser Gefühlswahrnehmungen* – die Gefühle werden nach dem Lust- und Unlustprinzip wahrgenommen („Das ist sehr angenehm“ oder „Das gefällt mir nicht“).

Verändertes Wachbewusstsein

4) *Ebene abstrakter oder ästhetischer Erfahrungen* – Wahrnehmung von geometrischen Mustern bis hin zu psychedelisch anmutenden Farben und Formen.
5) *Ebene psychodynamisch zu interpretierender Erfahrungen* – die Wiederbelebung von Ereignissen aus der Lebensgeschichte in konkret-realer oder in metaphorischer Form.
6) *Ebene prä- und perinataler Erfahrungen* – Erlebnisse aus der intrauterinen Zeit oder aus der Zeit vor, während oder unmittelbar nach der Geburt kommen ins Bewusstsein.
7) *Ebene transpersonaler Erfahrungen* – Ausweitung über die Grenzen des Ichs und über die Begrenzung von Raum und Zeit (Bilder des kollektiven Unbewussten, Erfahrungen aus anderen Kulturen (ohne je da gewesen zu sein), Reinkarnationserfahrungen, mystische, religiöse und transzendente Erlebnisse).

Die archetypische Wirkung der Klänge kommt, wie gesagt, erst in den Ebenen 5 bis 7 zum Tragen. Wenn ein Patient in der Klanggeleiteten Trance nicht in jene tieferen Schichten des Unbewussten vordringt, so können seine Reaktionen auch nicht jenen archetypischen Themenbereichen zugeordnet werden (Strobel 1992, 113).

Die Trancetiefe allein garantiert jedoch nicht zwangsläufig eine archetypische Wirkung der Klänge, da es auch unspezifische Reaktionen auf die verschiedenen Klangstrukturen gibt. Wenn z. B. ein drängendes aktuelles Thema dem Patienten auf der Seele brennt, so ist es diesem Thema sozusagen einerlei, durch welchen Klangstimulus es ins Bewusstsein gebracht wird. In diesem Fall ist die spezifische Wirkung des Klangarchetypus außer Kraft gesetzt. Somit ist also nicht mit absoluter Sicherheit vorhersehbar, ob die Erlebensqualität aus dem Bedeutungshof des entsprechenden Klangs stammt. Darüber hinaus weist Strobel auf die Forschungsergebnisse von Dittrich (1985) hin, der herausfand, dass es einen gemeinsamen Erfahrungskern veränderter Wachbewusstseinszustände gibt, welcher ohnehin unabhängig ist von der Art des auslösenden Stimulus. Folgende Phänomene sind bereits dem Trancezustand an sich zuzuordnen und somit unabhängig von dem je-

weiligen Klang: *Veränderungen des Zeiterlebens, des Körperschemas und der Denkabläufe, Verlust der Selbstkontrolle, halluzinatorische Erscheinungen.* Bei jedem Klang können also die bekannten Trance-Phänomene wie Altersregressionen, Zeitverzerrungen, Visionen etc. auftreten.
Der komplexe Sachverhalt macht ersichtlich, dass man die Klanggeleitete Trance nur dann gezielt und angemessen einsetzen und ihre Ergebnisse sinnvoll interpretieren kann, wenn man genügend Erfahrungen in der Praxis gesammelt hat, die das Unterscheidungsvermögen schärfen.

Die Klangarchetypen und ihre spezifische Wirkung

Der Begriff ‚Klangarchetyp' meint zwei Gegebenheiten: das energetische und physikalisch messbare (objektive) Phänomen des Klangs einerseits und den damit in Resonanz stehenden psychologischen (subjektiven) Bedeutungshof im menschlichen Erleben andererseits. Mit Hilfe der hermeneutischen Methode der verstehenden Interpretation konnte Strobel auffällige Übereinstimmungen in den Reaktionen auf die unterschiedlichen spezifischen Klangmuster finden. Sie entsprechen offensichtlich Urmustern der menschlichen Seele und vermögen umschriebene Themenkomplexe im Unbewussten des Menschen anzustoßen. Der Begriff ‚Archetyp' in der Bedeutung eines Grundbausteins der Seele geht auf Johannes Kepler zurück, der bereits zu seiner Zeit Entsprechungen zwischen musikalischen Urformen und Strukturen der Seele vermutet hatte (Timmermann 1987, 65).

„Es gibt also neben der unspezifischen Trance-induzierenden Wirkung des monotonen Reizes eine spezifische Auswirkung der Klang*farbe* auf das Erleben. Aus diesem Grunde spreche ich gerne von *monochromen* Klängen[3], die auf verschiedenen Instrumenten erzeugt werden, energetische Archetypen darstellen und charakteristischen psychologischen Themenfeldern zugeordnet werden können." (Strobel 1992, 99)

Allerdings ist es ein Irrtum, den Klangarchetypus einzig und allein auf das Instrument zurückzuführen, da er immer auch ganz wesentlich von der Spielweise bestimmt ist (Strobel 1999, 104). Verändert man diese, so ist auch die Wirkung eine andere.
Nicht zuletzt hängt die Wirkung der Klänge auch von der Haltung, Gestimmtheit und zentrierten Absicht des Therapeuten ab. Strobel (1992, 102) warnt in diesem Kontext ausdrücklich vor „einem simplifizierenden linearen

3 ‚Monochrome Klänge' sind monoton gespielte Klänge mit einer charakteristischen Klangfarbe.

Verständnis der Klangwirkung“ und weist darauf hin, dass es „sich um einen kreisprozessartigen Dialog zwischen dem Klang-erzeugenden Therapeuten und dem darauf reagierenden Patienten“ handelt. Dies sei ein wesentlicher Grund, warum er stets mit ‚live‘ erzeugten Klang- und Rhythmusstrukturen arbeite.

Folgendes Phänomen ist für die therapeutische Arbeit mit Klangarchetypen von ganz herausragender Bedeutung und nimmt in der Therapie den meisten Raum ein: Das archetypische Thema ist ganz oft durch lebensgeschichtlich bedingte traumatische Vorerfahrungen entstellt. Dann tritt der Archetypus nicht in seiner reinen Form, sondern auf verstellte Weise ins Bewusstsein. Als Reaktion auf den Klang wird die Vorerfahrung wiederbelebt, die das archetypische Thema blockiert – der Archetypus tritt sozusagen in seiner blockierten Form ins Erleben. Darin liegt letztlich die therapeutische Relevanz dieser Methode. Wenn beispielsweise der Klang das Einssein mit der Welt thematisiert und der Patient von einer frühen disharmonischen Beziehung zur Mutter geprägt ist, so kommen ihm erst einmal diese Erlebnisse ins Bewusstsein.
„Bildlich gesprochen könnte man sagen, der Erlebende stößt auf seinem Weg zu dem archetypischen Erfahrungsraum auf jene Hindernisse (traumatisierenden Vorerfahrungen), die den Weg blockieren und diesen Raum verschließen. Erst, wenn die Hindernisse beseitigt worden sind, kann der archetypische Klangraum betreten werden.“ (Strobel 1999a, 105)
Solange jemand einen bestimmten Klangarchetypus nicht in seiner ‚reinen‘ Form erleben kann, ist ihm dieser Baustein der Seele sozusagen verwehrt. Der spezifische Klang hat die Aufgabe und die Fähigkeit, die negativen Vorerfahrungen, die der Seele bisher den Weg zu diesem Raum versperrt haben, wieder zu beleben und ins Bewusstsein zu bringen. Mit Hilfe der thematisch ausgerichteten Klangstimulation kann die blockierende biographische Situation noch einmal erlebt und gegebenenfalls durchlitten werden. Der Therapeut ist eine Art Reiseführer und Wegbegleiter und kann durch seine unterstützende und annehmende Haltung ganz wesentlich dazu beitragen, dass die negative Vorerfahrung mit verständnisvoller Liebe angenommen und schließlich überwunden werden kann. Insofern der Klang auf einer symbolischen – einer rein energetischen – Ebene stets diese heilsame Erfahrung und somit den neuen Raum für die Seele anbietet, ist er ein Heilmittel.
Der wirkungsvolle Einsatz von ‚live‘ gespielter Musik stellt gewisse Anforderungen an den Therapeuten. Als Voraussetzung braucht es eine vertrauensvolle therapeutische Beziehung und die Kenntnis der Klangarchetypen. Der Therapeut sollte die besondere Spielweise der Instrumente beherrschen und in der

Lage sein, während des Spielens selbst in einen Zustand zentrierten Gewahrseins zu gelangen und eine einfühlsame innere Haltung einzunehmen. Auf diese Weise wird er in Resonanz und in Kommunikation mit dem Patienten kommen.
Im Folgenden seien exemplarisch fünf Klangarchetypen umschrieben, die W. Strobel eingehend in Theorie und Praxis untersucht hat. Unerwähnt bleiben in diesem Rahmen die Wirkung der Oceandrum, der Rassel, der Shrutibox, der tiefen Klangschale, des balinesischen Buckelgongs, des Musikbogens und des Schwirrholzes.

Das Monochord

Das Monochord ist ein Instrument mit 13 oder mehr auf einen hölzernen Resonanzkasten gespannten Saiten, die alle auf den gleichen Ton gestimmt sind. Durch eine kontinuierliche Spielweise entsteht ein fließender Grundton, über dem die natürlichen Obertöne als ‚Sphärenklänge' wahrnehmbar sind. Die Klänge sind in einer harmonikalen mathematischen Ordnung und Naturgesetzmäßigkeit aufeinander bezogen, so dass sie als Ausdruck einer höheren Harmonie wahrgenommen werden können. Ist das Thema nicht blockiert, so löst der Monochordklang Gefühle von Verbundensein mit allem aus, bis hin zu ozeanischer Selbstentgrenzung. Dabei kann sogar die Widersprüchlichkeit von körperlicher Auflösung und gleichzeitigem Getragensein als überwunden erlebt werden. Es geht vor allem um die Wahrnehmungsqualität der All-Einheit und damit zusammenhängend um die Ureinheit mit der Welt, der Schöpfung, dem Kosmos. Lebensgeschichtlich und stellvertretend hierfür steht die Ureinheit mit der Mutter. Ist der Zugang zu solch einer Erfahrung gestört, kann der Monochordklang die entsprechenden Blockierungen bewusstseinsfähig machen oder – was gar nicht so selten vorkommt – einen erlebnismäßigen Zugang zu traumatischen Erfahrungen aus der vorgeburtlichen Zeit (der Einheit auf körperlicher Ebene) ermöglichen.

Die Rahmentrommel

Die Rahmentrommel soll an dieser Stelle als Beispiel dienen für die Tatsache, dass der Klangarchetypus von der Spielweise abhängt, mit der das spezifische Klangmuster erzeugt wird. Es ist leicht nachzuvollziehen, welche Verbindung im Trommel-Herzschlag-Metrum mit circa 60 Schlägen pro Minute zur Herzfrequenz des menschlichen Organismus gegeben ist und dass eine deutlichere Erhöhung dieser Frequenz zu Unruhe und Aufregung und ein

Absinken unter 50 Schlägen/min die Hintergründe von Angst- und Panikzuständen bewusst werden lassen kann. Geht man jedoch in wesentlich höhere, viel weiter von der Herzfrequenz entfernt liegende Frequenzbereiche, so kommt – wie sogleich ersichtlich wird – eine völlig andere Wirkung zu Stande.

a) Das Herzmetrum

Wird auf der Rahmen-Trommel in einer warmen, weichen Klangfarbe das ‚Herzmetrum' (etwa 60/min) in gleichförmiger und kontinuierlicher Weise gespielt, so entsteht ein klar umschriebenes archetypisches Themenfeld: Im Wesentlichen geht es um das Thema des Angenommen- und Gemeintseins in der Welt. Es ist nahe liegend, dass dieses Metrum den Herzschlag der Mutter und damit frühe intrauterine Erfahrungen aufkommen lassen kann. Auf Grund der vielfältigen Erfahrungen mit Erlebnisregression geht Strobel davon aus, dass der Fötus bereits in dieser pränatalen Zeit (ab dem 4. Monat) neben dem physischen und seelischen Einssein mit der Mutter auf einer vorbewussten Ebene die Existenz eines Ich und eines Du wahrnehmen und damit sowohl die Abhängigkeit als auch die Abgegrenztheit des eigenen Lebens von diesem Herzschlag in gewisser Weise realisieren kann.[4] Mit der Wahrnehmung des eigenen Selbst beginnt das Bewusstsein der eigenen Identität und des Selbstwertgefühls bereits in dieser Zeit zu keimen. Im Idealfall ist die vorgeburtliche Zeit ein Zustand bedingungslosen und totalen Angenommenseins. Da das jedoch selten der Fall ist, können viele Themen einer narzisstischen Problematik auftauchen. In der Therapie wird dieser Herzmetrum-Archetypus der Trommel immer dann zum Einsatz gebracht, wenn es darum geht, dass jemand in seinem Wesenskern nicht akzeptiert wurde oder sein Akzeptiertsein nur in Verbindung mit Bedingungen (z. B. mit Leistung) erfahren hat und sich deshalb selbst nicht in der Tiefe bedingungslos annehmen kann (Strobel 1999a, 113). In einem weiteren Sinn stellt das Herzfrequenz-Metrum einen Bezug zum Erdendasein des Menschen, zu dem individuellen In-der-Welt-Sein her. Es verweist damit auch auf den Ablauf von Zeit, auf Vergänglichkeit und Kontinuität und bringt Struktur, Klarheit und Konkretisierung. Die stete Wiederkehr der gleichmäßigen Pulsation kann als zuverlässig, haltend und tröstend, aber auch als unbarmherzig und gnadenlos erlebt werden.

„Die große therapeutische Kraft dieses steten Trommelschlags liegt darin, dass er das Potenzial besitzt, zum wahren Selbst und zur Erfahrung bedingungsloser Liebe durchzudringen. In dieser Absicht gespielt, vermag die

---

4 Strobel, 1996, unveröffentlichtes Manuskript.

Trommel alle negativen Vorerfahrungen wachzurütteln, aufzulösen und in Licht zu verwandeln."[5]

b) Der Schamanenschlag

Schon seit Jahrtausenden wird die Rahmen-Trommel als das wohl gebräuchlichste ‚Transportmittel' in nichtalltägliche Wirklichkeiten von den Schamanen vieler Völker verwendet, um mit dem sog. „Schamanenschlag" auf die Reise nach innen zu gehen (Strobel 1999a, 114). Die Frequenz dieses Trommelschlags liegt in einem Bereich zwischen 240 bis 300 Schlägen pro Minute (4–5 Hertz) und entspricht den Thetawellen des Gehirns, die auftreten, wenn sich ein Mensch in einem hypnoiden Zustand befindet. Auf Grund der Analogie zu den Thetawellen des Gehirns nennt Strobel diese Frequenz auch „Thetafrequenz" (ebd.). Das Besondere am „Schamanenschlag" ist, dass er kein umschriebenes Themenfeld anbietet und eher unspezifischen Charakter besitzt. Paradox ausgedrückt könnte man sagen, das Thema dieses Klangarchetypus ist, dass er eben kein eigenes Thema nahe legt und somit offen und neutral ist, aber die Pforten zum Unbewussten öffnet. Diese Form von kraftvoller rhythmischer Stimulation bewirkt eine innere Bewegung der Psyche. Wegen seines neutralen Charakters – und das wussten und nutzten die Schamanen intuitiv richtig – eignet er sich besonders gut zur Tranceinduktion mit einem gezielten Vorhaben: also für schamanische Arbeiten und Absichten, z. B. für die Krafttiersuche, die Rückholung verlorener Seelenanteile, die Extraktion von Eindringlingen, für Heilungsrituale etc. (ebd., 115) oder beispielsweise in der psychotherapeutischen Arbeit zur Unterstützung verbal angeleiteter, gelenkter Imagination.

Auch in einer orientierenden therapeutischen Phase, in der kein spezielles Thema im Raum steht, kann der Schamanenschlag eine offene Einladung aussprechen für das nächstliegende Thema.

Der Gong Chau Lou (Tam-Tam)

Ähnlich wie die Schamanentrommel haben Gongs eine lange Tradition als Instrumente im kultisch-rituellen sowie auch im schamanischen Gebrauch. Strobel bezieht die Thematik dieses Klangarchetypus ausschließlich auf den von ihm verwendeten chinesischen Gong Chau Lou und betont, dass sie nicht auf andere Gongs übertragen werden kann, da diese unter Umständen eine völlig andere Charakteristik besitzen. Durch eine sehr dichte Abfolge von Schlägen entfaltet der Chau Lou ein beeindruckendes Klangvolumen

5 Strobel, 1994, unveröffentlichtes Manuskript.

und lässt ein stetig wechselndes Obertonchaos entstehen. Die durch diesen Gong stimulierten Erlebnisse sind von einer großer Dynamik gekennzeichnet.
Das Themenfeld des Gong-Archetypus umfasst Wandlungs-, Durchgangs- oder Entwicklungsprozesse zwischen Krisis und Transformation bis hin zu jenen Schwellensituationen, bei denen sich ein Zustand in einen anderen verwandelt, es eine Auflösung gibt und Transformation stattfindet. Ganz im Zentrum stehen die großen Themen von Geburt und Tod – die Erfahrungen des „Stirb und Werde“. Oft handelt es sich um reale oder im metaphorischen Sinne um Geburts- und Todessituationen mit dramatischer Zuspitzung und anschließender Auflösung. Nicht selten aktiviert der Gong die nötige Energie, damit sich Krankheit zu heilsamer Krisis zuspitzen kann oder Ängste verdeutlicht werden, die einer Verwandlung und Wiedergeburt im Wege stehen. Im konkretesten Sinn ist die Gongthematik gefragt, wenn es um perinatale Themen (Geburtstraumata) geht, im übertragenen Sinne, wenn es sich um die Stagnation in einer Schwellensituation handelt. Damit eröffnet sich dem Gong ein breiter Einsatzbereich, da es in der Therapie ja häufig um Schwellensituationen geht. Der Gong Chau Lou kann dann zu einem wahren ‚Geburtshelfer‘ werden und den therapeutischen Prozess sinnvoll weiterbringen.

Das Didjeridu

Das inzwischen auch in unseren Breitengraden fast schon populär gewordene Blasinstrument der australischen Ureinwohner gilt als eines der urtümlichsten Instrumente der Menschheit. Der Name stellt eine lautmalerische Beschreibung des auf ihm erzeugten Klanges dar. Durch die nicht ganz unkomplizierte, aber doch erlernbare Technik des Zirkuläratmens entsteht ein gleichförmiger, modulierbarer und ununterbrochener Grundton. Die Klangtrance verwendet nur diesen monotonen Grundklang und lässt alle sonstigen, bei den Aborigenes üblichen traditionellen Modifizierungen beiseite. Die archetypischen Themen dieses Klangs sind recht charakteristisch. Oberflächlich tauchen oft Erfahrungen mit wilden Tieren oder die Auseinandersetzung mit dem Element Erde auf. Mitunter versetzt der Klang den Hörer in die Frühzeit der Menschheit. Nach den Untersuchungen von Strobel ist die Gefühlstönung des Didjeridu-Klangs animalisch, lustvoll, vital, kraftvoll und archaisch. Im Grunde dreht sich der Themenkreis um Körperlichkeit, Sinnlichkeit und Sexualität. Das kann seinen Ausdruck finden in Lebenskraft, Lebensfreude und Vitalität oder in Triebhaftigkeit, Wut und Aggression (Strobel 1999a, 121). Nicht selten erleben Frauen die weibliche und Männer die männliche

Form ihrer sexuellen Kraft und Geschlechtsidentität (bzw. ihre Probleme damit). Darüber hinaus kann der Klang aber auch die Wahrnehmung und Bewusstwerdung des eigenen Energiekörpers anregen.

Wenn es in der Therapie um Schwierigkeiten mit dem Geerdetsein, mit Körperlichkeit, Sinnlichkeit, Sexualität oder Aggressivität geht, dann ist nach Strobel das Didjeridu das geeignete Instrument, um sich mit diesem Themenkomplex und seinen Hintergründen auseinander zu setzen. Nach entsprechendem Durcharbeiten beispielsweise von schmerzlichen Erfahrungen mit Sexual- oder Leibfeindlichkeit einerseits oder mit sexuellem Missbrauch und sexueller Bedrohung andererseits können im Idealfall die Qualitäten von ‚Körperlichkeit', ‚Sinnlichkeit' und ‚Sexualität' wieder befreit und positiv besetzt werden.

Neben seiner klangarchetypischen Wirkung verwendet Strobel die Vibrationen des Didjeridu-Klangs auch gerne unmittelbar als „Träger einer therapeutischen, heilsamen Absicht (= Energie)"[6]. Bei dieser Energiearbeit wird der Körper direkt mit dem Didjeridu beblasen. Der Klangarchetypus spielt bei dieser Arbeitsweise zwar eine untergeordnete Rolle, kommt aber durch seine Affinität zur Lebensenergie und durch seine Tendenz, den Energiekörper zu aktivieren, besonders gut zum Tragen.

Die hohe Klangschale

Die hohe oder tibetische Klangschale ist dafür bekannt, dass sie in der Meditation dazu dient, die Aufmerksamkeit zu zentrieren. Das ist nachvollziehbar, wenn man ihren klaren und eindringlichen Klang hört. Strobel fand heraus, dass sie wie kein anderes Instrument in der Lage ist, den Zugang zu transzendenten Bereichen zu öffnen. Das wird allerdings erst dann evident, wenn sie – wie in der Klangtrance – nicht angeschlagen, sondern mit einem Stab an der Außenseite gerieben wird, so dass ein kontinuierlicher Ton entsteht. Strobel ist davon überzeugt, dass die so gespielte Klangschale das stärkste tranceinduzierende Potenzial der von ihm verwendeten Instrumente besitzt und führt das nicht nur auf psychologische, sondern auch auf physikalisch-physiologische Gegebenheiten zurück (Strobel 1992, 109). Der Ton der Klangschale hat die Kraft, das rationale Denken einzuschläfern und die Achtsamkeit auf die Wahrnehmung dessen zu lenken, was momentan aktuell vorliegt. Deshalb ist sie im therapeutischen Zusammenhang in der Lage, auf das Zentrum des unbewussten Konflikts zu fokussieren. Bei dem archetypischen Bedeutungsfeld der Klangschale geht es um die Begegnung mit einer

6 Strobel 2000, unveröffentlichtes Manuskript

zwingenden, starken und überlegenen Kraft bzw. Macht, der man sich nicht entziehen kann. Je nach den biographischen Vorerfahrungen wird sie dann als positiv oder negativ erlebt (Strobel 1999a, 107). Während im positiven Fall glückliche Hingabe (an das Leben), umfassende Liebe oder gar glückselige Vereinigung mit dem Göttlichen erfahren werden kann, sind in der blockierten Form des Archetypus die Erlebnisse immer von schmerzlichen bis traumatischen Erfahrungen geprägt (z. B. Missbrauch, Vergewaltigung, Kriegssituationen, Schicksalsschläge, Naturkatastrophen etc). Es gibt therapeutische Situationen, in denen die zwingende Schärfe, mit der die Klangschale solche Themen ans Licht bringt, nicht zumutbar ist.
Ihren Einsatz findet die hohe Klangschale in der Therapie dann, wenn es um die Auseinandersetzung mit einer übergeordneten Kraft geht, wenn es die Thematik von Macht und Ohnmacht, von Kontrolle und Hingabe betrifft. Beispielsweise können schlimme Erfahrungen des Ausgeliefertseins bearbeitet werden oder eine oft versteckte Verweigerung gegenüber den zwingenden Forderungen des Lebens (der Macht des Schicksals) aufgedeckt werden. All solche negativen Vorerfahrungen und daraus resultierenden Haltungen stehen letztendlich der stets als beglückend erlebten Hingabe an eine höhere Macht im Wege, welche die Klangschale zu vermitteln in der Lage ist, wenn alle Hindernisse überwunden sind.
„Kein anderes Instrument löst so viele transzendente Erfahrungen aus, ermöglicht das beglückende Erlebnis der völligen Hingabe an eine höhere transzendente Kraft.“(Strobel 1999[7])

Erlebnisebenen in der Klanggeleiteten Trance

Meistens wird mit Trance das Erleben von inneren Bildern und Visionen verknüpft. Das kommt zwar recht häufig vor, muss aber nicht sein. Strobel weist ausdrücklich darauf hin, dass „bei allzu großer Fixierung auf optische Halluzinationen … nicht nur diese, sondern auch noch andere therapeutisch wertvolle Erlebens- und Erfahrungsebenen behindert oder nicht beachtet“ werden (Strobel 1999, 133). Aus diesem Grund ist es gut, alle Reaktionsweisen, die während der Klanggeleiteten Trance auftreten können, zu kennen:

– *Gedanken und Assoziationen*
  Da Gedanken und Assoziationen bereits Hinweise auf unbewusste Themen und Konflikte enthalten können, empfiehlt es sich nicht, sie als tran-

7 Unveröffentlichtes Manuskript

ceunspezifisch oder vorschnell als Widerstand abzutun, sondern sie für den weiteren Erlebensprozess zu nutzen.

- *Gefühle*
  Im Falle von Gefühlsreaktionen, die gelegentlich sehr heftig und kathartisch sein können, ist es äußerst hilfreich, sie in einer akzeptierenden Haltung mit bisweilen notwendigem Aufforderungscharakter („Ja, das darf alles sein, lass es zu") anzunehmen, um schließlich durch gezieltes Nachfragen beispielsweise jene Situation herauszuarbeiten, aus der die Gefühle ursprünglich stammten.
- *Imagines – innere Sinne (optische, körperliche, akustische, olfaktorische, gustatorische oder multisensorische)*
  Innere Bilder kommen relativ oft vor; falls sie jedoch nicht auftauchen sollten, so ist es ratsam, beispielsweise nach Körperempfindungen zu fragen, da viele Menschen gerne auf dieser Ebene reagieren und sie vielleicht nur noch einen Hinweis darauf brauchen. Auch hier können mitunter vehemente Reaktionen auftreten. Gelegentlich tauchen akustische halluzinatorische Phänomene auf, die über die Wahrnehmung des realen Klangs hinausgehen. Seltener treten auch geruchliche, kaum jedoch geschmackliche Sinne in Erscheinung. Es kommen aber auch multisensorische Reaktionen vor, d. h. sie betreffen mehrere Sinnesempfindungen gleichzeitig (z. B. körperlich und bildlich).
- *Spontane Körperbewegungen und autonome Körperprozesse*
  Die Klanggeleitete Trance kann auch spontane Körperbewegungen auslösen, bis hin zu autonomen Körperprozessen (beispielsweise die heftigen körperlichen Ausdrucksformen eines Geburtsprozesses), die eine angemessene körpertherapeutische Vorgehensweise erforderlich machen (z. B. Druck, etwa bei dem o. g. Geburtsprozess oder aber realen körperlichen Halt).

Intensive Prozesse treten bei Patienten mit ausreichend stabilen Ich-Strukturen erfahrungsgemäß nur dann auf, wenn auch ein entsprechender schützender Rahmen vorhanden ist. Die Auflösung alter Muster muss sich jedoch nicht immer in solch dramatischer Weise vollziehen: sie kann auch sehr subtil vor sich gehen und dennoch ihre Wirksamkeit haben.

Setting und Verlauf

Man sollte die Vehemenz der auftauchenden Erfahrungen nicht unterschätzen und auf jeden Fall für stabile und sichernde Rahmenbedingungen sorgen. Die Klangtrance gelingt umso besser, je mehr der Therapeut durch eine entsprechende innere Haltung steuernde und schützende Funktionen übernimmt und in einer Art Arbeitsteilung die Verbindung zur äußeren Realität garantiert. Damit kann der Klient den nach außen gerichteten Teil seiner Wahrnehmung abgeben und ist somit frei, sich tiefer auf die Wahrnehmung seiner Innenwelten einzulassen. Die Wirksamkeit vergrößert sich, wenn auch der Therapeut in der Lage ist, sich partiell auf den Zustand des veränderten Wachbewusstseins einzulassen, weil er darüber einen besseren Kontakt zur Erlebensebene des Patienten sowie zu seinen eigenen empathischen und intuitiven Fähigkeiten bekommt (Strobel 1999a, 100).

Strobel (ebd., 131) empfiehlt aus verschiedenen Gründen, die Klanggeleitete Trance nach Möglichkeit *verbal zu begleiten*. Das bedeutet, dass die *Leitung* der Trance averbal geschieht und dem vom Therapeuten erzeugten Klang überlassen bleibt, während der Therapeut verbal lediglich die *Begleitung* innehat. Das garantiert den nondirektiven Stil der Klanggeleiteten Trance. Therapeut und Patient sind also während der Klangtrance miteinander im Gespräch, indem der Patient sein Erleben unmittelbar verbalisiert und der Therapeut gegebenenfalls auf der verbalen Ebene hilfreich interveniert (z. B. mitfühlt, nachfragt, unterstützt, ermutigt etc.). Die Vorteile dieser direkt verbalisierenden Vorgehensweise bestehen vor allem darin, dass das Aufrechterhalten des Rapports mehr Sicherheit vermittelt und dem Patienten damit erfahrungsgemäß ein wesentlich tieferes Sich-einlassen ermöglicht; die verbale Begleitung schützt ihn auch vor der Gefahr des inhaltlichen Abdriftens, ebenso wie vor dem Einschlafen – später kann das Erlebte auch besser erinnert werden. Am Erleben mit beteiligt zu sein, erleichtert es dem Therapeuten, verstehend und einfühlsam mitzugehen und er kann deshalb den therapeutischen Prozess besser unterstützen. Über die Sprechgeschwindigkeit, die im Trancezustand verlangsamt ist, bekommt er ein Feedback über die Bewusstseinstiefen, in der sich der Patienten befindet und kann über entsprechende Interventionen erforderlichenfalls eine Trancevertiefung induzieren. Die verbalisierende Form lässt sich auch auf die Gruppentherapie übertragen, wenn jeweils paarweise mit einem Begleiter gearbeitet wird.

Manchen Menschen mag es anfangs etwas schwer fallen, im Verbalisieren nicht aus der Trance zu fallen. Meist steckt die behindernde Überzeugung dahinter, dass es nicht möglich sei, das Erleben zu verbalisieren, ohne aus demselben ‚auszusteigen'. Eine entsprechende Aufklärung kann helfen und auch die Ermutigung, es auszuprobieren. Nur wenn sich diese Art der Vorgehensweise als noch zu schwierig erweist, empfiehlt Strobel, die Klangphase schweigend ablaufen zu lassen und erst anschließend darüber zu reden. Das gilt auch für Gruppen, in denen die Scheu vor einer Partnerarbeit zu groß ist.

Der innere Ablauf der Klanggeleiteten Trance gehorcht einem Prinzip, welches dem von Erickson und Rossi (1989) erarbeiteten *Tranceverlaufsschema* entspricht. Strobel hat dies auf die Klangtrance übertragen und um Phase VI ergänzt. Die einzelnen Phasen erläutert er wie folgt:

- *Phase I: Fixierung der Aufmerksamkeit*
  Zu Beginn wird die Aufmerksamkeit des Patienten über einige einleitende Sätze auf seinen eigenen Körper und sein inneres Erleben hingelenkt. Dann fesselt der einsetzende Klang die Aufmerksamkeit.

- *Phase II: Außerkraftsetzen gewohnter Bezugsrahmen*
  Durch die Monotonie des Klangeindrucks, die dem Hörer ungewöhnlich erscheint, wird der übliche Bezugskontext außer Kraft gesetzt.

- *Phase III und IV: unbewusste Suche nach neuen Erfahrungen und unbewusster Prozess*
  Die spezifische Qualität des Klanges (der energetische Klangarchetypus) löst in der 3. Phase eine Suche nach neuen inneren Erfahrungen und in der 4. Phase schließlich einen autonomen Prozess aus. Der Klangarchetypus übernimmt dabei auf nonverbale Weise die nondirektiven Suggestionen und aktiviert persönliche Assoziationen, Bilder etc.

- *Phase V: hypnotische Reaktion*
  Als Ergebnis der durch den Klang entstandenen Prozesse tauchen von selbst die bekannten Trance-Phänomene auf, wie Visionen, Altersregressionen, Zeitverzerrungen etc..

- *Phase VI: Trance-Rücknahme*
  Sie wird entweder durch Beendigung der Klangstimulation und entsprechende verbale Rücknahme-Suggestionen vollzogen, oder aber durch eine gezielte Veränderung des Klanges in die Wege geleitet (beispielsweise führt es den Patienten wieder in die Alltagsrealität zurück, wenn der gleichförmige Monochordklang in melodische Phasen einer Tonskala übergeht).

Strobel integriert auch sehr gerne körperorientierte Verfahren. Über die Einbeziehung der Körperebene unterstützt er die Wahrnehmungs- und Trancefähigkeit der Patienten und fördert oder intensiviert gegebenenfalls den therapeutischen Prozess durch verschiedene Körperhaltungen, durch Berührung, mit Hilfe von Atemtechniken oder Bewegungsmustern (bis hin zum Tanz), durch stimmlichen Ausdruck oder auch durch aktives rhythmisches Musizieren.

Die Wirkweise aus tiefenpsychologischer Sicht

„In der Psychotherapie verfolgt die durch Klang induzierte, gestaltete und geleitete Trance zwei Ziele: Zum einen wird der veränderte Bewusstseinszustand zur Erlebnisregression genutzt, um verdrängte traumatische Themen oder verschüttete positive Erfahrungen wieder bewusstseinsfähig und bearbeitbar zu machen. Zum anderen öffnet der Klang auf einer energetischen oder symbolischen Ebene die Pforten zu neuen, bislang nicht betretenen Erfahrungsräumen. Das kann eine stagnierende Entwicklung wieder in Gang bringen und Wachstum fördern.“ (Strobel 1999a, 135)

a) Die Analyse der Störung
Wie oben bereits dargelegt, wirken monochrome Klänge aufdeckend im Sinne einer erlebensaktivierenden Loslösung von verdrängten Inhalten aus dem Unbewussten, wenn der freie Zugang zur ‚erlösten‘ Form des Klangarchetypus verstellt ist. Wird der Klang auf diese Art und Weise verwendet, so ist er ein zutiefst (psycho-)analytisches Instrument. Es besteht keine Gefahr, dass die konflikthaften und problematischen Bereiche durch Musik ‚übertüncht‘ werden. Im Gegenteil: der Klang deckt sie auf, er leistet damit seine analytische Arbeit. Unter ‚Analyse‘ versteht Strobel (ebd.) in diesem Zusammenhang nicht so sehr intellektuelle Untersuchung und Zergliederung als vielmehr erlebensintensive Lösung (Lysis) verdrängter Inhalte, die nicht selten über eine Katharsis zu einer Auflösung (Ana-lysis) blockierter Energien führt. Die Klanggeleitete Trance ermöglicht dem Patienten eine erfahrungsorientierte Selbsterforschung, in der das biographische Material nicht erinnert oder rekonstruiert, sondern wiedererlebt bzw. ‚wiederbeseelt‘ wird. Damit kommt diese Methode – anders als die klassische Psychoanalyse – weitgehend ohne Deutungen aus, da das Erleben zumeist aus sich selbst heraus überzeugend wirkt und sich selbst erklärt. Allerdings unterstützt in vielen Fällen ein zusätzliches verbales Durcharbeiten des Erlebten im Anschluss an die Klangtrance die völlige Integration der Erfahrungen. Sie kann damit besser in ihrer Bedeutung verstanden, im normalen Wachbewusstsein verankert (erinnerbar) und somit ‚alltagstauglich‘ gemacht werden.
Strobel (1988) entdeckte, dass mitunter selbst in einer einzigen Sitzung durch die energetische Qualität ein und desselben Klanges verschiedenste Erfahrungen aus unterschiedlichen Lebenszeiten ins Bewusstsein geholt werden können, die jedoch alle einem einzigen gemeinsamen Grundthema

zuzuordnen sind (nämlich dem Klangarchetypus entsprechend). Er ging davon aus, dass Lebenserfahrungen aus unterschiedlichen Zeiten offenbar nach archetypischen Themen entweder gespeichert sind oder zumindest abgerufen werden können. Diese Ergebnisse fand er dann in Grofs Konzept der COEX-Systeme (= Systems of condensed experience) bestätigt: Diese Systeme enthalten verdichtete Erfahrung (sowie Erinnerungen und mit ihnen verknüpfte Fantasien) aus unterschiedlichen Lebensabschnitten mit einem gemeinsamen Nenner, der aus analogen Mustern besteht. Sie können in einer starken emotionalen Besetzung oder intensiven Körperempfindung derselben Qualität liegen, bzw. in einem anderen wichtigen Element (Grof 1983a). Die Klanggeleitete Trance ermöglicht in diesem Sinne, verschiedene (traumatisierende) Erfahrungen *eines* COEX-Systems wiederzubeleben und durchzuarbeiten. Mit Hilfe des Klanges kann sich dabei die entsprechende Zeitregression wie von selbst (spontan) einstellen, die in der verbalen Hypnotherapie durch entsprechende Suggestionen bewerkstelligt werden muss. Salopp ausgedrückt ist es so, als würde der Klang eine Anfrage stellen, die besagt: „Welche Erfahrungen hast du eigentlich in deinen verschiedenen Lebensabschnitten zu *diesem Thema* gemacht?" Wenn man in einem Behandlungsverlauf aus gegebenem Anlass bei einem Klangarchetypus bleibt, so stellt er diese Frage solange, bis alle sein Grundthema verstellenden Erlebnisse ans Licht gebracht sind. Darin liegt die spezifische Art des ‚Durcharbeitens' mittels der Klangarchetypen, wodurch im Idealfall das entsprechende Thema erlöst wird. Um es mit einem Beispiel zu verdeutlichen: Der Patient erlebt dann beim Klang der Trommel im Herzmetrum eine bedingungslose Akzeptanz: „Ich bin o.k. und geliebt, weil es mich gibt".

b) Übertragung und Beziehung

Strobel (1992, 115 f.) hat die beschriebenen Phänomene auch unter dem Blickwinkel von Übertragung und Beziehung betrachtet. Aus dieser Sicht stellen sich die einzelnen Klänge als Übertragungs-‚Objekte' zur Verfügung – selbst wenn sie nicht neutral sind oder eine spezifische Qualität aufweisen. Beispielsweise hat das oben beschriebene Trommel-Herzmetrum auf der Übertragungsebene viele Gesichter: Einmal verkörpert es die Schritte des strengen Vaters, der die Wildheit und Aggressivität des Sohnes unterdrückt; ein andermal stellt es die eifersüchtige Mutter dar in ihrer missgünstigen Haltung gegenüber der Kreativität der Tochter; oder es wird zur Wiege, die jedoch nicht liebevoll, sondern sachlich mechanisch, fast gewaltsam hin- und herschaukelt; es kann streng sein, leistungsfordernd, oder selbst bei einer (abgesunkenen) Frequenz von 50/min zu einem gnadenlos hetzenden Antreiber werden. Erst wenn sich die Übertragung auf die Trommel auflöst,

kann der Patient jenseits der Projektion eine (tatsächliche) Beziehung zu dem Klangarchetypus herstellen und dann im Falle der Trommel das bedingungslose Angenommensein spüren.
Im Vergleich zur Psychoanalyse erweitert ein Therapeut mit Hilfe der Klänge die Projektionsfläche seiner eigenen Person um die verschiedenen und charakteristisch strukturierten Projektionsflächen (archetypischen Themen) der Klänge. Darüber hinaus bietet die erlebnisaktivierende Kraft der Klänge dem Patienten eine gezielte Stimulation, um unbewusste Konflikte ans Licht des Bewusstseins zu holen, damit er dann neue Schwingungs- und Resonanzräume betreten kann.

An einem recht eindrucksvollen Beispiel verdeutlicht Strobel (1999a, 137 f) das Verhältnis zwischen der Übertragung auf den Trommelklang und der Beziehung zu dem Klangarchetypus: „Eine Frau, Ende vierzig, die ihre Körperlichkeit und Weiblichkeit ablehnte, erlebt bei der Trommel Folgendes: ‚Ich stehe im Freien, ich bin ganz nackt, ich bin eindeutig ein Mädchen. Ich bin draußen in der Natur, auf einer Wiese. Ich bin ganz allein in der Natur.‘ Die Andeutung einer Traurigkeit legt sich auf ihr Gesicht. ‚Ich bin da ganz alleine in der Natur, da ist sonst niemand, keiner weit und breit.‘ Ich frage sie, was sie sich wünscht. ‚Es wär' halt schön, wenn da noch mehr wären, so wie ich. Jetzt sehe ich in der Ferne am Hügel auf dem Weg eine Prozession daherkommen. Ich glaube, ich muss mich verstecken, damit die mich nicht so sehen, wie ich bin. Die sind katholisch, die verurteilen und verachten, dass ich nackt bin. Das ist unmoralisch.‘ Ich frage sie, ob der Trommelklang sagt, dass ihre natürliche Nacktheit etwas Unmoralisches sei. ‚Das ist merkwürdig, der sagt genau zweierlei. Ein Schlag sagt immer „pfui, das ist unmoralisch“, der nächste Schlag kommt aus einer anderen Ebene, aus einer archaischen, der sagt „Nacktheit ist etwas ganz Natürliches und Selbstverständliches“. Aber dann ist schon wieder der andere Schlag da, der „pfui“ sagt, aber ich glaube, das ist die Stimme meiner Mutter‘.

Letztlich geht es in der Therapie stets um die Überwindung von Übertragung, was nichts anderes ist als eine Reinigung der Wahrnehmung von allen Vorurteilen des Gefühls und Denkens, von falschen Überzeugungen und von Fehlassoziationen. Ziel dabei ist es, dass es dem Patienten gelingt, seine Wahrnehmung von Vorerfahrungen und Projektionen zu reinigen, um jenseits dessen unverfälschte, authentische und reale Beziehungen (zum Therapeuten, zum Klangarchetypus, zu anderen Menschen, zum Leben) eingehen zu können. Er erreicht damit eine höhere Bewusstseinsklarheit.

Wenn ein Patient dort angekommen ist, so kann er auch davon profitieren, dass die Klänge jenseits der Übertragungsmöglichkeiten auch das Beziehungsspektrum zum Therapeuten erweitern. Dies ist zumindest für jene Patienten hilfreich und erforderlich, die eine reale therapeutische Beziehungsebene brauchen, um gesund zu werden. Zum besseren Verständnis veranschaulicht Strobel (1992, 116) die Erweiterung der Beziehungsmöglichkeit auf der Symbolebene wie folgt: „So hat ein Monochord spielender Therapeut tatsächlich etwas von einer nährenden Mutter; mit der Trommel ‚spielt' er die Rolle bedingungslos akzeptierender Eltern; am Gong vereint er in sich Hebamme und Geburtshelfer; mit dem Didjeridu bekennt er sich zu Sinnlichkeit und Sexualität; und wenn er die Klangschale reibt, wird er zum Vermittler einer transzendenten Kraft."

c) Heilsame Neuerfahrung
Wie eben ausgeführt, vermittelt die archetypische Qualität des Klanges nach dem Wiederbeleben und Durcharbeiten der traumatisierenden Vorerfahrungen den Zugang zu ‚guten' und heilenden Erfahrungen. Diese waren entweder verschüttetet oder nicht vorhanden. Im letzteren Falle bietet der Klang die Möglichkeit zu einer korrigierenden und nachreifenden Neuerfahrung auf einer symbolischen bzw. energetischen Ebene an. Mitunter wurden die ‚guten' Erfahrungen auch nur abgespalten (um sie vor den destruktiven Seiten des Patienten zu schützen), und es geht darum, die ‚positiven' und ‚negativen' Erfahrungen miteinander in Kontakt zu bringen.

„Die Klanggeleitete Trance kann jedoch auch wirklich neue, nie zuvor gemachte Erfahrungen vermitteln. In der Erweiterung des Repertoires vorhandener Ressourcen durch ein Nachholen fehlender Erlebnisqualitäten liegt neben der analytischen Wirkung die große Kraft der Klänge. Häufig sind es jenseits der Analyse gerade jene Erfahrungen, die das ermöglichen, was Balint (1970) den Neubeginn nennt. Auch Erickson (Erickson / Rossi 1989, 527 ff) wusste, dass die Nutzbarmachung vorhandener Ressourcen nicht ausreicht, wenn ein Patient bestimmte grundlegende Lebenserfahrungen entbehren musste. Dann hat der Therapeut die Aufgabe, diese in irgendeiner Form stellvertretend nachzuliefern. Das kann in vielen Fällen auf sehr elegante Weise mit Hilfe der Klänge geschehen." (Strobel 1999a, 136)

Die Wirkweise aus schamanischer Sicht

Die Verwandtschaft der Klanggeleiteten Trance zum Schamanismus ist – wie eingangs bereits erläutert – nicht zu leugnen. Zum einen liegt hier eine ihrer

Wurzeln, zum anderen erfüllt sie nach der Definition von Uccusic (1991) alle Kriterien einer schamanischen Methode (vgl. Strobel 1999a, 138). Dies vor allem deshalb, weil sich der Heilungsvorgang ganz wesentlich auf einer Ebene der ‚nichtalltäglichen Wirklichkeit' vollzieht.
Strobel zieht folgende Parallele: das einfache schamanische Verständnis von Gesundheit und Krankheit (die schamanische Psychopathologie) reduziert sich auf die Ansicht, dass man entweder dadurch krank wird, dass man von etwas (Schädlichem) zu viel in sich hat – z. B. einen Fremdkörper, einen Krankheitsstoff, einen ‚Eindringling' – oder dadurch, dass einem etwas (Nützliches) fehlt – z. B. Energie, Gefühle, verlorene bzw. abgespaltene ‚Seelenanteile'. Während im ersten Fall etwas aus dem Kranken herausgeholt und entfernt werden muss, ist im zweiten Fall das Fehlende zu ersetzen. Die Klanggeleitete Trance ist aus folgenden Gründen eine schamanische Heilweise: Die Arbeit besteht einerseits darin, negative ‚Energien' bewusst zu machen und aufzulösen. Diese ‚bösen Geister' sind traumatische Erfahrungen, behindernde Überzeugungen, energetische Blockaden. Andererseits werden über korrigierende Neuerfahrungen neue positive Erfahrungsqualitäten hinzugefügt: Dazu gehören heilende Erfahrungen, z. B. von Gehalten-, Getragen- und Geliebtsein, positive Überzeugungen, die Integration abgespaltener Gefühle oder Persönlichkeitsanteile, der Zugang zum freien Fluss der Lebensenergie etc.

Ähnlich wie der Schamane als eine kraftvolle Persönlichkeit mit magischen Gegenständen arbeitet, die ihre eigentliche Wirkkraft erst aus einer energetischen Aufladung und ihrem rituellen Gebrauch beziehen, wird in der Klangtrance erst durch die heilende Absicht des Therapeuten der nonverbale Code der Klänge zum ‚magischen' Heilmittel und das Setting zum rituellen Handlungsrahmen. Die Klänge stellen damit Kommunikationssymbole dar, die „nicht nur aus den naturwissenschaftlich messbaren physikalischen Eigenschaften des Klangs, sondern auch aus der ‚inneren psychischen Kraft' des Behandlers besteht" (Strobel 1999a, 140). Die Heil- und ‚Zauber'-Kraft der Klänge liegt demnach in dem Zusammenspiel der physikalischen Wirkung der Klänge in Verbindung mit der Absicht des Therapeuten. Strobel machte die Beobachtung, dass das Wissen um die Bedeutung der Klänge und ihr kontinuierlicher absichtsvoller Einsatz im Lauf der Jahre die umschriebene Valenz der Klänge weiter verstärkte. Er interpretiert die Steigerung ihrer Wirksamkeit – ähnlich der zunehmenden Energetisierung eines schamanischen Kraftgegenstandes – als Folge der Aufladung mit einer bestimmten „Bioenergie" auf Grund ihrer konsequenten Funktion und Verwendung. Ist der so arbeitende Musiktherapeut bereit, mit diesem

machtvollen Heilmittel verantwortungsvoll (und nicht manipulierend im negativen Sinn) umzugehen und es in den Dienst der Heilung zu stellen, kann man ihn tatsächlich als Schamanen des neuen Zeitalters bezeichnen.
„Wenn man das therapeutische Unterfangen [der Klangtrance] mit einer modernen Expedition vergleicht, dann entspricht das Setting dem Fahrzeug, die Monotonie des Klangs dem Treibstoff und die Klangfarbe des Instruments der Richtung bzw. dem Land, in das die Reise geht. Das Unternehmen realisiert sich erst über das Bewusstsein und die Fähigkeiten des Fahrers (Therapeuten), der sich auf die *Absicht* zentriert, dieses Land anzusteuern." (ebd.)

Die transpersonale Dimension der Klangarchetypen

Eine wahrlich auffällige Besonderheit der monochromen Klänge besteht darin, dass ihnen offenbar die Tendenz innewohnt, uns Menschen in jene transpersonalen Tiefenschichten des Bewusstseins zu bringen, in denen wir – ob wir dem gegenüber aufgeschlossen sind oder nicht – mit unserer *spirituellen Dimension* in Kontakt kommen. Wenn man intensiver mit dieser Methode arbeitet, sei es als Klient oder als Therapeut, so kann man nicht umhin, sich früher oder später dieser Thematik zu stellen. So wurde auch Strobel auf Grund seiner vielschichtigen Erfahrungen mit den Klängen mit dieser elementaren Ebene des menschlichen Daseins konfrontiert, was einen langjährigen Prozess der Auseinandersetzung in Gang setzte. Das betraf insbesondere auch die Frage, ob das Thema *Transzendenz* einen Platz in der Therapie haben darf, kann, soll oder gar muss. Er rückte diesen Bereich schließlich sowohl persönlich als auch in seiner therapeutischen Arbeit ins Zentrum seines Interesses. Dadurch kam er schließlich zu dem Ergebnis, dass es ohne die Einbeziehung dieser Dimension keine wirkliche Heilung in der Tiefe geben kann, weil die letztendliche Ursache von Krankheit in einem Abgetrenntsein von der eigenen göttlichen Natur und der Ganzheit wurzelt. Seine aus der Arbeit mit den Klängen gewonnenen Erkenntnisse sah er zunächst in den Konzepten und Ergebnissen der von Ken Wilber[8] (1991) und Stanislav Grof[9] begründeten ‚Transpersonalen Psychologie' bestätigt, welche

8 Ken Wilber hat die verschiedensten Ansätze westlicher und östlicher Philosophie und Psychotherapie miteinander verbunden. Aus dieser Synthese entwickelte er ein Spektrum-Modell des menschlichen Bewusstseins, welches das Bewusstsein in mehrere Schichten gliedert, von denen wir jeweils immer nur Teilbereiche erkennen können.

9 Da ihm der theoretische Rahmen der traditionellen Psychoanalyse auf Grund seiner umfangreichen therapeutischen Erfahrungen mit LSD zu beengt erschien, entwickelte Grof ein neues Modell der menschlichen Psyche. Diese Kartografie oder ‚Landkarte

die Bereiche des Bewusstseins wesentlich weiter erfasst haben als die traditionellen Konzepte der Tiefenpsychologie. Nahezu dieselben tiefen Erfahrungen, die Grof mit dem Psycholytikum LSD, einem viel massiveren (weil chemischen) Mittel, beschrieben hat, können nämlich auch in der (im Vergleich harmlosen) Klangtrance gemacht werden. Grof definiert den Bereich transpersonaler Erfahrung als „... die erlebnismäßige Ausdehnung oder Erweiterung des Bewusstseins über die gewöhnlichen Grenzen des Körper-Ichs sowie über die Beschränkungen von Raum und Zeit." (Grof 1985, 64). Ohne den theoretischen Hintergrund der transpersonalen Psychologie könnten viele Erlebnisse und Erfahrungen, die in der Arbeit mit veränderten Wachbewusstseinszuständen und damit auch mit der Methode der Klanggeleiteten Trance gemacht werden, gar nicht durchdrungen, ausgelotet und verstanden werden.

Inzwischen ist Strobel noch einen Schritt weitergegangen und hat die Verknüpfung von Selbsterfahrung bzw. Therapie und Spiritualität zum zentralen Anliegen seiner Arbeit gemacht. Er hat Psychoanalyse, Tiefenpsychologie, humanistische und transpersonale Psychologie sowie Methoden verschiedener Körpertherapien mit der Klanggeleiteten Trance verbunden und in ein fundiertes spirituelles Welt- und Menschenbild integriert. Hierzu bietet er seit über 10 Jahren eine entsprechende Weiterbildung an. Diese Entwicklung hat er nicht zuletzt seiner eigenen Wissbegierde und seiner unvoreingenommenen Offenheit bei der Erforschung der Klangarchetypen zu verdanken.

Welche Tiefen der Seele durch die Erfahrung mit den monochromen Klängen erreicht werden können und auf welche Art und Weise das geschieht, kann Sprache nur rudimentär und ahnungsweise erfassen. Auf jeden Fall begibt man sich in der Begegnung mit den hier angesprochenen Klängen auf eine intensive und auch abenteuerliche Reise ins eigene unergründlich scheinende Innere, in vielleicht schon bekannte, aber auch in unbekannte neue (Be-)Reiche der Seele. Ihr in Träumen oder auch in Dichtung und Kunst erfahrbarer Reichtum tritt zu Tage, wird erlebbar, spürbar und erfassbar – sowohl in ihrer Schmerzensdimension als auch in ihrer Fähigkeit zum ekstatischen Glück bis hin zur Erfahrung von noch nicht gekannter Stille und innerem Frieden, in

---

des Innenraumes' der menschlichen Psyche lässt sich als erweiterte tiefenpsychologische Konzeption des Unbewussten verstehen. Sie bezieht neben der analytisch-biographischen Ebene und den postnatalen Phasen der psychischen Entwicklung sowohl prä- und perinatale als auch transpersonale Bereiche als psychodynamische Quellen in ihr Konzept mit ein.

Angerührt-sein oder tiefer Berührtheit, so dass man wirklich das Gefühl hat, hier wird das wahre Selbst tatsächlich ausgelotet, auf die Welt und zur einer Ganzheit gebracht, die wir uns vielleicht immer ersehnt haben und die nicht nur irdischer Natur sein kann.

Die Schwierigkeit, mit diesem Beitrag das Spektrum und das Potenzial der Klangarchetypen und ihrer Wirkweise innerhalb der rezeptiven Musiktherapie in Worte zu fassen, lässt mich abschließend Wolfgang Schroeder zitieren, der bemerkte, dass man „... die wirkliche Dimension dieser Art von Musiktherapie wohl nur durch eine eigene Erfahrung erfassen ...“ (Schroeder 1999, Vorwort) kann.

GIM – THE BONNY METHOD OF GUIDED IMAGERY AND MUSIC

Imaginative Psychotherapie mit Musik nach Helen Bonny. Eine Übersicht

EDITH M. GEIGER

Begriffsklärung

„*GIM*" taucht insbesondere in der englischsprachigen Literatur immer wieder als Abkürzung für „*The Bonny Method of Guided Imagery and Music*" auf, in der neueren Literatur heißt es auch „*BMGIM*". Dieser Name mitsamt seinen Abkürzungen bezeichnet die von Helen Bonny entwickelte Methode zur Unterscheidung von anderen therapeutischen Verfahren, in denen Musik und Imagination verwendet werden. Im Deutschen finden sich drei Begriffe: „*Musikgeleitete Imagination*" (Kiel 1993) und „*Musikevozierte Imagination*" (Frohne-Hagemann 2001) – mit denen ziemlich exakt der Prozess beschrieben wird, der sich während des Musikhörens entfaltet; der dritte, etwas neuere Begriff, „*Imaginative Psychotherapie mit Musik nach Helen Bonny*" betont den psychotherapeutischen Rahmen, in den das Musikhören eingebettet ist. GIM[1] ist ein musikpsychotherapeutisches Verfahren, bei dem die Klientin eine Auswahl meist klassischer Musik in einem Zustand veränderten Bewusstseins hört und ihr Erleben (= Imaginationen) der Therapeutin mitteilt. Die Wahrnehmung während des Musikhörens kann innere Bilder, Körperempfindungen, Gefühle, Erinnerungen und Gedanken beinhalten. Die Therapeutin fungiert als Begleiterin, um die dynamische Entwicklung der Imaginationen zu unterstützen und emotionalen Ausdruck zu ermutigen. Die Musik spielt dabei eine entscheidende Rolle, indem sie die Imaginationen stimuliert, stützt, trägt und weiterentwickelt. Es handelt sich dabei im Wesentlichen um ein tiefenpsychologisch orientiertes Verfahren, das jedoch auch transpersonale und spirituelle Elemente enthalten kann, so dass neben der Bearbeitung unbewusster Konflikte auch der Entfaltung von Kreativität sowie seelischem und spirituellem Wachstum große Bedeutung zukommt.

---

1 Im Folgenden verwende ich wegen der besseren Lesbarkeit die auch bei uns schon geläufige Abkürzung GIM.

Zu Beginn experimentierte Bonny zwar viel mit Gruppen von Gesunden, die therapeutische Anwendung von GIM entwickelte sie jedoch im Wesentlichen in der Dyade. Im Laufe der Jahre entstanden von nachfolgenden GIM-Therapeutinnen weitere Modelle, um mit GIM auch im Gruppensetting therapeutisch zu arbeiten (Summer 1981, 1988, 2002; Short 1992; Goldberg 1988, 1994; Blake / Bishop 1994; Justice 1994; und auch Körlin in diesem Buch). Die Benennung reicht hier von *„Group GIM"* (Goldberg 1994), *„Group GIM Therapy"* (Blake and Bishop 1994*)*, *„The Spektrum GIM Group Therapy"* (siehe dazu den Beitrag von D. Körlin in diesem Buch) bis *„Group Music and Imagery Therapy"* (Summer 2002).

Geschichte

GIM wurde in den 70er Jahren des letzten Jahrhunderts von Helen Bonny, studierter Musiktherapeutin und Geigerin, in den USA entwickelt. Dennoch gibt es einige Wurzeln und Bezüge in Europa – zum Beispiel in der Musik, da viele der verwendeten klassischen Werke europäischen Ursprungs sind oder auch in der Grundidee des katathymen Bilderlebens, wie es von Leuner (1970) beschrieben wurde sowie in der „Aktiven Imagination" von C. G. Jung (1981, 185 ff). Die Verwendung von Musik, veränderten Bewusstseinszuständen und Imagination zu Heilungszwecken ist jedoch schon viel älter – sie war und ist gängige Praxis bei Schamanen überall auf der Welt (Maler 1989).

Bonny arbeitete am psychiatrischen Forschungszentrum von Maryland, experimentierte während therapeutisch induzierter LSD-Sitzungen mit klassischer Musik und der Möglichkeit ihrer Verwendbarkeit in der Psychotherapie. In den 70ern war der Zeitgeist offen für die Erforschung veränderter Bewusstseinszustände. Wissenschaftler wie z. B. S. Grof (1978, 1983), Ch. Tart (1975b) und H. Leuner (1971) waren führend auf diesem Gebiet. Als Musikerin war Bonny mit der klassischen Musik vertraut und erforschte die Zusammenhänge und Wirkungen von klassischer Musik auf die Schichten des menschlichen Bewusstseins. 1971 besuchte Leuner das Maryland Forschungszentrum und erwähnte in einem Vortrag seine Methode des musikalisch-katathymen Bilderlebens (mkB) – also die Möglichkeiten einer Musikimagination ohne Droge. Ein leicht veränderter Bewusstseinszustand wurde durch gängige Entspannungsmethoden als Vorbereitung auf das Musikhören induziert.

Bonny war von der Kombination von Entspannung und Musik und wie damit Imaginationen ohne Drogen hervorgerufen werden konnten beeindruckt (Bonny 2003) – denn die Musikreise ohne Droge war ein Weg zum Unbewussten, der leichter handhabbar war und mehr Sicherheit gewährleistete. Sie weitete ihre Forschungen auf dieses Setting aus, entwickelte und erprobte verschiedene Musikzusammenstellungen dafür. In einem der ersten sogenannten „Musikprogramme“ wählte sie Musik aus, die zu den Leuner‘schen Anfangsmotiven (Wiese, Berg etc.) passte. Bonny stellte jedoch fest, dass sich die Imagination mit Musik freier entfaltete und sich schnell von diesen Motiven wegentwickelte und distanzierte sich dann in ihrer Musikauswahl davon. In der Induktion ermunterte sie den Klienten, sich in der Imagination von der Musik leiten zu lassen. Als theoretischen psychotherapeutischen Bezugsrahmen für GIM fand Bonny die humanistische und analytische Psychologie passend. Denn sie stellte fest, dass Musik nicht nur ein Weg war, unbewussten Konflikten zu begegnen und sie zu bewältigen, sondern dass sie auch sehr schöne, heilsame und nährende Erfahrungen auszulösen vermochte. Ein sehr intensives Erlebnis dieser Art ist die von Maslow (1985, 85 ff) als „peak-experience“ (Grenzerfahrung, Gipfelerfahrung) beschriebene, existenziell wichtige Überschreitung des Alltagsbewusstseins, die als ur-menschliche Erfahrung ein erhebliches Heilpotenzial in sich birgt.

1973 gründete Bonny das „Institute for Consciousness and Music“, um Ausbildungskurse in GIM anzubieten. Bonny und einige spätere Vertreterinnen von GIM wie z. B. Lisa Summer (1992, 1995), Frances Goldberg (1992, 2002) oder Ken Bruscia (1995) und andere entwickelten die spezifische Theorie von GIM weiter und vertieften durch praktische Studien mit verschiedenem Klientel das Verständnis des GIM-Prozesses und seines therapeutischen Potenzials.

GIM entwickelte sich zu einer Methode, die sowohl in ihrer Grundform als einzeltherapeutisches Verfahren, als auch für Gruppen und spezielles Klientel in verschiedenen klinischen und ambulanten Bereichen angewandt wird; Studien entstanden sowohl über die erfolgreiche Anwendung von GIM im medizinischen Bereich (Bonny 1983; Bruscia 1991b; Geiger 2000; Short 2002; Burns 2002; Jacobi / Eisenberg 2002) als auch über den Einsatz von GIM im Einzel- und Gruppen-Setting in der Psychiatrie (Goldberg 1994; Wrangsjö / Körlin 1995) sowie über GIM-Therapie mit den verschiedensten psychischen Störungsbildern wie z. B. Multiple Persönlichkeitsstörung (Pickett / Sonnen 1993), Posttraumatische Belastungsstörung PTBS (Blake 1994), Suchterkrankungen (Pickett 1992), Depression (McKinney et al. 1995; Goldberg 2000) und Autismus (Clarkson 1995).

Ausbildungen werden sowohl in den USA als auch in Europa, Australien, Korea, Kanada und Mexiko angeboten. In Europa werden seit 1991 Einführungskurse und englischsprachige Ausbildungsangebote für GIM in Großbritannien, Dänemark, Schweden, Deutschland und Bulgarien mit dem Abschluss „GIM-Fellow" durchgeführt. Die Ausbildungsrichtlinien werden derzeit von der *Association for Music and Imagery (AMI)* festgelegt, eine internationale Organisation ist jedoch im Aufbau. Die in Deutschland ab 2004 angebotene, deutschsprachige Ausbildung orientiert sich an den Mindeststandards der *AMI*, ist jedoch auf deutsche Verhältnisse abgestimmt. Alle zwei Jahre wird eine Europäische GIM-Konferenz veranstaltet, in Deutschland fand sie 2002 statt.

Zum Vergleich von GIM mit ähnlichen Methoden in Deutschland

Während in Amerika die Musiktherapie anfangs stark vom Behaviorismus geprägt war, so dass Bonnys Ansatz etwas sehr Neues war, wurde in Europa schon etwas länger in der Psychotherapie mit Musik und Imagination experimentiert (Teirich 1963; Leuner 1974).
Neben den Berichten von rezeptiver Musiktherapie mit Live-Musik und veränderten Bewusstseinszuständen (dazu: Strobels Klanggeleitete Trance: vgl. den Beitrag von A. Schmucker in diesem Buch; W. Bossinger / P. Hess 1993) gibt es auch die Verwendung von klassischer Musik in der rezeptiven Musiktherapie.
Teirich (1963) scheint einer der ersten gewesen zu sein, der hierzulande die Zusammenhänge zwischen Musikhören und Imaginieren erforscht und therapeutisch angewandt hat. Zunächst entdeckte er die vertiefende Wirkung der Entspannung, die Musikhören am Ende des Autogenen Trainings haben kann, ging dann jedoch dazu über, das Imaginieren bei seinen Patienten während des Musikhörens zu ermuntern, nachdem manche spontan von ihren Bildern berichtet hatten. Im Vergleich: GIM wurde nie als Methode zur Entspannung verstanden (Summer 1988).

Auch Leuner experimentierte während der Entwicklung des katathymen Bilderlebens mit Musik und stellte fest: „... die Farben sind leuchtender, die Inhalte plastischer, ... der rhythmische Fluss der Musik fördert das sonst viel stärker stagnierende Kontinuum der Szenen des Symboldramas" (Leuner 1974, 185). Leuners musikalisch-kathathymes Bilderleben (mkB) kommt GIM in der tiefenpsychologischen Aufarbeitung des Erlebten etwas näher, allerdings ist der theoretische Bezugsrahmen bei GIM weiter gefasst: die transpersonale Perspektive sowie das humanistische Gedankengut kommen hinzu, während sich Leuner ausschließlich auf die psychoanalytische Theorie bezieht. Auch gibt es bei Leuner zunächst keine verbale Begleitung durch den Therapeuten während des Musikhörens. Er betont jedoch die Gruppenanwendbarkeit des Verfahrens, da die Musik die Rolle des Therapeuten übernähme, das Bilderleben zu strukturieren und zu steuern (Leuner 1974, 183). Des Weiteren stellt er fest, dass sich „Vokalmusik im Allgemeinen nicht bewährt hat“ – in GIM wird durchaus mit vokalen Werken und ihrem Imaginationspotenzial gearbeitet. Koller (1980) stellt in seiner Arbeit einen einzeltherapeutischen Ansatz des mkB mit verbaler Begleitung vor, in welchem er die Musik als „Kommunikationsfaktor zu therapeutischen Interventionen“ einsetzt. Sein Musikverständnis unterscheidet sich von dem in GIM: bei Koller ordnet sich die Musik dem imaginativen Erleben unter (1980, 20). In GIM kommt der Musik mehr Bedeutung zu und sie verfügt über ein breiteres Funktionsspektrum (Grocke 2002). Trotz der beschriebenen therapeutischen Erfolge verfolgten Leuner und seine Mitarbeiter das mkB schließlich nicht weiter.

Die von Schwabe (1979, 1996) entwickelte Regulative Musiktherapie (RMT) findet hauptsächlich als Gruppentherapie Anwendung, es wird jedoch auch RMT in der Dyade erwähnt (vgl. dazu den Beitrag von H. Röhrborn in diesem Buch). Im Gegensatz dazu kann GIM in therapeutischer Dyade als Urform betrachtet werden, während die Anwendung in der Gruppentherapie eine Abwandlung darstellt (vgl. dazu auch den Beitrag von D. Körlin in diesem Buch). Bei der RMT kommt es ferner allein auf das Geschehenlassen aller Wahrnehmungen während des Musikhörens an, weshalb RMT auch als Wahrnehmungstraining bezeichnet wird.
Der Wahrnehmungsbegriff in der RMT unterscheidet sich jedoch wesentlich von demjenigen in GIM. Während bei der RMT das Wahrnehmen von Gefühlen eher aus einer gewissen Distanz gleichsam beobachtend geschieht, geht es in GIM um ein ganzheitliches Erleben und Spüren, also ein Hineingehen in die Imaginations-Erfahrung mit allen Sinnen. Wesentlicher Bestandteil von GIM ist dabei die verbale Begleitung der Klientin während der Musik-Imaginationsreise durch die Therapeutin, welche das Erleben und Durchleben der Gefühle und Imaginationen der Klientin ermutigt und unterstützt. RMT fördert die Wahrnehmung der Wahrnehmung, GIM fördert das Erleben der Wahrnehmungen.

Imagination und Bewusstsein

Imagination und Bewusstsein sind wesentliche Begriffe in der Imaginativen Psychotherapie mit Musik nach Helen Bonny. Mit Imagination wird in GIM die Gesamtheit der Erlebnisse bezeichnet, die im entspannten Zustand von der Musik ausgelöst werden können. Dabei geht es nicht nur um Bilder im

engeren Sinne wie der Wortstamm Imago, lat. Bild, Bildnis, Abbild, vermuten ließe, sondern um ein breites Spektrum von Wahrnehmung.
Bei Achterberg (1990, 7) finden wir folgende Definition von Imagination: „Gemeint ist jener gedankliche Vorgang, der unser gesamtes Sinnessystem umfasst: Gesichtssinn, Gehör, Geruch, Geschmack, Bewegungssinn, Orientierungs- und Tastsinn; gemeint ist der Kommunikationsmechanismus zwischen Erkenntnis (Wahrnehmungs- und Empfindungsvermögen), Emotion und körperlicher Veränderung. Das Vorstellungsbild ist eine der Hauptursachen für Krankheit und Gesundheit, es ist das älteste und wichtigste Hilfsmittel im Heilungsprozess." Achterberg versteht unter Imagination also deutlich mehr als nur Visualisieren.

Imagination wird auch mit den drei grundlegenden Repräsentationsmodi menschlichen Denkens in Zusammenhang gebracht (Horowitz 1986, 51):

- dem linear-lexikalischen Denken,
- dem enaktiven Denken (Verarbeitung durch den Körper)
- und dem imaginativ-bildlichen Denken.

Die Erfahrungen mit GIM lassen uns uns der Meinung von Singer und Pope anschließen, die enaktives oder imaginatives Denken nicht etwa als regressive Phänomene bei Erwachsenen betrachten, sondern so, „dass alle drei Systeme in ihren komplexen Wechselbeziehungen von gleicher Wichtigkeit sind" (Singer / Pope 1986, 20). Durch den GIM-Prozess werden alle drei Ebenen aktiviert, jedoch nicht durch bewusste Vorstellung, sondern durch Zulassen und Erleben von Imagination. Unmittelbar nach körperlicher Entspannung mit geschlossenen Augen (im leicht veränderten Wachbewusstseinszustand) stellen sich Bewusstseinsströme ein. Die dabei spontan auftretenden Imaginationen können als Manifestationen des Unbewussten eingestuft werden und – wie der Nachttraum, tiefenpsychologisch interpretiert – Ausdruck innerer Konflikte, Wünsche etc. sein. Diese Ansicht vertrat schon S. Freud (Laplanche / Pontalis 1998, 492–493), der die Imaginationen entsprechend deutete; bei der von C. G. Jung (1981, 185 ff) entwickelten „Aktiven Imagination" wird die Klientin dagegen eingeladen, sich selber bewusster mit den inneren Bildern zu beschäftigen – das Ich setzt sich so aktiv damit auseinander.
In GIM unterscheiden wir folgende Typen von Imaginationen: visuelle, auditive, olfaktorische, gustatorische, taktile, kinästhetische und Imaginationen, die Veränderungen in der Wahrnehmung des Körperbildes betreffen. Wir gehen davon aus, dass beim Tagtraum und bei Imaginationen in verän-

derten Bewussteinszuständen enorme kreativ-schöpferische Möglichkeiten aktiviert werden. Sie können als „Konstruktionsmechanismen“ bezeichnet werden, die neue Sicht- und Erlebensweisen und damit neue Wege der Realitätsbewältigung und Schaffung neuer Realitäten ermöglichen (Frohne-Hagemann 1990/1999, 165). Wie Singer (1986, 27) schätzen wir das „kristallisierende Potenzial“, das die Imagination im therapeutischen Prozess auszeichnet.

Wenn wir von veränderten Bewusstseinszuständen[2] sprechen, meinen wir solche, die vom Alltagsbewusstsein verschieden sind. Das menschliche Bewusstsein kann eingeteilt werden in Wach- und Schlaf-Bewusstein. Das Wach-Bewusstsein wiederum lässt sich unterteilen in Alltags-Bewusstsein und Außer-Alltags-Bewusstsein, auch verändertes Wachbewusstsein genannt (siehe Scharfetter 1996, 47 ff). Zustände veränderten Wachbewusstseins können mit verschiedenen Mitteln herbeigeführt werden (z. B. Entspannungsmethoden, Meditation, Halluzinogene) und weisen eine Reihe charakteristischer Merkmale auf, wie z. B. veränderte Wahrnehmung von Raum und Zeit, verstärkte Sinneswahrnehmungen sowie schwerpunktmäßig primärprozesshaftes Denken.

Musik und Imagination

Folgende Gemeinsamkeiten von Musik und Imagination fallen auf: Bewusstseinsströme, d. h. das Fließen der menschlichen Erfahrung in Imaginationen und Träumen, ist der Musik ähnlich, die ebenfalls nur im Fluss zu erleben ist als diejenige Kunst, die sich in der Zeit abspielt. Musik fließt, Imagination fließt. Auch Gefühle sind nicht statisch, sondern besitzen eine zeitliche und dynamische Qualität. Musik besitzt das Potenzial, den Imaginationsprozess auszulösen, zu stimulieren, zu strukturieren, zu vertiefen und in der ihr eigenen Dynamik weiterzuentwickeln. Im GIM leiten wir einen veränderten Bewusstseinszustand durch die Induktion, also vor dem Musikhören ein; die Musik selbst kann uns dann während des Hörens weiter hineintragen. Bonny betrachtet die Musik im GIM-Prozess als eine Möglichkeit, Zugang zu verschiedenen Bewusstseinszuständen zu bekommen. In ihrem „Cut Log Diagram“ (Ringmodell) des Bewusstseins (Bonny 1978, 6) sind verschiedene Bewusstseinsebenen, wie z. B. Tagtraum, Kindheitserinnerungen, Träume, Meditation etc., gemäß ihrer Nähe zum Alltagsbewusstsein als konzentrische Kreise um das wahrnehmende Ich angeordnet. Musik kann uns in diese

2 Zur genaueren Einteilung und Beschreibung der verschiedenen Bewusstseinszustände auch in Abgrenzung zu psychopathologischen Zuständen sei auf Scharfetter (199, 49 ff) verwiesen.

verschiedenen Ebenen unseres Bewusstseins hineinführen und dort therapeutische Arbeit ermöglichen. So kann z. B. ein bestimmtes Musikstück eine vergessene Kindheitserinnerung hervorrufen, die wir dann während der Imaginationsreise verarbeiten können. Die dazugehörigen Gefühle können durchlebt werden, eine Lösung oder Integration des Kindheitserlebnisses führt zur Transformation dieser Erinnerung. Goldberg (2002, 359 ff) stellt mit ihrem „Holographic Model of GIM" (Holographischen GIM-Modell) eine dreidimensionale Version vor, indem sie das Ringmodell zu einem Hologramm erweitert, was als Modell einer umfassenderen Beschreibung des GIM-Prozesses noch besser gerecht wird.

Abb. 1: H. Bonnys „Cutlog-Diagram" (Ringmodell des Bewusstseins)

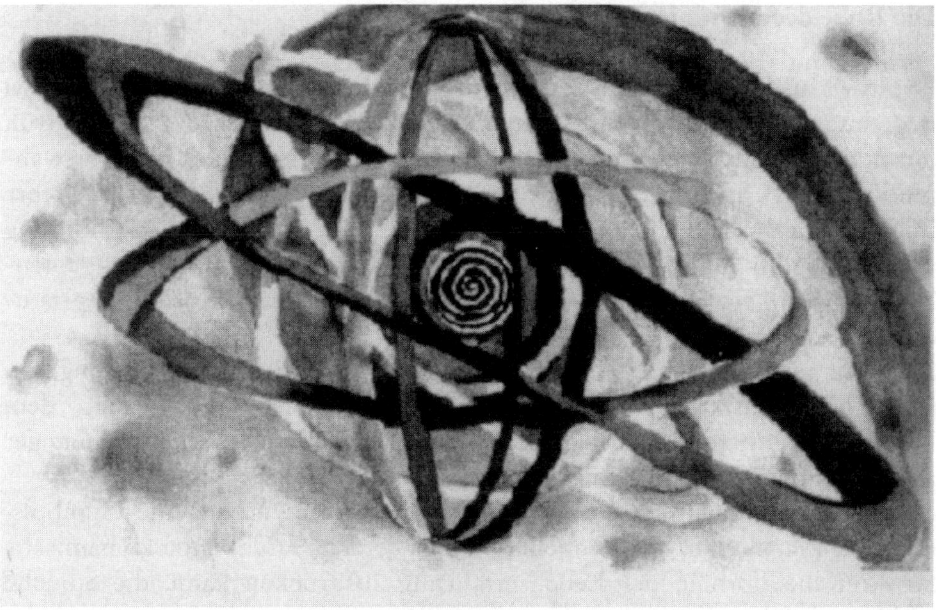

Abb. 2: Holographic Model of GIM F. Goldberg

Bei diesen Modellen wird deutlich, dass Musik auch in transpersonale und spirituelle Ebenen der menschlichen Erfahrung hineinführen kann. Bei der Arbeit mit GIM wird die Therapeutin früher oder später mit solchen Erlebnissen konfrontiert; dazu gehören perinatale oder pränatale Erlebnisse, Erlebnisse aus dem Reich der Archetypen und des Kollektiven Unbewussten und Erfahrungen des Göttlichen und der All-Einheit.
Musik galt zu allen Zeiten als eine Möglichkeit, mit diesen Welten in Berührung zu kommen. Die Transpersonale Psychologie erforscht diese Erlebnisse und deren therapeutische Nutzung. Wilber (1991) als ein bedeutender Vertreter der Transpersonalen Psychologie versucht in seinen Werken eine Zusammenschau westlicher Psychotherapie und östlicher Mystik. Grof (1993) beschreibt die verschiedenen Ebenen der Imagination in veränderten Bewusstseinszuständen sehr anschaulich. Darüber hinaus schärft Grof mit der von ihm entwickelten Begrifflichkeit der „perinatalen Matrizen" den Blick für die Bedeutung des Geburtserlebnisses für die psychische Struktur sowie die Bildung psychischer Komplexe in der jeweiligen Dynamik der Matrize (Grof 1994).

Die Rolle der Musik im GIM

Bonnys Musikverständnis ist zunächst geprägt von ihrer eigenen intensiven Beziehung zur Musik als Geigerin. Ihre Liebe zur Musik wurde schon früh durch ihre Mutter, die Pianistin war, geweckt. Ein besonderes Erlebnis während eines Vorspiels, wo Musik aus ihrer Geige erklang, die weit über ihre üblichen Fähigkeiten hinausging (Kiel 1993, 329), ließ sie die Verbindung von Musik zum Transpersonalen erfahren. Ihr Interesse am Heilungspotenzial der Musik war geweckt und sie begann, 40-jährig, ein Musiktherapiestudium.

All diese persönlichen Erfahrungen trugen wesentlich zur Entwicklung von GIM bei. Musiktheoretisch und -philosophisch fühlte sie sich dem Musikwissenschaftler V. Zuckerkandl (1963) und der Philosophin S. Langer nahe, die über Musik als Symbol resümiert:

„... Musik ist bedeutsame Form, und ihre Bedeutung ist die eines Symbols, eines sehr artikulierten, sinnlichen Objekts, das durch seine dynamische Struktur die Formen der Lebenserfahrung ausdrücken kann, die Sprache nicht ausdrücken kann. Gefühl, Leben, Bewegung und Emotion sind, was ihre Bedeutung ausmacht." (Langer 1953, 32)

Diese Bedeutung ist, so Langer, jedoch nicht genau festgelegt. Im GIM verstehen wir also Musik mehr als Ausdrucksfähigkeit und -möglichkeit denn als spezifischen Ausdruck – von Gefühlen und Energien. Musik als Symbol bedeutet dann hier eher „Gefühlsoption" als konkretes Gefühl, eher „Option" zu erleben, zu erinnern, sinnlich wahrzunehmen als ein bestimmtes, ausschließlich wahrnehmbares Erlebnis. Das bedeutet dann, dass etwa das Adagio von Marcellos Oboenkonzert in c-moll nicht Trauer an sich ausdrückt, sondern die Möglichkeit gibt, Trauer – aber auch noch vieles andere – zu empfinden. Wie ist das möglich? Alle musikalischen Parameter haben einen Einfluss auf den imaginativen Prozess, jedoch entdeckte Bonny eine Rangordnung, wonach die Tonhöhe den größten Einfluss ausübt, gefolgt von Rhythmus und Tempo (ausführlich dazu Bonny 1978, 26).

In der GIM verwenden wir meist klassische Musik im weiteren Sinne, z. B. Werke von J. S. Bach, Mozart, Brahms, Debussy und Pärt. Musik muss komplex und vielschichtig in ihren musikalischen Parametern wie z. B. Klangfarbe, Form, Melodie, harmonikalem Aufbau und Rhythmus sein, um ein reichhaltiges und vielschichtiges Spektrum an Erlebensraum für eine Imaginationsreise zu ermöglichen. In gewisser Weise ist klassische abendländische Musik künstlerischer Ausdruck für existenziell bedeutsame Erfahrungen des Menschseins und bietet die Möglichkeit zur Auseinandersetzung mit archetypischen Themen – zumindest für die Menschen unseres westli-

chen Kulturkreises. C. G. Jung war in späten Jahren sehr beeindruckt von seinen Imaginationserlebnissen beim Musikhören und verlangte, dass Musik zukünftig Teil einer jeden Analyse sein solle, da sie imstande sei, so tiefes archetypisches Material hervorzurufen (McGuire / Hull 1977, 273–275).
Für eine GIM-Sitzung werden in der Regel verschiedene Musikstücke benutzt, die nach bestimmten Kriterien zu sog. Programmen zusammengestellt wurden. Der strukturelle Aufbau eines Programms orientiert sich meist an einer energetischen oder emotionalen Kontinuität, die durch eine Steigerung zu einer Intensivierung des Themenkomplexes führt und danach allmählich wieder zur Ruhe kommt.

Ein Beispiel für ein nach diesen Kriterien aufgebautes Programm (Dauer: ca. 30 Minuten):

Positive Affect (Positiver Affekt)
- E. Elgar, Enigma Variationen, Nr. 8 und 9
- W. A. Mozart, Vesperae Solemnes, Laudate Dominum
- S. Barber, Adagio für Streicher
- Ch. Gounod, St. Cecilia-Messe, Offertorium, Sanctus
- R. Strauß, Tod und Verklärung

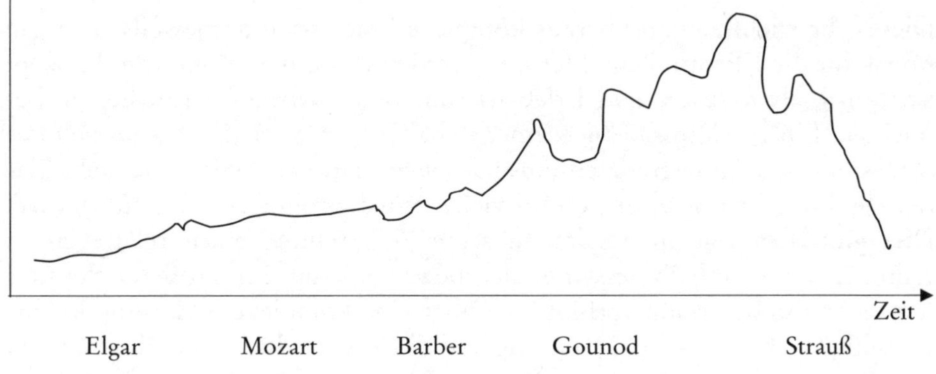

Abb. 3: Programm: Positive Affect, Dauer ca. 30 min.

Es kommen dabei sowohl rein instrumentale Besetzungen wie auch Werke mit vokalen Teilen zum Einsatz, hier Mozart und Gounod. Die Verwendung von vokalen Stücken bringt die Imaginierenden oft in Kontakt mit Men-

schen oder Beziehungen. Eine weibliche (hier im Musikstück von Mozart der Sopran) oder männliche Stimme ruft häufig Imaginationen hervor, die mit der Kindheit und den Eltern zu tun haben und damit die Möglichkeit für eine Arbeit an diesem Themenkomplex bieten. Die oben genannte Auswahl von Musikstücken verfügt über ein immenses Potenzial, den Hörer mit intensiven Gefühlen und Erlebnissen in Kontakt zu bringen.
Bonny verwendete viel Zeit mit intensivem Hören, Vergleichen von Interpretationen und therapeutischer Anwendung um geeignete Stücke zusammenzustellen. Von ihr selbst wurden zwischen 1973 und 1989 18 Programme für verschiedene Themenkreise entwickelt; aber auch L. Keiser-Mardis, M. Clark und K. Bruscia und andere schufen welche, die sich bewährt haben. Eine vollständige Übersicht ist im Buch „Guided Imagery and Music“ (hrsg. von Grocke / Bruscia 2002) zu finden.
So gibt es Programme, die geeigneter sind für Imaginations-„Anfänger“, ferner solche, welche die Durcharbeitung bestimmter Gefühlskomplexe unterstützen oder solche, die Raum für transpersonale Erfahrungen öffnen und bereitstellen. Hier gibt es noch viel zu entdecken und zu erforschen – unzählige Musikstücke warten darauf, in der GIM benutzt zu werden. Um den kulturellen und kulturhistorischen Gegebenheiten gerecht zu werden, ist es außerdem nötig, Programme speziell für den Gebrauch im jeweiligen Land zu entwickeln (vgl. dazu den Beitrag von C. Maack in diesem Buch).

Musikauswahl in der Therapie

Diese sehr wichtige und überaus komplexe Frage nach der jeweils richtigen Musik für die Klientin kann hier nur angedeutet werden. Ein Grundkonzept ist, Musik als *Behälter* und Erlebensraum verschiedenen Ausmaßes zu betrachten. Ein verhältnismäßig kleiner Behälter wäre z. B. der *Kanon von Pachelbel* mit seinem begrenzten musikalischen Material sowie seiner sehr klaren rhythmischen Struktur, die in vielen Wiederholungen vorgeführt wird. Dies gibt dem Imaginierenden in seiner Vorstellung einen relativ engen Rahmen vor, innerhalb dessen er sich bewegen kann. Ein größerer Behälter mit mehr Erlebensraum verfügt u. a. über eine komplexere Harmonik, eine vielseitigere rhythmische Gestaltung und die Verwendung von Dissonanzen. Ein Beispiel dafür wäre etwa *Brahms Klavierkonzert Nr. 2, Allegro non troppo.*
Eine bedeutende Voraussetzung für eine passende Musikauswahl ist folglich für die Therapeutin, die Musik, die sie einsetzen möchte, sehr genau zu kennen. Sie muss mit dem Potenzial dieser Musik in bezug auf psychodynamische Themenkomplexe, transpersonale Aspekte u. a. vertraut sein; sie muss

die musikalische Struktur des Stückes, und hier vor allem die therapeutischen Aspekte der musikalischen Parameter auf den Imaginationsprozess kennen. Außerdem ist zu beachten, dass Musik im veränderten Bewusstseinszustand häufig anders wahrgenommen wird als mit dem Alltagsbewusstsein.
Zu Beginn der Therapie ist es unbedingt erforderlich, eine *musikalische Anamnese* zu erheben, um spezifische Verknüpfungen zwischen Patientin und Instrumenten, Genres und bestimmten Musikstücken sowie wichtige Details zur *musikalischen* und *kulturellen Sozialisation*, zu *Hörerfahrungen* und derzeitigen *Hörgewohnheiten* zu erfahren.

In der Therapie hängt die Musikauswahl von weiteren Kriterien ab:

- vom therapeutischen Prozess,
- vom bisherigen Therapieverlauf,
- vom Stand der aktuellen therapeutischen Beziehung,
- von Störung und Tagesform des Klienten,
- von der Tagesform der Therapeutin,
- von der Thematik der Sitzung und des gewählten Fokus.

Die Auswahl der Musikstücke geschieht dann unter Einbezug aller genannten Kriterien.

Funktionsspektrum der Musik

Bonny (1993, 3) bezeichnet die Musik als Co-Therapeutin und als solche kann sie während der Imaginationsreise verschiedene Funktionen wahrnehmen – einige wichtige seien genannt:

- sie kann Katalysator, Behälter oder Symbol für etwas sein,
- sie kann mit Gefühlen und (frühkindlichen) Atmosphären in Kontakt bringen, diese spürbar machen, intensivieren oder zu einer kathartischen Entladung führen,
- sie kann mit dem eigenen Körper in Kontakt bringen und alle Sinne erfahrbar werden lassen,
- sie kann eine Richtung weisen oder ein Gefühl für Bewegung vermitteln,
- sie kann Sicherheit und Halt geben sowie Struktur und Ordnung vermitteln,
- sie kann als Übertragungsobjekt / Projektionsfläche fungieren,
- sie kann Energie und Kraft spürbar werden lassen,

- sie kann Heilung, Lösung und Einsicht bringen und
- sie kann mit dem Vorsprachlichen und Unaussprechlichen in Kontakt bringen und Raum geben für Sinnfragen und spirituelle Erfahrungen – für das, was über das Menschlich-Diesseitige hinausgeht.

Methodik

Struktur einer GIM-Sitzung

Die klassische Urform einer GIM-Sitzung, die ca. 1,5–2 Stunden dauert, sieht folgendermaßen aus:

1. Vorgespräch
2. Induktion
3. Imaginationsreise mit Musik
4. Nachgespräch – Integration

Im *Vorgespräch* geht es um das Thema der heutigen Sitzung, um Probleme, die die Klientin beschäftigen, aber auch um positive Erlebnisse, um Wünsche, Ziele oder um ein Traumgeschehen. Die Therapeutin wählt die Art der Induktion und die Musik passend zu Inhalt und Atmosphäre des Vorgesprächs und unter Berücksichtigung der genannten Kriterien.

Die *Induktion*, welche den Übergang bildet vom Gespräch zur Imaginationsreise, besteht aus zwei Teilen, die sich gegenseitig vertiefen: einer körperlichen Entspannung und einer mentalen Fokussierung. Sie sollen auf das Musikhören vorbereiten, indem sie in den Wachtraum-Zustand hineinführen. Meist finden Induktion und Musik-Imaginationsreise im Liegen statt. Entspannung und Fokussierung werden individuell für die Situation und die Persönlichkeit der Klientin gestaltet. Auch bei der Wahl der Entspannung ist zu bedenken, dass sie dem Ziel der jeweiligen Sitzung dient: Art und Tiefe müssen entsprechend angelegt sein und auf die Dynamik der ersten Musik vorbereiten.

Während der *Musik-Imaginationsreise* berichtet die Klientin von ihren inneren Wahrnehmungen, die Therapeutin begleitet sie non-direktiv: Sie hilft der Klientin, sich auf das Erlebnis einzulassen, unterstützt ihre emotionalen Äußerungen, hilft vertiefen und ist präsent während schwieriger Situationen. Außerdem protokolliert sie das Gesagte.

Im *Nachgespräch* wird zunächst versucht, auf der symbolischen Ebene und im Gefühl zu bleiben. Oft hilft das Malen eines sog. Mandalas, das gesamte Erlebnis zu einem Abschluss zu bringen und die Integration zu beginnen. Auch andere Methoden kreativer Aufarbeitung wie z. B. musikalische Improvisation, Arbeiten mit Ton und anderen Materialien oder Schreiben können eingesetzt werden. Im Gespräch wird dann den Zusammenhängen zwischen Imaginationen und aktueller Lebenswirklichkeit der Klientin nachgespürt, Bezüge zur Biographie hergestellt und bearbeitet oder zunächst nur die Klientin darin unterstützt, ihre Imaginationserlebnisse als die ihrigen anzunehmen.

Fallvignette

1. Vorgespräch
Frau W. möchte als Fokus das Bild einer Elefantenkuh nehmen, deren Augen sie am Ende der letzten Musikreise anschauten. Dieses Bild hat eine große Anziehungskraft für sie und deswegen möchte sie es erkunden.

2. Induktion
a) Entspannung
Ich bitte Frau W., sich auf die Matratze zu legen, die Augen zu schließen und die Schwere ihres Körpers auf der Matratze zu spüren.

b) Fokus
Ich bitte Frau W., das Bild der Elefantin vor ihrem inneren Auge auftauchen zu lassen und sie und die umgebende Atmosphäre wahrzunehmen.

3. Imaginationsreise mit Musik
Musik: *R. Strauß: Ein Heldenleben, Des Helden Weltflucht und Vollendung (Auszug)*
Frau W. berichtet von beidseitiger Wiedersehensfreude bei der Begegnung mit der Elefantin; schließlich wird sie selbst zur Elefantin, spürt Lebensfreude und genießt es sehr zu trompeten. Beim zweiten Stück *(Brahms Sinfonie Nr. 3, Poco Allegretto)* taucht ein Gefühl der Einsamkeit und der Sehnsucht nach ihrer Herde auf. Sie macht sich auf den manchmal mühsamen und auch gefährlichen Weg zur Herde. Beim dritten Stück *(Beethoven, Sinfonie Nr. 9, Adagio molto)* überwindet sie Hindernisse mit Hilfe der Musik und setzt ihren Weg zu ihrer Herde fort. Sie erreicht schließlich die Elefantenherde, mit der sie sich durch ein tiefes intuitives Wissen verbunden fühlt und bei der sie sich sehr wohl und zuhause fühlt.

4. Nachgespräch
Frau W. malt ein Mandala mit den fünf Elefantinnen ihrer Musik-Reise. Wir sprechen über ihr sehr intensives Imaginations-Erlebnis mit den Elefantinnen, für sie bedeutsame Details und die Bedeutung für ihre Situation. Frau W. hatte es sehr genossen, eine starke, trompetende, wissende Elefantin zu sein und erkennt nun darin einen wichtigen Teil ihres Selbst, der sie befähigen kann, bestimmte Blockaden zu überwinden. Sie spürte auch die Kraft der Herde, die für sie die geistig-seelische Heimat darstellte, die nötig war, um als Einzelgängerin ihren Weg gehen zu können.

Die Rolle der Therapeutin während der Imaginationsreise

Die Aufgaben der Therapeutin während des Begleitens sind vielfältig. Zum einen soll sie durch ihre bloße Präsenz ein Gefühl von Sicherheit vermitteln, was häufig durch „mh" und „aha" geschieht. Durch diese stimmlichen Äußerungen kann sie auch eine Zeugenfunktion einnehmen. Verbal etwas aktiver wird sie, wenn sie die Imaginationsreise durch Fragen des Erkundens und Vertiefens oder durch Ermuntern und Wertschätzen von Gefühlen und Erlebnissen begleitet. Viele verbale Interventionen, die auf das Erleben im Hier und Jetzt fokussieren, sind der Gestalttherapie entnommen (Bonny 1978a, 20). Ist die Klientin in eine sehr schwierige Situation geraten, soll sie non-direktive und nicht suggestive Hilfestellungen zur genaueren Erkundung der Situation oder des Gefühls geben (z. B. ‚Was sollte jetzt geschehen?') und ggf. eine Einbeziehung der Musik vorschlagen (‚Was meint die Musik dazu?'). Meist ist es nötig, eine Schwierigkeit zu erleben und ihre Facetten zu erfahren, bevor es zu einer Lösung oder Verwandlung kommen kann. Alle Interventionen sollen den Prozess der Klientin erlauben, unterstützen und vertiefen.

Zur Veranschaulichung hier ein Beispiel für die Interventionstechnik:

Therapieprotokoll, Beginn der Sitzung
Musik: *R. Strauß, Ein Heldenleben, Des Helden Weltflucht und Vollendung*
Frau W: … Ich stehe neben ihr, es ist so eine Wiedersehensfreude auch von ihr, sie schlingt zärtlich ihren Rüssel um mich herum.
Th: mh
Frau W.: Sie streichelt mich, man sieht, dass sie sich freut, sie trompetet ein bisschen.
Th: Wie klingt das? (*Einladung zur näheren Erkundung der sinnlichen Wahrnehmung)*

Frau W.: Wie gerade in der Musik, sie hält mich mit dem Rüssel umschlungen, ich sitze dort hinter den Ohren.

Th.: Wie ist es, dort zu sitzen? (*Einladung zur Erkundung des Gefühls oder der sinnlichen Wahrnehmung)*

Frau W.: Ich habe eine Decke dort oben, ich sitze ganz schön, wir setzen uns in Bewegung, es ist wie zu Hause sein.

Th.: Lassen Sie sich das spüren (*Ermunterung zum Zulassen des Gefühls)*

Frau W.: Sie hat einen großen Kopf, noch einen größeren Körper … sie weiß den Weg (*neue Information über die Elefantin)*

Th.: Haben Sie eine Ahnung, wohin er führt? (*Frage zur Erkundung des neuen Bildes)*

Frau W.: Nein, sie weiß ihn instinktiv … sie geht ganz geruhsam, unbeirrt geht sie ihren Weg, ich fühl' mich, als sei ich ein Teil von ihr, ich gehör' dazu.

Th.: Können Sie das in Ihrem Körper spüren? (*Frage zur genaueren Wahrnehmung der Imagination)*

Frau W.: Ich fühle wie sie, ich bin in sie hineingesunken, es ist ein sehr massiger Körper, aber es hat eine gewisse Eleganz, wie ich mein Hinterteil hin- und herbewegen kann, ich habe einen sehr großen Kopf, einen 1a Rüssel, zwei Stoßzähne. (*Sie ist jetzt zur Elefantin geworden.)*

Mandala

Das Mandala ist eine Kunstform aus dem Altindischen, die den Kreis in den Mittelpunkt stellt. Durch C. G. Jung wurde das Mandala in der modernen Psychologie bekannt. Er betrachtete den Mandalakreis als Symbol für das Selbst. Während ihrer Zusammenarbeit mit der Kunsttherapeutin Joan Kellogg lernte Bonny die therapeutischen Möglichkeiten der Arbeit mit Mandalas kennen (Bonny / Kellogg 2002). Nach einer Imaginationsreise ließ sie die Patienten ein Bild auf ein Papier malen, in dessen Mitte sich ein mit Bleistift gezeichneter Kreis befand.

Es ist oft sehr hilfreich, unmittelbar zu Beginn des Nachgesprächs die Patienten ein Mandala malen zu lassen. Zum einen kann es die Rückkehr aus dem veränderten Bewusstseinszustand erleichtern und die Reise in einem Bild einen Abschluss finden lassen. Manchmal kann es wichtig sein, durch das Malen den Kontakt zu den eigenen Imaginationserlebnissen zu suchen und zu verstärken. Das Kreisbild bringt meist eine Zusammenfassung des Erlebten in symbolisch verdichteter Form sichtbar zum Ausdruck. Im Therapieverlauf lässt sich anhand der Mandalas die Entwicklung der Imaginationen und damit der therapeutische Prozess sehr gut verfolgen.

Klinische Anwendung von GIM

Klienten bringen der rezeptiven Methode GIM meist weniger Widerstand entgegen als dem aktiven Improvisieren – es scheint wohl leichter, sich auf das Musikhören einzulassen als selbst aktiv zu werden. Mit GIM ist es möglich, sowohl ressourcenorientiert als auch konfliktzentriert zu arbeiten.
In einem fortlaufenden Therapieprozess wechseln sich GIM-Sitzungen meist mit anderen Sitzungen ab, in denen das während einer GIM-Sitzung Erlebte verarbeitet und in die Persönlichkeit integriert werden kann. Dies geschieht entweder im Gespräch über das während der Musik Erfahrene und dessen Symbolik oder unter Einbeziehung kreativer Medien wie z. B. Malen, Plastizieren und musikalische Improvisation. Bei der Aufarbeitung geht es insbesondere darum, einen Bezug zur aktuellen Lebenswirklichkeit des Klienten herzustellen und somit die Imaginationen zu integrieren. Diese sind, gemessen an ihrem Umfang und ihrem Eindruck auf den Klienten, oft beträchtlich und es bedarf mehrerer Sitzungen für diese Arbeit.
Im klinischen Setting ist es mitunter nötig, die oben beschriebene Grundstruktur zu variieren und sie dem Klientel anzupassen. Modifikationen sind grundsätzlich unerlässlich bei Menschen mit Persönlichkeitsstörungen (z. B. Borderline-Syndrom), Menschen mit hirnorganischen Störungen sowie bei der Behandlung von Kindern und Jugendlichen. Dies kann eine kürzere Musikauswahl, eine kürzere Dauer der Sitzung oder eine Imagination im Sitzen enthalten sowie ein stützendes und evtl. direktiveres Vorgehen bei der Begleitung der Imaginationsreise durch den Therapeuten.

Auch im Gruppensetting ist eine Modifikation notwendig, da eine individuelle Begleitung durch den Therapeuten während des Musikhörens nicht für alle Gruppenmitglieder gleichzeitig möglich ist. Um dennoch einen sicheren Rahmen für eine Musikimagination zu gewährleisten, können verschiedene Teile des GIM-Prozesses abgewandelt werden: Die Induktion wird strukturierter und auch direktiver, die Musikimaginationsphase viel kürzer und die Musikauswahl weniger evokativ. (Dazu auch ausführlicher der Beitrag von D. Körlin in diesem Buch). Fokus als auch Musikauswahl müssen für alle Gruppenmitglieder kompatibel und für die Gruppendynamik passend sein. Unerlässlich ist des Weiteren, dass jedes Gruppenmitglied nach der Imagination von seinem Erlebnis während der Musik berichten kann, um das Erlebte zu verarbeiten. Unter diesen Bedingungen ist die Methode für den Gruppenprozess sehr förderlich. Durch die miteinander geteilten Imaginationserlebnisse kommt der therapeutische Prozess schnell in Gang und gewinnt an Tiefe. Es ist beeindruckend, welche tiefgreifenden Erlebnisse schon während eines 5–10-minütigen Musikstückes gemacht werden können.

Fallvignette aus dem Gruppensetting

Eine Patientin aus einer Gruppe in der psychotherapeutischen Tumornachsorge (Geiger 2000) begegnete während einer GIM-Reise einem Hund aus ihrer Kindheit und stellte danach fest, dass sie eigentlich auch mal gerne bellen würde – ein Bedürfnis, das sie zunächst sehr erschreckte und verunsicherte. Schließlich konnte sie sich den Wunsch und die Lust, in der Gruppe zu bellen und ihre Stärke zu zeigen, zugestehen. Es wurde ihr deutlich, dass sie sich bisher selten erlaubt hatte, Aggressionen auszudrücken. Eine andere Patientin befand sich während der Imaginationsreise auf dem Weg zum Haus ihrer Mutter, während ihr bewusst wurde, dass diese gerade gestorben war. Im Nachgespräch berichtete sie der Gruppe unter Tränen, wie sehr ihr die Mutter damals gefehlt habe und dass sie diesen Schmerz nur schwer ertragen konnte. Ein heilsamer Trauerprozess war jetzt bei ihr in Gang gekommen, den die Gruppe durch Anteilnahme unterstützte; des Weiteren öffnete es für andere Teilnehmerinnen den Raum für ähnliche Erfahrungen von Verlust und Trauer, die jetzt geteilt werden konnten und so Ausdruck und Resonanz fanden.
Auf diese Weise konnten in dieser Gruppen-Kurztherapie mit Musik-Imaginationsreisen wesentliche Themen in der Psychodynamik von Krebspatientinnen zum Vorschein kommen: zurückgehaltene, ungelebte Aggression sowie verdrängte und verschleppte Trauerprozesse konnten geteilt und der Bearbeitung zugänglich gemacht werden.

Übertragung – Gegenübertragung

Das Übertragungsgeschehen, das hier nur angedeutet werden kann, ist sehr komplex, wie das folgende Diagramm veranschaulicht:

Abb. 4: Übertragung – Gegenübertragung im GIM-Prozess

Die Übertragung von Seiten des Patienten findet sowohl auf die Musik als auch auf die Therapeutin statt und wird auch in den Imaginationen sichtbar. Die Gegenübertragung kann sowohl im direkten Kontakt mit dem Patienten, auf die Musik (auch Musikauswahl), als auch als Reaktion auf das Imaginationsgeschehen erfahren werden (vgl. auch die Beiträge von I. Frohne-Hagemann, C. Maack, S. Metzner und T. Wosch in diesem Buch).

Indikation – Kontraindikation

Eine Kontraindikation für GIM besteht bei akuten Psychosen und in allen Fällen, wo Probleme in der Realitätsprüfung vorliegen oder ein intellektuelles Defizit besteht sowie bei Kindern unter ca. 8 Jahren. In den genannten Fällen ist eine Unterscheidungsfähigkeit von Realität und Imagination nicht gewährleistet und deswegen eine therapeutische Verwendung der Imaginationsebene nicht möglich.
Bei allen anderen Fällen der klinischen Psychotherapie wie z. B. bei psychosomatischen Erkrankungen, Suchterkrankungen, neurotischen Störungen, bei der Verarbeitung von Trauma und Lebenskrisen, begleitend auch bei organischen Erkrankungen wie z. B. Krebs und Aids ist GIM geeignet, hervorragend auch als Kurzzeittherapie.

Therapeutische Möglichkeiten

Die therapeutischen Möglichkeiten lassen sich, wie folgt zusammenfassen:

- Stimulierung des inneren Erlebens und der Selbstheilungskräfte der Psyche
- Erweiterung des eigenen Erlebnisspektrums, was insbesondere für zwanghaft strukturierte Persönlichkeiten oder bei depressiven Störungen wertvoll ist
- Zugang zu den eigenen Ressourcen über die Musik, Entdecken positiv besetzter eigener Anteile
- Kontakt zum Gefühlsbereich, Durchleben von Gefühlen, emotionale Katharsis
- Zugang und Durcharbeiten von „schwierigen" oder angstbesetzten Gefühlen
- Finden von Einsichten
- Nährende und heilsame Erfahrungen durch die ästhetische Qualität der Musik wie z. B. Schönheit, Liebe

- Hervorragende diagnostische Möglichkeiten sowohl durch die Imaginationen als auch durch die unmittelbaren Reaktionen auf die Musik

Ausbildung

Wie bereits erwähnt wird ab 2004 eine Weiterbildung[3] zum GIM-Therapeuten ganz in deutscher Sprache angeboten. Sie findet in drei Stufen statt. Der Einführungskurs und Modul I beinhalten schwerpunktmäßig Selbsterfahrung und geben einen theoretischen und praktischen Einblick in die Methode, verpflichten jedoch nicht zur gesamten Ausbildung. Die mit Modul II beginnende Weiterbildung erstreckt sich auf ca. drei Jahre mit sieben Blockseminaren, Literaturstudium, lehrtherapeutischen Einzelsitzungen und supervidierten GIM-Sitzungen der Ausbildungsteilnehmer. Die Unterrichtsinhalte entsprechen den Ausbildungsstandards der amerikanischen *Association for Music and Imagery*.

3 Die Weiterbildung wird angeboten vom Institut für Imaginative Psychotherapie mit Musik, Hamburg in Zusammenarbeit mit dem Institut für Musik, Imagination und Therapie, Berlin (IMIT); weitere Informationen siehe www.imitberlin.de

MUSIK ALS CO-THERAPEUTIN

Gedanken zum Verhältnis zwischen Musik und inneren Bildern in The Bonny Method of Guided Imagery and Music (BMGIM)

LARS OLE BONDE

1. Einleitung: Ein Mysterium?
2. Analysemethoden: Von den Perspektiven der Therapeutin und der Forscherin
3. Heuristische Analyse: Musik, Bilderpotenzial und Innere Bilder von vier Frauen (in Rehabilitation nach Krebs) zu *Brahms Violinkonzert, 2. Satz*: Kurze Informationen zum Forschungsprojekt und den Teilnehmerinnen, dann
   a. Phänomenologische Beschreibung und heuristische Analyse der Musik
   b. Event Structure Analysis: Zum Zusammenhang zwischen Musik und Bildern
   c. Metaphern und Narrative in den Musikreisen.
4. Diskussion
   Methodologie – Resultate der Untersuchung – Theoretische Perspektiven: Wie kann man Musik metaphorisch und narrativisch verstehen?
5. Zusammenfassung.

Einleitung: Ein Mysterium? – Oder: Ist Musikerlebnis immer personenzentriert?

In der rezeptiven Methode BMGIM (The Bonny Method of GIM) spielt die Musik eine besondere Rolle: Sie wird oft als Co-Therapeut(in) bezeichnet (Bonde 2002a, Metzner 1996). Die Musikprogramme (im Anhang C-L des Buches von Bruscia and Grocke (2002) werden mehr als 75 erwähnt) sind sehr sorgfältig zusammengestellt, ja eigentlich ist jedes Programm als eine besonders profilierte Suite „komponiert". Es gibt in der GIM-Literatur viele Analysen spezifischer Programme (Bonde 1999) und auch theoretische Modelle zum Verständnis der Interaktion zwischen Musik und inneren Bildern (Bonny 1978; Goldberg 1995; Goldberg 2002). Dennoch ist es fast ein Mysterium, wie es eigentlich zugeht, wenn ein Klient – und die Therapeutin – in der Musikreise die innere Bilderwelt des Klienten erforschen, ohne

Zweifel von der Musik stimuliert, gestützt und auch (im positiven Sinne) provoziert; aber wie eigentlich? Wir sprechen hier nicht einfach von Stimulus (Musik) und Respons (Bilder); jede Musikreise (auch wenn ein Klient dasselbe Musikstück zum dritten- oder fünftenmal erlebt) ist verschieden, und die Therapeutin kann höchstens – und wird sich allerdings auch darauf beziehen – eine fachlich angemessene Vorstellung vom Bilderpotenzial des Musikprogramms haben (vgl. in Bezug auf Letzteres auch den Beitrag von S. Metzner in diesem Buch). Dies ist alles von der Emotionsforschung gut beschrieben: Ein Schlüsselwort ist die „Personenzentrierung“ (Gembris: ‚Jede Person habe eine eigene Musikwirkung‘; Ulich: ‚Jede Person hat *ihre* Art des Berührtseins von Musik‘) [siehe den Beitrag von T. Wosch in diesem Buch]. Aber (meine Gegenthese ist): Das Verhältnis Musik – innere Bilder ist nicht ganz zufällig und nur rein persönlich. Die eigentliche Expertise der GIM-Therapeutin besteht in einer genauen und auch persönlich gegründeten Erfahrung der Musik und ihres „Bilderpotenzials“ (‚Image Potenzial‘, Bonde and Pedersen 1996/2000). Diese Erfahrung entsteht durch Analysen und eigen-therapeutischem Erleben der GIM–Musik(-Programme). Die Musik kann als Co-Therapeutin nur ihr Bestes leisten, wenn die (Co-)Therapeutin von Anfang bis Ende der Musikreise ein Musik-Programm gewählt hat, das – dem Iso-Prinzip folgend (Metzner 1996) – den Bedürfnissen und der Ego-Stärke des Klienten begegnet und diesen genau angepasst ist. Deshalb ist es (meiner Meinung nach) kein dunkles Mysterium, wie die Musik als Co-Therapeutin funktioniert; es ist aber nicht so einfach, die Sache zu erhellen und zu dokumentieren.

Ich versuche in diesen Kapitel zu demonstrieren und diskutieren, wie man als GIM-Therapeut und/oder als Musiktherapie-Forscher das Bilderpotenzial der Musik(-Programme) erforschen und dokumentieren kann. Zuerst sollen verschiedene Analysemethoden und -perspektiven im Allgemeinen präsentiert werden. Dann fokussiere ich auf Musik, die ich mit bestimmten Methoden beschreibe und analysiere, um das Bilderpotenzial – und damit das spezifisch therapeutische Potenzial – zu beleuchten. Danach introduziere ich Data-Materialien: die inneren Bilder (Imagery) von vier Krebspatientinnen in Rehabilitation zu dieser Musik, d. h. Daten aus einem fortlaufenden Forschungsprojekt über den Effekt individueller GIM-Sitzungen auf die Stimmungslage (Mood) und die Lebensqualität (Quality of Life) (Bonde 2003*[1]). Die Bilder und ihre Beziehung zur Musik werden mit Hilfe der sogenannten *Event Structure Analysis* (Tesch 1990) präsentiert. Es folgt dann

1 Dieses Forschungsprojekt habe ich mit Musiktherapeutin Ellen Thomasen (FAMI) durchgeführt. Frau Thomasen war Therapeutin in allen GIM-Sitzungen und hat ihren eigenen Report geschrieben.

eine Analyse und Interpretation der Bilder als Metaphern und ihrer möglichen Konfigurationen als narrative Strukturen.

Analysemethoden: Perspektiven der Therapeutin und des Forschers

In der Ausbildung von GIM-Therapeutinnen (Lewis 2002) spielt die tiefe Eigenerfahrung der Musik eine absolut zentrale Rolle. In eigenen Musikreisen (in Dänemark beispielsweise wird ein Minimum von 30 Sitzungen gefordert) und durch imaginative Gruppen-Reisen (während der Ausbildungskurse) vertieft die Ausbildungskandidatin ihre persönlichen Erfahrungen mit vielen Musikprogrammen. Analytische Kenntnis der Musik ist jedoch ebenfalls gefordert. Vom Anfang an hat Helen Bonny Materialien für die Ausbildung hergestellt: In der „Monographie #2"(Bonny 1978; Nachdruck in Bonny / Summer 2002b) beschreibt sie die therapeutische Bedeutung der einzelnen musikalischen Parameter und präsentiert in Form von graphischen Modellen ihre Auffassung über die „Innere Morphologie" einzelner Musikprogramme. Bonny hat 18 Musikprogramme zusammengestellt („komponiert") und deren spezifische morphologische Profile sowie klinische Anwendungsmöglichkeiten beschrieben (siehe Grocke 1999). Es ist nicht möglich, Bonnys Zusammenstellung von Einzel-Sätzen aus Barock, Klassik, Romantik und Moderne rein rational zu begründen. Sie wurden meistens intuitiv ausgewählt, wobei sie sich aber auf ihre klinischen Erfahrungen stützte (Bonny 1978, 25; Grocke 1999).
Die Zusammenstellung von GIM-Programmen ist recht komplex (Bruscia 2002). – In ihren Manuskripten hat Bonny die folgenden charakteristischen – also besonders wichtigen – Elemente der GIM-Musiken identifiziert:

"1) the music is a catalyst for tension and release
2) the music is a container for the GIM experience
3) the music stimulates the flow and movement of the imagery
4) the music offers variability in the stimulus
5) the music conveys mood
6) the music is of the Western tradition of classical music"
(Nach Grocke 1999, 149)

Bonny hat später (Bonny 1993; Bonny 2002a) eine neue Methode zur Erforschung des Bilderpotenzials entwickelt. Sie wird „Body Listening" („Körper-Lauschen") genannt und ermöglicht eine unmittelbare körperlich-dynamische Erfahrung des Musikprogramms. (In der dänischen GIM-Ausbildung wird

diese Methode als eine von viele „kreativen Analysemethoden" – z. B. Musik-Malen, Erzählungen, pantomimische Darstellung – benutzt).
Viele Einzel-Programme sind (wie bereits erwähnt) unter Anwendung verschiedener Methoden analysiert worden. Abrams (Abrams 2002a, b) hat eine Übersicht der wichtigsten Methoden gegeben – die meisten sind entweder phänomenologische oder heuristische. Für eine Übersicht der Analysemethoden in der rezeptiven Musikforschung siehe Bonde (im Druck).
Hinsichtlich einer strukturell orientierten Analyse hat Grocke die SMMA entwickelt (Grocke 1999), die als Methode auch in diesem Zusammenhang benutzt wird. Die SMMA beinhaltet die systematische Analyse von 15 tabellarisch zusammengefassten verschiedenen musikalischen Aspekten.
Die ohne Zweifel gründlichste und den GIM-Prozess am Besten widerspiegelnde Methode wurde von Bruscia entwickelt (Abrams 2002; Bruscia, im Druck). Seine heuristische Methode („Heuristic Music Analysis", dyadisch oder in Gruppen ausgeführt) hat das Ziel, das Erleben der Klientin und der Therapeutin in der GIM zu verstehen und beschreiben. Die Therapeutin bzw. der Forscher untersucht die Musik systematisch aus vier Perspektiven:

1. aus dem Erleben von „Klienten/Reisenden" im veränderten Bewusstseinszustand (bei ÄBT=Alpha- oder (seltener) Theta-Wellen), (Hess and Rittner 1996) mit Fokus auf die Musik;
2. aus dem Erleben von „Klienten/Reisenden" im veränderten Bewusstseinszustand (ÄBT) mit Fokus auf die inneren Bilder;
3. aus dem Erleben der Therapeutin/„Guide" im normalen Bewusstseinszustand (NBT=Beta-Wellen) mit Fokus auf die Musik;
4. aus dem Erleben der Therapeutin/„Guide" im normalen Bewusstseinszustand (NBT=Beta-Wellen) mit Fokus auf die inneren Bilder.

Die persönlichen Erfahrungen werden mit Daten von Sitzungen bzw. bezüglich der Klienten ergänzt und verglichen und in einer Synthese präsentiert. (Ein Analysebeispiel mit dieser Methode stellten Bonde / Pedersen 1996/2000 vor). – In der folgenden Analyse sind alle 4 Positionen vorhanden:

1. In der phänomenologischen Beschreibung,
2. in den vorhandenen Bildern von 4 Klientinnen,
3. in der SMMA-Analyse und
4. in der Beschreibung des Bilderpotenzials.

Heuristische Analyse: Musik, Bilderpotenzial und innere Bilder von vier Frauen (in Rehabilitation nach Krebserkrankung) zu *Brahms Violinkonzert, 2. Satz*[2].

Kurze Informationen zum Forschungsprojekt und zu den Teilnehmerinnen

Alle Daten in diesem Kapitel stammen aus dem Projekt *Rezeptive Musiktherapie mit entlassenen Krebs-Patientinnen in der Rehabilitation. Ein Pilot-Projekt mit Fokus auf den Effekt der Musiktherapie (BMGIM) auf die Stimmungslage (Mood) und die Lebensqualität.* (Bonde 2003*).
Sechs freiwillige Teilnehmerinnen in Rehabilitation nach Krebserkrankung hatten je 10 individuelle GIM-Sitzungen (zu den Daten über die Teilnehmerinnen siehe Anhang A). Die Untersuchung fokussiert auf dem Einfluss von GIM auf ‚Mood' und ‚Quality of Life' – zwei wichtige Aspekte auf der psychosozialen Behandlungsebene. Es werden sowohl quantitative als auch qualitative Daten und Bearbeitungsmethoden benutzt. Die quantitative Studie untersucht den Effekt von GIM anhand der Fragebögen HADS, EORTC-QLQ-C30 und SOC[3], welche die Teilnehmerinnen regelmäßig ausfüllten[4]. Die wichtigsten Resultate[5] dieses Teils der Untersuchung zeigen, dass GIM – mit dem HADS gemessen – einen statistisch signifikanten positiven Effekt auf Angst (Anxiety) hat und – mit dem SOC gemessen– dass GIM ebenfalls einen statistisch signifikanten positiven Effekt auf die Lebensqualität (Quality of Life) hat (Bonde 2003).

2 Die hier benutzte Aufnahme ist eine analoge LP aus den sechziger Jahren in digitaler CD-Version: Solist ist David Oistrach, Violine, Dirigent ist Franz Konwitschny. DG 447 427-2. Partitur: Heugel & Cie. Paris, H. 31406 (1951)

3 Die folgende standardisierten Fragebogen wurden benutzt:
(a) Hospital Anxiety and Depression Scale (HADS) + (a1) Four specific MT/GIM questions
(b) European Organization for Research and Treatment of Cancer Quality of Life Questionnaire (EORTC QLQ-C30),
(c) Antonovsky's Sense of Coherences Scale (SOC)

4 Die Teilnehmerinnen haben HADS und QLQ-C30 als Baseline (Prä), nach jeder Sitzung (nach dem 10. = Post), und bei Follow-Up (6 Wochen nach dem letzten Sitzung) ausgefüllt. SOC war dreimals ausgefüllt: Prä, Post, und Follow-Up.

5 Ausgewählte Resultate: HADS: No significant effect was found Pre-Post Anx: .058. (Effect size: 1.09) *Significant effect found Pre-FU Anx: ,045 (Effect size: 1.33).* No significant effect found Pre-Post Dep: ,336 (Effect size: .29) or Pre-FU Dep: ,104 (Effect size: .72)
QLQ-C30: No significant effect was found. Effect sizes: Pre-Post: .49 Pre-FU: .32
SOC: No significant effect found Pre-Post: ,075. (Effect size: 0.63) *Significant effect found Pre-FU: ,046 (Effect size: .62*)*

Ein Teil der qualitativen Untersuchung bestand aus einer Interview-Serie mit allen sechs Teilnehmerinnen[6]. Diese phänomenologisch-hermeneutische Methode konnte eine Reihe positiver Effekte der GIM-Therapie genauer identifizieren. Die wichtigsten Effekte sind: Verbessertes Coping (alle 6 Teilnehmerinnen), verbesserte Stimmung/Mood (6), neue Perspektiven (5 von 6 Teilnehmerinnen), Hoffnung (5 von 6), verbessertes Selbstverständnis (5 von 6), Versöhnung mit Leben und Tod (4 von 6), spirituelles Wachstum (4 von 6). Der vorliegende Artikel stellt die erste Veröffentlichung zur qualitativen Teilstudie über das Verhältnis zwischen GIM-Musik und den inneren Bildern der Teilnehmerinnen dar. Die qualitative Studie basiert auf Mini-Disc-Aufnahmen von 6 x 10 Musikreisen.

Phänomenologische Beschreibung und heuristische Analyse der Musik

Metzner (1996, 123) schreibt treffend, dass die Rolle der Musik als Co-Therapeutin die ist, „einerseits als projektives Medium (zu dienen) und (dass sie) andererseits mittels der ihr eigenen symbolischen Struktur einen Einfluss auf die psychischen Prozesse der Patientin nimmt ...“. Sie schreibt auch korrekt, dass das Iso-Prinzip ein wichtiges Auswahlkriterium für die Musik ist: Die Musik müsse „genügend Variationsbreite und Komplexität“ haben, um die Stimmungslage und Energie der Patientin zu treffen. Es ist aber nicht korrekt, dass die Musik „keine abrupten Wechsel in den musikalischen Parametern Harmonie, Rhythmus, Dynamik, Melodie und Klang“ haben darf. Wir werden sehen, dass nämlich genau solche „abrupten Wechsel“ sehr effektiv sein können. Metzners Charakterisierung trifft lediglich auf psychologisch rein stützende Musik zu, die für egoschwache oder unsichere Patientinnen zu Beginn des therapeutischen Prozess gewählt werden muss. Die GIM-Musik deckt ein breites Spektrum von ‚sicher/stützend‘ über ‚herausfordernd/stützend‘ bis ‚unbekannt/mystisch‘ ab. Richtiger wäre also, nur bei stützender Musik von keinen heftigen Wechseln zu sprechen oder nur moderat vorkommende oder subtile Wechsel zu wählen.

Alle Einzelsätze, die in GIM-Programmen vorkommen, werden in der Database „GIM Selections“ (Phonogramm-Daten) (Bonde 2002) besprochen und musikalisch-psychologisch charakterisiert. So auch der Brahms-Satz – es heißt z. B. "Pure, intense, romantic". Eine solche Charakterisierung ist natürlich in diesem Kontext nicht ausreichend. Den Prinzipien der heuristischen Analyse folgend habe ich die Musik aus vier Perspektiven beschrieben

---

6 Die Interviews wurden (vom Forscher) unmittelbar als Follow-Up durchgeführt.

und analysiert. Die musikalischen Perspektiven habe ich in einem „Affektiven Ausdrucks-Profil“ (Profile of Affective Expression, inspiriert von Bonnys „Affective Contour/Profiles“) zusammengefasst:

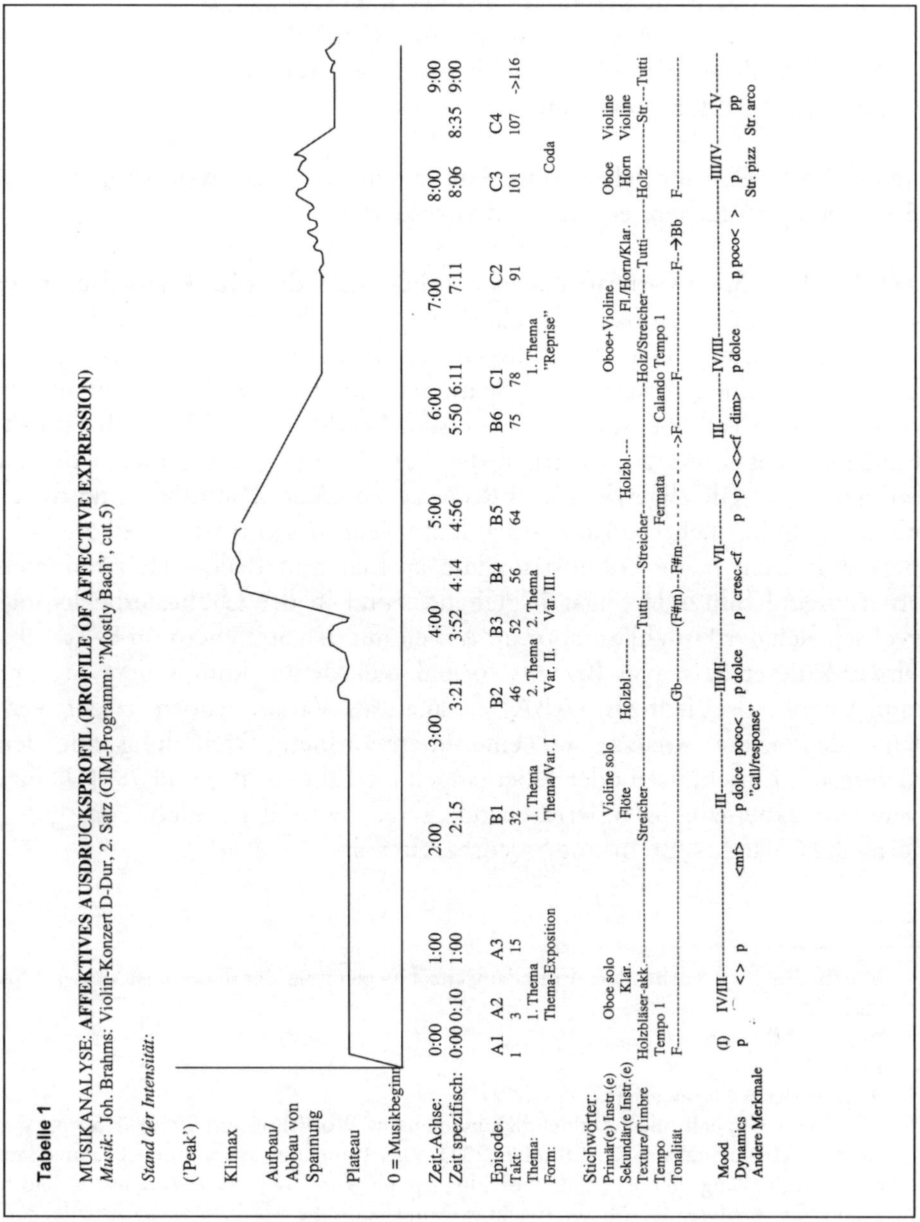

Tabelle 1: AAP/PAFEX

Dieses Profil – oder die „Karte der inneren Morphologie des Brahms-Satzes“ – beruht auf folgenden Teilanalysen :

- Phänomenologische Beschreibung des Satzes (Anhang B*[7])
- Analyse des Form-Ablaufes (auditiv und visuell)[8]
- Mood-Analyse (anhand von Hevner's „Mood Wheel“)[9]
- Analyse der Bilderpotenziale[10]

Meine Analysen habe ich durch Materialien aus einen Workshop mit 12 Musiktherapieforschern ergänzt und korrigiert[11].

Das Profil (in Stichwörtern) macht deutlich, dass die Musik aus drei innig verbundenen, dennoch recht verschiedenen Teilen besteht. Der tonal stabile, lyrisch-sehnsüchtige erste Teil führt unmittelbar – als „abrupter Wechsel“ – (B2, t. 46) in einen dynamischen Spannungsaufbau und einen recht turbulenten zweiten Teil über (große dynamische Wechsel, Dur/Moll-Schwanken, dramatisch-passionierter Ausdruck der Solo-Violine), um dann im dritten Teil wieder zu Gleichgewicht und Ruhe zu kommen. Die tonale und dynamische Stabilität kehrt zurück, doch kann man diesen dritten Teil als Synthese auffassen: beide Soloinstrumente spielen nun dialogisch zusammen (abwechselnd führend/obligat begleitend), und in der Orchesterbegleitung wechselt sich der Holzbläserchor im A-Teil mit den Streichern im B-Teil ab. Obwohl dieser Satz von Brahms formal mehrdeutig komponiert ist – er kann sowohl als Liedform (ABA) als auch als Variationsform erlebt werden – deutet die Analyse auf eine übergeordnete Dreiteilung mit den wichtigsten Einschnitten oder Übergängen im Takt 46 (B2) und 78 (C1) hin. Der erste Übergang ist überraschend, gerade weil der andere sehr gut – durch die Calando-„Bremsung“ – vorbereitet ist.

---

7 Nur in Englisch vorhanden. Eine deutsche Übersetzung der Essenz ist in der ESA vorhanden.

8 In der AAP integriert

9 In der AAP integriert

10 Auch in der AAP integriert.

11 Ich danke herzlich allen Teilnehmer in meinem Workshop am Ph.D.-Kurs in der Aalborg Universität am 25. Oktober 2003. Die Teilnehmer haben den Brahms-Satz ohne Einführung gehört und individuell eine von folgenden Aufgaben gelöst: a) auditive Analyse der Musik (wichtigste musikalische Merkmale), b) visuelle Partitur-Analyse (dasselbe), c) Mood-Analyse, d) Analyse des Bilder-Potenzials (Fragebogen zu eigenen Bildern oder Bewertung des Potenzials des Satzes), e) Zeichnung eines Mandalas.

Man erkennt auch ein einfaches narratives Grundmuster in diesem Satz: *Basis/Zuhause – Auszug/Entdeckung oder Herausforderung – Rückkehr zur Basis.* Das Bilderpotenzial kann folgendermaßen beschrieben werden: Das stabile Plateau des ersten Teils erlaubt und stimuliert Sicherheit und Vertrautsein (zum Beispiel gute Erinnerungen) und die lyrisch-pastorale Grundstimmung evoziert entsprechend oft Natur/Landschafts-Bilder. Im zweiten Teil muss etwas (anderes) geschehen: die Idylle wird zerstört oder in Frage gestellt und ganz andere Gefühle und Stimmungen werden ausgedrückt bzw. provoziert. Im dritten Teil kann eine Rückkehr möglich werden, vielleicht eine Lösung von einem Konflikt oder eine neue Perspektive auf alte Probleme.
(Zwei Beispiele vom Material der Expertengruppe seien hier eingefügt: (A) 1. Liebespaar auf einer Wiese bei Sonnenaufgang; 2. Dramatische Szene im großen Saal eines alten Schlosses; 3. Rückkehr zur Wiese (Ruhe) bei Sonnenuntergang. (B) 1. Eine kleine weiße Feder schwebt im Sonnenschein über eine offene Landschaft und einen Wald. 2. Sie schwebt über eine alte Thingstätte (dänisch: Ort, wo Gericht gehalten wurde), möchte gern landen, wird aber vom Wind weiter über einen schwarzen Wald geblasen; 3. Die Feder verwandelt sich in zwei Kohlweißlinge. Die Schmetterlinge möchten gern landen, werden aber nach oben geblasen. Dort frieren sie und schweben als kleine Eisflocken auf den Waldboden.)

Das angedeutete Bilderpotenzial macht die Musik für viele therapeutische Zwecke geeignet. Im GIM-Programm *Mostly Bach* folgt der Brahms-Satz (als ‚cut' 5) nach vier emotional herausfordernden Kompositionen von J. S. Bach (in der romantischen Orchestrierung Stokowskis), daher erleben die meisten Klientinnen den Brahms-Satz als eine Befreiung nach der ‚harten Arbeit', die zum Schluss vom *2. Satz des Doppelkonzerts für zwei Violinen* von J. S. Bach, das sich fast ausschließlich in Mood 3 befindet, bestätigt wird. Die Kombination von Ruhe/Sicherheit und milder Herausforderung macht den Brahms-Satz auch diagnostisch interessant. Er wurde in diesem Forschungsprojekt von der Therapeutin mehrmals zu diesem Zwecke benutzt, also als erstes Stück überhaupt[12].

---

12 In den 60 Sitzungen wurden mehr als 60 verschiedene Sätze des GIM-Repertoires benutzt, die meisten aber nur ein-, zwei- oder dreimal. Die am häufigsten benutzten Sätze waren Bach: Doppelkonzert für zwei Violine, 2. Satz (26-mal), Haydn: Cello-Konzert in C-Dur, 2. Satz (16-mal), Brahms: Violinkonzert, 2. Satz (15-mal), Puccini: „Summ-Chor" aus Madame Butterfly (13-mal). Ich habe den Brahms-Satz für diese Analyse ausgewählt, weil er sowohl stützende als auch herausfordernde Elemente enthält (die drei anderen genannten Sätze sind alle rein stützend).

Wir werden nun die Musikreisen von vier Frauen in der Rehabilitation nach Krebserkrankung genauer analysieren.

Event Structure Analysis: Zusammenhang zwischen Musik und Bildern

Tesch (1990) definiert *Event Structure Analysis* (ESA, Analyse von Ereignis-Strukturen) als Forschungsmethode, mit welcher man Ereignis-Reihen oder -Serien als logische Strukturen untersuchen und darstellen kann. Die Identifizierung einzelner Elemente und ihr Verhältnis zueinander dient als Basis zur Erklärung und für die Interpretationen der Sequenzen oder der Ereignisse. ESA, auch ‚Qualitative Sequential Analysis' genannt, gehört – wie Grounded Theory – zur Gruppe der Methoden innerhalb qualitativer Forschung, welche Verbindungen zwischen identifizierten und kategorisierten Elementen suchen (Tesch 1990, 85). ESA braucht Ereignisse „as the units of analysis. They are the elements among which the connections are sought. Events in real life or stories happen in a chronological order. However, there is an underlying ‚logical structure' according to which they happen. David Heise calls these logical structures ‚production grammars'" (Heise 1988, 187, in Tesch 1990, 88). Man könnte auch von Regel-Systemen sprechen.
ESA ist offenbar auch für die Analyse klinischer Aspekte der BMGIM-Sitzungen sehr geeignet. Grocke (1999) hat die ESA für ihre Untersuchung von „Pivotal Moments in GIM" („Augenblicke der Wende") allerdings modifiziert. Marr (Marr 2000) benutzt ESA für ihre Analyse der Musik und Bilder-Sequenzen von vier Klienten zum Musikprogramm *Grieving* (ein von Linda Kaiser zusammengestelltes Programm, das auch in einer 1996 von Bonny und Bruscia revidierten Form erhältlich ist). Mit Hilfe von ESA hat Marr den Einfluss der Musik auf die Bilder der vier Klienten untersucht. –
In der folgenden Analyse verwende ich dieselbe graphische Darstellungstabelle wie Marr, so dass man den Zusammenhang zwischen Musik und inneren Bilder/Metaphern chronologisch verfolgen kann. Ich benutze jedoch eine andere Kodierung als Marr, wenn ich die Bilder-Modalitäten der einzelnen Klientinnen Schritt für Schritt (also in jeder Episode) erfasse. Die Kommentare in der letzten Kolonne sind meine Interpretationen der Relation Musik ↔ innere Bilder.

Tabelle 2: Event structure analysis. Brahms: *Violin-Konzert D-Dur, 2. Satz* [Nur wenige Interventionen des Guides sind angegeben]

Erste Spalte: Die Episoden korrespondieren mit dem Resultat der phänomenologischen Beschreibung und der AAP/PAFEX
Zweite Spalte: Hier werden die Modalitäten der inneren Bilder aufgeführt [V=Visuel, A=Auditiv, S=Kinästetisch-Sensorisch, O=Olfaktorisch, G=Gustatorisch, E=Emotionen, Er=Erinnrerungen, R=Reflexionen/Einsichten, T=Transpersonale Bilder.]
Dritte bis sechste Spalte: Bilder der 4 Teilnehmerinnen (1,1 = 1. Sitzung, 1. Musikstück)
Letzte Spalte: phänomenologisch-hermeneutische Deutungen der Musik und des Bilderpotenzials.

Episode/ Takt	Mod.	Musik	INLA 1,1	ESMA 1,1	PIJØ 1,1	WIFU 3,3	Kommentar
A1 (1–2)	V/E	F-Dur, Offener Akkord			[Induktions-Bild: Am Meer]	Das Mädchen ist bei mir	Sehr offener Anfang: ‚Was mag hier passieren?'
A2 (3–14)	V	Oboe, Kantilene sich langsam entfaltender 1. Thementeil		Ich sehe sie ...			Eine ‚sichere Basis' ist mit der schönen, lyrischen, doch flexiblen und dynamischen Melodie in F etabliert.
A3 (15–31)	R/S G/S V E	Wie zuvor, 2. Thementeil	Sehr schön, keine heitere Musik, doch OK. Sehr beruhigend.	Freiheit ... Die Luft ist gut, ein bisschen Salz	Sonnenuntergang. Ein stiller Tag	Unabhängig davon, wo ich hingehe, hab' ich ein Gefühl von Friede und Ruhe ...	Die melodische Linie expandiert nach oben, doch kommt das Thema ausgewogen zum Ende (Kadenz in F).
B1 (32–45)	R/Er/S V/Er V E/S	Violine übernimmt die Kantilene, freie Expansion in zwei Oktaven. Viele Imitationen des	Schöne Musik! Aahhh! Die Musik erhebt mich. Es erinnert mich an Flügel – oder ich schwebe	Ich habe gedacht dass ich am Strand wanderte, wo ein Fluss mündet	Ich sehe das Meer leuchten. Es blinkt von unten. Die letzten Sonnenstrahlen entzünden die Oberfläche.	.... im ganzen Leib.	Sowohl eine Wiederholung eines wohlbekannten Themas, aber auch neue Klangfarben und mehr Expressivität der

		Themen-Kerns	auf Wolken. Herrliche Leichtigkeit		Feuerfarben der Sonne: Bronze, rot... Schöne Wolken über mir		Solostimme – und antwortende Imitationen der Holzbläser. Also mehr Interaktion der Instrumente.
B2 (46–51)	V/E	Plötzliche Rückbewegung nach Ges-Dur (keine Modulation). Kleines Motiv (Oboe T. 12) wird in der Violine transformiert und elaboriert.		Mitten im Fluss sind Steine, vom Wasser überschwemmt. Der Fluss ist tief, ich wage nicht auf die Steine treten, um hinüber zu kommen.			Die erste unerwartete Ereignis: Plötzliche, unvorbereitetete Tonartenwechsel. Die Solovioline spielt nun kleinere und schneller Figuren (auch Sechzentel-Triolen), Veränderung der Stimmung
B3 (52–55)	E V/E	Dynamische Intensivierung und tonale Rückbewegung. Crescendo <f			Eine sentimentale Stimmung...	Das Mädchen hilft mir aufzuräumen	Sehnsucht und Melancholie wird dynamisch ins Leidenschaftliche gesteigert
B4 (56–63)	R/V/S Er/V E R/E	Violine präsentiert neue Themenvariation in Fis-moll, passioniert. "Call-response" Dialog Solo/Holz-Bläser. Überraschende Fermate, Schluss	Ich finde diese Violine sehr fütsorglich. Es erinnert mich an ... tanzende Paare mit schweifenden Schürzen, sich zur Musik schwingend. Es gibt aber auch Melancholie in der Musik ...	Es erinnert mich an einen Sommertag mit Segelbooten bei der Wettfahrt im Fjord. Alte Booten aus Holz. Schön, sie zu beobacten. Von einer Landzunge aus kann man sie beobachten.	... doch auch recht schön. Ich glaube, ich bin allein	Ich möchte gern aufräumen...	Die neue Stimmung wird melodisch entfaltet, gibt neue Bild-Möglichkeiten. Die überraschende Fermate gibt Platz für Nachsinnen und -denken

B5 (64–74)	R Er/R E	Zartes piano zu Beginn wird von grossen dynami-schen Steigerungen abgelöst. Sequenziertes Passagen-Werk Grosses Crescendo wird plötzlich vom Ritardando und Diminuendo abgelöst. Tonale Mehrdeutigkeit – Rückkehr nach F-dur	..andere Stimmungen stimulierend. Ich ziehe die Leich-tigkeit vor, – kenne aber auch die andere Stimmung gut. Die Musik ruft diese Melancholie hervor und das finde ich faszi-nierend. Doch ich ziehe die andere Stimmung vor und kann in ihr bleiben. Es gibt auch Aggression in dieser Musik .	Die Segel werden vom Wind gefüllt. Es kommen mehr als 50 Boote. Es hängt irgendwie mit der Musik zusammen: Die Musik schafft Oberwasser. [Hast du Oberwasser?] Nein, es ist in der Musik.	Alleinsein ist OK für mich.		Eine sehr abwechslungsreiche und dynamische Passage, wo viel Energie mobilisiert werden kann – dann ‚bremst' die Musik und bereitet den Weg für ...
B6 (75–77)	R V/S	Tonalität stabilisiert, langsames, traumhaftes Solo in höchstem Register bereitet die Reprise vor.	Nun ist es aber wieder ruhig.		Ich bin nun im Kajak, segle der Küste entlang. Strandrobben. Aber keine anderen Leute.		....ein neues Nachsinnen oder -denken. Ohne es sicher zu wissen merkt man, dass man wieder auf sicheren Grund ist oder ankommt.
C1 (78–90)	V/R V/E V/E	Reprise und Synthese. Oboe singt die ersten zwei Takte Cantilena, Violine begleitet mit Oktavfiguren	Nun kommen Herbstblätter. Die letzten Blätter fallen. Das Baum wird ganz nackt. Ein Baum mit	Ich wandere an meinem Strand. Oft ist es ganz rauh dort. Der Wind erhebt sich. Dann kann man in der Plantage Schutz	Nun ist es Zeit für Sonnenaufgang. Ich fühle mich wohl, nicht länger sentimental. Der Himmel wird heller.		Die variierte Reprise bringt alle Elemente des Satzes zusammen in Harmonie. Schöne Zusammenarbeit der zwei Solo-Instrumente und auch von den zwei

		(Skalenbewegung nach unten). 3 Takte mit umgekehrten Rollen, dann wieder Oboenmelodie mit obligater Violine. Begleitung abwechselnd von Bläsern und Streichern. Übergangsmotiv.	großen Blättern – Ahorn! Alles ist orange. Auf dem Boden die orangenfarbenen Blätter. Sehr schön, aber auch Verfall.	finden. Herumgehen und sich wohl fühlen. Es gibt Farne und Büsche und alles.			begleitenden Instrumentgruppen. Ruhe und Harmonie, aber in neuen Klangfarben und Satzdispositionen.
C2 (91–100)	R R V/S V/E	Violine übernimmt das Hauptthema, zum ersten Mal vom ganzen Orchester begleitet. Streicher spielen triolisierte Arpeggien: Antrieb, von großem Crescendo gestützt. Am Höhepunkt >p und die Solo-Violine spielt zweieinhalb Oktaven ohne Begleitung	Es ist wie eine freundliche Annahme des Verfalls. Ich meine: Herbst ist der Gegensatz von Frühling. Im Frühling wächst alles, im Herbst wird alles ist wieder ‚heruntergepackt'	Dort kanst du immer Schutz finden, gerade wenn der Wind heult. Ich glaube, diese Musik war recht schwer – es erinnert mich an schwere Winde, genau im Gesicht. Doch ich halte es aus - ich hab es gern.	Ich bin in meinem Kajak. Meeresstille. Ich sehe den Boden. Ich paddle sehr still, mache kein Geräusch.	Ich sehe die schönen Blumen!	Die letzte Steigerung kommt, wenn das ganze Orchester in den Begleitteil einsteigt. Die Pizzicato-Triolen in den Streichern treiben mit dem Crescendo die Energie hoch. Intensivierung der Imagery wird möglich

C3 (100–106)	R/E R	Oboe singt das Epilog-Thema, Violine begleitet mit Arpeggien usw. Ruhiges Holzbläser-Akkompagnement	Ich habe Herbst gern ... es ist wie ... die Melancholie zu akzeptieren. Es gibt auch Tod in diesem Bild. Der Baum ist ganz nackt. Es stirbt aber nicht, oder? [Nein, er kehrt zurück] Er kehrt zurück, er liegt im Winterschlaf, um nächstes Jahr zurückzu-kehren.	Ich glaube, dass diese Musik sich oft verändert. Zwischen etwas Schwerem und etwas Sanftem.			Die Musik kommt zur Ruhe – Das Epilog-Thema klingt aus mit Zuversicht, erst in der Oboe ...
C4 (107–116)	R R/E V/S	Violine singt das Epilogthema, von Streichern (nun arco) begleitet. Ein Takt in F-moll fügt einen Hauch von Melancholie zum ruhigen Schluss.	Dieser Zyklus ist ganz faszinierend! Sie sind von einander abhängig. Natürlich!	Sehr schön. Diese letzte Passage war sehr angenehm. Schön! (lacht)	Ich paddle die Küste entlang, wie der Strand am Moesgaard		... dann in der Violine. Die überraschende Moll-Färbung ist wie ein Schatten oder eine Erinnerung an die Leidenschaft und an das Dramatische. Entspannung.

Tabelle 2: Event structure analysis. Brahms: *Violin-Konzert D-Dur, 2. Satz*

Die Beobachtung und Analyse der 4 Transkriptionen kann vertikal – die Bilder der einzelnen Klientinnen betreffend – oder horizontal – durch Vergleich – gemacht werden. Man kann auf Ähnlichkeiten oder Unterschiede fokussieren.

Zuerst jedoch einige Beobachtungen in Bezug auf die Bilder der einzelnen Klientinnen[13]:
INLA ist von Anfang an auf die Musik fokussiert. A1→B1: Sie erfasst den Charakter der Musik und erlaubt sich rasch, körperlich und bewusst auf die Musik zu reagieren. Aus der erlebten Schönheit der Musik entsteht ein Gefühl von Leichtigkeit und Freude. Als sich die Musik in B2→B3 ändert, schweigt sie, dann folgt ein Bild tanzender Paare (B4), aber Inla empfindet, erlebt und erkennt auch andere Stimmungen, die sie Melancholie (B5, erster Teil) und Aggression (B5, zweiter Teil) nennt. Das Calando (B6) wird treffend als wieder ruhig charakterisiert, und dann taucht in der Reprise eine Reihe von Herbstbildern mit klaren metaphorischen Implikationen auf: In C1 bringt das Bild eines nackten Ahorn-Baumes sie auf den Gedanken von Verfall, in C2 identifiziert INLA sich mit dem Baum und konfrontiert sich in C3 mit Aspekten von Tod/Winterschlaf sowie Wiedergeburt/Frühlingserwachen. In C4 erfolgt eine Akzeptanz und eine tiefe Erkenntnis über diesen Zyklus des Lebens; eine Versöhnung mit den Aspekten von Melancholie, Tod und Verlust.

ESMA wird von der Musik an ‚ihren Strand' geführt. Viele Assoziationen und Erinnerungen werden stimuliert: Die frische Luft am Salten Fjord (A3), Gefahren beim Versuch, den Fluss zu kreuzen (B2→B3), Wettsegeln einer Armada alter Holzsegelboote (B4), Nachdenken über die Musik, die Oberwasser schafft (B5). In der Reprise sucht ESMA Schutz vor dem Wind auf einer Plantage (C1) und sinnt dann (C2→C3) über die Polarität schwer ↔ sanft in der Musik nach (als Wind am Strand). Nach der Schlusskadenz (noch vor dem anschließenden *Doppelkonzert, 2. Satz von Bach*) fühlt sie sich wohl und ruhig.

PIJØ folgt einem vorangegangenen Induktionsbild vom Meer. In der ersten Sequenz ihrer Reise (→B2) erlebt sie eine Abendstimmung am vertrauten

13 Zwei der sechs Teilnehmerinnen sind in der ESA nicht eingeschlossen. Eine, weil diese Sitzung aus technischen Gründen nicht aufgenommen war. Die andere, weil sie – in dieser ersten Sitzung (wie auch in späteren Sitzungen) – spontan keine inneren Bilder hatte und sich deshalb sich „minderwertig" fühlte. Dieses Gefühl wurde natürlich in den folgenden Sitzungen von der Therapeutin thematisiert.

Strand mit viel Licht und vielen Farben. Als die Musik sich ändert (B2→B5), berichtet sie von Gefühlen von Sentimentalität, die sie akzeptiert, obwohl man merkt, dass PIJØ diese Qualität nicht gerne hat. Als sich die Musik (in B5) zum Klimax bewegt, ändert sich die Erlebnisperspektive und aktive Bilder vom Kajaksegeln tauchen auf. Ruhe und Einsamkeit folgen wieder (B6), und mit der Reprise erlebt sie einen Sonnenaufgang (C1), die Stimmung ist nicht länger sentimental, und große Ruhe und Klarheit prägen die letzten Episoden.

WIFU erlebt den Brahms-Satz als drittes Musikstück in der dritten Sitzung. Sie sagt nicht viel, aber die Gefühlsintensität ist hoch und ein Bild von einem kleinen Mädchen ist für WIFU von großer Bedeutung (im Interview sagt sie, dass das Mädchen für sie ihre eigene Intuition sowie absolutes Vertrauen repräsentiert). Das Gefühl von Vertrauen in das Mädchen ist von Anfang an vom Gefühl her körperlich verankert (A1→B1). Als die Musik unruhiger wird (B2→B4), berichtet WIFU von einem Aufräumen mit Hilfe des Mädchens, anschließend folgt längeres Schweigen. In C2, als die Pizzicatobegleitung des Hauptthemas beginnt, berichtet sie von schönen Blumen und dann folgt wieder ein langes Schweigen.

Vertikal/Ähnlichkeiten: Alle vier Klientinnen erleben vorwiegend visuelle innere Bilder, die sich mit Gefühlen und Gedanken spiralförmig entwickeln (wie in Goldbergs holographischem Feld-Modell, siehe dazu den Beitrag von E. Geiger). Der Verlauf der Imaginationen ist sehr eng an die Musik geknüpft. Drei der Klientinnen haben Naturerlebnisse, in denen sie allein sind. Es ist zwar nicht möglich, den Bilder-Ort oder -Raum der vierten Klientin (WIFU) zu identifizieren, doch berichtet sie von Blumen.

Vertikal/Unterschiede: Die (Arbeits-)Themen sind (natürlicherweise) verschieden und so auch die dominierenden Modalitäten: Existenzielle Einsichten (INLA, PIJØ), Erinnerungen (ESMA), tiefgehende Gefühle (WIFU) sowie musikalische Einsichten (INLA, ESMA).

Horizontal/Ähnlichkeiten: Alle Bilder in A→B1 sind durch positive Gefühle und langsame Bewegungen (der Bilder) charakterisiert. Die plötzlichen Änderungen der Tonalität, Melodik und Dynamik nach B2 → B5 bringen neue Elemente – Kontraste, schnellere Bewegungen, Hindernisse, andere Stimmungen und Gefühle – in die Bilderwelten der Klientinnen. Am Ende des B-Teils (B6), wo die Musik von Diminuendo, Ritardando und Zartheit geprägt ist, entsteht viel Schweigen und in der Reprise (die Elemente von A mit Ele-

menten von B kombiniert) folgt eine korrespondierende Synthese positiver Gefühle, langsamer Bewegung und neuer Qualitäten (Einsichten, Akzeptanz von Gegensätzen).
Zusammenfassend kann man sagen, dass alle vier Klientinnen sehr musiknahe Bilder haben und dass die Entwicklung ihrer Bilder sehr eng der Morphologie der Kompositionen (AAP/PAFEX) folgt.

Horizontal/Unterschiede: Die Informationsdichte und die Modalitäten in den einzelnen Episoden ist sehr unterschiedlich. WIFU spricht sehr wenig, PIJØs Sprechen ist gleichmäßiger verteilt, während INLA und ESMA in einzelnen (nicht denselben) Perioden sehr viel berichten. Hier sieht man deutlich die individuellen Resonanzen auf die Musik und die unterschiedlichen Imaginationsstile der vier Frauen[14].

Die auf ESA basierte Analyse zeigt sehr deutlich, dass, obwohl die Bilderwelt der Klienten persönlich und individuell ist, viele Ähnlichkeiten und Korrespondenzen zu beobachten sind. Vor allem wird deutlich, dass die Entwicklung der Bilder der Morphologie der Musik sehr nah folgt und dass alle vier Klientinnen, die keine spezifischen musikalischen Voraussetzungen mitbringen (ESMA hat sich selbst als ‚musikalische Analphabetin' bezeichnet!), die Musik therapeutisch produktiv anwenden (schon in der ersten Sitzung).
Wir werden nun näher untersuchen, ob die inneren Bilder als Metapher der Lebenswelt und der Problematik der Klientinnen verstanden werden können und ob sich die Bilder/Metaphern irgendwie konfigurieren.

Metaphern und Narrative in den Musikreisen

Hier versuche ich eine Reihe phänomenologisch-hermeneutischer Fragen zu beantworten:

– Ist es möglich, verschiedene Typen/Ebenen der Metaphern beobachten?

---

14 Die zwei hier nicht dargestellten Teilnehmerinnen unterscheiden sich in folgender Weise: Die eine hat (in der zweiten Sitzung, erstes Stück) Probleme, innere Bilder zu produzieren, weshalb der Dialog mit der Therapeutin psychodynamisch von diesen Schwierigkeiten geprägt wird. Die andere – in Meditation sehr erfahren – hat (in der vierten Sitzung, viertes Stück) nur wenige visuelle Bilder, spricht auch nur wenig. Die kinästhetisch-sensorische Modalität ist dominierend. Die Musik bringt ihr große Ruhe, und im Postludium zeichnet sie ein Mandala mit dem Titel: *Von der Musik auf einem Meer der Ruhe gewiegt.*

- Wie verhalten sich die Bilder/Metaphern zur Problematik und zum Fokus der Klientinnen?

Die inneren Bilder sind – Bilder! Erst wenn sie im Dialog eine sprachliche Form bekommen, können wir von Metaphern sprechen (Bonde 2000). Ebenso wie Bilder in verschiedenen Modalitäten vorkommen, können wir auch von visuellen, kinästhetisch-sensorischen usw. Metaphern sprechen. Eine Metapherklasse für sich bilden Symbole, die sich sprachlich und kognitiv nicht vollkommen oder definitiv erfassen lassen. Durch das Studium vieler GIM-Sitzungen (auch der in der GIM-Literatur beschriebenen) habe ich drei klinisch relevante und sehr wichtige Ebenen von Metaphern identifiziert:

- Die narrative Episode, die sich über eine Schlüsselmetapher konfiguriert
- Die narrative Konfigurierung des Selbst
- Ein komplettes Narrativ – eine metaphorische Erzählung

(für ausführlichere Definitionen und klinische Beispiele: siehe Bonde 2000).

Eigentlich erscheint es mir nicht möglich, durch das Studium innerer Bilder zu (nur) einem einzelnen Musikstück verbindliche Aussagen über die Problematik der Klientinnen formulieren zu können. Es lassen sich selten alle drei Typen/Ebenen der Bilder/Metaphern im Laufe nur eines Musikstückes oder einer einzelnen Sitzung identifizieren (Bonde 2000, 2003).
Dennoch lässt sich, die Daten aller Sitzungen einbeziehend, bereits in den hier erwähnten Bildern etwas über Problematiken und Metaphern zu sagen.

INLA: Der nackte Ahorn-Baum ist ohne Zweifel eine Schlüsselmetapher, worin die Klientin ihre Verletzbarkeit ausdrückt. Die folgenden Einsichten über den ewigen Zyklus von Herbst/Zerfall/Tod und Frühling/Wiedergeburt/Leben sind ein gutes Beispiel für die zweite Ebene der Konfigurierung des Selbst(-in-Therapie): Hier kommt großes Vertrauen (zur Musik, den Bildern und der Therapeutin) zum Ausdruck. Die Prognose ist also gut.

ESMA: Das Brahms-Erlebnis an „meinem Strand" ist eine Episode über die Schlüsselmetapher des „Strand-Wanderers ESMA" konfiguriert: Hier (am Strand, in der vertrauten und geliebten Natur) ist es möglich nachzudenken, hier blasen die Winde, hier kann man Schutz finden. – Spätere Sitzungen bestätigen, dass es auch ein Selbst-Bild ist: Diese Frau lernt schnell, wie man die Musik und innere Bilder therapeutisch benutzen kann.

PIJØ: Die doppelte Position (Schlüsselmetapher) der Strand-Wanderer/Kajak-Ruderer charakterisiert eine Episode, in der die Klientin etwas Neues über ihre Einsamkeit (Isolation) als Krebs-Patientin lernen kann. Sich selbst von innen und von außen zu sehen ermöglicht es ihr, neue Perspektiven zu entwickeln.

WIFU: Von WIFUs GIM-Therapie ist nur ein Blitzlicht dokumentiert: Sie ist in allen zehn Sitzungen tief in ihre Bilderwelt (Imagery) involviert, sie spricht (in dieser Sitzung) zwar nur selten, aber man weiß, dass die Interaktion mit dem Mädchen von großer existenzieller Bedeutung ist. Das Mädchen ist eine Schlüsselmetapher, die einen sehr wichtigen Teil der Persönlichkeit der Klientin repräsentiert und dies wird in mehreren Episoden weiter konfiguriert.

Kann man von einer narrativen Konfiguration sprechen?

Wir sehen also vier narrative Episoden (erste Ebene der Metaphorik), die über Schlüsselmetaphern konfiguriert werden. Auch die oben (in der Musikanalyse) besprochene Dreiteilung der musikalischen Dramaturgie ist in allen vier Beispielen vorhanden:

INLA: 1. Schönheit (der Musik)/Leichtigkeit/Tanzende Paare → 2. Melancholie/Herbststimmung → 3. Nackter Ahorn-Baum: Tod und Wiedergeburt.
ESMA: 1. Befreiende Strandwanderung/Segelboote → 2. Stürmische Winde, Oberwasser; man muss sich schützen → 3. Schutz in der Plantage finden
PIJØ: 1. Ruhe am Meer (vom Strand aus gesehen) → 2. Sentimentale Gefühle → 3. Ruhe auf dem Meer (vom Kajak aus gesehen).

WIFU: 1. Vertrautheit mit dem Mädchen → 2. Aufräumen (mit dem Mädchen) → 3. Schöne Blumen sehen ...

Eine weitere Analyse wird hier nachweisen müssen, ob und wie die persönlichen Metaphern sich durch neue Konfigurationen zusammenfügen und ob es möglich ist, von einem ‚Täuschungs-Muster' (Englisch: Emplotment) zu sprechen. Diese Analyse wird theoretisch auf Paul Ricoeurs narrativer Theorie basieren (Ricoeur 1984; Bonde im Druck) und zwei der Klientinnen über zehn Sitzungen in Form von Falldarstellungen beschreiben.

Diskussion

Es gibt – vom spontanen Musikerleben abgesehen – keinen direkten Weg von Musik zu inneren Bildern. Es ist nicht möglich, von einer phänomenologischen Beschreibung der Musik oder von einer strukturellen Analyse ausgehend das Bilderpotenzial (und damit das therapeutische Potenzial) eines einzelnen Musikstückes zu definieren. Eine Kombination phänomenologischer, hermeneutischer und heuristischer Verfahren ist notwendig, wenn man als Kliniker oder Forscher Musik als Co-Therapeutin näher verstehen will. Die mehrperspektivische, heuristische Analysemethode von Bruscia ermöglicht ein tiefgehendes Verständnis der Musik als existenzielle Aussage und therapeutisches Agens: also als Co-Therapeutin.

In der BMGIM ist die Musik kein Stimulus, der einen voraussagbaren Respons hervorruft. Die Musik stimuliert, unterstützt und rahmt multimodale innere Bilder ein, die als Metaphern für Probleme und Problemlösungen dienen können. Die Musik kann auch selbst metaphorisch erlebt und verstanden werden.

Das Hevnersche Mood-Wheel dient als Werkzeug zur Bestimmung des emotionalen Ausdrucks der Musik (siehe: Gabrielsson / Lindström 2001; Juslin / Sloboda 2001) (vergleiche dazu auch Beitrag von Th. Wosch in diesem Buch). Es ist aber möglich zu fragen (siehe den Beitrag von T. Wosch in diesem Buch), ob bei Hevner nicht wichtige Emotionsqualitäten fehlen, insbesondere: Angst/ängstlich und Wut/zornig. Hierzu muss einerseits gesagt werden, dass die Hevnerschen Adjektive zur Charakterisierung des musikalischen Stimmungsgehaltes bestimmt sind und nicht zur Bestimmung der im Hörer hervorgerufenen Emotionen. Ich glaube – wie Hevner –, dass Musik keine Angst oder Wut ausdrücken kann. Musik in den Mood-Kategorien 7 und 8 kann beim Hörer oder Klient jedoch sehr wohl Wut hervorrufen und unterstützen (z. B. beginnt das GIM-Sonder-Programm *Affect Release* mit *„Mars“* aus G. Holsts *Die Planeten*, dann folgt der erste Satz der *Carmina Burana* von Orff). Angst kann durch Musik in verschiedenen Kategorien stimuliert werden; die Musik ist dann oft mehrdeutig, vielschichtig oder klanglich fremdartig (z. B. 2. Satz von Menottis *Klavierkonzert* und Auszüge von Schostakowitschs *5. Symphonie*, die zum Programm *Emotional Expression II* gehören)[15].

15 Ich benutze hier Hevners originales Mood-Wheel mit acht Kategorien, nicht die Revision mit neun Kategorien (Bonde 1997). Der Grund dafür ist, dass die neunte Kategorie zur Charakterisierung von Popularmusik dient, in der BMGIM jedoch nur klassische Musik benutzt wird. Hevners Wheel war für letztere bestimmt.

Angst und Wut sind auch in der BMGIM sehr wichtige Emotionen und ich sehe keinen Gegensatz zwischen der von Wosch präsentierten fünfteiligen Emotions-Klassifikation und GIM (Therapie und Musik) (vergleiche dazu auch den Beitrag von T. Wosch in diesem Buch).
In den in diesem Beitrag analysierten Bildern/Metaphern sind die emotionalen Qualitäten Angst und Wut freilich nicht vorhanden. Sie kommen aber in anderen Sitzungen der vier Frauen vor und werden dort mit Musik eingerahmt und unterstützt, die diesen Emotionen entspricht und entgegnet (engl. to match)

Die Gültigkeit oder Validität der hermeneutischen Interpretation der inneren Bilder (Imagery) ist von der Argumentationskette der Ausleger abhängig. Einerseits muss die Relation Musik↔Bilder/Metaphern überzeugend interpretiert werden. Andererseits muss die persönliche Bedeutung der Bilder und Metaphern von der Klientin validiert und durch logische „Verbindungen zwischen identifizierten und kategorisierten Elementen“ in der Event Structure Analysis (oder in ähnlichen qualitativen Verfahren) gestützt sein. Teil und Ganzheit müssen überzeugend verbunden werden.

Theoretische Perspektiven: Wie kann man Musik metaphorisch und narrativisch verstehen?

„The composer who strives to give musical expression to his mood or emotion manages to discover and mould, presumably in most cases quite unconsciously, a tonal design which resembles very closely the internal pattern of his own affective state. The music then sounds the way an emotion feels.“ (Pratt 1938, zitiert in Ferguson 1960, 27). Diese Charakteristik von „Expressiver Form“ ist eines der frühesten Beispiele für ein modernes psychologisches Verständnis des Verhältnis von Musik↔Emotion. Seit Eduard Hanslicks *Vom Musikalisch-Schönen* (1854) galt es als Diktum, dass Musik nichts Außermusikalisches ausdrücken oder repräsentieren konnte und unter Musikwissenschaftlern ist diese anti-expressive und anti-metaphorische Auffassung noch recht dominierend. Unter Musiktherapeuten findet sich umgekehrt ein (oft unbewusstes) Axiom, dass Musik – wie in klinischen Improvisationen oder in Bezug auf das Bildern beim Musikhören – die innere Welt (Pathologie sowie Ressourcen) der Klientin ausdrückt oder repräsentiert. Theoretisch befindet sich das Verständnis von Musik als Metapher und als Narrativ noch im Anfangsstadium. Ich habe zu zeigen versucht (Bonde 2002c), dass ein Studium der Musik als Analogie und Metapher immer auf das Verhältnis zwischen musikalischer Syntax und musikalischer Semantik fokussiert und dass es an psychodynamische und humanistisch-existenzielle Paradigmen anknüpft (Ruud / Mahns 1991). Es ist an dieser Stelle nicht möglich, diese metaphorisch-narrative Musikauffassung theoretisch zu vertiefen. Im deutschen Sprachraum hat Smeijsters (Smeijsters 1999) eine Analogie-Theorie entfaltet, die jedoch vorwiegend aktive Musiktherapie fokussiert. Er macht auf eine grundlegende Polarisierung zwischen ‚pathologisch-musikalischen Prozessen' und ‚therapeutisch-musikalischen Prozessen' aufmerksam. Analogie bedeutet, dass es zwischen den pathologischen Problemen und dem musikalischem Ausdruck eines Patienten Korrespondenzen gibt und dass umgekehrt eine psychologische Problemlösung auch in der Musik ausgedrückt wird.

Aldridge (Aldridge 1996; Aldridge / Aldridge 1999) umreißt mit folgendem Zitat ein musikalisch fundiertes metaphorisch-narratives Verständnis des Menschen: „The perception of music requires a holistic strategy where the play of patterned frequencies is recognized within the matrix of time. People may be described in similar terms as beings in the world who are patterned frequencies in time." (Aldridge 1996, 31)

Hegi (1998) benutzt in seiner Studie über die Wirkungskomponenten der Musiktherapie – Klang, Rhythmus, Melodie, Dynamik, Form und Kontaktmuster – viele Metaphern und Analogien, um zu beschreiben, wie psychologische und musikalische Komponenten zusammenwirken. Z. B untersucht er „Die Begriffsverschränkung von Dynamik und Angst" und zeichnet (S. 226) ein Quaterneo von „vier dynamischen ‚Himmelsrichtungen'", die aber nicht „als hermeneutische Bestimmungen verstanden werden. Vielmehr dient das Begriffsfeld einem kreativen bis metaphorischem Umgang in der diagnostischen und entwicklungspsychologischen Arbeit mit der Komponente Dynamik." (Hegi 1998, 225)

Im englischen Sprachraum hat Bruscia in vielen Studien die Analogien zwischen musikalischen Komponenten/Parametern und existenziell-emotionalen Qualitäten theoretisch und empirisch hergestellt, vor allem in dem Assessment-System IAP (Improvisation Assessment Profiles) (Bruscia 1987, norwegische Ausgabe: Bruscia 1994). In seinem Vorwort zur norwegischen Ausgabe der IAP schreibt Bruscia, dass „... each musical element provides a musical metaphor – or perhaps archetype – for expressing a particular aspect of ‚being-in-the-world' (...) Thus each musical element has its own range of possibilities for expressive meanings which are different from other elements." – Musikalische Form kann z. B. als Metapher für ‚In-der-Zeit-Sein' verstanden werden, Textur (Mono-/Homo- oder Polyphonie) als Metapher für ‚Im-Raum-sein', Melodie als ‚Ausdruck-des-Selbst' usw. – Bruscias hermeneutischem Metaphersystem folgend könnte ich von dem Brahms-Satz sagen, dass wir hier einem Wesen/Geschöpf/einer Gestalt, einem Thema begegnen, das:

- eine klare Identität hat
- zusammenarbeiten kann
- hervortreten und sich einfügen kann
- nach Episoden von dynamischer Unbalanciertheit wieder Balance findet
- überzeugend und eindringlich spricht
- zentriert und glaubwürdig ist
- sehr präzis und nuanciert spricht
- organisch und zugleich komplex ist

In der GIM-Musikreise entsteht ein Dialog: Die Klientin begegnet diesem Wesen. Was sich daraus entwickelt, kann nicht vorausgesagt werden, die Prognose ist aber gut!

Zusammenfassung

Ich habe in diesen Kapitel zu zeigen versucht, dass es mit wissenschaftlichen Methoden möglich ist zu dokumentieren, dass die Relation zwischen der in der GIM verwendeten Musik und den mit ihr verbundenen inneren Bildern nicht willkürlich oder zufällig ist, sondern musiknah und psychologisch sinnvoll. Verschiedene Analysemethoden und -perspektiven müssen integriert sein, um das Bilderpotenzial eines spezifischen Musiksatzes zu entdecken. Die Resultate dieser Musikanalyse müssen mit empirischen Daten belegt werden, um die klinische Relevanz (in einem spezifischen Kontext) demonstrieren und diskutieren zu können. Mit Hilfe einer heuristischen Methode habe ich Daten aus einem laufenden Forschungsprojekt über den Effekt individueller GIM-Sitzungen auf die Stimmungslage (Mood) und die Lebensqualität (Quality of Life) von Krebspatientinnen analysiert. Ich habe eine tiefergehende Analyse eines einzelnen Satzes und den damit verbundenen Bildern gemacht und zu dokumentieren versucht, dass und wie innere Bilder (Imagery) auftauchen und sich metaphorisch und narrativ konfigurieren. Zusammenfassend behaupte ich, dass es – mit den Daten der Erlebnisse der Klientinnen bei einem einzelnen Musikstück – möglich ist, die Funktion der Musik als Co-Therapeutin in der BMGIM exakter zu bestimmen.

Anhang A: Die Teilnehmerinnen (Stichwörter)

Kriterien für die Teilnahme am Projekt waren u. a., dass die Entlassung aus dem Hospital mindestens anderthalb Monate zurückliegen musste, maximal 2 Jahre.

WIFU: 59, verheiratet, 3 Kinder, pensioniert, stabile Ökonomie, unbehandelbarer Brustkrebs.

ANHO: 52, geschieden, 3 Kinder, arbeitslos, instabile Ökonomie, Abdominalkrebs + Rückfall (5 Monate nach Entlassung).

INLA: 44, geschieden, 2 Kinder, in Arbeit, stabile Ökonomie, Brustkrebs (11 Monate nach Entlassung).

PIJØ: 41, geschieden, 1 Kind, Akademikerin, instabile Ökonomie, Abdominalkrebs (6 Monate nach Entlassung).

SAAA: 46, verheiratet, 3 Kinder, arbeitslos, instabile Ökonomie, Brustkrebs, (21 Monate nach Entlassung).

ESMA: 65, verheiratet, 3 Kinder, pensioniert, stabile Ökonomie, Brustkrebs (1,5 Monate nach Entlassung).

Anhang B
Die phänomenologische Beschreibung von BRAHMS: Violin-Konzert D-Dur, 2. Satz (F-Dur)

[in Klammern sind zusätzliche Hinweise für die Episodenbezeichnungen und Tonartenverhältnisse angegeben]

[A1] Der Satz beginnt sanft und sehr offen mit zwei Fagotten in einer [F-]Dur-Terz, hinzu kommt ein Horn mit der Unterquinte [C]. Noch keine Melodie.

[A2] Eine Oboen-Kantilene entfaltet sich langsam, begleitet von Holzbläsern. Die Melodie ist einfach, Dreiklang-basiert. Die Stimmung ist pastoral-lyrisch. Die melodische Struktur ist nicht symmetrisch, mehr sequenziert. Das langsame Adagio-Tempo ermöglicht ein gleichzeitiges Erleben der Kantilene und der begleitenden Holzbläser, die fast wie ein Choral klingen. Der einzige Kontrast entsteht durch ein dynamisches Übergangsmotiv, in welchem die Oboe und die Klarinette die dominantische Spannung durch chromatische Gegenbewegungen und kleine Crescendi-decrescendi (< >) markieren.

[A3] Eine zweite melodische Phrase beginnt wie die erste, doch expandiert nun die melodische Linie nach oben, wieder sequenziert, dann folgt ein abspannender Epilog (Dreitonmotiv, schrittweise dritte-zweite-erste Stufe). Es folgt jedoch eine neue Intensivierung – mit einer akzentuierten chromatischen Wende, auftaktisch, danach kommt das Thema ausgewogen zum Ende und mit der Entspannung und Wiederkehr zur Tonika setzt der Streicherklang zum erstenmal ein.

[B1] Repetition oder Variation? Eine Solo-Violine übernimmt die Kantilene, freie Expansion in zwei Oktaven folgt – sehr idiomatisch. Viele Imitationen der Themen-Kern (die drei ersten Töne der Kantilena, und des Tonika-Dreiklangs) in solistische Bläser (Flöte, Horn). Also sowohl eine Wiederholung eines nun wohlbekannten Themas, mehr innig gespielt (von mood 4 -> 3), und auch mit neuen Klangfarben und mehr Expressivität der Solostimme – sowie mit mehr Interaktion (Dreiton-Motive) zwischen den Instrumenten. Nach dem Triller in der Violine ...

[B2] Das Übergangsmotiv (mit Gegenbewegung und Chromatik) führt durch eine plötzliche, ganz unerwartete Bewegung in eine ferne [Ges-]Dur-Tonart (also keine Modulation). Ein kleines Teilmotiv der Kantilena (noch einmal mit Dreiton-Kern) wird von der Violine transformiert und elaboriert. Die Solovioline spielt nun kleinere und schnellere Figuren (auch Sechszehntel-Triolen). Klare Veränderung der Stimmung (Leidenschaft, mood 7), viele melodische Seufzer.

[B3] Es folgt eine dynamische Intensivierung und noch eine plötzliche tonale Bewegung [H-]Dur/Moll-Schwankung). Die Violine bewegt sich zum hohen Register. Crescendo <f (zum erstenmal ein forte). Die Sehnsucht und Melancholie wird nun dynamisch ins Leidenschaftliche gesteigert.

[B4] Die Violine präsentiert eine neue Themenvariation in [Fis-]moll, sehr passioniert (Dreiton-Motiv wird ausgebreitet). „Call-response“ Dialoge folgen zwischen Solo-Violine und Solo-Holzbläsern. Überraschender Fermaten-Schluss nach dem Übergangsmotiv in doppeltem Tempo. Was nun?

[B5] Das zarte piano zu Beginn (Variante des Dreiton-Motives) wird von großen dynamischen Steigerungen abgelöst. Die Begleitung wird nun von den Streichern übernommen. Sequenziertes Passagen-Werk in der Violine. Ein grosses Crescendo wird plötzlich und unerwartet vom Ritardando und Diminuendo abgelöst. Einer tonalen Mehrdeutigkeit folgt eine klare Vorbereitung der Rückkehr zur Tonika.

[B6] Die Tonalität stabilisiert sich endlich [->F-Dur] in diesem ausgedehnten Ritardando [Calando]. Ein langsames, träumerisches Solo in hohem Register – nach unten gehend – bereitet die Reprise vor. Ohne es ganz sicher zu wissen merkt man, dass man wieder auf sicherem Grund ist oder ankommt.

[C1] Reprise, bestimmt, aber auch Variation: Die Oboe singt die ersten zwei Takte der Kantilena, die Violine begleitet mit Oktav-Figuren (Skalenbewegung nach unten). Dann folgen einige Takte mit der Violine als Melodienführerin (Imitationen vom Dreitonmotiv in den Bläsern nach unten), dann wieder Oboenmelodie und obligate Violine. Begleitung abwechselnd von Bläsern und Streichern. Übergangsmotiv. – Man erlebt, dass diese variierte Reprise alle Elemente des Satzes harmonisch zusammenbringt: schöne Zusammenarbeit der zwei Solo-Instrumente und auch der zwei begleitenden Instrumentalgruppen. Ruhe und Harmonie, aber in neuen Klangfarben und Satzdispositionen.

[C2] Die Solo-Violine übernimmt das Hauptthema und sequenziert es nach oben, zum ersten Mal vom ganzen Orchester begleitet. Stabile Tonalität. Streicher spielen triolisierte Arpeggien: das schafft neuen Antrieb, von großem Crescendo gestützt. Am Höhepunkt Diminuendo >p – und die Solo-Violine spielt eine längere Passage (zweieinhalb Oktaven nach unten) ohne Begleitung.

[C3] Die Oboe singt das Kern- und das Epilog-Thema, die Violine begleitet mit Arpeggien, usw. Ruhige Holzbläser-Begleitung. Die Musik kommt zur Ruhe.

[C4] Die Violine singt das Epilogthema, nun von Streichern (abgespannt, arco) begleitet. Ein Takt in [F-]moll fügt zum ruhigen Schluss einen Hauch von Melancholie hinzu.

Der Satz hat grundlegend lyrisch-pastoralen Charakter und ist recht überschaulich. Er gilt somit als (überwiegend) stützende Musik. Doch zeigt der B-Teil einige Herausforderungen – melodisch-harmonisch sowie dynamisch und stimmungsmässig.

GUIDED IMAGERY AND MUSIC (GIM) UND TRAUERARBEIT

Ein Fallbeispiel

BIRGIT SÜSELBECK-SCHULZ

Im Rahmen meiner Ausbildung zur Integrativen Musiktherapeutin am Fritz Perls Institut für Integrative Therapie hatte ich die Möglichkeit, eine längere Integrative Musiktherapie und darin einen GIM-Zyklus über 12 Sitzungen mit einer 35-jährigen Klientin, Anna (Name geändert), und ihrer Therapeutin Dr. Isabelle Frohne-Hagemann zu verfolgen. Auf Wunsch der Klientin waren ihre GIM-Sitzungen auch auf Tonband aufgezeichnet worden. Nach Abschluss der Therapie stellte sie von sich aus diese Bänder für Forschungszwecke zur Verfügung und gab ihrer Therapeutin die Erlaubnis, diese und die übrigen Therapieprotokolle verwerten zu lassen. Eine Fallvignette von Frohne-Hagemann (Frohne-Hagemann 2001) sowie die Bänder und Protokolle über die GIM-Sitzungen innerhalb der Integrativen Musiktherapie gaben mir die Gelegenheit, den therapeutischen Prozess als Außenstehende zu beschreiben und zu erkunden, ob er nachvollziehbar und mit den Konzepten der Integrativen Musiktherapie kompatibel war. In diesem Beitrag soll letzteres jedoch nicht Thema sein. Ich bekam die schriftliche Erlaubnis der Klientin und ihrer Therapeutin, den Therapieverlauf für diese Arbeit zu verwenden.

Die von Helen Bonny in den USA entwickelte Guided Imagery and Music (GIM) ist eine sich „integrativ" verstehende Methode, die in vielerlei Hinsicht zum Ansatz der Integrativen Musiktherapie passt (vgl. dazu den Beitrag von I. Frohne-Hagemann in diesem Buch). Andeuten möchte ich als gemeinsame Konzepte die Offenheit für verschiedene Richtungen psychotherapeutischer Ansätze, die Zentrierung auf die Differenzierung des leiblich-emotionalen Erlebens, die ganzheitliche Orientierung, die Offenheit für die Arbeit in verschiedenen Bewusstseinszuständen (z. B. Wachbewusstsein, Mitbewusstsein, Klarbewusstsein, Noobewusstsein), die Fokussierung des Hier und Jetzt bei gleichzeitigem Bearbeiten der biographischen Hintergründe und des Übertragungsgeschehens sowie die Überzeugung, dass Therapie einem heraklitischen Prinzip entspricht, dass Entwicklung in Spiralen und nicht linear verläuft (Petzold 1993).

Zur Trauerverarbeitung bei Frauen mit Fehlgeburten und/oder frühem Tod eines Kindes

In diesem Fallbeispiel wird der Trauerprozess um eine Fehl- und um eine Totgeburt dargestellt.

Die Konfrontation mit dem Tod eines Menschen, zu dem wir eine Beziehung haben, ist eine Grenzerfahrung und bedeutet immer auch eine Begegnung mit dem eigenen Tod. Mit der Fähigkeit zu trauern haben wir eine Möglichkeit dieser extremen Situation, dem Tod eines Menschen, zu begegnen und im Trauerprozess mit seinen verschiedenen Trauerphasen zu verarbeiten (Kast 1982, 13 f). Problematisch wird es, wenn Trauer nicht zugelassen werden kann, durch z. B. Tabuisierung von Sterben und Tod in der Gesellschaft oder Angst vor Stigmatisierung (Jerneizig 1991, 12).

Besonders beim frühen Tod eines Kindes (Palm 2001) wird die Trauerarbeit durch diese und weitere Faktoren, wie z. B. das „Fehlen von angemessenen Trauerritualen" erschwert (Nijs 1999, 16).

Kast schreibt über das Problem der Hilflosigkeit der Mitmenschen, die die eigene Trauer verdrängen soll: „Die Trauer darüber, dass es möglich ist, dass die Geburt ein Tod sein kann, und weiter gefasst die Trauer darüber, dass Leben überhaupt nicht ohne Tod ist, dass Hoffnung so leicht der Angst und Resignation weichen kann." (Kast 1997, 64). Tabuisierung, gesellschaftliche Abwertung des Verlustes, Fehlen von gemeinsamen Erinnerungen an das Kind (oft haben die Eltern ihr totes Kind nicht gesehen) und Isolation, führen zu einem Teufelskreis, indem die betroffenen Frauen oft nicht den Mut haben, ihre Trauer zu zeigen (Lothrop 1998, 223). Die sehr enge Beteiligung der Mutter beim Tod des Kindes (es ist ja in der Gebärmutter oder während der Geburt gestorben) führt immer wieder zu Schuldgefühlen, die Ausdruck tiefer Identitätskrisen sein können (Kast 1997, 69). Die Beziehung des gestorbenen Kindes zu beiden Eltern, insbesondere die leibliche Beziehung zur Mutter ist: „eine sehr intensive Beziehung, die auch mit dem Leben des Paares und der werdenden Familie in engem Zusammenhang steht. Der Verlust eines so erwarteten Kindes ist ein sehr schwerwiegender Verlust, der intensiv betrauert werden muss, soll Vertrauen ins Leben wieder möglich werden." (Kast 1997, 65)

In der therapeutischen Arbeit mit trauernden Müttern und Vätern geht es zunächst einmal darum die Sprachlosigkeit zu überwinden. Die Trauernden müssen immer wieder vom Verlust des Kindes erzählen dürfen und als weitere wichtige Interventionsform „die Erlaubnis zum Weinen" erhalten. (Jeneizig 1991, 77). Das Vertrauen zum Therapeuten ist die Basis für ein Gelingen des Trauerprozesses, indem es zur Auseinandersetzung mit dem Trauma kommt und indem der Betroffene „als veränderte Person neue Beziehungen eingehen“ kann (Jerneizig ebd., 29).

In der musiktherapeutischen Literatur gibt es zum jetzigen Zeitpunkt wenig Erfahrungsaustausch zu diesem Thema. Erwähnen möchte ich die Trauerseminare von Jorgos Canacakis. Canacakis (1987) bezieht in seine Trauertherapie die rituellen griechischen Klagegesänge, die Myroloja ein. Die Myroloja sind Gedichte, Grabeshymnen mit feststehender achtsilbiger Versstruktur. Melodie, Text, Rhythmus und Lautstärke entstehen und verändern sich mit der Gefühlslage der Persönlichkeiten, die am Gesang teilnehmen (Canacakis 2002, 89). „Die Trauernden können dabei frei ihren Schmerz, ihre Wut, ihren Protest, ihre Schuldgefühle, ihre Verzweiflung dem Toten gegenüber ausdrücken. Sie können aber auch ihre Liebe und ihre Sympathie zum Ausdruck bringen. Es kommt oft zu einem Dialog, zu einem Zwiegespräch mit dem Toten, aber auch mit den Lebenden“ (Canacakis,117). Während des Gesangs kommt es häufig zu Tagträumen. Kast verweist darauf: „... dass im Umfeld von Todeserleben sehr viel geträumt wird, dass das Unbewusste Anleitung zum Trauern gibt und sich dadurch eine neue Identität des trauernden Menschen aufbaut“ (Kast 1982, 25).

Auch die Arbeit mit GIM ist eine gute Möglichkeit der Trauerverarbeitung. Die Arbeit mit musikevozierten Imaginationen begleitet den Trauerprozess von Anna, den ich im Folgenden darstellen möchte.

Anamnese

Als Anna (die älteste von drei Schwestern) 15 Jahre alt war, starb ihre jüngste Schwester an einer langandauernden Krankheit. Anna befand sich in der Umbruchsphase der Pubertät, viele Konflikte und Unsicherheiten standen im Vordergrund, so dass sie den Tod der Schwester nicht genügend betrauern konnte.
Sie verdrängte ihren Kummer, teilte sich nicht mit aus Angst, Außenseiterin zu werden und war stolz darauf tapfer zu sein und gut mit dem Verlust umgehen zu können. Ihren Tod hatte sie in ihrer Familie nicht genügend betrauert. Starke Gefühle, Tränen und Schmerz wurden nicht gezeigt, die Angst, von den Gefühlen weggeschwemmt zu werden, saß tief. So waren alle tapfer und sprachen in den folgenden Jahren kaum noch von dem verstorbenen Kind.

Mit 35 Jahren hatte Anna eine Fehlgeburt und kam deswegen kurze Zeit später auf eigenen Wunsch in die (aktive) Musiktherapie, auf die sie sich allerdings nur bedingt einließ. Offenbar war es zunächst noch wichtig, sich über das Gespräch vor Nähe und verdrängten Gefühlen zu schützen. Nach einem dreiviertel Jahr wurde sie wieder schwanger und verlor auch dieses Baby. Es kam im 7. Monat mit schweren Missbildungen zur Welt und starb während der Geburt. Es stellte sich heraus, dass die Ursache eine Erbkrankheit war, die bei Anna und ebenso bei ihrem Mann durch einen Gentest festgestellt wurde.

Zwei Jahre später kam jedoch eine gesunde Tochter zur Welt, eine große Freude für die glücklichen Eltern. Während der gesamten Zeit ist Anna in therapeutischer Behandlung, in der Ressourcenfindung und Trauerarbeit das Hauptthema ist. Dabei wurde im Laufe der Zeit zunehmend rezeptive Musiktherapie eingesetzt. Etwa ein Jahr nach der Totgeburt beginnt der GIM-Zyklus mit 12 Sitzungen, die in Zeitabständen von ca. 4–8 Wochen stattfinden. Um die Geburt (der gesunden Tochter) herum gibt es eine Pause von 8 Monaten. Ein Umzug in eine andere Stadt erklärt die zum Teil längeren Zeitabstände zwischen den einzelnen Sitzungen.
Im Verlauf der Therapie zeigt sich, dass Anna sich auf die rezeptive Musiktherapie besser einlassen kann als auf die aktive Musiktherapie, in der der Kontakt zur Therapeutin viel direkter ist. Sie hatte nie gelernt, ihre Trauergefühle mit anderen zu teilen und hatte eine tiefsitzende Angst, bei zuviel Nähe von diesen Gefühlen weggeschwemmt zu werden. Durch das Erleben der Musik und der Imaginationen kam sie in Kontakt mit den unterdrückten Gefühlen. Im Umgehen des direkten Kontaktes zur Therapeutin kann Anna ihre Trauer zulassen und lernt sie über diesen Weg auch allmählich auszudrücken und zu teilen.

Im Folgenden beschreibe ich Annas Therapieprozess unter dem Focus der Trauer um den Tod der Schwester und der beiden Kinder.
Es werden nicht alle GIM-Sitzungen dargestellt. Einige Sitzungen habe ich inhaltlich zusammengefasst. Dort sind neben der Trauerarbeit andere Aspekte im Therapieprozess wichtig, die hier nicht genauer dargestellt werden.
Um den Zusammenhang zwischen Therapieprozess und Musikstücken herzustellen und in eine schriftliche Form zu bringen, beschreibe ich die jeweils erlebte Musik, ohne dabei zu musikwissenschaftlich oder zu subjektiv werden zu wollen. Diese Beschreibungen sind im Nachhinein unter dem Einfluss meiner Empathie mit der Patientin und im Austausch mit dem Musikerleben der Therapeutin entstanden. Natürlich greift jede Beschreibung dennoch zu kurz.

1. Sitzung

Die Totgeburt liegt 15 Monate zurück. Trauerarbeit kündigt sich als Hauptthema an.
In dieser 1. Sitzung wird ein Musikprogramm gewählt, das Raum für Themen wie Verlust und Trauer bieten kann.

Musik: „Loss“[1]
(zusammengestellt von S. Stokes-Stearns) (25.44 min)

Alle Stücke sind in langsamen Tempo gehalten. Tiefe Töne und ein stützender und schwerer Bass bewirken eine andächtige Stimmung. Hier können Gefühle entsprechend Tiefe bekommen, die ausgedrückt und musikalisch begleitet werden können

1. Albinoni: Adagio (9.35 min)
2. Bach: Komm, süßer Tod (5.06 min)
3. Bach: Mein Jesu (BWV 478) (5.11 min)
4. Bach: „Aria“ aus der 3. Orchestersuite (BWV 1068) (5.52 min)

1. Albinoni: Adagio
Der langsame Puls des Orgelbasses lässt still werden und lädt in die Tiefe ein. Während der Bass tiefer geht, gibt die Orgel in der Melodie eine einfache Bewegung vor. Dann kommen die Streicher hinzu wie zum Trost und sehr zart. Ein kurzes Innehalten und die Solostimme spricht leise fragend zum Reisenden: „Warum?“ Das Ganze wiederholt sich. Die Frage wird nun energischer und anklagender von der Violine gestellt. Die Orgel unterstützt dies durch einen anhaltenden Klang, worauf die Violine tiefe Gefühle ausdrückt. Die Bewegung ist langsam, doch es kommt zu einer herzzerreißenden Intensivierung durch die Streicher, die Trauer wird durch die Orgelbegleitung gleichzeitig getröstet. Das Ende des Stückes ist schwer und spannungsgeladen.

Zusammenfassung der Imaginationen: Albinonis Musik hilft Anna, über das Erlebte zu berichten. Sie empfindet den Schmerz und kann ihn der Therapeutin mitteilen. Liebevoll beschreibt sie, wie das missgebildete Kind ausgesehen hat und dass sie eine Ähnlichkeit mit ihrer verstorbenen Schwester empfunden habe. Die Tatsache, dass Anna ihr verstorbenes Kind

---

1 Die Titel der einzelnen Musikprogramme gelten in GIM nur der allgemeinen Orientierung. Sie sollen nicht suggerieren, dass damit bestimmte Erwartungen verbunden sind, was der Reisende zu erleben hat.

nach der Geburt gesehen hatte, verhilft ihr dazu die Realität des Todes anzuerkennen, was einen wichtigen Schritt im Trauerprozess darstellt (Jerneizig 1991, 107).

2. Bach: Komm, süßer Tod
Tiefe Töne, über die sich Streicher senken. Sehr langsames Tempo, die Bewegung ist wie ein nebelartiges Weben. Grabesstimmung wie unter der Erde, die Tiefe ist wie der Tod. Im Hintergrund vermitteln andere Instrumente den Eindruck, als würde sich über der Erde Leben abspielen. Der Reisende wird an einem Ort gehalten, wo eine Mischung aus Süße und Traurigkeit (Dur-Moll-Spiel) herrscht. Die Melodie (Celli) suggeriert die Notwendigkeit des Akzeptierens.

Zusammenfassung der Imaginationen: Anna imaginiert, wie sie zusammen mit der Therapeutin zum Grab ihres Babys geht. Hinter dem Grabstein sieht sie die verstorbene Schwester stehen, die ihr zuwinkt und sich freut, dass sie kommt (dass sie sich ihrer erinnert?).

3. Bach: Mein Jesu (BWV 478)
Die Energie wird nun aus der Tiefe nach oben gebracht, was ermöglicht, dass das Thema durchgearbeitet werden kann und Gefühle der Trauer, Verzweiflung und Wehmut losgelassen werden können. Es entwickelt sich mehr Bewegung in der Musik als beim 2. Stück. Hier kommt es zu einem Gleichgewicht von Dur und Moll. Die Musik ist wie ein großes Trösten. Man kann sich verstanden fühlen.

Zusammenfassung der Imaginationen: Bei diesem Stück spürt Anna die Erschütterung über den Verlust. Durch die stützende Begleitung der Musik und der Therapeutin kann sie den Schmerz im Weinen ausdrücken. Sie möchte nur weinen und vor allem weinen dürfen.

4. Bach: „Aria" aus der 3. Orchestersuite (BWV 1068)
Dieses Stück wirkt heilend und erdend. Der gleichmäßige Puls der Bässe trägt wie ein Herzschlag durch das Stück und gibt Stabilität und Sicherheit. Die Streicher sind in ihrer warmen Melodieführung wiegend, tröstend und aufbauend. Ein Ausruhen, Nachsinnen und Zurückblicken ist möglich.

Zusammenfassung der Imaginationen: Während dieser Musik intensiviert sich das Bilderleben. Unter anderem sieht sie ein rotes Herz, das von etwas

Schwarzem umklammert ist und spürt einen Drang von innen, sich von dieser Klammer zu befreien.
Anna kann zum ersten Mal die Tiefe ihrer Trauer zeigen und im Beisein einer anderen Person (hier der Therapeutin) weinen und sich trösten lassen. Die Gefühle um den Tod des Kindes und den Tod der Schwester liegen nah beieinander. Weint sie stellvertretend für ihre Familie? Sie spürt den Druck der unverarbeiteten Trauer, des langen Schweigens in der Familie, und hat sich in dieser Sitzung durch das Erzählen ein Ventil geschaffen. Kurze Zeit nach dieser Sitzung träumt Anna, dass sie sich im Bauch eines Flugzeuges befindet: "Da bin ich nun und habe Todesangst, weiß nicht, ob ich heil herauskomme. Dann schaue ich mich im Flugzeugbauch um."
Bei der Bearbeitung dieses Traumes, bei der GIM aus Zeitgründen nicht eingesetzt wurde, wird sie von der Therapeutin aufgefordert, sich den Flugzeugbauch genauer anzusehen. Anna beschreibt: „Es ist muffig hier, ein ekliger brauner Teppich, hier müsste mal renoviert und aufgeräumt werden". Auf die Frage, wie Anna diesen Raum einrichten würde, antwortet sie: „Alles hell anstreichen und hell einrichten, den Raum mit Hermelinfell auskleiden". Der Flugzeugbauch symbolisiert ihren eigenen Bauch, ihre Gebärmutter. In ihr sieht es nach der schmerzlich beendeten Schwangerschaft verwahrlost und düster aus. In der Traumbearbeitung räumt sie in ihrem Inneren auf, richtet diesen inneren Raum liebevoll und kuschelig her.

2. Sitzung

Etwa 2 Monate später findet die 2. Sitzung statt. Trauer, Schmerz und unklare Gefühle sind das Thema. Die Therapeutin wählt ein nicht zu sehr in die Tiefe gehendes Musikprogramm, das jedoch Raum für vielfältige Empfindungen und Imaginationen lässt.

Musik: „Quiet Music"
(zusammengestellt von H. Bonny) (34 min)

Die Stücke sind durch ein langsames, ruhiges Tempo geprägt und hüllen den Reisenden in Stimmungen und Empfindungen ein.

1. Debussy: Danse sacre et profane (10 min)
2. Debussy: L'après-midi d'un faune (10 min)
3. Holst: „The planets" (Venus) (9,5 min)
4. Vaughan-Williams: Fantasia on Greensleeves (4,5 min)

1. Debussy: Danse sacre et profane
Die Streicher beginnen unisono und breit, öffnen und weiten einen inneren Raum. Dann kommt mit den Bässen eine Art Anklopfen mit einer dunkleren Qualität. Das Geschehen bleibt auf einer vagen, etwas mysteriösen Ebene.

Zusammenfassung der Imaginationen: Gleich zu Beginn bricht Anna in Weinen aus. Sie sieht ihre jüngere Schwester und deren Kinder auf einer Wiese spielen. Sie schaut wehmütig zu und fühlt sich nicht zugehörig. Sie empfindet viel Ernst. Sie bemerkt, dass es ihr jedoch Kopfzerbrechen macht, immer an ihre Vergangenheit zu denken.

2. Debussy: L'après-midi d'un faune
Die Flöte beginnt mit einer chromatisch auf- und abgleitenden Melodie. Das Orchester stimmt ein, mit auf- und abwallenden Bewegungen, die einhüllen in eine träge, schwüle, lustvoll-erotische Stimmung. Die Luft flimmert, ein Schweben und Gleiten entsteht und der Faun erhebt aus der Schwüle des Orchesterklanges wieder seine Flötenstimme, die den Reisenden wie eine Zauberflöte begleitet.

Zusammenfassung der Imaginationen: Die Flötenmelodie erinnert Anna an die Stimme ihrer eigenen inneren Lebendigkeit. Sie fühlt sich „in Ordnung", auch mit dem, was passiert ist. Sie sagt:„Ich bin keine dunkle Gestalt geworden, die lebendige Stimme ist noch da, sie ist mir vertraut."

3. Holst: „The planets" Venus
Eine langsame Aufwärtsbewegung des Hornes und das Orchester kommt von oben herunter. Unten und oben kommen hier zusammen. Horn und Flöten begegnen einander. Die Stimmung ist sehr filigran, fast ätherisch. Es ist, als ob Himmel und Erde einander berührten.

Zusammenfassung der Imaginationen: „Die Musik tut gut, sie richtet auf." Therapeutin: „Lassen Sie sich von ihr aufrichten!" Anna weint. Dann kann sie sagen: „Ein Licht, ein Geschenk, es ist wie ein Segen."

4. Vaughan-Williams: Fantasia on Greensleeves"
Dieses Stück gibt Zeit zum sanften Beenden der Reise und gibt Raum für Versöhnliches. Es hat einen etwas besinnlichen Anfang und schiebt dann gewissermaßen voran. Im Zwischenteil gibt es noch einmal ein Innehalten, indem ein Nachdenken und Zurückdenken möglich ist.

Zusammenfassung der Imaginationen: Anna imaginiert: „Jetzt bin ich unterwegs und gut gerüstet. Wohin es auch geht, so habe ich viel auf dem Wege mitbekommen, den Segen, das Wissen, dass mich jemand begleitet. Und das Wissen, dass ich dafür *empfänglich* (Hervorhebung von B. S.-S.) bin und mich nur oft nicht öffne."

In der Rückschau auf den therapeutischen Prozess wird deutlich, dass diese Sitzung besonders wichtig ist, weil hier ein Kontakt mit transzendenten Ebenen ermöglicht wird. Anna kann sich ganz öffnen und spürt ein tiefes Zugehörigkeitsgefühl.
Einige Tage später berichtet sie, sie sei wieder schwanger!

Die ersten Monate dieser neuen Schwangerschaft sind neben aller Freude auch von tiefen Ängsten um das Leben des ungeborenen Kindes geprägt. Anna muss einige wichtige Untersuchungen über sich ergehen lassen, die Klarheit schaffen sollen, ob das Ungeborene gesund ist. Die ersten Untersuchungen zeigen einen beruhigenden Befund. Aber erst einige Wochen später fühlen sich die Eheleute endlich so weit, den Obduktionsbericht des gestorbenen Kindes zu lesen. Und es stellt sich heraus: Beide Eltern haben dieselbe Erbkrankheit, ein sehr seltener Zufall. Dass beide Partner dieselbe Krankheit haben, erleichtert sie sehr, können doch dadurch die gegenseitigen unbewussten Schuldzuweisungen beendet werden. Eine erneute genaue Untersuchung des Feten ergibt, dass dieses Kind gesund ist.
In den ersten 3 Schwangerschaftsmonaten finden einige Musiktherapiesitzungen statt, in der GIM nicht eingesetzt wird, um durch ggf. zu sehr aufwühlende Erlebnisse die Entwicklung des Feten nicht zu gefährden.

3. Sitzung

Die 3. GIM-Sitzung findet 4 Monate später statt. Anna ist im 4. Monat schwanger und wünscht sich für die kommenden Monate mehr Gelassenheit. Der Focus dieser Sitzung ist: Loslassen von alten Sorgen

Musik: „Nurturing"
(zusammengestellt von Bonny / bearbeitet von Bruscia) (26 min)

Das Musikprogramm bereitet einen schützenden Boden für das, was bearbeitet werden soll. Die langsamen, zarten Stücke sind nicht aufwühlend, es gibt keine Höhepunkt-Strebungen. Sie wirken wie eine Umarmung, wie Nahrung für die Seele, sie richten wieder auf und stärken.

1. Britten, Simple Symphony (6 min.)
2. Walton: Touch her soft lips and part (1,5 min.)
3. Fauré: Cantique de Jean Racine (6 min.)
4. Fauré: Requiem: Pie Jesu (3 min.)
5. Pucchini: Madame Butterfly (Humming Chorus) (2 min.)
6. Massenet: Orchestral Suite Nr. 7: sous les Tilleuls (4 min.)
7. Schumann: aus „5 Stücke im Volkston“ op. 102 (langsam) (4 min.)

1. Britten: Simple Symphony
Die Streicher spielen eine leichte und zarte Melodie. Sie wirkt tänzerisch, wird getragen von Bässen und strahlt Sehnsucht aus. Im Mittelteil wird es etwas vehementer und ernster. Nach einem Innehalten und Fragen geht es dann sacht weiter.

Zusammenfassung der Imaginationen: Anna sieht sich selbst und ihren Mann als Brautpaar vorm Altar. Sie sagt: „Es ist richtig, dass die beiden vor den Altar treten und den Segen bekommen.“

2. Walton: touch her soft lips and part
Die Stimmung des vorangegangenen Stückes wird in diesem kurzem Stück weitergeführt. Die Musik ist sehr zart.

Zusammenfassung der Imaginationen: Anna erlebt ihre eigene Hochzeit und empfindet noch einmal die Kraft der Zeremonie, die auch Kraft für die gemeinsamen Erlebnisse als Paar geben.

3. Fauré: Cantique de Jean Racine
Tiefe Orgeltöne lassen still werden. Nun setzt der Chor ein, zunächst die Männerstimmen, dann entfalten sich die Frauenstimmen, wie eine Umarmung von Mutter und Vater. Die Musik vermittelt ein Gefühl von Geborgenheit und Verstehen.

Zusammenfassung der Imaginationen: Anna erzählt: „Bevor wir geheiratet haben, hatten wir bereits unser erstes Kind verloren. Der Gesang berührt mich sehr, ich singe ihn für meinen Mann mit.“

4. Fauré: Requiem: Pie Jesu
Dieses Stück ist ein sehr berührendes Sologesangsstück. Es wirkt auf Anna so, als wolle die Sopranistin wie eine Mutter den Segen für ihre Kinder erbitten.

5. Puccini: Humming Chorus aus Madame Butterfly
Wirkt wie ein Nachhall des vorangegangenen Sologesanges, in dem man Zeit hat das Gehörte nachwirken zu lassen.

6. Massenet: Suite Nr. 7, Sous les tilleuls
Zunächst eine Einleitung durch stehende Streicher und Glockenläuten. Dann beginnen die Violinen mit einem Motiv, das wie ein mutmachender, einladender Ruf wirkt. Man wird zurück ins Leben gerufen, es geht weiter.

Zusammenfassung der Imaginationen zu 4.–6.: Anna erlebt die glückliche erste Zeit ihrer Ehe wieder. Die Unbeschwertheit habe sie seit der ersten Fehlgeburt nicht wieder erlebt. Das Erleben dieser glücklichen Zeit ist wie eine Ressource.

7. Schumann: aus „5 Stücke im Volkston" op. 102 (langsam)
Das Stück beginnt mit einer Melodie des Cellos, die aus der Tiefe aufsteigt, begleitet und gestützt vom Klavier mit aufsteigenden Akkorden.

Zusammenfassung der Imaginationen: Über die lebhafte Erinnerung an die erste Zeit der Ehe spürt Anna hier jetzt auch die Nähe zu ihrem Kind: „Mitzuerleben, wie ein neues Leben wächst, ist ein Wunder. Es hat eine eigene Seele, die hell ist. Es hat mit all dem Schweren nichts zu tun, braucht im Moment nur meinen Körper und sagt, ich kann mich bei dir gut entwickeln."
Durch die Identifikation mit der Cellostimme spürt Anna, dass die Seele des Kindes unbelastet ist. Dies zu erleben ist für Anna von großer Bedeutung und gibt ihr viel Kraft in den kommenden Monaten der Schwangerschaft.

4., 5. und 6. Sitzung

In den folgenden 3 Sitzungen, jeweils in kürzeren Abständen, geht es um die Veränderungen in den verschiedenen Identitätsbereichen, die im Laufe einer Schwangerschaft stattfinden. In der 4. Sitzung setzt sich Anna beispielsweise mit der Mutterrolle auseinander. In der 5. Sitzung steht die physische Veränderung im Vordergrund und in der 6. Sitzung sind es die Veränderungen der äußeren Umstände (Umzug, Berufsleben). Immer wieder geht es um die Sorge, ob das Kind gesund ist. Die positive Begleitung mit GIM durch die Schwangerschaftsmonate kann an dieser Stelle nicht genauer beschrieben werden. Erwähnt werden soll jedoch, dass Anna eine sehr intensive Imagination von ihrem neugeborenen gesunden Kind hat, die ihr viel Kraft und

Zuversicht für die Schwangerschaft gibt. Sie spürt sich als Frau, die gesundes Leben in sich trägt. Während der 6. Sitzung sieht sie sich ausruhend im Park Sanssouci (zu deutsch „ohne Sorge") und kann die langvermisste Leichtigkeit und Lebensfreude genießen.

7. Sitzung

Etwa vier Wochen später ist Anna im 7. Schwangerschaftsmonat und es geht ihr gut. Ein neues (altes) Thema kündigt sich an: Zu Beginn dieser Sitzung erzählt sie von Situationen in ihrem Alltag, in denen sie Personen begegnet, denen sie sich geistig nicht gewachsen fühlt. Sie schildert ihre Unsicherheit und Ängste im Kontakt mit ihnen, und dass diese sie so hemmen, dass sie ihre eigenen Interessen oder Ideen nicht mehr vertreten kann.
Focus dieser Sitzung ist die Frage: „Wie kann ich es schaffen mich von Autoritäten nicht einschüchtern zu lassen?". Im Verlauf der GIM-Reise zeigt sich, dass diese Problematik mit der unverarbeiteten Trauer um ihre verstorbene Schwester zu tun hat.

Musik: "Searching"
(zusammengestellt von K. Bruscia)

Das gewählte Musikprogramm gibt auf Grund seines Reichtums an verschiedenen Atmosphären und Klanglandschaften Raum für Öffnung. Es gibt viel Zeit für Entwicklungen, auch wenn man noch gar nicht die Richtung weiß.

1. Liadow: Enchanted Lake (7,5 min)
2. Vaughan-Williams: Symphony. Nr. 2 (Lento) (12 min)
3. Holst: Venus, aus: The Planets (8 min)
4. Holst: Neptun, aus: The Planets (7 min)
5. Grieg: Wiegenlied (4 min)

1. Liadow: Enchanted Lake.
Es beginnt mit stehendem Kontrabassklang, der Tiefe vermittelt. Aus dieser Tiefe heraus, geheimnisvoll und sehnsuchtsvoll, entwickelt sich ein farbiger Klangreichtum mit unterschiedlichen Atmosphären. Zwischendurch wird es spannender, als träten Gestalten aus dem Dickicht, und immer wieder wird Leichtigkeit durch die Flötenstimmen vermittelt.

Zusammenfassung der Imaginationen: Anna sieht sich an einem großen See auf einem Steg sitzend, glücklich, eins mit der Natur. Dann ziehen Wolken am Himmel herauf und es braut sich etwas zusammen. Anna spürt Anspannung im Körper. Woran sie das erinnere? An die Schule, wo sie wissbegierig und aufgeweckt war, und zunächst sehr gute Leistungen erbrachte. Ab der 11. Klasse war dies vorbei. Die Therapeutin bittet sie, diese Zeit näher zu beschreiben.

2. Vaughan-Williams: Symphony. Nr. 2 (Lento)
Das Orchester leitet dieses Stück ganz behutsam mit den ersten 3 Tönen eines breiten, wehmütigen Themas ein. Der 2. Teil beginnt mit einer feinen Melodie der Violine. Die Spannung steigt allmählich zu einem ergreifenden Höhepunkt. Die Violine leitet über in den 3. Teil. Das Anfangsmotiv taucht auf und das Stück klingt zart aus.

Zusammenfassung der Imaginationen: Die Musik versetzt Anna in ihre Schulklasse zurück, als sie selbst etwa 15 Jahre alt ist. Genau zu dieser Zeit war ihre Schwester gestorben. Sie hat panische Angst aufgerufen zu werden und stumm zu sein. Zu Hause kann sie ihre Gefühle nicht zeigen, in der Schule auch nicht. Anna erlebt mit der Musik – und hier kommt zum Ausdruck, wie sie die Gefühle abwehren muss –, wie sie sich verschließt und Leistungen verweigert, obwohl sie sehr wissbegierig ist. Dieses Erleben macht ihr während der GIM-Reise bewusst, was sie damals wirklich gebraucht hätte: Interesse, Verständnis für ihre Situation und Trost.

3. Holst: Venus, aus: The Planets
(Beschreibung siehe 2. Sitzung)

4. Holst, aus The Planets: Neptun
Dieses Stück wirkt geheimnisvoll. Es klingt wie Sphärenmusik, wirkt schwindelerregend und irritierend, wie eine Auflösung von Zeit und Raum im Weltall. Dann verhallt es langsam im Schweigen.

Zusammenfassung der Imaginationen: Anna geht zurück in eine Prüfungssituation. Sie fühlt sich zunächst völlig aufgelöst und abhängig vom Wohlwollen des Prüfers. Aus diesem Erleben wächst die Erkenntnis und der Impuls, wie wichtig es ist, eigenverantwortlich zu handeln und sich selbst ernst zu nehmen.

5. Grieg, Wiegenlied:
Nach der letzten Musik wirkt dieses Stück erholsam klar, man kommt zurück auf die Erde. Es wirkt aufrichtend und befreiend, vermittelt Zuversicht.

Zusammenfassung der Imaginationen: Anna kann sich nun vorstellen, wie sie den Prüfer für ihre Ideen interessiert.

7. und 8. Sitzung

Das Thema, Verantwortung für sich selbst zu übernehmen, alte Muster zu verabschieden, wird weitergeführt.

9. und 10. Sitzung

Seit der letzten Sitzung sind 8 Monate vergangen. Anna hat eine Tochter zur Welt gebracht, die inzwischen 4 Monate alt ist. In der Zwischenzeit wurde der Kontakt zur Therapeutin telefonisch gehalten, da durch Annas Umzug in eine andere Stadt die räumliche Entfernung größer wurde. In dieser Sitzung erzählt Anna von den ersten glücklichen Monaten mit dem Baby. Sie hat aber auch das Bedürfnis innezuhalten und zur Ruhe zu kommen.
Da sie nun endlich das ersehnte Kind bekommen hat, meint sie nun auch die perfekte Mutter sein zu müssen, nicht klagen zu dürfen, dem Schicksal ewig dankbar sein zu müssen.

Zusammenfassung der Imaginationen: In der 9. Sitzung werden Annas Bedürfnisse als Frau, Mutter und Partnerin deutlich. Liebevolle Gefühle sich selbst und dem Baby gegenüber befreien sie von dem Gefühl, perfekt sein zu müssen. Auch in der 10. Sitzung geht es um die Identitätsfindung als souveräne Frau.

11. Sitzung

3 Monate sind seit der letzten Sitzung vergangen. Anna erzählt von ihrem Alltag als Hausfrau und Mutter, der sie nicht befriedigt. Sie vergleicht sich mit anderen Frauen, die Beruf und Familie unter einen Hut bekommen, fühlt sich dabei schwach und unzulänglich, möchte „auch“ etwas ganz Besonderes sein. Sie macht einen unzufriedenen und angespannten Eindruck. Als Focus für diese Sitzung stellt sich heraus: Unabhängig von den Vorstellungen anderer sein, bei sich selbst sein, nichts Besonderes sein zu müssen.

Musik: „Pathways to the inner self“
(zusammengestellt von C. Bush)

Das gewählte Musikprogramm besteht aus denselben Musikstücken der 9. Sitzung, die jedoch etwas anders zusammengestellt sind. Da die meisten schon beschrieben wurden, wird hier nur das 3. Stück von Holst, Saturn, dargestellt.

1. Respighi: Pinien von Rom (6,5 min)
2. Debussy: Versunkene Kathedrale (6,5 min)
3. Holst: The Planets, Saturn (9,5 min)
4. Holst: The Planets, Venus (8 min)
5. Mozart: Serenade für Bläser (5 min)

> 3. G. Holst: Saturn
> Die düstere Stimmung der ‚Versunkenen Kathedrale‘ wird fortgesetzt. Es geht erst zaghaft, dann festen Schrittes auf etwas zu, als käme man von weit her. Es geht tiefer, die Schritte werden schwerer und schwerer, man kann sich nicht entziehen. Durch Streicher und Glockenschläge wird die Stimmung intensiviert und aufgewühlt, was sich kurze Zeit später wieder beruhigt. Hellere Töne, begleitet von tiefem Bass, führen wieder aufwärts. Die Stimmung ist nun zart, weit und hell, die Spannung hat sich jedoch noch nicht ganz gelegt und bleibt bis zum Ende erhalten.

Zusammenfassung der Imaginationen: Anna schwebt in dieser Imagination wie in ein Vogel in klarer Luft. Sie lässt sich durch den Urwald, dort in eine Höhle treiben. Dort werden schöne Erlebnisse aus der Vergangenheit wiederbelebt. Aber dann zieht es sie dort weg. Sie findet sich wieder in einer Museumsgalerie und schaut sich zusammen mit ihrer Therapeutin dort um. Sie sieht Bilder in Goldrahmen im Rembrandstil, auf denen ihre Familie abgebildet ist. Zuerst bleibt sie beim Bild ihrer Mutter stehen. Deren Gesichtsausdruck zeigt ein Lächeln, das aber steif wirkt. Dann verändert es sich in ein kummer- und sorgenvolles Gesicht. Anna kennt diesen Ausdruck aus der Zeit der Krankheit ihrer Schwester. Ihr wird bewusst, dass auch ihre Mutter ein Kind verloren hat und fühlt tiefes Verständnis und Verbundenheit mit ihr.
Nun geht sie zum Bild des Vaters, assoziiert mit dem imaginierten Bild das Gemälde von Spitzweg: der Bücherwurm. Sie schaut diesem Mann ins Gesicht und sieht etwas Unergründliches, so etwas wie ein Geheimnis.

Auf die Frage der Therapeutin, ob sie dieses Geheimnis ergründen wolle, sagt sie: „Die Musik sagt, ich muss es nicht wissen. Ich frage mich, ob ich wirklich etwas damit zu tun habe. Er hat eine schwere Kindheit gehabt, im Krieg. Ich vermute, dass ich Gefühle meines Vaters aufgenommen habe und mit ihm gelitten habe und das muss ich nicht mehr ... er kann selber damit zurechtkommen."

Anna kann sich von der Traurigkeit und Schwermütigkeit lösen, die sie auf sich übertragen haben. Auch eine Aussöhnung mit ihrer Mutter findet statt. Es wird ihr bewusst, dass sie für ihr eigenes Leben in ihrer eigenen Familie verantwortlich ist und dass sie die an sie delegierten Gefühle aus ihrer Kindheit nicht mehr mittragen muss.

12. Sitzung

Diese Sitzung bildet den Abschluss des GIM-Zyklus' und ebenso den Abschluss der Therapie.
Anna kommt nun zum letzten Mal in die Praxis und das Thema Abschied nehmen von einer langen gemeinsamen Therapiezeit steht im Raum. Auf Grund der großen räumlichen Entfernung und den oft längeren zeitlichen Abständen zwischen den Sitzungen im letzten Jahr war dieses Thema innerlich schon vorbereitet.

Zusammenfassung der Imaginationen: Abschiednehmen und die Frage nach den Perspektiven für die Zeit nach der Therapie sind Focus dieser letzten GIM-Sitzung.

Musik: „Expanded Awareness"
(zusammengestellt von L. Keiser Mardis) (49 min)

1. Vaughan Williams: Fantasia on a theme by Thomas Tallis (16 min)
2. Vaughan Williams: Symphony Nr. 5, 2. Satz (Romanza) (13 min)
3. Vaughan Williams: The Lark Ascending (16 min)
4. Vaughan Williams: Fantasia on Greensleeves (4,5 min)

1. Fantasia on a theme by Thomas Tallis:
Das Stück beginnt erwartungsvoll und etwas geheimnisvoll. Durch die musikalische Besetzung wird eine beeindruckende Raumwirkung erzielt. Die Musik gibt keine Richtung vor, bleibt unkonkret, lässt alle Möglichkeiten offen. Der Reisende hat Zeit und Raum, sich heranzutasten, auszuprobieren und das

Ganze auf sich wirken zu lassen. Durch die Violine wird der Schlussakkord in Dur eingeleitet, welcher hoffnungsvoll wirkt.

2. Symphony Nr. 5 (Romanza)
Der Beginn wirkt wie ein Schöpfen aus der Tiefe. Dann entwickelt sich langsam das Thema, sehr intensiv und berührend. Es lässt geistigen Reichtum und Schönheit erahnen.
Der Mittelteil ist heftiger und es kommt zur Auseinandersetzung. Der Schluss wirkt wehmütig-tröstend wie ein sanftes Streicheln.

Zusammenfassung der Imaginationen: Anna blickt zurück auf die letzten Jahre, an das Schwere, das sie erlebt hatte und an die Begleitung durch die Therapie. Die Musik begleitet nun Therapeutin und Klientin bei einem ganz persönlichen und guten Abschiednehmen voneinander. Dabei wird Traurigkeit und auch ein gegenseitiges Loslassen zugelassen.
Bei diesem Abschied fühlt Anna sich erwachsen und unabhängig, frei und doch verbunden. Sie hat das Gefühl, dass die geteilte Traurigkeit und auch die Erfahrungen, die wieder aufrichten, hier einen guten Ort bekommen haben, den sie nun verlassen und sich an ihn erinnern kann.

3. The Lark Ascending
Zunächst wird die Stimmung des vorangegangenen Stückes aufgenommen, dann erwächst daraus die Violine und beginnt sich zu entfalten. Erst ganz zögerlich, tastend und spielerisch, dann sicherer und voller Freude.

4. Fantasia on Greensleeves, das schon beschriebene Stück aus mehreren Musikreisen

Zusammenfassung der Imaginationen zu 3. und 4.: Anna nimmt die Musik in sich auf und fühlt sich wie ein Vogel, der beginnt, die Welt zu entdecken. Sie spürt aber auch deutlich die Verwurzelung mit der Erde, empfindet innere Kraft und Bewegung, sieht, wie sie sich zu den Menschen gesellt, sucht ihren Platz und findet ihn. Sie hat das Gefühl, ihre Umgebung mitgestalten zu können.
Dann kommt es zur Begegnung mit ihrem Mann. Beide schauen auf ein Stück gemeinsam erlebte Lebensgeschichte und haben das Gefühl, noch viel Schönes im Leben vor sich zu haben.

In dieser letzten Therapiestunde wird zurückgeblickt und vorausgeschaut. Die Gefühle beim Abschiednehmen sind klar und echt. Nichts Unausgesprochenes liegt in der Luft. Die Therapeutin kann Anna gut loslassen und hat Vertrauen, dass sie ihren Weg gehen wird. Das spürt Anna und fühlt sich ihrerseits erwachsen und selbstverantwortlich für ihr Leben. Bei aller Unabhängigkeit empfindet sie ein tiefes Verbundensein mit anderen Menschen und mit guten Kräften.

Zusammenfassung

Annas seelische Entwicklung im therapeutischen Prozess durch die GIM wurde geschildert. Im Laufe der hier dargestellten GIM-Sitzungen lernte Anna unverarbeitete, lang zurückliegende und gegenwärtige Trauer auszudrücken. Diese Trauer betraf ja nicht nur ihre beiden verlorenen Babys, sondern ihr wurde bewusst, dass sie einen Teil der Trauer um die Schwester in der Familie alleine getragen hatte. Der GIM Prozess im Rahmen der Gesamttherapie half ihr, sich von delegierten Gefühlen zu befreien. Zunächst ging es um die Trauer um ihre eigenen Kinder.
Die GIM-Sitzungen öffneten im Zusammenhang mit auch anderen Elementen Integrativer Musiktherapie einen Raum für neues Erleben.
In der 2. GIM Sitzung erlebte sie ein tiefes Gefühl von Zugehörigkeit und Lebendigkeit und konnte sich für neue Erfahrungen öffnen. Unmittelbar danach wurde sie wieder schwanger (mit einem gesunden Kind). Während der Schwangerschaft war in der Therapie jedoch auch weiterhin die Trauerarbeit ein Thema. Durch das Abschiednehmen von den beiden Kindern und auch der Schwester entstand bei Anna das Gefühl, dass das sich entwickelnde Kind in ihrem Bauch von der Vergangenheit unbelastet war (3. Sitzung)
Im Laufe der Zeit entwickelte Anna eine neue weibliche Identität. Sie erlebte allmählich, wie sie sich zu einer Frau entwickelte, die gesundes Leben trug und zur Welt brachte, wieder am Leben in der Gesellschaft teilnahm und auch im geistigen Bereich wieder lebendigen Austausch suchte.
Besonders hervorzuheben ist, dass Annas Imaginationen, die sich mit Hilfe der therapeutischen Begleitung zur Musik und durch die Musik artikulieren und entfalten konnten, immer wieder innere Kraftquellen (Reddemann 2001) mobilisierten bzw. Lösungsmöglichkeiten der Seele aufzeigten.
Themen wie Tod, Trauer und Abschiednehmen hatten ebenso Raum wie die Konfrontation mit Existenzängsten und die Gnade der Hoffnung, Zuversicht und neues Leben.

THE SPEKTRUM GROUP GIM THERAPY

DAG KÖRLIN

The Spektrum Group GIM Therapy, to be described in this chapter, is one of several psychotherapeutic adaptations of Group GIM. Group GIM was originally created by Helen Bonny on the road to her individual form, now renamed the *Bonny Method of Guided Imagery and Music* (BMGIM) (Bonny, 1978a, 1978b, 1980). Although Bonny continued to work with Group GIM, she did not consider it as therapeutically effective as the individual form, and presented it mainly for non-therapeutic purposes (Bonny 2002; Bruscia / Grocke, 2002). Nevertheless, a number of successful psychotherapeutic adaptations have been developed by others for different clinical populations (Summer 1981, 1988, 2002; Short 1992; Goldberg 1988, 1994, 1995; Blake / Bishop 1994; Justice 1994; Körlin / Goldberg / Nybäck 2000).

The Spektrum GIM Group is an integrated part of the Spektrum program, which treats patients with trauma-related disorders in five-week closed groups consisting of five patients. The Spektrum concept is to process the patient's issues through different functions and "languages" of the mind. Themes are worked through in a weekly schedule of GIM, Expressive Arts, Body awareness, Psychodynamic, Cognitive and Psychoeducational groups. The patient group is protected by a strong framework and held and cared for by a special "continuity person".

The Spektrum GIM Group, which comprises only five sessions, has been developed during the treatment of 300+ patients in more than 250 sessions. It has also been successful as a standalone outpatient group therapy, in which case more sessions are needed. Spektrum GIM is characterized by a pronounced individual-in-group focus which means that imagery focusses on the history and issues of the individual. Here, this is called "individual imagery", to be distinguished from "group imagery" which primarily concerns relationships within the group. Both take place within the mind of the imager. In the Spektrum GIM Group, individual imagery is protected by the framework, and promoted by the members learning to process each others imagery. These are the key factors that permit psychiatric patients to regularly have transformative and even transpersonal sessions (Körlin 1999).

The defining element of Helen Bonny's individual and group forms may be described as widening and exploration of consciousness through spontaneous individual imaging and experiencing evoked by music. Group and individual BMGIM share this essential feature, but differ in other respects. In both forms, listening to carefully selected music in a relaxed state induces a spontaneous and creative flow of emotions, thoughts, memories, sensory and symbolic images. The two forms also have the same general session structure of pre-session, relaxation/induction, music listening, and post-session integration. Group GIM also requires competence in the guiding techniques of the individual form.

The main difference between the Group GIM and BMGIM is in the guiding and the length of the music experience. In the individual form the therapist or guide is in a non-directive and empathic dialogue with the traveller as the experience is unfolding. Supported by the dialogue, the client can encounter difficult relationships, self-images, affects and traumatic experiences as well as inner strengths and potentials. As the music session deepens, a wide range of altered states of consciousness may be evoked, making healing, transformative, archetypal and spiritual experiences possible.

In Group GIM, it is impossible to have a non-directive dialogue with several spontaneously, individually imaging group members at the same time. Instead, the experience is re-explored afterwards with each group member, using the same guiding techniques as in the dyadic session, e.g.: exploration (asking for sensory description), allowing (to acknowledge the experience), deepening (fully be with the experience) and bringing in the music (in the group mainly to ask for connections between music and experience).

Another difference is that the music phase of a group session is relatively short, 6–8 minutes on the average, compared to the 30–55 minutes of the individual session. But in these few minutes of music in a group, imagery goes quicker and deeper per second compared to the individual session, and the full range of experiences described for the individual form happen. To go to the same depths and intensity of experience without the support of the guide requires safety, group cohesion and trust in the leader to guide the experience after the music. The guide must be competent in recognizing affects and bodily and sensory images that are difficult to verbalize as well as transpersonal experiences that go beyond words – and help patients acknowledge and explore them.

To apply Group GIM to a patient population, and a clinical context, the therapist can almost indefinitely vary a number of adaptive principles and techniques and, as long as the essential elements are maintained, the result is defined as a Group GIM Therapy (after Brusica 2002 and Blake / Bishop 1994). The adaptive elements have two purposes: one is to contain the full range of BMGIM experiences to manageable proportions for clinical populations, the other to utilize the group process for therapeutic work. The adaptative elements may be summarized as:

- width of musical and session container
- amount of group reflection and interaction
- resource mobilization
- nature of the therapeutic framework.

Musical container

Psychiatric patients often have limitations in creating, maintaining and developing the music-evoked symbolic images that are the main integrative elements of GIM. The length of imagery is an issue in itself since the initial symbolic nature of an image may quickly degrade into overwhelming affects and traumatic memories (Goldberg 1994). This may also result from too much texture, harmonic change and structural development as well as uncertain tonality and unpredictability of the music (Summer 2002). Symbolic images like snakes or arrows may quickly become intrusive or degrade into traumatic reexperiences, especially in the presence of strong dynamic changes, which function as "alarm bells" in the music. Also, transpersonal experiences are more prone to assume destructive qualities in the psychiatric than in the high-functioning traveller (Körlin 2002).

A piece of music with these characteristics, is defined as a "wide container" (Summer 1989), to which the present author would add: "high in information content". An important therapeutic principle of GIM is to gradually help patients manage "wide container" music by beginning at the other end with "small container" music, which this author would define as music that has a "low information content".
In a "small container" (Summer 1989) – low information music is short, and with a narrow range in almost all musical elements. The shorter the piece, and the more consonant, repetitious and predictable, the smaller the container. Such music is more likely to preserve the initial symbolic quality of the music and at the same time is less likely to stimulate development and

transformation of imagery. (Goldberg 1994). Since there is a limited supply of these qualities in the classical repertoire, minimalist new age and world music have been included in the small container repertoire.

Session container

The limiting strategy has been expanded to all the other components of the session, to form a total "Session container" (Goldberg 1994, 1995), again with the intent to limit the amount of information to be processed. Shortening or focussing the pre-session discussion, doing a brief relaxation, and sitting in chairs all limit the experience. Continuing the induction into the music, termed a "talk-over", lets the therapist's voice serve as a support. At the same time *verbal* instructions may limit the development of imagery. The talk-over may leave a "window" of varying length for free imagery. Another way of limiting imagery is to make patient's paint, or even write, to on-going music. Also, the post-session artwork may be brief or substituted by writing.

Group reflection and interaction

The amount of group reflection and process is essential in limiting or expanding the session. Generally, it takes more ego strength in the members to process group issues, especially if group members are free to take or not take time in the group. This evokes issues of sharing and competition, that are difficult to handle for vulnerable patients. Another difficult process is the victim-perpetrator shifts that occur in groups with traumatized patients (Söndergard 1987). This may threaten the cohesiveness of the group. On the other hand, group processing may offer great opportunities for change in clients with good ego strength (Goldberg 1994, 1995).

In the Spektrum Group the strategy is to minimize problematic group process, without ignoring it. This is done through strict sharing of time and structured sharing of group member's reactions towards each other. This approach is chosen to leave as much space as possible for individual in-depth imagery and processing in the limited time available. Introspection is used, however, to focus separation issues in the later phases of the program.

Constructive group interaction, essential for the development of cohesion, may be fostered in different ways. Patients may for example participate in formulating the focus, or theme of the session, or they may create a group painting during the music, or afterwards together create a poem about the music experience (Summer 2002). Constructive interaction increases the individual's security to contact and afterwards share difficult imagery, but at the same time limits the space available for individual imagery.

In the Spektrum GIM Group, interaction is mainly fostered by teaching the members to guide and process certain aspects of each others' imagery. This is made possible by dedicated psychoeducational sessions, which help patients understand how the elements of imagery form a narrative, and how to be curious about this narrative and it's possible meanings. This also helps patients engage in sometimes complex individual imagery.

Resource mobilization

Mobilization of inner resources is important in helping patients preserve symbolic imagery, and meet and manage difficult affects and traumatic memories. Inner resources that are silent during ordinary consciousness may become conscious during the GIM experience of music in an altered state (Bonny 1988; Borlin 1992; Tasney 1993; Picket / Sonnen 1993; Goldberg 1992, 1994; Bishop 1994). Bishop (1994), reporting from Individual GIM in a treatment program for abused women furthered the understanding by describing a cyclical process of mobilization, followed by confrontation with traumatic material, ending in resolution and then new mobilization as a preparation for the next challenge. During this process, improvement of defenses can be observed. Examples from the Spektrum GIM Groups are bodily manifestations with qualities of warmth, energy, strength, nourishing (case 1), and movement (case 2). For example, gently swinging in the branches of a tree, feeling safe, and hearing mother's voice in the music, may reflect good moments of being with mother. Meeting a bear, feeling it's strength in the body, may manifest the traveller's mental and physical resilience. As emphasized by Goldberg (1994), Bishop (1994) and Körlin (2002), the resource experiences go beyond the psychodynamic dimension into healing, archetypal (Jung 1959) and transpersonal realms (Körlin 1999).

Therapeutic framework

Finally, a strong therapeutic framework makes it possible to use "wider", more evocative music which promotes the meeting with, and transformation of, difficult imagery. The Spektrum GIM Group is protected by the framework of the Spektrum program.

The Framework of the Spektrum GIM Group

Spektrum is a time-limited five week program, for closed groups of five patients. At the beginning of the first week, they meet for the first time, and they separate as a group five weeks later. The "continuity person", who cares for and monitors the group between sessions embodies the integrative principle of the program. The idea is to process the same psychological content through different functions and "languages" of the mind. The program addresses implicit (non-verbal) memories and analogic (imagery) symbols (Langer 1956, Siegel 1999) through imagery in the GIM Group, Body awareness group and Expressive arts group (Körlin et al. 2000; Rudstam 2002). These modalities also provide external manifestation of imagery through artwork and metaphor (poetry, enchantment). Language, concepts and affects are addressed through dysfunctional cognitions/affective schematas in the "Attitude group". In the psychodynamic group, social functioning is examined in a situation that promotes transference. Frequent issues here are taking/giving space and dominance/submission. The program thus addresses all aspects of the "symbolization triangle" (Körlin 2002).

The bridging and translation of themes between sessions and modalities is essential. The "continuity person" follows the group through most of the sessions, the staff meets twice weekly, and there is a movable screen, where art work and written material is accumulating. This screen follows the patients into each session and is also present in team conferences and supervision.

A further continuity factor lies in the integration with the psychoeducational group, also performed by the author. Concepts of imagery, implicit memories, symbols, affects, resources, and cyclical process are explained and exemplified through the GIM and other experiences documented on the screen. This material is then integrated with facts about anxiety, PTSD, affective states and other diagnoses that may be represented in the group. The educational group thus relieves the GIM-group proper of the need of some educative ingredients, and promotes patient's participation in post-music guiding.

The program is evaluated with the SCL-90 (Symtom Check list -90), IIP (Inventory of interpersonal problems) as main effect measures and the RSQ (Relationship Style Questionnaire, built on attachment theory) and the DES

(Dissociative Experiences Scale) as independent variables along with a checklist of separation and intrusive trauma.

Positive results have been published from the first year, with a somewhat different program (Körlin et al. 2000). We now have preliminary six month results of 50 recent patients, who also serve as their own "wait-list" controls. Most of these patients have been in "treatment as usual" both in the period before and after the 5-week group phase. The clients do not change before treatment, but go from pathological to normal SCL-90 values at the six-month follow-up. One recent group was also evaluated with ORT (Object Relations Test) and Draw-a-tree test, which were scored using a narrative focus. The result was that all patients significantly increased their capacity to give a complex and holistic narrative of themselves, and that their self-confidence and self-image had improved (Åkerlind 2003). One of these patients will be presented as a clinical vignette (case 3).

Patients

The Spektrum program treats two kinds of patients: those with trauma related disorders in a wider sense, and persons who have strong potential for development, that for various reasons has not been realised. Schizophrenic psychosis, on-going substance abuse and sociopathic disorder is contra-indicated.
Regarding trauma related disorders, it is now widely recognized that psychological trauma results not only in PTSD (Post Traumatic Stress Disorder), but also in a host of other conditions like anxiety, depressive and personality disorders (Foa / Keane / Friedman 2000). Trauma-related disorder in the wider sense often are caused by a combination of separation trauma and intrusion trauma, where intrusion is a common denominator for the invasive nature of physical, sexual or psychological abuse as well as accidents, complications of somatic disease, traumatic childbirth etc. In the Spektrum program, separation trauma carries a more favourable treatment prognosis, while intrusive trauma has a greater association with disorganized attachment disorder, dissociative reactions and features of PTSD. In "full" and "complex PTSD", there is a stricter requirement of treatment continuity before and after the Spektrum program, and often a need for complementary EMDR, Cognitive or Cognitive Behavioural treatment (Körlin, manuscript).

The patient with unrealised potential of psychological development may belong to any diagnostic category. Such a person may have grown up in emotionally or intellectually limited or rigid families, or some form of handicap has hindered them. Dyslexia is an interesting variant of the handicap theme – these persons often have a cognitive style characterized by thinking in images, which may explain their good treatment results in the Spektrum program.

The Spektrum GIM Group

The screen and the physical setting

The screen, which accompanies the group into the GIM sessions, contains pictures mainly from GIM and Expressive arts sessions. Previous individual experiences, as well as group themes manifested in the pictures, are regularly referred to in the pre- and post-session of the group GIM session. The group members are seated in a semicircle in front of the screen, thus interacting with each other, their individual imagery and group imagery on the screen columns (fig 1).

fig. 1

To stress the perspectives of continuity and ownership and to expand the range of experience that can be reflected upon, everybody is required to sign and date their session pictures and put them up on the screen irrespective of the contents. The picture can be reflected upon just as much with a beautiful painting as if the paper is blank (which is seldom) or torn to pieces (which also is seldom, but tolerated as long as it gets up on the screen). It is also allowed to put an image on the screen with the blank backside facing outwards, which happens now and then.

Treatment phases

The Spektrum GIM Group consists of only five weekly sessions. In these sessions, the group moves surprisingly fast through it's phases of cohesion building, work, and closure.

The first session, painting to ongoing music, is about building trust and cohesion and presenting oneself and ones issues. The second and third sessions are about widening and exploration of both resources and problematic aspects. Inductions tend to be open and music more evocative. By the third week, separation anxiety, anger and insecurity about the future begin to be felt and needs to be addressed in the remaining sessions. From the fourth week the sessions become more structured and specific, although there is always space given, or taken, for spontaneous imagery. The themes in pre-session, inductions and talkovers are: summary, strategies for the future, and separation.

In the fourth session, this process is begun by invoking the metaphor of collecting important discoveries in some form of container (basket, rucksack etc) to bring into the future. It is suggested that some items that have been carried through history may now be left behind. This session sometimes has a talk-over in the beginning or end of the music, accompanied by regular, safely moving music with limited evocative potential.

In the fifth session, the focus is aimed at giving opportunity to work on separation, e. g. through the image of the group on a beach. Again, talk-over of varying length at the beginning and end of music is used.

Structuring of time, containment of group process, and fostering of interaction

The therapist takes the responsibility of keeping the time frame of the different session phases and allots fairly equal time for each patient. Although the primary focus is on the "individual-in-group", the group members are invited to reflect on one another's experiences in the post-session and also, when indicated, in the pre-session. In the pre-session, group reflection is invited only when "hot" subjects come up, like strong experiences and symptoms, suicidal ideation and open group conflicts. The group processing is not "set free" however as the leader still takes responsibility for fairly equal and short sharing of feed-back from the group members.

In the pre-session, every member makes a short summary of her/his current process and what is uppermost in the mind. This can last no longer than 30 minutes, which gives approximately 6 minutes for each member. In the music listening phase, the ingredients of relaxation, induction, music listening, closing of the experience and coming back from the altered state can take no more than 10–12 minutes which gives room for 6–7 minutes of music. Creating a picture of the experience then can take no more than 20 minutes including setting up tables, distributing paper and colours, painting, and finally returning to the semicircle for the post-session. The post-session sharing has to be completed in one hour, thus giving each member approximately 12,5 minutes of sharing time.

This tight schedule also has the effect that some interventions have developed into a standardized procedure, approaching protocol.

The container, (basket, or drawer), is also used as a metaphor in clarifying boundaries and limiting group process. For assessing feedback from group members, and therapists, the "Yes", "No" and "Maybe" baskets are offered as metaphoric tools. Without these, patients are prone to accept or reject feedback or interpretations for a variety of reasons other than their relevance. Feedback can be accepted, for example, out of submission, or out of feeling sorry for the other, or just because of a lack of a cognitive tool to slow the process. Reflections that are obvious projections of the other person may be put in the "No" basket, and those that are "spot on" may be put into the "Yes" basket. Reflections that belong to the "Maybe" basket are perhaps the most interesting – this is the place for feedback that evokes ambivalence. By placing something in the "Maybe" basket it is stored for further consideration, strengthening the reflective ability of the patient. This also contributes to the safe space for personal imagery.

Group interaction is fostered above all in that the patients learn to participate in the post-music guiding, and also in the painting on a shared table.

The first session

The first session is different from the following four. Here, the first hour is spent with the group sitting at a table, painting to 20–40 minutes of ongoing music. First, a short presentation of imagery and implicit memories evoked by music in the altered state is given, along with the idea that these experiences can be used for understanding strengths and problematic areas in the person. The pre-session then focuses on expectations and reservations that the group members have about the method. The idea of imaging to music is unfamiliar to many and anxieties of not being able to image or make drawings are frequent. Many have fears about what may emerge in the form of affects and memories. Therefore, the resource perspective of imagery is stressed and also the basic GIM notion that anything and everything that is experienced is OK as a GIM experience, and can be worked with.

The music often consists of a full GIM program for example the "Peak Experience", thus music is more evocative than in the following four sessions. This is balanced by the mobilization of ego functions during simultaneous music listening and painting and by the support of the group sitting at the same table during the music. It is even in this contained situation common with strong individual experiences, often in the form of emotionally laden memories that need post-music guiding. The post-session is done in the same way as session 2–5.

There are several reasons for this form. The first is to gradually aquaint the patients with the idea of imagery and creative expression and to start the individual process. The second is to build cohesion through group interaction. The third is diagnostic. The risk of overwhelming is less, thus more evocative music can be used. By focussing on reactions to musical container elements, strengths and vulnerabilities are assessed.

The second to fifth sessions

In the following four sessions the clients are seated in the semicircle in front of the screen during the pre-session, music listening phase, and post-session sharing.
To start the pre-session the therapist says (wording may vary): "Let's begin with a status report – how are each of you right now? What have you been thinking, feeling, dreaming, doing since the last session? Has anything important happened in your life since the last group? Is there anything particularly evocative in the images on the screen right now? Who wants to begin?"

The group members then take turns in reporting their current experience, during which the leader inwardly ponders the themes, strengths and vulnerabilities of the individuals, the group, and the current phase of the group's life in the Spektrum program. Resource experiences or other important themes are commented on by the leader during this general inventory. In the fourth and fifth session, the themes of summary, strategies for the future, and separation are brought up.

As a result of this evaluation, induction and music is chosen (see below). However, even when fairly detailed inductions or talk-overs are employed, the members are expressively allowed to follow emerging spontaneous imagery. After return from the music, and the altered state, folding tables are set up and paper and painting material is produced. After 15–20 minutes of painting, the group reassembles in the semicircle with their drawings behind the chairs.

The leader starts the sharing phase by saying (with variations): "Now, each of you have about 12 minutes to share your experience with the group. When you listen to each person's story from the music, imagine that he/she has been to a movie, only this movie is inside and consists not only of visions but also of other sensory experiences, emotions, memories, thoughts, and even sensations that may be hard to describe. Your job, and mine, is to be curious about this movie and ask more about what happened, and what it was like. You, who are in the centre, be aware of your freedom to leave out things that you don't want to share, and be mindful of the yes, no and maybe baskets when listening to the reflections of the others."

The group members then take turns in putting their picture in the centre and tell their story of what happened in the experience, which is regularly incomplete. The leader usually asks an initial open question, and then invites the other group members by saying: "Curiosities, questions in the group about this experience?" The patients then start to ask for more detail, mostly doing explorative guiding interventions. The leader focusses on the allowing, or "owning" of experiences, interactions with the music, and has antennaes raised to detect implicit and ineffable experiences. Reflections about meaning are referred to the next phase of the post-session.

When the patient's story is satisfactorily guided, the leader says: "Let's put the picture on the screen" and then proceeds to help the person with this, one holding the paper in place, the other fastening it with nails. When returning to the seats, the leader says: "What are your thoughts about the meaning of this experience?" After the patients answer, which normally contains a new view or an interpretation of meaning, there is time for similar remarks from the patients. Only at this stage does the leader attempt an open-ended "interpretation", that always includes a resource perspective. After every patient has shared, there is time for a concluding interpretation from the leader, who again emphasizes individual resources and issues as well as shared group experiences. For example, after the first session the leader will at least say: "You have now presented yourself to each other." Or in the third session: "You all seem to have discovered a protected place in the music, but each one was different".

Inductions and music choice

As described, the pre- and post-music phases are fairly standardized, which leaves a variability for inductions chiefly in the second and third sessions, and music choice in the second to fifth sessions. The planning of these elements is influenced by:

1) strengths, vulnerabilities and issues of individual group members.
2) group process and cohesion.

Strengths, vulnerabilities and issues are judged through observing imagery in relation to music, and imagery in itself. Reactions are observed to formal musical elements in the first, and these are tested in subsequent sessions. Critical musical elements outside of those mentioned by Goldberg and Summer are dissonance and dynamic change. The effect of such elements on imagery are constantly evaluated. Particularly, sudden or dynamic music sequences polarize imagery into either mobilization of power or alarm. Is the person managing or being overwhelmed by affective reactions? What is the balance between problematic and resource experiences in the imagery? How flexible are the defences?

This aspect of the session could easily be the subject of a full chapter, so I will limit this section to a few principles and to examples given in the case vignettes. When there is need for autonomy, or when group members have divergent issues, the focus may be open, or determined individually with each member already in the pre-session. If there are obvious similarities in the member's issues, it may be addressed in a shared induction. If possible, these are combined with a safe place induction during the second or third sessions. This can be done either when the safe place theme is suggested in previous imagery or life story, or when it is judged that the group is in a positive cycle phase. Movement is often employed in a negative cycle. Possible music choices for the themes of safe place and movement are given below. Other inductions that can be used, individually or combined, are also described below, along with some useful combinations with music. As a general rule, a wide induction tends to be combined with a smaller music container and vice versa.

Inductions

A certain repertoire of well-known GIM inductions have crystallized as useful: regulating, grounding, tree, movement, safe place, and opening/widening. Movement, and to a lesser degree safe place, helping figure and nurturing are the resource qualities that can be evoked with some certainty (see discussion).

Regulating induction. To this induction, which is useful with PTSD patients, music with little development, a steady rythm and movement compatible with breathing is used, and may be begun even before relaxation is started. Relaxation is then paced to attune to the music. After a brief grounding with the floor, seat and back of the chair, attention is brought to the steadiness of the breathing and then it is suggested to let the music and breathing move together. In sessions 4 and 5, this induction is often used as a lead-in to the talkovers of these sessions, which also need steady rythm.

Grounding induction: A grounding element is generally useful, particularly with insecure or vulnerable persons, and can be combined with all other inductions. Attention is brought to the contact between feet and floor, body and seat, body and back of the chair. It is suggested to let the exhalation help the body feel a little heavier and increase the sense of contact.

Body-focussing induction: May be begun by suggesting a tensioning of the legs bringing pressure on the back of the chair followed by relaxation, feeling the body settle in the chair, a little heavier every time.

Tree induction: The patient is suggested to begin the journey sitting with the back against a tree trunk. The tree image, as expected in theory, regularly manifests positive and negative self images.

Movement induction: Suggestion to follow the movement of the music, or particular instruments.

Safe place induction: Often combined with a grounding or regulating induction, after which the patient may be suggested to find a safe place in nature, or to let the music create a safe place, or both.

Opening/widening induction: It is suggested to let the fantasy create a room where affects, memories and images can meet the music. May be combined with a breathing induction where it is suggested that the inhalation opens up the creative space.

Music

In the Spektrum GIM Group, the following musical pieces, mostly from the standard GIM repertoire (Grocke 2002), are used on a regular basis. In the small container range there is steady modern serious music with minimalistic features like *Pärt's "Spiegel im Spiegel"*. The Swedish movie music composer Stefan Nilsson has several small container pieces with some evocative ingredients. Still more evocation is also possible in the *Pachelbel "Canon"*, *Bach's "Air"*, *Corelli's "Concerto Grosso"* or similar baroque pieces. The orchestral Bach renditions by Stokovsky then offer a gradual widening of musical containers. If a lighter texture and looser structure is needed, the music of Delius is useful, particularly pieces from the *"Florida Suite"*. The *"La Calinda"* piece from Coanga, particularly the slower version arranged by Fenby, is a good piece for mobilizing movement in a non-forcing way. Some of Delius' music also is possible for evoking safe places. Another good "movement" piece, with additional potential for inner dialogue is *Massenet's*

"Meditation" out of Thais. The *"Rhosymedre Prelude"* by *Vaughan Williams* is one of many examples of small container string orchestra music. Music with female voices, like *Puccini's "Humming Chorus"* tends to have a nurturing, holding quality and the female voice generally is a strong vehicle for identification and connection. Other useful "middle container" music is *Vaughan Williams "Greensleaves"*, *Britten's "Sarabande"* out of *Simple Symphony*, *Haydn's "Cello concerto in C"* and the universally usable *2:d movement of Beethovens fifth piano concerto*. The most evocative piece of music used is *Schostakovitch's "String quartet No. 3"*, used only with inductions that intend to focus the experience on movement, and in groups with strong cohesion.

Clinical vignettes

Case 1: Safe Place-Nurturing

A 45-year old social worker and fugitive from a Middle East country, who had been imprisoned when her son was new-born. She was never personally traumatized in prison or otherwise, but witnessed several fellow prisoners taken away for torture or execution. Among those was a woman whom she thought could comfort her infant son better than she could herself. Highly intelligent and gifted as a child, she experienced herself as "not seen" by her mother and disfavoured vis-à-vis her elder siblings, one of whom was imprisoned and killed before her own arrest. She married her son's father, who was also oppositional to the regime, for reasons that she described in terms of social compassion and politics. They got separated in connection with their arrests, and divorced several years later, having fled to different countries. During the last ten years, she had several periods of quite severe depression with fairly evident connections to her life situation and history and with little effect from antidepressants. She maintained that her depression had to do with her life being a failure, and that she couldn't understand why she was spared when more worthy persons were tortured or killed.

In the Spektrum program, she held herself back and generally took her turn among the last. Her work revolved around the issues outlined above, involving the aspects of separation. She gradually could allow herself to be emotionally touched. Her self-image, appearing in the second session, was that of a hawk: dominant, with overview, and control. She acknowledged the distance of the hawk, but denied that this was a problem. Due to her sense of failure, she did not paint the hawk, which was discovered by another group member in the post-session guiding. In the third session, induction was open, for several reasons. The individuals of the group were working on different issues, and this particular patient, with her autonomy, was resistant to being "directed" in her inner spaces. Music was *Vaughan Williams "Rhosymedre Prelude"*, also for several reasons. One reason was to balance the open induction space with a small musical container. The second reason was, that this piece provides possibilities for tender feelings.

In the music, she experienced soft stroking of her hair, and experienced a surge of longing and deep comfort combined with sadness, manifested by a tear on her cheek.

fig. 2

In the fourth session, a "summing up" focus and smaller container music, *Pärts "Spiegel im Spiegel"* was used. She experienced moving between two positions: the lake, with sadness and tears, and the abyss, which at the same time has the shape of a hawk.

fig. 3

This symbolized contradictory aspects of the hawk, (autonomy but also intellectualisation and isolation, in the boxed in signs).

This sequence illustrates a processing cycle from the initial hawk image, that at the time gave an uncomplicated sense of control and courage, which enabled her to meet the avoided affect (=mixed emotions), evoked through an implicit memory (the stroking of the hair). The hawk , the loneliness and the accepted nurturing then were integrated in the next, summary, image.

Case 2: Mobilization of movement and energy.

A 40-year old woman, living alone with her son from a previous marriage. Her upbringing was dysfunctional with a physically abusive, alcoholic father. Since her divorce, she had a stormy relationship with a man, who had an alcohol dependence and regularly disappeared on drinking sprees. Sensing one of these coming, she told him never to come back again if he intended to drink. He took the weekend ferry Stockholm-Helsinki, got drunk, and on the way back took his life by jumping off the ship. This sent her into a long-standing depression characterized by emotional and bodily numbness, getting only partial help from SSRI:s. In the Spektrum GIM Group, she manifested a difficulty in perceiving resource aspects of her imagery. Mobilization of inner movement, that is relatively easy to evoke through the motoric element of music was attempted. The *Massenet "Meditation"* was chosen, and in the induction, it was suggested to let each of the instruments evoke an experience of movement. In her imagery, both the fluite and the harp got legs, and took long lustful jumps at the same time as her body was filled with pleasurable sensations and she felt an urge to take part in life again.

fig. 4

In the next session, the *Pachelbel "Canon"* evoked imagery of painful places in the body, pains that she had ignored in her depressive state along with the pleasurable body experiences. This body awakening signalled an improvement of her depression, and gave her courage to start acknowledging her physical symptoms. The sequence is also an illustration of a positive-negative phase of a GIM cycle.

Case 3: Transpersonal-dissociative experience with psychodynamic work

A 37-year old woman, with a highly traumatic upbringing with a physically and mentally abusive mother, who actively encouraged sexual abuse by her uncle. Married and had two children with an alcoholic man, never enjoying sex after her first childbirth. After a TV-program about incest 8 years before her Spektrum treatment, she started to have stronger flashbacks with memory fragments of abuse by her uncle. This led to increased rumination about shame, guilt, and rage with a deep-seated sense of being worthless and deserving the treatment she had endured. Along with this she experienced an increase of phobic symptoms and at the time of admission had deteriorating teeth due to untreated dental infections, and a severe agoraphobia, which required daily support by a social worker. She had never functioned in work-life and was referred for psychiatric evaluation since her social security case manager thought she needed disability pension. She was accepted into the Spektrum program due to strong indications of unrealised potential.

In the group, she was one of three women with varying degrees of PTSD due to sexual and physical abuse. Due to this, regulating inductions with breathing-music attunement and initial talkover was used for the several of the sessions. In the third session however, middle-container music in the form of the Haydn Cello Concerto in C, second movement, was used. In a talkover it was suggested that the traveller find the movement in the music to help the group members move into the experience, and the leader's voice returned towards the end of the music to guide them out. At the first notes of this piece, she was walking into a church with empty benches, the door slamming shut behind her. She was frightened, and split into three persons (this was her first acknowledgement of frequent dissociatve experiences), but the group leader's voice gave her strength to realize that they were all part of her. The music encouraged her to progress into the church towards a wonderful light, that grew in intensity as she approached the altar, with a stronger experience of being one person as she progressed. At the altar there was a coffin with two flowers, signifying mother and uncle, and to the side there was a book turned to an empty page. A voice told her that it was time for her to bury her ruminations about her childhood, and turn a new page in her life. With the help of the leader's voice, she was able to move out of the church, the door closing behind her with the last note of the music.

She was shaken, but more and more relieved as the experience was guided in the post-session, and understanding increased as the concepts of cyclicity, dissociation and transpersonal states were explained in the educative session.

During the following three weeks of the program, she could intentionally turn on this experience and lay memories and issues vis-à-vis her mother and uncle to rest, as they were evoked in the Spektrum program. After termination of the five weeks, we had an individual session, with re-guiding of this material and additional artwork. She was able to leave her rumination behind and move on to other issues. She could meet the eyes of people in streets and subways, and learned, in the GIM sessions, to manage some of her anxiety through her breathing.

This woman was part of the evaluation with Tree-drawing and ORT mentioned before, which showed substantial improvement in both tests.

Findings and conclusions

Individual in-depth processing and expansion of consciousness

The priority of the Spektrum GIM Group is to foster the defining elements of Group GIM: individual inner exploration through spontaneous, creative music listening in an expanded state of consciousness. This is most pronounced in the middle two or three sessions of the series. All other aspects of the Spektrum Group are subordinate to this aim, and have the function of providing a safe space for it.

This allows sessions that are evocative with a fair amount of work with traumatic imagery, shadow aspects, transpersonal experiences and transformations. In groups with strong cohesion, up to 25% of sessions may have transpersonal features. In figure 1, most of the yellow colors represent such experiences (Körlin 1999). The tendency in previous literature has been not to deem this possible, or constructive with psychiatric patients (Summer 2002; Goldberg 1994; Clark 2002).

A number of features contribute: the redefinition of consciousness, the treatment phases, the group interaction in post. music guiding, the containment of group process, the screen, the tight structure and other session containing elements, the total framework, and the management of resource experiences.

Redefinition of consciousness

The results show that it is possible for psychiatric patients to develop through expanded consciousness. This is possible because the experiences of altered states in the music are explained through pedagogical information, pointed out in the guiding, and manifested on the screen. The GIM Group experience is also defined to include not only the music experience but the whole setting: images and thoughts during the pre-talk; the relaxation and induction; and after the music phase proper. With this widened notion of experience, even non-participation, a blank experience or a white paper is manifested on the screen, and gives fruitful material for processing. This goes hand in hand with demonstrating the existence of the inner life, and of encouraging the "owning" and management of experiences.

In the pedagogical situation with Spektrum patients, expanded consciousness is termed "widening of experience". It is a revelation for most to realize that experience includes not only ordinary consciousness but also all sensory qualities of imagery, unclear affects, ineffable experiences and also thoughts, clear or jumbled.

Group phases – the temporal space

The phases of the Spektrum group are first; trust and cohesion building second; in-depth work and third; closure. In such a short and intensive setting, these phases can be speeded up, in fact almost compressed into each other's. The initial cohesion building and the concluding summary and separation work form the temporal enclosure of the creative space.
In the first session, where the patients paint to on-going music for 30 minutes and afterwards share their experience, group interaction and sharing of individual imagery are combined in building group cohesion. The metaphors that are introduced during the last two sessions further summary and closure.

Group interaction, screen, containment of group process and use of group introspection.

Group interaction and reflection are not used to explore the group process but to support cohesion, the individual's safety space, and the groups involvement in individual imagery. This involvement is primarily due the fact that the group members learn to participate in the post-music guiding and then the search of meaning. The systematic approach to this is perhaps unique to the Spektrum Group and would not be possible without the eductive elements and the "movie" metaphor. The involvement in imagery addresses the traditional drawback of individual-in-group therapy, the unenthusiastic listening to long life histories (Yalom 1995) and complex imagery (Summer 2002). The meaningfullness of individual imagery is also manifested by the continuity of imagery on the screen.

Group process is contained by the tight session structure, which safeguards equal time for each, minimizing the issues around giving or taking time. Another part of the safety lies in trusting the leader to address and share tensions in the here and now. By doing this in a structured way, he also saves time for individual exploration. Individual boundaries are supported through the "yes", "no", and "maybe" metaphors. Group reflection is evoked in a limited way by focussing on shared experiences in inductions (resources and the separation issue).

Session containing elements

In previous paragraphs on the method, and in the case vignettes, some principles of varying the group and session containing elements were outlined. In the individual-in-group context, it is important to point out that the desired outcome is not a limited experience by itself, but a manageable transforming experience. This may contain all the experiential elements of the individual BMGIM session, and may be achieved also in a talk-over session as in case 3.

Framework

The Spektrum program is a planned setting, with a closed group going through a predictable schedule of events in a safe physical environment. The coordination of sessions, the presence of the continuity person, the continuity of themes, and the growing patterns of artwork on the screen add to the sense of safety and planning. This makes it possible to use quite wide musical containers, open-ended inductions and long spaces of "free" creative imaging in the music.

Resources and cyclicity

The abundant examples of resource mobilization (documented in photographs from about 1500 sessions) may be ordered into the following categories: Movement, Protection, Helping figures, Nurturing, Energy and Transpersonal. Several of these were illustrated in the case examples. The cyclical interaction with problematic experiences is obvious in the group process. For example, it is common for a nurturing experience to prepare the way for an experience of separation, and for an experience of protection to be followed by a re-experience of abuse. The awareness of cyclicity helps in attuning to the group process.

In the GIM group, resources and cyclicity are constantly fostered and interpreted, to impart hope and encourage continued processing in the face of difficult experiences. In the educative session of the Spektrum program, cyclicity is an excellent metaphor to explain the importance of owning both "positive" and the "negative" experiences. It is important if you feel "good" or "bad", but it is equally important to live through both, reflecting and learning along the way.

Resources may be the intentionally addressed in the pre-session discussion, induction, and talkover and they are actively interpreted in the post-session. However, it is not so easy to intentionally mobilize resources in the music experience. Movement is the easiest to access, through the movement of music itself. Protection, in the form of finding a safe place in the music, Helping figures and also Nurturing require that timing is right. Energy and above all Transpersonal experiences are impossible to evoke intentionally, they come according to the wisdom of the inner growth process, provided there is enough trust and group cohesion.

Also, the resource concept is not straightforward. Emotions, resources and defences perceived to be positive may be problematic in themselves. Each of them has a problematic, or even shadow, backside. These may be sketched as: protection – isolation; nurturing – overfeeding; movement and energy – different qualities of flight; and transpersonal – spiritual by-pass[1]. Nevertheless, the positive quality has priority because of the strong tendency among psychiatric patients to regard themselves as powerless, worthless, negative and destructive. Inner experiences are frequently perceived in negative terms as meaningless, useless, un-manly, toxic etc. It is also a common conception that shortcomings are topics desired by therapists. Thus, it is the first priority in consciousness-expanding GIM work to investigate the patient's ability to perceive, acknowledge and use also the positive sides of GIM experiences. However, it is important to be

1 Spiritual by-pass, originally a Buddhist concept ascribed to the master Chogyuan Trungpa, is a term within transpersonal psychology. It refers to people using spiritual experiences to try to step over negative intrapsychic content or painful biographical events.

aware that mobilization of resources is not only supportive, but an integral part of the widening of consciousness.

Group GIM Therapy – a complex system

There are several things to bear in mind that limit any strategy to intentionally contain or widen the experiences. One is that group members with an acute need to process something particular will do so regardless of the therapist's intentions, as exemplified by case 3. A second is that some patients, for example those with a strategy of controlling others to prevent intrusive behaviour may react negatively to limiting interventions. A third that, in talkover sessions, the leader's instructions may not limit, but the voice be used for support of a wider exploration. A fourth that the reaction to music may vary with the same music from one session to another. This happens because the patient goes in cyclical process with the music, alternating between resource and problematic experiences of the same musical elements. One example is for a traumatized patient to experience the *Pachelbel Canon* first as protective, and the next session as persistently invasive.

As in individual and group GIM, it is essential always to give the Group GIM Therapy patient a choice. It may be to open the eyes to defend against too difficult music, or it may be to allow a necessary experience to happen regardless of the therapist's intention. In my opinion, it is thus impossible to totally safeguard against the individual in-depth experience in the music, and thus skills in BMGIM guiding and processing are always required.

Conclusion

As a Group GIM Therapy, the Spektrum Group is far towards the end of the continuum where spontaneous individual music experience in an altered state of consciousness is emphasized relative to group interaction and reflection. In the middle two or three of the five sessions, confrontation with traumatic memories, conflictual material, transformative imagery and even short peak experiences are frequent. Those sessions are the nucleus of the Spektrum Group series, and every other element of this GIM application can be seen as successive protective layers around this creative seed. The total framwork of the Spektrum program, and the psycho-educative elements, make these experiences manageable, comprehensible and meaningful for mid-functioning psychiatric patients.

KULTURELLE ASPEKTE IN DER ARBEIT MIT REZEPTIVER MUSIKTHERAPIE

Am Beispiel von „Guided Imagery and Music" nach Helen Bonny (GIM)

CAROLA MAACK

In diesem Kapitel werde ich beschreiben, wie sich Guided Imagery and Music nach Helen Bonny (GIM) als eigene Therapiekultur in unterschiedliche Kulturen einfügt. Kultur wird allgemein definiert als „die Gesamtheit der typischen Lebensformen größerer Gruppen einschließlich ihrer geistigen Aktivitäten, besonders der Werteinstellungen." (Der Neue Brockhaus 1985 a, 281). Stige (2002) definiert Kultur in Bezug auf kulturzentrierte Musiktherapie als „the accumulation of customs and technologies enabling and regulating human coexistence[1]." (Stige 2002, 330). Ich werde den Kulturbegriff auf vier Bereiche von GIM näher beziehen und zwar auf

1. die therapeutische Beziehung,
2. Imaginationen und Symbole,
3. Musik und
4. veränderte Bewusstseinszustände.

Denjenigen Lesern, die mit GIM nicht vertraut sind, empfehle ich, erst Edith M. Geigers Kapitel im diesem Buch zu lesen.

1. Die therapeutische Beziehung

Unabhängig davon, in welchem Setting GIM stattfindet, handelt es sich immer um eine Therapeut-Klient-Beziehung, bei der Übertragungsprozesse vorhanden sind. Sie ist geprägt von der jeweiligen Psychotherapierichtung des Therapeuten, wie z. B. Jungsche Analyse, tiefenpsychologisch fundierte

---

1 Übersetzung: „Ansammlung von Sitten, Gebräuchen und Technologien, die das menschliche Zusammenleben ermöglichen und regulieren."

Psychotherapie, Gestalt, transpersonale Psychotherapie usw. Übertragungen und Gegenübertragungen finden in GIM zwischen Therapeut, Klient, Musik und Imaginationen statt (Bruscia 2002, 234 f.). In Bezug auf die therapeutische Beziehung konzentriere ich mich auf die kulturellen Dimensionen der Übertragung und Gegenübertragung zwischen Therapeut und Klient.

Was bedeutet es, wenn Therapeut und Klient unterschiedlichen (Sub-)Kulturen oder gerade derselben (Sub-)Kultur angehören? Hutterer-Krisch (2001, 137) ist der Meinung, dass ein Therapeut einem Klienten umso besser helfen könne, wenn er aus der Kultur bzw. Subkultur des Klienten stamme. Großer Schaden entstehe, wenn der Therapeut, der aus einer anderen (Sub-)Kultur als der Patient stamme, „von der Ungleichheit nichts ahnt und es für selbstverständlich hält, dass er sich in die fremdartigsten Patienten einfühlen kann." (Greenson zitiert nach Hutterer-Krisch 2001, 137) Andererseits sagt Suzan, eine Testperson in Yehudas (2002) qualitativer Studie multikultureller Begegnungen in Musiktherapie: „... there is an optimal amount of it [strangeness] that I deliberately choose, because it can serve as a stronger mirror of myself."[2] Ich selber bin der Meinung, dass in unterschiedlichen Stadien der Therapie möglicherweise mehr oder weniger Fremdheit im Therapeuten hilfreich ist. Viele weibliche Überlebende sexualisierter Gewalt arbeiten z. B. am Anfang ihrer Therapie lieber mit einer Therapeutin, in späteren Phasen möglicherweise aber lieber mit einem männlichen Therapeuten. Ich selber habe in der Aufarbeitung meiner Familiengeschichte zur Nazi-Zeit gerne mit ausländischen Therapeuten gearbeitet, um Sichtweisen aus anderen Kulturen mit hineinbringen zu können. Ich halte es aber für sehr wichtig, dass sich sowohl Therapeut als auch Klient ihres kulturellen Hintergrundes bewusst sind und offen sind für den kulturellen Hintergrund des anderen. Bei Bedarf sollte das auch im therapeutischen Gespräch thematisiert werden. Lu, Lim / Mezzich (1995) beschreiben mögliche problematische Übertragungs- und Gegenübertragungsphänomene, wenn Klient und Therapeut aus unterschiedlichen Kulturen bzw. aus derselben Kultur stammen:

- Mögliche Übertragungen, wenn Klient und Therapeut aus unterschiedlichen (Sub-)Kulturen stammen: übermäßige Willfährigkeit und Freundlichkeit, Verleugnung kultureller Unterschiede, Misstrauen und Feindseligkeit, Ambivalenz.
- Mögliche Übertragungen, wenn Klient und Therapeut derselben (Sub-) Kultur angehören: allwissender und allmächtiger Therapeut, Verräter

2 Übersetzung: „... es gibt eine optimale Menge von Andersartigkeit, die ich bewusst wähle, weil sie als stärkerer Spiegel meiner selbst dienen kann."

(z. B. wenn eine kurdische Therapeutin auch türkische Klienten hat, könnten kurdische Klienten sie als Verräterin sehen), Ambivalenz.
- Mögliche Gegenübertragungen, wenn Klient und Therapeut unterschiedlichen (Sub-)Kulturen angehören: Verleugnung kultureller Unterschiede, „klinischer Anthropologe“, Schuld, Mitleid, Aggression, Ambivalenz.
- Mögliche Gegenübertragungen, wenn Klient und Therapeut derselben (Sub-) Kultur angehören: Überidentifikation, wir und die anderen, sich distanzieren, kulturelle Kurzsichtigkeit, Wut, Überlebensschuld (insbesondere wenn Therapeut und Klient Gewaltüberlebende sind), Hoffnung und Verzweiflung.

Tienhoven, Waning / Veen (2001) beschreiben weitere mögliche Gegenübertragungsphänomene, wenn Klient und Therapeut unterschiedlichen (Sub-) Kulturen angehören:

- Gefühl, der Klient sei zu anders und damit für den Therapeuten unerreichbar;
- durch Kolonialherren (o. ä.) wurden bei allen permanente Schäden angerichtet (irrige Annahme des Therapeuten), dadurch können Klienten pathologisiert werden und die Individualität und Würde und die persönlichen Probleme nicht mehr gesehen werden;
- der überhebliche allwissende Therapeut;
- Therapie als Insel – die Diskussion über kulturelle Unterschiede wird vermieden – d. h. der Therapeut identifiziert sich mit der Kultur des Klienten und verleugnet seine eigene Kultur.

Im Rahmen von GIM-Weiterbildungsworkshops wird jeweils Paararbeit eingebaut, um das Gelernte aneinander und mit Hilfe der Dozenten auszuprobieren. Mein allererster GIM-„Klient“ in meinem ersten Weiterbildungsworkshop in den USA war ein jüdischer KZ-Überlebender. Wir hatten keine Zeit, vorher über kulturelle Aspekte dieser Konstellation zu sprechen. Beim Begleiten spürte ich kollektive Schuld, Mitleid, Wut auf die Deutschen, die ihm das angetan haben; Angst, nicht gut genug oder als Deutsche genau die Falsche hier zu sein (obwohl er mich als Übepartnerin ausgewählt hatte); und ich neigte dazu, seine Kultur als die bessere zu sehen und mich lieber damit identifizieren zu wollen. Im Musikteil kam weder seine KZ-Vergangenheit zur Sprache, noch die Tatsache, dass ich Deutsche bin. Vielleicht wollte er mich schonen. Vielleicht hat er aber auch einfach gemerkt, dass das den angebotenen Rahmen in der Weiterbildung sprengen würde. Würde ich mit ihm als Klienten über längere Zeit arbeiten, wäre es sehr wichtig, diese Themen im Vor- und Nachgespräch anzusehen. Darüber hinaus wäre es für mich als Therapeutin wichtig, diese Themen in Supervision oder Intervision regelmäßig zu besprechen und bei Bedarf Teile davon in Selbsterfahrung zu bearbeiten. Da GIM früher oder später in archetypische Bereiche führt, müsste ich als Therapeutin die psychische Energie auch dann noch halten können und meinen Klienten adäquat unterstützen, wenn er in mir als Deutsche vorübergehend die Verkörperung des kollektiven Schattens sehen würde.

Ein wichtiger Teil der Kultur ist Denken und Sprache. Eine Kollegin aus Südostasien, die schon viele Jahre in Deutschland lebt und arbeitet, erzählte mir, dass sie in der Selbsterfahrung versuche so zu denken und zu sprechen, wie ihr deutscher Therapeut denkt. D. h. wenn Therapeut und Klient aus unterschiedlichen Kulturen stammen, haben wir es immer mit einem Übersetzungsprozess zu tun, auch wenn beide in der Therapie dieselbe Sprache sprechen. Das westliche Denken und Sprechen ist analytisch, zerteilt also Dinge, um sie zu verstehen. Asiatisches Denken und Sprechen ist synthetisch. Es werden Stimmungen auf intuitive Weise geschildert, ohne den Versuch zu unternehmen, sie als Außenstehender zu verstehen oder zu erklären. In Asien geht es eher darum, in der Stimmung zu sein und sie direkt daraus auszudrücken. Das kann auch durch Stille geschehen (Suzuki 1988). Für GIM bedeutet das, dass der gesamte Therapieprozess nicht nur von einer Sprache in eine andere Sprache übersetzt werden muss, sondern von einer Kultur in eine andere. Eine Intervention wie „Was fühlen Sie?“ ist in unserer westlichen Kultur eine sinnvolle Intervention. Die Aufmerksamkeit des Klienten wird dadurch auf seine Gefühle gelenkt, die er anschauen und dem Therapeuten dann mitteilen kann. Für einen Asiaten, der in seiner traditionellen Kultur lebt, macht diese Intervention möglicherweise keinen Sinn, da er, um zu antworten, aus der Stimmung herausgehen und sie sich von außen anschauen müsste, was nicht seinem Denken und seiner Kultur entspricht. Die Intervention kann selbst als unhöflich, eindringend und (zer-)störend wahrgenommen werden. Wichtig ist, dass sich sowohl Therapeut als auch Klient dieses Übersetzungsprozesses bewusst sind und bleiben. Es ist kaum möglich, eine andere Kultur so gut zu kennen und zu leben, dass Therapeut und Klient nicht mehr merken würden, dass sie aus unterschiedlichen Kulturen stammen. Manchmal ist es notwendig, Unterschiede zu benennen und Raum zu geben, die Unterschiede der Kulturen zu erforschen. Und manchmal ist es nötig, beides zu akzeptieren und da sein zu lassen, es intuitiv zu verstehen oder auch nicht, ohne es analysieren oder erklären zu müssen oder zu können.

Lu, Lim / Mezzich (1995, 477 ff) schlagen vor, kulturelle Aspekte in möglichst interkulturellen therapeutischen Diskussionsgruppen zu besprechen, wobei „interkulturell" hier auch bedeuten kann „aus verschiedenen Subkulturen". Die folgenden Punkte können darüber hinaus auch als Anregung für Supervision oder Selbsterfahrung verstanden werden:

- Eigener kultureller Hintergrund. Was bedeutet es, zu dieser (Sub-)Kultur zu gehören? Wie fühlt es sich an, zu dieser (Sub-)Kultur zu gehören? Was gefällt Ihnen daran? Was gefällt Ihnen nicht daran?
- Wo sind Sie aufgewachsen und welche anderen kulturellen Gruppen gab es dort?
- Was sind die Werte Ihrer kulturellen Gruppe?
- Fühlte sich Ihre Familie gleich oder anders als andere kulturelle Gruppen?
- Was war Ihr erstes Erlebnis, bei dem Sie sich als kulturell anders wahrgenommen haben?
- Was waren Ihre frühesten Erfahrungen mit Rassen und Hautfarbe? Wie wurden Sie erzogen, damit umzugehen?
- Was bedeutet Ihre Nationalität für Sie? Was meinen Sie, bedeutet sie für Ihren Klienten? Was meinen Sie, bedeutet die Nationalität Ihres Klienten für ihn? Was bedeutet sie für Sie?
- Diskutieren Sie Macht in Bezug auf Folgendes: Nationalität, Rasse, Geschlecht, Beruf, in der Familie, in der Gesellschaftsschicht.

Spering (2001) beschreibt in Bezug auf Kulturunterschiede folgende Tendenzen:

- individuumzentriert vs. auf das Kollektiv zentriert, konfrontativ vs. bescheiden und sanft,
- zukunftsorientiert (planen, investieren in Zukunft) vs. wenig zukunftsorientiert (direkter Gewinn, kurzfristiges Denken),
- Sicherheit vs. Toleranz für Unsicherheit,
- strenge Hierarchien vs. Gleichheit,
- Mitmenschlichkeit vs. Egoismus.

All diese Polaritäten können den Therapieprozess und die Art, wie Klienten den Therapeuten sehen bzw. wie Klienten Dinge ausdrücken beeinflussen. Hinzu kommen noch Unterschiede in der Bewertung z. B. von Gruppenzugehörigkeiten (z. B. Familie) sowie männlicher und weiblicher Rollenverteilung.

Die therapeutische Beziehung in GIM sollte bei Klienten auch immer vor dem Hintergrund verschiedener Nationalitäten und ihrer kulturhistorischen Entwicklungen reflektiert werden. GIM ist eine Methode, die in unserer westlichen, individuumzentrierten Kultur entwickelt wurde. In der Arbeit mit GIM zielt vieles auf Individuation und Selbstverwirklichung ab. Arbeite ich z. B. mit einer asiatischen Klientin, die in ihrer auf das Kollektiv zentrierten Kultur lebt bzw. dorthin zurückkehren will, ist es wichtig gemeinsam anzuschauen, ob sie einen westlichen Weg von Individuation gehen möchte und was das für ihr Leben in ihrer Kultur bedeuten würde. Wenn nicht, wäre zu klären, ob GIM als Methode geeignet wäre. Nach Wilber (1979, 1995) werden psychologische Entwicklungsstadien – oberflächlich betrachtet – in verschiedenen Kulturen unterschiedlich gesehen und bewertet, haben aber eine gemeinsame tiefere Grundstruktur. Man brauche unterschiedliche Psychotherapien, um die verschiedenen Schichten der Person zu behandeln. Führende Vertreter von GIM gehen davon aus, dass GIM all diese Schichten der Person erreichen könne (Goldberg 2002). Dafür müsse sie aber möglicherweise entsprechend modifiziert werden.
Bei Klienten bzw. Therapeuten, die in einer dominanten Kultur leben, die nicht ihre eigene ist (z. B. ein Kurde in Deutschland, ein Indianer in den USA, ein Homosexueller in einer weitgehend heterosexuellen Gesellschaft), sind in der therapeutischen Arbeit außerdem Entwicklungsstufen kultureller Identität zu beachten:

1. Akzeptanz und Konformität mit der dominanten Kultur
2. Konflikte zwischen eigener Kultur und dominanter Kultur
3. Abwehr und Ablehnung gegen alles aus der dominanten Kultur
4. Introspektion: beide Kulturen können nebeneinander existieren, aber die dominante Kultur wird als unwichtig gesehen und bewertet
5. Integration: gute und schlechte Aspekte beider Kulturen können akzeptiert werden. (Lu, Lim / Mezzich 1995, 477 ff)

Diese Entwicklungsstufen können das Übertragungs- und Gegenübertragungsgeschehen beeinflussen und sollten möglichst bewusst gemacht werden. Möglicherweise wird der Therapeut als „Etwas aus der dominanten Kultur“ zeitweise abgelehnt. Für den Klienten kann das ein wichtiger Schritt in Richtung Integration sein. (Die Ablehnung des Therapeuten kann natürlich auch ganz andere, weniger kulturelle Gründe haben!) Ebenso könnte ein Therapeut aus denselben Gründen zeitweise seine Klienten aus der dominanten Kultur ablehnen. Das sollte in Supervision bzw. Selbsterfahrung geklärt werden.

Schließlich sollte noch auf kulturelle Aspekte von Diagnostik hingewiesen werden. Je mehr eine Krankheit organisch bedingt ist, desto weniger ist ihre Ausprägung kulturabhängig und umgekehrt. D. h. Krankheiten wie Demenz oder die Creutzfeldt-Jakob-Krankheit findet man auf der ganzen Welt mit exakt denselben Symptomen. Krankheiten wie Anorexia nervosa oder Koro[3] existieren nur in ganz bestimmten Kulturkreisen. Eher dazwischen ist z. B. die posttraumatische Belastungsstörung (PTBS) angesiedelt. Symptome wie Flashbacks, Alpträume und Angstzustände finden sich dabei in allen Kulturen, da sie auf Grund hirnorganischer Verarbeitungsprozesse nicht bewusst steuer- und veränderbar sind. Die Bewertung und der Umgang mit Scham, Schuldgefühlen, Angst und Somatisierung sind hingegen kulturabhängig (Draguns 1996). Für die Behandlung von PTBS mit GIM bedeutet das, dass die von Körlin (2002) beschriebenen Phasen der Reintegration traumatischer Informationen (1. Transformation traumatischer Imagination in symbolische Imagination, 2. Herstellen kognitiver Erinnerungen und kognitiven Verstehens, 3. Integration diskursiver Symbole und analoger Symbole und Affekte) in allen Kulturen in der Therapie zwar so verarbeitet werden können, dass die jeweilige Bedeutung der Imaginationen, Symbole und Affekte jedoch kulturabhängig ist.

2. Imaginationen und Symbole

In diesem Teil werde ich zuerst beschreiben, wie mit Imaginationen und Symbolen in der GIM-Kultur gearbeitet wird, auch in Abgrenzung zu anderen Therapiekulturen, die mit Imaginationen arbeiten; daraufhin werde ich zur allgemeinen kulturellen Bedeutung von Symbolen und Imaginationen kommen.

Imaginationen spielen eine zentrale Rolle im GIM-Prozess. Imaginationen sind hierbei sehr weit gefasst. Es können innere Bilder, Erinnerungen, Fantasien, Emotionen, Körperempfindungen, Intuitionen, Wahrnehmungen, innere Dialoge, Energiephänomene usw. sein (Perilli 2002). Sie werden als Schlüssel für Selbsterkenntnis und psychologisches Wachstum gesehen (Toomey 1996/97). In der GIM-Literatur gibt es verschiedene Erklärungsmodelle, wie genau Imaginationen in Verbindung mit Musik heilend wirken, z. B.: neuropsychologische Modelle (Goldberg 2002, 361 f; Körlin 2002), Jungsche Modelle (Ward 2002), tiefenpsychologisch fundierte Modelle (Bruscia 2002), Modelle der transpersonalen Psychologie (Abrams 2002), Energiearbeit (Carlsson 2001/02) usw. In diesen Bereichen ist weitere For-

3 Angst, dass sich der Penis in den Unterbauch zurückzieht und man daran stirbt. Diese Krankheit findet sich bei Männern in Südostasien.

schung nötig. Diese wissenschaftlichen Erklärungsmodelle sind Ausdruck verschiedener Therapiekulturen, in die GIM integriert werden kann und die wiederum von übergeordneten kulturhistorischen Werten und Traditionen bestimmt sind.
Meadows (2002, 79 f) vergleicht GIM mit anderen Therapiemethoden, die mit Imagination arbeiten. Er arbeitet dabei fünf Themenbereiche heraus:

1. Es gibt verschiedene Bedeutungsschichten von Imaginationen. Einige Schulen widmen sich gezielt nur bestimmten Bedeutungsschichten. In GIM hingegen kann dieselbe Imagination sehr unterschiedliche und oftmals auch mehrere Bedeutungen haben. Es werden keine Bedeutungsschichten von vorneherein ausgeklammert.
2. Imagination bietet Zugang zu bewusstem und unbewusstem Material. Im Unbewussten gibt es wiederum unterschiedliche Schichten des Erlebens. Beispiele hierzu liefert Bonnys „Ringmodell des Bewusstseins". Durch das Bewusstmachen von unbewusstem Material können wichtige therapeutische Fortschritte erzielt werden. In GIM ist dieser Bewusstwerdungsprozess mit Hilfe von Imagination von besonderer Bedeutung.
3. Alle Methoden benutzen bestimmte Techniken, um in veränderte Bewusstseinszustände zu gelangen. In GIM werden Entspannung und Konzentration benutzt.
4. In allen Therapiemethoden, die mit Imaginationen arbeiten, spielt der Therapeut eine bestimmte Rolle in Bezug auf den Klienten und seine Imaginationen. In GIM hat der Therapeut eine unterstützende, aber keine leitende Rolle.
5. Die Imaginationen werden durch die Musik, die jedoch wiederum vom Therapeuten gewählt wurde, und durch den Klienten selber geleitet.
6. Alle Methoden haben eine bestimmte Haltung zu Musik. Während Musik in vielen Methoden nicht genutzt wird (z. B. Freudsche Analyse), spielt sie in GIM eine zentrale Rolle.

Wie bereits erwähnt kommt es in der GIM-Therapie zu Übertragungen auf den Therapeuten, auf die Musik und auf die Imaginationen. Übertragungen auf Imaginationen können Manifestationen der Übertragungen auf den Therapeuten, die Musik oder auf beides sein. Sie existieren aber auch unabhängig davon als reine Übertragungen auf Imaginationen, insbesondere wenn der Klient Übertragungen auf den Therapeuten oder die Musik abwehrt. (Bruscia 1995; 2002)
Im Gegenzug kann Gegenübertragung auf die Imaginationen des Klienten auftreten. Eine GIM-spezifische Supervisionsmethode dabei ist Bruscias

(2002) „Re-Imaging", wobei der Therapeut in einer eigenen kurzen GIM-Erfahrung in die Imaginationen des Klienten geht. Dabei wird dieselbe Musik benutzt, die in der ursprünglichen Sitzung mit dem Klienten eingesetzt wurde. Der Therapeut geht in die Szene und nimmt Kontakt mit den Imaginationen auf. Danach analysiert der Therapeut seine Imaginationen und vergleicht sie mit denen des Klienten, um Übertragung und Gegenübertragung zu identifizieren. Selbstverständlich kann man mit Gegenübertragung auf Imaginationen des Klienten auch in traditioneller Supervision arbeiten.

Arbeit mit Imagination in GIM ist meist auch Arbeit mit irgendwie gearteten Symbolen. Ich möchte deshalb auf die kulturelle Dimension von Symbolen kommen. Symbol ist hier definiert als „Sinnbild, im weiteren Sinne der sinnliche Träger einer Bedeutung oder Meinung; im engeren Sinne Wort, Form, Gegenstand oder Vorgang, der nicht nur als solcher für sich allein besteht oder auftritt, sondern noch etwas bedeutet, ausdrückt oder darstellt, was in einem verborgenen, tieferen Bereich liegt" (Der Neue Brockhaus 1985b, 207). In Abgrenzung dazu handelt es sich bei Archetypen um „urtümliche Typen, d. h. seit alters vorhandene allgemeine Bilder. ... Der Archetypus stellt wesentlich einen unbewussten Inhalt dar, welcher durch seine Bewusstwerdung und das Wahrgenommensein verändert wird, und zwar im Sinne des jeweiligen individuellen Bewusstseins, in welchem er auftaucht." (Jung 1988, 12 f). Zeichen sind „mit den Sinnen wahrgenommene Form, die stellvertretend für einen Inhalt eintritt oder verwendet wird" (Der Neue Brockhaus 1985b, 640). Kreitler / Kreitler (1972, 312) beschreiben den Unterschied zwischen Symbolen und Zeichen wie folgt: „Signs stand for relatively specified references on the basis of a rather arbitrary convention, while symbols evoke less specified and more personal or subjective meanings on the basis of relations other than strict convention between the significate and the signified."[4]

Symbole spielen eine zentrale Rolle in Kulturen: Durch Symbole werden soziale Ordnung und Struktur gehalten und weitergegeben. Durch die Arbeit mit und an den Symbolen bzw. ihren jeweiligen soziokulturellen Bedeutungen im Kontext können kulturelle Strukturen gefestigt oder verändert werden. Durch Nutzen von Symbolen aus anderen Kulturen können Teile dieser fremden Kultur in die bestehende integriert werden, wobei auch die

4 Übersetzung: „Zeichen stehen für relativ genaue Hinweise auf der Grundlage recht willkürlicher Gewohnheitsregeln, während Symbole weniger genaue, sondern eher persönliche oder subjektive Bedeutungen auf der Grundlage von Beziehungen evozieren, die nicht auf strikten Gewohnheitsregeln zwischen dem Kennzeichner und dem zu Kennzeichnenden beruhen."

fremde Kultur dadurch verändert werden kann (Frohne-Hagemann 1991/2001, 120; Jung 1964; Kramer / Alstad 1993). Letzteres geschah z. B. während der Christianisierung der germanischen Stämme: Die germanische Kultur wurde durch das Christentum radikal verändert, aber auch das Christentum hat sich durch die heidnischen Symbole (z. B. Osterfeuer, Osterhase, Weihnachtsbaum usw.) verändert. Symbole beeinflussen also die Kultur, und die Kultur beeinflusst wiederum die Symbole. Darüber hinaus ist es wichtig zu sehen, wie Symbole und Symbolisierungsprozesse und – aus therapeutischer Sicht gesehen – ihre Manifestationen in der Arbeit mit Imaginationen in GIM in unterschiedlichen Kulturen bewertet werden. Einige Kulturen bewerten Träume und Visionen als wichtiger als die äußere Realität. In anderen Kulturen, wie z. B. unserer westlichen, werden Träume oft als „illusionär" abgetan (Edgar 1994, 3). Jung (1964, 83) unterscheidet zwischen „natürlichen" und „kulturellen" Symbolen. Natürliche Symbole kommen nach Jung (1964) aus dem Unbewussten, sind Variationen von Archetypen und sind meist archaischen Ursprungs. Im Gegensatz dazu drücken kulturelle Symbole „ewige Wahrheiten" (Jung 1964, 83) innerhalb eines kulturellen Kontextes aus. Sie sind dort oft zu kollektiven Symbolen geworden und haben numinose Qualität. Sie können starke emotionale Reaktionen bei Menschen aus dem jeweiligen Kulturkreis hervorrufen. Werden sie verdrängt oder vernachlässigt, verschwinden sie ins Unbewusste mit unvorhersehbaren Konsequenzen. Wenn die spirituellen/religiösen Werte in Stammeskulturen durch Kolonialmächte unterdrückt wurden, verlor das entsprechende Volk den Sinn seines Lebens, seine soziale Ordnung und Struktur und seine Moral verfielen (Jung 1964, 84).

Für den GIM-Therapeuten ist es wichtig, die kulturellen Symbole und Mythen der Kultur seiner Klienten zu kennen bzw. offen dafür zu sein und auch diese Ebene zusammen mit dem Klienten anzusprechen. Für Emigranten oder Flüchtlinge kann z. B. die Arbeit mit Symbolen der eigenen Kultur und der Gastkultur zu besserer sozialer Integration führen, die dann nicht nur oberflächlich stattfindet. Für den Therapeuten kann die Arbeit mit den Symbolen und Mythen des Klienten bedeuten, dass er Teile seiner eigenen Psyche im „Anderen" gespiegelt sieht, die ihm vielleicht in der eigenen Kultur nie gespiegelt wurden. Das kann Abwehrreaktionen hervorrufen, es kann aber auch eine große Bereicherung für den Therapeuten darstellen.

Porat / Meltzer (1998, 46 ff) beschreiben drei sozialpolitische Aspekte der Psyche, die veranschaulichen, wie unausgesprochene kulturelle Wertvorstellungen einen Imaginationsprozess beeinflussen können. Ihr Modell der Psyche ist jungianisch (s. dazu Jung 1969). An dieser Stelle gehe ich nicht näher darauf ein, sondern greife gleich die sozialpolitischen Aspekte auf:

1. Eine Person hat eine sozialpolitische Begebenheit direkt miterlebt (z. B. Soldat im Golfkrieg).
2. Eine Person wird durch eine sozialpolitische Begebenheit beeinflusst (z. B. Reaktion auf den Golfkrieg).
3. Das Unbewusste einer Person wird durch das Unbewusste der Kultur beeinflusst.
   A.) Imaginationen können entstehen, indem innerpsychische Themen von sozialpolitischen Ereignissen gespiegelt werden und umgekehrt.
   B.) Imaginationen können über „transpersonale" Wahrnehmung[5] (Porat / Meltzer 1998, 47) direkt aus dem Unbewussten der Kultur entstehen (Vorahnungen; Bewusstwerdung von gesellschaftlicher Haltung und Emotionen, die in der Gesellschaft verleugnet werden).

In Therapie greifen diese Ebenen oft ineinander. Ich benutze ein fiktives Beispiel einer Klientin, die nach einer Vergewaltigung bei einem männlichen Therapeuten Hilfe sucht. Der Therapeut ärgert sich schon lange, dass in der Gesellschaft Männer immer wieder als Täter und Frauen immer wieder als Opfer hingestellt werden. Die Klientin hat die Vergewaltigung selber miterlebt (Aspekt 1) und reagiert entsprechend darauf (Aspekt 2). In der Therapie reagiert sie z. B. auf kräftigere Musik mit Flashbacks. Außerdem reagiert ihre direkte Umwelt, wie z. B. ihr Partner, Freunde, Familie, Kollegen darauf (Aspekt 2), was wiederum die Klientin beeinflusst. Möglicherweise spiegeln sich in der Verarbeitung der Vergewaltigung auch noch weitere innerpsychische Themen (Aspekt 3A), z. B. das Gefühl, oft als Objekt behandelt worden zu sein, Minderwertigkeitsgefühle usw. Die Klientin nimmt außerdem gesellschaftliche Haltungen und Emotionen zu Vergewaltigung wahr, die in der Gesellschaft aber verleugnet werden (Aspekt 3B), z. B. Opferbeschuldigung, die nicht direkt ausgesprochen wird, oder die Haltung „Frauen sind sowieso immer Opfer und Männer immer Täter".
Der Therapeut hat die Vergewaltigung selber nicht miterlebt. Er ist aber durch seine Klientin wieder mit einem männlichen Täter und einem weiblichen Opfer konfrontiert. Als Aspekt 2 könnte es hier zu offener Opferbeschuldigung oder zu Verharmlosung der Vergewaltigung führen. Er könnte sich an seine Mutter erinnern, die sich immer als Opfer hingestellt hat, um die männlichen Mitglieder des Haushalts zu dominieren (Aspekt 3A); oder er könnte zu früh anfangen, unbewusste und verleugnete Haltungen der Kultur zu konfrontieren, obwohl es für die Klientin erst einmal

5 Transpersonale Erfahrungen werden hier definiert als „experiences in which the sense of identity or self extends beyond the individual or personal to encompass wider aspects of humankind, life, psyche, and cosmos." (Walsh / Vaughan 1993, 3)

wichtig ist, das Geschehene auf der persönlichen Ebene zu verarbeiten, mögliche Symptome loszuwerden und dann zu integrieren. All dies hat Konsequenzen auch in der Arbeit mit GIM, denn:
In der Musikhörphase, während der direkt mit den Imaginationen gearbeitet wird, werden Übertragungs- und Gegenübertragungsreaktionen zudem verstärkt (auch durch den Klienten) wahrgenommen, was im beschriebenen Fall Klientin und Therapeut in eine äußerst heikle und potentiell Heilung verhindernde Situation bringen kann.

3. Musik

Musik entsteht immer in einer Kultur und aus einer Kultur heraus. Sie spiegelt sowohl den Komponisten als Individuum in seiner Kultur, die Interpreten als Individuen und als Gruppe in ihrer Kultur sowie den Hörer als Individuum in seiner Kultur (Wilber 1997, 103 ff).
In der LSD-Forschung, aus der GIM später als eine Therapiemethode hervorging, hatte Musik folgende therapeutische Funktionen:

1. Musik half dem Probanden, die übliche Kontrolle zu lockern und sich dem inneren Erleben hinzugeben.
2. Musik half, das Bewusstsein zu fokussieren und die Konzentration zu erhöhen.
3. Musik half, intensive Emotionen zu erleben und auszudrücken.
4. Musik ermöglichte Gipfelerlebnisse nach Maslow (1968). Musik und spirituelles/religiöses Erleben gehörten zu allen Zeiten und in allen Kulturen eng zusammen. In der heutigen Zeit wird Musik in unserer westlichen Kultur jedoch zunehmend weniger als religiöses Erleben gesehen und auch nicht direkt mit Heilung in Verbindung gebracht, obwohl die Musiktherapie der Öffentlichkeit hier wieder Rückanbindungsmöglichkeiten bewusst macht.
5. Musik hat etwas zeitlich Begrenztes in einem zeitlosen Raum.
6. Durch ihre Bewegung, Richtung und Ordnung half Musik ebendiese Eigenschaften in die LSD-Erfahrung zu bringen. (Bonny / Pahnke 1972) Da in GIM, ebenso wie in LSD-Therapie mit veränderten Bewusstseinszuständen gearbeitet wird, sind diese Funktionen von Musik auch in GIM sehr wichtig. In GIM evoziert und leitet Musik die Imaginationen und den inneren Prozess. Im Gegensatz zu vielen anderen Therapierichtungen, in denen Musik genutzt wird, soll Musik in GIM nicht in erster Linie entspannen oder nur Hintergrundmusik sein.

Neben Übertragung auf den Therapeuten und auf Imaginationen beobachten wir in GIM häufig Übertragung auf die Musik, unsere Co-Therapeutin. Die Musik wird üblicherweise vom Therapeuten ausgewählt. D. h. mögliche Übertragungen auf den Therapeuten können auf die Musik projiziert sein. Andererseits bietet die Musik auch Übertragungsmöglichkeiten, die der Therapeut nicht bietet. Eine tiefe, kräftige Männerstimme, wie z. B. in Susanins Arie aus Glinkas „Ein Zarenleben" bietet dem Klienten Übertragungsmöglichkeiten auf einen Mann. Ich als Therapeutin würde diese Übertragungen wahrscheinlich niemals hervorrufen. Auch die Übertragung des Therapeuten auf die Musik spielt eine wichtige Rolle. Ausgesprochen oder nicht wird sie meist vom Klienten mehr oder weniger bewusst wahrgenommen. Zusätzlich besteht die Gefahr, dass ich mich als Therapeutin nicht mehr genügend auf meinen Klienten konzentrieren kann, wenn ich mit meiner Übertragung auf die Musik beschäftigt bin.
Der folgende Ausschnitt aus einer Sitzung mit einer Klientin, die ihre Kindheit in der ehemaligen DDR verbrachte, zeigt Übertragungen auf Lieder in russischer Sprache:

Russisches Volkslied „O die Steppen":
Klientin: Das ist Russisch.
Therapeutin: Wie ist das für Dich?
Kl.: Nicht unbekannt.
Th.: Woher kennst Du es?
Kl.: Von Soldaten mit grünen und grauen Uniformen mit roten und goldenen Schulterklappen. Ich sehe einen in Uniform. Er steht da in der Gegend herum.
Th.: Wo bist Du?
Kl.: Außen. Er kann mich nicht sehen.
Russischer Choral „Die Freude derer, die trauern":
Kl.: Es sind schöne Stimmen.
Th.: Wie fühlen sich die Stimmen an?
Kl.: Kein Gefühl.
Th.: Fühlen die Stimmen etwas?
Kl.: Nein. Die Soldaten in Uniform singen. Sie singen diesen Chor.
Th.: Wie ist es, den Chor zu hören?
Kl.: Schön, aber irgendwie auch merkwürdig.
Th.: Merkwürdig?
Kl.: Es erinnert mich an etwas, aber ich weiß nicht an was. Es ist mir so vertraut, auch die Sprache. Aber ich weiß nicht warum.

Um das Übertragungsgeschehen auf die Musik auch im kulturellen Kontext zu verstehen, ist es wichtig, die Funktionen von Musik und ihre Stellung und Bedeutung in der Kultur näher zu betrachten. Merriam (1964, 209 f.) beschreibt Funktionen von Musik, die in allen Kulturen gleich sind:

1. Musik dient dem emotionalen Ausdruck. Wie dabei Emotionen ausgedrückt werden und wie die ausgedrückten Emotionen jeweils bewertet und interpretiert werden, ist kulturabhängig.
2. Musik als ästhetischer Genuss. Dabei ist zu beachten, dass z. B. asiatische Ästhetik von anderen Erlebensmustern geprägt ist als europäische und dass in einigen Kulturen ein Bewusstsein für unser Verständnis von Ästhetik völlig fehlt.
3. Musik als Unterhaltung.
4. Musik als Kommunikation.
5. Musik als symbolische Darstellung (z. B. Regentänze oder Oper). Musik als Symbol (s. Beispiel unten)
6. Musik regt Körperreaktionen an (bei manchen Musikstücken ist es schwierig, nicht zu tanzen).
7. Musik als Unterstützung sozialer Normen (z. B. Musik in gesellschaftlichen oder religiösen Ritualen).
8. Musik als Beitrag zum Erhalt und zur Stabilität einer Kultur (resultiert aus 1.–7.)
9. Musik als Beitrag zur Integration der Gesellschaft (resultiert aus 1.–7.)

Vor einigen Jahren bat mich eine Japanerin um eine einzelne GIM-Sitzung. Für die Sitzung wählte ich Linda Keiser Mardis Programm „Creativity I“. Das Programm besteht aus folgenden Stücken:

1. Sibelius, Symphonie Nr. 2, Allegretto
2. Vaughan Williams, In the Fen Country
3. Delius, Koanga, La Calinda
4. Kalinikow, Symphonie Nr. 2, Andante
5. Yamada, Aka Tombo

Das letzte Stück in einem Musikprogramm dient zur Integration des Erlebten und zum Erden. Die Musik dafür muss Sicherheit in Rhythmus, Tonalität, Dynamik, Form und Melodielinie bieten. Yamadas „Aka Tombo“ hat einen sehr klaren Rhythmus, eine einfache, pentatonische Melodielinie, hauptsächlich in Dur mit einem Mittelteil in Moll, ABA-Form und keine großen dynamischen Unterschiede, ist also ein ideales Endstück. In Europa ist es ein relativ unbekanntes Stück ohne bestehende kulturelle Symbolik. Yamada hat in „Aka Tombo" aber ein japanisches Volkslied verarbeitet, das in Japan sehr bekannt ist. Die Symbolik des Liedes entspricht seinem Text (der mir damals unbekannt war):

> Libellen, so rot wie der Sonnenuntergang
> damals, als ich jung war
> in der Dämmerung ritt ich dort auf ihrem Rücken,
> wenn der Tag zu Ende war.
>
> Bergfelder im späten November,
> so lange scheint es her,
> Maulbeerbäume und Schätze, die wir suchten,
> war das alles nur ein Traum?
>
> Sie war erst fünfzehn, als sie eines Tages wegging,
> sie heiratete, ach, so jung
> wie eine verlorene Schwester liebte und vermisste ich sie,
> Briefe schienen nie zu kommen.
>
> Libellen, so rot wie der Sonnenuntergang
> damals, als ich jung war,
> und immer, wenn ich jetzt Libellen sehe,
> kommen Tränen in meine Augen.

Nicht nur handelt es sich um ein sehr trauriges Lied, das durch die Dur-Tonart fast noch trauriger und berührender erlebt wird. Yamada hat es in seiner Bearbeitung auch am Ende mitten in der Strophe abgebrochen. Ich war also mit einer traurigen, verwirrten Klientin konfrontiert, die kein bisschen das Gefühl von „Ende" hatte. Das Stück ist für Japaner sicher nicht grundsätzlich kontraindiziert, jedoch ist es wichtig als Therapeutin die kulturelle Bedeutung des Stückes an sich und der im Text vermittelten Narrative zu kennen. Vokalmusik in der Muttersprache des Klienten bzw. Instrumentalbearbeitungen von Stücken, deren Text dem Klienten bekannt ist, wirken durch ihren Text sehr leitend auf die Imaginationen. In der Regel vermeiden wir deshalb solche Stücke ganz in GIM.

Altieri, eine mexikanische Kollegin, berichtete mir (mündliche Mitteilung), dass in Mexiko westliche klassische Musik hauptsächlich von Intellektuellen und Künstlern gehört wird. Klassische Musik wird in Mexiko im Allge-

meinen eher intellektuell betrachtet. Klienten aus anderen Subkulturen, z. B. der eher ländlichen, fühlen sich durch den Einsatz klassischer Musik in ihrer GIM-Therapie manchmal überfordert („Ich kenne mich gar nicht aus damit."). Die Musik ist ihnen fremd. Hier kann die Musik in der Übertragung Probleme zwischen den sozialen Schichten bzw. zwischen Subkulturen ansprechen. Sie kann darüber hinaus eine Übertragung auf den Therapeuten kreieren, der die Musik ja ausgewählt hat. Diese Übertragung wäre ohne die entsprechende Musik möglicherweise nie entstanden. Das kann zu Problemen führen, es kann aber auch eine Chance bieten, diese Dinge anzusehen, die sonst vielleicht nie Thema geworden wären. Darüber hinaus kann es für den Klient erleichternd sein zu hören, dass intellektuelles Wissen um die Musikstücke, wie z. B. wer der Komponist ist und wie das Stück heißt, in GIM nicht wichtig ist, sonder eher Bilder, Gefühle usw. Im Vergleich wäre der Einsatz traditioneller mexikanischer Musik in GIM interessant.
Weiterhin ist wichtig zu beachten, wie Musik in der Kultur gesehen wird, z. B.:

1. Musik als ästhetischer Ausdruck, Konzerte, l'art pour l'art. In Kulturen, in denen diese Einstellung zur Musik gepflegt wird, herrscht mehr Distanz zur Musik. Meist wird mehr Wert gelegt auf intellektuelle Analyse des Musikstücks und genaues Wissen darum, wer es wann geschrieben, gespielt usw. hat. Weniger Wert wird darauf gelegt, wie es emotional auf den Hörer wirkt bzw. vom Hörer aufgenommen wird. Musik in Verbindung mit Imagination und emotionalem Erleben könnte also eher fremd wirken.
2. Musik als Energieform (Carlsson 2001/02). Hier wird Musik als Energie gesehen, die wiederum andere Energien, wie z. B. die des Menschen, beeinflusst. Musik kann nach diesem Konzept heilen, aber auch krank machen.
3. Musikmachen als gemeinschaftliches Ereignis (im Sinne von Stiges Begriff „musicking" [Stige 2000]). Menschen mit diesem musikalischen Kulturverständnis ist das emotionale Erleben von Musik, von Musik als Kommunikationsmedium und als Ausdruck ihrer Körperempfindungen sehr vertraut. Der GIM-Prozess wird hier sicher leicht aufgenommen.
4. Musik als „Wesenheit" (Gouk 2000, 19). Hier wird Musik gewissermaßen als Numinoses gesehen, als guter oder schlechter „Geist" (ebd.). Die Macht der Musik an sich, unabhängig vom Komponisten oder von den Interpreten, sei sehr groß. Würde man GIM in Kulturen, die solche magischen, animistischen Vorstellungen pflegen, benutzen, müsste man

sich auf eine extrem starke Übertragung auf die Musik vorbereiten und Musik sehr vorsichtig einsetzen.

In GIM bietet Musik, die dem Klienten bekannter oder näher ist, mehr Sicherheit. Je fremder die Musik dem Klienten ist, desto mehr Ich-Stärke ist beim Klienten nötig. Wenn die vorhanden ist, kann fremde Musik aber sehr hilfreich sein und dem Klienten neue Bereiche seiner Psyche erschließen, die er sich mit bekannterer Musik nicht erschlossen hätte (Summer 1995). Wenn die Musik oder der Musikstil dem Klienten bekannt ist, sind die Assoziationen des Klienten zu der Musik wichtig:
Wird sie als angenehm, unterstützend, sicher gesehen? Oder eher als zu konservativ, negativ oder bedrohlich? Ist sie aus der eigenen Kultur oder ist sie bekannte Musik aus einer anderen Kultur? Wenn sie aus einer anderen Kultur ist, kann sie für kulturelle Integration oder für Auseinandersetzung mit der entsprechenden anderen Kultur genutzt werden (Yehuda 2002). Ist sie vielleicht Symbol der eigenen, verlorenen Kultur (z. B. ein Taiwaner, dessen ursprüngliche Kultur amerikanisiert wurde, hört traditionelle taiwanesische Musik)? Hier wären im GIM-Prozess mögliche Trauerreaktionen zu erwarten (Hanks 1992). Stige (2000) weist auf die Problematik hin, die entsteht, wenn ein Klient nach einem Krieg die Musik einer Besatzungsmacht hört. Was bedeutet die Musik der Sieger für den Klienten?

4. Veränderte Bewusstseinszustände

Während des Musik- und Imaginationsteils der GIM-Sitzung befindet sich der Klient in einem mehr oder weniger veränderten Bewusstseinszustand, der durch Entspannung und Konzentration induziert wurde. Zum Beschreiben unterschiedlicher Formen veränderter Bewusstseinszustände entwickelte Bonny (1978) das Ringmodell (Cutlog model) des Bewusstseins (vgl. dazu den Beitrag von E. Geiger in diesem Buch).
Klienten mit wenig Erfahrung mit veränderten Bewusstseinszuständen gehen meist erst in Bereiche nahe dem normalen Wachbewusstsein. Nach und nach gehen sie in weiter entfernt liegende Bereiche und erleben immer mehr Dimensionen ihres Bewusstseins. Klienten entscheiden jeweils selber wohin und wie weit sie gehen möchten. Die Entscheidung wird jedoch meist durch einen komplexen Prozess gefällt, der dem Klienten unbewusst sein kann. Die Erforschung und Bewusstmachung immer weiterer Teile der eigenen Psyche wird in GIM als heilend gesehen.
Viele Kulturen integrieren verschiedene Bewusstseinszustände in den Alltag. Träume und Visionen werden als wichtig angesehen, teilweise als wichtiger

als die äußere Realität (Edgar 1994). In der westlichen Kultur der Industriestaaten wird oft nur der normale Wachzustand akzeptiert. Andere Zustände werden häufig als unwichtig (z. B. Träume) oder sogar als pathologisch (Eliade 1999) bezeichnet. Eliade (1999, 33 f.) beschreibt, dass veränderte Bewusstseinszustände bei Schamanen von westlichen Anthropologen noch weit bis ins 20. Jahrhundert als psychische Krankheit gesehen wurden. Als Krankheitsursache gaben sie z. B. Vitaminmangel bei den arktischen Schamanen an.

Die Verankerung solcher Konzepte veränderten Bewusstseins durch GIM in unsere westliche Kultur ist deshalb manchmal schwieriger als in anderen Kulturen, in denen veränderte Bewusstseinszustände als normaler und wichtiger bewertet werden. Akzeptiert werden veränderte Bewusstseinszustände im Westen in bestimmten Subkulturen, wie z. B. in bestimmten Psychotherapieschulen (z. B. Hypnotherapie) und in einigen religiösen Gruppierungen (z. B. Meditationsgruppen). Im religiösen Bereich wird Arbeit mit veränderten Bewusstseinszuständen häufig bereits als Zeichen der Zugehörigkeit zu einer Sekte interpretiert. Dabei wird die Wichtigkeit veränderter Bewusstseinszustände für unsere Gesundheit unterschätzt. (Menschen, denen verboten wird zu schlafen oder zu träumen, also in veränderte Bewusstseinszustände zu gehen, erleben spontane veränderte Bewusstseinszustände im Wachzustand). Ich sehe Zeichen von Sekten oder sektenartigen Gesellschaften eher in autoritären hierarchischen Machtstrukturen, wie sie von Kramer und Alstad (1993) beschrieben werden.

Veränderte Bewusstseinszustände werden im kulturellen Kontext erfahren, müssen vor ihrem kulturhistorischen Hintergrund verstanden und wieder in den kulturellen Kontext integriert werden. Menschen im veränderten Bewusstseinszustand nehmen alles, was innen und außen da ist, verstärkt wahr. Sie sind deshalb auch besonders empfänglich für das, was aus der Kultur transportiert wird, sei es durch den Therapeuten, die Musik oder die Umgebung. Es macht einen großen Unterschied, ob ich z. B. in einem Raum einer psychiatrischen Abteilung eines Krankenhauses, in meiner Praxis oder in einem hawaiianischen Rundhaus eine GIM-Sitzung mache. Außerdem können Dinge, die im Therapieraum vorhanden sind, große symbolische Bedeutung für den Klienten bekommen.

In GIM geschieht der Übergang in veränderte Bewusstseinszustände durch die Induktion und durch den Beginn der Musik. Der Übergang zurück in den Wachzustand wird durch das Ende der Musik und durch Anweisungen des Therapeuten markiert. Integration der Erfahrungen im veränderten Bewusstseinszustand ins Wachbewusstsein geschieht im Nachgespräch.

Regeln, die in einigen Bewusstseinszuständen gelten, gelten nicht unbedingt in anderen Zuständen (Kramer / Alstad 1993, Walsh / Vaughan 1993). Kramer / Alstad (1993, 301 ff) warnen z. B. vor der falschen Bewertung von Einheitserfahrungen im normalen Wachbewusstsein. Einheitserlebnisse treten manchmal in GIM-Sitzungen auf. Im veränderten Bewusstseinszustand sind sie gekennzeichnet durch folgende Merkmale:

1. Ein Gefühl im Ewigen zu sein, einem Ort, der immer war und immer sein wird.
2. Sehr starke Energie kann Blockaden durchbrechen, wobei sich das Bewusstsein immer mehr ausdehnt und man eins mit allem ist.
3. Die Grenzen zwischen dem, was man selber ist, und dem, was man nicht ist, verschwinden zeitweise.
4. Man identifiziert sich mit dem gesamten Kosmos.
5. Der Ort fühlt sich fremd und gleichzeitig sehr vertraut an.
6. Gefühle von Staunen und Unwichtigkeit der eigenen Person sind gleichzeitig da. Weltliche Sorgen, eigene Entwicklung und Selbstschutz scheinen unwichtig.
7. Man fühlt keine Angst, weil entweder der Tod nicht mehr existiert oder man sich fühlt, als wäre man bereits gestorben. Dadurch entsteht eine sehr tiefe Entspannung.
8. Verurteilungen durch andere scheinen unwichtig. Man fühlt sich frei von konkurrierendem Verhalten. „Negative Emotionen“, wie Ärger, Neid usw. scheinen unnötig und fehl am Platz.
9. Man hat das Gefühl, ein Teil von Gott zu sein.
10. Alles wird als perfekt gesehen.

Menschen, die diesen Zustand erfahren haben, sehnen sich oftmals dorthin zurück. Sie wollen die Regeln, die dort gelten, in ihren normalen Wachzustand transportieren. Nun leben wir aber in einer Welt, in der wir uns sehr wohl schützen müssen, also auch Grenzen brauchen, und in der Konkurrenz allgegenwärtig ist. Kramer und Alstad (1993, 314) beschreiben drei Irrtümer, die daraus entstehen:

1. Einheitserfahrungen sind realer als der normale Wachzustand. Einheit ist besser als Vielfalt.
2. Es ist möglich, immer in einem mystischen Zustand zu sein. Je mehr man in diesem Zustand ist, desto besser.
3. Man kommt zur Einheit, indem man Individuation verneint.

Durch diese Irrtümer werden neue Hierarchien (Einheit ist besser als Vielfalt) und neue Konkurrenz geschaffen (ich bin ein umso besserer Mensch, je mehr ich mich im mystischen Zustand befinde). Kramer und Alstad (1993) schreiben über die Integration von Einheitserlebnissen: „The One and the Many, unity and diversity, are opposites only when so framed by either/or thinking. A dialectic framework that is more inclusive sees them as interweaving poles within the process of existence. A view of spirituality and morality is needed that does not prioritize one pole over the other. ... The mystical experience does not end with unity; it begins there, and then must be integrated into the equal reality of individual daily life“[6] (326).
Die bedeutsame Rolle der Verantwortung des Therapeuten vor dem Hintergrund der kulturellen Strömungen verlangt auch eine eingehende Auseinandersetzung mit den Fragen der Ethik. Abschließend möchte ich deshalb noch zu Ethikfragen in der Arbeit mit Klienten im veränderten Bewusstseinszustand kommen. Durch die Intensität der Arbeit und die Tiefe von Übertragung und (nicht beachteter) Gegenübertragung kann es leichter zu ethischen Problemen innerhalb der Therapie kommen als in regulärer Psychotherapie. Taylor (1995, 38) beschreibt vier zusätzliche Ethikbereiche in der Arbeit mit Klienten im veränderten Bewusstseinszustand:

1. Der Therapeut muss Erfahrung mit und genaues Wissen um veränderte Bewusstseinszustände haben;
2. die therapeutische Aus- oder Weiterbildung des Therapeuten muss sich mit veränderten Bewusstseinszuständen beschäftigt haben;
3. das therapeutische Setting muss sicherer als für Therapie ohne Arbeit mit veränderten Bewusstseinszuständen sein;
4. das Potenzial stärkerer Übertragung und Gegenübertragung muss beachtet werden.

In GIM sind 1. und 2. durch die GIM-Weiterbildung gut abgedeckt. In der Weiterbildung werden außerdem die dargestellten Gefahren des therapeutischen Settings reflektiert. Übertragungs- und Gegenübertragungsphänomene treten immer wieder neu und in neuen Tiefen auf. Sie müssen auch immer wieder neu angeschaut werden. Geld, Sexualität und Macht sind

6 Übersetzung: „Das Eine und das Viele, Einheit und Vielfalt, sind nur dann Gegensätze, wenn sie durch Entweder-Oder-Denken zu solchen gemacht werden. Ein inklusiverer dialektischer Rahmen sieht sie als verwobene Pole des Existenzprozesses. Wir brauchen eine Sichtweise von Spiritualität und Moral, die keinen der beiden Pole über den anderen stellt. ... Das mystische Erleben endet nicht mit Einheit; es fängt dort an und muss in die gleichwertige Realität des individuellen täglichen Lebens integriert werden.“

mögliche Problembereiche, die in jeder Psychotherapie unter ethischen Gesichtspunkten angeschaut werden und die in den meisten psychotherapeutischen Ethikrichtlinien eine Rolle spielen. Bei der Arbeit mit Klienten im veränderten Bewusstseinszustand können sie sich vermischen mit spirituellen Sehnsüchten und Ängsten und damit transpersonale Züge bekommen. Taylor (1995) fügt für die Arbeit mit veränderten Bewusstseinszuständen folgende mögliche Problembereiche hinzu:

1. Liebe (Angst vor Intimität, Angst vor Trennung, Neid, Sehnsucht nach spiritueller Verbindung, Sehnsucht mitfühlend zu sein, Wunsch nach Offenheit, Wunsch geschätzt zu werden)
2. Wahrheit (Angst vor Bestrafung, Angst vor Kritik, Angst vor Verantwortung, Angst erkannt zu werden, Sehnsucht ein Sprachrohr für spirituelle Wahrheiten zu sein, Wunsch integer zu handeln und zu sprechen, Wunsch frei zu sein von Konventionen)
3. Einsicht (Angst zu sehen, Angst nicht mehr verleugnen zu können, Angst spirituelle Kräfte zu missbrauchen, Sehnsucht nach mystischem Verständnis, Sehnsucht nach übersinnlichen Kräften, Wunsch den therapeutischen Prozess des Klienten zu verstehen)
4. Einheit (Angst seine Identität zu verlieren, Angst, Gott als Anderen zu verlieren, Sehnsucht nach Einheit, Sehnsucht nach Transzendenz)

Hier ein fiktives Beispiel: Ein GIM-Ausbildungskandidat erlebt schmerzhafte Erinnerungen. Der Ausbildungskandidat hat sehr wenig Geld. Die Ausbilderin bietet ihm eine kostenlose GIM-Sitzung an, statt Psychotherapie vor Ort zu empfehlen, die von der Krankenkasse bezahlt wird (in dem Fall also wahrscheinlich nicht GIM). Die Ausbilderin hat wahrscheinlich eigene nicht bemerkte Probleme in einigen der folgenden Bereiche: Angst, nicht gut genug zu sein, Wunsch nach Veränderung (Geld); Angst, Kontrolle zu verlieren, Angst, nicht effektiv genug zu sein, Sehnsucht danach, Heilerin zu sein, Wunsch, den therapeutischen Prozess des Ausbildungskandidaten zu kontrollieren, Wunsch nach Respekt, Wunsch nach Status (Macht); Neid (auf den möglichen anderen Therapeuten), Sehnsucht nach spiritueller Verbindung, Sehnsucht, mitfühlend zu sein (Liebe); Angst vor Kritik (z. B. des anderen Therapeuten), Wunsch, integer zu handeln, Wunsch, frei von Konventionen zu sein (Vermeiden von Doppelbeziehung als Konvention) (Wahrheit); Angst zu sehen, Sehnsucht nach mystischem Verstehen, Sehnsucht nach übersinnlichen Kräften (eine einzige GIM-Sitzung ist niemals ausreichend als Therapie für diesen Menschen), Wunsch, den therapeutischen Prozess des Klienten zu verstehen (Einsicht). Das wiederum, vermischt mit Idealisierung der Ausbilderin oder negativer Übertragung durch den Ausbildungskandidaten und einem Machtgefälle zwischen beiden, kann zu erheblichen Schäden (sowohl im Bereich Gesundheit, als auch im Bereich Karriere) für den Ausbildungskandidaten führen.

Zusammenfassend möchte ich bemerken, dass ein Verständnis des Therapieprozesses vor dem kulturellen Hintergrund von sehr großer Wichtigkeit ist. Ist es vorhanden, können Musik, Imagination und Symbolik aus der eigenen oder gerade aus einer anderen Kultur bewusst eingesetzt und gedeutet werden, und kulturelle Unterschiede und Gemeinsamkeiten zwischen Klient und Therapeut können bewusst in den Therapieprozess eingebracht werden und ihm zugute kommen.

REGULATIVE MUSIKTHERAPIE (RMT)

Wegmarken einer Konzeptionsentwicklung

CHRISTOPH SCHWABE

Das Anschauen ist eine so wunderbare Sache,
von der wir so wenig wissen;
wir sind mit ihm ganz nach außen gekehrt,
aber gerade, wenn wir's am meisten sind,
scheinen in uns Dinge vor sich zu gehen,
die auf das Unbeobachtetsein
sehnsüchtig gewartet haben.

Rainer Maria Rilke

Das Konzept der Regulativen Musiktherapie hat sich über den Zeitraum von 1960 bis 2000 entwickelt. Es verkörpert somit einen Konzeptionsprozess über vierzig Jahre und scheint damit seine Gültigkeit, aber auch seine Wandlungsfähigkeit unter Beweis gestellt zu haben. In diesem Beitrag sollen wesentliche Akzente dieser Entwicklung in aller gebotenen Kürze aufgezeigt werden.

Ausgangsbedingungen

Im Jahre 2003 beging die Leipziger Universitätsklinik für Psychotherapie ihr 50. Gründungsjubiläum. In dieser Klinik wurde die Regulative Musiktherapie quasi geboren. Ihre ersten Entwicklungsetappen waren Bestandteil eines Psychotherapieaufbaus, verbunden mit einer damals erfolgten Loslösung aus den Anfängen der fünfziger Jahre, in denen Psychotherapie noch eng verflochten in einer orthodox pawlowistischen Reflextheorie war (Schwabe 2003a, b). Damit im Zusammenhang stand die Erkenntnis, den Patienten nicht mehr als Objekt zu betrachten und zu behandeln, sondern als aktiven Partner verstehen zu lernen, der nur selbst, durch seine eigene Aktivität, sowohl Konfliktzusammenhänge als auch körperliche und seelische Symptome

überwinden kann. Das Resultat dieser Auffassungswandlung fand seinen Niederschlag im Psychotherapiekonzept, das Christa Kohler und ihre Mitarbeiter „Kommunikative Psychotherapie“ nannten (Kohler 1968).
Wesentliches Merkmal dieses Konzepts war die Auffassung, psychosomatische Störungen als multifaktorielle Störungen zu begreifen, denen ursächlich sowohl seelische, soziale als auch körperliche Beeinträchtigungen zu Grunde liegen können. Diese Faktoren können in der frühen Kindheit, aber auch in anderen Entwicklungsetappen eines Menschen zu Störungen mit Krankheitswert führen.
Der Psychotherapieansatz richtete sich in Abhängigkeit von der Chronizität der Störung sowohl auf biographische wie auch auf aktuelle Faktoren. Das Psychotherapiekonzept war ein aufeinander abgestimmtes komplexes Methodenarsenal von Einzel- und Gruppenpsychotherapie mit verbalen wie auch nonverbalen Handlungsformen, wobei die Begegnung, also die soziale Interaktion zwischen Therapeuten und Patienten mit verschiedenen Kommunikationsmitteln die Behandlungsbasis ausmachte. Musiktherapie hatte in dieser Methodenkombination eine gleichberechtigte Rolle neben anderen Psychotherapieformen. Voraussetzung für das Funktionieren dieses komplexen psychotherapeutischen Vorgehens ist eine ständige und sehr differenzierte Absprache aller am therapeutischen Geschehen beteiligten Personen, einschließlich des Pflegepersonals.

Musiktherapeutische Ausgangsbedingungen

Von der Musiktherapie wurden folgende psychotherapeutischen Ansätze erwartet:

- Anregungen zur emotionalen Reflexionsfähigkeit
- Aktivierung sozialer Interaktionsfähigkeit
- Erweiterung des Wahrnehmungshorizontes
- Werteerweiterung hinsichtlich der ästhetischen Erlebnis- und Genussfähigkeit.

Zur Realisierung dieser Erwartungsansätze galt es entsprechende musiktherapeutische Methoden zu entwickeln, die sich sowohl auf die Dyade als auch die Gruppe bezogen. Somit entstand das Methodensystem der Musiktherapie, das erstmals 1969 veröffentlicht wurde (Schwabe 1969). Regulative Musiktherapie, zunächst angewendet in der Dyade, war Bestandteil dieses Methodensystems.

Von Anfang an entschied die konkrete psychotherapeutische Praxis über die Wirksamkeit und die Handhabung von Methoden. Das traf uneingeschränkt auch auf die der Musiktherapie zu, und das bedeutete: Methoden sind abhängig von den Anwendungs- bzw. Umsetzungsbedingungen und haben sich auf diese einzustellen. Das bedeutete auch: Methoden sind wandlungsfähig, genauer: müssen wandlungsfähig sein, um handlungsfähig bleiben zu können. Da Methoden immer die Tendenz zur Ausdifferenzierung und damit auch zur Erstarrung haben, ist dafür Sorge zu tragen, dass sie nicht in orthodoxe Starre geraten. Flexibilität im Umgang mit dem selbst entwickelten Methodensystem ergab sich aus den Ausgangsbedingungen, nämlich der Aufbausituation eines psychotherapeutischen Konzepts, innerhalb dessen sich gleichbedeutend der Aufbau des musiktherapeutischen Methodensystems vollzog.

Dieser Prozess wurde nicht zuletzt durch die Tatsache beeinflusst, dass die Entwicklung des psychotherapeutischen Konzepts in Leipzig im Laufe der Jahre von verschiedenen leitenden Personen geprägt wurde, das der Musiktherapie aber von einer Person, nämlich vom Autor selbst. Das bezieht sich insbesondere auf die siebziger Jahre des 20. Jahrhunderts (Schwabe 2003; Schwabe / Haase 2003).

Handlungsspezifische und erwartungsspezifische Ausgangsbedingungen für den Aufbau der Regulativen Musiktherapie waren in der Klinik für Psychotherapie in Leipzig bereits in den fünfziger Jahren angebotene Musiksendungen über Lautsprecher, die die Patienten als so genannte besinnliche Stunde am Abend auf ihren Zimmern hörten mit der Absicht, die Patienten durch den Einfluss der vorgegebenen Situation und der Musik in eine emotionale Gestimmtheit zu bringen, über sich selbst nachzudenken, wobei diese Gedankenproduktionen danach aufzuschreiben waren (Wendt 1958). Dazu verwendete man so genannte gute oder ernste Musik, die durch den ärztlichen Leiter selbst ausgewählt wurde.

Als Ausgangsbedingung galt also nicht die Anregung zur Entspannung, sondern die zur Besinnung. Das erscheint deshalb wichtig, weil Regulative Musiktherapie aus verschiedenen Gründen bis heute immer wieder als musiktherapeutisches Entspannungsverfahren missdeutet wird. Entspannende Wirkungen können bei einer entsprechenden Haltung, die das Handlungsgeschehen der Regulativen Musiktherapie erfordert, durchaus auch erwartet werden und sind in modifizierter Form auch beabsichtigt (vgl. Schwabe 1991b), sie sind aber nicht ihr eigentliches und unmittelbares Anliegen.

Der Handlungsansatz

Regulative Musiktherapie fußte von Anfang an auf einem wahrnehmungspsychologischen Handlungsansatz (Schwabe / Haase 1998). Das bedeutet: Die psychotherapeutische Vorgehensweise, das Handlungsprinzip (vgl. Kausalitätsprinzip, Schwabe 1983), besteht in einer therapeutisch beabsichtigten Anregung zur Selbstwahrnehmung. Selbstwahrnehmung, einschließlich der Kontextwahrnehmungen im genannten Sinn, bedeutet vor allem die Aktivierung bzw. Reaktivierung einer inneren Offenheit, sowohl für die aktuelle körperlich-geistig-seelische Realität, als auch auf biographisch relevante, möglicherweise auch verdrängte Erlebniszusammenhänge, die damit in eine konkrete Bewusstheit gelangen können. Das Wahrnehmen von Erlebnisinhalten ist im Konzept der Regulativen Musiktherapie eng an eine möglichst genaue Verbalisierung derjenigen Wahrnehmungsgegenstände gebunden, die sich in der konkreten Wahrnehmungssituation einstellen. *Wahrnehmungsbeschreibung* verhilft zur Konkretisierung von Wahrnehmungsinhalten und fördert damit einen therapeutisch beabsichtigten Prozess der Selbstauseinandersetzung mit neurotischen Inhalten, insbesondere der Abwehr von als bedrohlich erlebten Wahrnehmungsinhalten. Dieser Prozess bedeutet eine zunehmende *Wahrnehmungsdifferenzierung* und damit auch Hinwendung auf diejenigen pathologisch relevanten Erlebnisinhalte, deren Bearbeitung unbedingt zu einer erfolgreichen Psychotherapie bei entsprechender Indikation notwendig ist.

Wahrnehmungsbeschreibung bedeutet das Gegenteil von Wahrnehmungsinterpretation, also von Deutungen, wie sie in der Psychoanalyse üblich sind. Sie schließt auch das Fantasieren und Spekulieren über das Wahrgenommene aus, ebenso das Verallgemeinern im Sinne von Schlussfolgerungen-Ziehen aus Wahrnehmungsdetails. Das Ganze ist ein langer Prozess, der auch das Überwinden von Wahrnehmungseinschränkungen, -defiziten oder -verzerrungen einschließt.

Das therapeutische Prinzip „Anregung zum Wahrnehmen“ führt zunächst zu einer *Erweiterung von Wahrnehmungsinhalten* und damit folgerichtig zu einer veränderten Erlebnislage. Das schließt das Entdecken auch solcher Lebensbereiche ein, die wir als Ressourcen (Schwabe / Stein 2000) bezeichnen. Damit ist zugleich angedeutet, wie breit sich das Spektrum eines therapeutischen Vorgehens spannen kann, das von einem wahrnehmungspsychologischen Handlungsansatz ausgeht.

Die Umsetzung

An dieser Stelle können aus Platzgründen nur grundsätzliche Aspekte der Didaktik angesprochen werden. Es gibt eine umfangreiche Literatur, auf die verwiesen wird (Schwabe 1979, 1987, Schwabe / Röhrborn (Hg.) 1996). Zunächst vermittelt ein Handlungsangebot das, was den Patienten beim Einlassen auf das Prinzip Regulative Musiktherapie erwartet bzw. was dieser tun soll. Diese Information beinhaltet eine möglichst gelassene Ausgangssituation hinsichtlich der Körperhaltung bei der Durchführung, den freien Fluss der Aufmerksamkeit zwischen den Wahrnehmungen der eigenen Gedanken, Gefühle, des Körpers und der Musik, die möglichst ohne korrektive gedankliche Eingriffe in einem Zustand des Überlassens bzw. des Geschehenlassens erfolgen sollte und mit tiefem Aufatmen und Strecken des Körpers nach Ende der Musik abgeschlossen werden soll. Dem schließt sich das Gespräch mit der Anregung an, die Wahrnehmungsinhalte zu schildern. Die zu verwendende Musik wird vom Therapeuten ausgewählt, wobei die Musikauswahl nach therapeutisch beabsichtigten Kriterien erfolgt (Schwabe / Röhrborn 1996; Schwabe 2003; Schwabe / Haase 2003). Die therapeutische Sitzung gewinnt unter Gruppenaspekt dadurch eine Bereicherung, dass die Gruppenmitglieder im Berichts- bzw. Erfahrungsaustausch vielfältige Informationen erhalten und somit die Gruppe als eine Art Erfahrungsgemeinschaft wirksam werden kann. In dieser Gemeinschaft kann auch die Erfahrung gemacht werden, dass bei ein- und derselben Musik sehr unterschiedliche Wahrnehmungen bei den einzelnen Gruppenmitgliedern verbalisiert werden und die Wahrnehmungsschilderungen sogar gegensätzlicher Natur sein können. Damit wird sowohl Gleichklang, als auch die Verschiedenheit unterschiedlicher Individuen erfahrbar, was zu einer Erweiterung und Bereicherung der Lebenshaltung führt. Obwohl auch in diesen Gruppen so genannte gruppendynamische Prozesse ablaufen, die der Therapeut genau beobachten sollte, läuft der therapeutische Prozess nicht über die Reflexion oder Intention des Gruppenprozesses. Es geht vielmehr um die Betreuung des Einzelnen innerhalb der Gruppe sowie die Nutzung des Gruppenpotenzials für den Einzelnen. Der Entwicklungsprozess des therapeutischen Geschehens wird angeregt und unterhalten über das Prinzip „Übung“ bzw. „Training“. Trainiert wird in der Psychotherapie Verschiedenes, vor allem „Entspannung“. Das Prinzip des *Trainierens* hat in der Psychotherapie im Allgemeinen zu Unrecht einen gewissen abwertenden Stand. Hier, im Fall der Regulativen Musiktherapie, geht es aber um eine Art *Einüben einer Aufmerksamkeitshaltung*, die auch zu einer Lebenshaltung werden kann. Deren Bedeutung steht gleichberechtigt neben der der Meditation.

Die Musik

Hans Peter Reinecke formulierte einmal: „Wenn verschiedene Leute über „Musik“ reden, meinen sie zumeist auch etwas Verschiedenes“ (Reinecke 1974). Dieser Satz des für die Musiktherapieentwicklung in Deutschland so wichtigen und profunden Musiksoziologen hat bis zum heutigen Tag nichts an Bedeutung verloren. Das zeigt deutlich genug die Musiktherapieszene, in der wir uns national und international befinden. Dieses Thema, so reizvoll es ist, kann hier leider nicht aufgegriffen werden.
Für unser musiktherapeutisches Gesamtkonzept gibt es keine Bevorzugung irgendeiner Musik. Wir verstehen „Musik“ als spezifische menschliche Handlungs- und Äußerungsform, die in ihren verschiedenen Erscheinungsformen für musiktherapeutische Belange Berücksichtigung finden soll und findet (Schwabe 1978; Schwabe / Haase 1998; Schwabe / Stein 2000; Schwabe 2003a, b). Für die Belange der Regulativen Musiktherapie findet Musik Verwendung, die auf technischen Wiedergabegeräten als Produktionen zur Verfügung steht und über Wiedergabegeräte rezipierbar ist.
Musik ist nicht nur spezifische Sprache (Reinecke 1974; Schwabe 1986), sondern auch ein ideelles Objekt, das als Gegenüber des Menschen von ihm sinnlich und rational erfahrbar ist, das heißt auch, beschrieben werden kann. Diese Objektrealität steht gleichsam stellvertretend für andere Realitäten. Sie hat auf Grund ihrer Spezifik emotional reaktive Wirkungen, die je nach Beschaffenheit und je nach den Umständen, unter denen sie auf den Menschen trifft, sehr unterschiedlich sein können.
Unter dem zuvor skizzierten Gesichtspunkt kommt der Musik im regulativen Wahrnehmungsvorgang die Rolle eines spezifischen Gegenübers zu, was auch eine Wahrnehmungserweiterung über die eigene Person hinaus bedeutet.
Absicht ist es, die zunächst vorwiegend auf emotionale Wirksamkeit ausgerichtete Begegnungserwartung immer mehr in eine aktive Begegnung zu wandeln, bei der die Beziehungsgestaltung des Individuums zur Musik nicht mehr von Erwartungen an die Musik geprägt wird, sondern von der bewussten inneren Gestaltung dieser Beziehung. Dieser Wandlungsprozess kann stellvertretend für andere Veränderungen in der Beziehungsgestaltung zu Subjekt- und Objektbezügen verstanden werden, die sich tatsächlich auch während des musiktherapeutischen Gesamtprozesses ereignen.
Es ist nahe liegend, dass unter den bisher ausgeführten Gesichtspunkten der therapeutisch verantwortlichen Steuerung einer Musikauswahl große Bedeutung zukommt. Diese Aufgabe darf weder dem Zufall, noch dem Geschmack des Musiktherapeuten überlassen bleiben. Andererseits ist die Be-

herrschung dieser Aufgabe schwierig und bedarf der intensiven Schulung, die nicht nur in den Erwerb einer umfangreichen Musikkenntnis münden muss, sondern ebenso Wirkmerkmale von musikalischen Strukturen zu berücksichtigen hat. Bei letzterem geht es – um es noch einmal zu betonen – nicht um Musikwirkungen im Sinne zu erwartender „pharmakologischer" Wirkungen (Schwabe 1979), sondern um die günstigste Konstellation eines einzuleitenden aktiven Vorgangs. Zu suchen und zu finden ist diese Musik in der bürgerlichen Konzertmusik der letzten 250 Jahre. Dieses riesige Arsenal an Musik, das etwa zwischen den Komponisten Benda und Lutoslawski zu finden ist, gilt es zu sichten, was für den Musiktherapeuten nicht zuletzt im Interesse seiner Patienten einen immensen Reichtum darstellt, ebenso aber auch ein riesiges Problem, wie man mit diesem Reichtum umzugehen hat.
Es mag ein Trost sein, dass jedem Musiktherapeuten, der nicht nur improvisieren kann, sondern sich auch mit diesem Bereich von Musik befasst, selbst lebenslang eine unversiegbare Quelle zufließt, die sein Leben zutiefst bereichert, denn das ist typisch für dieses in der Weltgeschichte einmalige Musikschaffen: In den Werken dieser Komponisten werden alle Dimensionen menschlichen Seins auf vielfache und vielfältige Weise zumeist ohne außermusikalische konventionelle Bindungen ausgedrückt, und die technischen Wiedergabevoraussetzungen stellen uns diesen Schatz unmittelbar zur Verfügung (Schwabe / Stein 2000).

Entwicklungsetappen

Die Phase der Anfänge entwickelte sich aus zwei sich unterscheidenden Handlungsansätzen. Die eine beabsichtigte eine kathartisch-affektiv ausgelöste, auf einen verdrängten Konfliktbereich gerichtete kurzzeitige emotionale Entladung. Aus diesem Ansatz entwickelte sich die „Reaktive Einzelmusiktherapie" (Schwabe in Kohler 1971; Schwabe 1969, 1979, 1986). Der andere Handlungsansatz setzte auf die „Harmonisierung der gesamten Persönlichkeit" (Schwabe in Kohler 1971, 74). Dieser Handlungsansatz war im Gegensatz zum zuvor genannten ein meditativer, aus dem das Konzept der Regulativen Musiktherapie hervorging. Hier gab es von Beginn an einen Trainingscharakter mit dem Ziel, eine beabsichtigte Haltung der beobachtenden Gelassenheit einzuüben. Daraus dann bekam der Aspekt der Wahrnehmungsanregung mit der Orientierung, die Aufmerksamkeit zwischen den Wahrnehmungsbereichen Gedanken – Gefühle – Körper – Musik „pendeln" zu lassen, das Primat (Schwabe 1969).
Zu Beginn der siebziger Jahre begann die Umsetzung des Konzepts der Regulativen Musiktherapie im Kontext der therapeutischen Gruppe. Diese Ent-

wicklung vollzog sich sowohl unter stationären als auch ambulanten Bedingungen. Damit entwickelte sich Regulative Musiktherapie, nicht zuletzt auf Grund der sehr raschen Verbreitung in der stationären und ambulanten Praxis der Psychotherapie, zu einer wichtigen Alternativmethode gegenüber der zu dieser Zeit in Ostdeutschland dominierenden Intendierten dynamischen Gruppenpsychotherapie nach Höck (1981).

Begünstigt wurde dieser Prozess durch Ausbildungslehrgänge, die durch die Sektion Musiktherapie in der wissenschaftlichen Fachgesellschaft, der Gesellschaft für ärztliche Psychotherapie der DDR, organisiert wurden. Die Sektion Musiktherapie ist die Vorläufervertretung der ostdeutschen Musiktherapieorganisation, der „Deutschen Musiktherapeutischen Vereinigung Ost e. V." (DMVO e. V.), die inzwischen eine gesamtdeutsche Interessenvertretung von Musiktherapeuten mit etwa 300 Mitgliedern ist. 1979 erschien das Buch „Regulative Musiktherapie", in dem sowohl die bis dahin entwickelten methodischen Prinzipien der Regulativen Musiktherapie dargestellt wurden, als auch eine umfangreiche Untersuchung über deren Wirksamkeit veröffentlicht wurde (Hauschild 1979). Es wurden aber auch erste Vorstellungen über die modifizierte Anwendung von Regulativer Musiktherapie (Schwabe / Stein 1979; Mederacke 1979, 1993) in die Öffentlichkeit gebracht. Seit Erscheinen dieses Buches wuchs nicht nur das Interesse an diesem musiktherapeutischen Konzept, es verstärkten sich auch konkrete Aktivitäten zu einer weiteren Ausdifferenzierung der methodischen Handhabung. Wesentlichen Anteil an diesem Entwicklungsschritt hatte Röhrborn mit seinem psychotherapeutischen Team in der Erlabrunner Psychotherapieklinik. Das Resultat dieser Entwicklung fand seinen Niederschlag in der Zweitauflage des Buches „Regulative Musiktherapie", das im Jahre 1987 erschien. Wesentliche Merkmale dieser bereits genannten Ausdifferenzierung bezogen sich auf die Didaktik der Handhabung. Im Kern handelte es sich um die Festlegung von relativ klar bezeichneten Trainingsschritten, durch die die Patienten im Behandlungsprozess geführt wurden.

Mit diesem Schritt vollzog sich eine Entwicklung, die die Anwendung und Umsetzung von Regulativer Musiktherapie immer eindeutiger auf die Behandlung von Patienten mit psychosomatischen Störungen einschränkte und damit auch den Fokus auf die tiefenpsychologisch orientierte Therapie von Störungen im Zusammenhang mit abgewehrtem Konfliktpotenzial ausrichtete. Hinzu kommt, dass dieser Handlungsansatz bestimmte Behandlungsorganisationen voraussetzte, als da sind: Kontinuierliche Behandlungsbedingungen möglichst in einer geschlossenen Gruppe mit möglichst einer ausreichenden Anzahl an Patienten, für die eine entsprechende Indikation vorgegeben ist (Schwabe / Röhrborn 1996).

Zu Beginn der neunziger Jahre des 20. Jahrhunderts gab es, bedingt durch die politischen Umwälzungen, eine radikale Veränderung der ostdeutschen Psychotherapie wie auch des gesamten Gesundheitswesens. Diese gewaltigen Veränderungen hatten nicht nur Existenz bedrohende Ausmaße, sondern zerstörten die vorhandenen ambulanten wie auch stationären psychotherapeutischen Behandlungseinrichtungen. Diese Eingriffe wirkten sich auf vorhandene und bewährte psychotherapeutische Behandlungsstrukturen so aus, dass musiktherapeutische Verfahren wegen der nunmehr gültig gemachten kassenärztlichen Vorschriften nicht mehr oder nur noch eingeschränkt zur Anwendung kamen. Damit fiel die eigentliche Umsetzungspraxis für Regulative Musiktherapie in weiteren Bereichen weg. Auch in den stationären Einrichtungen, in denen Regulative Musiktherapie weitgehend zur Standardbehandlung gehörte, veränderten sich die Bedingungen, vor allem hinsichtlich des Patientenklientels. Dies hatte seine Ursachen hauptsächlich in der inflationären Zunahme so genannter freier Praxen, so dass auch in den Kliniken die bisher gültigen Behandlungskombinationen und -verläufe nicht mehr wie bisher realisierbar waren.

Das hatte eine empfindliche Einbuße an Umsetzungsvoraussetzungen für Regulative Musiktherapie zur Folge. Dem stand aber gegenüber, dass insbesondere im Bereich der sozialen Betreuung das Interesse an Musiktherapie, nicht zuletzt durch die bisherigen Vernachlässigungen, erheblich zu wachsen begann. Es galt also, das vorhandene musiktherapeutische Methodenrepertoire auf diese Aufgaben umzustellen. Aus den relativ gut ausgebauten musiktherapeutischen Einzelmethoden galt es ein beweglicheres Handlungskonzept zu entwickeln, das die wesentlichen Handlungsansätze und -prinzipien bewahrte, aber eine effektive Anwendbarkeit erlaubte.

Als wichtige Orientierungshilfe beim Umbau und der Weiterentwicklung unseres musiktherapeutischen Konzepts galt das bereits 1983 erstmals formulierte „Kausalitätsprinzip“ (Schwabe 1983). Dieses methodologische Denkmodell ermöglichte, musiktherapeutische Handlungsansätze auf der Grundlage eines einheitlichen Gesamtkonzepts indikationsspezifisch für sehr unterschiedliche Behandlungsansätze zu formulieren, ohne in ein eklektizistisches Fahrwasser zu geraten. Das Resultat dieses Konzeptionsprozesses fand seinen Niederschlag in der von uns so genannten Sozialmusiktherapie (Schwabe / Haase 1998).

Die Gegenwart

Wir wissen heute, dass der psychotherapeutische Ansatz der Regulativen Musiktherapie in zwei Richtungen gehen kann. Zum einen ist das der Weg

hin zum Ich und dessen Abwehrorganisationen. Dieser Weg entspricht dem insbesondere von Röhrborn (1993, 1994, 1995) in den achtziger Jahren favorisierten *tiefenpsychologisch orientierten Ansatz*. Dieser Ansatz, der auf Selbstwahrnehmung ausgerichtet ist, beabsichtigt, eine „Bewusstwerdung konkret vorhandener Abwehrmechanismen und verdrängter Erlebniszusammenhänge“ (Schwabe / Röhrborn 1996, 54) in Gang zu setzen. Zum anderen ist das der Weg, Musik bzw. musikalische Struktur als kohärentes Objekt wahrnehmen und erleben zu lernen (Reinhardt 2002). Hier kann das In-Beziehung-Treten mit stabiler Realität (Musik) über den Prozess einer behutsam zu fördernden Wahrnehmungserfahrung, bezogen auf Realitätswahrnehmung, zu einem „Wegwenden von der eigenen Labilität“ und damit zu „Angstreduktion“ beitragen (Reinhardt, ebenda). Dieses Anliegen zielt unmittelbar auf eine „Flexibilisierung von Abwehr im Sinne einer Überwindung von Spaltung und der Entwicklung reifer Abwehrformen“ (Reinhardt, ebenda). Dieser Ansatz ist indiziert bei den immer mehr ins Blickfeld der Psychiatrie kommenden frühen Persönlichkeitsstörungen im Sinne der so genannten Borderline-Persönlichkeitsorganisation. Dieser Ansatz kann als ein *verhaltenstherapeutisch orientierter Ansatz* gelten.
Der zweite hier skizzierte psychotherapeutische Ansatz trifft keinesfalls nur auf die in diesen Zusammenhang gebrachte Störungsgruppe der frühen Persönlichkeitsstörungen zu. Die Erfahrungen der letzten Jahre (Schwabe 2000, 2002, 2003; Haase / Schwabe 2003) zeigen uns, dass dieser Handlungsansatz bei einer Vielzahl von Störungsgruppen im Sinne von Krankheitsbildern, aber auch von behandlungsrelevanten so genannten Folgestörungen, die insbesondere im sozialen und pädagogischen Betreuungsbereich anzutreffen sind, erfolgversprechend ist. Hier besteht auch eine enge Verbindung zu den an anderer Stelle (Schwabe / Stein 2000) beschriebenen Konzepten der *ressourcenorientierten* Psycho- bzw. Musiktherapie.

Methode versus Konzept

Die Entwicklung unseres musiktherapeutischen Konzepts wurde zunächst geprägt durch die unmittelbare Einbindung in eine komplex ausgerichtete Psychotherapiekonzeption, die sich ebenso wie die Musiktherapie im Aufbau befand. Daraus resultierte die Entwicklung von Methoden der Musiktherapie als integrative Bestandteile eines komplexen Psychotherapiekonzepts. In einer zweiten Phase der Entwicklung löste sich die Gesamtheit des Psychotherapiekonzepts auf (Schwabe 2003a), was uns veranlasste, die eigenen musiktherapeutischen Auffassungen in einer Methodik der Musiktherapie zu fixieren (Schwabe 1978, 1980, 1986). Dahinter stand die Absicht, musiktherapeutische Methoden flexibel einsetzbar zu machen, sie also in gewisser Weise gegenüber psychotherapeutischen Konzepten eigenständig zu gestalten. Die dritte Phase, die sich in den neunziger Jahren vollzog, führte dazu, die weit reichend ausdifferenzierten einzelnen musiktherapeutischen Methoden aus ihrer damit verbundenen Abhängigkeit von Behandlungsbedingungen zu lösen, ihre eigentlichen Wesensmerkmale befreit vom Ballast strenger Umsetzungskriterien zu erkennen und zu beschreiben, um sie als Handlungsformen (Schwabe / Haase 1998) in einen flexibel anwendbaren, meist kombinierten Handlungsvollzug bringen zu können. Damit verbunden war die Auflösung des strengen Methodenbegriffs.

Regulative Musiktherapie mit ihrem wahrnehmungsorientierten Handlungsansatz kann somit in vielfältigen Kombinationen und ebenso vielfältigen diagnostischen Konstellationen wirksam werden. Damit hat sie sich aus der sehr eng und spezifisch gewordenen Aufgabenstellung einer ausschließlich tiefenpsychologisch orientierten Therapieform befreit. Sie ist über diese Ausrichtung hinausgewachsen und kann genauso wirksam in verhaltenstherapeutisch orientierten Konzepten Anwendung finden.

REGULATIVE MUSIKTHERAPIE IN DER DYADE

Erfahrungen aus einer Psychotherapieklinik im Versorgungskrankenhaus

HELMUT RÖHRBORN

Regulative Musiktherapie (RMT) wurde von Christoph Schwabe zunächst als eine Einzelpsychotherapie mit Entspannungscharakter konzipiert, in den 70er Jahren erfolgte die Ausgestaltung als gruppenmusiktherapeutische Methode. Zu verweisen ist hierzu auf die Erstauflage der Monografie von Christoph Schwabe (1979). In diesem Stadium lernte der Verfasser die Methode kennen und konnte sie, zunächst mit Entspannungsansatz, in einer Psychotherapieklinik mit Versorgungsauftrag ohne Vorauswahlmöglichkeit von Patienten einsetzen. Zunächst wurde ebenfalls nur gruppenpsychotherapeutisch gearbeitet. RMT in offenen Gruppen als zusätzliches Entspannungsverfahren wurde angewandt bei Patienten, bei denen tiefenpsychologische Gruppenpsychotherapie in Form der Intendierten Dynamischen Gruppenpsychotherapie nach Kurt Höck (Höck 1981) nicht in Frage kam. Nachdem zur Arbeit in geschlossenen Gruppen übergegangen worden war, zeigte sich, dass mit Hilfe der Methode sehr rasch Abwehrmechanismen und psychogenetische Zusammenhänge angerührt wurden. Das führte zur Entwicklung eines Gruppenpsychotherapiekonzepts mit *symptomzentriertem Ansatz*. Symptomzentriert bedeutete, dass über die Förderung der Wahrnehmung für Körperliches, Seelisches und das Außenobjekt Musik ein Zugang zu psychogenetischen Zusammenhängen, über Wahrnehmung des Symptomerlebens auch zum kausal beteiligten intrapsychischen Konflikt möglich war (Röhrborn 1987). Obwohl das in den Anfangsjahren nicht ausdrücklich so formuliert werden konnte, charakterisiert dieser Zugang zu unbewussten, das heißt abgewehrten seelischen Inhalten die Methode als *tiefenpsychologisch orientiert*.

1. Wesen der RMT, Indikationskriterien und das Erlabrunner symptomzentrierte Gruppenpsychotherapiekonzept

1.1 Zum Wesen der RMT

Das Wesen der Methode RMT besteht in einer Förderung der Wahrnehmungsfähigkeit für Körperliches, Seelisches und Akustisches, hier insbesondere Wahrnehmung der Musik als „eines spezifischen Gegenübers ..., zu dem Kontakt hergestellt werden kann“ (Schwabe 2003b, 18). Mit der Aufforderung, sich der Wahrnehmung der Musik und des Körpers zu überlassen, ohne aufkommende Gedanken, Gefühle, Stimmungen, Erinnerungen, Bilder abzuwehren, sondern auch diese in die Wahrnehmung einzubeziehen, erfolgt eine ähnliche Anregung wie mit der Technik der freien Assoziation. Dabei löst jede Wahrnehmung, wobei Wahrnehmung hier als das Bewusstwerden von Körperempfindungen, seelischen Vorgängen und akustischen Phänomenen zu verstehen ist, gefühlsmäßige und gedankliche, also kognitiv-emotionale Reaktionen aus. Diese sind wiederum als Wahrnehmung aufzufassen. Haben diese kognitiv-emotionalen Reaktionen einen abwehrenden Charakter, sind sie geprägt von Ängsten, von nicht gewünschten Gedanken und Erinnerungen, lösen sie Abwehrverhalten aus, welches verhindert, dass sich der Wahrnehmende unbeeinflusst sich selbst zuwenden kann. Das versperrt gleichsam den Weg zum Erleben von innerseelischen Zusammenhängen. Abwehrvorgänge, Abwehrmechanismen zeigen sich dann in ganz bestimmten innerseelischen Verhaltensweisen Wahrnehmungen gegenüber, die im folgenden Trainingsgespräch benannt werden können. Eine ausführliche Darstellung würde den Rahmen dieses Beitrages sprengen. Es sei auf die Zweitauflage des Buches „Regulative Musiktherapie“ von Christoph Schwabe (Schwabe 1987) sowie auf die überarbeitete und erweiterte dritte Auflage der Herausgeber Schwabe / Röhrborn (1996) verwiesen.

1.2 Das Stufenkonzept der Entwicklung der Wahrnehmungsfähigkeit

Vor allem bei Arbeit mit geschlossenen Gruppen wurde ein stufenweises Herangehen an die Wahrnehmungsförderung in der Regulativen Musiktherapie deutlich ausgebildet.

1. *Aufforderung zur Wahrnehmung/Wahrnehmungserweiterung während der Musik* (Wahrnehmungsebenen: – Körper – Gefühle – Erinnerungen, Gedanken – Musik, Außengeräusche) „Wahrnehmen in die Breite“
2. *Aufforderung zur Wahrnehmungsdifferenzierung* – immer genaueres Wahrnehmen/Erfassen/Beschreiben von Einzelwahrnehmungen, Wahrnehmungsabschnitten „Wahrnehmen in die Tiefe“
3. *Aufforderung zur Wahrnehmung von Gefühlsreaktionen auf Wahrgenommenes* „Erfassen der emotional-kognitiven Reaktion“
4. *Aufforderung zur Unterscheidung von akzeptierten und nichtakzeptierten Wahrnehmungen und zum Erfassen von intrapsychischen Reaktionen, Störungen gegenüber wie Flucht, Kampf, Erdulden, Ablenken* „Konfrontation mit die Symptomatik fördernden Verhaltensweisen“
5. *Aufforderung zum genauen Beobachten/Beschreiben von nichtakzeptierten Wahrnehmungen bzw. Störungen mit der Folge der Realisierung akzeptierenden Verhaltens* „Verführung zum spannungsreduzierenden Umgang mit Störungserlebnissen“
6. *Aufforderung zum bewussten Zuwenden, Öffnen in Richtung Störung mit der Folge des Zulassens und Akzeptierens von Spannungen und des Wahrnehmens psychogenetischer Zusammenhänge* „Die Zeit der Ernte“

Abb. 1: 6 Stufen der Realisierung der Regulativen Musiktherapie

Auf Stufe 1 erfolgt das Vertrautmachen der Patienten mit der Übungsaufgabe, nämlich sich Wahrnehmungen zu überlassen, zu versuchen das innere Auge, die Aufmerksamkeit ohne steuernden Eingriff schweifen zu lassen. Durch das Schildern von Wahrnehmungen im nachfolgenden Trainingsgespräch wird dem Übenden die Vielfalt von Wahrnehmungsmöglichkeiten deutlich, was dann bei weiteren Übungen die Sensibilität für sich selbst entwickelt.

Auf Stufe 2 wird durch das Schildern von kleinen Wahrnehmungsabschnitten oder Einzelwahrnehmungen die Vielfalt von differenzierten Wahrnehmungen auch im kleinen Bereich deutlich. Durch Erinnern und Beschreiben von Wahrgenommenem werden auch diejenigen Wahrnehmungen erinnerbar und benannt, die als kognitiv-emotionale Reaktionen auf das Wahrgenommene verstehbar sind. Dabei wird deutlich, dass jede Wahrnehmung Reaktionen auslöst, die von sehr subtilen Gefühlen wie Gleichgültigkeit, Erstaunen, Sorge bis hin zu Angst, folgenden Erinnerungen und Gedanken zum Wahrgenommenen reichen.

Gerade bei der Arbeit auf Stufe 3 können individuelle Abwehrmanöver Wahrnehmungen gegenüber erfasst werden. Das geschieht über das genaue Erinnern und Beschreiben der Gefühls- und Gedankenreaktionen auf das Wahrgenommene. Neben einem Überlassenkönnen, Beobachtenkönnen von Wahrnehmungen stehen hier Gruppen von inneren Verhaltensweisen. Diese sind 1. Kampf gegen eine Wahrnehmung, 2. Flucht vor Wahrgenommenem hin zu anderen erwünschten, scheinbar weniger belastenden Wahrnehmungen und 3. Erdulden, ein leidend wahrnehmen Müssen, eine Märtyrerhaltung. Hier werden auch die unterschiedlichsten Paradoxien deutlich und erlebbar. Der Übende erlebt, dass Bekämpftes und Befürchtetes immer stärker werden, sich im Bewusstsein fixieren und dass dasjenige, was beobachtet werden kann, ohne innere Gegenwehr oder Erdulden sich auch wieder relativieren und in den Hintergrund treten kann (Stufe 4).

Auf Stufe 5 erfolgt dann gewissermaßen die Verführung des Übenden dazu, diese Abwehrhandlungen zu unterlassen, sich dafür für das Störende, das Ängstigende, das Belastende zu interessieren. Das geschieht über die Aufforderung, sich gerade den Wahrnehmungen zuzuwenden, auf die mit Kampf, Flucht oder Erdulden reagiert wurde. Dies kann dazu führen, dass sich über die Wahrnehmung der Angst Angst relativiert, dass Einfälle zu bisher abgewehrten Erinnerungen und Zusammenhängen führen, dass innerseelische Konflikte, wie zum Beispiel der Widerspruch zwischen Nähe-Wunsch und Nähe-Angst nacherlebbar werden. Dies wiederum führt zum Bewusstwerden von Konfliktmaterial, das in weiteren therapeutischen Gesprächen bearbeitet werden kann (Stufe 6 als „Zeit der Ernte“).

1.3 Indikationskriterien und Umsetzungsformen der RMT

Aus diesem Wesen der Methode ergibt sich auch die Grundindikation, nämlich organbezogenes Krankheitserleben ohne Psychogeneseeinsicht mit Einschränkung der Wahrnehmungsfähigkeit für körperliche und seelische Vorgänge. Das findet sich oft bei psychosomatisch Kranken, bei ineffektiver Krankheitsverarbeitung, wenn massive, aber abgewehrte Angst den Zugang zum eigenen Körper und zur eigenen Seele blockiert.

Defizite der Wahrnehmungsfähigkeit im situativ-emotionalen und im körperlichen Bereich
Defizite der Wahrnehmungsfähigkeit finden sich gehäuft und ausgeprägt als wesentlicher Pathogenesefaktor bei • so genannten frühen Störungen, • hysteroiden Grundstrukturen (im Sinne von Frustrationsintoleranz, Ehrgeizhaltung, Nachhaltigkeit), • depressiven Grundstrukturen bzw. depressiver Symptomatik (im Sinne von Introversion, Gehemmtheit – aggressive Gehemmtheit, gehemmte Aggression –, Fixiertsein im depressiven Erleben), • ausgeprägter hypochondrischer und phobischer Fixierung, organbezogenem Krankheitserleben, • eher in der Anmutung vorhandener (und vom Patienten nicht erlebter) situativ-emotionaler Abhängigkeit der Symptome, • psychosomatischen Erkrankungen und Funktionsstörungen.

Abb. 2: Indikationskriterien für RMT

Für diese Patientengruppe, nämlich diejenigen Kranken mit organbezogenem Krankheitserleben und fehlender Psychogeneseeinsicht, wurde das Erlabrunner symptomzentrierte Psychotherapiekonzept entwickelt, das sich als außerordentlich effektiv und wirksam erwiesen hat (Schwabe / Röhrborn 1996). In diesem Konzept wird in geschlossenen Gruppen die RMT als Hauptmethode kombiniert mit Gruppengesprächen, konzentrativer Entspannung nach Wilda-Kiesel (1993), Bewegungstherapie und Ergotherapie unter wahrnehmungsfördernden Aspekt, aktiver Gruppenmusiktherapie und ungerichteter rezeptiver Einzelmusiktherapie (so genannte besinnliche Stunde am Abend) und weiteren Begleittherapien in hoher therapeutischer Dichte.

Die Umsetzung des geschilderten Konzepts der stufenweisen Wahrnehmungsförderung gelingt unter Nutzung anderer Wirkfaktoren von Gruppenpsychotherapien besonders gut in geschlossenen Gruppen, ist aber nicht auf dieses Gruppenkonzept beschränkt. Wir hatten anfangs mit halboffenen Gruppen gearbeitet. Dann, wenn RMT als Therapiebaustein in anderen therapeutischen Konzepten eingesetzt wird, bietet sich die halboffene Gruppe an, ebenso die Dyade. Es kommt aber, unabhängig von allen Varianten der Umsetzung, je nach gegebenen Umfeldbedingungen und Patientenvariablen, darauf an, dass von jedem Einzelnen der Weg der Entwicklung der Wahrnehmungsfähigkeit, wie im Stufenkonzept beschrieben, gegangen wird. Das bedeutet Sensibilisierung für Körperempfindungen und seelische Inhalte, Veränderungen von Einstellungen und innerseelischem Verhalten Symptomen, belastenden Erinnerungen, Gedanken, Gefühlen gegenüber im Sinne eines akzeptierenden Wahrnehmens, Zulassens, inneren Abstandnehmens. Diese Haltung ist es, die zu Entspannung, Symptomreduktion, Selbsterkenntnis, Problemlösung führen kann. Für Therapeuten bietet das Stufenkonzept eine Orientierung für Zielsetzung und jeweils notwendige Schritte bzw. Aufgabenstellungen in den Therapiestunden. Es ist nicht schematisch umzusetzen, sondern Handlungs-, Vergleichs- und Förderanleitung. Äußerungen des Patienten im Trainingsgespräch werden gemessen an Zielen der Stufe. Therapeutenäußerungen dienen der Umsetzung dieser Ziele. Vielfältige Modifikationen der Methode sind in diesem Zusammenhang möglich (Schwabe 2000; Schwabe 2003b). Eine dieser Modifikationen ist RMT in der Dyade.

2. Zur Entwicklung der RMT in der Dyade in der Erlabrunner Psychotherapie

Es war bereits oben erwähnt, dass RMT zunächst als Einzelmethode entwickelt, dann überwiegend als Gruppenpsychotherapie angewandt und in Ausbildungen weitergegeben wurde. Für den Verfasser selbst ergab sich in der Klinik die Notwendigkeit RMT einzeln anzuwenden eher zufällig. 1983 wurde ein damals ca. 60-jähriger Patient, der in der Vergangenheit mehrere Herzstillstände mit Reanimation erlebt hatte, er war also klinisch tot gewesen, in die Klinik eingewiesen. Vordergründig war eine Fixierung seiner Aufmerksamkeit auf das Herz und die damit verbundenen ständigen Todesängste. Er war kaum noch in der Lage sich außerhalb seiner Wohnung aufzuhalten. Wegen der Ängste war er gruppenunfähig. Versuche, über notwendige körperliche Behandlung und Diagnostik, durch rationales Herangehen die Angst zu reduzieren waren in der Vergangenheit gescheitert. Die Einweisung in unsere Klinik war ultima ratio. Bei Indikation zur RMT, aber Gruppenunfähigkeit entschloss ich mich zur Einzelbehandlung. Nach 19 Sitzungen konnte der Patient das Trainingsprinzip erfolgreich anwenden. Die Ängste gingen weitgehend zurück. Er war später wieder in der Lage, die Wohnung allein zu verlassen, sogar auf geraden Strecken Ski zu laufen.

Diese Erfahrung ermutigte uns, RMT häufiger in der Dyade einzusetzen, zum Teil bei stationären, zum Teil bei ambulanten Patienten, immer aber dann, wenn aus unterschiedlichsten Gründen eine Übernahme in unser geschlossenes Gruppenpsychotherapiekonzept mit symptomzentriertem Ansatz mit RMT als Hauptmethode nicht möglich war. Über die Erfahrungen konnte erstmalig 1992 im Rahmen einer Arbeitstagung in Leipzig berichtet werden (Röhrborn 1992). Wir stießen auf die Besorgnis von Christoph Schwabe, dass Übertragungs- und Gegenübertragungsprozesse unter Umständen bei der intensiven gemeinsamen Arbeit nicht in den Griff zu bekommen seien. Das allerdings sahen wir nicht anders als in jeder anderen Einzelpsychotherapie, die sehr intensiv und hochfrequent geführt wird. Derartige Prozesse müssen natürlich Beachtung finden. Durch die Orientierung auf einen gemeinsamen Arbeitsgegenstand, nämlich das Training mit der Musik und klaren Aufgaben anhand des Stufenaufbaus des Wahrnehmungstrainings, ist nach meiner Erfahrung eine maligne Regression zu vermeiden.

3. Zu den Unterschieden der Arbeit mit der Regulativen Musiktherapie in der Dyade und in der Gruppe

Nötig in Gruppe wie Dyade ist die Umsetzung des stufenweisen Wahrnehmungstrainings durch den Patienten. Einzelarbeit ist besonders in den ersten Stunden dadurch schwierig, dass auf der einen Seite sehr suggestive und hochgesteckte Erwartungen an Therapie und Therapeuten gerichtet werden, diese aber nicht so rasch sichtbar werden wie in der Gruppe. Sie sind daher nicht so rasch durch Bearbeitung aufzulösen. Zum anderen fehlt gerade bei stark wahrnehmungseingeschränkten, so genannten alexithymen Patienten mit sehr abstraktem Denken und Behinderungen in der emotionalen Kommunikation sowie bei der Beschreibung von körperlichen und seelischen Empfindungen die Vielfalt von Wahrnehmungsschilderungen aus der Gruppe. Dies muss durch eine deutlich stärkere Aktivität des Therapeuten ausgeglichen werden. Der Therapeut sollte daher Wahrnehmungsmöglichkeiten anbieten, unter Umständen auch einmal beispielhaft eine differenzierte Wahrnehmungsschilderung geben. Dabei ist aber dennoch auf die Abstinenzregel zu achten, d. h. eigene emotionale Probleme gehören nicht in die Therapie. Der Therapeut muss also, mehr als sonst in der Gruppe üblich, durch seine Aktionen dem Patienten vermitteln, worauf auch in der Erinnerung zu achten ist. Er übernimmt damit einen Teil der Gruppenaktivität.

Vorteilhaft ist es, dass in der Dyade besser als in der Gruppe dosiert werden kann. Es ist zum Beispiel möglich, im Sinne paradoxer Intention rascher Zuwendung der Aufmerksamkeit zu Störungen anzuregen (so genannte Verhaltensstrategien). Gemeint ist zum Beispiel, zur wahrnehmenden Zuwendung zu Störungen als interessantem Wahrnehmungsgegenstand aufzufordern.
Das betont stärker den Entspannungscharakter der RMT. Dies lässt sich recht gut bewerkstelligen, wenn bei Stufe 3 nicht in gleicher Intensität gearbeitet wird wie dann, wenn ausdrücklich unbewusste psychische Inhalte ins Bewusstsein gelangen sollen, das heißt Bewusstwerden und Verändern von Abwehrvorgängen angestrebt wird. Es entscheidet sich immer auf Stufe 3, ob ein mehr auf paradoxer Intention und Wahrnehmungstraining beruhendes Entspannungsverfahren vermittelt wird oder ob eine intensive tiefenpsychologisch fundierte Therapie erfolgen soll. Dies schließt dann aber ein, dass bewusst werdende Konflikte bearbeitet werden müssen. Das bedarf längerer Therapiezeiten als bei Entspannungsanliegen. Das Kennzeichnende der Methode bleibt in jedem Falle aber die Entwicklung der Wahrnehmungsfähigkeit.

Grundlage der Methode ist also die Strategie/Konzeption der Wahrnehmungsförderung. Es gibt auch andere psychotherapeutische Methoden, die dem „wahrnehmungsorientierten Handlungsprinzip“, der Strategie der Wahrnehmungsförderung folgen, zum Beispiel das Katathyme Bilderleben nach Leuner (1970) und die Gesprächspsychotherapie (GT) nach Rogers (1977). Auch RMT, je nach Kontextbedingungen und Situation des Patienten, kennt Variationen der Umsetzung der Konzeption Wahrnehmungsförderung. Gerade die Dyade ermöglicht im Unterschied zur Arbeit in geschlossenen Gruppen ein sehr individuelles Vorgehen. Wichtig aber ist es, die Konzeption der Wahrnehmungsförderung und der schrittweisen wahrnehmenden und nicht bekämpfenden Zuwendung zur Störung, zum Symptom und zu den emotional-kognitiven Reaktionen auf Wahrgenommenes nicht zu verlassen – bei allen Therapeuten-, Patient- und umfeldbedingten Varianten. Das entspricht dem Satz von Ernst Jünger: „Auch in der Medizin ist die Taktik veränderlich, die Strategie unveränderlich“ (2000).

Zur Kontrolle des Therapieprozesses wurde der Erlabrunner Beurteilungsbogen zur Stundeneinschätzung bei symptomzentrierter Gruppenpsychotherapie (EBS) (Schwabe / Röhrborn 1996) zur Anwendung in der Dyade modifiziert (siehe dort). Allerdings hat sich die Anwendung bisher nur in Einzelfällen bewährt. Nach Kenntnisstand des Verfassers ist eine breite Anwendung nicht erfolgt. Das dürfte auch damit zusammenhängen, dass in der Einzelsituation ohnehin die Sitzung ausführlich protokolliert werden muss und damit ein ähnliches Anliegen erfüllt ist. Für eine wissenschaftliche Bearbeitung, zur Dokumentation des Verlaufes ist die Anwendung zu empfehlen. Keinen Unterschied gibt es dagegen bei Auswahl der Musik in Gruppe und Dyade. Zur Rolle der Musik muss auf die Literatur verwiesen werden (Schwabe / Röhrborn 1996; Schwabe 2003b).

4. Zur Differentialindikation Gruppe/Dyade

Hierbei sind keine anderen differentialindikatorischen Kriterien zu beachten als bei anderen Gruppen- und Einzelpsychotherapien auch. Neben bestehender Gruppenunfähigkeit, die sich aus bestimmten Verhaltensweisen, schwerster Symptomatik, schweren körperlichen Behinderungen, schweren zusätzlichen körperlichen Erkrankungen ergeben, kommen in der Klinik noch äußere Kriterien hinzu. Wartezeiten auf geschlossene Gruppen sind Patienten auch aus sozialen Gründen manchmal nicht zuzumuten. Es ist dann gut abzuwägen, ob die Intensität der Gruppenarbeit und die Möglichkeiten der zusätzlichen Erfahrungen für den Patienten in der geschlossenen Gruppe leichter wiegen als die Zeitersparnis bei sofortiger Aufnahme einer Einzelpsychotherapie. Die Behandlungsdauer stationärer Einzelpsychotherapie ist erfahrungsgemäß nicht kürzer, eher länger als bei geschlossenen Gruppenkonzepten.
Ambulante Gruppenpsychotherapie ist derzeit wegen der organisatorischen und Abrechnungsprobleme selten. Bei Ermächtigungsambulanz, wie in unserem Falle, macht es die kleine Zahl unmöglich, geschlossene Gruppen zusammenzustellen. Deshalb muss in der Ambulanz die Entscheidung zur Einzelpsychotherapie mit RMT vielfach formal getroffen werden. Wenn RMT-Indikation besteht und keine Gruppenmöglichkeit, muss einzeln behandelt werden. Allerdings werden vereinzelt auch ambulante Gruppenpsychotherapien durchgeführt. So wird zum Beispiel in der Psychotherapeuti-

schen Praxis Dr. Kunz in Lengefeld/Erzgebirge erfolgreich mit geschlossenen RMT-Gruppen gearbeitet (Kunz 2003).

5. Erfahrungen bei unterschiedlichen Patientengruppen

5.1 Somatoforme Störungen

Für Patienten mit somatoformen Störungen trifft das Indikationskriterium organbezogenes Krankheitserleben ohne Psychogeneseeinsicht fast immer zu. Sie stellen die größte Gruppe der mit RMT Behandelten. Obwohl diese Patienten in der Psychotherapie meist als besonders schwierig gelten, sind sie mit RMT gut behandelbar. Ist erst einmal das Interesse an Körperwahrnehmung geweckt, der Zusammenhang seelischer und körperlicher Vorgänge wahrnehmbar, arbeiten sie meist aufgeschlossen mit. Es ist für die Therapeuten immer wieder beglückend zu erleben, wie aus von Krankheitsängsten geplagten, scheinbar phantasiearmen, emotional wenig schwingungsfähigen Menschen plötzlich aufgeschlossene, fühlende, emotional kommunizierende und auch an der Musik Freude findende Menschen werden. Ausklingen von Beschwerden, wenn die Ängste vor ihnen, vor Gefühlen zunächst einmal wahrnehmbar geworden sind, ist häufig zu beobachten. Leider gibt es noch keine empirische Absicherung durch eine prospektive Studie.

5.2 Patienten mit Entspannungsschwierigkeiten

Das ist eine Domäne ambulanter Behandlung. Bekanntlich können rational und leistungsorientierte, übergenaue Menschen mit dem Autogenen Training wenig anfangen. Es empfiehlt sich dann ein auf Wahrnehmungsförderung basierendes Entspannungsverfahren anzuwenden, zum Beispiel das regulative Musiktraining (Schwabe 1991b). Aus Effektivitätsgründen wird häufig versucht, zunächst mit geringerem Aufwand dem Patienten das Autogenen Trainings zu vermitteln. Gelingt das nicht bietet Regulative Musiktherapie eine Alternative. Vielfach ist nicht nur die Entspannungsfähigkeit zu verbessern, sondern auch darüber hinausgehende Verhaltensänderung zu erreichen.

5.3 Somatisch Kranke mit ungenügender Krankheitsverarbeitung

Chronisch körperlich Kranke reagieren häufig mit Angst und Abwehr, oft auch Verleugnung auf Symptomatik, Krankheit und veränderte Lebensführung. Die seelische Reaktion auf die Erkrankung gewinnt oft die Qualität einer nach der in der DDR gebräuchlichen Neurosedefinition von Bad Elster so genannten sekundären psychischen Fehlentwicklung mit Fehleinstellungen zur Symptomatik (insbesondere Entwicklung von Erwartungsängsten und Vermeidungsverhalten), zur Krankheit (sekundärer Gewinn, Chronifizierung durch Ärzte und Sozialsystem) sowie zur Lebenssituation (neurotische Arrangements) (Höck / König 1976). Es gibt viele Ähnlichkeiten zu Patienten mit somatoformen Störungen. Bei der Arbeit mit dieser Patientengruppe ist unbedingt darauf zu achten, dass die somatische Grundkrankheit gebührend Berücksichtigung findet und dass beim Patienten nicht der Eindruck entsteht, dass man ihn nur als psychisch krank und nicht auch, und das vordergründig, als körperlich krank sieht. Das bedeutet unter anderem, dass für Aufklärung, unter Umständen auch weitere Diagnostik und die Förderung der Wahrnehmungsfähigkeit für die körperliche Symptomatik, sehr viel Zeit gebraucht wird. Die Stufen 1 und 2 im gestuften Wahrnehmungstraining sind hier besonders wichtig. Auf Stufe 3, wenn es um das Erfassen und Bewusstwerden der Ängste vor der Symptomatik geht, ist die Arbeit besonders schwierig und braucht sehr viel Geduld und Verständnis seitens des Therapeuten. Nicht anders verhält es sich bei Kranken mit psychosomatischen Erkrankungen im engeren Sinne. Allerdings ist die Erfahrung in der Klinik, dass diese Kranken nur noch im Einzelfall, meist in suizidalen Krisen dem Psychotherapeuten vorgestellt werden.

5.4 Schmerzpatienten

Was unter Punkt 5.3 zu psychophysisch Kranken gesagt worden ist, trifft auf Schmerzpatienten insbesondere zu. Sie sind auf die Wahrnehmung des Schmerzes und den Kampf gegen den Schmerz, den sinnlosen Versuch den Schmerz nicht wahrzunehmen, fixiert. In diesen Kampf werden sehr oft alle Maßnahmen der spezifischen Schmerztherapie mit Medikamenten, Injektionen, Physiotherapie usw., die bei den Patienten den höchsten Stellenwert haben, einbezogen. Gerade dadurch aber wird die Aufmerksamkeitsfixierung auf das Schmerzerleben verstärkt. Es ist deshalb schwierig, Schmerzpatienten überhaupt zu einer Psychotherapie zu gewinnen und sie zu bewegen, die automatisierten abwehrenden Verhaltensmuster dem Schmerz gegenüber im Sinne von Kampf, Verleugnung, Ablenkung aufzulösen. Auch bei dieser Patientengruppe bedarf es eines Höchstmaßes an Geduld. Umso erfreulicher aber, wenn der Umgang mit dem Schmerz sich verändert weg von Angst und Kampf hin zu mehr gelassener Wahrnehmung, wenn sich Interessen wieder vergrößern, der Umweltkontakt besser wird, gleichsam Blumen wieder duften und Musik wieder klingt. Besserung zeigt sich, wenn Patienten freiwillig und unaufgefordert die Dosis ihrer Schmerzmedikamente reduzieren.

5.5 Patienten mit Persönlichkeitsstörungen

In den letzten Jahren kommen zunehmend Patienten mit schweren Persönlichkeitsstörungen, insbesondere emotional instabilen Persönlichkeitsstörungen vom Borderline-Typ in die Klinik. Die Symptomatik ist vielfältig, Selbstverletzungen, Essstörungen in Form von Anorexien, Bulimien oder gemischtförmigen, Drogenmissbrauch, Verhaltensstörungen, schwere interpersonelle Beziehungsstörungen sowie zur Umwelt. Extreme Angst vor Nähe, Beziehungsunfähigkeit mit Verlust der Distanzierungsfähigkeit, klammernde Beziehungsgestaltung zu den Therapeuten, gefolgt von abrupter Ablehnung und Entwertung sind häufig. Ansatzpunkte der Therapie sind daher Beziehungsaufbau und -gestaltung zwischen Therapeut und Patient sowie Förderung der Wahrnehmungsfähigkeit. Bei Essstörungen und Patienten mit Selbstverletzungen ist die Störung des Körperbildes, damit der Körperwahrnehmung, vordergründig ausgeprägt. Es gibt bisher keinen Königsweg zur therapeutischen Veränderung. Die Arbeit in Gruppen ist bei diesen Patienten wegen der Beziehungsschwierigkeiten und der Unfähigkeit, sich über eine längere Zeit in einer Gemeinschaft aufzuhalten, schwierig. Gruppenaktivitäten, die über 30 Minuten hinausgehen, sind von den Patienten häufig nicht auszuhalten und führen zu Extremreaktionen.

Daher steht die Arbeit in der Zweierbeziehung zunächst im Vordergrund, erst später sind vorsichtige Gruppenaktivitäten möglich. In der Dyade kann sowohl zeitlich als auch in Hinblick auf die fragile Nähe- und Distanzregulation vom Therapeuten sehr differenziert vorgegangen werden. Insbesondere ist es zu vermeiden, dem Patienten Nähe anzubieten ohne Ausweichmöglichkeiten. Das hat natürlich Konsequenzen für die Arbeit mit RMT auch in der Dyade. Sie sollte ohnehin erst dann beginnen, trotz der theoretisch bestehenden Indikation, wenn sich eine tragfähige Therapeut-Patient-Beziehung entwickelt hat. In einer eher sachlichen Atmosphäre sollte die Schilderung von Wahrnehmungen angeregt, geduldig nach dem Prinzip des Erinnerns und Beschreibens der Patient ermutigt werden, Wahrnehmungen konkret zu benennen. Das kann auch eine Sicherung sein vor dem Abgleiten in dissoziative Zustände. Bei beginnender Dissoziation sollte versucht werden, sachliche Beschreibungen zu Körperwahrnehmungen anzuregen. In besonderem Maße gilt, Deutung von Wahrnehmungen und Verhalten zu vermeiden. Auch ist sehr darauf zu achten, dass bei stark berührenden oder peinlichen Wahrnehmungen intensives Bohren oder Nachfragen vermieden wird. Besonders wichtig erscheint die ungeheure Angst der Patienten vor bestimmten seelischen Inhalten, aber auch vor Körperempfindungen, insbesondere das Erleben von Grenzverlust. Selbstverletzungen entstehen aus unterschiedlichen Empfindungen oder Motiven. Es gibt Selbstverletzungen mit deutlich fremdaggressiven Gehalt, sozusagen als unbewusste Bestrafung von Verhaltensweisen des Therapeuten oder der Umwelt, Selbstverletzungen, um Aufmerksamkeit zu gewinnen (so sind vielleicht auch die Epidemien von Selbstverletzungen auf Stationen zu verstehen) und solche, bei denen Körpergrenzenverlust und unerträgliche ängstigende Körperempfindungen den Patienten zwingen, durch Schmerz und fließendes warmes Blut zur Realität zurückzukehren. Es ist schwierig, über geduldiges Üben von Körperwahrnehmungen, was durch andere Methoden unterstützt werden kann, zum Beispiel konzentrative Entspannung nach Wilda-Kiesel (1993), den Patienten nach und nach zu veranlassen, sich diesen Körpersensationen zuzuwenden, die Ängste zu spüren, ohne sofort und in Panik durch selbstverletzendes Verhalten einzugreifen. Andererseits scheint aber dieser Weg ein erfolgversprechender zu sein. Ganz besonders wichtig aber ist, bei diesen Patienten nicht zu früh und überrumpelnd mit RMT zu arbeiten und, wenn RMT, in der Musikauswahl keine emotional stark belastenden oder gar strukturauflösende Musikstücke zu verwenden. Denn fehlende Strukturen, die Unfähigkeit, sich selbst eine Tages- und Stundenstruktur zu geben, ist wesentliches Problem der Kranken. Daher ist die Arbeit in der Klinik mit dem haltgebenden strukturellen Rahmen und mit überschaubaren, ebenfalls strukturgebenden Beziehungen, die auch Extremverhalten des Patienten aushalten können, so wichtig. Wenn dann in einem fortgeschrittenen Therapiezeitraum mit RMT gearbeitet wird, ist lange Zeit strukturierte, überschaubare, emotional klare und zeitlich kürzere Musik notwendig.

Der Patient sollte mit einem Therapeuten arbeiten, zu dem sich eine ausreichend tragfähige Beziehung entwickelt hat. In der Übungssituation selbst entstehen häufig große Ängste ausgeliefert zu sein, bedroht zu sein. Neben ausreichender Erklärung vor Beginn sollte der Therapeut auch darauf hinweisen, dass er den Patienten nicht beobachte, sondern mittrainiere. Er sollte verschiedene Möglichkeiten anbieten, im Sitzen, im Liegesessel oder im Liegen zu trainieren. Sicherungsmöglichkeiten sind zu erläutern, nämlich bei zur hoher Belastung abzubrechen und den Therapeuten anzusprechen. Günstig ist es zu betonen, dass nicht beobachtet wird, indem man sich mit dem Rücken zum Patienten setzt oder ihm einen Winkel im Behandlungszimmer anbietet, in dem er sich unbeobachtet fühlen kann. Ich erinnere mich zum Beispiel an eine Patientin, die sich unbedingt hinter dem Schreibtisch auf den Fußboden legen wollte, weil sie dort die Sicherheit hatte, nicht von meinem Platz am Plattenspieler aus gesehen zu werden. Andererseits bedeutet die Anwesenheit des Therapeuten, ihn jederzeit ansprechen zu können, auch Sicherheit.

Vor allen die Arbeit auf den Stufen 1 und 2 des Wahrnehmungstrainings ist die wichtigste Grundlage für eventuelle weitergehende Bearbeitung von Abwehr und folgende Verhaltensänderung. Bearbeitung erfolgt durch das Prinzip Erinnern und Beschreiben und nicht vorschneller Deutung von Abwehr. Mehr noch als sonst ist viel Geduld erforderlich.
Trotz der notwendigen Anpassung der RMT an die Situation bei Borderline-Patienten sehen wir kein Verlassen des tiefenpsychologischen Vorgehens in Richtung Verhaltenstherapie, wie das Schwabe (2003b) in einer neuen Veröffentlichung annimmt (vgl. auch den Beitrag von C. Schwabe in diesem Buch).

6. Unterschiede bei stationären und ambulanten Patienten

Stationäre Patienten, die mit RMT in der Dyade behandelt werden, sind in aller Regel sehr viel schwerer gestört als in der Ambulanz Hilfe Suchende. Das alleinige Ziel der Entspannungsfähigkeit besteht selten, dafür aber die Notwendigkeit der Auflösung der intensiven Einschränkung der Körperwahrnehmung und des Findens eines Zugangs zur eigenen Gefühlswelt. Dagegen besteht bei den leichter gestörten ambulanten Patienten häufiger das Anliegen, zur Entspannung zu finden, Unruhezustände, Schlafstörungen abzubauen. Bei diesen Patienten ist RMT im Sinne des regulativen Musiktrainings (Schwabe 1991) sehr effektiv und hilfreich. Patienten dagegen mit schweren Persönlichkeitsstörungen in der Ambulanz mit RMT zu behandeln ist problematisch. Das ist allenfalls in einem sehr fortgeschrittenen Therapiestadium in einer sehr stabilen Therapeut-Patient-Beziehung sinnvoll. Keinesfalls sollte die Behandlung an andere Therapeuten, wie zum Beispiel an einen dem Patienten zunächst fremden Musiktherapeuten delegiert werden. Dies wäre nur in einem stationären Setting, in dem der Musiktherapeut dem Patienten bereits vertraut ist, möglich. In der Ambulanz bedeutet RMT in aller Regel Hauptmethode, seltener bei stationärer Behandlung. Hierbei kann RMT im Rahmen einer Einzelpsychotherapie eine wesentliche Begleittherapie zur Wahrnehmungsförderung sein. Sollte das an einen Musiktherapeuten delegiert werden, muss der enge Kontakt zwischen ihm und dem Gesprächstherapeuten immer gewährleistet sein. Und, wie bereits gesagt, der Musiktherapeut sollte dem Patienten bereits bekannt und vertraut sein.

7. Ausblick

Die Darstellung der Regulativen Musiktherapie in der Dyade muss zunächst bruchstückhaft bleiben. Nach der langen Phase der Entwicklung der RMT als überwiegend gruppenpsychotherapeutisches Verfahren waren zunächst verhältnismäßig wenige Patienten einzeln behandelt worden. Noch fehlen trotz theoretisch gut begründeter Indikationskriterien entsprechende Studien zur Wirksamkeit. Wünschenswert ist eine prospektiv angelegte Studie, die den Therapieverlauf sowie Kurz- und Langzeitergebnisse verfolgt. Instrumente liegen zum Teil vor. Nicht zuletzt auf Grund des persönlichen Austausches ist davon auszugehen, dass die vielen psychologischen und ärztlichen Psychotherapeuten, die in den 80er Jahren RMT als Gruppenpsychotherapie gelernt haben, diese nach Übergang in die Einzelpraxis weiter anwenden. Erfahrungsberichte sind noch nicht bekannt. So ist zu hoffen, dass durch diesen Erfahrungsbericht Kollegen angeregt werden, ihrerseits Erfahrungen zu veröffentlichen. Besonders richtet sich das Interesse auf die vielen Schwerkranken mit Essstörungen, Borderline-Persönlichkeitsstörungen und selbstverletzendem Verhalten, aber auch Schmerzpatienten und Kranke mit Somatisierungsstörungen.

EMOTIONSPSYCHOLOGIE UND IHRE BEDEUTUNG BEI REGULATIVER MUSIKTHERAPIE (RMT) UND GUIDED IMAGERY AND MUSIC NACH HELEN BONNY (GIM)

THOMAS WOSCH

Von Musiktherapie und Musikpsychologie hat die Emotionspsychologie als Subspezialisierung der Psychologie bislang wenig wahrgenommen. Eine große Ausnahme bildet dabei der 2001 erschienene 13. Band der Reihe „Affective Science" der Oxford University Press zu Musik und Emotion (Juslin / Sloboda 2001). Die Reihe wird von den führenden Emotionspsychologen Davidson, Ekman and Scherer (USA, Schweiz) herausgegeben. Im genannten Band zu Musik und Emotion ist als interdisziplinäre Besonderheit sogar ein Beitrag von Scherer selbst vertreten, der bereits früher in der Erforschung von Emotion und Sprache quasi musikalische Faktoren des Sprechens in den Mittelpunkt seiner emotionspsychologischen Grundlagenforschung gestellt hatte (Scherer 1990). Es wird weiterhin darauf verwiesen, dass Überblickswerke zu Musikpsychologie und Musiktherapie keine separaten Kapitel zu den Grundlagen von Emotionen beinhalten wie auch die Emotionspsychologie keine zur Musik. Dabei hatten bereits 1987 die Emotionspsychologen Gaver und Mandler darauf verwiesen, dass Studien zur Musik für ein besseres generelles Verständnis von Emotion für die Emotionspsychologie von höchster Bedeutung sein können (Gaver / Mandler 1987 in Juslin / Sloboda 2001, 3).

Im Folgenden wird der Weg von emotionspsychologischen Grundlagen hin zur rezeptiven Musiktherapie beschritten, wobei exemplarisch Bezug auf die beiden Methoden der rezeptiven Musiktherapie Regulative Musiktherapie (RMT) und Bonny Method Guided Imagery and Music (BMGIM) genommen wird. Dabei ist zunächst die für rezeptive Musiktherapiemethoden relevante Definition von Emotion zu klären. Anschließend werden zwei Aspekte von Emotion, die Klassifikation von Emotionsqualitäten und der Prozess von Emotionen, mit ihren Bezügen zu den genannten Methoden differenziert. Gerade der Prozess von Emotionen spielt für psychotherapeutische Verfahren, wie u. a. für die aktive Musiktherapie (z. B. Langenberg 1996; Wosch 2002), eine große Rolle. Zum Teil dabei als auch in Studien zur

Musikrezeption (z. B. Bonny 1983; Brüggenwerth et al. 1994; Gutjahr et al. 1994) wird jedoch nur jeweils der Prozess einer einzelnen Emotion betrachtet. Ein alle Emotionen umfassender Emotionsprozess (Machleidt 1994, 353; Wosch 2002, 253) und seine Bedeutung für die rezeptive Musiktherapie wurden dabei bislang noch nicht beachtet. Dies wird erst aus der Perspektive der Emotionspsychologie ermöglicht.

Definition von Emotion und rezeptive Musiktherapie

In der aktuellen Emotionspsychologie (Scherer 1990; Izard 1994) wird Emotion vor allem im Zusammenhang mit Motivation definiert. Die bis heute in der Emotionspsychologie gültige Definition von Izard umfasst zwei wesentliche Aspekte. Der eine Aspekt beinhaltet drei miteinander untrennbar verbundene Komponenten von Emotion.

Diese sind:
„(a) das Erleben oder das bewusste Empfinden des Gefühls,
(b) die Prozesse, die sich im Gehirn und im Nervensystem abspielen und
(c) das beobachtbare Ausdrucksgebaren, besonders im Gesicht."
(Izard 1994, 20)

Izard fasst diese auch als phänomenologische, neurophysiologische und neuromuskuläre Komponenten von Emotion zusammen (Izard 1994, 67). – Über die Gesichtsmuskulatur hinausgehende weitere Ausdrucksformen von Emotion bleiben dabei unbeachtet.
Der zweite Aspekt bei Izard besteht darin, dass aus seiner Perspektive Emotionen als „grundlegende Motivatoren menschlichen Verhaltens" bezeichnet werden (Izard / Malatesta 1987, 494; Izard 1994, 19). Dieser Aspekt spiegelt sich auch in Scherers Band zu Emotion wider, in welchem der Rubrik „Motivation" die Emotion zugeordnet (Scherer 1990) und Emotion als Anpassungsmechanismus (Scherer 1979, 212) betrachtet wird. Dieser zweite Aspekt der Motivation und des Anpassungsmechanismus beschreibt Emotion als Funktionalität. Die Betrachtung von Emotion als grundlegendes Motivationssystem menschlichen Handelns und Denkens weist Emotion jedoch von vornherein eine Mittlerfunktion im psychischen System zu. Demgegenüber wurde in der neueren deutschen Emotionspsychologie ein Modell entwickelt, das in Emotion wesentlich mehr Autonomie und Reflexion auf sich selbst erkennt. Gegenüber der Funktionalität bei Izard und dessen universeller Bestimmung von Emotion (z. B. mit weltweit gleicher Mimik für einzelne Emotionen) wird eine personzentrierte Perspektive auf das

Phänomen Emotion eingenommen (Ulich 1992, 49). Ulich bestimmt entgegen der Definition von Izard Emotion ohne den Faktor der Handlungs- und Aktivitätsregulierung. Er bezeichnet Emotion vor allem als persönliches „Berührtsein" (Ulich 1992, 56). Dieses Moment von Emotion bildet bei Ulich eine Komponente bzw. ein Merkmal im Komplex Emotion. Die vier grundlegenden Merkmale von Emotion sind die „leib-seelische Zuständlichkeit einer Person", das „Involviertsein" bzw. unmittelbare Berührtsein einer Person, das eher „passive" Erleben von Gefühlen im Sinne von „Widerfahrnissen" und die „enge Verwobenheit in zwischenmenschlichen Beziehungen" bis hin zu den Dimensionen von „einer bestimmten Kultur und Gesellschaft" (Ulich 1992, 55–56). Ulich knüpft mit dieser Definition von Emotion sehr stark an frühere ähnliche Begriffsbestimmungen bzw. Kritiken von Mandler (1979) und Lantermann (1983) an. Mandler wurde bereits in der Einleitung als einer der wenigen Emotionspsychologen genannt, welche sich gerade aus Untersuchungen zur Musik generell neue Ergebnisse zu Emotion in der Emotionspsychologie erhofften. Von Lantermann stammt der eben genannte Begriff der „Widerfahrnisse" (Lantermann 1983, 405), welcher von Ulich im personzentrierten Sinne weitergeführt wird zur neuen Qualität des eben genannten „Berührtsein". *Berührtsein* versus *Widerfahrnis* räumt der betroffenen Person als separates Merkmal von Emotion ein größeres Maß an eigenen Anteilen ein, d. h. wovon sie berührt wird und auch wie sie berührt wird.

Gerade dies steht auch in Übereinstimmung mit Ergebnissen der Rezeptionsforschung zu Musik. Gembris fasst dazu zusammen, dass offenbar jede Person eine eigene Musikwirkung habe, womit die Person selbst zum Schlüssel des konkreten Erlebens von Musik wird (Gembris 1996). Gembris beschreibt dies insbesondere für die physiologischen Merkmale, „dass eher individuelle Reaktionsdispositionen der Hörer für physiologische Reaktionen auf Musik ausschlaggebend sind als die Musik selbst." (Gembris 1996, 322) Nach Ulich formuliert, hat jede Person *ihre* (also personzentrierte) Art des Berührtseins von Musik, was zunächst auch die neuro- oder psychophysiologische (leib-seelische) Ebene betrifft. Diese Personzentrierung wird in neuesten Ergebnissen der amerikanischen Rezeptionsforschung betont. Nach diesen spielen soziale und soziokulturelle Faktoren eine immer geringere Rolle in der alltäglichen Musikrezeption. Am meisten werde Musik beim Allein-Sein gehört, Musik trage im Erleben maßgeblich zur Autonomie einer Person bei, wenn sie zu stark von sozial geforderten Pflichten vereinnahmt ist, und für Jugendliche werde Musik zum Spiegel der Konstruktion des Selbst anstelle der früheren Bedeutung einer Gruppenzugehörigkeit (Sloboda / O'Neill 2001, 421; De Nora 1999, 51). Die Person

und damit die psychische Ebene nimmt hier eine deutliche Vorrangstellung vor der Gruppe und der soziologischen Ebene ein.
Im Bereich des Psychischen tritt das *Erleben* als personzentriertes Berührtsein und Widerfahrnis für Emotion in den Mittelpunkt gegenüber einer Funktionalität für anderes und universellen Wirkungsschemen. Dies betrifft gleichermaßen Emotion als auch Musikrezeption. In der Bestimmung von Emotion bei Ulich steht das Erleben um des Erlebens willen, also quasi l'art pour l'art, sogar im Zentrum der Bestimmung von Emotion. Parallel dazu ist auch in der gegenwärtigen Rezeptionsforschung der Musikpsychologie ein Wechsel zu verzeichnen, vom Begriff Emotion zu dem des „Musikerlebens" und dem des „Erlebens von Emotionen" (Vink 2001, 145–146). In beiden Fällen wird für Emotion und sogar Musikerleben das Erleben anstelle einer Funktionalität von Emotion betont. Das vierte Merkmal von Emotion bei Ulich, die Beziehungskomponente, steht sogar im unmittelbaren Zusammenhang mit den therapeutischen Kernpunkten rezeptiver Musiktherapiemethoden. Ulich führt zu dieser Komponente gleichfalls im personzentrierten Sinne aus: „Im Fühlen werden nicht objektive Eigenschaften des Gegenstandes erfahren, sondern die Art dieser Beziehung." (Tunner 1982, 215 in Ulich 1992, 52) Sie steht hier einmalig in der Begriffsbestimmung von Emotion. Diese Komponente bleibt bei Izard unberücksichtigt. Auch wird der phänomenologische Aspekt bei Izard universell für alle Menschen betrachtet (z. B. in weltweiter gleicher Mimik einzelner Emotionen, Izard 1994, 109–114), wogegen bei Ulich mit Berührtsein und Widerfahrnis zwei für die Musikrezeption aktuell (und die Musiktherapie bereits seit längerer Zeit) zutreffende personzentrierte Bestimmungen gegeben werden. Besonders mit diesen drei Merkmalen Berührtsein, Widerfahrnis und Beziehungskomponente erscheint eine besondere Relevanz der Definition von Emotion nach Ulich für die Musiktherapie allgemein, wie auch für die rezeptiven Methoden im Besonderen, gegeben.[1]

Die beiden oben genannten rezeptiven Methoden RMT und GIM nehmen auf Emotion allgemein verschiedene als auch gleiche Bezüge. Die GIM betrachtet Emotion auf der Klienten-Seite zum einen als wichtigen Bestandteil innerhalb der beim Klienten entstehenden Images. Zum anderen ist Emotion eigenständiger und separater Faktor im therapeutischen Prozess der GIM (Goldberg 1999, 117–118). Für beide Bedeutungen wird in der GIM von einer Interaktion zwischen Musik und Emotion ausgegangen. Dazu schreibt

1 Gerade im letzten Tunner-Ulich-Zitat könnte „Fühlen" problemlos mit „Musikerleben in der Musiktherapie" und „des Gegenstandes" mit „der Musik" ersetzt werden.

Goldberg: „music ... may be an archetypal representation of emotion, born of creative genius, and therefore able to touch deep unconscious layers of emotion in the listener. “ (Goldberg 1999, 118) – Die zuvor beschriebene *Parallelität* von Emotion und Musik erscheint hier als *Interaktion*. – Dabei wird sowohl die universelle Verankerung von Emotion nach Izard mit dem hier beschriebenen archetypischen Gehalt deutlich, als auch das Kriterium des Berührtseins nach Ulich. In weiteren emotionspsychologischen Fundierungen nimmt Goldberg Bezug auf Tomkins (1962) und Plutchik (1984), in welcher Tradition Izard steht (Izard 1994; Ortony / Turner 1990). Aber Goldberg bezieht sich auch auf den mehrfach im Zusammenhang mit Ulich genannten Mandler (Goldberg 1999, 118).

Für die konkreten Prinzipien der GIM scheint gerade diese letztgenannte personzentrierte Bestimmung von Emotion die emotionspsychologische Grundlage zu bilden. Zum ersten trifft das für die Änderungen zu, welche Bonny gegenüber Leuners Katathymem Bilderleben (KB) aufgrund der Besonderheiten des Musikerlebens vorgenommen hatte (Kiel 1993). Die Standardbilder des KB waren als Einstieg in der GIM nicht möglich. Es standen sich vorgegebene bildliche Images und die Personzentrierung bzw. die Subjektivität des Musikerlebens konträr gegenüber. So bildeten personzentrierte Ereignisse und Images der Klienten aus den Vorgesprächen der GIM oder vorherigen Therapiestunden anstelle der Standardbilder den Einstieg in die eigentliche musikgeleitete Imagination. Zum zweiten stellt Bonde die Bedeutung der Person des Klienten für die musikgeleitete Imagination absolut in den Mittelpunkt. Bonde beschreibt die Funktion der Musik als Projektionsfläche („projection screen“) für unbewusste Inhalte des Klienten (Bonde 2002, 118). Damit wird die Personzentrierung zum Schlüssel des Erlebens von Musik in der GIM. Bonde räumt jedoch ein, dass für einen Teil der GIM-Therapeuten, welcher Musik als „archetypisches Energiefeld“ ansieht, das Primat der therapeutischen Veränderungen in der mythischen Struktur der Musik, nach Ulich also im Beziehungsgegenstand, liege (Bonde 2002, 119). In diesem Unterschied deuten sich älteres theoretisches Emotionsverständnis in letzterem und ein neueres in der Position Bondes an. Damit kann auch die Ambivalenz in der emotionspsychologischen Fundierung von Goldberg erklärt werden, welche mit Bondes zwei deutlich getrennten Positionen jeweils der älteren oder der neueren Emotionstheorie zugeordnet werden kann. Auf der einen Seite ist dies die Personzentrierung nach Ulich mit der zentralen Stellung des Klienten, für den die *Musik zur Projektionsfläche eigenen Erlebens* wird. Auf der anderen Seite sind es *mythisch-universelle Strukturen von Musik*, welche beim allgemeinen Wesen Mensch in

Stellvertretung eines Klienten therapeutische Veränderungen mit einem ebenfalls allgemeinen Charakter ähnlich der universellen Ausdrucksformen und Funktionalität bei Izard bewirken. Als gemeinsamen Nenner benennt Bonde jedoch für beide Positionen der GIM das transpersonale Erleben. Wird hiermit Musikerleben im Endeffekt als Erleben, Involviertsein und Widerfahrnis sehr deutlich entgegen einer Handlungs- und Aktivitätsregulierung angesehen, so kann dies auch für das mit der Musik interagierende Emotionserleben in der GIM als Grundlage vermutet werden. Damit liegt die Emotionsbestimmung nach Ulich für die GIM im Endeffekt näher als die von Izard. Eine Ausnahme im Sinne der universellen Bestimmung von Emotion nach Izard bilden die Teile der Praxis der GIM, in denen den archetypischen Strukturen an sich im Musikerleben eine Vorrangstellung eingeräumt wird.

In den Quellen zur RMT wird explizit keine theoretisch-emotionspsychologische Fundierung gegeben. Einzelne Prinzipien und Details der RMT verankern diese rezeptive Musiktherapiemethode jedoch ebenfalls eindeutig in der Emotionsdefinition nach Ulich. Dazu gehört der für die RMT zentrale Begriff des *Geschehenlassens* (Schwabe 1987, 159 sowie Schwabe und Röhrborn in diesem Buch). Mit der Realisierung von Geschehenlassen im Wahrnehmungsprozess des Klienten kann ein eindeutiger Bezug zu den Widerfahrnissen im Emotionserleben hergestellt werden. Außerdem wird in den zwei im therapeutischen Prozess der RMT miteinander zu verknüpfenden Wahrnehmungsebenen Körper, eine Ebene, und Gedanken, Stimmungen sowie Gefühle, andere Ebene, das Beschreiben leib-seelischer Zuständlichkeiten benannt. Körper, Gedanken, Stimmungen und Gefühle werden in ihrer Verknüpfung immer differenzierter im therapeutischen Prozess der RMT wahrgenommen (siehe Schwabe und Röhrborn dieses Buch). Gerade ihre von Person zu Person verschiedenen Zusammenhänge können erkannt und damit unmittelbar zu therapeutischen Veränderungen führen. In diesen Zusammenhängen werden z. T. leib-seelische Zuständlichkeiten, also ein Grundmerkmal von Emotion, überhaupt erst bewusst wahrgenommen. Des Weiteren kommt aber auch der separaten Betrachtung von Emotion innerhalb der Wahrnehmungsbeschreibung in der dritten Phase der RMT eine besondere Bedeutung zu. In dieser Phase wird das Erkunden und Erfassen von Gefühlsreaktionen möglich (Schwabe / Röhrborn 1996, 63). Damit wird den einzelnen Emotionen als Gefühlsreaktionen vor allem eine zeitlich erst zu erreichende Position im Therapie- und Wahrnehmungsprozess der RMT zugeordnet. In diesem Sinne der RMT wird Emotion nicht als Motivator (Izard 1994, 19) und auch nicht als *Ausgangspunkt* von Handlungsregulationen im Sinne Izards betrachtet. Emotion steht vielmehr am Ende eines zuvor nicht bewusst wahrgenommenen Erlebensprozesses. Dieser Erlebensprozess besteht aus miteinander verknüpften Wahrnehmungen, an deren Ende Emotion zum Kern des Erlebens führt. Damit trägt der Umgang mit Emotion in der RMT sehr stark den Charakter eines Erlebens an sich, welches am jeweiligen Ende eines (Mikro-)Prozesses angesiedelt ist. Diese Position betrifft auch den therapeutischen Gesamtprozess der RMT. Dieser wird beschrieben als „Prozess der Selbstbegegnung, insbesondere mit der emotionalen Seite der eigenen Person" (Schwabe / Röhrborn 1996, 44). *Im Unterschied zur GIM wird hier nicht von einer Interaktion von Musik und Emotion geschrieben, sondern wird der Radius noch weiter eingeschränkt auf die Interaktion einer Person mit ihren Emotionen.* Dies kann als noch stärkere Fokussierung der personzentrierten Seite von Emotion verstanden werden, da innerhalb dieser Seite nochmals differenziert wird. Als ein Ergebnis der RMT wird weiter ausgeführt, dass ein „zunehmend bewußterer und gesteuerter Umgang mit der eigenen Emotionalität" (Schwabe / Röhrborn 1996, 44) erreicht werden kann. Damit wird Emotion endgültig nicht mehr als Motivator, sondern sogar umgekehrt als eigenständiges Phänomen verstanden, welches bewusst im Prozess der RMT erst wahrgenommen und später sogar als zu regulierendes (und nicht als Regulationsmittel) betrachtet wird.

Dies kann nur geschehen, wenn nicht nur der Emotionalität begegnet wird, wie es in der GIM geschieht, sondern sich in einem Schritt weiter mit diesem Phänomen innerhalb des Musikerlebens Abstand nehmend sogar verändernd auseinandergesetzt wird. Dies gibt dem Klienten eine äußerst starke Position innerhalb des therapeutischen Prozesses. –

Die Finalität des Erlebensphänomens per se, der Emotion, wird als *Emotionswahrnehmung* in der RMT sowie im Umgang mit diesem eigenständigen Phänomen zum Schlüssel der therapeutischen Veränderungen. Es ist im Endeffekt ein Entdecken und Umgang mit Berührtsein. Dieses Berührtsein spielt sich vor allem in der eben genannten Selbstbegegnung mit dem Fokus der Begegnung mit eigenen Emotionen ab. Nach Ulich wäre dies „unser Verhältnis zu ‚etwas'" (Ulich 1992, 56). Dieses Etwas ist im Fall der RMT, wie in vielen psychotherapeutischen Methoden, so auch der GIM, das Verhältnis zum eigenen Selbst. Vom Selbst berührt zu werden, erscheint unter emotionspsychologischer Perspektive als Quadratur des Berührtseins, in der sich ein Kreis schließt. Das Selbst bildet den Gegenstand des Berührtseins und zugleich wird die Person davon berührt. Diese Momente können emotionspsychologische Sondermomente darstellen. – Für den Verlauf der

RMT wird jedoch auch von anderen Verhältnissen bzw. Beziehungen geschrieben. Dies betrifft insbesondere die Beziehungsaufnahme zur Musik, welche ausschließlich auditiv erfolgt. In dieser Beziehungsaufnahme kommt ein „innerlicher Bewegungsvollzug" (Schwabe 1987, 99) zustande, welcher eine zweite Form des Berührtseins darstellt. In diesem Fall ist es die Berührung durch das Zeitmedium Musik. Hier erscheint eine Ähnlichkeit zu den oben beschriebenen teilweisen Strukturen von Musik in der GIM.

Archetypische Grundlagen von Musik werden jedoch in der Literatur zur RMT nicht beschrieben, womit auch hier eher eine personzentrierte Bedeutung von Musik nahe liegt. Im Fazit erscheint ebenfalls für die RMT die Definition von Emotion nach Ulich als theoretische Grundlage innerhalb der Emotionspsychologie. Dies betrifft die leib-seelische Zuständlichkeit, das Widerfahrnis und das Berührtsein. Emotionspsychologische Charakterisierungen im Sinne Izards sind hier nicht zu erkennen. Über das Erleben an sich wird jedoch im therapeutischen Prozess der RMT hinausgegangen, indem direkt ein zu ereichender Umgang mit Berührtsein formuliert und als therapeutisches Ziel angesehen wird. Damit scheint zunächst das Erleben an sich sehr stark im Mittelpunkt zu stehen, da seine weiteren Bedeutungen für den Klienten weniger als die quasi strukturelle Regulierung von personzentriertem Erleben eine Rolle spielen.

Im eingangs von Mandler und Gaver geforderten Sinne, dass Emotionspsychologie generell von Studien zur Musik einen großen Erkenntnisfortschritt erlangen kann, kann für die rezeptiven Methoden GIM und RMT festgestellt werden, dass eine in der Emotionspsychologie eher weniger beachtete Theorie zu den Grundlagen von Emotion eine höhere Relevanz aufweist als die derzeit in der Emotionspsychologie favorisierte Emotionsdefinition der differentiellen Emotionspsychologie. Die Besonderheiten des Musikerlebens als auch die Besonderheiten der psychotherapeutischen Ansätze von GIM und RMT bauen eher auf einer person- und erlebenszentrierten Grundlegung von Emotion (Ulich) mit einem finalen Charakter auf als auf einer universell und motivationsorientierten Grundlegung von Emotion mit funktionalem Charakter (Izard).

Klassifikation von Emotionsqualitäten und aktive Musiktherapie

Nach der Klärung der Definition von Emotion für rezeptive Methoden der Musiktherapie wie RMT und GIM wird sich als zweiter Punkt der Unterscheidung verschiedener Emotionen zugewandt. Bezogen auf verschiedene

Emotionen wie Angst, Freude und Sehnsucht, welche verschiedene phänomenologische bzw. erlebte Qualitäten des Berührtseins etc. darstellen, werden innerhalb der Prinzipien rezeptiver Methoden verschiedene Schwerpunkte gesetzt. Bevor diese Unterschiede jedoch verdeutlicht werden können, muss zunächst ein gemeinsames Bezugssystem für zu unterscheidende Emotionen geklärt werden. Dies geschieht wiederum auf der Grundlage der Emotionspsychologie. Dazu wird weiter auf der relevanten Definition von Emotion als personzentriertes Berührtsein, leib-seelische Zuständlichkeit, Widerfahrnis und Beziehungsqualität aufgebaut.

Die Unterscheidung verschiedener Emotionen zeigt in der Emotionspsychologie eine sehr breite Streuung. 2002 wurden in einer diesbezüglichen Studie allein 22 verschiedene Systeme in der Benennung verschiedener Emotionen gezählt (Wosch 2002, 27–34). Davon stammen allein 19 aus der differentiellen Emotionspsychologie, welche in ihrem Umfang bereits zwischen zwei und elf Basisemotionen variieren. Außerdem werden die Systeme der fünf Grundgefühle (Lungwitz 1970; Machleidt et al. 1989), der weltweiten Benennung von 56 Emotionen (Schmidt-Atzert / Ströhm 1983) sowie der Klassifikation von 24 Emotionen (Mayring 1992) genannt. Bereits in den Bezeichnungen Basisemotionen, Grundgefühle und Emotionen werden zwischen den Systemen Unterschiede deutlich. Weitere Bezeichnungen wie fundamentale Emotionen, primäre Emotionen und selbstreflexive Affekte erweitern dieses Spektrum (Wosch 2002, 39). Wird jedoch auf die Benennung verschiedener Emotionen im Sinne zu unterscheidender personzentrierter Erlebensqualitäten abgehoben (Mayring 1992; Wosch 2002), so werden Gemeinsamkeiten zwischen den 22 verschiedenen Systemen deutlich. Eine Gemeinsamkeit ist, dass 19 der 22 Systeme die Emotionen Angst/Furcht und Ärger/Wut enthalten. Eine weitere Gemeinsamkeit ist, dass die Klassifikation von Mayring, welche voll und ganz auf der Definition von Emotion nach Ulich basiert (Ulich / Mayring 1992), in ihrer Benennung alle unterschiedenen Emotionen der anderen Systeme umfasst (mit Ausnahme des Systems von Schmidt-Atzert / Ströhm)[2]. Auffallend ist weiterhin, dass Mayring die 24 klassifizierten Emotionen in vier Gruppen zusammenfasst, welche wiederum fast mit den fünf Grundgefühlen von Lungwitz und Machleidt (Lungwitz 1970; Machleidt et al. 1989) übereinstimmen. Nur die in fast allen Emotionssystemen differenzierten Emotionen Angst/Furcht und Ärger/Wut, welche in den Grundgefühlen in ihrer Phänomenologie

2 Auf der Grundlage der Emotionsdefinition von Ulich erfüllen nur 24 der von Schmidt-Atzert und Ströhm zusammengetragenen 56 verschiedenen Emotionsbenennungen die Merkmale einer Emotion.

deutlich unterschieden werden (siehe weiter unten), werden bei Mayring in ein und derselben Gruppe zusammengefasst. Diese Herleitung sowie weitere Schritte, welche an anderer Stelle nachvollzogen werden können (Wosch 2002, 17–45), führen zur Bildung eines Bezugssystems von unterschiedenen Emotionsqualitäten, welches in Tab. 1 zu sehen ist. Dabei wird eine weitere Differenzierung von kurzzeitig intensiver Emotion (Affekt), von etwas anhaltender Emotion mittlerer Intensität (Gefühl) sowie einer lang anhaltenden Emotion gleichbleibender Intensität (Stimmung) hier nicht getroffen. Es werden die verschieden benennbaren Qualitäten des Berührtseins, der Widerfahrnis, der leibseelischen Befindlichkeit und der Beziehungsqualität als Emotionsqualität bezeichnet.[3] Vernachlässigt werden in Tab. 1 die Emotionsqualitäten Neid, Eifersucht und Ekel. Diese drei erscheinen nicht in den weiter unten genannten Systemen von Emotionen in der Musiktherapie und konnten nicht eindeutig den Charakterisierungen der fünf Klassen von Emotionsqualitäten zugeordnet werden.

Intentions-, Zuneignungs-emotionen	*Angst-, Abneigungs-emotionen mit Abwendung*	*Ärger-, Abneigungs-emotionen mit Zugehen*	*Trauer-, Unbehangens-emotionen*	*Freude-, Wohlbefindens-emotionen*
Interesse, Liebe, Mitgefühl, Stolz, Sehnsucht	Angst, Furcht, Scheu	Ärger, Wut, Zorn, Verachtung, Hass	Trauer, Wehmut, Niedergeschlagenheit, Scham, Einsamkeit, Schuldgefühl, Leere	Freude, Genuss, Glück, Zufriedenheit, Erleichterung

Tab. 1: Fünfteilige Klassifikation von Emotionsqualitäten (vgl. Wosch 2002, 38 u. 253)

Diese fünf Klassen von Emotionsqualitäten begegnen uns mehrfach in der musiktherapeutischen Literatur. Das betrifft insbesondere die aktive Musiktherapie (Priestley 1994; Bunt / Pavlicevic 2001; Wosch 2002) und z. T. auch die GIM (Bonde 2001).

3 Bei Ulich wird die Emotionsdefinition mit einem Schwerpunkt in der Gefühlsdimension von Emotion gegeben (Ulich 1992, 55).

Bevor darauf eingegangen wird, werden die fünf Klassen entsprechend den genannten Quellen der Emotionspsychologie charakterisiert. Machleidt beschreibt die Emotionsqualität Intention als „Hungergefühle im weitesten Sinne“ (Machleidt et al. 1989, 44). In seiner Erlebensqualität charakterisiert dieses „Leeregefühl“ (Lungwitz 1970, 531) „Neugier, Wunsch, Verlangen, Begehren, Sehnsucht etc.“ (Machleidt 1994, 352). Bezogen auf die Beziehungsqualität schreibt Machleidt: „Ein Individuum, das intentionale Gefühle erlebt, fühlt sich von dem Gegenstand des Interesses gefesselt, angezogen, ...“ (Machleidt et al. 1989, 44). Das Selbst ist quasi gefangen genommen. Demgegenüber wird die Emotionsqualität Angst als „Beengungsgefühl“ (Machleidt et al. 1989, 56; vgl. auch Latein: angustus – eng) gekennzeichnet. Das Merkmal von Emotion der Widerfahrnis kann hier existenzielle Ausmaße im Sinne von Bedrohung annehmen. Zwar können Ängste zwanghaft auf bestimmte Objekte gerichtet sein (Machleidt et al. 1989, 56), jedoch ist dies für die betroffene Person in der Beziehungsqualität mit „Verlegenheit, Zurückhaltung, ... Flucht“ gegenüber dem Objekt der Angst verbunden, also mit Abneigung von diesem (Mayring 1992, 138). Die Emotionsqualität Ärger wird nach Machleidt sehr eng an die lateinische Bedeutung von aggredior – herangehen – angelehnt. In ihr wird eine „Energiegeladenheit“ (Mayring 1992, 151) erlebt, welche janusköpfig gerichtet ist (Machleidt et al. 1989, 85). Als eine Richtung beinhaltet sie die Trennung, den Abschied in seinem schmerzhaften Erleben (Lungwitz 1970, 532). Die andere Richtung ist die genannte Bedeutung von Herangehen zum Objekt oder Gegenstand des Ärgers. Lungwitz sieht hier im besonderen Maße eine untrennbare leib-seelische Zuständlichkeit gegeben, da bei dieser Emotionsqualität am wenigsten eine Trennung zwischen seelischen und körperlichen Komponenten vollzogen werden könne (Lungwitz 1970, 532). Das Selbst erfährt in dieser Emotionsqualität eine teilweise Stärkung. Die Trauer-Emotionsqualität wird als „Verlustgefühl“ (Machleidt 1994, 354) erlebt. In seiner Beziehungsqualität ist es damit „das Gefühl des Abschieds, der Ablösung, der Verlassenheit, der Einsamkeit oder auch ... der Niedergeschlagenheit ...“ (Machleidt 1994, 354). Im täglichen Erleben kann diese Emotionsqualität deutlich oder auch weniger bewusst als Berührtsein wahrgenommen werden. In ihrer Beziehungsqualität wird sich in der Trauer dem Selbst teilweise stärker als dem Objekt der Trauer zugewandt. Schließlich wird die Emotionsqualität Freude von Machleidt als „Gefühl der Befriedigung, der Vollendung, der Erfüllung, des Glücks, ..., der Lust etc.“ (Machleidt 1994, 354) und von Mayring als „Wohlbefindensgefühl“ (Mayring 1992, 138) gekennzeichnet. Dabei ist z. B. bezogen auf Lust die hier als Wohlbefinden und Erfüllung erlebte Lust zu unterscheiden von der „Lust auf etwas“ (Machleidt et al. 1989, 44), welche in ihrem Erleben der Emotionsqualität Intention zuzuordnen ist. Das Selbst ruht in der Emotionsqualität Freude ganz in sich.

In der aktiven Musiktherapie spielen gerade diese fünf Klassen von Emotionsqualitäten in ihren eben beschriebenen Kennzeichnungen eine große Rolle. Priestley beschreibt als Grundlage für das therapeutische Vorgehen in ihrer Analytischen Musiktherapie sieben verschiedene Emotionen (Priestley 1994, 31–36). Diese sind Angst, Ärger, Schuld, Kummer bzw. Trauer sowie die Trias Liebe, Freude und Ruhe (Priestley 1994, 31–32). Alle sieben Werte der unterschiedenen Emotionen, welche nach Priestley die Gesamtheit des emotionalen Spektrums umfassen (Priestley 1994, 29), werden sowohl in ihren positiven als auch negativen Aspekten betrachtet. So wird z. B. Ärger positiv im Sinne von konstruktiver Aggression gegenüber eigenen Werten, also als Quelle von notwendigen Veränderungen beschrieben, und negativ bei gewaltsamer Destruktion (Priestley 1994, 31). Insbesondere der positive Aspekt ist ebenfalls in der o. g. Charakterisierung anzutreffen. Insgesamt fällt auf, dass die Emotionsqualitäten Angst, Trauer und Freude bei Priestley differenziert werden und Intention (Liebe) in unmittelbarer Nähe der Freude angesiedelt wird. Jedoch wird das Spektrum der eben emotionspsychologisch hergeleiteten fünf Emotionsqualitäten damit weder überschritten noch eingeengt. Das nach Priestley umfassende Feld von Emotionen in ihrer analytischen Musiktherapie deckt sich vollständig mit den Differenzierungen von Tab. 1.

Noch deutlicher wird diese Korrelation in einer der jüngsten Untersuchungen zur aktiven Musiktherapie und Improvisation von Bunt und Pavlicevic (Bunt / Pavlicevic 2001). Sie untersuchten die Interaktion von Musik und Emotion von fünf (!) Emotionen: glücklich, traurig, zärtlich, ärgerlich und ängstlich (Bunt / Pavlicevic 2001, 189–190). Alle fünf Emotionen erscheinen in drei Fällen wortwörtlich als Bezeichnung der verschiedenen Emotionsqualitäten in Tab. 1. Glücklich erscheint wortwörtlich unter den subsumierten Emotionen der Emotionsqualität Freude. Zärtlich ist im Sinne von Tab. 1 und der nachfolgenden Kennzeichnung der fünf Emotionsqualitäten eindeutig als Zuneigungsgefühl zu verstehen.[4] In einer weiteren Untersuchung wurden auf der Basis der in Tab. 1 hergeleiteten fünf

---

4 Die Basis dieser Emotionsqualitätendifferenzierung bildeten Sloboda und Juslin (Sloboda / Juslin 2001, 77). In Kurzimprovisationen wurden diese Qualitäten jeweils einzeln gespielt und von Zuhörern erraten und bewertet.

Emotionsqualitäten musiktherapeutische Improvisationen analysiert (Wosch 2002). Dabei wurden kleinste emotionale Prozesse visualisierbar (Wosch 2002, 111–112). Diese Prozesse beinhalteten für einen Improvisierenden jeweils den Wechsel zwischen zwei verschiedenen Emotionsqualitäten bereits innerhalb einer Improvisation (Wosch 2002, 252). Mit diesem Ergebnis wurde im Gegensatz zur Untersuchung von Bunt und Pavlicevic eine Improvisation hier nicht als *Zustand* einer einzelnen Emotionsqualität betrachtet sondern als *Prozess* mehrerer Emotionsqualitäten. Mit diesem Prozess waren unmittelbar Veränderungen in den Beziehungsqualitäten des Klienten verbunden. Eine Zuwendung zu seinem Selbst war beim Übergang von Intention zu Ärger innerhalb einer Improvisation zu beobachten. Im Gesamtprozess der Therapie stellte das Erleben von Ärger eine Schwelle dar, nach der sich in Trauer und Freude verstärkt dem eigenen Selbst genähert werden konnte (Wosch 2002, 237–241). Damit konnten Bedeutungen im „gesetzmäßigen" Wechsel der fünf Emotionsqualitäten im „Erlebnisablauf" (Machleidt 1994, 353) weiter differenziert werden. Gerade das Musikerleben bietet mit dem auditiven Sinnesbereich eine Emotionskomponente, welche in der Emotionspsychologie bislang noch keine ausreichende Berücksichtigung fand. Die Unterscheidung von Emotionen wird v. a. an den visuell wahrnehmbaren Gesichtsausdruck gebunden (Izard 1994; Krause 1990; Ekmann / Friesen 1969). Als *Zustand* wird dieser vielfach untersucht. Der Zusammenhang der verschiedenen Emotionsqualitäten als Teile eines „Emotionsganzen" wird dabei aus dem Blick verloren. Das Zeitmedium Musik legt aber gerade die Untersuchung zum Wechsel von Emotionsqualitäten aufgrund ihrer ständigen Bewegung (bereits innerhalb eines „Emotionszustandes") nahe. Erst hier kann eine Theorie wie der Erlebensablauf (Machleidt 1994) empirisch untersucht werden (Wosch 2002). Ulichs Definition von Emotion kann so unter Beachtung des musikalischen Ausdrucks um eine der Emotion immanente Prozesskomponente der ständigen Änderung von Emotionsqualitäten ergänzt werden.[5]

5 In der Gesamtheit des Wechsels aller verschiedenen Emotionsqualitäten wird im therapeutischen Prozess ein ständiges Wachstum des Selbst erreicht (Wosch 2002, 243).

Emotionsqualitäten und verschiedene Ansätze rezeptiver Musiktherapie

Für die aktive Musiktherapie konnte gezeigt werden, dass Emotionsqualitäten emotionspsychologisch fundiert differenziert werden. In GIM und RMT liegt dies nur teilweise für die GIM vor. Bonde beschreibt für die Auswahl von Musik in der GIM mit einer eigenen Erweiterung das „Mood-Wheel“ (Wigram / Nygaard Pedersen / Bonde 2002, 59), welches ursprünglich von Hevner (Hevner 1936) entwickelt wurde. In ihrer Untersuchung hatte Hevner 66 verschiedene Stimmungen zur Auswahl gegeben, welche im Gegensatz zu Lungwitz und Machleidt nicht als Entitäten (Hevner 1936, 250), sondern v. a. als *Ausdrucksmerkmale* von Musik verstanden wurden, aber ebenfalls in Gruppen bzw. Kategorien zusammengefasst wurden. Diese Kategorien geben in sich ähnliche Charakterisierungen an im Sinne eines „same feeling-tone“ (Hevner 1936, 250) und beinhalten teilweise Emotionen im o. g. Sinne. Bonde hat diese 66 Unterscheidungen in den acht Kategorien von Hevner auf 40 verkürzt und teilweise verändert sowie eine neunte Kategorie zur Charakterisierung populärer Musik (Nummer 7) hinzugefügt. Diese neun Kategorien sind in Tab. 2 zu sehen.

1	2	3	4	5
würdevoll, ernst, heilig / spirituell, besonnen, ehrfurcht-gebietend	düster, schwermütig, betrübt, tragisch, traurig	zärtlich, verträumt, gefühlvoll, sehnsüchtig, freundlich	ruhig, friedlich, lyrisch, gelassen wohltuend	anmutig, munter, launisch, köstlich, humorvoll

6	7	8	9
heiter, glücklich, fröhlich, lustig, positiv	aktiv, energisch, direkt, extrovertiert, aufmunternd	unruhig, aufgeregt, dramatisch, leidenschaftlich, triumphierend	dynamisch, aggressiv, majestätisch, mutig, begeistert

Tab. 2: Mood-Wheel Bonde (Wigram / Nygaard Pedersen / Bonde 2002, 59)[6]

6 Übersetzung von Helga Kratochwil und nach Frohne-Hagemann 2003. Bei Frohne-Hagemann, die das Gefühlsspektrum noch erweitert hat, wird in Kategorie 2 zusätzlich „ängstigend“ genannt. Wortwörtlich wird dies bei Bonde wie auch bei Hevner nicht explizit erwähnt, weshalb „ängstigend“ hier nicht aufgegriffen wird, was

Nicht alle Benennungen in diesem „Mood Wheel“ entsprechen den Merkmalen von Emotionen im o. g. Sinne. Hier als Stimmungen bezeichnete Unterscheidungen wie dramatisch, leidenschaftlich oder düster treffen nicht den Kern von Emotion als konkreter Erlebens- und Beziehungsqualität. Es werden mehr ein Vorgang an sich, Wertungen oder ein Eindruck aus einer nicht betroffenen Außenperspektive beschrieben. – Hevner hatte ihre Adjektivliste v. a. zur Untersuchung des musikalischen Ausdrucks verwendet, welcher nicht eindeutig in der Emotion aufgeht. – Somit sind eine große Anzahl der Adjektive nicht in den Klassifikationen von Tab. 1 zu finden. Dennoch ist in mehreren Kategorien von Bonde und Hevner eine große Nähe zu den Klassifikationen von Tab. 1 vorhanden. Teilweise sind in den Kategorien einzelne Emotionen direkt benannt. Dies betrifft z. B. die von Hevner selbst als „traurig“ benannte Kategorie 2 und Kategorie 6, die Hevner als „glücklich“ bezeichnete (Hevner 1936, 265). Insbesondere die Kategorie 2 steht damit sehr nahe der in Tab. 1 genannten Emotionsqualität Trauer. Die Kategorie 3 wird v. a. mit „sehnsüchtig“, aber auch „zärtlich“ (vgl. auch Bunt / Pavlicevic im letzten Unterkapitel) sehr durch die Emotionsqualität Intention charakterisiert. Die Kategorien 4 und 6 sowie teilweise 5 stehen der Emotionsqualität Freude, den Wohlbefindensgefühlen nahe. Die Kategorien 7, 8 und insbesondere 9 werden sehr durch die Emotionsqualität Ärger gekennzeichnet. Die Kategorie 1 erscheint mehr in einer transzendentalen Ebene von Erleben, welche nicht in Tab. 1 erfasst ist.[7]

Bezogen auf alle neun Kategorien ist jedoch auffallend, dass die Emotionsqualität Angst ganz und gar fehlt. Dies betrifft sowohl Hevner als auch Bonde. Es betrifft damit die Klassifikation von Stimmungen zur Musikauswahl in der GIM nach Bonny. Das Fehlen von Angst scheint sich jedoch nicht nur darin niederzuschlagen, sondern dem Grundprinzip des Vorgehens der klassischen GIM generell zu entstammen. Bonde beschreibt für die GIM, dass sie als rezeptive Musiktherapie einen trophotropen Weg (Bonde 2002, 116) wähle. Insbesondere bezieht sich Bonde dabei auf einen Artikel von Bonny zu Musik und Bewusstsein aus dem Jahre 1975 (Bonny 1975/1999). Hier stellt Bonny in einem Schema der Zustände des Bewusstseins einen ergotropen und einen trophotropen Weg zum Selbst dar (Bonny 1999, 173–174; mit Bezug auf Fischer 1971).

---

im weiteren Text von besonderer Bedeutung ist. Auch weitere Quellen betonen das Fehlen von u. a. ängstlich bei Hevner (Gabrielsson / Lindström 2001, 244).

7 Hier wird die unmittelbar religiöse Dimension und Ebene von GIM und ihren Grundlagen deutlich. Die bereits oben genannten mythischen Strukturen der GIM erhalten hier eine weitere Erklärung.

Der ergotrope Weg verläuft ausgehend von der Wahrnehmung über Sensibilität, Kreativität, Angst (die einzig genannte Emotionsqualität) und schizophrene Stadien sowie Ekstase zum Selbst, während der trophotrope über Entspannung, Meditation und Ruhe (bis zum Yoga) zum Selbst führt (ebd.). Der Weg der Entspannung und damit der trophotrope Weg wird an gleicher Stelle als Schlüssel des Vorgehens der klassischen GIM benannt. Damit werden der ergotrope Weg zum Selbst und die damit explizit verbundene Angst von vornherein umgangen. Jedoch geht Bonny an gleicher Stelle auf EEG-Messungen ein, welche gerade für die in der GIM zentrale Imagination das Muster der Angst aufweisen. Bonny beschreibt einen Anstieg in der EEG-Theta-Leistung vor dem Einschlafen bei verschiedensten Typen von Imagination (imagery) (Bonny 1999, 174–175). Nach den EEG-Messungen von Machleidt wird aber gerade die Emotionsqualität Angst durch einen Anstieg der Theta-Leistung gekennzeichnet (Machleidt 1994, 356). Im Zusammendenken dieser beiden Ergebnisse kann die Hypothese aufgestellt werden, dass Images für eine betroffene Person nicht direkt als mit Angst erlebte Abwehrprodukte des Berührtseins in der Emotionsqualität Angst sein können. Weiterhin würde dies bedeuten, dass durch das Prinzip der Imagination der trophotrope Weg der BMGIM inklusive „angstfreier“ Musikauswahl ermöglicht wird.[8]
Für die Interpretation eines kurzen Fallbeispiels der GIM können diese Gedankengänge eine Erklärung bieten.

Goldberg beschreibt einen jungen Mann, der in seiner ersten GIM-Sitzung begleitet vom zweiten Satz von Beethovens fünftem Klavierkonzert zu Beginn seiner Imagination plötzlich seinen verstorbenen Vater sieht und die musikgeleitete Imagination abrupt unterbricht (Goldberg 1999, 125). An dieser Stelle wird von dem jungen Mann ein plötzlich überwältigender Schreck, Angst und ein Schock als Widerfahrnis vereinnahmend erlebt, welche ein Fortfahren der musikgeleiteten Imagination unmöglich machen. In der zweiten Sitzung wird dann aber im gleichen Image Vergangenheit erlebt, wobei der junge Mann direkt Traurigkeit und Tränen *während* der musikgeleiteten Imagination erlebt (Goldberg 1999, 126). Die Emotionsqualität Traurigkeit, welche in den EEG-Mustern durch Abnahme in allen Leistungsbereichen gekennzeichnet ist (Machleidt 1994, 356), taucht sehr oft in den Fallbeschreibungen zur GIM auf (Bruscia 1996; Wigram et al. 1999,

8 Hochinteressant wäre an dieser Stelle zu untersuchen, ob die Kategorie 1 in Tab. 2 leibseelische Zuständlichkeiten von Angst enthält und verstärkt, wie Angst als Widerfahrnis erfahren wird, ohne jedoch als existenzielle Bedrohung im Sinne des Phänomens Angst erlebt zu werden.

etc.). Während der GIM kann diese wie auch andere Emotionsqualitäten erlebt werden.
Im Gegensatz zur GIM wird in der RMT als Emotionsqualität v. a. die Angst benannt. Dies betrifft bei der RMT nicht die Musikauswahl, sondern das unmittelbare Wahrnehmen von Emotionen bzw. Emotionsreaktionen des Klienten. Bereits im theoretischen Fundament der RMT ist dabei Frankl zu nennen, der Begründer der Logotherapie (Frankl 1999). Seine paradoxe Intention wird in der RMT unmittelbar in ihrer fünften Phase (s. den Beitrag von Röhrborn in diesem Buch) angewandt. Der zentrale Ausgangspunkt der Entwicklung der paradoxen Intention war die Erwartungsangst. Auch in späteren Untersuchungen zur Logotherapie konnten die „neurotisch-ängstlichen Erwartungen" (Kriz 1994, 217–218) als eigentliche Ursache von Angst- und Zwangsneurosen bestätigt werden. Die vom Klienten selbst gesteigerte Angst wird in ihrer Entstehung auch in der RMT vom Klienten erkannt. Dadurch wird eingeschränktes Erleben, was im emotionspsychologischen Sinne ein eingeschränktes Spektrum von Emotionsqualitäten bedeutet, erweitert und im Rahmen des eigenen Selbst weit umfassender zugänglich. Ehe dies im vollen Umfang möglich ist, spielt im Erlebens- und Therapieprozess der RMT das Wahrnehmen „persönlichkeits- und symptomspezifischer Ängste" (Schwabe / Röhrborn 1996, 65) in der dritten Phase der RMT (s. den Beitrag von Röhrborn in diesem Buch) wiederholt eine besondere Rolle. Demnach ist die Emotionsqualität Angst im Vorgehen der RMT von großer Bedeutung, obgleich sie sowohl im Grundprinzip der GIM als auch in der emotionalen Klassifikation der Musikauswahl der GIM nicht anzutreffen ist.
Der Weg der RMT wird damit im Verständnis von Bonny als ergotrop gekennzeichnet, welcher die o. g. Emotionsqualität Angst als Element beinhaltet. Jedoch sind auch in der RMT Entspannungsphänomene anzutreffen. Das oben bereits genannte Geschehenlassen der RMT bewirkt in der RMT eine Lockerung von Angstfixierungen bzw. eine deutliche „Angstreduktion" (Reinhardt 2002 in Schwabe 2003, 27). Angst wird hier nicht mit Hilfe von Images trophotrop „umgangen", sondern es wird sich mit ihr im Bewusstseinszustand der Wahrnehmung auseinandergesetzt.

RMT ist damit besonders erfolgreich und indiziert bei übersteigerter Ehrgeizhaltung, Introvertiertheit sowie phobischer und hypochondrischer Fixierung auf körperliche Symptome (Hofmann 1996, 110–113). Besonders zu Beginn des therapeutischen Prozesses der RMT erleben Klienten immer wieder Angst (Rudloff / Schwabe 1997). Die völlige Offenheit gegenüber allen Wahrnehmungen in der Anfangsphase der RMT wird wiederholt als

Unsicherheit gegenüber dem alltäglichen Wahrnehmungsverhalten erlebt. Das „gestörte“ Wahrnehmungsverhalten wird in der RMT labilisiert zugunsten einer dem eigenen Selbst emotional breiter zugänglichen Wahrnehmung. Der ergotrope Weg der RMT passiert dabei ganz im o. g. Sinne von Bonny und Fischer mit Sensibilisierung, Kreativität und Angst. Anschließend führt er allerdings nicht über schizophrene Stadien und Ekstase zum Selbst (hier sind die Kontraindikationen zur RMT zu beachten), sondern nimmt akzeptierend, immer von der Wahrnehmung (perception) ausgehend, das Reale als zerstückelte Wirklichkeit (Lacan 1980, 216)[9] und das Selbst mit einem breiten Spektrum von Emotionsqualitäten wahr. In diesem Punkt wird ein ergotrop zu kennzeichnender Zustand trophotrop mit gesteigertem Lusterleben und als Entspannung erlebt.

Im Emotionsprozess, der nach Machleidt (1994) und Wosch (2002) von Intention über Angst, Ärger und Trauer zur Freude als Stadien verschiedener Beziehungsqualitäten gegenüber einem Objekt verläuft, kann die RMT zunächst an den Punkten der Blockaden der Emotionsqualität Angst verstärkt ansetzen. Damit vollzieht die RMT emotionspsychologisch einen therapeutischen Prozess, der insbesondere beim einschränkenden Widerfahrnis beginnt und zum Erleben von Emotionen als leib-seelische Zuständlichkeiten mit ihrer Prozesskomponente führt. Die GIM scheint im Emotionsprozess den Punkt der Angst mit ihrem trophotropen Vorgehen zu umgehen.[10] Auch an ihrem Ende steht das volle Erleben von Emotion als leib-seelische Zuständlichkeit. Ihr Ausgangspunkt liegt mit ihrem meditativen Prinzip und v. a. ihrer spirituellen Erlebenskategorie (Nr. 1 Tab. 2) jedoch in einem emotionspsychologisch gesehen extra-emotionalen Bereich, welcher via Images zu den einzelnen Emotionsqualitäten des Selbst führt.

Zusammenfassung

Die gegenwärtige Emotionspsychologie bietet v. a. zwei verschiedene Grundlegungen von Emotion. Die eine Richtung versteht Emotion v. a. als Komplex bestehend aus universellen phänomenologischen, neurophysiologischen und neuromuskulären Komponenten sowie als grundlegendes Motivationssystem des Menschen. Sie bildet den derzeitigen Schwerpunkt der Emotionspsychologie. Eine zweite Definition versteht Emotion als Komplex

9 An gleicher Stelle bezeichnet Lacan das Reale auch als das „Angstobjekt par excellence“.

10 Im Emotionsprozess v. a. trophotrop gekennzeichnete Emotionsqualitäten sind Trauer- und Freudeemotionen, welche einen finalen Prozesscharakter besitzen.

leib-seelischer Zuständlichkeit, Widerfahrnis, Berührtsein und einer Beziehungskomponente sowie als v. a. personzentriertes Phänomen. Letztere bietet insbesondere für die rezeptive Musiktherapie eine umfassende und relevante Basis. Zugleich erscheint in ihr eine starke Analogie zwischen Emotion und Musik.

Die emotionspsychologische Unterscheidung von verschiedenen Emotionsqualitäten kann sowohl für die aktive als auch für die rezeptive Musiktherapie in den fünf Gruppen Intentions-/Zuneigungs-, Angst-/Abneigungs-, Ärger/Abneigungs- und Zugehens-, Trauer-/Unbehagens- sowie Freude-/Wohlbefindensemotionen getroffen werden. Aus Forschungen zur aktiven Musiktherapie und unter Beachtung des musikalischen Ausdrucks neben der bisher starken Fokussierung des Gesichtsausdrucks in der Emotionspsychologie erscheint eine Prozesskomponente von Emotionsqualitäten als notwendig, der Definition von Emotion zu ergänzen.

Bei der Charakterisierung der Musikauswahl und den Grundprinzipien der BMGIM, welche v. a. als trophotrop bezeichnet werden, sind alle Emotionsqualitäten von Bedeutung mit Ausnahme der Emotionsqualität Angst. Im Gegensatz dazu spielt im therapeutischen Verlauf der RMT gerade diese Emotionsqualität eine besondere Rolle. Der ergotrope Weg der RMT auf der Basis von Wahrnehmung (perception) als ihr grundlegender therapeutischer Prozess scheint zwingend mit der Emotionsqualität Angst verbunden. Dies erst eröffnet die Möglichkeit des Berührtseins von einem weitaus breiteren Spektrum von Emotionen als Prozessergebnis. Demgegenüber wird nach emotionspsychologischen Kriterien die spirituelle Stimmung im moodwheel der GIM als extra-emotional charakterisiert, welche den Weg zum leib-seelischen emotionalen Erleben eröffnet. Eine empirische Prüfung dieser theoretischen Differenzierung steht noch aus. Als Ergebnis würden derartige Untersuchungen Indikationsfragen und Fragen zur Musikauswahl zwischen RMT und GIM weiter klären. Die Emotionspsychologie bietet dafür einen übergreifenden Rahmen, welcher von der Musiktherapie wiederum theoretische Rückkopplungen zur Emotionspsychologie vielversprechend in Aussicht stellt.

REZEPTIVE MUSIKTHERAPIE BEI SUCHTERKRANKUNGEN

Hartmut Kapteina

Die Wirksamkeit der Musiktherapie bei Suchtkranken resultiert aus der Tatsache, dass sich im nicht-sprachlichen Melodie-, Klang- und Rhythmusereignis der Musik die frühe prä- und postnatale Mutter-Kind-Symbiose reinszeniert. „Musik ist Muttterersatz" (Rotter 1984, 25). Auch die Droge kann die frühe Mutterbeziehung symbolisieren: Sie bietet Trost, befreit von Angst (z. B. durch Alkohol), sie gibt das Gefühl von Wärme und Geborgenheit (z. B. durch Heroin), sie wiegt in Träume, erzählt Märchen und Phantasiegeschichten (etwa Haschisch oder LSD) oder sie stimuliert und euphorisiert (z. B. durch Kokain). So wird kurzzeitig im Rauscherlebnis der existenzielle Mangel aufgehoben, „die Sehnsucht nach Verschmelzung der Gegensätze und der Gegenüber" gestillt; wie sich der Säugling einer guten Mutter, so kann sich der Konsument der Droge überlassen: ihre Wirkung tritt zuverlässig ein, die Wünsche werden erfüllt, die Sehnsucht gestillt, das ‚Absolute' verwirklicht ohne Weg dorthin" (Dörner 1984, 247). Auch insofern kann die Droge frühe Muttererfahrungen symbolisieren, als sie immer wieder aufs Neue traumatische Verletzungen reinszeniert, indem sie am Ende die Rauschwirkung entzieht und den Süchtigen sich selbst überlässt, schutzlos und allein. Der Suchtmittelgebrauch ist verbunden mit einer malignen Form von Regression, bei der sich Ich-Funktionen allmählich auflösen.

Auch das Musikerleben ist mit Regression verbunden. Insbesondere beim Hören von Musik geht der Hörer auf frühere Erlebnisweisen und Gefühlszustände zurück, Phantasietätigkeit und Tagträumerei. Er benutzt die Musik als Projektionsfläche, auf der er psychisches Geschehen abgebildet erlebt, oder er identifiziert sich mit der Musik und erlebt musikalische Prozesse so, als seien sie seine eigenen seelischen Bewegungen (vgl. Klausmeier 1978, 231 ff). Bei musikogener Regression fühlt man sich verstanden und aufgehoben vor und jenseits des sprachlichen Begriffs.

Hinzu kommt noch, dass die Droge wie auch die Musik mehr als bloßer Symbolisierungsgegenstand ist: Sie besitzt quasi die Qualität eines Medikamentes, indem sie direkt auf vegetative Prozesse Einfluss nimmt: Pulsschlag und Atemfrequenz, galvanischer Hautwiderstand, Hormonhaushalt, Stoffwechsel, Verdauung, Muskelpotenziale, Blutdruck und anderes werden unter ihrer Wirkung modifiziert, und der psychophysische Gesamtzustand des Menschen wird so durch sie verändert (vgl. Auerbach 1982, 45; Behne 1993; Bolin 1994, 32 ff; Ewers 1994; Haselhauer 1986, 85; Liedke 1985, 219 ff; Müller 1994; Spintge / Droh 1992; Thaut 2002; Wigram 1993). Musik erfüllt insofern „die Voraussetzung zur Suchtentwicklung", als sie „Regression in den primären Zustand, Einschränkung der Ich-Funktion, Kompensation struktureller Mängel durch narzisstische Ersatzbefriedigung" ermöglicht (Frohne 1987, 246, s. auch Frohne / Maack 1976). Ihr Einsatz in der Arbeit mit Suchtkranken bedarf daher besonders kritischer Prüfung.

Die psychotrope Qualität sowohl der Droge als auch der Musik wirft die generelle Frage nach der Verwendung psychotroper Substanzen in der Therapie auf, ob es zulässig ist, seelische Zustände mit chemischen Mitteln zu beeinflussen. Der als süchtig Etikettierte macht im Prinzip ja nichts anderes, als was in Gesellschaft und Medizin üblich und anerkannt ist: als unangenehm empfundene psychische Spannungen, Konflikte und Gefühle mit chemischen Mitteln erträglicher zu machen, zu verdrängen, zu betäuben, abzuspalten. Psychosomatisch bedingte Beschwerden, Schlaflosigkeit, Niedergeschlagenheit, Antriebsschwäche, Appetitlosigkeit, psychotische Ausnahmezustände von Überdrehtheit oder Angst, für nahezu jeden psychosozial bedingten Leidenszustand hält der Markt chemische Substanzen bereit, welche die Not vorübergehend lindern, den Zugang zu den sie auslösenden seelischen Ursachen jedoch versperren. Der als süchtig etikettierte Mensch präsentiert lediglich eine nicht akzeptierte Variante des allgemein Üblichen.

1. Musiktherapeutische Beiträge im Rahmen der qualifizierten Entgiftungstherapie

Die naturwissenschaftliche Medizin, selbst Bestandteil des Systems, sichert für Suchtkranke mit den Angeboten Entgiftung und Substitution physisches Überleben. Die chemischen Substanzen, die dabei verwendet werden, mildern die zuweilen lebensgefährlichen Entzugserscheinungen. Chronische Verläufe überwiegen bei weitem („Drehtürpatienten"), obwohl der kurze Zeitraum während einer auch als „qualitativ" bezeichneten Entgiftung, in dem der Kopf frei und die Sinne klar sind, die Chance bietet, sich für die psychotherapeutische Aufarbeitung der die Sucht bedingenden Hintergründe zu entscheiden. In diesem Sinne motivierte Patienten können die Beratungshilfen des sozialen Dienstes oder der örtlichen Suchtberatungsstelle in Anspruch nehmen.[1]

1.1. Musikalische Milieutherapie

Entsprechend sensibilisierte Ärzte, Pfleger und Therapeuten stellen auf der Suchtstation ein Klima her, in dem süchtiges Verhalten zumindest problematisiert ist. Dazu gehört der alltägliche Umgang mit Musik, der Ähnlichkeit mit dem Konsum von Drogen aufweist. Patienten setzen sich den Walkman auf und schaffen sich damit einen hermetisch abgegrenzten Hörraum, in dem sie, wie der Säugling an der Mutterbrust, mit ihrem „psychotropen Agens“ allein und gegenüber beunruhigenden Einflüssen von außen unerreichbar und geschützt sind. Ähnlich ist es mit dem unbegrenzten Konsum von Musik in den Zimmern und vor allem im Raucherzimmer. Therapeutische Teams verhängen daher neben dem allgemein üblichen Verbot von Alkohol und illegalen Drogen auch das Verbot des unbegrenzten Musikkonsums. Walkman und andere Abspielgeräte müssen bei der Aufnahme abgegeben werden. Im Raucherzimmer steht keine Musikanlage und kein Fernseher.

---

1 Das Angebot der *Qualifizierten Entgiftung* richtet sich an suchtkranke Patienten, die bei einer Verweildauer von maximal 18 Tagen die Entgiftung in einer Suchtstation mit dem Einstieg in eine psychotherapeutische Entwöhnungs-Behandlung verbinden wollen. Für diese Form der Entgiftung habe ich im Team der psychiatrischen Abteilung eines Allgemeinkrankenhauses das nebenstehende Konzept einer begleitenden Musiktherapie entwickelt. Die erste Stufe gilt für alle Patienten der Entgiftungsstation und bestimmt das therapeutische Milieu der Einrichtung. Die zweite Stufe gilt für Patienten, die in einen psychotherapeutischen Behandlungsprozess eintreten wollen, und die dritte Stufe können Patienten nutzen, die aus besonderen Gründen (z. B. wegen einer Doppeldiagnose) längere Verweildauern haben.

Musiktherapie
als Element der Qualifizierten Entgiftungstherapie

ERSTE STUFE:

MILIEUTHERAPIE

(Keine Abspielgeräte auf den Zimmern, kein Walkman. Offene Hörprogramme für die ganze Station 30–40 min. 2–3 x tägl.; offene Hörstunden, 30 min. 2–3 x wöchentlich mit einführenden Erläuterungen und kurzen Feedback-Runden, mit therapeutischem. Personal)

ZWEITE STUFE:

„GENUSSTHERAPIE"

(Ärztlich verordnet, 2 x wöchentlich an den neun Kriterien für das genussvolle Musik Erleben orientiert; offene Therapiegruppe, mit Musik- und Cotherapeut)

„SINGTHERAPIE"

(1 x wöchentlich verpflichtende Teilnahme an der offenen Singgruppe mit Musik- und Cotherapeut)

„MUSIK UND BEWEGUNG"

(1 x wöchentlich verpflichtende Teilnahme an der offenen Tanzgruppe mit Musik- und Cotherapeut)

DRITTE STUFE:

MUSIKTHERAPIE

(Sensibilisierung für Klang- und Körpererfahrung, musikalische Kommunikation in der Gruppe mit Musik- und Cotherapeut)

(Kapteina, 2001)

Abb. 1: Musiktherapie als Element der *Qualifizierten Entgiftungstherapie*

Indiziert ist Musik und Musiktherapie bei Suchtkranken nur, wenn neben der psychotropen Wirksamkeit auch der Appell an die Ich-Funktionen zur Geltung kommt, welcher Musik innewohnt. Dann geschieht nicht nur ausschließlich Regression, wie beim Konsum der Droge, sondern ebenso Progression. Regression hat dann die Funktion „vorübergehender Rekreation", bei der der Mensch neue Kräfte sammelt und Ideen, Inspirationen oder Visionen erhält, mit denen er sich gestärkt und motiviert der ihn umgebenden Wirklichkeit zuwenden kann (vgl. Haselhauer 1986, 89). Das ist nur möglich, wenn wir Stille und Musik *gemeinsam* und *bewusst* genießen, anstatt einsam, nebenbei und permanent zu konsumieren (vgl. Kapteina / Hörtreiter 1993, 38 ff). Deshalb werden die Patienten zur aktiven Teilnahme an der Musikkultur und zu eigenem musikalischen Ausdruck und Erleben animiert. Sie werden eingeladen, an der Gestaltung des musikalischen Milieus auf der Station mitzuwirken. Anstelle des unkontrollierten und unbegrenzten Musikkonsums soll es offene Hörprogramme geben, die für die ganze Station zwei bis drei Mal täglich 30–40 Minuten von einer zentralen Abspielanlage präsentiert werden. Die Patienten schlagen Wunschtitel für diese Programme vor. Ein vom Musiktherapeuten geleitetes Team stellt die Programme jeweils für den Vormittag, den Nachmittag und den Abend zusammen. Je nach Bedarf können die Programme verändert oder ganz ersetzt werden. Darüber hinaus darf Musik nur im Aufenthaltsraum gehört werden, also nicht auf den Zimmern und in den Nebenräumen der Einrichtung, wobei die Mitarbeiter die Musikauswahl bestimmen. Titel mit rassistischen, sexistischen, okkulten, Drogen und Gewalt verherrlichenden und psychedelischen Inhalten sowie Musik, die an Orten und in Situationen gespielt wird, die üblicherweise mit Drogen- oder Alkoholkonsum verbunden sind, sind ausgeschlossen.

Bei der Realisierung der musikalischen Milieutherapie sind eine Reihe von Konflikten zu erwarten, deren Bearbeitung wesentlich zur Entwicklung eines suchttherapeutischen Klimas beiträgt. „Warum soll ich meinen Walkman abgeben? Ich bin doch wegen Alkohol hier, nicht wegen Musik? Das hat doch nichts miteinander zu tun!“ „Ohne ‚meine‘ Musik komme ich in Stress; das ist ein Eingriff in meine Persönlichkeitsrechte! Was soll ich denn die ganze Zeit über machen? Wie anders kann ich die Zeit totschlagen?“ Die Dringlichkeit, mit denen solche Fragen und Vorwürfe aufkommen, macht deutlich, dass Abhängigkeit auch hier gegeben ist und ermöglicht es, zu verdeutlichen, dass es eben nicht nur um Alkohol geht, sondern um das Verstehen und Lösen von Abhängigkeitsstrukturen überhaupt. Gleichzeitig werden die Mitglieder des therapeutischen Teams mit der Frage konfrontiert, was sie an der Stelle des Abhängigkeit stiftenden Musikkonsums anbieten und was sie gegen die vielfach beklagte Langeweile tun, die den Psychiatriealltag prägt. Die Musiktherapie als Element der qualifizierten Entgiftungstherapie (s. Kasten) ist ein Beitrag hierzu.
Musik soll ja nicht aus dem Alltag entfernt werden; es geht nur darum, die Beziehung zu ihr zu verändern. Aus Konsum soll Genuss werden, und aus abhängigem selbstbestimmter Gebrauch.

1.2. Musikalische „Genusstherapie". Rezeptive Musiktherapie mit Suchtkranken

Auch Rauscherfahrungen und Rauschbedürfnisse können beim Musikerleben aufgenommen und konstruktiv integriert werden, wenn dabei die Qualität des „rituellen" Rausches erlebt wird: „Während beim rituellen Rausch das Ich, das seine Grenzen zum Unbewussten hin und nach außen öffnet, von einer begleitenden Gruppe umgeben ist, die die zum Teil außer Kraft gesetzten Kontrollfunktionen des Ich übernimmt, indem sie Schutz vor Verletzung, Begleitung durch Nähe und Resonanz sowie anschließend Feedback gibt und so den kognitiven Nachvollzug der Rauschinhalte ermöglicht, fließen beim süchtigen Rausch Energie und Erlebnisse ab", ohne dass sie für die Weiterentwicklung des Individuums und der Gruppe genutzt werden können (Kapteina / Hörtreiter 1993, 27, vgl. Geier 1987, 41 f). Die Qualität der rituellen Rauscherfahrung ist vor allem bei der musikalischen Gruppenimprovisation gegeben, die allerdings wegen der kurzen Verweildauer und anderen institutionellen Gegebenheiten während der Entgiftungsphase kaum anzuwenden ist.
Jedoch kann auch *rezeptive Musiktherapie* Bestandteil des Behandlungsangebots sein. Sie ist unter der Voraussetzung indiziert, dass sie Hörerfahrungen in ein psychotherapeutisches Setting integriert, bei dem die Patienten

- in eine aktive Hörhaltung geführt werden,
- Hörhilfen erhalten, die aktives Zuhören erleichtern,
- dass sie die in solch aktivem Zuhören aktualisierten Gefühle zulassen können und
- dabei aufgefangen und empathisch begleitet werden.

Aktives oder auch bewusstes Zuhören hat eine quasi meditative Haltung von absichtsloser Hingabe zur Voraussetzung. Gewahr zu werden, dass ich jetzt höre, bedeutet inne zu halten, die Aufmerksamkeit nach innen zu richten, den Atem zu spüren, den Körper wahrzunehmen, sich von nichts ablenken zu lassen, ganz im Hier und Jetzt zu sein, sich selbst anzunehmen, wie man hier und jetzt da ist, die Augen zu schließen, ganz Ohr zu sein.

Musik erleben – Genießen lernen – Suchtverhalten abbauen

Der Unterschied zwischen Sucht und genießendem Verhalten liegt im *Wechsel von Askese und Befriedigung* (R. Lutz 1987, 415)

Voraussetzung für musikalischen Genuss ist das *Zulassen von Stille* (Liedtke 1985, 214)

Grundsätze für den genussvollen Umgang mit Musik:

1. Zeit schaffen und Zeit lassen
2. Nichts anderes tun, als nur der Musik zuhören
3. Das Verbot des genussvollen Müßiggangs aufheben
4. Nicht nebenbei hören
5. Der Wahrnehmung gestatten, sich der Musik uneingeschränkt zuzuwenden
6. Die Eigenschaften der Musik beschreiben
7. Eigene Bewertungskriterien herausfinden (was tut mir gut, was nicht?)
8. Bewusst Ruhephasen für den Genuss von Musik im Alltag schaffen
9. Einiges Wenige aus dem Angebot musikalischer Genussmöglichkeiten auswählen

(Kapteina, 2001)

Abb. 2: Musik erleben – Genießen lernen – Suchtverhalten abbauen

Suchtkranken fällt das sehr schwer. Es kommt zu Unruhezuständen, Schweißausbrüchen; die Augen zu schließen, macht einigen unerträgliche Angst. Dennoch: Das Zulassen der Stille macht bewusst, wie schwer es ist, sich der Wirklichkeit zu stellen. Wichtig ist jetzt die Erfahrung, dass man damit nicht allein ist. Dass die Mitpatienten Ähnliches erfahren und dass verständnisvolle Therapeuten mit akzeptierender Haltung anwesend sind. Oft ist schon nach der ersten Stilleübung ein Gespräch nötig, in dem die Patienten ihre Ängste mitteilen und sich der therapeutischen Gemeinschaft vergewissern, bevor überhaupt die Musik begonnen hat.
Anschließend wird das Musikhören angekündigt. Erläuterungen dienen als Hörhilfen: warum haben wir diese Musik ausgewählt, was geschieht in der Musik, welche Instrumente sind vertreten, welche Klangeigenschaften, welche Gestaltungsprinzipien, was wissen wir vom Komponisten, von seinen

ästhetischen Intentionen usw. Wenn wir uns die Klausmeiersche Projektionstheorie (1978) vergegenwärtigen, ist zu erwarten, dass die Musik die Patienten in innere Welten, Landschaften, Atmosphären führen wird und Bilder und Erinnerungen aktualisiert.
Hörhilfen geben Orientierungspunkte, an denen die Musik als Objekt erkennbar wird, welches vom Hörer aktiv nach seinen Intentionen genutzt wird. Sie helfen, sich nicht in der Musik zu verlieren und von Gefühlen überschwemmt zu werden, die man nicht mehr kontrollieren kann. Sie verhelfen zu Bewusstheit bei aller Hingabe.
Die Musik dauert etwa drei bis fünf Minuten. Während sie spielt, soll nur zugehört, soll nicht gesprochen oder sonst irgendetwas getan werden. Wenn die Musik zu Ende ist, soll sie noch einige Zeit innerlich nachklingen können. Dann werden Hilfen gegeben, um „zurückzukommen“, wo immer wir während der Musik innerlich waren. Dazu sind Strecken und Recken der Glieder hilfreich; tief durchatmen, den Körper spüren und aus dem Zustand lösen, in den die Musik ihn versetzt hat.

Nachgespräch. Danach folgt die Phase des Gesprächs. Das Erleben der Musik soll *beschrieben* werden. Wer die Musik bewertet, wird von den Therapeuten behutsam zur Beschreibung eingeladen: was war das Störende, wie hörte sich das Unangenehme an, mit welchen Klängen wurde die schöne Atmosphäre hergestellt, welche Erinnerungen, welche Bilder, welche körperlichen Reaktionen sind damit verbunden usw.? Nicht alles kann und muss mitgeteilt werden; das Gespräch stellt aber den Raum her, dass alles, was mitgeteilt werden will, auch mitgeteilt werden kann. Außerdem macht es die Haltung erfahrbar, die den Musikgenuss ermöglicht: die vorbehaltlose Hingabe und gleichzeitig die bewusste Wahrnehmung, Regression und Progression. Zum Abschluss kann die Musik noch mal gehört werden. Was ist jetzt anders?

Diese offenen Hörstunden finden zwei- oder dreimal wöchentlich statt. Die größte Schwierigkeit, mit der die Therapeuten konfrontiert sind, ist immer wieder den beschreibenden Umgang mit dem Musikerlebnis sicherzustellen. Es ist ein allgemein zu beobachtendes Phänomen, dass musikalische Laien Schwierigkeiten haben, Musik zu beschreiben. Die Fragen: „Wie war die Musik, was haben Sie dabei erlebt?“ werden mit Bewertungen beantwortet: „Das war toll, ganz schön, schrecklich, doof, langweilig, ich konnte damit nichts anfangen usw.“ Es stehen keine Beschreibungskriterien zur Verfügung, und es kann auch nicht unterschieden werden zwischen der Musik als Objekt und der subjektiven Reaktion. Die Bewertung erfolgt nach dem

Muster: bekannte Musik bzw. Musik mit vertrauten Eigenschaften wird positiv, unbekannte Musik mit ungewohnten Eigenschaften wird negativ beurteilt. Direkt damit verbunden ist der subjektive Wirkungsmechanismus: positiv bewertete Musik erzeugt positive Gefühle, negativ bewertete Musik erzeugt schlechte Gefühle. Gewohnte Musik wird immer und immer wieder konsumiert, um die zu erwartende positive Wirkung zu erzielen; andere Musik wird gemieden. Der Abhängigkeitskreislauf entspricht dem des Drogenkonsums.

Mit Beschreibungshilfen appellieren die Therapeuten an die Ich-Funktionen, um die regressive Fixierung auf die Musik aufzulösen. Sie laden zu kritischer Aufmerksamkeit ein: Einmal in Richtung des Objekts Musik: Wodurch entstand der schreckliche, langweilige, tolle Eindruck? War es die Lautstärke, der Klang einzelner Instrumente, der rhythmische Verlauf? Zum anderen in Richtung des hörenden Subjekts: Wie haben mich die Klänge berührt: wie und wo waren sie körperlich zu spüren, welche Erinnerungen, Bilder, Geschichten sind mir eingefallen und welche Atmosphäre, welche Gefühle habe ich erlebt.

Erst, wenn die Patienten solch beschreibenden Umgang mit der Musik eingeübt haben, können nach einer Weile auch Fragen nach Bewertungskriterien aufgeworfen werden; welche Musik tut mir gut, welche eher nicht? Hier kann auch die Frage gestellt werden, ob die präsentierte Musik Bestandteil des Hörprogramms sein sollte, mit dem das musikalische Milieu der Klinik gestaltet wird.

Musikauswahl: Patienten berichten, dass Musik, die sie während ihres Drogenalltags gehört haben, Suchtdruck erzeugt. Deshalb werden Therapeuten normalerweise die Musik auswählen und Vorschläge der Patienten eher mit Zurückhaltung behandeln. Es ist damit zu rechnen, dass die Patienten bei ihren Musikvorschlägen zunächst nur auf die gewohnten, das heißt auf die in ihren Drogenalltag integrierten Musikarten zurückgreifen. Musikalisch gesehen würden sie in der Klinik die Drogenszene reinszenieren. Wenn Therapeuten dies zuließen (und das geschieht in Suchtstationen, in denen der Musikkonsum unkritisch zugelassen wird, durchaus), entstünde ein merkwürdiges „Double bind“: Wir helfen dir zwar im Bezug auf die Drogen. Die sonstigen Abhängigkeitsmuster nehmen wir aber billigend in Kauf.

Wenn die Therapeuten also die Musik auswählen, folgen sie musikwissenschaftlich abgesicherten Kriterien, mit deren Hilfe die voraussichtliche Wirkung auf die körperlichen Vitalfunktionen abschätzbar ist. Soll die Musik etwa ergotropen oder trophotropen Charakter besitzen (vgl. nebenstehende Tabelle von Stefan Evers 1991, 17).

	MusikalischeEigenschaften	
	Ergotrope Charakterisik: Dur dissonant polyphon staccato großer Ambitus akzentuierter Rhythmus dramatisch	*Trophotrope Charakteristik:* Moll konsonant homophon legato kleiner Ambitus melodischer Rhythmus lyrisch
Körperreaktion:	*Sympathische Tonuslage:*	*parasympathische Tonuslage:*
Blutdruck	steigt	fällt
Atmung	steigt	fällt
Herzfrequenz	steigt	fällt
Hautwiderstand	steigt	fällt
periphere Durchblutung	fällt	steigt
Verdauungsmobilität	fällt	steigt
innere Sekretion (Drüsen)	gehemmt	angeregt
Muskelspannung	steigt	fällt
Pupillen	weit	eng

(Evers 1991)

Solche körperlichen Reaktionen sind allerdings stark von der individuellen Disposition des Menschen abhängig, von seinen musikalischen Vorerfahrungen, von seinem Geschmack und der gegenwärtigen Situation. Daher kann die ausgewählte Musik zuweilen starken Widerstand mobilisieren, der in heftigen Reaktionen von Ablehnung und Beunruhigung zum Ausdruck kommt. Eine Beschreibung dessen, was beunruhigt, was abgelehnt wird, ist eine Art, dem Widerstand zu folgen. Es muss aber auch damit gerechnet werden, dass der Widerstand mit Übertragungen verbunden ist, die auf schwere Kränkungen und Verletzungen zurückzuführen sind. Dabei wird der Therapeut, der die „schlechte Musik“ spendet, emotional mit einer Bezugsperson in Verbindung gebracht, von der sich der Patient in früheren Lebenssituationen überfordert, vernachlässigt, gekränkt oder verletzt fühlte. Solche Situationen können im kurzfristigen Behandlungszeitraum, den die Entgiftungsstation bietet, kaum bearbeitet werden. Deshalb muss die Möglichkeit gegeben und akzeptiert sein, dass sich Patienten der Hörsituation auch entziehen können.

2. Rezeptive Musiktherapie in der ambulanten und stationären Entwöhnungsbehandlung

Wie mit Musikvorschlägen der Patienten konstruktiv umgegangen werden kann, beschreiben Pfeiffer, Timmermann et al.: Jeder Patient der Gruppe bringt in einer Sitzung eine Lieblingsmusik zu Gehör. Zuvor soll er der Gruppe mitteilen, welche Beziehung das Musikstück zu ihm selber hat und wie es in Zusammenhang mit seinem Suchtmittelkonsum steht. Nach dem Hören sollen die anderen Patienten über ihren Höreindruck berichten und ihn mit dem Bild zusammenbringen, das sie sich bisher vom Mitpatienten gemacht hatten. In einem zweiten Teil der Sitzung improvisieren die Patienten ihren Musikeindruck mit Instrumenten oder setzen andere, durch das Hörerlebnis aktualisierte Themen in der Improvisation um. In einem dritten Teil der Sitzung wird das Erlebte besprochen (Pfeiffer / Timmermann et al. 1986, 237 f).
Diese Arbeitsweise hat zur Voraussetzung, dass sich Patienten für eine längere psychotherapeutische Behandlung entschieden haben, die neben der Abstinenz die grundlegende Überwindung der seelischen Abhängigkeitsstruktur zum Ziel hat. Die stationären Behandlungen finden in Suchtkliniken oder Rehabilitationszentren für Drogenabhängige statt. Ihre Weiterführung in Einrichtungen der ambulanten Drogenhilfe, auch unter Einbeziehung der Angehörigen im Rahmen der tertiären Prävention (Vermeidung von Rückfällen), ist unerlässlich.

Rezeptive Verfahren wie „*Regulative Musiktherapie*“ (Schwabe 1987) und „*Guided Imagery and Music*“ (Borling 1998) können angewandt werden, obwohl die Autoren bei der Behandlung von Suchtkranken immer auch die Verbindung des Hörerlebnisses mit anderen nonverbalen Ausdrucksformen empfehlen. Borling schlägt Ausdruckstanz zur Musik vor, Schwabe „Bewegungsimprovisation nach ‚klassischer Musik“ (1983, 193). Lecourt generalisiert, dass die Anwendung rezeptiver Verfahren in der therapeutischen Arbeit mit Suchtkranken an die Bedingung zu knüpfen ist, dass die Beteiligung

gefördert wird und nicht die Passivität, „indem des Musikhören mit aktiver Musiktherapie oder Körperausdruck und Tanz verbunden wird“ (Lecourt1979, 103).
2002 legt Leidecker die Ergebnisse zweier Praktika mit Musiktherapie auf einer Station für chronisch Abhängige und Patienten mit Korsakow-Syndrom vor. An einer Fallstudie macht er deutlich, wie er in einer morphologischen Methode Texte, Bilder, Collagen und Regelspiel auf Musikinstrumenten miteinander verbindet, um Vertrauen zu schaffen, Kraftquellen zu erschließen und zusammen mit dem Patienten in eine „schöpferische Suchbewegung“ zu kommen, bei der sie die hinter dem Alkoholismus liegenden seelischen Themen kennen lernen und gestalten (Leidecker 2002, 85–154). In der einzigen Szene, bei der rezeptive Musiktherapie angewandt wird, kommt es interessanter Weise auch zur tänzerischen Umsetzung (137).

Eine andere Möglichkeit, musikalische Hörerlebnisse (und das können auch Titel sein, die von den Patienten selbst bestimmt worden sind) therapeutisch zu nutzen, ist das *Musikmalen*. Dabei werden die beim Hören erlebten physischen und psychischen Spannungen direkt in den bildnerischen Prozess abgeführt. Die aktualisierten Gefühle und Lebensthemen werden im vorbewussten Vollzug von Bildern aufgenommen, welche die Patienten während des Hörens malen (vgl. Kapteina 1993, 53 ff, 211 ff). Bei diesem Malen nach Musik wird das Hörerlebnis *nonverbal* durch Linien, Flächen, Farben und Bildsymbole kommentiert. Oben beschriebene Widerstände werden so konstruktiv genutzt, indem der Patient das Abgewehrte und Abgelehnte in der Gestaltung des Bildes aufnimmt und verwandelt. Während er sich beim bloßen Hören den bedrängenden Klängen ausgeliefert fühlt, geht er beim gleichzeitigen Malen aktiv mit ihnen um.
Aktive Auseinandersetzung mit der eigenen psychosozialen Situation ist das, was der suchtkranke Mensch in der Therapie vorrangig lernen muss. Er ist bestimmt von Angst vor den eigenen Gefühlen und vor Konflikten mit seinem sozialen Umfeld. Der Drogenkonsum ist für ihn Schutz- und Fluchtraum zugleich. Musik als Therapeutikum erscheint vor allem deshalb als hervorragend indiziert, weil sie einerseits die Merkmale der Droge in sich vereinigt, die dem Süchtigen Halt, Sicherheit und Erholung vermitteln. Andererseits enthält sie aber auch die Möglichkeit, aktiv und selbstbewusst dem Bedrohlichen entgegenzutreten, wenn man sie entsprechend nutzt. Sie bietet also ein hervorragendes Lernfeld, um regressive Bedürfnisse bei gleichzeitiger Bewahrung der Ich-Autonomie zu befriedigen. Das gelingt allerdings nur bei angemessener Didaktik. Das Musikmalen ist dabei ein hilfreicher Zwischenschritt. Noch im Vorsprachlichen sind wir kommunikativ aktiv,

während die Musik uns sinnlich, physisch und emotional erfasst. Das ist für viele Patienten eher möglich, als das musikalisch Erlebte sprachlich zu beherrschen.

Felix de Mendelssohn beschreibt den Moment, in dem das Kleinkind beginnt, sich sprachlich zu artikulieren, als Riss in der Sozial- und Kommunikationserfahrung zwischen Mutter und Kind. Sprache wirkt wie ein „zweischneidiges Schwert – einerseits werden durch das Verhandeln von Bedeutungen zwischen Eltern und Kind die Gefühle von Gemeinsamkeit und Zugehörigkeit bereichert, andererseits verliert das Kind seine Ganzheit, indem es spürt, dass seine vorsprachlichen Erfahrungen nicht durchgängig in Sprache übersetzbar sind.“ In der Musikerfahrung ist dieser „Riss in unserem Dasein“, wenn auch nur für kurze Zeit, gekittet (De Mendelsohn 1989, 27 f. und 38). Die bildliche Darstellung mildert den als bedrohlich empfundenen Übergang zwischen Musikerlebnis und sprachlicher Bearbeitung.

Durch die Musik aktualisierte Themen sind im Bild in einer Art und Weise enthalten, die dem Patienten allmählich auch den sprachlichen Zugriff ermöglicht. Das geschieht in der Austauschrunde nach dem Musikmalen. Wir fragen zunächst, wie der Prozess des Musikhörens und des Malens erlebt wurde. Sodann kann jeder sein Bild in die Mitte legen und es den anderen erläutern. Die Betrachter können Beobachtungen und Einfälle äußern. Abwertungen und Interpretationen werden nicht zugelassen bzw. als Ausdruck von Themen zur späteren Bearbeitung zurückgestellt, die mit dem jeweiligen Betrachter und nicht mit dem Maler zu tun haben. Der Maler selbst kann sich auch über Bedeutungen äußern, die er einzelnen Bildteilen zuschreibt.

Im weiteren Verlauf der Therapie steht ihm das Bild wie ein „Introspektionsprotokoll“ zur Verfügung, auf das er immer wieder zurückgreifen kann. Er kann es im Therapieraum hinterlegen, in seinem Zimmer aufhängen oder mit nach Hause nehmen. Manchmal werden ihm Wochen und Monate nach dem Malen Bedeutungen bewusst, die das Bild für ihn enthält.

Das Malen nach Musik ist mit dem kunsttherapeutischen Malen ohne Musik oder mit Hintergrundmusik nicht zu verwechseln. Es ist eine Methode der rezeptiven Musiktherapie, weil es als Ausgangspunkt das gezielt unter musikpsychologischen Gesichtspunkten herbeigeführte musikalische Hörerlebnis hat und die Auseinandersetzung mit dem bildnerischen Prozess und Produkt unter der Fragestellung erfolgt, wie der Maler die musikalisch initiierten Ereignisse bildnerisch verarbeitet und damit biographisch relevantes Material zum Ausdruck gebracht hat. Das Bild gilt als Hörpartitur, Hörprotokoll oder als analytische Grafik, in der musikalische und psychosoziale Inhalte auf die Weise miteinander verwoben abgebildet sind, wie sie während des Hörens der Musik erlebt wurden.

Umfangreiche Fallbeschreibungen liegen in Kapteina / Hörtreiter (1993) vor und belegen die Bedeutung des Malens nach Musik in der Arbeit mit Suchtkranken. Mit einem neueren Erfahrungsbericht soll seine Relevanz für die Arbeit mit Kindern aus Suchtfamilien (sekundäre Prävention: Begleitung gefährdeter Kinder und Jugendlicher) belegt werden. Für diese Kinder sind nonverbale Ausdrucksmittel eine Möglichkeit, das verinnerlichte familiäre Sprechverbot (niemand darf wissen, dass Papa säuft) zu umgehen. Während das in der Musik erlebte emotionale Geschehen noch völlig dem Schutz der klanglichen Flüchtigkeit unterliegt und sprachlicher Kommunizierbarkeit entzogen ist, erhält es in der gleichzeitig durchgeführten bildnerischen Gestaltung eine konkrete räumliche Präsenz, in der die Gefühle aufgehoben, erinnert, vergewissert und, wenn man es will, auch benannt werden können. So eröffnet das Malen nach Musik diesen Kindern einen kreativen Raum, ihre Not auszudrücken.

Die zwölfjährige Vanessa war zunächst mit ihrer drei Jahre jüngeren Schwester Nina und zwei anderen Mädchen in der Kindermusiktherapiegruppe unserer Beratungsstelle für Suchtkranke. Parallel dazu kam sie später zu musiktherapeutischen Einzelsitzungen. Ihre Familiengeschichte ist ein Beispiel für die gravierenden generationsübergreifenden Auswirkungen des Suchtverhaltens. Die Mutter ist Kind eines Alkoholikers und wurde durch co-abhängiges Verhalten selbst alkoholabhängig. Sie hat mehrere Suizidversuche, Entgiftungen und längere Klinikaufenthalte hinter sich. Vanessas Vater, auch Alkoholiker, hat seine Tochter nicht anerkannt, der Kontakt zu ihm ist längst abgebrochen. Vanessa war zwei Jahre alt, als ihre Mutter einen neuen Mann kennen lernt und heiratet. Aus dieser Ehe gehen zwei Kinder hervor. Die Ehe, die gesamte familiäre Situation, ist geprägt durch die Gewalttätigkeiten des Mannes und die Alkoholexzesse der Mutter. Als Vanessa elf Jahre alt ist, flüchtet ihre Mutter mit den drei Kindern ins Frauenhaus. Auslöser ist der dringende Verdacht, dass Vanessa von ihrem Stiefvater sexuell missbraucht wird.

Die Kinder sitzen vor großen Papierbögen auf dem Boden und malen mit Wachsmalstiften nach einer afrikanischen Musik mit rhythmischen und melodischen Elementen (Indians 1994). Ich habe die Musik gewählt, weil sie vielschichtig auf ihren Gefühls- und Erlebnisbereich bezogen ist. Um die Kinder nicht zu stören, habe ich mich in eine Ecke des Gruppenraumes zurückgezogen und beobachte unauffällig das Geschehen.

Vanessa fängt sofort nach Einsetzen der Musik an zu malen, dreht nach kurzer Zeit ihr Bild um, fängt erneut an. Von meinem Platz aus kann ich nicht erkennen, was sie malt. Sie sitzt am Rande des Raumes, in der Nähe der Tür, halb abgewandt von den anderen. Mit der linken Hand hält sie den großen Papierbogen, mit der rechten malt sie zügig ohne Unterbrechungen. Während des gesamten Malprozesses (das Stück läuft insgesamt drei Mal, dann warte ich in der Stille, bis alle mit dem Malen fertig sind) ist Vanessas Blick auf ihr Bild geheftet, sie schaut sich weder nach den Bildern der anderen um, noch nimmt sie Blickkontakte auf. Kurz nach dem Ende der Musik legt sie die benutzten Wachsstifte in die Schachtel zurück und verharrt in ihrer Haltung, halb über ihr Bild gebeugt, bis ich die Kinder auffordere, sich mit ihren Bildern zu einem Kreis zusammenzusetzen.

Die anderen beiden Kinder erzählen ohne Zögern von ihren Vorstellungen, die sie beim Hören der Musik hatten und erläutern ihre Bilder. Als ich Vanessa frage, ob sie auch etwas zu ihrem Bild erzählen möchte, zuckt sie nur die Schultern und lächelt mich dabei unsicher an.

Vanessas Bild ist zweigeteilt: Links ist eine Gestalt zu sehen, umgeben von einer z. T. unklaren Aura. Die Gestalt ist sehr mager, hat keine Schultern, dafür etwas, das an Flügel erinnert. Die Arme sind sehr kurz, die Hände undeutlich, es ist nicht klar zu erkennen, ob es wirklich Hände gibt. In dem dunklen Gesicht sieht man schwarze Augenhöhlen und einen verschlossenen Strichmund. Links, unmittelbar neben der Gestalt, in etwa so groß wie Kopf und Oberkörper zusammen, sieht man ein dunkelblaues Oval, von einem grünen Kranz eingerahmt. Links unten vier blutrote Flecken auf grünem Grund. Auf der rechten Seite des Bildes steht eine Art Baum, der untere Teil diffus, sich auflösend, gemalt aus einer Vielzahl verschiedenfarbiger Striche. Der obere Teil ist als schmutzig-grüner Farbfleck gemalt, es könnte darunter der Teil eines Gesichtes verborgen sein, es ist nicht genau zu erkennen.

Die beiden Seiten verbindet eine Szene im oberen Bereich des Bildes: Auf der linken Seite eine schon etwas getrübte Sonne, die rechts in eine kleine Wolkenform übergeht, in der Mitte des Bildes eine größere Wolke und ganz rechts eine deutlich dunklere Wolke, aus der sich Regenstriche über der Baumform entladen.

Ich verstehe dieses Bild als Botschaft eines verängstigten und verschlossenen Kindes. Mag sein, dass sie den sexuellen Missbrauch ausgedrückt hat: der Baum als Phallussymbol, auffallender Niederschlag als Zeichen von Gewalt, die kurzen Arme, undeutliche oder fehlende Hände, die Wehrlosigkeit symbolisieren können, der verschlossene Strichmund als Zeichen eines Sprechverbotes, die blicklosen toten Augen, die nichts sehen wollen, die Person, die wie erstarrt wirkt, nicht weglaufen oder entkommen kann und sich einhüllt in eine schützende, unklare Aura, die roten Flecken, die für Blut bzw. Verletzung stehen können. Auch die auf der Rückseite des Bildes gemalten Instrumente, Trommel und Guiro, könnten als Hinweise auf den vermuteten sexuellen Missbrauch verstanden werden. In unseren Musikstunden geht es aber nicht darum, die in

> den Abbildungen vergegenständlichten Inhalte aufzudecken, wenn Vanessa das nicht selber tut. Ihre Schutzmechanismen sind zu respektieren. So lange bleiben auch unsere Interpretationen Mutmaßungen, die zur Diagnostik von tatsächlich gegebenem sexuellem Missbrauch keinesfalls ausreichen. (Kapteina / Kröger 2003, 8 ff)

Seit den 80er Jahren fortschreitende Einsparungen auf dem Gebiet der Suchtkranken-Behandlung haben zur Folge, dass Musiktherapie heute noch kaum bei Suchtpatienten zur Anwendung kommt (vgl. Engelmann 1995, Fleming-Rabe 1990).

3. Suchtprävention

Allgemein wird zwischen primärer, sekundärer und tertiärer Prävention unterschieden. Tertiäre Prävention zielt auf die Reduktion der Rückfallgefahr bei Süchtigen nach der Therapie. Die ambulanten Einrichtungen der Suchtkrankenhilfe sowie Selbsthilfegruppen und ambulante Rehabilitationseinrichtungen nehmen sich dieser Aufgabe an. Sekundäre Prävention wendet sich an bereits latent oder auch manifest Gefährdete, so genannte Risikopersonen oder Risikogruppen (vgl. Junglas 2002, 29), und primäre Prävention meint alle Bemühungen, die darauf gerichtet sind, alltägliche Lebensumstände so zu gestalten, dass die Menschen in ihren alltäglichen Realbezügen ihre emotionalen, geistigen, ideellen und sozialen Bedürfnisse in einer Weise befriedigen können, die süchtiges Verhalten überflüssig macht.
Primäre Prävention müsste aus Sicht der Musiktherapie vor allem Aufgabe eines ganzheitlichen Musikunterrichts in der Schule und der sozialpädagogischen Arbeit mit Kindern, Jugendlichen und Erwachsenen sein. Dabei wären musikalische Erfahrungen wie Tanzen, Singen, Musizieren, Musik hören, nach Musik malen von Pädagogen in einer Weise zu organisieren und zu begleiten, die sicher stellt,

- dass die psychophysischen Wirkungen des Musikerlebens als positive Alternative zur Drogenwirkung erfahrbar werden (vgl. Evers 1991);
- dass Musik als körperliche Enervierung und Klangvibration, als Bewegung, als Schwingen im Rhythmus, als Mitvollziehen von melodischen und formalen Abläufen allein und im Miteinander der Gruppe als Zeit genussvollen Lebens erfahren wird;
- dass darin Gefühle angstfrei und ohne Bewertung, aber unter empathischer Begleitung zugelassen, ausagiert und integriert werden können,

auch und insbesondere aggressive und schmerzhafte, die sonst eher abgewehrt oder in der Sucht scheinbefriedigt werden;

- dass emotionale Erfahrungen auch Gegenstand bewussten Denkens sein können und in geordnetem Dialog besprochen werden können; indem wir uns über die gemeinsamen musikalischen Erfahrungen austauschen, erhalten wir einen Eindruck von der Vielfalt subjektiver Erfahrung und dem Reichtum menschlicher Daseinsmöglichkeiten;
- dass in der musikalischen Erfahrung Begegnung und Auseinandersetzung, Konflikte und Konfliktlösung in der Gruppe erlebt werden, die Mut machen, auch im Alltag Konflikten nicht auszuweichen, und
- dass in der Musik symbolisch die Suche nach dem Sinn des Lebens stattfinden kann. „Sucht" kommt von „Suchen", und der Suchtkranke verfolgt in seiner Sucht auch die verzweifelte Suche nach einem sinnerfüllten Leben. Die vielfältigen Situationen des musikalischen Erlebens können als symbolische Darstellung der unterschiedlichsten Lebenssituationen verstanden werden, die der Mensch zu erfassen und zu meistern hat; auch die letzten Fragen der menschlichen Existenz (wo kommen wir her, wo gehen wir hin, warum sind wir hier?) sind kaum in einer anderen Kunst so nachdrücklich aufgeworfen wie in der Musik: „Musikzeit" steht in enger Beziehung zur Lebenszeit und damit zu den elementaren Grunderfahrungen des Lebens: „Da der spezifische Umgang mit der Zeit – die Unterscheidung von Vergangenheit, Gegenwart und Zukunft, die Messung und Planung von Zeit, die Auseinandersetzung mit der Endlichkeit, des Lebens und des Todes ein Hauptmerkmal der menschlichen Existenz ist, kommt einer Kunst (...), deren Inhalt die Zeit ist, eine ganz besondere Bedeutung zu. Die Frage nach der zeitlichen Seinsweise der Musik lässt sich nicht trennen von der Frage nach der Seinsweise des Menschen" (Schneider 1992, 5). „Das Leben bedeutet auf den Tod zuzugehen also sterben" (Willms 1991, 161), und in gleicher Weise strebt jede Musik unwiderruflich ihrem wie auch immer gestalteten Ende zu; indem wir einen musikalischen Prozess gestalten, thematisieren wir implizit die Endlichkeit und die grundlegenden Themen unseres Lebens.

„… *ein breites, sicheres Floß* …“

Entwicklung und Wirkungsgeschichte eines ‚Entspannungstrainings nach musiktherapeutischen Gesichtspunkten‘

ERNST-WALTER SELLE

Entspannung beziehungsweise Entspannungsfähigkeit ist zu einem Zielbegriff der gegenwärtigen ‚Wellness-Kultur‘ (vgl. http://wellness.de) geworden, und das Thema ‚Musik und Entspannung' ist vielfältig, umfassend und aus unterschiedlichen wissenschaftlichen Perspektiven und Praxisbezügen dargestellt worden (vgl. Schwabe / Röhrborn 1996; Vaitl / Petermann ^{2}2000; Petermann / Vaitl 1994). Ich verzichte daher hier auf die Darstellung von Wirkungstheorien und auf die Diskussion von Grundsatzerkenntnissen zu diesem Thema.

Mitte der 70er Jahre wird der ‚Psychologische Dienst im Berufsförderungswerk Heidelberg‘, zuständig für die ausbildungsbegleitende psychologische Betreuung beruflicher Rehabilitanden, aufgefordert, ein Angebot für die durch Schlaf-, Arbeits-, Konzentrations-Störungen, Kopfschmerzen, Nervosität und Prüfungsängste beunruhigten Umschüler zu unterbreiten, um deren ungefährdete Mitarbeit im anspruchsvollen Ausbildungsprogramm zu gewährleisten. Die Musiktherapie befindet sich am Ort gerade im Aufbau, und, inspiriert durch Schwabes (1969/^{2}1972) und Yaloms (1974) Veröffentlichungen zum Thema ‚Regulative Musiktherapie‘ und ‚Heilfaktoren in der Gruppenpsychotherapie‘ gibt Volker Bolay den Anstoß zur Entwicklung eines „Entspannungstrainings nach musiktherapeutischen Gesichtspunkten“ (ETnmG). Es soll dem Anspruch gerecht werden, in Gruppen anwendbar, leicht erlernbar und – gegebenenfalls in Abstimmung mit anderen von Fall zu Fall erforderlich erscheinenden Hilfsmaßnahmen der klinischen Psychologie und Pädagogik – erfolgreich zu sein. Eine offene Gruppe trifft sich zweimal wöchentlich abends in der Turnhalle, kreisförmig um einen in der Mitte aufgestellten Plattenspieler mit Lautsprecher bequem auf Turnmatten gelagert, zur ‚Entspannung‘. Dies wird gelegentlich erweitert durch ‚Malen zur Musik‘ und ein freies Gesprächsangebot in der Gruppe nach der etwa 15-minütigen Musik-Einspielung, wodurch eine

Atmosphäre der Erholung, Zweckfreiheit und Beruhigung entsteht, die von allen als wohltuend beschrieben wird.
Wir haben es mit einer ganz überwiegend ‚selbst-indizierten' Klientel zu tun, die möglicherweise aus günstigen Alltagserfahrungen ableitet, dass Ruhe, Entspannung und Erholung mit Hilfe von Musik durch einen zeitweisen Rückzug aus der Belastungssituation in eine mit Gleichgesinnten geteilte Erfahrung von Behaglichkeit und Verschonung neue Energien und Zuversicht generieren kann. Später suchen und finden wir für unsere Entwicklungsarbeit hilfreiche Vorgaben und Bestätigungen in der musikpsychologischen und musiktherapeutischen Literatur (vgl. Schwabe 1979; Wilms 1972). Der Begriff „Korrespondenzhaltung" (Schwabe ^{2}1972, 118) und die Gewahrwerdung des „Geschehenlassens" (Schwabe 1979, 61 ff) werden zum Ankerpunkt der Entspannungserfahrung unserer Teilnehmer. Die Einübung dieser Haltungen, nämlich zulassen und anerkennen zu dürfen, was an Empfindungen beim Hören auf die gebotene Orchestermusik des klassischen Repertoires harmoniert, aber auch wahrzunehmen, was zunächst nicht als wohltuend empfunden wird, sich dann aber durch die pendelnde Aufmerksamkeit zwischen Musik und anderen Wahrnehmungen in Richtung Resonanz verändert, fördert mit zunehmender Dauer der Entspannungs-Übungen die immer zuverlässiger werdende Erfahrung der Selbstwirksamkeit: Ich bin meiner Angst nicht mehr schutzlos ausgeliefert! Die ‚Korrespondenz-Haltung' schafft es auch, aus dem primärprozesshaften oder tertiärprozesshaften Erlebnisraum schließlich heraustretend, die während der Entspannung gelockerten ‚Fäden der Realitätsbezüge' wieder fest in die Hand zu nehmen.

1. Systematische Überlegungen für ein erstes Entspannungs-Konzept

Das Ausgangs- und das Zielverhalten weisen hinsichtlich der Indikation bzw. der Beschreibungskategorien bei unserer Klientel ein hohes interindividuelles Maß an Übereinstimmung auf. Mehr als zwei Drittel schildern Schlafstörungen, Appetitlosigkeit, Konzentrations- und Arbeitsstörungen, Kopfschmerzen und andere somatische Beschwerden, Verlust der Erholungsfähigkeit sowie Nervosität, Angst und lähmende Panikattacken als ‚Negativ-Symptome'. Der ‚Positiv-Katalog' enthält weitgehend die qualitative und quantitative ‚Umkehrung' dieser Liste. Dieses Spektrum erfassen wir durch Eingangsbefragungen der Klienten etwa sechs bis acht Wochen vor einem Prüfungsereignis, das sich zum Beispiel als Klausur, Abgabe einer Hausarbeit, mündliche Prüfung oder andere Art von Leistungsnachweisen darstellt.

Die Aufgabe ist gestellt und fordert die Entwicklung eines leicht nachvollziehbaren und erlernbaren, rasch und dauerhaft wirksamen Entspannungsangebotes für Einzelpersonen und Gruppen von Teilnehmern. Aus Zeitgründen kann es sich nur um ein ‚symptomzentriertes‘, nicht um ein problem-analysierendes Behandlungsmodell handeln, in dem wir der Musik einen besonderen Wirkungsanteil zumessen wollen. Wir sind uns sicher, dass ein solches Behandlungsmodell auch präventive Qualitäten enthalten soll, denn eine gegen das Auftreten bestimmter Symptome gerichtete Maßnahme sollte beim Auftreten von symptom-generierenden Situationen auch zuvorkommend eingesetzt werden, um dem ‚Notfall‘ zuvorzukommen. Brockert (2002) plädiert nachdrücklich für den Einsatz präventiver Maßnahmen zur Erlangung und Erhaltung von seelischer Gesundheit, weil das – natürlich – sinnvoller ist als das mitunter langwierigere und teure Behandeln eventueller ‚Folgeschäden‘. Er fordert die Entwicklung und Förderung eines Verständnisses für seelische Gesundheit statt sich in psychologischen (Er-)Klärungen seelischer Leiden und Krisen zu erschöpfen (vgl. weiter unten).

2. Das „Entspannungstraining nach musiktherapeutischen Gesichtspunkten“

Zugegeben: Dies ist eine lange und etwas spröde wirkende Bezeichnung für unser Modell, aber für die Interessenten auch eine informative. Das ‚ETnmG‘ soll sich erkennbar von anderen bekannten ‚Entspannungs-Trainings‘ unterscheiden, und die Aufmerksamkeit (und Neugier) soll durchaus auch auf Musiktherapie gelenkt werden. Die Bezeichnung ‚Training‘ stellt klar, dass es sich vom Angebot einer kausal analysierenden psychotherapeutischen Behandlung unterscheidet. Schließlich wird deutlich gemacht, dass das Entspannungstraining nicht als eigentliche Musiktherapie zu verstehen ist, sondern dass lediglich erprobte ‚Bausteine‘ verwendet werden. In geschlossenen Gruppen zu etwa 8 Personen verpflichten sich die Teilnehmer zur regelmäßigen Teilnahme an insgesamt acht Sitzungen, zwei pro Woche, zur gleichen Tageszeit, am gleichen Ort.

Die Basis-Konzeption des ‚Entspannungstrainings nach musiktherapeutischen Gesichtspunkten‘ stellt sich in drei Abschnitten dar:

a) Progressive Muskelrelaxation (nach Edmund Jacobson)
b) Musikalisch eingeführte und begleitete Tiefenentspannung
c) Zurücknahme der Tiefenentspannung

Zu a):
In der Verhaltenstherapie ist das Verfahren der Desensibilisierung gegen Angst auslösende ‚Reiz-Situationen' in den 70er und frühen 80er Jahren eine Standard-Anwendung. Die verbal vom Therapeuten angeleitete, bei den Händen beginnende, über die Arme, Schulter, Nacken, den Kopf, Brustkorb, Bauch bis in die Beine und Zehenspitzen systematisch verlaufende, kurze, kräftige Anspannung und anschließende Lösung und Entspannung einzelner Muskeln und Muskelgruppen wirkt deutlich spürbar antagonistisch zur häufig unwillkürlich auftretenden und nicht immer bewusst gespürten angespannten, verkrampften, abwehrbereiten Körperhaltung in Erwartung von Gefahr und im Stress. Wir benutzen diese grob skizzierte Kurzfassung der auf E. Jacobson zurückgehenden detaillierten Beschreibung der ‚fortschreitenden Muskelentspannung' zum Einstieg in das Training, bei dem die Teilnehmer auf normalen Stühlen sitzen. Der Anleiter dient dabei anfangs mitvollziehend als Modell, um die effiziente Durchführung im rechten Maß des Kraft-Aufwandes und der Zeitvorgaben für das An- und Entspannen sowie für die Pausen zwischen den einzelnen Muskelgruppen zu supervidieren. Die Erfahrung, dass körperliche Entspannung im Sitzen herbeigeführt werden kann, soll lernwirksam zur Übertragung in den späteren Anwendungs-Alltag ermöglicht werden. Damit entfällt die ursprünglich erforderliche kognitiv-sensorische Umstellung vom Lernen im Liegen zum Transfer des Gelernten ins Sitzen.

Zu b):
Am Ende der Muskel-Relaxation lädt der Trainer dazu ein, die nun folgende Musik in diesen angenehmen Zustand mit hinein zu nehmen und die Entspannung möglicherweise sich noch weiter und tiefer gehender ausbreiten zu lassen. Die Herabsetzung des körperlich-muskulär-nervösen Erregungsniveaus spiegelt sich eigentlich regelmäßig in einer psychischen Entspannungserfahrung. Auch umgekehrt bestätigt die Erfahrung meistens die Regel: Psychische Erregung führt zu physiologischer Erregung – und beidem kann hier durch die Maßnahmen der Muskelentspannung und in Folge der dem ISO-Prinzip entsprechenden Musikeinspielung entgegengewirkt werden. Den Einwand von Gembris (1987), dass psychische und somatische Entspannung ziemlich unabhängig voneinander auftreten können, indem bei einer Person, die sich als ‚entspannt' bezeichnet, eine deutliche Muskelanspannung nachweisbar sein kann, finden wir zu Beginn des Trainings gelegentlich bestätigt. Sobald aber die Überleitung der Entspannungsinduktion von der muskulären auf die psychische Ebene während der Musik-Einspie-

lung ‚angenommen‘ ist, finden wir durchweg eine sukzessive Parallelität der Entspannungswirkung vor.
In der Auswahl der geeigneten ‚Ruhe-Musiken‘ orientieren wir uns an den Vorschlägen Schwabes (Schwabe [2]1972, 1979) und beschließen, die ‚Air‘ (2. Satz der Orchestersuite Nr. 3, D-Dur, BWV 1068) von Johann Sebastian Bach als Standard-Musik in das Training einzuführen. Wegen der unaufwändigen und daher ‚zuverlässigen‘ Streicher-Instrumentierung, wegen der ‚hellen‘ Tonart, der lang gezogenen, ruhigen Melodiebögen in den 1. Geigen, dem ‚Ruhe-Puls‘, der in den Bässen, metrisch stetig schreitend, Orientierung bietet und wegen der Gesamtlänge des Stückes, das wir allerdings am Trainingsbeginn zweimal nacheinander einspielen, bevorzugen wir dieses Werk. – Die Tatsache, dass viele Teilnehmer die ‚Air‘ vom Hören her ‚wiedererkennen‘, verbindet sich bei ihnen ganz überwiegend mit angenehmen assoziierten Erinnerungen, die unserer Absicht, durch diese Musik eine ‚Tiefentspannung‘ zu erreichen, förderlich sind. Diejenigen, welche sie als ‚Trauer-Musik‘ erfahren haben, können sich im Nachgespräch durchaus auf die Linderung von Schmerz, Verzweiflung und Leid auf der Ebene des ‚Geschehenlassens‘ besinnen. Eine Umdeutung oder vielmehr Erweiterung der Be-Deutung der Klänge für die psycho-physische Harmonisierung und Entspannung ist leicht nachzuvollziehen.

Zu c):
Eine durchaus kritische Phase für den länger andauernden Genuss einer Entspannungs-Sitzung ist die Rückkehr, der Wiedereinstieg in das zeitlich-örtlich orientierte Bewusst-Sein. Vielfach ist dies weit zurück gefallen, möglicherweise durch – eigentlich nicht erwünschte – Kurz-Schlaf-Phasen ausgeschaltet oder in primär- oder tertiärprozesshaften Anmutungen aktiv gewesen. Im Unterschied zum recht heftig anmutenden Anspannungs-Kommando des Autogenen Trainings an dieser Stelle ziehen wir einen ‚weichen Übergang‘ vor, indem wir dazu aufzufordern, „ganz locker und leicht die Finger der rechten Hand, das rechte Handgelenk“ zu bewegen, diese Hand etwas anzuheben – und locker wieder zurückfallen zu lassen. Das Gleiche wird denn für die linke Hand angeboten, zum zweimaligen tiefen Ein- und Ausatmen aufgefordert, danach erfolgt die analoge Anweisung für die Zehen, das Fußgelenk und den Fuß. Inzwischen haben die Teilnehmer ihre Augen geöffnet oder werden auch hierzu aufgefordert und können sich nach Belieben recken, räkeln und strecken und sich schließlich ‚erwacht‘ aufrecht auf den Stuhl setzen. Dies allmähliche Zurückkommen lässt es zu – und macht es allerdings auch erforderlich – selbst darüber zu bestimmen, wann die in der Entspannung gewonnene Erfrischung, Energie und kon-

zentrative Leistungsbereitschaft zum Einsatz für die (unmittelbaren) Zielsetzungen eingesetzt werden soll. Diese Selbststeuerung kann unseren Teilnehmern nach dem Trainingsabschluss hilfreich und zuverlässig, etwa vor einer Prüfung oder anstrengenden geistigen Arbeit, zur Verfügung stehen.

Jeder Trainingssitzung folgt ein Nachgespräch, das wir, der Verhaltenstherapie-Terminologie der damaligen Zeit folgend, ‚Lernziel-Kontrolle' nennen. Es dient prinzipiell dem Austausch darüber, ob und wie die Hilfestellungen und eigenen Bemühungen zum Erreichen der Entspannung in jeder einzelnen Trainings-Phase von jedem Einzelnen genutzt werden konnten. Wir beraten die Zweifelnden und ermutigen die Mutlosen, wir stellen klar, dass der Weg zur Entspannung vor allem während der Musik-Einspielung ganz individuell, möglichst mit positiven, förderlichen Bildern, Gedanken und bestätigenden körperlichen Erfahrungen gefunden werden kann, dass man dazu Geduld braucht und nicht in eine ungute ‚Entspannungs-Hektik' verfallen sollte. Dieser Geduld entspricht auch die Haltung des ‚Sich selbst ein vertrauenswerter Freund sein' und das Einüben des bereits erwähnten ‚Geschehenlassens' und der ‚Korrespondenzhaltung' gegenüber Einflüssen während der Bereitschaft, sich auf Entspannung einzulassen. Falls Themen auftauchen, deren Behandlung diesen Rahmen sprengen würde, verweisen wir auf Klärungsangebote außerhalb des Trainingsprogramms.

Seit Mitte der 70er Jahre wird die Entwicklung und Installierung eines ‚grundständigen Modellstudienganges Musiktherapie' an der Fachhochschule der ‚Stiftung Rehabilitation' in Heidelberg betrieben, der eigentlich aus dem von Volker Bolay gegründeten ‚Arbeitskreis Musiktherapie Heidelberg' (AMH) hervorging. Das ‚ETnmG' ist das erste standardisierte ‚Weiterbildungs-Angebot', das wir in ‚Musiktherapie-Seminare' des AMH integrieren. Es zieht starkes Interesse auf sich, weil inzwischen auch einige Erfahrung und Erfolgsdaten vorliegen. Es gibt zum Beispiel nachweisbare Verbesserungen des Notendurchschnitts und der Studienleistungen von Trainings-Absolventen. Die meisten Teilnehmern behielten die Abrufbarkeit der Entspannungsmusik (‚Air') , im Kopf, dazu die beruhigenden, individuell bevorzugten, imaginierten ‚Entspannungsbilder' für ausschlaggebend in der Entspannungswirkung. An einer kleinen Stichprobe gelingt uns sogar mit Hilfe von mobilen Langzeit-EEG-Messungen der Nachweis eines – im Vergleich zu einer Kontrollgruppe – in Prüfungssituationen deutlich länger andauernden Alphawellen-Rhythmus (acht bis 12 Hz) nach vorheriger Entspannung, der sich – wenn überhaupt – erst später, allmählich ansteigend, dem Betawellen-Rhythmus (13 bis 30 Hz) angleicht.

Eine beachtliche Aufwertung erfährt das ‚ETnmG‘ durch zwei Seminar-Teilnehmer, die dieses Training als eine wesentliche Erweiterung und Verbesserung der von ihnen vertretenen Angebots-Palette erkennen. Das ist zum einen der Leiter der Kreisvolkshochschule Osnabrück, der seine Mitarbeiter regulär zu Trainern in diesem Verfahren ausbilden lassen möchte, zum anderen ist es der Inhaber eines ‚Internationalen Kuren-Dienstes‘, der seinen psychologischen, ärztlichen und gesundheitspädagogischen Fachkräften durch unsere Weiterbildung die Möglichkeit bieten möchte, den Kur-Teilnehmern mehr als nur beispielsweise psychotherapeutische, balneologische oder physiotherapeutische Behandlung anzubieten.
Daraus ergibt sich der Auftrag, das ‚ETnmG‘ noch einmal einer gründlichen und erfahrungsbereicherten Revision zu unterziehen. Außerdem ist es erforderlich, unsere Vorgehensweise im Sinne einer modularisierten Handlungsanweisung exakt zu beschreiben, damit die von uns auszubildenden Trainer auch nach relativ kurzer Anleitung die erforderliche Handlungssicherheit erwerben, ohne die der Trainingserfolg bei den Teilnehmern fraglich wäre. Beschleunigend und vorteilhaft für die Entwicklung und Verbreitung unseres Entspannungs-Modells ist die Tatsache, dass der Leiter des ‚Kuren-Dienstes‘ den Verlag ‚neues forum‘ besitzt, in den wir das ‚ETnmG‘ einbringen. Zuerst wird zu Informations- und Werbezwecken eine (inzwischen vergriffene) Schallplatte (Bolay 1974) produziert. Darauf folgt 1975 die erste und 1982 eine zweite, verbesserte Auflage des ‚Trainerhandbuches‘ (Bolay / Selle 1982) mit den bis heute gültigen Anleitungen für Trainer im ‚ETnmG‘. Dazu gehört – den Verlauf der technischen Tonträger-Entwicklung nachzeichnend – anfangs ein Trainer-Tonband, später eine Trainer-Kassette und nun eine Trainer-CD.
Es war nie beabsichtigt, dieses Material im freien Handel zu verbreiten, sondern es sollte ausschließlich beim Abschluss der von uns durchgeführten Trainer-Seminare zusammen mit einem Ausbildungs-Zertifikat an die Trainer vergeben werden. Das Copyright liegt beim Arbeitskreis Musiktherapie Heidelberg und beim Verlag neues forum.

3. „Lassen Sie sich von der Musik ausfüllen und tragen …“

Trainer und Teilnehmer haben das ‚ETnmG‘ durch Erfahrungsrückmeldungen reifen lassen. Mit Verständigkeit vorgenommene Modifikationen machen das Verfahren geeignet, in unterschiedlichen Zielgruppen (zum Beispiel Kinder, Schwangere, bettlägerige Patienten, [Kopf-]Schmerzpatienten) durch entsprechend geformte ‚Bausteine‘ angemessen eingesetzt zu werden. Das hat sich bereits beim Einsatz im weiten Feld der Rehabilitation, aus dem das

‚ETnmG' ja ursprünglich hervorging, in der Verbreitung durch Volkshochschulkurse und im klinischen Einsatz bestätigt. Ich werde am Ende dieser Darstellung darauf zurückkommen.

Generell will das ‚ETnmG' die Teilnehmer nach dem Durchlaufen des auf zehn Trainings-Stunden konzipierten Verfahrens befähigen, sich ohne äußere Hilfsmittel an dem Ort, wo Entspannung gewünscht wird, angemessen zu entspannen. Das ‚ETnmG' arbeitet in reduktiver Weise darauf hin, dass die anfangs in umfänglicher Weise gegebene Unterstützung zur Erlangung des Entspannungs-Zustandes nach und nach reduziert wird, weil die entsprechenden Auslöseprozesse vom Teilnehmer selbst kontrolliert werden. Lerntheoretisch gesehen handelt es sich um eine Konditionierung, wobei die verhaltensauslösende ‚Reizkombination' (Muskelentspannung und über Biofeedback-Mechanismen sedierende Musik) anfangs ‚von außen' kommt und mit fortschreitendem Training durch eine ‚selbstverstärkende Reizkontrolle' des Teilnehmers übernommen wird.

Dieses trägt der Tatsache Rechnung, dass Entspannung im wirklich befriedigenden Sinn nur auf einem individuell erprobten und als wirksam erfahrenen Wege erreicht werden kann, den die Teilnehmer während eines Gruppen-Trainings mit Hilfe des Trainers finden. Dies wird die für die Anwendungszeit nach dem Kurs wichtig werdende vergewissernde Erfahrung der Selbstwirksamkeit stabilisieren.

Wir geben jedem einzelnen Teilnahme-Bewerber eine sorgfältige Information über das Ziel und den Ablauf des ‚ETnmG' und erfragen die Gründe für seine Teilnahme. Entspannungs-Angebote stellen einen unkompliziert annehmbaren ‚Selbst-Heilungsversuch' dar und werden oft von Personen wahrgenommen, deren Symptome eigentlich nach einer umfassenderen psychologisch-psychotherapeutischen oder gar psychiatrischen Behandlung verlangen. Wenn diese Notwendigkeit im Vorgespräch erkennbar wird, werden die Betreffenden vom Trainer an entsprechende Angebote verwiesen.

Das Standardprogramm ist für Teilnehmer ab ca. 15 Jahren in geschlossener Gruppe mit sieben bis zehn Teilnehmern konzipiert, die bereit sind, an zehn Sitzungen kontinuierlich anwesend zu sein. In den ersten beiden Trainings-Sitzungen werden jeweils vier Trainings-Module durchlaufen, die mit Hilfe der Trainings-CD vermittelt werden, welche das Basisprogramm für die zwei Trainingsphasen enthält. Die Kombination der vier Module und die im Trainingsverlauf praktizierte spezifische Modifikation und inhaltliche Reduktion dieser Module zur Sicherung des erfolgreichen selbstständigen Umgangs mit dem Training ist das eigentlich ‚Originäre' des ‚ETnmG', das es von anderen Entspannungsverfahren unterscheidet.

Modul 1: ‚Rhythmische Auflockerungsübungen‘

Zu einer synkopisch-antreibenden Elektronik-Orgel-Musik im 2/4-Takt (MM: ¼ = 104), die ein befreundeter Kirchenmusiker improvisierte, mit akzentuierenden Schellenreif-Schlägen auf jede ‚Eins‘ eines Taktes, fordert der Trainer die Teilnehmer auf, mit ihm zusammen aus dem Stand heraus tänzerisch, jeden Takt wechselnd, auf einem Bein zu hüpfen. Die Arme schlenkern, Schulter und Rumpfmuskulatur federn angenehm locker nach, der ‚Bewegungsimprovisation‘ sind innerhalb dieses Rahmens kaum Grenzen gesetzt. Jeder entscheidet selbst, ob er und wann er den sportlichen Einsatz reduziert und gegebenenfalls nach etwa zwei Minuten nur noch auf der Stelle gehend, gelöst und etwas außer Atem, diese Übung beendet. Zwei- oder dreimal soll dann, wie nach einem Wettlauf, kräftig durchgeatmet werden, am besten mit einer tiefen Rumpfbeuge vorwärts und locker baumelnden Armen beim Ausatmen. – Die Absicht ist, durch körperlich-muskulären Energie-Einsatz eine gemeinsame Ausgangssituation für Erholungs- und Entspannungsbereitschaft zu schaffen, gleichgültig, welcher mehr oder weniger aufreibenden Beschäftigung jeder unmittelbar vorher nachging. Neben dem nicht zu vernachlässigenden ‚Spaß-Faktor‘, der für das erste Arbeits-Treffen der Gruppe eine günstige Arbeits-Motivation schafft, ist nun für die folgenden Module eine positive physische und psychische ‚Aufgeschlossenheit‘ und Erfolgserfahrung zu erwarten.

Modul 2: ‚Progressive Muskelentspannung‘ nach Edmund Jacobson

Nachdem die Teilnehmer, am besten in einem nicht zu engen Kreis, auf ganz normalen Stühlen Platz genommen haben, die Hände auf den Oberschenkeln, die Beine ganz leicht gegrätscht und die Füße etwas vorgeschoben, hören sie einen einleitenden Text, der in gewöhnlicher Alltags-Sprechweise beginnt, dann aber bezüglich Stimm-Modulation, -Lautstärke und Sprechgeschwindigkeit überleitet in eine Klangqualität, welche Ruhe und unangestrengte Konzentration beim Hinhören mit geschlossenen Augen erleichtert. Es wird spürbar, dass in dieser Weise die Gruppe als Ganzes angesprochen wird. Infolgedessen kann und darf das eigene Streben, Hoffen, Bangen hinter das kollektive ‚Hier-und-Jetzt‘ zurücktreten und die Aufmerksamkeits-Fokussierung auf die angesagten Muskelübungen erleichtern. Deren Ablauf ist bereits weiter oben skizziert worden. Die Teilnehmer sollen die jeweiligen Muskeln so fest anspannen, dass sie den Unterschied zwischen Anspannung und Entspannung deutlich wahrnehmen. Es wird das Gefühl der Schwere oder Wärme, das möglicherweise empfunden wird, suggestiv angesprochen.

– Die Absicht ist, den Teilnehmern zu einem ‚Muskel-Sinn' zu verhelfen, der ihnen später beim eigenständigen Trainieren oder Anwenden des Gelernten die ‚Ist-Soll-Differenz' zur optimalen Entspannung vermittelt, die sie dann gegebenenfalls durch eigenen mentalen oder konkret muskulären Einsatz minimalisieren können. Wichtig ist hierfür die Dosierung der Zeit-Spanne zwischen dem realen Anspannen und der Aufforderung zum Entspannen. Sie beträgt in der Regel etwa zwischen neun und 16 Sekunden. Bei den schwierigeren Übungen (Stirn, Gesicht, Bauch), zu denen die Teilnehmer eine Hilfestellung durch den Trainer erhalten, sind kürzere Zeiten effizient genug und vermeiden eine ungünstige Überforderung. Beim Übergang von einer Muskelgruppe zur nächsten hat sich eine ‚Pause' von ca. 30 Sekunden bewährt, während der die Teilnehmer die Entspannung wirken lassen.
Beendet wird dieses Modul mit den Worten „Atmen Sie nun ruhig und entspannt und achten Sie darauf, wie ein Gefühl der Schwere und Entspannung Ihren Körper durchzieht." (Bolay / Selle 1982, 31)

Modul 3: ‚Tiefenentspannung'

Von der Trainer-CD erklingt nun zweimal nacheinander die ‚Air' aus Bachs Suite in D-Dur. Die Aufnahme wurde vom ‚Kantaten-Orchester Heidelberg' unter der Leitung von KMD Peter Schumann speziell für das ‚ETnmG' im langsamen Tempo von MM: 1/8 = 53 eingespielt. In einem Tonstudio wurden dann die höchsten und tiefsten Frequenzen herausgefiltert, um einen ‚unauffälligen Klangteppich' zu erhalten, der die akustische Wahrnehmung nicht unnötig durch zum Beispiel hochfrequenten Geigen- oder Cembaloklang stimuliert. Die Musik soll keinesfalls zu laut wiedergegeben werden. Die wesentlichen entspannungsfördernden Parameter dieser Musik, vor allem der langsam pendelnde Rhythmus und die weich schwingende, kreisende Melodie bleiben natürlich trotz der Frequenz-Minderung wirksam. Für manche ausgesprochene ‚HiFi-Fans' ist diese Präsentation jedoch gewöhnungsbedürftig, weil diese ‚Beschneidung' den ‚normalerweise' erwarteten Hörgenuss trübt und dadurch Unbehagen erzeugt. In den ersten beiden Sitzungen tritt jedoch der Klang tatsächlich in den Hintergrund, weil während der Dauer der ‚Air'-Einspielung ein von Volker Bolay verfasster Text in gedehnter Verlautbarung zu hören ist, der (den noch Ungeübten) als Hilfestellung für die Imagination einer bildhaften ‚Entspannungs-Szene' angeboten wird, wobei Stimme und Musik rhythmisch, lautstärkemäßig und melodisch fast miteinander verschmelzen. Der Text enthält u. a. folgende Passagen:

„... Sie sind jetzt ganz ruhig. – Sie hören jetzt Musik. – Hören Sie auf die Musik und lassen Sie sich von ihr ausfüllen und tragen. – ... Stellen Sie sich vor, ein breites, sicheres Floß liegt in einer Bucht und hebt und senkt sich, hebt und senkt sich mit den Wellen des Meeres. – ... Sie liegen ungestört auf dem Floß und fühlen sich geborgen in der Bucht. – Vor Ihnen liegt die Weite des Meeres. – ... Sie sind ganz ruhig und entspannt und bewegen sich mit den Wellen, die langsam und friedlich dahingleiten. – ... Es ist ganz ruhig und friedlich um Sie herum und Sie fühlen sich wohl und entspannt. – Denken Sie an angenehme Dinge. – ...“

Diese hochwirksame Kombination von Musik und Text führt erfahrungsgemäß zu fast unausweichbaren Synchronisationsprozessen der Atmung mit dem Rhythmus der Musik und zusammen mit der Suggestion von Sicherheit und Geborgenheit und mit der Korrespondenzhaltung im Bild ‚Weite des Meeres‘ zur Erlangung der Tiefenentspannung. – Die Absicht ist, den Teilnehmern zum Einstieg in das ‚ETnmG‘ mit einer nahezu unfehlbaren Bündelung von Hilfestellungen die Erfahrung einer tiefen Entspannung zu ermöglichen. Dieser Prozess ist später, wenn die Hilfen nach und nach abgezogen werden, eine wichtige Referenz-Erfahrung für den Erwerb von Selbstkontrolle und eine Bestätigung von Selbstwirksamkeit. Wem das Bild vom Floß in der Bucht nicht behagt, mag sich ein passenderes und annehmbareres ausmalen. Es ist aber wünschenswert, an einer ‚Lieblings-Szene‘, ob konkret oder abstrakt, im Großen und Ganzen festzuhalten, um mit Hilfe dieser Imagination – wie schon mit dem erworbenen ‚Muskel-Sinn‘ – später die Entspannung selbstständig wieder zu finden. Flüchtige Gedanken, Gefühle, bruchstückhafte Erinnerungen, die manchmal in lebhafter Weise während der Tiefenentspannung auftreten, eignen sich nicht so gut zum daran ‚Festhalten‘ und sind eher vorübergehender Natur, genau so wie etwaige Außengeräusche oder entspannungstypische Geräusche aus dem ‚Inneren‘.

Die verbal-suggestiv wirkenden ‚Entspannungsformeln‘ während der progressiven Muskelentspannung und vor allem zur Musik während der Tiefenentspannung können die Qualität von ‚Mantras‘ gewinnen und das Gedankenkreisen um negative Gefühle, Angst, Nervosität Verwirrung anhalten. „Meditation und Entspannungs-Techniken erreichen die Gefühlswelt, bauen Stress ab, bauen Angst ab“ (Brockert 2002, 267).

Modul 4: ‚Zurücknahme der Tiefentspannung'

Dieses Modul ist durch die Revision der Basis-Konzeption (vgl. weiter oben) praktisch nicht verändert worden, außer dadurch, dass nach zurückhaltendem, sanften Stimm-Eintritt sich die ‚Entspannungs-Stimme' beim Sprechen des Textes allmählich wieder dem Sprechtempo und der Lautstärke der ‚Alltags-Sprache' angleicht. Zusätzlich wird in der zweiten Hälfte der ‚Zurücknahme' die Musik aus Modul 1 eingeblendet und lässt die Sitzung recht schwungvoll ausklingen. Es erscheint ratsam, den Teilnehmern etwa eine bis zwei Minuten Gelegenheit zu geben, aufzustehen und frei im Raum umherzugehen, umso die eher ‚lähmenden' Nebenwirkungen tiefer Entspannung durch multisensorische Reizung zu beseitigen, ansonsten könnte das Nachgespräch ziemlich zäh verlaufen.

4. Der Weg zur ‚autogenen Selbst-Entspannung'

Am Beginn des Trainings wurde das Lern-Ziel formuliert: Nach dem Durchlaufen der zehn Trainings-Stunden wird es möglich sein, wann immer Entspannung gewünscht wird, sich ohne äußere Hilfsmittel angemessen zu entspannen. Die erforderliche Entspannung, die mit der Unterstützung der beschriebenen Hilfestellungen erreicht wurde, soll also auch nach systematischer Reduzierung der Hilfen erfahrbar und möglicherweise sogar zu steigern sein. Der ‚Abbau' muss in einer Weise erfolgen, die das Erreichen der wesentlichen ‚Entspannungs-Stufen' (physiologische, psychologische und Tiefen-Entspannung) auch unter veränderten Trainer-Anweisungen und zunehmender ‚Selbst-Anweisung' beziehungsweise Selbstkontrolle sichert. An die Stelle der ‚primären Entspannungsreize' treten nun ergänzend oder ersatzweise ‚sekundäre Entspannungsreize', die vorher mit den Begriffen ‚Muskel-Sinn', ‚Korrespondenzhaltung' und ‚Imagination einer Entspannungs-Szene' beschrieben wurden. Die Aufmerksamkeit der Teilnehmer wendet sich den ‚von außen kommenden Hinweisen' nur noch ‚peripher' zu, sich quasi ihrer Vertrautheit vergewissernd, und macht sich zunehmend mit den ‚inneren Entspannungsindikatoren' vertraut.

Ab der 3. Trainings-Sitzung ist das Modul 1, die ‚Rhythmischen Auflockerungsübungen', entbehrlich. Die ‚Entspannungsbereitschaft', die damit bewirkt werden sollte, ist bei den meisten Teilnehmern schon durch mentale Einstellung beim Eintritt in den wie gewohnt hergerichteten Raum mit der kreisförmigen Anordnung der Stühle gegeben, einige haben sogar schon

‚Stammplätze‘, und man nimmt daher den Wegfall der ‚sportlichen Einstimmung‘ durchaus dankbar zur Kenntnis!
Ab der 4. Trainings-Sitzung wird – gemäß der Standard-Konzeption des Trainings – das bis dahin komplett vom Tonträger dargebotene ‚Basis-Programm‘ modifiziert, indem der Trainer selbst die Anweisungen zu den Jacobson-Muskelübungen und zur Zurücknahme der Tiefen-Entspannung spricht. Nur für die Einspielung der Musik ohne Text zur Tiefenentspannung wird weiterhin die Trainings-CD benötigt. Diese Veränderung im Ablauf der Trainings-Sitzungen erfordert von den Teilnehmern eine Umstellungs- und Anpassungsleistung, welche – lerntheoretisch betrachtet – sicherstellt, dass nicht nur die primär gebotenen, sondern auch sekundäre oder sogar tertiäre Auslöse-Reize das Zielverhalten (‚Entspannung‘) auslösen können. Erlebnismäßig jedoch kann dies eine nicht immer reibungslos nachzuvollziehende Neuorientierung für die Teilnehmer bedeuten. Es ist eine erste ‚Bewährungsprobe‘ dahingehend, ob der Wechsel der Stimm-Qualität von einer per Lautsprecher vermittelten Männer-Stimme auf der CD zur lebendig anwesenden Stimme etwa einer ‚Live-Trainerin‘, deren Botschaft ja, wie vom Tonträger bisher gewohnt, textlich identisch bleibt, den ‚Empfang der Entspannungs-Botschaft‘ stört und insbesondere deren Umsetzung behindert. Diese ‚Klippe‘ umgehen die meisten erfahrenen Trainer, indem sie schon von der ersten Sitzung an den vorgegebenen Text (zur progressiven Muskel-Entspannung und während der Musikeinspielung in den ersten drei Sitzungen) selbst sprechen. – Eine weitere Besonderheit, die mit dieser Trainings-Einheit eingeführt wird, ist die gesprochene ‚Kontrollfrage‘ an die Teilnehmer, die nun für jede entspannte Muskelgruppe entsprechend mit zum Beispiel diesem Wortlaut gestellt wird:

> „Wenn Sie das Gefühl der Entspannung und der Schwere in Ihrer rechten Hand und Ihrem rechten Arm nicht empfinden können, dann machen Sie noch einmal eine Faust, winkeln Sie den rechten Arm an und pressen Sie den Oberarm gegen den Brustkorb … und entspannen Sie sich jetzt wieder völlig.“ (Bolay / Selle 1982, 27)

Schließlich erfolgt nun und in den folgenden Sitzungen die Einspielung der ‚Entspannungs-Musik‘, für die mittlerweile eine von allen Teilnehmern akzeptierte Wahl getroffen wurde, ohne den assoziationsfördernden Text des Floß-Bildes auf sanften Wellen in einer Bucht. Die meisten Teilnehmer haben sich inzwischen diese Szene, auch mit eigenen Ausschmückungen, als ‚Anker-Reiz‘ zu Eigen gemacht – oder eine gleichwertige Alternative geschaffen. Das jeweilige Bild oder die entsprechende Szene stellt sich erfahrungsgemäß bereits während der ersten Takte der Musik ein. – Diese beiden durch die Trainer-Instruktion angeregten und dieser entsprechend dann zunehmend unabhängig davon innerlich selbststeuernd nachvollzogenen Entspannungs-Impulse des ‚entspannt', ‚locker', ‚warm' und ‚schwer' signalisierenden ‚Muskel-Sinns' und das ‚Schweben', ‚Ungestörtheit', ‚Ruhe' und ‚Wohlgefühl' vermittelnde ‚Entspannungs-Bild' sind sowohl die Voraussetzung wie auch die nahezu unfehlbare Versicherung, nun in einen wohltuenden Entspannungszustand einzutreten und ihn als Zeitspanne für Erholung, Ressourcen-Sammlung und als Ausgangspunkt für einen geordneten Neubeginn zu nutzen.

Ab der 5. Trainings-Sitzung ist der Trainingsablauf den Teilnehmern schon so geläufig, dass der Textanteil der Trainer-Instruktionen, vor allem bei den Muskel-Übungen, von Mal zu Mal reduziert werden kann. Es werden lediglich noch An- und Entspannungs-Aufforderungen für die oberen Extremitäten, Schultern und Kopf/Gesicht gegeben. Dann dürfen die Teilnehmer nach entsprechender Aufforderung erwarten, ob sich beziehungsweise dass sich die Entspannung ‚autogen' weiter über den Rumpf, Bauch bis in die Beine ausbreitet. Sollte es irgendwo noch Blockaden geben, helfen sich die Betreffenden, einer Trainer-Anweisung folgend, selbst, indem sie an den betreffenden Körperregionen real oder mental die erlernten An- und Entspannungsübungen selbstständig ausführen, bis der ‚Muskel-Sinn' den ‚Soll-Wert' feststellt. Mit fortschreitender Trainingserfahrung nimmt nun also die Zeit der Ruhe und Stille in der Gruppe – ohne direkte Trainer-Einwirkung – zu. Dieser Zeitgewinn kommt der Einübung und Erfahrung der ‚autogenen Selbst-Entspannung' zugute. Es ist eine wichtige, zunehmend selbstvergewissernde und erfolgsversichernde Erkenntnis, die sich während dessen den Teilnehmern einprägt: Die Entspannung muss nicht mehr mit allerlei Hilfestellungen von Jemandem vermittelt werden, man kann sie sich selber verschaffen, indem man auf die ganz persönlichen Erfahrungen mit der Entspannung vertraut und den vertrauten Weg zum Ziel selbstständig geht.

In den Nachgesprächen im Anschluss an jede Trainings-Sitzung ist der Erfahrungs-Austausch und gegebenenfalls die gegenseitige Anregung für eine ganz persönlich bevorzugte ‚Wegbeschreibung' in die Entspannung das bevorzugte Thema, ohne dabei Erfolgsdruck und Norm-Erwartungen entstehen zu lassen. Die bestätigende, ermutigende und verlässlich werdende ‚Selbstwirksamkeit' der Teilnehmer und die anteilnehmend begleitende Moderation des Nachgesprächs durch den Trainer gewinnt mit fortschreitender Dauer des Trainings eine wirkungsvolle Funktion für die Realisierung des

Trainings-Ziels. Die Erfahrung, Kompetenz dadurch zu gewinnen und einsetzen zu können, dass die Fähigkeit zur Selbstentspannung mit sicherer Wirkung zur Verfügung steht, fördert nach Brockert (2002) unter anderem „Optimismus und Hoffnung in schwierigen Lebenssituationen; ... Glaube an uns selbst ...; Kreativität bei Problemlösungen; klare Sicht unserer Gedanken, Gefühle, Intentionen; gutes Selbst-Management; positive Auswirkungen auf Körper, Geist und Seele ...“ (ebd. 171 f.) Alles dies hat schließlich auch stress-verarbeitende Wirkung auf der Ebene der Neuro-Transmitter, indem Catecholamine aktiviert werden (ebd. 172). Der ‚Harmonisierungseffekt‘ breitet sich, wie die jüngste neurologische Forschung lehrt, auf die für die Steuerung integrativer Regelsysteme im Körper verantwortlichen subkortikalen Bereiche aus (Limbisches System, Hypothalamus, Hirnstamm) und führt zu einer effektiven Rekonstruktion gestörter Funktionen (vgl. Hüther 2004). – Die Einspielung der Entspannungsmusik, anfänglich dauert sie etwa 13 Minuten, wird jetzt schrittweise verkürzt, d. h. an einer musikalisch geeigneten Stelle ausgeblendet. In der verbleibenden Stille verweilen die Teilnehmer weiterhin bis zur Zurücknahme in der Entspannung.

Ab der 7. Trainings-Sitzung lernen die Teilnehmer, die Zurücknahme der Tiefenentspannung (vgl. Kap. 2c) nach eigener Zeitwahl selbstständig zu vollziehen. Der Trainer gibt allenfalls für besonders tief Entspannte eine knappe Aufforderung hierzu und wartet dann ab, bis alle wieder ‚angekommen‘ sind, bereit für das Nachgespräch. Dieser Lernschritt ist nicht ganz unwichtig für das erfolgreiche eigenständige ‚timing‘ des Übergangs in die Tagesanforderungen nach der Entspannung. Fatal wäre natürlich ein regelrechtes ‚Verschlafen‘ des geplanten Endes der Entspannungsphase. Aber auch ein ‚schreckhaftes Erwachen‘ ist unerwünscht für die optimale Nutzung der während der passend dosierten Entspannung gesammelten Energie und Tatbereitschaft. Gegen Ende des gesamten Trainings-Kurses, wenn sich die Einlassung des Trainers nur noch auf die Nennung von Stichworten zu den Körperregionen Hände und Arme, Schultern und Kopf, Bauch und Beine beschränkt, um die – nicht selten bereits antizipatorisch erfolgenden – Entspannungs-Reaktionen auszulösen, wenn dann nach einer Pause nur noch wenige Minuten die Musik angespielt und dann ausgeblendet wird und nach einer weiteren Pause eventuell der Impuls zur Zurücknahme der Tiefenentspannung erfolgt, beträgt das zeitliche Verhältnis der direkt vom Trainer verbal geleiteten Anteile der Sitzung zu denen der ‚autogenen Selbst-Entspannung‘ etwa 1/3 zu 2/3.

Im Nachgespräch der letzten Sitzungen wird angestrebt, die praktische Anwendung des Gelernten in der Zeit nach dem Training dadurch zu erleichtern und zu sichern, dass darüber nachgedacht wird, in welchen geeigneten oder sogar unabweisbaren Situationen sinnvollerweise Entspannungs-Vorkehrungen getroffen werden können und sollten, um zum Beispiel Nervosität, Stress, Orientierungsnöte, auch (Ein-)Schlafstörungen, Appetitlosigkeit und Missstimmungen möglichst zu begrenzen oder erfolgreich abzuwehren. Dies fördert eine annehmbare ‚Ablösung' von der wechselseitigen Beziehungsdichte zwischen dem Trainer und den Teilnehmern als ‚Trainings-Gemeinschaft'. Es soll gleichzeitig sicherstellen, dass die Entspannungsbereitschaft durch wiederholte Einübung und Bewährung in der Praxis ein sicher verfügbares Hilfsmittel bleibt, das quasi automatisch durch die Wahrnehmung von ‚Entspannungs-Bedarf' ausgelöst wird.

In der letzten, 10. Trainingssitzung spricht der Trainer – nach der Vorgabe des Trainer-Handbuches – nur noch insgesamt sechs kurze Anleitungssätze (vgl. Bolay / Selle 1982, 61 f.) und schließt den Kurs mit einem Abschluss-Gespräch ab.

5. Das modifizierte ‚Entspannungstraining nach musiktherapeutischen Gesichtspunkten' in speziellen Anwendungsbereichen

Die Beanspruchung durch andere, als wichtiger angesehene Aufgaben, hat es bisher verhindert, dass ‚ETnmG' als ein in seiner originären Kombination von Entspannungsangeboten eigenständiges Verfahren methodisch weitergehend auszuarbeiten, theoretisch eindeutig zu fundieren, seine Anwendung zu propagieren und durch Wirksamkeitsstudien zu dokumentieren. Das ‚Deutsche Zentrum für Musiktherapieforschung (Viktor Dulger Institut) e. V. (DZM) in Heidelberg ist dabei, dies insofern nachzuholen, als mit der Implementierung durch Bausteine aus dem ETnmG, in neuerdings entwickelte manualisierte musiktherapeutische Behandlungsmodelle die Forderung entsteht, in Evaluationsstudien den Anteil einzelner Wirkfaktoren am Behandlungserfolg innerhalb einer Wirkungskombination bestimmbar zu machen. So sollen das Muskelentspannungstraining nach E. Jacobson, eine entspannungsinduzierende Musik und das Autogene Training jeweils separat mit der Effektivität des ETnmG in kontrollierten Studien verglichen werden. – Inzwischen hat das ETnmG eine relativ große Schar von Interessenten erreicht, viele ließen sich zu Trainern in diesem Verfahren ausbilden. Die ‚Trainerliste' weist bis heute exakt 400 Namen als Besitzer eines ‚Trainer-Zertifikats' auf, etwa zur Hälfte Absolventinnen und Absolventen des Diplom-Studienganges Musiktherapie an der Fachhochschule der SRH-Gruppe in Heidelberg, zur anderen Hälfte u. a. Mitarbeiter an Volkshochschulen, Rehabilitationszentren und Kliniken beziehungsweise in Einrichtungen der Gesundheitspflege. Engagierte und interessante Rückmeldungen und Mitteilungen über spezielle Anwendungsmöglichkeiten des im Praxisfeld auf die jeweiligen praktischen Erfordernisse hin modifizierten Trainings-Programms haben zur Erweiterung und Spezialisierung der Anwendungsbereiche geführt. Abschließend sollen einige Weiterentwicklungen des ‚ETnmG‘ kurz skizziert werden.

Ursel Winkler verfasste 1992 eine schriftliche Hausarbeit zur zweiten Staatsprüfung für das Lehramt an Sonderschulen mit dem Thema „Der Einsatz von Entspannungsübungen bei Schülerinnen und Schülern der Klassen 1, 4 und 5 einer Schule für Verhaltensgestörte“. Das Angebot des ETnmG im Klassenverband als Teil des Unterrichts, etwa am Ende der Musikstunde, erweist sich hier im Vergleich mit dem Autogenen Training und der progressiven Muskelentspannung generell als die wirksamste und beliebteste Form der Entspannungsübung. Die Muskelentspannung ist beschränkt auf einfache Übungen für Hände, Arme, Kopf, Schultern und Beine. Die Textanteile werden dem Alter der Kinder entsprechend als Einstimmung in eine Traum- und Märchenreise umformuliert und die Musikeinspielung – als Traummusik angekündigt und in einer Länge von anfangs zwei Minuten, später bis zu sieben Minuten Dauer – ist nicht nur dem klassischen Repertoire sondern auch der New Age Musik (z. B. Kitaro, Deuter und Santana) entnommen. Dem Bedürfnis der Kinder, ihre Traumberichte der Gruppe mitzuteilen, wird angemessen Raum geboten. Eine Sprechkugel geht dabei in die Runde und ritualisiert die Einhaltung der Gesprächsregeln. Den zurückhaltenderen Schülern wird die Gelegenheit geboten, ihre Erlebnisse während der Entspannung durch Bilder oder kurze schriftliche Schilderungen darzustellen. Sehr eindrucksvoll ist ein Nebeneffekt der gemeinsam erlebten Entspannung: Die Schüler bringen in erstaunlicher Offenheit sehr Persönliches und Emotionales in das Nachgespräch ein. Der geschützte, beruhigende, spannungslösende Rahmen erleichtert es den Problemkindern, sich auch verletzlich zeigen zu können und sich in ihrem So-Sein trotzdem angenommen zu fühlen.

Im Projekt ‚CHRONOS‘, einem manualisierten musiktherapeutischen Behandlungsprogramm für Patienten mit nicht-malignen chronischen Schmerzen, das im DZM Heidelberg entwickelt wurde (Hillecke / Bolay 2000), begegnen wir Klienten mit eingeschränkter emotionaler Flexibilität (Traue 2000) und erstarrtem Erleben und Verhalten. Bei der therapeutisch begleiteten Aktivierung von ‚erinnertem Wohlbefinden‘ als Ausgangspunkt für die

(Wieder-)Entdeckung variabler Verhaltens- und Erlebensweisen sind die Bausteine des ‚ETnmG', welche in die Entspannung führen und diese dann durch entsprechende Bilder und Erinnerungen unterstützen, fester Bestandteil der ersten Therapiephase.

In einem weiteren DZM-Projekt, das für Kinder mit Migräne entwickelt wurde (‚KIM'), bietet der Therapeut zur Aktivierung von erinnertem Wohlbefinden eine rezeptiv-musikalische Klang- und Fantasiereise mit Entspannungsinduktion an, bei der das Kind sich einen Ort vorstellt, an dem es besonders gerne war, an dem es sich sicher und geborgen gefühlt hat. Das Kind legt sich hierbei auf Sitzsäcke oder eine Decke und der Therapeut spielt auf einem Instrument, welches das Kind sich ausgesucht hat, ruhige, offene Klänge. Den Klangreisen gehen in der Regel vorbereitende Körperentspannungsübungen (‚Body-Percussion') voran, welche die Sensibilisierung der Körperwahrnehmung sowie Zentrierung und Entspannung auf stressfreie Weise miteinander verbinden, ein wichtiges Lernziel für diese Klientel. Kindern, denen es nicht gelingt, eine eigene ‚Wohlfühl-Fantasie' zu entwickeln, wird eine kindgerechte musikalisch gestützte Imaginationsübung angeboten (Nickel et al. 2002).

Bei Dialysepatienten können psychische, körperliche und soziale Belastungen als Begleitsymptome der Nierenersatztherapie auftreten (Wormit et al. 2002). In einem für diese Patientengruppe entwickelten und in der Praxis eingesetzten musiktherapeutischen Coaching ist das ‚ETnmG' in seiner Anpassung an die Gegebenheiten der Dialysebehandlung ein wirkungsvoller Bestandteil. Angst- und Stresswahrnehmung werden messbar reduziert, motorische Unruhe wird vermindert und muskuläre Verspannungen lösen sich. Dadurch fällt es den Betroffenen leichter, die Dialyse effektiv und angstfrei durchzuführen.

ZUR METHODIK DER MUSIKTHERAPEUTISCHEN TIEFENENTSPANNUNG (MTE)

HANS-HELMUT DECKER-VOIGT

Ein Credo

Entspannung und Tiefenentspannung führen in Trance. Jedes intensivere Lesen eines Romans und Identifizieren mit dessen Protagonisten begleitet in Trance. Jedes tiefere Eintauchen in das Ab-Bild, das ein Maler malte oder das Bild einer Landschaft oder eines Gesichtes kann in Trance führen. Jeder Tagtraum, der von innen aufsteigt, bedeutet Trancezustand. Besonders jedes intensivere Musikerleben führt in Trance. Die Verbindung von Musikerleben mit der Selbstbehandlungs-Zielrichtung Entspannung oder mit der therapeutischen Zielrichtung der Tiefenentspannung ist eine der wirksamsten Tranceinduktions-Möglichkeiten im Repertoire des Einzelnen als auch der Gruppe als auch der Masse – sowohl in Richtung negativer Manipulation als auch in Richtung optimaler Ressource für die Gesundheit des Einzelnen, der Gruppe, der Gesellschaft.

Definitorisches zu Trance und therapeutischer Trance

Trance ist natürlich und eine Erfahrung, die oft unser gesamtes Sensorium erfasst. Trance „ist eine Erfahrung subjektiver Wirklichkeit, oft wirklicher als die reale Wirklichkeit" (Manfred Prior in einer Ausbildungseinheit zum Hypnotherapeuten am Milton H. Erickson-Institut Hamburg 1994). Solche subjektive Wirklichkeit in der Trance erleben wir als gleitend zum sog. „Normalerleben" und umgekehrt. Trance vollzieht sich in einem zeitlichen Ablauf, der einem individuellen Rhythmus folgt. Dieser ist wiederum mit physiologisch messbaren Prozessen verbunden, die den Wechsel von unserem Wachbewusstsein (Wb) zum Veränderten Wachbewusstsein (VWb) anzeigen. Zwischen heutiger Hirnphysiologie und (psycho)therapeutischer Trancearbeit ist dasjenige Praxis- und Forschungsfeld angesiedelt, das eine der ältesten schamanistischen Techniken als Hintergrund hat. Alte Magie, heutige Psychotherapie und Hirnforschung treffen sich in der rezeptiven Musiktherapie, die dieselbe grundsätzliche Voraussetzung benötigt wie alle anderen modernen Entspannungs- und Tiefenentspannungstechniken: die in der Gegenwart des Therapeuten mögliche relative Angstfreiheit. Diese erst mobilisiert die Ressourcen des Menschen „wirklich wirkend". Aussagen wie diese und die dahinter stehenden qualitativen Forschungen decken sich mit denen aus der heutigen Psychiatrie- und Medizin-Forschung, in denen es um Stress-Forschung geht. Während Stress den Anstieg des Kortisons im Hormonspiegel bewirkt und die Fähigkeit blockiert, emotionale Qualitäten mit verbal codiertem Wissen zu vereinen, bewirkt das Arbeiten mit Trance und therapeutischer Trance eben dies: Synchrone Fluidität von emotionalem Erleben und Erinnern und deren Transfer in das verbale therapeutische Gespräch zu anstehenden Lebensfragen. Im Setting schließt therapeutische Trance die Präsenz des Begleiters ein. In diese „spielt" (bei Musiktrance-Arbeit buchstäblich) hinein eine „euphorische Intensität", die durchaus den Zielrichtungen tiefenpsychologisch-phänomenologisch orientierter Psychotherapie widersprechen kann, wenn es um problemzentrierende, störungsorientierte Arbeit geht. Beide jedoch – therapeutische Musik-Trancearbeit und analytische Musikpsychotherapie – treffen sich wiederum in den Rahmenbedingungen einer angstarmen bis angstfreien Atmosphäre, im wärmenden Klima der Empathie und der frei schwebenden Aufmerksamkeit, die szenisches Verstehen erst ermöglicht. Peter Hess und Sabine Rittner haben substrathafte Überblicke ermöglicht (Hess / Rittner 2003).

Definitorisches zu „Entspannung/Tiefenentspannung/Schmerztherapie"

Da die MTE ausschließlich mit komplexen Musiktiteln bzw. mit vom Therapeuten gespielter Musik arbeitet („semi-improvisierte" Musik), die vom Patienten positiv emotional besetzt sein muss und der Einsatz dieser vom Patienten gewünschten Musik üblicherweise der „Entspannung" vorbehalten ist und damit im Gegensatz zur bisherigen Definition von „Tiefenentspannung" steht, hier eine Definitionsklärung. In der Literatur werden drei Ebenen unterschieden, in denen Musik im Rahmen von Entspannungszielen in der Behandlung bzw. Selbstbehandlung eingesetzt wird:

1. Entspannung
2. Tiefenentspannung (Relaxation)
3. Schmerztherapie (Audioanalgesie)

Zu 1:. Entspannung mit Musik

Bei Menschen, die sich ohne ein zusätzliches Medium (wie z. B. Musik, Bildmeditation, Naturgeräusche usw.) nicht mehr selbst entspannen können,

kann die dauernde Unrast als Signal des Gesamtsystems für eine Belastungsgrenze gelten. Diese Patienten wählen in der Regel eine individuell besetzte, auf eigene musikalische Präferenzen abgestimmte Musik, die bereits im „musikalischen Anamnese“-Gespräch erfragt und jeweils im einzelnen Setting auf evtl. Wünsche hin aktualisiert werden kann. Je präziser und ausführlicher der Patient mit dem Therapeuten auf Grund der musikalischen Anamnese die Musik herausfindet, die ihm Entspannung ermöglichen soll („positive Auslese“), desto selbstständiger kann der Patient „seine“ Musik auch über die stationäre oder ambulante therapeutische Begleitung hinaus im persönlichen Alltagsablauf nutzen, um die psychophysische Einheit von Körper, Geist und Seele positiv zu beeinflussen. Diese Erfahrungsebene wird der Entspannung zugeordnet. Der gegenwärtig boomende „Markt der Entspannungsmedien“ lebt davon, obwohl – medizingeschichtlich gesehen – die Verbindung von Musik und Entspannung überwiegend im Beziehungsverhältnis von Therapeut (Arzt) und Patient geschah. „Entspannung mit Musik“ wird heute fälschlicherweise gleichgesetzt mit „Selbstbehandlung“ ohne jede therapeutische Präsenz. Der deutsche Klinikalltag jedoch integriert zunehmend mehr die Konzeption der Musik im schulmedizinischen Behandlungskonzept wie sie z. B. von den Medizinern Ralph Spintge und Roland Droh entwickelt wurde (Droh / Spintge 1983).
Die hier beschriebene Musiktherapeutische Tiefenentspannungs-Methodik (MTE) wurde während des noch laufenden Praxisforschungsprojektes in der Curschmann-Klinik von der Bundesversicherungsanstalt für Angestellte (BfA) in Berlin den ihr angeschlossenen Kliniken für die Rehabilitation von Herzpatienten zur Aufnahme in das psychologische bzw. musiktherapeutische Repertoire empfohlen.

Zu 2.: Tiefenentspannung (Relaxation) mit Musik

„Tiefenentspannung“ wurde bisher z. B. in der Arbeit von Harm Willms (1977) und später von Christoph Schwabe weiter differenziert (Schwabe 1991) als ein Zustand, in dem die Möglichkeiten einfacher Entspannung nicht mehr greifen und die Notwendigkeit der Tiefenentspannung beginnt. Die Indikation für Tiefenentspannung mit Musik wird für Zeiten besonderer Belastung gesehen, Over-Stress-Situationen (Prüfungsanforderungen, vor Operationen).

Tiefenentspannung lebt in Unterscheidung zur „Entspannung"

- von der Spracheinführung (Induktion) durch den Arzt oder Therapeuten,
- durch Musik, die nicht mehr an emotionale Vorlieben (Präferenzen) des Patienten gebunden ist, sondern eine individuelle, persönlich-intime Gefühlswelt belastender Art relativieren helfen soll.

Zur Definition der Verfahren der „*Tiefenentspannung*": Sie geschieht nur im therapeutischen Setting mit der Therapeutin, dem Therapeuten, eingebettet in die durchgängige mit- und hauptwirkende therapeutische Beziehung im Sinne der Ich-Du-Beziehung von Martin Buber (Buber 1983) und damit anders als in der Musikmedizin und auf dem freien Entspannungsmarkt, wo Musik über Tonträger den Rezipienten eher in eine Autokommunikation einlädt.

Zu 3:. Schmerztherapie mit Musik (Audioanalgesie)

Die bekanntesten Funktionsfelder sind:

- Musik im Wartezimmer
- Musik in der präoperativen Entspannung (ausgeforschtes Beispiel: Zahnmedizin)
- Musik während der operativen Phase
- Musik in der postoperativen Phase
- Musik bei der Vorbeugung gegen Schmerzen

Genau bestimmte Musik wird dem Patienten über Kopfhörer angeboten. Sie wird in der entsprechenden Fachliteratur detailliert ausgewiesen.

Die in diesem Aufsatz beschriebene *Musiktherapeutische Tiefenentspannung* (MTE) arbeitet – wie die meisten der mir bekannten Entspannungstechniken – mit ausschließlich positiv vom Patienten besetzter Musik, d. h. gewünschter trophotroper (beruhigend empfundener) Musik. In Ausnahmefällen mit ergotroper (vitalisierender) Musik dann, wenn eine ergotrope Musik in der früheren musikalischen Sozialisation das Kind, den späteren Patienten, prägte (Beispiel: Ein 68-jähriger Patient, der die Melodie des Volksliedes „Im Frühtau zu Berge" immer in Einschlafsituationen erlebte, wenn sein Vater von der Schicht kam und eben dieses ergotrope Lied auf dem ersten Plattenspieler der Familie zu der Einschlafzeit des Kindes abspielte.). Gleichzeitig ist die Musiktherapeutische Tiefenentspannung aber – i. S. der Tiefenentspannung – zentral geprägt von der Induktion und Re-Orientierungsbegleitung durch den Therapeuten, der sich über die MTE hinaus auch für das problemzentrierende, problembearbeitende, manchmal problemaufweichende Anschlussgespräch bereit hält.

Zum Charakter des „Baukastensystems" der MTE

Die sieben Grundschritte der heutigen MTE erwiesen sich nach den zwei Jahren ambulanter und sechs Jahren stationärer Erfahrung als die methodische Folge, die sich für mich bzw. die Patienten als besonders flexible und offene Folge erwies, wenn es um die Integration von Entspannungsarbeit in psychotherapeutisches Arbeiten problemorientierter und problemlösender Richtung ging.

Flexible Folge, weil die einzelnen Schritte im therapeutischen Setting durch ihr „Baukastensystem" an der aktuellen physischen wie psychisch-emotionalen Befindlichkeit orientiert werden müssen und können. Flexibilisierbar sind diese einzelnen Schritte

- von der einfachen Entspannungsarbeit (eigenständig oder als Einstimmung in die aktive Improvisationsmusik mit Patienten),
- über die Tiefenentspannung vor anstehenden Eingriffen oder größeren Untersuchungen. (z. B. vor einer Ballon-Dilatation in der Herzklinik oder einer Chemotherapie in der Onkologie, also bei der Vor- bzw. Nachbereitung von damit verbundenen Ereignissen, die für den Patienten angstbesetzt sind,
- bis zu konfliktzentrierenden, lösungsorientierenden Thematisierungsmöglichkeiten bei der Nachbearbeitung unerledigter Reste auf der psychosozialen und der dadurch geprägten psychodynamischen Ebene, die die Erkrankung mit auslösten, aufbauten
- und der Vorbereitung und Einübung in das „Leben danach", dem Leben nach der Entlassung, dem Leben mit der Krankheit, mit dessen „Fallen für den Rückfall".

Offen ist die Folge der einzelnen sieben Schritte, weil sie kombinierbar mit anderen Komponenten des Gesamtbehandlungskonzepts sind, z. B. Gesprächspsychotherapie, aktive Musiktherapie, psychosoziale Beratung, Hypnotherapie, Seelsorge, Ergotherapie.

Die sieben Grundschritte und ihr Kon-Text

I Sensibilisierung auf den Körperkomfort
II Sensibilisierung auf die Atmung
III Sensibilisierung auf den Umgang mit Gefühlen, Bildern, Gedanken
IV Sensibilisierung der auditiven Wahrnehmung auf die Musik hin
V Reorientierung in das Hier und Jetzt
VI Reflexion des Erlebten! Transfer in gegenwärtiges Lebenskonzept durch die „Anbindungsfragen"
VII Rolling back

Folgende Herkunft prägt die einzelnen Schritte: Der durchgängig auf die Eigenverantwortung des Patienten abzielende supportive Tenor der verbalen Begleitung von I bis VI, die ich als „Moderation der Beiträge des Patienten durch den Therapeuten" definiere, stammt aus der Tradition der Psychotherapie Milton H. Ericksons (Erickson 1981). Ebenso prägte Ericksons Hypnotherapie meine Begleitungsmodalität in die Trance des Patienten. Die **Schritte I und II** (Sensibilisierung auf Körperkomfort und die Atmung) beziehen einige Erfahrungswerte verschiedener anderer gerichteter (gelenkter, direktiver) Entspannungsmethoden – z. B. autogenes Training, gelenkte Imaginationsarbeit – ein. Die **Schritte III (und V)** – Umgang mit Gefühlen, Bildern, Gedanken – basieren auf der Arbeitsweise mit assoziativem Material des Patienten, wie sie die meisten vor dem Hintergrund psychoanalytischer und humanistischer Psychologie entstandenen Psychotherapien und Kunsttherapien nutzen, hier besonders der Ausdruckstherapie nach Paolo J. Knill (Knill 1993) und meiner seit 1975 mit Knill zusammen entwickelten Medien- und Ausdruckstherapie (Decker-Voigt 2002). Der **Schritt IV** (Sensibilisierung auf das Hörbare, die Musik) nutzt die Sensibilisierungsmethodik auf das auditive Umfeld, wie sie neben der rezeptiven Musiktherapie beispielsweise auch die Musikpädagogik im Elementarbereich nach Küntzel-Hansen in den 70er Jahren entwickelte (Küntzel-Hansen 1971), wie die Hypnotherapie Ericksons (Erickson / Rossi ²1989) sie teilweise einbezieht und wie einige Körpertherapien (Bioenergetik u. a.) sie nutzen. Dieser Schritt führt zu der Phase der vorbereiteten Musikrezeption, die zusammen im Kontext mit den anderen Schritten und deren Modifizierungsmöglichkeiten (komplexe Musik vom Tonträger alternativ zu vorstrukturierter improvisierter Musik einerseits und den Problemzentrierungen andererseits) die Konzeption der MTE ausmacht. Der Schritt V (Reorientierung) fußt auf den Erfahrungswerten verschiedener Entspannungsverfahren – vom autogenen Training bis zu gestalttherapeutischen Ansätzen –, betont jedoch vor dem

Hintergrund der Hypnotherapie Ericksons die Eigenaktivität und Gestaltungsfreiheit des Patienten.
Um einerseits eine Vermischung mit der anfänglichen Induktion (Begleitung in die Trance, s. Schritte I–IV) zu vermeiden, außerdem die Abgrenzung zum bekannten Setzen des „Realitätsbezugs" nach Mary Priestley (Priestley 1982) zu betonen und um dem Patienten vor allem die immer gleiche Reihung der Schritte bewusst zu halten, nutze ich hier den Begriff der „Reorientierung" (Induktion = Schritte in die Trance, Reorientierungschritte = aus ihr heraus). Der **Schritt VI** (Reflexion des Erlebten) besitzt die größte funktionale Breitbandspanne: Er kann sich auf die einfache verbale Schilderung des assoziativen Materials durch den Patienten beschränken (bei der Zielrichtung allgemeiner Entspannungsarbeit). Er kann in die Deutungsarbeit des Patienten führen und mit ergänzenden Deutungs-Angeboten des Therapeuten die Richtung humanistischer psychoanalytischer Aufarbeitung nehmen (deutlichere Akzentuierung der Vergangenheit) – und/oder das während der Musikrezeption Erlebte direkt durch „Anbindungsfragen" auf das gegenwärtige und geplante Lebenskonzept des Patienten beziehen. Die jeweilige Tiefenschärfe der Problematisierung/Konfliktzentrierung orientiert sich in der MTE nicht an einem Verfahrensprinzip sondern ausschließlich an der Psychodynamik und physischen Befindlichkeit des Patienten. Komponenten der Themenzentrierten Interaktion TZI und der Gesprächspsychotherapie finden sich hierin. In diesem VI. Schritt entscheidet sich jeweils, wieweit die MTE im Bereich der Entspannungsarbeit verbleibt oder in ein problem- und lösungsorientiertes psychotherapeutisches Setting mündet. Der **Schritt VII** (Rolling back) reiht sich in alle vorhandenen Therapieformen ein, die eine Kultur des Brückenschlags zwischen Therapieschutzraum (Zeit für den Patienten, seine Fantasie, seine Ressourcen) und der Anschlusswelt bzw. Außenwelt betonen und ritualisieren (hinaus an die Bushaltestelle, zurück an den Arbeitsplatz oder in die Wohnung).

Der Auftakt zu den sieben Schritten

Meine „Befindlichkeit finden"

Diese erste Sensibilisierungsrichtung beinhaltet grundsätzlich zu Berücksichtigendes, das sich durch alle weiteren Schritte zieht und diese prägt. Deshalb nimmt die Ausführung größeren Raum ein:
Entspannungsangebote – gleich welcher Verfahrensrichtung – im Bereich der Prävention und Prophylaxe oder der Fort- und Weiterbildung anzubieten, bedeutet eine positive Auslese, d. h. der Klient begegnet mir nicht als Patient.

Der Klient wird von der Erwartungshaltung gesteuert, er werde Angenehmes, Wohltuendes erleben. Das Gleiche gilt für den Patienten, wenn er den „freien Entspannungsmarkt“ (Drogerie, Buchhandel, Apotheke) betritt. Dieser sowie die ambulanten und stationären Behandlungs- und Selbstbehandlungsangebote leben von der positiven Auslese und der supportiven Vorsteuerung, die der Begriff „Entspannung“ schon assoziativ auslöst oder verstärkt. Kein Mensch in einem Volkshochschulkurs oder Rehabilitationsangebot mit autogenem Training oder Tranceinduktion wundert sich, wenn ihm die Einladung, die Induktion Komfort, Angenehmes, eine gute Zeit und was auch immer ankündigt, suggeriert. Anders der Herzpatient. Die Dramatik des Herzinfarkts oder der sich verdichtenden Herzerkrankung, die Einweisung in die Klinik, die rasche Folge der Behandlungsschritte, Untersuchungen und Eingriffe liegt zeitlich kurz zurück. Von der einfachen Injektion über Ballon-Dilatationen, Bypass-Legungen bis zu Operationen am offenen Herzen bzw. die Transplantation wird alles als traumatisierender Eingriff von außen erlebt und gesellt sich den ohnehin wirkenden Todesängsten, den Ängsten um Verlust der Gesundheit, den Ängsten um Verlust des bisherigen Lebenskonzepts zu. Die Einladung – etwa in der Tradition des autogenen Trainings u. a. Verfahren, die den Appell des „Entspannen Sie sich – jetzt!“ als suggestive Wiederholungskette nutzen oder in der Tradition M. H. Ericksonscher Hypnotherapie, „in der Sie es sich in der nächsten Zeit bequem machen können, in der Sie sich eine gute Zeit erlauben können“ – kann bei dem schwer unter Druck, Leiden und Angst stehenden Patienten eine frühe Verständnislosigkeit gegenüber dem Therapeuten auslösen, den Vorwurf mangelnder Identifizierung mit sich, dem Patienten selbst, provozieren („sieht der denn nicht, wie ich leide, dass ich aktuelle Schmerzen habe ...“). Sie kann diejenige Abwehr stabilisieren, die jeden Einstieg in tranceorientierte Entspannungsarbeit auf Grund der Beziehungsstörung blockiert.

Die MTE bezieht daher das jeweilige aktuelle Befindlichkeitsbild in die Einladung zur tranceorientierten Entspannungsarbeit mit Musik ein, sei es das vom Therapeuten vermutete oder vom Patienten selbst möglichst genau um- und beschriebene Befindlichkeitsbild psychisch wie physisch. Diese prinzipielle Form jeglichen „Abholens“ des Patienten auf seiner leib-seelisch-geistigen Dreieinheit bedeutet daher einen verbalen Austausch vor dem Schritt I, der Sensibilisierung auf den Körperkomfort, um eben zu diesem Bild zu gelangen. Oft steht dabei die aktuellste medizinische Diagnose und damit die physische Ebene als Einstiegsthematik im Vordergrund. Die Bewusstmachung (beim Therapeuten) der Bedeutungs- und Steuerungsdimension dieser aktuellen physischen Welt des Herzpatienten als Einstiegsthema in alles weitere psychisch-emotionale Begleiten kann gar nicht hoch genug eingeschätzt und genug berücksichtigt werden. Auch und gerade weil die musikpsychotherapeutische Position und deren Menschenbild (holistisches Denken) und das dazugehörige musik- und kunsttherapeutische Repertoire eher zur Abgrenzung von der medizinisch diktierten Welt einer Herzklinik (funktionales, medizinapparatives Denken) verführen. Um den Schritt I mit dem Patienten gehen zu können und ihn Motivation den weiteren Schritten gegenüber entwickeln lassen zu können, kristallisierte sich daher das Suchen und „Finden des Befindens“ als eine „Induktion in die Induktion“ heraus (in der Zielsetzung durchaus vergleichbar dem „Pre-Induktion-Talk“ in der Hypnotherapie nach Manfred Prior, Ausbildungspaper Milton H. Erickson-Institut Hamburg 1963).

Verbales Zeichnen des Befindlichkeitsbildes

Einstiegsgespräch zum Thema Befindlichkeit:
„Könnten Sie einmal mit Worten ein Befindlichkeitsbild von sich zeichnen ...“ „Wie finden Sie sich jetzt?“
„Wie finden Sie Ihr Befinden?“
(„nach dieser schlechten Nacht, vor der heute anstehenden Untersuchung“, „nach dem gestrigen Brief von Ihrer Firma, vor dem heutigen Besuch Ihrer Frau ...“, je nachdem, was der Patient als deutlich wichtig, ihn beherrschend, formuliert.)

Ich präferiere Formulierungen aus Märchen („Es war einmal“, „es wird sein“, „es ist jetzt“) bzw. den Lehrgeschichten M. H. Ericksons folgend, nutze ich oft Wortspiele, um wegzusteuern von Standardantworten auf die Standardfrage „Wie geht es Ihnen?“. Besonders Manfred Priors Frage-Hilfen (Prior 2002) und meine Gesprächs-Arbeit mit Wort-Spielen assoziationsfördernden Charakters geben manchmal eine gute Basis für die späteren „Ton-Spiele“ in der freien Improvisation.
Bei Patienten mit geringer Verbalisierungsfreudigkeit lade ich ein zum kurzen Improvisieren zu dem Thema „Meine Befindlichkeit“. Diese Improvisationen vor der rezeptiven Arbeit mit Musik sind eine spielerische, fluide Möglichkeit, den Patienten die fließenden Übergänge zwischen seinen verschiedenen musikalischen Ausdrucksebenen erleben lassen zu können (improvisierte Musik und rezeptiv erlebte Musik). Die Erfahrung, dass

sowohl die eigene improvisierte Musik als auch die gewählte komplexe Musik von CD/MC Symbolcharakter für den eigenen Ausdruck tragen, der eigene Ausdruck sind, lässt die oft als „völlig verschieden" eingestuften Verfahren der Musiktherapie („Hören wir hier bei Ihnen Musik? Oder sollen wir Musik spielen?") integrativer wirken und machen sie beide zu Instrumenten der Ausdruckssuche und -findung. Oft genug spielt der Patient in dem „Ein-Minuten-Klangbild" bereits Strukturen, die er sich kurze Zeit später als komplexe Musik aus dem CD- oder MC-Repertoire wünscht. Die Parameter Tempo und Dynamik, Klang, Rhythmus und die Form oder einzelne von ihnen tauchen hier auf und ziehen sich in die verbale Induktion durch den Therapeuten und die Musikrezeption hinein. Das oft die Induktion behindernde Belastungs-, Befindlichkeitsthema kann so eher integriert werden in die „gute Zeit, die Sie sich jetzt zu machen versuchen können...". Rezeptiv musikerfahreneren Patienten, die oft bildungsbürgerhafte Hemmungen vor jeder eigenen Klanggestaltung haben, kann anstelle der musikalischen Improvisationsmusik zum Thema Befindlichkeit auch gleich komplexe Musik von CD/MC angeboten werden:

Musikalisches Zeichnen der Befindlichkeit

Musikalisch improvisiertes „Ein-Minuten-Bild" zum Thema Befindlichkeit
„Vielleicht mögen Sie versuchen, mit Tönen auf den Musik-Instrumenten auszudrücken, wie es Ihnen geht ...? Eine Ein-Minuten-Musik?"

Imaginatives Musikbild zur Befindlichkeit

„Welche Musik fällt Ihnen vielleicht ein zum Thema ‚Wie geht es mir – heute'?"
(bei Improvisation des Therapeuten für den Patienten: Hinterfragung der gewünschten Modi für die musikalischen Bausteine)

Ob Adagio oder agogischer Ausbruch – der Patient sagt auch so etwas aus über seine Befindlichkeit, was vielleicht dann in ein Gespräch zum Thema führt – oder mit hineingenommen, integriert werden kann in die Induktion („Können Sie sich vorstellen, dass Sie diese innere Musik (oder ihr gemaltes

Bild! Ihre gespielten Klänge eben, unser Gespräch jetzt ...) mit hineinnehmen in die Induktion! in die nächste Zeit, in der Sie versuchen könnten, sich etwas Gutes zu tun?"). Ob verbales Zeichnen des Befindlichkeitsbildes oder bildnerisches oder musikalisch rezeptives oder improvisiertes Zeichnen – es geht um die antizipierende Integration der Antwort des „Wie geht es mir?" in die Induktion, die dem Patienten (und Therapeuten) nur gelingen kann, wenn Belastendes mit hinein in eine gute Zeit gelangt, ernst genommen wird, oft genug in der Induktion und anschließenden Musikrezeption mutiert, sich wandelt, verändert in das „Rolling back" mündet.
Bei weniger verbalfreudigen Patienten gibt es gute Erfahrungswerte mit dem Transfer des Themas „Meine jetzige Befindlichkeit" zum Zeichnen mit Malstiften auf DIN A 3-Papierbögen, die bei mir zur Ausstattung des Musiktherapieraumes gehören.

Vignette:

Bildnerisches Zeichnen der Befindlichkeit

„Vielleicht mögen Sie mit Malstiften/Farben auf Papier die Antwort auf die Frage suchen, wie es Ihnen gerade geht? Ein kleines Ein-Minuten-Bild?"
(mit anschließendem Gespräch dazu oder Übergang in die musikalische Zeichnung des Befindlichkeitsbildes)

Eine Herz-Patientin sprach schleppend über ihre schlechte Nacht (vor einer Ballon-Dilatation an diesem Tage), ihre Sprache versandete schließlich in unvollendeten Halbsätzen. Ihr Befindlichkeitsbild auf dem Zeichenblock zeigte sie im Vordergrund im Bett in ihrem Zimmer, im Hintergrund waren ganze Regale bis zur Decke hoch mit Medikamentenflaschen und medizinischen Gefäßen hastig gemalt – in der Mitte des Bildhintergrundes das Fenster zur Ostsee heraus. Das vorher versandete Gespräch nahm anlässlich des Bildes einen lebhaften Verlauf: Die Patientin leitete ein großes Reformhaus mit vielen Kontakten zu Bio-Bauernhöfen und ihr Lebens- und Menschenbild war ein alternatives bzw. politisch „grünes" und lebenskonzeptionell „sehr, sehr natürlich leben wir da draußen ...". Die Befindlichkeit an diesem Morgen stellte sich als gar nicht so sehr von der Furcht vor der Ballon-Dilatation gesteuert heraus (worauf mich der behandelnde Arzt aufmerksam gemacht hatte), als vielmehr von dem Gefühl, ihre Welt „da draußen" , eine liebgewordene Ideologie, die zu ihrer Identitätsbildung beitrug, verraten zu müssen, sich hier in der Klinik abhängig von Maschinen, außerhalb der Klinik später lebenslang von Medikationen und Trainingsprogrammen machen zu müssen. „Einschließlich der Entspannung mit Musik, die ich doch regelmäßig machen soll ...“

Die Weiterarbeit mit dieser Patientin betraf den Hintergrund für ihr Gefühl, ihre alternative Gesundheitswelt verraten zu müssen: Sie fühlte sich von ihrer heilsamen Welt verraten, verlassen, im Stich gelassen. Ihr Hader, dass ihr konsequentes Leben nicht belohnt, sondern auch „bestraft“ würde durch Krankheit, trug mittelalterliche Glaubenszüge und behinderte die Akzeptanz ihres Krankseins und damit der Behandlungsangebote medizinisch wie psychologisch. Mit der Bereitstellung von Materialien zum bildnerischen Ausdruck wird hier statt der sozialisierend wirkenden musikalischen Ebene die individualisierend wirkende Ebene des Malens, Zeichnens ermöglicht. Patienten ausschließlich zum Umgang mit musikalischen Materialien einzuladen bedeutet, sie der grundsätzlich sozialisierenden Wirkung von Musik auszusetzen: Jede musikalische Äußerung und Rezeption – improvisierend oder hörend – verbindet die Teilnehmer einer Gruppe ebenso wie Therapeut und Patient. Da kein Mensch einen Klang im Raum spielen oder hören kann (Ausnahme: der Einsatz von Kopfhörern), ohne dass ihn der andere mithört (zwangssozialisierende Wirkung von Musik) ist manchem Patienten dieser Zugang eine Erschwernis. Er brauchte den sicheren Schutzraum ungestörten Zusammenseins mit sich selbst, er brauchte die Wahrnehmungslenkung auf sein Inneres und den anschließenden individualisierenden Ausdruck auf dem Bild – nicht die sofort hörbare, geteilte Mitteilung an die anderen bzw. den Therapeuten. Wenn die Patienten-Signale dieses sozialpsychische Bedürfnis nach „für sich sein“ zeigen, dann verlasse ich die musikalische Ebene bzw. betrete diese (noch) nicht.
Insgesamt thematisiere ich mit allen Patienten vor dem Beginn der eigentlichen Induktion die Bewusstmachung, dass es neben der Akzeptanz des Unglücks auch um die Suche und Auffindung positiver Augenblicke inmitten des Krank-, des Unglücklichseins gehe. Und dass Entspannungsarbeit eben zu diesen Suchprozessen nach positiven Zeitstrecken in belasteten Zeiten gehöre. Verlockung, Verführung („Sie würde Ihnen vielleicht sehr gut tun – eine solche Zeit der Entspannung. Ich begleite Sie dabei ...“) sind n. m. M. probate Mittel der Motivierung, ja, Bestandteile musikorientierter Trance- und Entspannungsarbeit bei akut schwer Herzkranken. Die letzte Frage des Therapeuten an den Patienten vor dem Schritt I der Induktion ist – ebenso wie die Thematisierung der Befindlichkeit, s. o. – längst der Beginn derselben:

„Was könnten Sie vielleicht jetzt noch brauchen – was müssten Sie sich jetzt noch erlauben, damit Sie die nächste Erfahrung besonders genießen können?"

Diese Frage lässt den Patienten aktiv werden. Er prüft auf Grund der Frage den situativen Kontext auf weitere Komfortabilisierung hin und ist bereits an der Gestaltung seiner „guten Zeit" inmitten der Krankheit beteiligt. Manchmal führt die Entpersonalisierung der obigen Frage weiter:

„Braucht es noch etwas – bevor wir beginnen?"

Sie empfiehlt sich immer dann, wenn ein Patient die direkt auf ihn bezogene Frage erneut nutzt, um allgemein psychodynamisch anspannende und die Induktion blockierende Themen zu reaktivieren (Probleme in der Firma, in der Partnerschaft). Braucht „„es" noch etwas – das assoziiert nach meiner Erfahrung noch direkter den situativen Kontext und lässt den Patienten auf Sitzflächenwahl, auf Lichtwinkeleinfall, auf seinen *circle of protection* achten – wenn der Therapeut diese Rahmenbedingungen nicht ohnehin einzeln thematisiert.

Abschließend greife ich zum Zwecke der Veranschaulichung der Theorie-Praxis-Interdependenzen auf ein Beispiel zurück, das die Sensibilisierung der auditiven Wahrnehmung auf Musikrezeption hin begleiten kann (Schritt IV). Die Schritte I bis III und V bis VII werden in der angegebenen Literatur („Musiktherapeutische Tiefenentspannung – MTE", Decker-Voigt 2005 in Vorbereitung) noch ausführlicher beschrieben.

Schritt IV

Sensibilisierung der auditiven Wahrnehmung

„Wenn Ihnen das Fließen Ihres Atmens jetzt vertrauter ist, für Sie stimmig ist – dann wandern wir mit unserem inneren Auge auf das Ohr zu – und sammeln mit ihm, was wir jetzt gerade hören ... Vielleicht gibt es vertraute oder neue Geräusche von weiter her – oder in unserem Raum hier, in dem wir sitzen – vielleicht Geräusche aus Ihrem Körperinneren, wo ja immer irgendwelche inneren Organe gerade fleißig arbeiten für uns – und zu all dem, was Sie hören, von außen und von innen, nehmen wir jetzt die Töne der Musik mit hinein und lassen sie auf uns wirken ...

> ... indem wir die Töne und Klänge der Musik kommen – und auch wieder gehen lassen – Vielleicht kommen mit der Musik auch innere Bilder – oder Gedanken – oder Gefühle – erlauben wir all dem, zu kommen und zu gehen – oder ruhig zu verweilen, ihm nachzuspüren – wie der Musik jetzt – und auch während der Musik gilt: Immer, wenn Sie etwas an Ihrer Körperhaltung ändern möchten – dann können Sie das tun.

Hier schließt jetzt die Musikrezeptionsphase des Patienten an: Der Therapeut bedient die Wiedergabeanlage bzw. spielt bzw. improvisiert Musik mit einer Dauer zwischen mindestens 3 und maximal 8 Minuten. Darüber hinaus gehende Zeiten lassen nach unseren Erfahrungswerten den Tonus des Patienten zu sehr abfallen, so dass die Reorientierung erschwert ist. Je nach Anamnese und dem aktuellen Vorgespräch zu Beginn der Therapie-Sitzung (siehe „Befindlichkeitsbild") benenne ich mit Tangierungsbegriffen die persönliche vordergründige Aufgaben- oder Problemstellung, die zwischen den beiden bei Herzpatienten vertrauten Extremen angesiedelt ist: Abgrenzungsprobleme gegenüber dem sozialen Umfeld und/oder Abgrenzungsprobleme gegenüber sich verselbstständigenden inneren Angstfantasien. Die zuvor von Patienten genannten Aufgaben- und Problemstellungen sind deshalb vordergründig, und ich belasse sie auch für die Trance in diesem Vordergrund, weil für die Hintergrundarbeit an den Problemen (Fragen der Persönlichkeitsstruktur und ihrer Dynamik) die Zeit nach einer musiktherapeutischen Entspannungsarbeit geeigneter ist auf Grund des zwischenzeitlichen „Weicherwerdens" in der Körperwanderung und die anschließende Formung und manchmal Umformung des Problemmaterials durch das Medium Musik.

Hier seien nun noch für die Praxissituation die äußeren Rahmenbedingungen für eine „gesicherte Musikrezeption" zusammengefasst:

- Der Raum für Musikrezeptionen muss ebenso akustisch gesichert sein wie ein Musiktherapieraum für die Improvisationsmusik. Während im letzten Fall die Umgebung auch geschützt sein muss vor dem freien musikalischen Ausdruck einer Therapie-Gruppe, muss für die Musikrezeption die Umgebungseinwirkung zu Gunsten des Hörens „aussparbar" sein.
- Innerhalb des Raums auf „sanfte" Beleuchtung von außen (wandernde Sonnenwinkel stören z. B.) bzw. auf indirekte elektrische Beleuchtung achten.

- Ausnahme: Begleitungen von Patienten „am Bett“ im stationären Kontext.
- Probieren Sie immer die Wiedergabeanlage vorher aus und überprüfen Sie, ob die CD oder Kassette mit der gewünschten Musik anfängt (Track auf CD einstellen bzw. Pause auf der Kassette).
- Positionieren Sie Ihren Sitzplatz so, dass Sie die Anlage bequem und ohne viele Nebengeräusche bedienen können.
- Lassen Sie weniger meditations- und zentrierungserfahrene Patienten im Sitzen auf ergonomisch geeigneten (nicht zu weichen) Stühlen beginnen, ggf. erst später in Liegestühlen oder im Liegen in die Trance gehen. Ausnahme: Begleitungen von bettlägerigen Patienten im stationären Kontext.
- Stellen Sie die Lautsprecher grundsätzlich für den Beginn leise und lassen das Musikstück langsam per Hand oder Fernbedienung crescendieren.
- Wichtig als Konzentrierungs-Hilfe für den Patienten: „Aus der Stille heraus“ die Musik einspielen.

Die genannte Zeitrahmensetzung von 3 bis max. 8 Minuten orientiert sich:
- an den inter-subjektiven Erfahrungswerten der Patienten in diesem und ähnlichen klinischen Projekten, welche Zeitdauern mit gehörter Musik von den Patienten als supportiv empfunden wurden („bitte nicht kürzer“ und „bitte nicht länger“),
- an Beobachtungswerten der Therapeuten, welche Zeit minimal nötig ist, um den Muskeltonus zur Musik absenken zu können und welche Zeit nicht überschritten werden sollte, um den Tonus nicht zu sehr absinken zu lassen, um Erschwernisse in der Reorientierungphase zu vermeiden.

Zur Funktion und Auswahl der Musik

Zur Auswahl der von dem Patienten als beruhigend empfundenen Musik (i. S. der Absicht des Therapeuten und der Erwartungshaltung des Patienten) von CD oder Kassette für die musikalische Rezeptionsphase sei verwiesen auf die Notwendigkeit eines Vorgesprächs mit Patienten (bzw. bei fehlender Verbalisierungsfähigkeit mit den Angehörigen) i. S. einer „Musikalischen Anamnese“, die die individuelle Sozialisation des Patienten herausarbeitet. Vor dem Hintergrund der Antworten des Patienten auf diese Fragen musikalisch-anamnestischer Richtung entsteht die Auswahl der Musikstücke.

Die Rezeption einer emotional positiv besetzten Musik wirkt per se trance-induzierend. Wie das „ver-tiefte“ Lesen eines Buches und „Versinken“ in die Betrachtung eines Bildes, die dem Rezipienten eine Identifizierung anbietet.

Auch der normale Tagtraum eines Schülers im Klassenzimmer ist der Beginn einer Trance, Beginn der Veränderung des Wachbewusstseins (VWB). Indikatoren für einen wirkenden Trancezustand, d. h. die begonnene Veränderung des Wachbewusstseins (VWB), lassen sich in jedem Konzertsaal, jeder Bibliothek, jeder Gemäldeausstellung, jedem Klassenzimmer beobachten, wenn der in „in sich versunkene" Mensch angesprochen wird: Veränderung der respiratorischen Tätigkeit (Flachatmung), Veränderung des Muskeltonus, Zurückgehen des Schluckreflexes, ideomotorische Reflexe usw.
Im klinischen Setting wird die individuell emotional positiv besetzte Musik des Patienten nach einer ausführlichen musikbezogenen Sozialanamnese als Trancesupport, als Verstärker verstanden und eingesetzt – mit einer Wirkung, die dem „Dritten" entspricht, wie es Martin Buber (1983, 1997) von jeder gelingenden wirklichen Begegnung beschreibt und wie Paolo J. Knill und der Verfasser sie in dem künstlerischen Medium sehen, das anfangs gestaltet wird und zunehmend die Gestalter gestaltet (Knill 1993).
Die Wirkung einer mitgebrachten Patienten-CD (Symbolträger oft wichtigster Zeitstrecken oder Ereignisse in der Patientenvita) kann dabei ebenso tranceinduzierende Folgen auslösen wie eine vom Therapeuten gespielte komplexe Repertoire-Musik oder Improvisation.
Im gruppenmusiktherapeutischen Setting wird die „seelische Wunschpartitur" des Patienten durch Mitpatienten realisiert – durch vorherige gemeinsame genaue Exploration und dem Probespiel der vom Patienten gewünschten musikalischen Parameter (gewünschte Eigenschaften von Rhythmus, Dynamik, Klang, Melos und Form, um die entwicklungspsychologische Reihung der Beschäftigung des Menschen mit den Elementen der Musik einmal zu nennen).
Meistens ist die Folge eine hohe Potenzierung der Kohäsion in der Gruppe, mit der sich nicht nur der Musik rezipierende Patient identifiziert, sondern auch die für ihn spielenden Mitpatienten. Diese Folge – Veränderung der Dynamik der Gruppe – stellt einen weiteren therapeutischen Wirkfaktor dar, den sich die Gruppe mit dem rezipierenden Patienten buchstäblich erspielte.

In der zentralen Rezeptionsphase der Musik innerhalb der Trance (nach der Sensibilisierung des auditiven Wahrnehmungskanals) übernimmt Musik in der MTE manchmal (wie in den meisten anderen rezeptiven Musiktherapie-Methoden) eine Transportfunktion von assoziativem Material, mit dem im Nachgespräch unter tiefenpsychologisch-phänomenologischen Aspekten weitergearbeitet werden kann.
Hintergrund: Über die Tiefenentspannung hinaus kann die Musik in der Trance öfter traumatisches Material „ent-eisen", dessen Sichtung erst in eben

einem größtmöglichen komfortablen Rahmen der Trance und Entspannung erträglich und bearbeitbar ist. Eine entsprechende problemzentrierende und -lösende Bearbeitungsmöglichkeit in der Schnittfläche von Musiktherapie und Gesprächstherapie muss deshalb vor jeder MTE gesichert sein.
Diese Mischform von rezeptiver Musiktherapie (für den Patienten) und aktiver Musiktherapie für Mitpatienten/Therapeuten orientiert sich an der „seelischen Partitur“ des Patienten, die diesem nach meinen Erfahrungswerten eine mindestens so positive Selbst-Steuerung durch die positive Auslese mit daraus sich ergebender Autosuggestion i. S. eines „self-support“ ermöglicht und die selbstgesteuerte Trance vertieft.
Ob nun Musik vom Tonträger oder aus der Improvisation heraus: In 94 % der dokumentierten 105 Patientenbegleitungen in der Curschmann-Klinik ergaben sich Musikstrukturen deutlich trophotroper Ausrichtung mit einer Rezeptionsdauer von drei bis acht Minuten.
Ein praktisches Beispiel der „sieben Schritte“ habe ich (zusammen mit deren damaligem Chefarzt der Curschmann-Klinik Friedrich-Karl Maetzel, heute Professor für Propädeutik der Medizin am Hamburger Institut für Musiktherapie) auf CD eingespielt im Rahmen einer CD-Handbuch-Selbsthilfe für Herzpatienten im Projekt der Curschmann-Rehabilitations-Klinik – Timmendorfer Strand (Decker-Voigt / Maetzel 1998). Diese Selbsthilfe war zunächst nur für unsere Patienten in der Zeit nach der Entlassung gedacht. Zu Hause fungierte die CD für den Patienten in der Funktion eines Übergangsobjekts als Erinnerungshilfe an die Person des Therapeuten, an seine Stimme und das therapeutische Klima im rezeptiv musiktherapeutischen Setting während des stationären Aufenthaltes. Wurde während der Behandlung der Musikrezeption des einzelnen Patienten und der aktiven Improvisation von Mitpatienten/Therapeut auf Grund der „seelischen Partitur“ der zentrierten Person einen hohen Stellenwert zugemessen – dann wurde und wird diese mitgeschnittene lmprovisationsmusik (für den einzelnen Patienten „seine Musik“) auf CD gebrannt und ihm in die Zeit nach der Entlassung mitgegeben – in der doppelten Funktion eines Übergangsobjekts. Einmal jener Stoff der CD zum Anfassen, Ansehen und dem in ihm verschlossenen „eigenen Klang“ und jenes der Musik, die das präverbale, älteste und damit auch an früheste Traumata reichende nichtstoffliche Übergangsmaterial des Menschen ist. Im Feedback der Patienten zwei und sechs Monate nach ihrer Entlassung erwies sich diese CD nur noch als nötig im Sinne des Auslösers und der losen Geländerhilfe, um die sieben Schritte der MTE zu internalisieren und mutieren zu können zu einer „Selbst-Behandlungsmethode“. Also vergleichbar mit zunächst therapeutisch begleiteten, später selbst angewandten gerichteten, direktiveren Verfahren wie z. B. autogenem Training.

REZEPTIVE MUSIKTHERAPIE AUS DER SICHT INTEGRATIVER MUSIKTHERAPIE (IMT)

Isabelle Frohne-Hagemann

Um zu verstehen, auf welche Weise rezeptive Methoden in der IMT angewendet werden, sei in Kürze noch einmal an einige Grundkonzepte der Integrativen (Musik-)Therapie erinnert, die teilweise schon andernorts ausführlicher dargestellt wurden (Petzold 1993, 2001; Frohne-Hagemann 1990/1999, 2001).

Integrative Musiktherapie (IMT) wurde zu Beginn der 80er Jahre als Methode der Integrativen Therapie Petzoldscher Richtung entwickelt. Der Begriff „Integrative Therapie" wurde von Petzold bereits 1965 als Arbeitsprogramm für eine Arbeitsweise umrissen, die den Menschen ganzheitlich behandelt und *Somatotherapie*, *Psychotherapie* und *Nootherapie* zu verbinden sucht (Petzold 1965, zit. in 1993, Bd. 2, 976). Die *Leiblichkeit* des Menschen ist als persönlichkeitstheoretisches Kernkonzept der Integrativen Therapie von zentraler Bedeutung. Der Leibbegriff kennzeichnet den Menschen als *„Körper-Seele-Geist-Subjekt in seinem sozialen und ökologischen Kontext (in Interaktion mit seinen Umwelten) und in seinem Kontinuum (in seinem Entwicklungsprozess)" (ebd.).* Therapie muss deshalb die Einbettung des Menschen in seine Kultur (Denk-, Fühl- und Handlungstraditionen) berücksichtigen. Der Mensch ist von „kollektiver Wirklichkeit" durchdrungen. Er ist nicht nur Teil einer Kultur, sondern erschafft sie auch. *„Persönlichkeit ist verleiblichte Kultur, sich inkarnierende Kultur. Persönlichkeiten wiederum sind kulturschöpferisch – über die ganze Lebensspanne*" (Petzold 1975, zit. in Petzold 2002, 39). In diesem Sinne wird Therapie nicht nur als Psychotherapie, sondern als *„Humantherapie*" verstanden, denn sie bezieht sich auf die psycho- und soziotherapeutische Behandlung des Menschen in *all* seinen kulturhistorisch und soziokulturell geprägten Lebenswirklichkeiten, Lebensweltbezügen, seinen Erlebens- und Verhaltensweisen und seinen über Kultur vermittelten persönlichen Wertesystemen.
Das Mehrebenenmodell der Integrativen Therapie zeigt die Person und ihr Umfeld als räumlich und zeitlich gestaffelte Figur-Hintergrund-Relation (Kontext/Kontinuum).

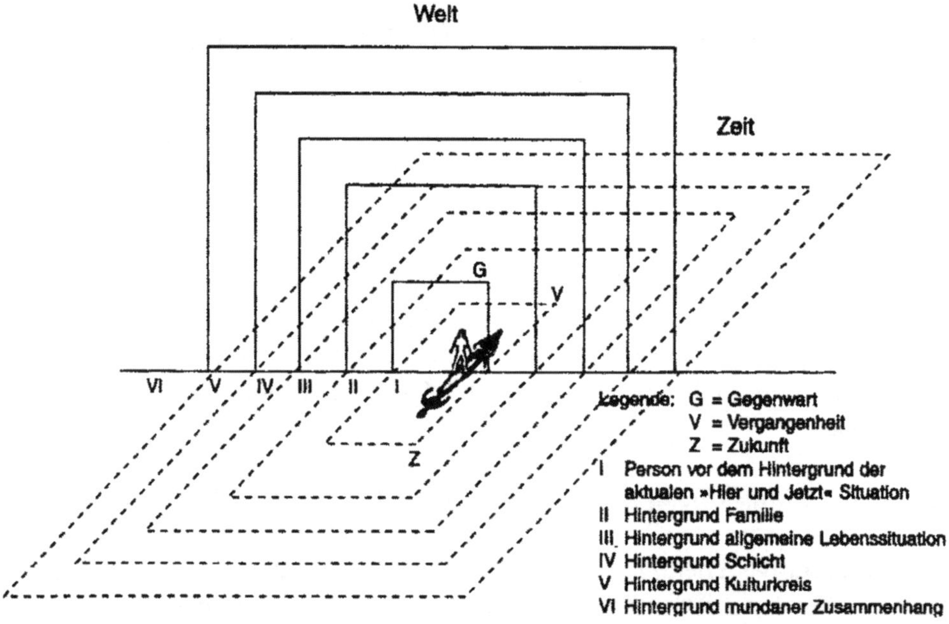

Abb. 1: Mehrebenenmodell (Petzold 1974, aus Petzold 1993, 601)

Die verschiedenen Kategorien der Kontexte I–VI (Hier und Jetzt-Situation, Familie, allgemeine Lebenssituation, Schicht, Kulturkreis und mundaner und globaler Zusammenhang) erstrecken sich nach hinten und vorn als Zeitdimension (Vergangenheit und Zukunftsperspektive). Die Persönlichkeit trägt die erlebten Ereignisse der Vergangenheit in jedem Moment ihrer Gegenwart in sich und ebenso die Möglichkeiten der Zukunft (Petzold 1993, Bd. 2, 601). Der Mensch in seinem Kontext und im Kontinuum ist deshalb *verleiblichte Kultur*.
Auch Musik ist kulturell verankert – auch wenn man sie als „Himmelsmacht“ bezeichnet –, denn ihre jeweilige Bedeutung hängt davon ab, wo sie wann wie in welcher Form erschaffen wird, erklingt, gehört und erlebt wird. Das Mehrebenenmodell veranschaulicht die vielschichtigen dreidimensionalen Verknüpfungen zwischen individuellem und kulturell verleiblichtem Musikerleben.

Für die rezeptive musiktherapeutische Arbeit folgt daraus, dass die Begründung für den Einsatz von Musik neben den sechs Kontext-Kategorien und deren Zeitrahmen auch die Dimensionen der persönlichen, familiären, schichtspezifischen, kulturellen und mundanen Biographie/Geschichte be-

treffen muss. Welche Hörkulturen in verschiedenen biographischen Kontexten haben diese Person musikalisch sozialisiert und ihre Art zu erleben und zu fühlen geprägt? Wann und in welchem (familiären, öffentlichen etc.) Kontext hat jemand eine bestimmte Musik gehört und wurde von ihr emotional berührt? Wo gab es Inkompatibilitäten (z. B. Kind kann nur heimlich bei den Nachbarn *seine* Musik hören, weil es für seinen Musikgeschmack zuhause abgewertet wird) und dadurch emotionale und kognitive Dissonanzen (bestimmte Gefühle sind in einem Kontext erlaubt, in einem anderen nicht)? Solche und ähnliche Fragen sind wichtig in Bezug auf Form und Vorgehen rezeptiver Musiktherapie.
Das auf musiktherapeutische Belange angewendete Mehrebenenmodell zeigt, dass nicht nur der gegenwärtige und frühere Kontext, in welchem eine Musik gehört wird/wurde, eine große Rolle spielt. Auch die Musik *selber* steht in einem Mehrebenenzusammenhang. Aus der Musik selber sprechen menschliche Erlebens- und Ausdrucksweisen verschiedenster Kulturen und Musiktraditionen vergangener Musikepochen. Die vielfältigen kulturell und historisch verleiblichten Arten, Gefühlsqualitäten zu empfinden, treffen im Individuum auf eine individuell gefärbte kollektiv verleiblichte Kultur, die einer Epoche, einem musikalischen Stil entspricht oder nicht. Daher muss man schauen, welche vergangene (aus Barock, Renaissance, Romantik, Impressionismus etc.) oder zeitgenössische Musik der Person in ihrer gegenwärtigen Hörkultur emotional am meisten entgegenkommt und welche auf Abwehr stößt, weil die in den Musiken transportierten emotionalen Stile nicht verleiblicht wurden, werden durften oder auch durch bestimmte Lebenserfahrungen negativ besetzt wurden. Es fragt sich in diesem Kontext, ob und wie es möglich ist, sich auch Musiken emotional anzueignen, die einem zunächst fremd sind, über die man den eigenen Horizont aber in kultureller Hinsicht ein Stückchen erweitern könnte.

Das Mehrebenenmodell mit seiner Kontext- und Kontinuumbezogenheit stützt ein breiteres Therapieverständnis. Therapie muss psychodynamisch bzw. tiefenpsychologisch *und* sozialpsychologisch orientiert sein, um die Entwicklung und Differenzierung von Identität als *Identität* vor ihrem *biologischen, psychologischen, sozialen und kulturellen Hintergrund* zu gewährleisten. In den letzten Jahren fand ein Paradigmenwechsel auch in der Musiktherapie statt und wurde z. B. von Ruud (1980) vorbereitet und von Bruscia 1998 als „Ecological Music Therapy“ bezeichnet (Bruscia 1998). Ebenso hat Stige mit der Fundierung der „Culture Centered Music Therapy“ (Stige 2002) und „Community Music Therapy“ (Stige 2003) dieses Therapieverständnis für die Musiktherapie wegweisend erweitert. Es kann auch in Bezug auf rezeptive Musiktherapie nicht nur um die Behandlung herkömmlicher klinischer Diagnosen gehen, sondern es müssen vermehrt auch anthropologische Ziele wie z. B. Aufhebung von gesellschaftlichen und kulturellen *Entfremdungsgefühlen* („alienation“[1]) und die Entwicklung von sozialer und geistiger *Zugehörigkeit* in Betracht gezogen werden, die wiederum auch spirituelle nootherapeutische Dimensionen durchaus einschließen. Der Begriff „Humantherapie“ kann als Ausdruck eines Paradigmenwechsels gelten, der durch seine ökologischen, sozialwissenschaftlich orientierten Perspektiven das pathologiefixierte Krankheitsverständnis in Richtung eines *salutogenen* Therapieverständnis theoretisch und methodisch neu definiert.

Solche Perspektiven und Ziele sinnvoll miteinander zu verbinden ist nicht einfach und verlangt eine Auseinandersetzung mit verschiedenen Psychotherapietheorien, -verfahren und -methoden, um verbindende Konzepte zu finden, die sowohl theoretisch als auch methodisch zusammen passen. Von den pluralistischen, kombinatorischen oder eklektischen Integrationsformen (dazu ausführlich Petzold 1993a), die oft entweder *nur* in der Theorie übereinstimmen oder die Methoden *addieren*, ohne sie wirklich zu integrieren oder die verschiedene Techniken *intuitiv* benutzen, ohne die dazugehörigen Referenztheorien zu berücksichtigen, ist das „Integrative“ der Integrativen Therapie Petzoldscher Ausrichtung bemüht, Konzepte verschiedener Verfahren und Methoden theoretisch *und* methodisch dort zu verbinden, wo tatsächlich Kompatibilitäten bestehen. Dass dies oft problematisch ist und u. U. nur Konsens im Dissens ermöglicht, versteht sich von selbst.

Auch die Integrative Musiktherapie (IMT) versucht auf der Basis des Integrationsverständnis der „Integrativen Therapie“ kompatible musiktherapeutische Konzepte aktiver und rezeptiver Musiktherapie anderer musiktherapeutischer „Schulen“ zu integrieren (Frohne-Hagemann 1996, 166 ff). In Bezug auf die *rezeptive Musiktherapie* ist hier noch wenig formuliert worden. Doch gilt auch hier, dass Musik und Musikhören eben nicht nur eine individuelle oder ausschließlich therapeutisch wirkende Angelegenheit ist, sondern dass sie in einem kulturellen Kontext steht. Jede Interpretation eines Musikerlebens muss daher im Zusammenhang mit dem jeweiligen situativen Kontext *und* den kulturell verleiblichten Fühl- und Denkweisen gesehen werden, nicht nur im Sinne psychodynamisch orientierter psychothera-

1 Alienation: „man does not experience himself as the acting agent in his grasp of the world. The world remains alien to him, alienation in work, religious and one's fellow men (Koschnik 1992, Bd. 1).

peutischer Konzepte, sondern auch kontext- und kulturbezogener Konzepte (vgl. dazu den Beitrag von C. Maack in diesem Buch).
In der Integrativen Therapie werden therapeutische Prozesse begleitet, die sowohl klinische als auch anthropologische Orientierungen haben. Dazu wurden von Petzold *vier* ineinandergreifende *Wege der Heilung und Förderung* (Petzold 1988, 248 ff) mit entsprechenden Schwerpunkten, Zielen und Methoden formuliert, die in der Integrativen Musiktherapie beschritten werden (Frohne-Hagemann 1990/2001, 103 ff):

a) Psychotherapeutisch orientierte Bewusstseins- und Sinnfindungsarbeit, die auch nootherapeutische Arbeit, die Erforschung unbewusster Wahrnehmungsinhalte und Verhaltensmuster sowie die Verarbeitung traumatischer Erlebnisse einschließt
b) Somato- und psychotherapeutisch orientierte Entwicklung von Grundvertrauen, basaler Beziehungsarbeit und Nachsozialisation bei früh geschädigten Menschen
c) Psycho- und soziotherapeutisch orientierte Selbsterfahrung und Persönlichkeitsentfaltung, Erlebnisaktivierung sowie Entfaltung von Kreativität durch und in Gruppen im Sinne von „Ko-Kreativität" und „Konflux" (Petzold 2002, 67)
d) Soziotherapeutische, ökologisch und soziokulturell orientierte Solidaritätserfahrung, Entwicklung von Metaperspektiven auf Kultur und Gesellschaft sowie kulturelles und politisches Engagement

Während die Wege a und b mehr somato-, psycho- und nootherapeutisch orientiert sind, beinhalten die Wege c und d eher soziotherapeutische Richtungen. Als Humantherapie gehören sie jedoch zusammen.

Grundsätzlich ist zu diagnostizieren, wann ein Patient/Klient in welchem Kontext welche Art therapeutischer Hilfe braucht (z. B. zur Unterstützung und zum Empowerment, zum Enlargement, zur Konfliktbewältigung usw.) und auf welche Weise dabei Musik zum Einsatz kommen kann. Daraus erschließt sich, welche Wege der Heilung und Förderung mit welchen musiktherapeutischen Orientierungen beschritten werden müssen und welche Formen aktiver oder rezeptiver Musiktherapie dabei angemessen sind.
In diesem Beitrag geht es um *rezeptive* Musiktherapie. Die Methoden rezeptiver Musiktherapie setzen auf diesen vier Wegen unterschiedliche Schwerpunkte, die hier überblicksartig mit kleinen Fallvignetten skizziert werden sollen.

1. Weg der Heilung und Förderung

Rezeptive Methoden der Musiktherapie auf dem 1. Weg der Heilung und Förderung dienen der Sinnfindungsarbeit durch

- Bewusstseinsarbeit
- Erforschung des Bewusstseinsspektrums
- Erinnerungsarbeit

Rezeptiven Formen von Musiktherapie liegen oft unterschiedliche Modelle von *Bewusstsein* zu Grunde, die zu unterschiedlichen Therapieverständnissen führen. Deshalb sei hier das integrativtherapeutische Verständnis von Bewusstsein kurz dargestellt.
Die Persönlichkeit verfügt über ein komplexes, *leiblich* verankertes Bewusstsein. In der Theorie der Integrativen Therapie gibt es kein „Primat des Geistigen" (Jung 2001, 237) oder transpersonaler Dimensionen. „Höhere" Erkenntnisse und Einsichten werden über den „informierten" (d. h. sozialisierten und enkulturierten) **Leib** (Petzold, 1993, 1155) gewonnen, dessen Bewusstseinsspektrum von den Tiefen des Unbewussten bis zu den Höhen des Nicht-Bewussten reicht (siehe Abbildung Nr. 2). Der Leib ist „ontogenetisch und phylogenetisch grundlegend. Leiblichkeit ist je schon korespondent und damit be-greifend, kommunizierend, expressiv, memorativ, kreativ und werthaft ... (und) das ‚Leibwissen' befähigt uns zu den basalen Erfahrungen von Ursache und Wirkung, Farbe, Hell und Dunkel, Rhythmus, Schwerkraft und Gestalt-Qualitäten" (Jung 2001, 237). Der Leib schließt die Möglichkeit ein, sich selbst mit fremden Augen aus einer höheren Perspektive zu betrachten, wie das Beispiel von Julia (siehe Vignette wieter unten) veranschaulicht, was auch eine spirituelle Dimensionen berührt. Über die Leibarchive können wir Zugänge zum komplexen Bewusstsein öffnen.

Die Abbildung zeigt das Spektrum des Bewusstseins und seine Zuordnung zu Somatotherapie, Psychotherapie und Nootherapie.

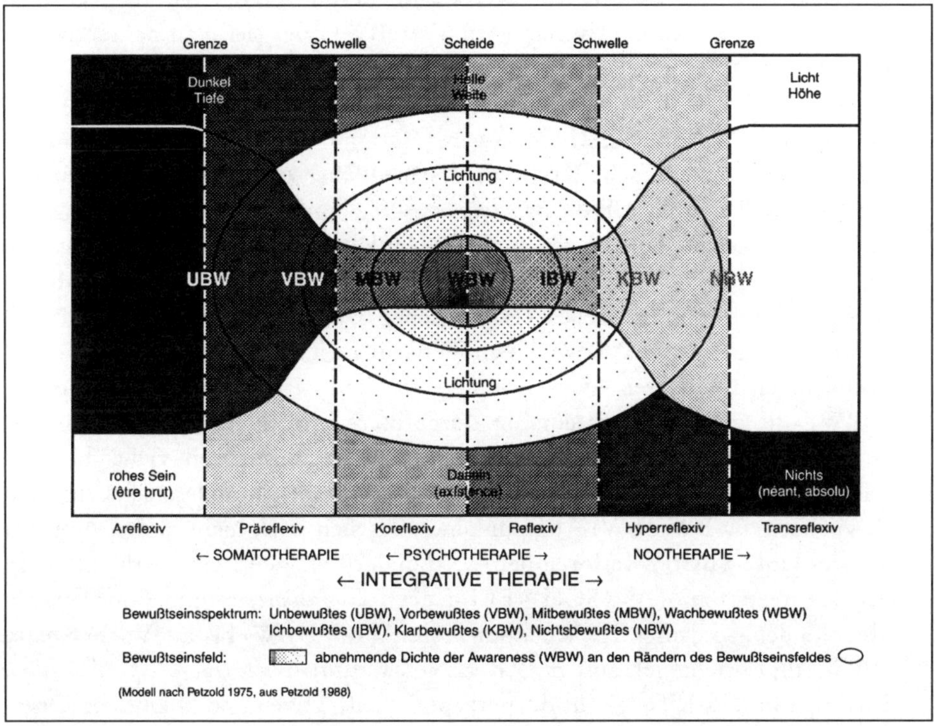

Abb. 2: Komplexes Bewusstsein (Petzold 1975, aus Petzold 1988, 278 ff)

Das Spektrum des Bewusstseins wird von Petzold dort folgendermaßen erklärt:

> „Das Bewusstseinsspektrum erstreckt sich von den *aperzeptiven, areflexiven* ... ‚Tiefen und Dunkelheiten des **Unbewussten** (**UBW**) mit seinen individuellen (ontogenetisch gegründeten und kollektiven phylogenetisch gegründeten) Strebungen bis zu den *transperzeptiven transreflexiven* Höhen und Lichträumen' (so die metaphorische Umschreibung) des **Nichts-Bewussten** (**NBW**). Das Unbewusste kann mit *Merleau-Ponty* als das „rohe, ungestaltete Sein' *(être brut et* sauvage) … gekennzeichnet werden, ... das Nichts-Bewusste hingegen als das *Absolute,* das *Nichts (néant, absolu)* von dem letztlich nichts ausgesagt werden kann. ... Im Zentrum des Bewusstseinsspektrums steht, im leiblichen Dasein gegründet, die Wach- oder Selbstbewusstheit, wir nennen sie auch: das Wahrnehmungsbewusste (**WBW**), die ***Awareness,*** die Sensorisches, Per-

zeptuelles, Affektives, Mnestisches umfasst und sich in beide Richtungen **(UBW↔NBW)** als Bewusstseinsfeld mit abnehmender Dichte ausdehnt. Die Awareness wird von einer SCHEIDE durchlaufen. Awareness kann präprezeptiv und koreflexiv sein (**MBW→UBW**) oder sie kann perzeptiv und reflexiv sein (**WBW→NBW**).

Die **zentrale Wachbewusstheit** (Awareness) umfasst in ihren Ausdehnungen, die sich wie konzentrische Kreise unterschiedlicher Awarenessdichte gruppieren, in der Richtung **UBW**, das *koperzeptive* und *koreflexive* **Mitbewusste MBW** *(Rohracher),* all das, was nicht im aktuellen Fokus des Wachbewussten steht, aber mitgegeben ist und jederzeit zugänglich werden kann. Vom Mitbewussten durch eine Schwelle getrennt sehen wir das *präperzeptive* und *präreflexive* Vorbewusste (**VBW**). Es enthält seinerseits Materialien aus den oberflächlicheren Schichten des *aperzeptiven* und *areflexiven* **Unbewussten** (**UBW**), die zum Bewusstsein hin durchfiltern wollen, ja vielleicht gar zur Awareness (**WBW**) und Consciousness (**IBW**) drängen und vielleicht auch schon ‚angespürt' und ahnend erfasst werden. Es enthält andererseits aus dem Bewusstsein (**WBW, IBW**) Abgesunkenes, das sich noch nicht in den Abgründen des **Unbewussten** verloren hat. Wird in der therapeutischen Arbeit oder in der Selbstexploration die SCHWELLE des *Präperzeptiven* und *Präreflexiven* überwunden, so dringt das **Wachbewusste** (**WBW, IBW**) bis ins **Vorbewusste** (**VBW**) und bricht sich an der G R E N Z E zum *Areflexiven, Aperzeptiven.* Dieses ist in seinen Tiefen für die perzeptiven, affektiven und kognitiven Organisationsformen der wachen **Bewusstheit (WBW)** und des *vollperzeptiven* und *vollreflexiven* **lchbewusstsein** (**IBW**) nicht zugänglich, da seine Strukturen zu archaisch, zu fremd sind. Sie erfordern ein anderes Sensorium und ein anderes Begreifen bzw. müssen qualitativen Transformationen (zum Beispiel durch verbale oder aktionale Interpretationen) unterworfen werden, um für **WBW** und **IBW** erfassbar und verständlich zu werden. Unbewusstes durchfiltert in abnehmender Dichte das Bewusste, d. h. ist in ihm anwesend, bis an die G R E N-Z E des *Transreflexiven* (**NBW**).

Die **Awareness** (**WBW**) dehnt sich in Richtung des *transperzeptiven* und *transreflexiven* **Nichtsbewusstseins** (**NBW**) aus, indem sie das *koreflexive* und *koperzeptive* Milieu passiv-rezeptiver Sinneswahrnehmung verlässt (es fällt mir ins Auge, dringt an mein Ohr, steigt mir in die Nase) und zunehmend an *aktiver* Perzeptivität und Reflexivität gewinnt *(ich* sehe, rieche, *ich* höre, *ich* handele), bis dass das *vollreflexive* **lchbewusstsein** (**IBW**) also *consciousness,* gewonnen wird: *(ich* bin mir bewusst, dass *ich* und wie *ich* sehe, rieche, schmecke handele). In der Consciousness hat sich die matte Awareness zugespitzt, gewinnt an Schärfe, verliert aber dabei an Volumen, Breite, Dichte (dargestellt durch abnehmende Punktierung in der Abbildung). Das voll reflexive Ichbewusste ist nicht nur organismisch sondern *intersubjektiv* konstituiert (Mead 1934, vgl. jetzt Tugendhat 1979, 249 ff). Es wächst durch die Erfahrungen mit dem ‚Du' (Buber) bzw. mit dem ‚generalized other' (Mead) ... *Präreflexive* Wahrnehmungsbewusstheit (**WBW**) ordnen wir in unserer Persönlichkeitstheorie dem wahrnehmenden Leib-Selbst, dem ‚totalen Sinnesorgan des Leibes' zu. Verdichtet diese sich zu einer ... vollperzeptiven und vollreflexiven Consciousness (**IBW**), so entsteht Ichbewusstsein, das Kognitives und zum Teil Intuitives umfasst und dem Ich zugeordnet wird. Können **WBW** und **IBW** integriert werden, so ... kann eine SCHWELLE überschritten werden, die einen *hyperreflexiven* Zustand möglich macht, den wir als Klarbewusstes (**KBW**) bezeichnet haben. **WBW, IBW** und **KBW** werden durch die Metapher der ‚Helle' und durch die Qualität der ‚Weite' gekennzeichnet (wie **UBW** durch die der Dunkelheit/Tiefe und **NBW** durch Licht/Höhe charakterisiert werden).

Klarbewusstes umfasst intuitive und synoptisch-synergetische Vermögen, die wir in kreativem und kontemplativem Tun erreichen können. In ihm werden Überschreitungen, komplexe Synopsen, weitausgreifende Mehrperspektivität, Synästhesie und Synergie möglich. Die *Lichtung* des Bewusstseinsfeldes dehnt sich aus bis an die GRENZE des *Transreflexiven* (**NBW**), an der sich sogar das ... **Klarbewusste** (**KBW**) bricht, weil sich die transreflexiven universalen Strukturen des Absoluten den zerebralen Möglichkeiten entziehen (die Ausdehnung des Universums zum Beispiel bleibt letztlich unfassbar). Es kann diese Dimension des **Nichtsbewussten** (**NBW**) – wir verwenden diesen paradoxen Terminus gezielt zur Kennzeichnung der apophatischen Qualität dieser unbegreifbaren unauslotbaren Dimension – vielleicht durch das Faktum der Teilhabe (wir sind Teil des Kosmos) in meditativer Versunkenheit näherungsweise erahnt und erspürt werden. Wir sprechen dann von *transreflexiver Partizipation* am Sein, am Absoluten, am Nichts, von der die Mystiker der großen Menschheitstraditionen des geistigen Lebens berichten (der Begriff der mystischen bzw. transreflexiven *Erfahrung* ist unzureichend, da es sich um Bereiche jenseits des in *sensu strictu* Erfahrbaren handelt).

UBW und **VBW** sind leibnahe Bereiche und damit Formen der Somatotherapie zugänglich (z. B. manueller Medizin, Massage, Entspannungstechniken, Atemtherapie, Hydrotherapie, Meditation). Psychotherapie bezieht **UBW, VBW, MBW, WBW** und **IBW** ein [durch kognitive, affektive und symbolische Vorgehensweisen], **WBW, IBW** und insbesondere **KBW** – begrenzt **NBW** – sind **Gegenstand der** Nootherapie (durch kreative und meditative Prakti-

ken ...). Das ganze **Bewusstseinsspektrum** bzw. Bewusstseinsfeld ist damit Aufgabenbereich der „Integrativen Therapie“ und ihrer Methoden, Formen und Medien ...“
(Petzold, Sieper 1988, 278 ff)

Die Einteilung der Bewusstseinfelder hat durch die konzentrischen Kreise eine gewisse Ähnlichkeit mit dem in der Guided Imagery and Music (GIM) benutzten Diagramm des „Cutlog“ (Ringmodell des Bewusstseins) von Helen Bonny (siehe den Beitrag von E. Geiger in diesem Buch). Dem Ringmodell fehlt jedoch die leibliche Dimension und es zeigt als Abbildung nicht, wie die körperliche, seelische und geistige (auch neurobiologische) Ebene und die verschiedenen Formen von Reflexivität ineinander greifen. Dadurch wird der Eindruck erweckt, dass die körperliche Verfassung des Menschen unwichtig sei. Das ist zwar nicht der Fall – der Körperwahrnehmung wird schon bei Bonny viel Gewicht beigemessen –, unterstützt jedoch in der GIM-Therapiekultur eine transpersonale und spirituelle Ausrichtung, die von der Leiblichkeit des Menschen in ihrer kulturellen Einbettung abgetrennt ist, was meiner Meinung nach zu ähnlichen Einseitigkeiten führen kann wie wenn man Musik von ihrem kulturellen Kontext abgetrennt als „Ding an sich“ versteht.

Musik kann alle Dimensionen des Bewusstseinsspektrums erreichen: Sie wirkt nach links ins bewusstseinsferne Somatische und Vegetative hinein und nach rechts ins Transzendente. Wir gehen davon aus, dass Bewusstseinsarbeit und Sinnfindung mit Hilfe rezeptiver Methoden immer eine *somatotherapeutische, psychotherapeutische* und *nootherapeutisch*e Dimension hat. Die drei (die Sozialität und Ökologie integrierenden) Bereiche können nie ganz voneinander getrennt gesehen werden und werden hier nur aus didaktischen Gründen einzeln dargestellt:

Die **somatotherapeutische** Sicht fokussiert mit rezeptiver Musiktherapie den Zugang zum Leibwissen, dem Öffnen der Leibarchive und Gedächtnisspeicher. Atmung, Sprache und Emotion sind eng verschränkt. Über das respiratorische und körperliche Mitvollziehen musikalischer Gestaltbildungen kann psychodynamisches Material aktiviert sowie bewusst gemacht und benennbar werden. Die Arbeit am Leibe dient hier also dazu, im Leibe festgehaltene respiratorische und muskuläre Verspannungen, Konflikte usw. zu bearbeiten. Dagegen hat im 2. Weg der Heilung die somatotherapeutische Leibarbeit mit Musik im Prinzip einen viel funktionaleren Charakter (wie u. a. im Beitrag von E. W. Selle in diesem Buch beschrieben). Auf dem

1. Weg jedoch liegt der Fokus auf der Unterstützung der Atmung mit dem Ziel, mittels Musik die Emotionen zu lösen. Dies kann durch Musikalisierung der Bewegung (Ausdruckstanz) erreicht werden oder dadurch, dass Musik im Sitzen oder Liegen Körperwahrnehmungen und Imaginationen stimuliert, die Aufschluss über das Erleben geben (siehe dazu auch die körpertherapeutischen Anregungen anderer Autoren in diesem Buche, z. B. den Beitrag von A. Schmucker).

In **psychotherapeutischer** Hinsicht zielt rezeptive Musiktherapie immer auf eine emotionale Differenzierungsarbeit ab. In unserem Ansatz sprechen wir emotionstheoretisch von „emotionalen Stilen“ als „nicht-lineare Schemaketten mit multiplen Ko-respondenz-, Resonanz- und Evolutionsprozessen, deren Informationen netzartig verbunden werden und sich dadurch akkumulieren und nicht exakt voraussagbar transformieren können“ (Petzold 1993, 829). Mit Referenz auf Moscovici (1984) und Halbwachs (1950) wurde der Emotionsbegriff um die soziale und ökologische Dimension erweitert (dazu Petzold 1993, 831). Emotionen sind von der Bedeutung abhängig, die sie im „Kontext einer ‚social world‘, eines sozialen Bewertungszusammenhanges“ (ebd.) erfahren. „Gefühle als Resonanzphänomene sind ... vom „kulturellen Rahmen und seiner Tradition geprägt und entfließen nicht nur der individuellen ‚mémoire‘, sondern dem ‚kollektiven Gedächtnis‘ (‚histoire‘)“. Emotionen sind immer leiblich verankert und bevor sie im Neocortex bewusst werden, ist über die Amygdala auf der neurophysiologischen Ebene schon über ihre Tönung entschieden[2].

Emotionale Differenzierungsarbeit kann in Form von *Erinnerungsarbeit* durch das Hören emotional bedeutsamer Musik geschehen wie wir sie auch aus der Arbeit mit alten Menschen kennen (z. B. Muthesius 1990). In der IMT hat hier das *Musikalische Lebenspanorama* (MLP) seinen Platz (Frohne-Hagemann 2000/2001, 175 ff). Das MLP bietet gute Möglichkeiten, über das Wiedererleben von Musikstücken, die einem im Lebensverlauf etwas bedeutet haben, wichtige Erinnerungen und ihre emotionalen Bedeutungshöfe aus den Gedächtnisspeichern des Leibes zu befreien und die Bedeutungen ihrer Spuren im eigenen Lebensverlauf zu erforschen.

> Patienten bringen Musiken mit, die ihnen im Verlaufe des Lebens etwas bedeutet haben. Wir hören zusammen mit Doris, 67, einen Schlager, den sie in ih-

2 Die neurobiologischen Grundlagen sind sehr komplex darzustellen und können hier nicht weiter vertieft werden.

rer Pubertät immer wieder gehört hatte. Darin besingt ein junger Mann inbrünstig seine Liebe zu einem Mädchen und beklagt, dass ihre Liebe von den Eltern verboten wird, weil sie zu jung seien. Doris ist sehr berührt, als sie ihre Empfindungen, die mit diesem Schlager verbunden sind, wieder erlebt und jetzt mit den anderen teilt, schließlich geht es um ihr damaliges Lebensgefühl einer unerlösten Prinzessin, die geliebt werden will, aber gefangen gehalten wird.

Jürgen, 28, bringt sakrale Musik mit in die Gruppe, hat aber große Scheu, diese für ihn sehr intime Kostbarkeit mit den anderen zu teilen. Dies bringt abwertende Resonanzen auf das, was ihm in seinem Leben lieb und teuer war, zum Ausdruck und so leitet die Musik das Thema „Wertschätzung" ein.

Das MLP kann auch von den Patienten zuhause vorbereitet werden, indem wichtige Musikstücke nacheinander auf Tonband aufgenommen werden, was bereits einen wichtigen Prozess der Auseinandersetzung mit der eigenen Vergangenheit in Gang bringt. Dann wird das Band in der Gruppe in einem Stück gehört und der Patient erzählt dazu (ggf. mit geschlossenen Augen, ohne das Band zu unterbrechen), was in ihm an Atmosphären, Gefühlen, Empfindungen, Bildern, Szenen und Gedanken auftaucht. Diese Technik hat Ähnlichkeit mit GIM, vor allem dann, wenn die Therapeutin hierbei mit dem Patienten verbal in Kontakt bleibt.

Auf dem 1. Weg der Heilung ist *imaginative Psychotherapie mit oder durch Musik* eine gute Methode, weil sie unbewusstes und vorbewusstes Material in die „lichteren" Bereiche des komplexen Bewusstseins bringt. Wer die Methode *Guided Imagery and Music* gelernt hat, kann sie hier mit großem Gewinn einbeziehen[3]. Die Musikprogramme bei GIM bestehen größtenteils aus klassischer Musik und stellen Container dar, die ein Eintauchen in sehr tiefe Bereiche verleiblichter Kultur ermöglichen und tiefe emotionale Verarbeitungsprozesse in Gang setzen. „Anna" (das Fallbeispiel in dem Beitrag von B. Süselbeck-Schulz in diesem Buch) zeigt einen Prozess, in welchem GIM für die Trauerarbeit sehr hilfreich war.

GIM kann jedoch auch helfen, kulturelle Hintergründe psychodynamischer Arbeit zu berühren. Folgende Vignette veranschaulicht eine Problematik

3 An dieser Stelle soll ausdrücklich darauf hingewiesen werden, dass kein Integrativer Musiktherapeut diese Methode adäquat anwenden kann, wenn er in ihr nicht ordentlich ausgebildet wurde. Es geht hier nicht darum, den Eindruck zu erwecken, Integrative Musiktherapeutinnen könnten alles. Es soll hier nur dargestellt werden, dass GIM in vieler Hinsicht mit IMT kompatibel ist (was später dargestellt wird) und dass sie IMT sehr bereichern kann.

deutscher Vergangenheit, die sich in der Klientin verleiblicht und ihr Fühlen, Denken und Verhalten mitgeprägt hat:

> Julia[4], eine 58-jährige Ärztin, möchte sich selbst mit Hilfe ambulanter Einzelmusiktherapie im Lebensganzen besser verstehen lernen. Seit einem aufwühlenden Erlebnis als Notärztin hatte sie Träume, die sie nachdenklich gemacht hatten und zu einer Therapie motivierten. Julia ist als Nachkriegskind in einer Zeit aufgewachsen, wo über das Dritte Reich tunlichst geschwiegen wurde. Sie wuchs im großen Schweigen einer scheinbar heilen Welt auf. Über die Tätigkeiten des Vaters in der Nazizeit wusste sie praktisch nichts, also weder, ob er Täter, Mitläufer oder Widerständler war. Aber als ob sie hinter die heile Welt schauen wollte, entwickelte sie schon früh Interesse an Not leidenden Menschen.
>
> In der Musiktherapie war Julia gleich von den Instrumenten angetan und fand die musiktherapeutische Improvisation faszinierend. Sie konnte ihr Erleben ins Hier und Jetzt bringen, ohne es zu zerreden. Durch das Spielen konnte sie unbewusste Archive des Leibes öffnen und vergessene Erlebnisse der Kindheit wieder erinnern, sie kam dadurch jedoch nicht an die Atmosphären heran, die sie im Schweigen der Elterngeneration spürte, zumindest hatte sie das Gefühl, diese Atmosphären nicht adäquat in Musik umsetzen zu können oder aus den Improvisationen heraushören zu können, denn Julias Themen bezogen sich auf kollektive und gesellschaftliche Hinter- und Abgründe, die sie nicht spielen konnte. Die Therapeutin hatte deshalb das Gefühl, dass eine imaginative Arbeit mit und durch Musik hier indiziert sein könnte, um Julia zu helfen, das Unerhörte und Ungesagte zu verarbeiten und zu integrieren. Sie schlug GIM vor.
>
> In den GIM-Sitzungen tauchten immer wieder Imaginationen auf, die mit dem Dritten Reich zu tun hatten. Julia musste feststellen, dass sie unterschwellig unter kollektiven Schuld- und peinlichen Unschuldgefühlen litt und sie begriff, warum sie sich zeitlebens intensiv gegen autoritäre Strukturen aufgelehnt hatte. Ihre Imaginationen in den GIM-Sitzungen brachten sie in Kontakt mit sehr existenziellen Themen. So durchlebte sie verschiedene Facetten von Todeserfahrungen, etwa den Tod auf dem Schlachtfeld, sie wurde lebend begraben, oder sie erlebte, in einem Kerker zu verhungern. Sie brachte dies sofort mit dem 2. Weltkrieg in Verbindung, identifizierte sich aber nicht so sehr mit den jüdischen Opfern, sondern mit den jungen deutschen Soldaten. Julia war Ende 1945 geboren und fühlte sich den noch kurz vor Ende des Krieges eingezogenen Kind-Soldaten nah. Julia meinte, die Soldaten gehörten zur Generation, die unschuldig schuldig geworden war und dies nicht vermitteln konnte. Aller-

4 Name verändert

dings hatten ihre Themen auch eigene biographische Bezüge. Julia wusste, dass ihre Mutter 1944 im 5. Monat eine Fehlgeburt hatte und dass die Todeserlebnisse in den GIM-Reisen vielleicht auch mit diesem Geschwister zu tun hatten, das nicht leben durfte (und möglicherweise in der folgenden beschriebenen Sitzung wieder vorkam). Vordergründig aber litt sie vor allem an der kollektiven Biographie der Deutschen.
Die Dimension des Leidens an Sprachlosigkeit wegen einer Identifikation mit den Opfern (in) der deutschen Zivilbevölkerung sowie die Tragik der minderjährigen Soldaten ist in der Bevölkerung sicher viel größer als heute offen auszusprechen gewagt wird. Erst allmählich wird auch im Ausland immer häufiger die Frage gestellt „inwieweit neben der Aufarbeitung der deutschen Verbrechen im Nationalsozialismus auch das Kriegsleid der deutschen Zivilbevölkerung betont werden soll und betont werden darf“ (Neue Zürcher Zeitung vom 24.7.03, 17). Die Frage stellt sich, ob man hier um Vergebung bitten darf und wenn ja, wer denn der/die Vergebenden eigentlich sein sollen.

Eine GIM-Sitzung sei hier beschrieben, die diese Frage der Schuld aufgreift. Julias Seele findet hier als Lösung eine höhere Instanz in Gestalt eines Engels, der ihr das Gefühl von Vergebung vermittelt. Dazu trug eine sakrale Musik bei (Nr. 4 und 5), die half, das Leid emotional auf diese andere Ebene zu bringen[5].
Ausgangspunkt der Sitzung war folgender Traum:

> „Ich hatte meinen VW auf dem Polizeiparkplatz geparkt, weil ich eine Meldung machen wollte. Ich weiß aber nicht, was ich da melden wollte. Die Polizei hört mir gar nicht zu, sondern sperrt mich ein, weil ich im Parkverbot stehe. In der Zelle befindet sich ein Glasbehälter mit einem Fötus, der in Formaldehyd schwimmt. Es ist, als dämmerte ich in der Zelle vor mich hin. Durch einen Spalt sehe ich draußen eine Gruppe, die da fröhlich feiert. Ich möchte so gerne zu der Gruppe raus und bin auch kurz raus. Ich weine bitterlich, weil ich dazugehören möchte. Ich muss aber in die Zelle zurück.“

Der Traum hatte ein starkes Gefühl von Verzweiflung und Sehnsucht hinterlassen. Als Musik wählte die Therapeutin deshalb das GIM Programm „Sor-

5 Zu dem Einwand, dass die Klientin auf diese Weise durch solche Musik in eine Richtung manipuliert wurde, ist zu sagen, dass von der Therapeutin keine Imaginationen vorgegeben werden. Die Klientin projiziert auf die Musik das, was ihr seelisch in dem Moment etwas bedeutet oder was sie braucht. Es könnte auch Ablehnung sein, wenn die Bewältigung des Konflikts, ob sie überhaupt Vergebung empfinden darf, noch nicht möglich ist.

row“[6]. (Zum Ablauf einer GIM-Sitzung siehe den Beitrag von E. Geiger in diesem Buch). Hier sei das von der Therapeutin mitgeschriebene Protokoll wiedergegeben:

1. Marcello: Oboen-Konzert D-moll (Adagio)
(subjektive Beschreibung der Therapeutin)
Dieses Stück beginnt mit einem klagenden Entrée der Streicher, einem zitternden Stehenbleiben auf einem, dann zwei Tönen (Sekunde), das nach Erlösung drängt. Nach 0,20 min. beginnt die Oboe mit ihrer traurigen Geschichte des Schmerzes und der Sehnsucht, die von den Streichern getragen wird, die immer auf einem Ton Boden geben. Bis zum Ende des Stückes bleibt die Bewegung sanft, aber nachdrücklich für den Ausdruck von Schmerz und Traurigkeit durch die Oboe. Das Orchester gibt der Oboe durch ihren Pulsschlag viel Unterstützung für ihre Geschichte. Am Schluss bleibt man gewissermaßen wartend stehen.

...[7] (was nehmen Sie wahr?)[8] Ich sehe das Baby, es ist in einem Glasbehälter so wie in der Anatomie (wie ist das für Sie?) etwas gruselig ... ... Ich bin jetzt weit weg ... ich sehe die Szene von weit weg, wie hinter Glas... (was sehen Sie?) Ich sehe jetzt Julia in der Zelle sitzen. Sie ist wie anästhesiert. Sie wartet und wartet ... (worauf wartet sie?) Sie möchte so gern zu der Gruppe gehören. (Wie fühlt sich das an?) Ich habe Mitleid mit der Frau in der Zelle. Sie weiß gar nicht, warum sie nicht dazu gehören darf. Ich sehe jetzt den VW, ein altes Modell. Ich kann genau sehen, wo er vor der Polizeistation parkt. Sie parkt ganz legal auf dem Parkplatz, um die Polizei um Hilfe zu bitten. Sie wollte eine Meldung machen, aber sie wurde bestraft und ins Gefängnis gesteckt. Sie kann nicht sprechen oder erklären, weshalb sie Hilfe brauchte. Sie weiß auch nicht warum sie falsch geparkt hat ... [nachdenklich] Sie fuhr diesen Volkswagen, ein altes Modell aus – ach ja – der Nazizeit! ... Das will wohl niemand wissen, das soll man ja nicht laut sagen ... Der Volkswagen ist für viele Leute immer noch etwas, worauf sie ganz besonders stolz sind. Aber die dunkle Seite dieses Autos, die soll bloß niemand sehen.

2. Elgar: Cellokonzert Op. 85, 1. Satz
Das Cello setzt nun das Oboensolo des 1. Stückes mit großer Dynamik fort, beginnt sehr tief und öffnet den Raum für Gefühle auf einer noch tieferen Ebene. Bei 0,35 min. setzen die ersten Streicher und Bläser ein. Das Cello erzählt dann

6 Zusammengestellt von Sierra Stearns (ohne Nr. 3).
7 ... bedeutet Redepause.
8 Text in Klammer: Intervention der Therapeutin.

als Solo eine Geschichte und die Streicher antworten in wellenartiger Melodieführung, was dem Cello den Boden gibt, seine Geschichte weiter zu erzählen. Das Orchester steigert sich ab 2,30 min. und 7,00 min. dramatisch und Schmerz wird durch das Cello intensiviert. Immer wieder erzählt das Cello, indem es auch die Impulse des Orchesters aufgreift und umgekehrt. Es ist, als ob jemand in der Gruppentherapie Resonanz bekommt. Bei viel Bewegung in Moll kommen immer wieder kurze Momente von Hoffnung vor. Das Ende bleibt offen und hat etwas Drängendes.

... (Was ist jetzt?) ... Julia ist noch in der Zelle (wie fühlt sie sich?) Tja, da ist auch Stolz ... Ein gewisser Stolz, stark zu sein (wo fühlen Sie den?) im Kopf, so ein Trotz ... Ich weiß nicht, was ich melden sollte, höchstens meine Traurigkeit, aber die versteht niemand ... Die Leute da draußen ermutigen mich zwar zu sprechen, aber ich zögere ... Ich bin so traurig. (Lassen Sie die Musik Ihre Traurigkeit begleiten!) ... [Klientin weint] ... Ich kann ihnen zwar Fakten erzählen, aber ... Ich möchte einfach verstanden werden ... Hinter den Fakten ist so viel, das kann ich gar nicht sagen ... Ich habe so oft gehört „Das ist Dein Volk. Ihr Deutschen habt den Krieg angefangen, geschieht Euch doch recht, wenn auf Euch Bomben fallen“... Ich fühle mich so traurig darüber. Ich möchte Vergebung ... Ich fühle mich hilflos und unnütz ... Ich muss in die Zelle. Ich muss mich strafen lassen für alle Deutschen. Ich sitze dort ...

3. Barber: Adagio für Streicher

Bei diesem Stück baut sich die Dynamik und Spannung ab 4,00 min. kontinuierlich in Wellen auf. Bei 4,57 min. endet die Steigerung mit einer eine Katharsis ermöglichenden Generalpause und für 30 Sekunden einem Ausruhen bei stützenden Streicherklängen. Bis zum Schluss baut sich jedoch wieder eine dynamische Bewegung nach oben auf.

Die Generation meiner Eltern hat geschwiegen. Ich versuchte immer, besonders im Ausland, eine gute Deutsche zu sein. Guten Eindruck machen, aber manche Leute haben mich sehr gedemütigt (wie fühlt sich das jetzt an?) ... ich muss es aushalten ... [bei etwa 4 Minuten] Etwas öffnet sich ... Ich sehe Licht in meinen Augen, ein grün-graues Licht ... ich liege auf dem Boden der Zelle ... die Decke ist weiß ... sie öffnet sich ... [bei 4,57 Minuten] es ist keine Wand mehr um mich herum ... Der Himmel ist dort [die Klientin breitet die Arme nach oben aus, die Augen bleiben geschlossen]. Ich kann meine Arme sehen, richtig sehen kann ich sie ... ein Schatten ... ein Nebel ... da sind auch Engel (können die Engel Sie sehen?) Ja ...

4. und 5. Swiridow: aus Drei Chorusse zu „Zar Feodor Iwanowitsch“ (2. und 3. Chorus)

Die tiefen Männerstimmen suggerieren die Möglichkeit einer Wandlung von Trauer zu Hoffnung. Die Stimmen, die sich zu großem Umfang und Intensität aufbauen, lassen Trost und auch eine Erhabenheit erfahren. Bei 2,00 min. übernimmt eine Alt-Frauenstimme. Die Männerstimmen und die solistische Frauenstimme singen sehr bestimmt und ermöglichen ggf. auch eine Auseinandersetzung mit religiösen Aspekten. Das 5. Stück beginnt mit einer hohen Frauenstimme, die von Männerstimmen unterstützt wird. Es ist, als ob sie den Schmerz und die Trauer ausdrücken kann, weil die Männer sie tragen. Das Ende ist jedoch offen, wie schwebend. Es bleibt die Sehnsucht nach dem anderen.

... der Engel versteht mich ... es ist ein Gefühl von Vergebung ... [weint] ... Das bringt mich auch dahin, dass ich X [einem englischen Freund] vergeben kann. (Können Sie ihm das sagen?) ... [entschuldigend] Er war ja nur ein kleiner Junge im Krieg. Er lebte in London. Die Deutschen waren seine Feinde. Wir können jetzt aber besser sprechen. Ich glaube, er versteht mich etwas besser ... [weint] ... Ich bin doch auch nur ein menschliches Wesen und stehe nicht über den Dingen ... (können Sie die Vergebung fühlen?) ja, die Vergebung: die behalte ich in meinem Herzen ...

6. Mozart: Ave verum Corpus, KV 618

Chor und Orchester vermitteln tiefste Gefühle. Diese ruhige und durch ihre Spiritualität schlichte Musik integriert allen Schmerz und tröstet. Das Dur gibt Hoffnung und Lösung sowie Halt durch den wiegenden Rhythmus. Es ist höchste spirituelle Nahrung und Balsam für die Seele und kann tiefe Dankbarkeit auslösen.

... Ich bin so berührt von dieser wunderbaren Musik ... [weint] ... Wie kann jemand so etwas Tiefes so einfach schreiben! ... Ich sehe jetzt wieder das Baby in dem Glasbehälter. Aber das Baby hat jetzt ein altes Gesicht, ein Greisengesicht ... Dieser Glasbehälter ist das Weltall, irgendwie hat er eine Qualität von der Tiefe des Himmlischen ... Ja, das ist ein Geschenk (können Sie das mitnehmen und bewahren, wenn Sie nun in die Realität zurück kommen?) ja, das kann ich.

Julia ging mit Hilfe von GIM tief ins Erleben ihrer Schuldgefühle und erfuhr dadurch etwas, was man vielleicht mit Gnade bezeichnen könnte: dadurch, dass sie aus einer klarbewussten (KBW-)Perspektive die Zusammenhänge ganzheit-

licher erkennen konnte und eine höhere Instanz fand, die sie verstand, konnte sie Schuldgefühle verarbeiten.
Der Volkswagen spielt eine besondere Schlüsselrolle. Interessanterweise war Julia im normalen Wachzustand nicht bewusst, dass der erste VW tatsächlich 1934 (also nach Hitlers Machtergreifung) von Porsche konstruiert wurde. Er wird in der GIM-Reise zum Symbol für den erfolgreichen Deutschen, der aber seine dunkle Vergangenheit verschweigt.

Viele Themen wurden in dieser Sitzung durchlebt:
- Die Anästhesierung der Gefühle, unschuldig schuldig geworden zu sein
- Eine gute Deutsche sein müssen, wieder gutmachen müssen (als Ärztin helfen)
- Nicht verstanden oder sogar bestraft zu werden, wenn Wahrheiten gemeldet werden
- Keine Hilfe zu bekommen, alles allein aushalten zu müssen
- Einsamkeit und Sehnsucht nach Zugehörigkeit zu einer Gruppe
- Nicht integrieren können, dass der Nationalsozialismus (Symbol des „Volkswagen") auch später weiter existierte
- dass sie dem Freund, der aus eigener Verletzung die Deutschen pauschal verurteilte, vergeben konnte
- aber auch Vergebung von „oben"
- das Baby im Glasbehälter als Symbol für Kindermord oder Leben, das nicht gelebt werden durfte sowie das Baby mit dem Greisengesicht, das als „Archetypus des göttlichen Kindes" (C. G. Jung) die Dinge aus der Distanz versteht und die Klientin leitet (vgl. dazu auch Frohne-Hagemann 2002, 13).

In dieser Arbeit waren auch nootherapeutische Aspekte vorhanden. Nicht nur GIM, sondern auch trancefördernde Musik oder auch vom Therapeuten gespieltes Monochord oder Gongspiel kann in die **nootherapeutische** Arbeit führen, bei der Reisen in hyperreflexive Zustände stattfinden (vgl. dazu auch den Beitrag von A. Schmucker in diesem Buch). Ob die Musik von einer CD oder vom Therapeuten gespielt wird, bedarf sorgsamer Reflexion der Problematik der Patientin, der therapeutischen Beziehung, der Situation usw., was hier nicht weiter besprochen werden kann. Meistens gehen psycho- und nootherapeutische Aspekte ineinander über.

Als weiteres Beispiel sei hier eine (stark gekürzte) Fallvignette eingefügt, die von dem Integrativen Musiktherapeuten Matthias Witzel stammt. Hier wird mit Bach'scher Kantatenmusik ein Raum für tiefe Selbsterfahrung und spirituelles Wachstum bereit gestellt.

„Eine 73-jährige Frau (möchte) ... in Erwartung einer schweren Operation ... sie bewegende Fragen in Hinblick auf Lebens- und Todessinn erörtern. Ein Teil ihrer Not sei, dass sie zwar vieles Sinnmachende „be-greifen“ und verstehen könne, aber seit längerer Zeit nichts mehr richtig fühlen könne (eine Problematik emotionaler Anästhetisierung, wohl mitbedingt durch den Schock über den Verlust des Mannes).
Sie bringt bereits in die zweite Stunde einen Traum mit, den sie unbedingt erzählen möchte:
„Ich träume von einer Zusammenkunft einer Gruppe von Menschen, bei der wir eine religiöse Musik von J. S. Bach kennen lernen und das Gehörte dann – gefühlsmäßig ein wenig wie früher im Musikunterricht – besprechen. Ich weiß im Traum, dass es sich um den Eingangschor einer Kirchenkantate handelt, die ich bereits vielfach gehört habe. Ich bin als einzige der Anwesenden vertraut mit dieser Musik, was aber mein Geheimnis ist. Die Kantate handelt vom Jubel über das in die Welt Kommen Christi als Retter im Kontext apokalyptischen Geschehens. Der Titel lautete ungefähr:
‚Jubilieret und singet, spielet mit Trompeten und Posaunen‘. Den genauen Titel weiß ich am Morgen nicht mehr, auch die Musik erinnere ich nicht, sie klingt lediglich – wie von weit entfernt – nach. Ein ‚Wissen‘ um die Ähnlichkeit zur Eingangsmusik des Osteroratoriums von J. S. Bach ist mir dennoch geblieben. Ich fühle mich beschenkt, ein wenig erschüttert und glücklich über diesen Traum. Ich schlage am folgenden Tag in einem Bach-Werke-Verzeichnis nach, finde aber keine Kantate, die so oder so ähnlich betitelt ist.“

Natürlich gibt es in den Gesprächen mit der Klientin eine Reihe möglicher Interventionszugänge, die von dem her, was die Klientin anbietet, indiziert scheinen mögen. So bietet der Traum Zugehensweisen mit Methoden der Traumarbeit der I.T. [Integrativen Therapie] und IMT (vgl. Frohne-Hagemann 1990). Insbesondere für das von ihr [der Klientin] „benannte“ Thema der Anästhesierung des wahrnehmenden Leibes, was sie ihre Herzensregungen nicht genügend spüren lässt, bietet sich „Emotionale Differenzierungsarbeit“ (Petzold 1993) an ... (Wahrnehmung der blockierten Atmung; leibliches Wahrnehmen und Wertschätzen dessen, was sie „eigentlich“ doch fühlt und dabei körperlich empfindet; Erörterung der in körperorientierter Arbeit evozierten biographischen Szenen; Wahrnehmen und Wertschätzen dessen, was sie im Kontakt zu mir, bei der Erörterung für sie eigentlich recht schambesetzter Themen emotional erlebt und wie sich das für sie körperlich auswirkt) ... Es bietet sich ebenfalls an ... von religiösen Einstellungen, Gefühlen, Denken und Handeln zu sprechen, die auch im Dienste einer Angstabwehr stehen. Das schließt meiner Meinung nach aber nicht aus, den Fokus – und sei es auch nur vorübergehend – vornehmlich auf das von der Patientin Intendierte zu belassen, sie damit ernst zu nehmen.

Wichtig ist ihr seit der Konfrontation mit der Krankheit, dass sie eine „Gute Vorbereitung auf den Tod" habe (sie meint nicht den Sterbensprozess, sondern den Moment des „Überganges"). ... Hier kristallisierte die Klientin für sich als Botschaft ihres Traumes heraus, was eine trostvolle, Gelassenheit spendende, „Mitteilung ihrer Seele" – wie sie es bezeichnet – sei:
Nach einer u. a. den Atemfluss fokussierenden Einstimmung wird die Klientin gebeten, sich imaginativ auf die geistliche Kantatenmusik von J. S. Bach, die sie teilweise kennt und gerne hört, einzustellen. Die Klientin ... wählt ... (die) Kantate 173 (BWV 173: „Erhöhtes Fleisch und Blut" aus. (Die) Kantate 173 hat interessanterweise – was für Bachs Kantaten ungewöhnlich ist – als Abschlussstück keinen „lediglich" friedvollen und erlösenden Choral. Vielmehr lanciert Bach zum Schluss der Kantate zum 2. Pfingsttag einen beschwingten, tänzerischen Chorsatz, deren Satzstruktur in einer schlichten Homophonie kraftvoll eine heitere Versöhnungsstimmung wie in vielen Schlusschorälen transportiert, aber gleichzeitig diesen in eine Instrumentalkomposition mit starkem Tanzcharakter einer Polonaise integriert. Der Chor beginnt nach der tänzerischen instrumentalen Einleitung recht eindringlich, die Melodie des Orchesters aufgreifend. Diese Gleichzeitigkeit sowie der Wechsel von instrumentalem Tanz und dem markanten Dazukommen des Chores berührt die Klientin beim Hören zutiefst.
Sie fühlt, dass die von ihr getroffene „intuitive Wahl" sowohl was die Synergie von Text und Musik angeht, aber besonders in der speziellen musikalischen Mehrschichtigkeit ihrer momentanen Thematik entspricht als sie zugleich in eine zweifache emotionale Ergriffenheit führt: Zum einen fühlt sie einen bislang nie so empfundenen tiefen Trost und eine warme Trauer bezüglich des Verlustes ihres Mannes. Diese Trauer kenne sie sehr gut, aber eher kalt und unangenehm, andererseits spürt sie auf sie erheiternde Weise, gleichzeitig bzw. im pulsierenden raschen Wechsel, eine kraftvolle freudige Gelassenheit, etwas wie kindliche Fröhlichkeit. Das sei vergleichbar dem, wie sie im geschilderten Traum gefühlt habe.
Ihre aktuellen Sinnfragen erhalten keine Antworten, aber – was viel mehr wiegt – einen Nährboden aus Trost und Vertrauen ins Leben, auf dem diese Fragen weiterwachsen können. Den Text der gehörten Musik nimmt sie mit in ihren Alltag. (Chorus aus der Kantate BWV 173):

„Rühre, Höchster, unsern Geist,
Dass des höchsten Geistes Gaben
Ihre Wirkung in uns haben.
Da dein Sohn uns beten heißt,
Wird es durch die Wolken dringen
Und Erhöhung auf uns bringen.‘

In der fünften und letzten Stunde vor ihrem Krankenhausaufenthalt möchte die Klientin zunächst kaum reden, auch nicht aktiv ihrer Stimmung einen Ausdruck geben (instrumental, gestalterisch oder in Bewegungen). Sie berichtet lediglich, dass sie zuhause in angstvollen Momenten angesichts der Operation Kraft und Trost in der Bachschen Musik fand. Eine gemeinsame Instrumentalimprovisation möchte sie ebenfalls nicht. Sie könne außer körperlicher Schwere sowie Angespanntheit wenig empfinden, fühle sich heute eher wieder erstarrt. Ich melde ihr zurück, was ich an Gestimmtheit von ihr wahrnehme und dass es völlig in Ordnung ist, hier jetzt „sprachlos zu sein“. Sie entspannt sich etwas, wir bleiben einige Minuten in der Stille, teilen gemeinsam den Raum, der gefüllt ist mit ihrer Atmosphäre von gehaltener Wehmut, Hilflosigkeit, Angespanntheit, wohl in erster Linie wegen der bevorstehenden Operation. Auf meine Frage, ob sie bereit sei, gemeinsam etwas lnstrumentalmusik zu hören, nickt sie und bestätigt das durch Körperhaltung und Mimik. ... Eine kurze Anleitung zum Bewusstwerden der aktuellen Gestimmtheit und zur Förderung der „Inneren Achtsamkeit“ (Petzold 1983e) ist dem Hören vorangestellt. Einen eigenen Wunsch hat sie nicht und so nehme ich das Largo in d-moll aus dem Konzert für 2 Violinen von J. S. Bach: Dieser für Barockmusik recht lange Konzertmittelsatz ist geprägt von einem kraftvoll-tragenden Grundpuls, einen langsam-wiegenden Dreierrhythmus sowie von einem filigranen, aber sehr intensiven melodischen Fließen der Violinstimmen (die Klientin: „... wie, als wenn es mich ewig trägt ...“). Die Art der kompositorischen Struktur bietet – trotz der moll-Tonart – an, dass eine Affizierung durch verschiedene Gefühlsqualitäten möglich ist. Der ruhige und intime Duktus der Musik berührt die Klientin sehr, sie lässt ihren Tränen freien Lauf, wiegt sich mehr und mehr „in sich ein“. Sie erzählt hernach, dass sie sich im Garten ihrer Kindheit sah, wie sie – wie in Zeitlupe und damit das sehr intensiv erlebend – mit ihren größeren Geschwistern spielte und diese mit ihr liebevoll-zart tanzten. Sie spürte den Schmerz ihres häufigen Alleinseins und gleichzeitig die Freude über das angenehme Empfinden in ihrem Körper beim Hören der Musik. Sie verspürte in ihm die Belebtheit des damaligen spielenden Kindes und den Impuls sich zu bewegen. Sie atmet tief durch, fragt, ob sie die Musik nochmals hören dürfe, möchte sich dazu dann etwas mehr bewegen. Eine zarte und vorsichtige „Bewegungsimprovisation“ an ihrem Platz zur nochmals ertönenden Musik erfolgt. Im anschließenden Gespräch benennt sie, wie sie jetzt in Kontakt gekommen ist mit ihren Ängsten vor der Operation und wie sie das leibliche Erleben dabei gleichwohl als erlösend empfand. Sie ist fest entschlossen die gehörte Musik mit in den OP zu nehmen ... Die Stunde schließt mit einem Rückblick auf die vergangenen Sitzungen, wobei ihr mehreres wichtig war: Das Ernstgenommenwerden in ihrem Suchen nach geistiger Orientierung ..., das Wertschätzen ihrer intuitiven Kompetenzen bzgl. des Beschreitens ihres spirituellen Weges, das sie sehr berührende Erfahren der Möglichkeiten mit Hilfe entsprechender Bachscher Musik in existenziellen Krisen Trost zu erleben und in der Begegnung mit dieser Musik ein Wieder-fühlen-können von Berührtsein, womit sie das – sicherlich erst beginnende – Aufdecken, Erleben, Ausdrücken, Teilen und dadurch Verarbeiten anästhesierter Emotionen (Petzold 1993) anspricht“. (Witzel 1999, 276 ff)

2. Weg der Heilung und Förderung

Auch auf dem 2. Weg der Heilung und Förderung kommen somatotherapeutische, psychotherapeutische und nootherapeutische Aspekte zum Tragen.
Der Fokus rezeptiver Musiktherapie liegt besonders auf der Arbeit an der Leiblichkeit als *leiblicher Nachsozialisation und Enkulturation*. Gerade bei Menschen mit frühen Beziehungsschädigungen ist oft eine sehr grundlegende leib-musiktherapeutische Arbeit notwendig, in der gute Beziehungserfahrungen mit Gefühlen von Geborgenheit und Grundvertrauen neurobiologisch verankert werden. Die Patienten werden immer wieder angehalten, mit auftauchenden Selbstempfindungen *in Fühlung* zu gehen, um ein Gespür für die eigene Leiblichkeit zu entwickeln. Theoretisch entspricht dies der von Stern (1985) formulierten Selbstempfindungs- und -bezogenheitsart des „auftauchenden Selbst“ in der „world of feelings“ (Welt des Fühlens), was therapeutisch einem „in Fühlung gehen“ entspricht und notwendig ist, um ein kohärentes Selbstgefühl und Daseinsgewissheit zu entwickeln. Mit der angebotenen Musik werden Gefühlsqualitäten vermittelt, die erlebt und dann auch (oft erstmalig) benannt werden können.
Die Einbeziehung rezeptiver Musiktherapie hilft, einen Eu-Tonus (die „gute“ Körperspannung) bzw. einen guten rhythmischen Ausgleich von polaren Kräften zu finden (Frohne 1981). Es geht dabei nicht unbedingt um „Entspannung“. Entspannung als therapeutisches Ziel trifft nur auf völlig verspannte Menschen zu, die durch eine Ent-Spannung durch trophotrope Musik in die der Situation angemessene Spannungslage kommen sollen. Für

unterspannte Menschen ist Ent-Spannung kontraindiziert. Sie brauchen – im Gegenteil – Anspannung bis hin zum Eutonus, die u. U. gut mit Hilfe ergotroper Musik mit „Vehikelfunktion“ (Frohne-Hagemann / Pleß-Adamczyk 2004) erreicht wird.
Geht es um das Spüren, hat die Musik oft „nur“ eine einhüllende Funktion als Hintergrundsmusik in dem Sinne, dass sie den Raum klanglich füllt und damit einen Rahmen (Hintergrund) für die Arbeit am Spüren (Figur) bildet. Musik muss dann sehr redundant und ohne großen emotionalen Aufforderungscharakter und dynamische Bewegungen sein (z. B. Musik von Klaus Schulze, Deuter). Es kann jedoch auch – wie bei GIM – klar strukturierte klassische Musik (z. B. der Canon von Pachelbel) eingesetzt werden, wobei der Therapeut den Patienten mit musikbezogenen Interventionen unterstützt wie „lassen Sie sich von der Musik tragen, trösten, nähren ...“, die helfen, Gefühle von Wohlbefinden und Geborgenheit neurobiologisch zu verankern und emotional zu speichern. Die Funktion der Musik ist nicht die, den Patienten zu führen und „mitzunehmen“. Gerade bei traumatisierten und Angstpatienten ist es zunächst oft sehr wichtig, die Sicherheit einer Leibgewissheit zu entwickeln und nicht gleich die interaffektive Beziehung zur Musik (oder zur Therapeutin) zu forcieren.
Rezeptives Arbeiten hat auf diesem 2. Weg der Heilung auch die Funktion der *Sensibilisierung oder Differenzierung der Wahrnehmung*: Wahrnehmen, woher ein Klang kommt, wie er sich verbreitet, wahrnehmen, was er an Empfindungen und Anmutungen auslöst, wo ein Klang, ein Rhythmus usw. im eigenen Leibe gespürt und geortet wird, all solche „Übungen“ aktivieren die Sinne und Besonnenheit im Wahrnehmen. Gleichzeitig ist dies ein Übergang zum 3. Weg der Heilung, der dem Lernen gilt, auch auf neue Weise zu lauschen und zuzuhören.

Auf dem 2. Weg der Heilung ist trancefördernde Musik (z. B. „Hanging Gardens“ der Gruppe „The Necks“) nicht unbedingt indiziert, weil sie dazu beiträgt, die Gewissheit leiblicher Präsenz zu verlieren. Hier geht es aber um eine basale Leibarbeit mit dem funktionalen Ziel, das Leibselbst zu konturieren und Menschen mit wenig entwickelter leiblicher Identität festen Boden unter den Füßen zu vermitteln. Trancefördernde Musiken werden deshalb therapeutisch eher nicht im Rahmen einer funktionalen Entspannungsarbeit im Hier und Jetzt eingesetzt. Sie haben aber ihren Platz im 1. Weg der Heilung, wo bei Patienten mit genügender Ichstärke die Erforschung des eigenen Bewusstseinsspektrums angesagt ist.

Übertragung und Gegenübertragung

Grundsätzlich sind auf *allen* Wegen der Heilung Übertragungen und Gegenübertragungen auf die Musik und/oder die Therapeutin sowie entsprechende Übertragungen und Gegenübertragungen von Seiten der Therapeutin auf Musik und/oder Patientin zu beachten. Besonders intensiv können sie aber in der Arbeit auf dem 2. Weg der Heilung sein. Schon die Entscheidung für aktive oder rezeptive Musiktherapie hängt oft von der Intensität und Qualität der *Übertragungen* ab. In Bezug auf das theoretische Hintergrundswissen kann die Einschätzung der Beziehungsqualität (EBQ) nach Schumacher und Calvet-Kruppa (2001, 2002) hier gute Dienste leisten. Auf der Basis der Sternschen Säuglingsforschung haben die Forscherinnen die (in der aktiven Musiktherapie) phänomenologisch wahrnehmbaren Beziehungsqualitäten zwischen Therapeut und Patient in 8 Kontaktmodi differenziert. Eine direkte bzw. von Intersubjektivität und Interaffektivität geprägte partnerschaftliche Interaktion zwischen Therapeutin und Patientin ist erst ab den Modi 4 möglich.

Daraus kann man den Schluss ziehen, dass rezeptive Musiktherapie besonders dann indiziert sein kann, wenn eine direkte dyadische Improvisation mit intersubjektiven und interaffektiven Begegnungen noch zu früh, weil zu bedrohlich wäre und auch eine aktiv-musikalische Arbeit in den Modi bis 3 aus verschiedenen Gründen nicht möglich ist, was bei Patienten mit frühen Schädigungen und Angstpatienten oft der Fall ist (Frohne-Hagemann / Pleß-Adamczyk 2004). Hier bietet sich u. U. ein rezeptives Arbeiten an, bei welchem der Therapeut eher Begleiter als Gegenüber ist und der Patient den Therapeuten vor allem benutzen kann, um sich selbst zu fühlen. Es geht auf rezeptive Weise um eine therapeutische Bezogenheitserfahrung, bei der die Therapeutin die Patientin nicht konfrontiert, sondern durch ihre *Präsenz* hält. Dies ist die Voraussetzung dafür, der Patientin die leibliche Basis des Grundvertrauens (Daseinsgewissheit) zu vermitteln und Ressourcen zu entwickeln oder zu mobilisieren, die es erlauben, sich mit existenziell bedrohlichen Ängsten zu konfrontieren. Erst dann kann daran gearbeitet werden, sich von der Musik in der Gewissheit emotional mitnehmen zu lassen, dass die Musik einen sicheren zeitlichen Rahmen und Behälter darstellt, in welchem auch heftige Gefühle erlebt, durchlebt und verarbeitet werden können. Interventionen wie „Können Sie sich erlauben, sich von der Musik mitnehmen zu lassen“ oder „Können Sie in die Musik hinein atmen?“ intensivieren emotionales Erleben. Es geht dabei darum, die Musik nicht als Aggressorin zu erleben, sondern sich mit ihrer Kraft zu verbinden und diese als eigene leibliche Energie hier und jetzt zu erleben und zu speichern. Um dies zu erreichen, ist eben eine gute Leibarbeit notwendig. Da auch bei GIM das Musikerleben durch *Körperinterventionen* unterstützt werden kann, ist es oft sinnvoll, den Patienten beim Hören dabei zu unterstützen, den eigenen Leib als kohärentes Eigenes zu erleben (also nicht in Bildern wegzudriften) oder auch die eigene Energie zu erleben, indem mit der Musik (oder gegen sie) z. B. gegen ein von der Therapeutin hingehaltenes Kissen getreten, gestrampelt, ein Handtuch gewrungen wird usw.

Dorothee[9], 33, stammt aus einem osteuropäischen Land und ist eine von vielen Frauen, die wenig Eigenes leben durften, weil Frauen in ihrer Heimat wenig Rechte, aber viele Pflichten hatten. Sie wurde weder in der früheren Heimat als Deutschstämmige noch in Deutschland als Mitbürgerin akzeptiert. Aus Angst und Scham vor Überflutung durch unkontrollierbare Gefühle von Schmerz lehnt sie alles ab, was sie in den emotionalen Ausdruck bringen könnte, so auch aktive Musiktherapie. Sie hört jedoch gerne Musik, so dass hier ein Ansatz für musiktherapeutisches Handeln vorhanden ist. Was braucht Dorothee? Identitätsarbeit ist angesagt, die ihr immerhin eine „selbst-verständliche" leibliche Daseinsgewissheit und das Gefühl von Selbstwirksamkeit vermitteln müsste. Sie sollte Respekt und Wertschätzung ihres Soseins erfahren dürfen, um gesunden zu können. Dorothee ist körperlich sehr verspannt und würde gern freier sein, steht aber einer Lockerung der Verspannungen ambivalent gegenüber, denn festhalten schützt immerhin vor Auflösung. *Funktionale Entspannung mit Musik*, ein *Entspannungstraining nach musiktherapeutischen Gesichtspunkten* (vgl. dazu den Beitrag von E.-W. Selle in diesem Buch) oder die *Musiktherapeutische Tiefenentspannung* (vgl. dazu den Beitrag von H.-H. Decker-Voigt in diesem Buch) ist (noch) nicht angesagt, weil sie wegen ihrer Autoritätsgläubigkeit alle Anleitungen zwar brav befolgen würde, eigene Impulse dabei aber unterdrücken und deswegen nur weitere Verspannungen entwickeln würde. Rezeptive Musiktherapie ist jedoch grundsätzlich denkbar, eben weil sie vor einer zu frühen emotional direkteren Vis-à-Vis-Situation und Interaktion mit der Therapeutin schützt. Rezeptive Musiktherapie soll einen Raum bereitstellen, in dem Dorothee (z. B. mit geschlossenen Augen und in eine Decke gehüllt) Eigenes empfinden und fühlen kann.
Die Therapeutin wählt GIM (im Sitzen), um der Seele der Patientin einen Container zu geben, in welchem sie sich ihren *eigenen* Weg suchen kann. In der Annahme, dass die Patientin auf dem 2. Weg der Heilung zunächst einmal durch die Musik (also nicht durch die Therapeutin) innere Ressourcen

---

9 Name verändert

mobilisieren könne und insofern „nachgenährt“ würde, bietet die Therapeutin zweimal Programme mit kleinem (eher trophotropen) Container an. Es zeigt sich jedoch, dass Dorothee gerade dadurch mit ihrem verleiblichten Konflikt konfrontiert wird. Sie erlebt die Musik nämlich als an der Oberfläche freundliche *Erwartung*, dieser auch entsprechen zu müssen [in der Therapie: zu fühlen, in der Familie: nichts Eigenes zu leben] und findet als Lösung des Konfliktes nur die leibliche Erstarrung, um der Erwartung und der eigenen Emotionalität zu entgehen. Ihr wird allerdings dadurch nun der verleiblichte und automatisierte Mechanismus immer bewusster, sich nicht wehren zu *können*. Doch Einsicht und Bewusstwerden nützen nichts, um sich der Angst emotional stellen zu können. GIM ist weder mit kleinem noch mit großem Container für die nächste Zeit die geeignete Methode.

Hier ist Leibarbeit notwendig, wobei Musik eine Funktion als *Hintergrundmusik* erhält, die einhüllt und Leere füllt. Leibarbeit bedeutet: Boden finden, den eigenen Leib entdecken (im Stehen, Sitzen und Liegen Aufrichtung, Auflage usw. spüren, die eigenen Füße massieren, Sinneserfahrungen machen wie dem eigenen Herzschlag lauschen usw.), und zwar in Anwesenheit der Therapeutin, die zunächst nur „einfach da“ ist; später Erfahrungen von Berührung und Berührtsein machen (Therapeutin legt z. B. die Hand der Patientin auf deren Brustbein und evtl. ihre Hand auf die Hand der Patientin, wobei diese nur ihren *eigenen* Empfindungen Raum gibt, also ohne auf die Therapeutin reagieren zu *müssen*). Über solche Erfahrungen erfährt Dorothee behutsam Nähe und Distanz, ohne sich zu verlieren. Sie entwickelt mehr Daseinsgewissheit und Selbst-Verständlichkeit.

Nach einigen Monaten kann GIM wieder einbezogen werden.

Um die eigene Kraft und gewonnene Identität nicht nur innerlich und insgeheim spüren, sondern auch nach außen ausdrücken zu können – dies ist notwendig, um die Angst vor Ablehnung zu überwinden und zu bewältigen – , wird eine kürzere GIM-Sitzung mit Musik von Holst: The planets: „Mars“ und Elgar: Serenade für Streicher (Larghetto) angeboten, wobei das erste Stück in seiner Vehikel- und Katalysatorfunktion die Patientin unterstützt, sich *mit* der Energie der Musik und *gegen* die womöglich überflutende Gefühle auslösende Musik zu wehren, indem sie ein von der Therapeutin hingehaltenes Kissen wegtritt und durch den Gegendruck mit ihrer eigenen Leiblichkeit und Kraft in Kontakt kommt. Dadurch kann sie sich auf die anschließende Musik gelöster, weil leiblich präsenter einlassen. So wird die Grundlage geschaffen für eine Auseinander-Setzung mit den früheren Erfahrungen, immer funktionieren zu *müssen*, einem Skript, das noch heute ihr Erleben und Handeln bestimmt.

Für Patientinnen mit Selbstwertproblematiken oder gar Vernichtungsängsten – vor allem, wenn sie nicht nur familiär, sondern gesellschaftlich und kulturell bedingt sind – sind ressourcenmobilisierende leibliche Erfahrungen grundlegend. Musik kann dabei als Hintergrundsmusik zeitweise eine wichtige Funktion haben, um eine abgründige Leere zu füllen; sie kann aber auch wie bei GIM als Co-Therapeutin in die eigene Kraft bzw. ins Gefühl bringen und Selbstwirksamkeit erleben lassen, ohne dabei in eine Interaktion mit der Therapeutin gehen zu müssen. Selbsterleben kann sich nur entwickeln, wenn das Außen nicht bedrohlich ist, wenn ein „mit sich selbst in Fühlung gehen" möglich ist. Rezeptive Musiktherapie kann dies manchmal besser fördern als die dyadische Improvisation in der aktiven Musiktherapie. In Dorothees Fall war aktive Musiktherapie allerdings ohnehin nicht möglich.

3. Weg der Heilung und Förderung

Auf dem 3. Weg der Heilung und Förderung werden rezeptive Methoden eingesetzt, bei denen das Musikhören der Persönlichkeitsentfaltung, Erlebnisaktivierung sowie Entfaltung von „Ko-Kreativität" und „Konflux" in Gemeinschaften dient. Rezeptive Methoden werden hier gerne mit aktiven kombiniert und durch *intermediale Quergänge* (Petzold 1993, Bd. 3, 1224) bzw. Verbindung der Künste (Frohne-Hagemann 1983/2001, 71 ff) vertieft.

Z. B.:
In einer Gruppensituation kann in einem entspannten Zustand Musik gehört werden, wobei die Imaginationen dann anschließend gemalt und später wiederum von der Gruppe vertont werden. Dieses „intermediale" Vorgehen ermöglicht, dass bestimmte Thematiken durch den Transfer in andere Sinneskanäle (z. B. vom Ohr zum Auge in die Bewegung), vom Rezeptiven zum Produktiven und zurück sowie vom subjektiven Erleben des Einzelnen zur Resonanz durch die Gruppe griffiger werden.
Rezeptiv-aktiv sind auch solche Techniken, bei denen zu Musik getanzt wird oder wo zu Musik gemalt wird, d. h. wo also die musikalischen Parameter in ihrer zeitlichen Folge entweder räumlich durch den Mitvollzug erlebbar werden oder in ihrem Ausdrucksgehalt zur Darstellung kommen. Zu gehörter Musik aus verschiedenen Kulturkreisen und verschiedenen Musikgattungen können Assoziationen gesammelt werden, als Gedicht verarbeitet und wiederum vertont werden und dazu führen, miteinander ins Gespräch zu kommen. Das Musikerleben dient hier weniger dem tiefenpsychologischen Aufdecken biographischer Zusammenhänge beim Einzelnen, als der Entfaltung der eigenen Kreativität, die mit anderen geteilt und erweitert

werden kann. Es können auch Themen vorgegeben werden, z. B.: Welche Musik ist erotisch? Über den Austausch können viele Aspekte dieser Thematik angesprochen werden, die von persönlichen Erfahrungen bis zu kulturell vermittelten Normen und genderspezifischen Unterschieden reichen, was erotisch sei oder wie Erotik zu sein habe.
Viele Beispiele für kreative Zugänge finden sich auch bei Kollegen und Kolleginnen anderer methodischer Ansätze (u. a. z. B. bei H. Kapteina und L. Schiltz in diesem Buch), die auch Material für den 1. und 2. Weg der Heilung und Förderung zutage fördern.

Der 4. Weg der Heilung und Förderung

Hier dient das gemeinsame Hören von Musik – meist in Form von Gruppenmusiktherapien – weniger der eigenen biographischen Arbeit als vor allem dem Zwecke, metaperspektivisch Unterschiede und Gemeinsamkeiten zu erleben. Es geht um das Lernen über andere Geschmäcker, andere Sozialisationen, andere Hörweisen und Hörkulturen. Das Teilen der – emotional immer sehr geladenen – Musikerfahrungen kann dazu beitragen, humanes Miteinanderleben bzw. Toleranz und Wertschätzung erfahrbar zu machen, indem man einander zuhört, den musikalischen Geschmack des anderen wertschätzt, indem die eigene kulturelle Zugehörigkeit nicht über andere Kulturen gestellt wird. Die persönliche Bedeutung, die Musik für jemanden haben kann, muss aus mehreren Perspektiven erfasst werden (siehe Abb. 1 das Mehrebenenmodell). Eine davon ist z. B. auch das Alter der Erlebenden. Ältere Menschen schimpfen schnell darüber, wenn junge Menschen nur Technomusik hören. Sie sei wenig wert, weil undifferenziert. Tatsächlich aber brauchen junge Menschen diese Musik, weil sie sie ihre vitalen physisch-körperlichen Selbstanteile besser spüren lässt. Das hat mit der leiblichen Basis von Identitätsbildung zu tun. Andere Menschen brauchen vielleicht eher Bach, besonders wenn sie in ein Alter kommen, wo transzendente spirituelle Anteile gelebt werden wollen. Zur Persönlichkeitsentfaltung im Sinne differenzierender Kulturarbeit – und damit ist das Kennen lernen und Hinterfragen der eigenen Denk- und Fühltraditionen gemeint, um Fremdes verstehen zu lernen – ist das Teilen solcher Bedürfnisse wichtig. Patienten können auf diesem Weg der Heilung lernen, nicht abzuwerten, was sie selber gerade nicht leben. Rezeptive Musiktherapie hat hier eine eher solidaritätsfördernde Orientierung. Musikhören wird bewusst angeboten, um Menschen in ihrem sozialen Erleben und Verhalten einander näher zu bringen.
In der Praxis greifen alle vier Wege ineinander.

Gemeinsamkeiten und Unterschiede zwischen rezeptiver Integrativer Musiktherapie (IMT) und Guided Imagery and Music (GIM)

Im Folgenden möchte ich abschließend auf den Integrationsgedanken zurückkommen und durch Vergleich einiger Konzepte von IMT und GIM beispielhaft (und nur sehr skizzenhaft) darstellen, wie und warum GIM die integrativ-musiktherapeutische Arbeit bereichern kann und umgekehrt. Dasselbe müsste in Bezug auf andere rezeptive Methoden geleistet werden, und zwar unter verschiedenen Themenstellungen (vgl. z. B. den Beitrag von T. Wosch in diesem Buch, der unter emotionspsychologischen Aspekten RMT und GIM vergleicht), wozu hier aber nicht mehr Platz ist.

Referenzverfahren

Von der Theorie her versucht GIM (bzw. BMGIM[10]) ebenso wie IMT, verschiedene psychotherapeutische Sichtweisen zu integrieren, z. B. jungianische (Ward 2002, 207 ff), psychodynamische (Bruscia 2002, 225 ff), gestalttherapeutische (Clarkson 2002, 245) und spirituelle Orientierungen (Kasayka 2002, 257 ff). Allerdings ist noch nicht abgeklärt, wie dies theoretisch und methodisch genau geschieht. Z. B. fällt auf, dass die Interventionen bei GIM der Gestalttherapie entnommen sind, ohne aber die Theorie der Gestalttherapie wirklich einzubeziehen.

Bewusstseinsarbeit

Die Methode GIM wird von Ventre als ein prozessuales Geschehen und als „integrativer“ Prozess beschrieben, d. h. „a multidimensional, integrative process in that the imagery and symbols that arise may be experienced on many levels at once, from the concrete to the abstract and from the personal to the transpersonal“ (Ventre 2002, 29). Es besteht eine Offenheit dafür, dass Wahrnehmungen und das Erleben auf verschiedenen Ebenen geschehen: der Imaginationsbegriff ist weit gefasst und ermutigt im Musikerleben zu kinästhetischen, visuell-bildhaften, auditiven, szenischen und gedanklichen Imaginationen. Dies passt zum intermedialen Ansatz der IMT, der ebenfalls versucht, Patienten Erfahrungen auf verschiedenen sinnlichen Ebenen machen zu lassen, um sie mehrperspektivisch zu verstehen. So kann in beiden Methoden das Erleben nach dem Musikhören dann auch gemalt, getanzt, in

10 The „Bonny Method GIM“, siehe dazu den Beitrag von E. Geiger in diesem Buch.

Bewegung umgesetzt oder als Gedicht ausgedrückt werden, bevor es reflektiert wird.

Identitätsarbeit

Identitätsarbeit, verbunden mit dem anthropologischen Ziel der Arbeit am *ganzen* Leibe, ist beiden Methoden gemeinsam, obwohl der Begriff der Leiblichkeit in der GIM nicht reflektiert wurde. Das Konzept der integrativen Humantherapie integriert Somato-, Psycho- und Nootherapie und dies ist auch bei GIM der Fall. Bei einigen amerikanischen Vertretern von GIM scheint der Schwerpunkt allerdings *vor allem* auf dem Transpersonalen und Spirituellen zu liegen. GIM diene dazu, „to claim our latent power to touch what is holy, to walk with the holy, to manifest the holy in our daily lives" (Kasayka 2002, 268). Ein solches Therapieverständnis ist mit dem nootherapeutischen Ansatz der in der BRD gelehrten Integrativen Musiktherapie nicht kompatibel. Integrative Therapie bezieht zwar – wie vor allem die Fallvignette vom M. Witzel zeigt – mit ihrem nootherapeutischen Ansatz existenzielle Fragen nach Werten, nach dem Sinn und den Zielen des Lebens, nach Geburt und Tod, Transzendenz, Mystik, Kontemplation usw. in die Behandlung ein und auch Engel sind willkommen – wie Julias Arbeit zeigte –, sie vermeidet aber jede religiöse Erwartung und die entsprechende Beeinflussung des Patienten.
Auch die leibbezogene Arbeit in anderen (oder veränderten) Bewusstseinszuständen ist mit dem Anliegen der IMT kompatibel. GIM umgreift de facto in der praktischen emotionalen Differenzierungsarbeit das *ganze* Spektrum zwischen dem Dunkel des „rohen Sein" und dem Lichten des „Nichts". Eine GIM-Sitzung erreicht meistens – auch wenn es um transpersonale Erfahrungen geht –, das Vegetativum des Körpers. Nicht nur, dass anschließend oft die Toilette aufgesucht werden muss, weil die Niere kräftig gearbeitet hat, bereits mehrmals habe ich auch erlebt, dass GIM-Sitzungen offenbar die Empfängnisbereitschaft erhöhen (vgl. dazu das Fallbeispiel „Anna" in dem Beitrag von B. Süselbeck-Schulz in diesem Buch). Andererseits zeigt sich immer wieder, dass ein Patient bei einer GIM-Reise offensichtlich Erkenntnisse hat, die im Alltag nicht bewusst sind (z. B. dass VW konstruiert wurde, als Hitler schon an der Macht war oder dass Julia aus der exzentrischen Perspektive plötzlich verstehen konnte, worum es überhaupt ging).

Emotionsarbeit

GIM zielt ebenso wie IMT auf eine intensive emotionale Differenzierungsarbeit ab. Beiden Methoden ist nicht daran gelegen, Emotionen „in den Griff“ zu bekommen bzw. sie zu neutralisieren, bevor sie nicht durchlebt wurden. Die Funktion der Musik ist es gerade, Emotionen in ihrer Zeitgestalt leiblich zu er-fahren, zu er-leben und ihnen dadurch Form und Kontur zu geben. Zurückgehaltene Emotionen wie z. B. Wut oder Trauer können ggf. mit Hilfe der Vehikel- und Katalysatorfunktion der Musik (ergotrope Musik) durchlebt und durcharbeitet werden. Das Beispiel von Julia zeigt auch, wie die Musik als Container Zeit und Raum anbietet, in welchem differenzierte Gefühle von Schuld und Verzweiflung Ausdruck finden können.

Die Ressourcenorientierung ist kennzeichnend für GIM und auch für IMT. In GIM wird bei Angstpatienten mit der Haltefunktion der Musik zunächst ressourcenorientiert gearbeitet. Es wird davon ausgegangen, dass Angst nur dann bewältigt werden kann, wenn jemand genügend Ressourcen zur Verfügung hat. Erst dann findet er in seinen Imaginationen bei angstauslösender Musik auch adäquate Coping- und Bewältigungsstrategien. Insgesamt kann man sagen, dass GIM wie IMT eine Methode ist, die ein emotionales Durchleben und Durcharbeiten von Konflikten, Störungen und Traumata auf verschiedenen leiblichen körperlich-seelisch-geistigen-spirituellen Ebenen, die in Wechselbeziehung stehen, ermöglichen will. Auch dies kommt dem Ansatz der Integrativen Therapie sehr nahe.

Musikverständnis

GIM ermöglicht ein sehr musiknahes Erleben, bei dem die Musik zur Co-Therapeutin wird. Sie hat den Patienten als *Musikwesen* im Blick und geht davon aus, dass die Musik mit seelischen Gestaltbildungen korrespondiert und dadurch Heilung ermöglicht. Es besteht Konsens in der Annahme, dass Musik und Seele ein analoges Verhältnis zueinander haben, dass jede leiblich gegründete (bzw. kulturell beeinflusste und geprägte) Seelenbewegung eine musikalische Entsprechung hat, eine „leibmusikalische Resonanz“ (Frohne-Hagemann 1999/2001, 252) und dass es ein allgemeines und ein therapeutisches Ziel sein sollte, (wieder) musikalisch fühlen zu können, schon deswegen, weil es das Emotionale bereichert und differenziert.

Wenn in der IMT mit GIM gearbeitet wird, so kann die Methode u. U. auch stark modifiziert werden, so dass die klassische BMGIM verlassen wird. Dies liegt daran, dass der Blick auf die Patientin sehr stark deren Lebenswelt,

Biographie, Kultur, Krankheitserleben usw. fokussiert, so dass auch andere Musiken als die normalen GIM-Programme (z. B. Jazz, Schlager, Operette) und andere rezeptive methodische Ansätze einbezogen werden.

Schwerpunkte

IMT nutzt offenbar unterschiedlichere Möglichkeiten als BMGIM, rezeptiv zu arbeiten. IMT ist damit breiter. Andererseits ist GIM dafür *spezifisch musiktherapeutisch* tiefer und hat aus langer Erfahrung heraus sehr sorgsam zusammengestellte Musikprogramme entwickelt, die verschiedensten Lebensthematiken Raum und Zeit zur Entfaltung und Bearbeitung geben. IMT bekommt durch GIM in dieser Hinsicht wertvolle Anregungen und Nahrung.

Bei GIM ist Kulturarbeit – wie das Beispiel Julia zeigte – eher persönlich möglich, jedoch nicht auf die Weise, wie sie im 3. und 4. Weg der Heilung beschrieben wurde. GIM ist eher introvertiert und auf die Innenwelten bezogen. Musik wird dadurch auf das Erleben selber fokussiert und könnte zu Missverständnissen führen, eine „Universalität von Musik“ (universelle Musik) anzunehmen und den Bonny-Programmen auf der ganzen Welt die gleiche Funktion für die GIM-Reisenden zu unterstellen. D. h., dass leicht unterschätzt werden könnte, in welcher *Funktion* und *Bedeutung* ein Musikstück von Menschen einer bestimmten verleiblichten Kultur gehört wird. Richtig ist zwar, dass auf der ganzen Welt Mozart und Beethoven gerne gehört werden. Doch hört man Musik in verschiedenen Kontexten unterschiedlich (vgl. dazu den Beitrag von R. Tüpker). Auch die Bedeutung eines Kontextes ist von vielen Faktoren abhängig. Die GIM-Programme dürfen nicht als l'art pour l'art für sich stehen. Das Erleben in den Dimensionen des Leiblichen ist eines. Ein anderer Aspekt ist die Verarbeitung bzw. die Bewertung des Gehörten. Sie geschieht vor dem Hintergrund der verleiblichten Enkulturation und Sozialisation. Musikprogramme müssen auf der Analyse des Kulturraumes basieren. Die übergreifende und damit übertragbare Kunst ist die Art und Weise der Zusammenstellung von Programmen.

Die Rolle der Therapeutin

Während bei GIM die Rolle der Therapeutin in der Musikhörphase in der Regel die eines „guide“ (Begleiterin) und facilitators ist, deren Co-Therapeutin die Musik ist, hat ein Musiktherapeut in der rezeptiven IMT verschiedene Rollen inne. Sie sind nicht nur davon abhängig, ob aktive oder rezeptive Musiktherapie indiziert ist, sondern auch, auf welchem „Weg der Heilung und Förderung“ welche Form rezeptiver Musiktherapie eingesetzt wird.

Viele Möglichkeiten eines humantherapeutischen Einsatzes rezeptiver Formen von Musiktherapie konnten hier nicht genannt werden. In Bezug auf die Integration verschiedene rezeptiver Methoden im Sinne eines indikationsspezifischen und theoriegeleiteten therapeutischen Vorgehens wird in Zukunft noch viel zu erproben und zu reflektieren sein.

DIE REZEPTIVE MUSIKTHERAPIE IN DER ANTHROPOSOPHIE

MONICA BISSEGGER

Geschichtliche Aspekte

Die Anthroposophische Musiktherapie (Stückert 1997; Bissegger 2001), insbesondere die rezeptive Musiktherapie oder die „Hörtherapie“, wie sie auch benannt wird, ist entscheidend geprägt von den im Gesamtwerk enthaltenen Äußerungen Rudolf Steiners zur Musik (insbesondere in: Das Wesen des Musikalischen und das Tonerlebnis im Menschen, GA 283, ^{5}1989). Die verschiedenen Ausarbeitungen seiner Hinweise zur Musik wurden zu einer wichtigen Grundlage für die Anthroposophische Musiktherapie. Anny von Lange (1887–1957) z. B. begann 1931, angeregt durch Goethes Entwurf zu einer Tonlehre und durch die vielfältigen Ausführungen Rudolf Steiners zur Musik, das Studium der musikalischen Phänomene. Die Pianistin und Komponistin war selber nicht als Therapeutin tätig. Sie schuf aber mit ihrer intensiven Arbeit über den Einzelton, die Intervalle, die Rhythmen, die Tonarten, die Siebenheit und die Zwölfheit in der Musik, den Zusammenhang der Töne mit den Planeten, die Planetenskalen usw., wesentliche Grundlagen. Zusammengefasst wird dies in den beiden Bänden „Mensch, Musik und Kosmos. Anregungen einer goetheanistischen Tonlehre“ (1968). Der Musiker Wilhelm Dörfler (1899–1980) hinterließ ebenfalls in seinem Werk „Das Lebensgefüge der Musik“ (1994) in drei Bänden das Ergebnis seiner intensiven phänomenologischen Studien. Der Musikwissenschaftler Hermann Pfrogner (1911–1988) hatte großes Interesse an der heilenden Wirkung der Musik (u. a. Lebendige Tonwelt 1981) und stand Anfang der 60er Jahre in Zusammenarbeit mit den beiden in der Heilpädagogik tätigen Ärzten Karl König (1902–1966) und Hans-Heinrich Engel (1921–1973), sowie den Musiktherapeutinnen Maria Schüppel (*1923), Veronika Bay (*1922) und Johanna Spalinger (*1926).

Engel wird als Persönlichkeit beschrieben, die nicht nur über ein großes Wissen verfügte, sondern auch über eine Fülle von therapeutischen Intuitionen (Engel 1999, 12–18). Diese Intuitionen erstreckten sich nicht nur auf den medizinischen Bereich sondern auch auf das Gebiet der therapeutischen Anwendung von Musik. Engel beschäftigte sich intensiv mit den Grundelementen der Musik und entwickelte individuelle Therapiemusiken für heilpädagogisch betreute Kinder sowie urbildhafte Tonfolgen für bestimmte menschenkundliche Zusammenhänge. Die individuellen Therapiemusiken wurden von Musiktherapeutinnen dem jeweiligen Kind über Wochen, manchmal über Monate mit Pausen dazwischen vorgespielt, bevor sie von Engel weiterentwickelt wurden. Gerade bei den schwerstbehinderten Kindern haben sich ganz erstaunliche Erfolge ergeben (Engel 1999).

Maria Schüppel, die die Entwicklung der Anthroposophischen Musiktherapie entscheidend geprägt hat, verfügte über eine besondere Gabe, sich in einen Menschen hineinzudenken, in ihn hineinzulauschen, basierend auf der Grundlage der Menschenkunde Rudolf Steiners. Sie hatte die Fähigkeit, den gewonnenen Eindruck ins Musikalische umzusetzen und daraus eine „Hörtherapie“ zu entwickeln (Stückert 1997).

Die rezeptive Musiktherapie nimmt besonders in den Anfängen der Anthroposophischen Musiktherapie einen hohen Stellenwert ein. Das Schreiben und Verwenden von individuellen Therapiemusiken, ausgehend von dem Studium der musikalischen Phänomene und dem phänomenologischen Betrachten einer individuellen Krankheitssituation bei einem Patienten, wurde und wird heute, wenn auch deutlich weniger, gehandhabt. Häufiger wird heute das im Moment entstehende, aber auf der gleichen phänomenologischen Grundlage basierende freie Spiel als *„Hörtherapie“* verwendet.

Das Hören

Um verstehen zu können, wie rezeptive Musiktherapie wirken kann, soll auf das Hören als solches eingegangen werden.

Wenn wir die verschiedenen Sinnesorgane anschauen, können wir bemerken, dass das Sehen ganz nach vorne orientiert ist, ebenso das Riechen. Wir strecken die Nase nach vorne, um besser riechen zu können. Das Schmecken ist schon etwas mehr nach innen verlagert. Das Hören ist am weitesten nach hinten verlegt. Es ist nicht mehr nach vorne, sondern seitlich orientiert. Wir lehnen den Kopf sogar etwas zurück, um ein Geräusch, von dem wir noch nicht wissen, woher es kommt, besser hören zu können. Das Auge ist als Organ in einer sich nach außen öffnenden Höhle im Schädel gelagert, das Ohr in einer nach innen gehenden Höhle, umschlossen von festem Knochen. Weiter können wir feststellen, dass das Auge eine Begrenzung im Raum hat. Wir können bis zur Raumesgrenze sehen. Das Ohr kann die Raumesgrenzen überwinden. Das Auge tastet die Oberfläche ab, das Ohr dringt in die Tiefe der Materie ein und erkundet, wie diese klingt. So können wir sagen, dass

das Hören gegenüber dem Sehen viel mehr nach innen orientiert ist (McKeen 1996 / Soesmann 1995).
Wenn wir uns auf das Hören konzentrieren, und dies wenn möglich im Liegen, können wir das eigentümliche Erlebnis haben, nicht mit dem Ohr zu hören, sondern mit dem ganzen Organismus. Der Klang umhüllt und durchklingt uns als ganzes. Das Ohr als Organ überwindet das Luftartige des Tones und damit das Physisch-Sinnliche, und wir erleben den nun ätherisch gewordenen Ton in unserem Inneren als eine Resonanz dieses äußeren Tones. Diese Resonanz, das musikalische Erlebnis geht über das Fühlen. Von dort wird das Erlebte dem Ätherleib übermittelt, unserem Lebensleib, der den physischen Leib belebt. Wir erleben also den musikalischen Ton auch mit unserem Ätherleib. Damit können wir dieses Erlebnis, mit unserem ganzen Menschen zu hören, verstehen. Wir können ebenfalls verstehen, warum das Hören ein Wohlgefühl hervorrufen kann, noch unabhängig von den Erinnerungen mit ihrem Bezug zu unserer eigenen Biographie, die diese Töne in uns hervorrufen können (Steiner GA [5]1989, 15).
Wenn wir uns mit dem Hören beschäftigen, ist es auch wesentlich, auf den Nachklang zu achten. Konzentrieren wir uns auf den Nachklang des Gehörten, so können wir diesem Erlebnis nur staunend gegenüberstehen. Es ist, wie wenn uns noch einmal eine größere Welt eröffnet würde, die über das Persönliche hinausgeht. Wir können mit einem solchen Erleben besser verstehen, wenn Rudolf Steiner davon spricht, dass die physische Musik nur ein Abbild der geistigen Wirklichkeit ist und der Mensch mit der musikalischen Kunst das Hereintönen der geistigen Welt erlebt (Steiner [5]1989, 102).
In der Therapie kann die Verinnerlichung, die das Hören mit sich bringt, dadurch unterstützt werden, dass der Patient die Musik von hinten vorgespielt bekommt. Der aktiv agierende Therapeut ist nicht mehr im Blickfeld des Patienten. Dieser kann sich ganz auf das Hören konzentrieren. Das Erlebnis erfährt dadurch eine Vertiefung. Eine weitere therapeutische Möglichkeit ist das Herumgehen um den Patienten, währenddessen z. B. eine Glocke oder ein Gong gespielt wird. Der Patient fühlt sich vom Klang eingehüllt. Viele Patienten schließen beim Hören auch gerne die Augen, der Sehsinn ist inaktiv geworden, dadurch wird das Hörerlebnis intensiviert.
Die Möglichkeit, ins Hören zu kommen, ist für den Patienten nicht immer direkt gegeben. Maria Schüppel sagt dazu: „Oft muss erst der Weg zum Lauschen gebahnt werden." (zitiert in Stückert 1997, 63). Sich auf die Musik konzentrieren zu können, bis hin zum Nachklang, braucht Übung und kann somit ein Therapieziel sein.

Die Musik

Rudolf Steiner zieht in seinem Buch „Das Wesen des Musikalischen und das Tonerlebnis im Menschen“ (1989, 15) einen Vergleich heran. So wie der Schatten eines Menschen nicht der wirkliche Mensch sei, so sei die Musik, die im Physischen erzeugt wird, ein Schatten einer höheren Musik, ein Abbild einer geistigen Wirklichkeit. Er beschreibt auch, wie der Mensch im Schlaf unbewusst die Sphärenharmonien erlebt: „Die Seele lebt während der Nacht in diesen Sphärenklängen. ... In dem schaffenden Musiker haben wir keinen anderen Prozess, als dass die Wahrnehmungen des nächtlichen Bewusstseins während des Tagesbewusstseins sich durchringen, Erinnerungen werden. ... Alles was die Menschheit als musikalische Kunst kennt, sind Ausdrücke, Ausprägungen dessen, was unbewusst erlebt wird in den Sphärenharmonien. ... Es ist das Hereintönen einer geistigen Welt, was der Mensch in der musikalischen Kunst erlebt.“ (Steiner ^{4}2001). Maria Schüppel beschreibt die Musik von ihrem therapeutischen Standpunkt aus so: „Musik ist eine geistige Substanz, die der Mensch in seine Seele aufnehmen und deren ordnende Wirkung er verspüren kann.“ (zit. in Stückert 1997, 63).
Die phänomenologische Beschäftigung mit den Qualitäten der Musik zeigt, welch ungeheure Vielfalt in ihr steckt (Steiner ^{5}1989; v. Lange 1968; Dörfler 1994; Pfrogner 1981; Ruland 1981; Bindel 1985; Beckh 1987; Husemann 1989; Hoerner 1993; Felber / Reinhold / Stückert 2003). Es lassen sich unterschiedliche Qualitäten bei den Intervallen, den Tonarten, den Tonskalen, den Tonsystemen, den Stilarten, den musikalischen Formen, den Rhythmen, den Harmonien, ja auch bei den Einzeltönen usw. entdecken. Wie klingt eine steigende, wie eine fallende Sexte? Wie unterscheiden sich die Tonarten D-Dur und E-Dur? Wie ist es, wenn in einer Melodie keine Halbtöne vorkommen? Wie fühlt sich der Rhythmus kurz-lang im Gegensatz zu lang-kurz an? Wie wirkt ein Taktwechsel in einem Lied? Was ist das Besondere an einem 6/8-Takt, an einem 7/8-Takt? Wie unterscheiden sich die Töne c’ und h’? Die eingehende Beschäftigung mit den musikalischen Qualitäten, von der subjektiven Wahrnehmung immer mehr zur objektiven fortschreitend, zur „objektiven Urteilskraft“ (Ruland 2003, 9), bedeutet eine enorme Vertiefung in die Musik (Bissegger 2001).
Welche Musik wird nun in der therapeutischen Situation gespielt? Die immer direkt gespielte Musik reicht von komponierter Musik aus der Literatur, über im Moment entstehende, frei improvisierte Musik bis hin zu extra komponierter Therapiemusik.

Zur Auswahl der Musik

Die Musik aus der Literatur wird je nach Situation des Patienten ausgesucht. Folgende Fragen können dabei ausschlaggebend sein: Soll die Musik aus einer seelischen Schwere lösen oder soll sie das seelische Empfinden verdichten? Soll die Musik eher rhythmisch leicht, auftaktig, schwingend sein oder eher schreitend, konzentrierend? Soll es eine Musik sein, die melodisch leicht nachvollziehbar, miterlebbar und kurz ist oder kann sie komplexer sein, verschiedene Stimmungen enthaltend? Soll die Musik eher aufweckend oder entspannend wirken? Welcher Stil entspricht der momentanen Situation des Patienten? Ist es eine Hymne aus der Gregorianik, die an ein Gebet erinnern kann, ist es ein Stück aus dem Barock oder aus der Klassik, bei dem mehr seelische Stimmungen ausgedrückt werden, oder ist es vielleicht ein bekanntes Volkslied, an das eigene Erinnerungen geknüpft werden? Mit der Art des Spielens, z. B. lauter, leiser, schneller, langsamer, luftiger, verdichteter, können Variationen, Übergänge, Abfolgen geschaffen werden. Die komponierte Musik kann auch mit freien oder auf das Stück bezogenen Vor-, Zwischen- oder Nachspielen verbunden werden.

Bei der im Moment frei improvisierten Musik hat der Therapeut die Möglichkeit, Stimmungen, lautliche Äußerungen, äußere Bewegungen des Patienten aufzugreifen. Dies kann von einer fragenden oder mehr antwortenden Haltung ausgehen und alle musikalischen Qualitäten, die dem Therapeuten zur Verfügung stehen, beinhalten. Ein geeigneter Rhythmus, eine die Stimmung aufgreifende Melodie, evtl. Intervalle oder Töne usw. können gesucht werden. Die improvisierte Musik kann zu einem direkten Dialog, der sich von einem Augenblick zum anderen fortentwickelt, zwischen Therapeut und Patient werden. Gerade da, wo der verbale Austausch nicht gegeben ist, kann dies zu einer wichtigen Möglichkeit werden. Die komponierte Therapiemusik kann eine Musik sein, die urbildhaften Charakter hat und bei verschiedenen Patienten eingesetzt werden kann oder kann eine für einen bestimmten Patienten individuell komponierte Musik darstellen. Hier ein Beispiel zu der erst genannten Therapiemusik, eine Musik von Maria Schüppel für Alt-Leier (im Original für Sopran- und Altleier, im Kanon gespielt):

„Merkurbad“ *

* Die Komposition erhielt diesen Namen von Dr. Karl König

 Therapiemusik 808

Notenbeispiel I (*„Merkurbad“*)

Diese Musik hat einen leichten, perlenden und belebenden Charakter. Der 7/8-Takt und die immer sich umdrehenden Moll- und Dur-Dreiklänge bringen eine Beweglichkeit mit sich, die diese belebende Wirkung hat.
Bei der individuell komponierten Therapiemusik versucht der Therapeut den Gesamteindruck vom Patienten mit dem Therapieziel zu verbinden und in einer Musik zu fassen. Hierzu auch ein Beispiel von Maria Schüppel.
Es handelt sich um eine Therapiemusik für einen 3 1/4 Jahre alten, spastischen Jungen. Er ist neben der Spastik auch noch blind und mittelgradig schwerhörig, zudem sehr kraftlos. Er kann nicht sitzen, den Kopf nicht halten, nicht krabbeln und nicht sprechen. Das Notenbeispiel, das hier abgedruckt ist, ist nur ein Teil der Therapie:

Notenbeispiel II

Die Musik wird mit Sopran-Leier gespielt, im letzten Teil kommt die Stimme dazu. Die abwärtssteigende Quintenreihe hat einen inkarnierenden Charakter. Die Quinten werden ineinandergeschoben und rhythmisiert und zum Schluss in eine fließende Melodie, unterstützt von den gesungenen Vokalen, übergeführt.

Die Musikinstrumente

In der Anthroposophischen Musiktherapie werden viele verschiedene Musikinstrumente verwendet und diese in Beziehung zum Menschen gesehen (Bissegger 2001; Felber / Reinhold / Stückert 2003, Reinhold 1996). In der rezeptiven Musiktherapie wird insbesondere *die Leier* (Alt-Leier) verwendet. Die Leier ist ein harfen-ähnliches Instrument mit einem Tonumfang von etwas mehr als drei Oktaven (E bis f'' oder a''). Auf Grund ihres leichten, immer frei lassenden Klanges wird sie am häufigsten in der rezeptiven Musiktherapie, vor allem bei schwer kranken, komatösen und sterbenden Patienten, eingesetzt. Da sich gerade diese Patienten in einer Situation der besonderen Offenheit und seelischen Verletzbarkeit befinden, ist es sehr wichtig, ein Instrument zu verwenden, welches leise und „durchsichtig" gespielt werden kann. Die absolute Zurücknahme des äußeren Klanges macht es dem Patienten möglich, sich dem, was ihm entgegenkommt, zu öffnen, sich davon „berühren" zu lassen. In seiner großen Verletzbarkeit muss sich der Patient gegenüber Geräuschen von außen schützen, d. h. er zieht sich innerlich zurück, was auf der Intensivstation oft zu beobachten ist. Mit dem Klang der Leier kann sich die Seele wieder „weiten", sich wieder öffnen, sich der Welt wieder zuwenden. Der Patient kann sich selber als Individuum wieder finden.

In der Neonatologie wird anstelle der Leier die *Kinderharfe* verwendet. Die Kinderharfe ist ein kleines Saiteninstrument, welches sehr zart gespielt werden kann. Der Tonumfang ist viel kleiner als bei der Leier, von d' bis e'' (h''). Dem kleinen Kind entsprechend werden die dunkleren, tieferen Töne, die die Leier zur Verfügung hat, nicht gespielt. Zudem ist die Kinderharfe nicht chromatisch gestimmt wie die Leier, sondern pentatonisch, die Halbtöne fallen also weg und damit der Grundtonbezug. Es entsteht eine leichte, schwebende Stimmung, der Situation des kleinen Kindes angepasst (Bissegger 2000a, b).

Neben der Leier/Kinderharfe kommt der *Singstimme* in der rezeptiven Musiktherapie einen ganz besonderer Platz zu. Mit der Singstimme ist der Singende als Mensch noch viel direkter anwesend, als wenn er ein Musikinstrument spielt. Sein seelisch-geistiges Wesen klingt durch die Singstimme hindurch. Deshalb kann damit eine viel direktere Brücke zum anderen Menschen geschaffen werden. Selbst bewusstlose oder bewusstseinsgestörte Patienten können dadurch angesprochen werden (Bissegger 1999a). Auf Grund der persönlichen Prägung dieses Instrumentes muss mit der Singstimme sehr bewusst umgegangen werden. Sie muss frei werden von zu starken eigenen emotionalen Bezügen und in den „Dienst" des anderen gestellt werden, d. h.

es geht nicht um den Ausdruck der eigenen Befindlichkeit, sondern um die fragende Suche nach der Befindlichkeit des anderen. Dies ist nicht immer ein sehr leichtes Unternehmen, da sich äußerst schnell eigene Wünsche, zwar auf den Patienten bezogen, aber doch nicht von ihm ausgehend, dazugesellen (der Wunsch, der Patient möge aufwachen, die Augen aufmachen, Kontakt aufnehmen usw.). Die Singstimme muss auch so gut beherrscht werden, dass sehr leise, an der Grenze der äußeren Hörbarkeit gesungen werden kann. Je weniger ein Patient inkarniert ist, d. h. je weniger er seelisch-geistig mit seiner Leiblichkeit noch verbunden ist (komatöse, sterbende Patienten), desto leiser, „unmaterieller“ müssen die Klänge werden.

Oft verbinde ich im Therapeutischen die beiden Instrumente, die Leier und die Singstimme. Ich fange mit der Leier an, um den Patienten einzustimmen, aber auch, um mich einzustimmen. Einen Patienten, der verbal oder mimisch nicht reagieren kann, also bewusstseinsgestört ist, umgibt oft eine einsame Stimmung, die mich selber ergreifen kann. Das erste Einstimmen mit der Leier hilft mir, über diese Stimmung hinweg zu kommen und mich allmählich auf den Patienten einzustellen. Das Spiel auf der Leier hilft mir auch, ein Gefühl für den Patienten zu bekommen. Wie kann er zuhören? Findet er einen seelischen Zugang zu dem Gespielten? Fängt seine Seele an zu schwingen? In welcher Stimmung befindet er sich? Wenn ein gewisser Kontakt zwischen dem Patienten und mir möglich geworden ist und eine Bereitschaft für die Musik und meine Gegenwart zu spüren ist, nehme ich die Singstimme dazu. Ich nähere mich dem Patienten mit der Stimme also erst, wenn ich fühle, dass er bereit dazu ist. Vorher bleibe ich in dem etwas objektiveren Spiel mit der Leier. Es kommt aber auch vor, dass ich an das Krankenbett trete und merke, dass ich dem Patienten ganz nahe bleiben muss, vielleicht sogar direkten Kontakt aufnehmen und meine Hand auf seinen Arm oder seine Hand legen muss. Dann beginne ich direkt mit der Singstimme und bleibe auch dabei.

In der rezeptiven Musiktherapie werden auch die *Englischen Handglocken* (Reinhold 1997) verwendet, erstaunlich weich und warm klingende, einen großen Klangraum schaffende Instrumente, die durch den Anschlag einen etwas auffordernderen Charakter haben als die Saiteninstrumente. In eine ähnliche Klangrichtung gehen die geschmiedeten *Gongs*, die ebenfalls in der rezeptiven Musiktherapie Verwendung finden. Wenn ein Blasinstrument ausgewählt wird und damit von der Betonung des Klanges mehr zur Betonung der Melodie gegangen wird, dann ist es am ehesten ein *Gemshorn*, meistens ein Tenor-Gemshorn (hergestellt aus einem Horn eines Rindes). Aber auch das Bass- oder das Subbass-Gemshorn findet Anwendung. Bei behinderten Kindern, bei denen es darum geht, mit Hilfe von verschiedenen

Klängen die Hörwahrnehmung anzuregen, können viele verschiedene Instrumente zum Klingen kommen, z. B. *Klang-Leier, Choroi-Flöte, Cimbeln, Chrotta, Streichpsalter* usw.

Anwendung von rezeptiver Musiktherapie

In der Anthroposophischen Musiktherapie versteht man unter rezeptiver Musiktherapie die Therapiesituation, in der der Patient nicht selbst äußerlich tätig ist, also im Gegensatz zur aktiven Musiktherapie kein Instrument spielt. Der Patient ist ganz auf die Hörwahrnehmung und auf deren Wirkung konzentriert, was im Grunde genommen auch ein äußerst aktiver Prozess ist. Dem Hören kann sich, insofern dies möglich ist, ein Gespräch über das Erlebte anschließen. Die während dem Hören entstandenen Bilder und Gefühle können reflektiert und in den eigenen Lebenszusammenhang gestellt werden.

Die Anwendung von rezeptiver und aktiver Musiktherapie wird in der therapeutischen Praxis auf die jeweilige Situation des Patienten abgestimmt.
Ausschließlich rezeptive Musiktherapie wird bei Patienten eingesetzt, die selber nicht in der Lage sind, aktiv ein Musikinstrument zu spielen. Dies sind bewusstlose, bewusstseinsgestörte, geschwächte und sterbende Patienten, kleine Kinder, behinderte Kinder und behinderte Erwachsene.
Bei schwerkranken, geschwächten Patienten, die im Bett liegen, steht die rezeptive Musiktherapie im Vordergrund. Sie kann aber auch kombiniert werden mit einer kurzen, aktiven Phase, indem der Patient wenige Klänge z. B. auf einer Bordun-Leier spielt, einem kleinen, auf einen Akkord gestimmten Saiteninstrument. Das eigene, aktive Spiel kann belebend und ermutigend auf den Patienten wirken.
Bei Patienten, die sich problemlos am aktiven Spiel beteiligen können, wird die rezeptive Musik nur teilweise eingesetzt. Wenn sie eingesetzt wird, kann das Hören von Musik vor einer aktiven Phase ein Einstieg, eine Einstimmung sein, um in das eigene Spiel zu kommen. Das Hören kann aber auch einer aktiven Phase folgen und somit den Abschluss einer Therapiesitzung bilden. Ein Ziel dabei kann sein, die angestrebte Verinnerlichung durch die Zurücknahme der äußeren Aktivität noch zu vertiefen. Bei Kindern, die normalerweise gerne selber etwas tun, vor allem bei hyperaktiven Kindern, ist das erfolgreiche Einflechten einer kurzen, rezeptiven Phase und damit ein zur Ruhe-Kommen der äußeren Aktivität ein wichtiger Schritt im Therapieprozess.

In der rezeptiven Therapie wird immer vom Therapeuten direkt gespielte Musik zum Hören gebracht. Die Erfahrung hat gezeigt, dass schwer kranke Patienten keine elektronischen Klänge mehr hören mögen, direkt gespielte Musik aber als wohltuend erleben. Es wird also keine Musik von akustischen Tonträgern eingesetzt. Der direkt gespielte Ton kann seine Eigenqualität ganz entfalten. Es findet eine „echte" Sinneswahrnehmung statt und damit eine Belebung der Sinne. Über die Sinneswahrnehmung kommt es zu einem vertieften seelischen Erleben mit Auswirkungen bis in die Körperlichkeit. Der direkt anwesende Therapeut kann sich mit seinem Spiel in jedem Moment auf sein Gegenüber einstellen. Er kann sich als Mensch ganz in die Situation hineinstellen. Dies wird im Anbetracht der zunehmend hochtechnisierten Medizin eine immer größere Bedeutung bekommen.

Anwendungsgebiete

Die rezeptive Musiktherapie wird neben der aktiven Musiktherapie in der Anthroposophischen Medizin in folgenden Gebieten angewendet:

- Intensivmedizin
- Innere Medizin
- Frauenheilkunde
- Onkologie
- Palliativmedizin
- Psychiatrie
- Psychosomatik
- Geriatrie
- Gerontopsychiatrie
- Kinderheilkunde
- Kinderintensivmedizin
- Neonatologie
- Heilpädagogik
- Sozialtherapie

Indikationen

Folgende Indikationen können unter anderen genannt werden:

- Bewusstlosigkeit
- Bewusstseinsstörung
- Verwirrtheit

- Konzentrationsstörung
- Atembeschwerden
- Störungen der Herz-, Kreislauffunktion
- Körperliche und seelische Schmerzzustände
- Körperliche und seelische Schwächezustände
- Antriebslosigkeit
- Unruhezustände
- Depressive Verstimmung
- Störungen in der Persönlichkeitsfindung

Ziele

Die Ziele können in drei Gruppen eingeteilt werden:

Leibliche Ebene
- Schmerzlinderung
- Atemberuhigung
- Atemvertiefung
- Rhythmisierung der Herz-, Kreislauffunktion
- Muskelentspannung
- Verlebendigung
- Formgebung
- Aufbau und Stärkung der Lebenskräfte
- Ausgleich und Harmonisierung der Organzusammenhänge

Seelische Ebene
- Beruhigung
- Entspannung
- Verinnerlichung
- Stärkung der Erlebnis- und Empfindungsfähigkeit
- Geborgensein
- Getragensein
- Berührtsein
- Zuwendung erfahren

Geistige Ebene
- Stärkung der Konzentrationsfähigkeit
- Stärkung der Hoffnungskräfte
- Stärkung des Lebensmutes
- Einbettung in größeren Zusammenhang

- Erleben von übergeordneten Inhalten
- Anbindung an das Geistige
- Anknüpfung an eine höhere Welt
- Zur Ganzheit finden
- Erfahrung des eigenen Seins
- Erfahrung von „Wahrheit"
- Begegnung mit dem Urbild

Ein wichtiges Ziel der rezeptiven Musiktherapie ist die „Ich-Findung". Der Patient kommt mit dem aktiven Hörprozess zu einer inneren Ruhe. Er erlebt in sich eine Erhellung. Dabei begegnet er sich selber. Er begegnet seinem eigenen Ich, dem Kern seiner Persönlichkeit.

Wahrnehmung des Patienten und therapeutische Haltung

Die schwer kranken Menschen, bei denen die rezeptive Musiktherapie besonders zum Tragen kommt, befinden sich in einer Situation der seelischen Offenheit, aber auch Verletzbarkeit. Das Liegen im Bett versetzt den Menschen in eine mehr empfangende Lage. Die Erlebnisse können sehr tiefgehend sein. Die Möglichkeit, sich innerlich zu distanzieren, ist aber viel geringer geworden. Mit dieser großen Sensibilität muss von Seiten des Therapeuten bewusst umgegangen werden. Jedem Musiktherapeuten ist zu empfehlen, sich einmal im Liegen und einmal im Sitzen von jemandem Musik vorspielen zu lassen. Dabei wird er bemerken, wie viel sensibler das Wahrnehmen im Liegen ist. Im Sitzen hören wir viel analytischer und mehr „mit dem Kopf", im Liegen können wir uns weniger distanzieren. Die Einzelheiten verlieren ihre Wichtigkeit. Wir hören mit dem „ganzen Menschen".
Die rezeptive Musiktherapie wird entscheidend geprägt von der Fähigkeit des Therapeuten, den Patienten wahrzunehmen. Aus dieser genauen Wahrnehmung ergibt sich die Art und Weise des Spiels und damit die Möglichkeit, den Patienten zu „erreichen". Die Wahrnehmung erstreckt sich auf den ganzen Menschen mit all seinen Seins-Ebenen: Der Therapeut versucht sich hineinzufühlen in den Patienten, indem er sich verschiedene Fragen stellt. Ist die Leiblichkeit des Patienten z. B. eher zart und klein oder eher groß und dicht (physische Ebene)? Wirkt der Patient schwach, erschöpft oder vital? Ist seine Haut gut durchblutet oder eher gelblich, gräulich aussehend? Ist seine Atmung ruhig, gleichmäßig oder schnell, unregelmäßig und flach (Lebens-Ebene)? Wie wirkt seine seelische Gestimmtheit, leicht, hell oder schwer, dunkel, zurückgezogen oder aufgeschlossen (seelische Ebene)? Wel-

che Art von Persönlichkeit tritt einem entgegen (geistige Ebene)? Die Ausprägung und die Art des Zusammenspiels der physischen Ebene, der Lebens-Ebene, der seelischen und geistigen Ebene ergeben ein Gesamtbild. Dieses Gesamtbild kann sich im musikalisch geschulten Therapeuten zu einem musikalischen Gesamtbild umformen und in eine im Moment entstehende oder in eine individuell komponierte Musik hinein ergießen.
Bei bewusstseinsgestörten oder bewusstlosen Patienten ist es nun nicht so einfach, Antworten auf die Fragen nach der seelischen und geistigen Ebene zu finden. Verbaler, gestischer oder mimischer Ausdruck sind sehr eingeschränkt oder gar nicht möglich. Die Wahrnehmungen bleiben auf die ersten beiden Ebenen beschränkt. Die beiden anderen Ebenen können nur „ahnungsweise“ wahrgenommen werden. Trotzdem ist es von großer Wichtigkeit, sich darum zu bemühen, da sonst die Persönlichkeit in ihrer Ganzheit nicht erfasst wird.
Wie gelangt man aber zu einer Wahrnehmung der seelischen und geistigen Ebene bei diesen schwerstkranken Patienten? Die so genannten „Nebenübungen“ von Rudolf Steiner, die beim anthroposophischen Schulungsweg genannt werden, können hierbei eine Hilfe sein (Steiner GA 245, 1993, 15–31). Von den sechs Übungen (sachgemäßes Denken/Konzentration – Initiative des Handelns – Gelassenheit – Positivität – Unbefangenheit – Inneres Gleichgewicht) sind besonders die Qualitäten Gelassenheit, Positivität, Unbefangenheit und inneres Gleichgewicht für die therapeutische Haltung zu nennen.

Bei der Übung der Gelassenheit geht es darum, mit den eigenen Sympathie- und Antipathiekräften so umzugehen, dass sie nicht nur ein Ausdruck der eigenen Befindlichkeit sind, sondern die Befindlichkeit des Patienten miterlebt und verstehend mitempfunden werden kann. Bei der Übung der Positivität geht es darum, den Patienten nicht nur mit seinen Unfähigkeiten zu sehen, sondern die Möglichkeiten, die Ressourcen und damit die Zukunftskeime zu erkennen. Unbefangenheit und Unvoreingenommenheit ist die Voraussetzung, um Neues, Anderes entdecken zu können. Eine offene, staunende Haltung, die sich fern hält von sofortiger Begriffsbildung, führt zum Erkennen von Neuem. Mit der Ausgewogenheit der eigenen Seelenkräfte wird das innere Gleichgewicht erreicht und damit eine umfassende Wahrnehmung ermöglicht.
Neben der Schulung der eigenen therapeutischen Haltung haben wir mit der Musik eine ganz besondere Möglichkeit, in die Wahrnehmung zu kommen. Meine eigene Erfahrung ist, dass die Musik mit ihrer geistigen Dimension eine Hilfe sein kann, sich in den seelisch-geistigen Zustand von bewusst-

seinsgestörten Patienten einzuleben. Die Musik mit ihrer immateriellen Qualität scheint dem Zustand des Patienten nahe zu kommen. Manchmal gelingt es, in eine „übergeordnete", geistige Begegnung zu kommen.

Patientenbeispiel: Intensivmedizin

Bei diesem Patientenbeispiel soll zuerst die Patientin, Frau Meier, 36 Jahre (Name geändert), zu Wort kommen. Sie hat ihre Erlebnisse schriftlich festgehalten.

> *Erwachen auf der Intensivstation*
> „Wie mit den Ärzten zuvor besprochen, würde ich nach erfolgter Unterleibsoperation zwei bis drei Tage auf der Intensivstation verbringen müssen. Dort erwachte ich dann auch, schwach, verkabelt, schmerzfrei dank moderner Intensivmedizin. Neben mir ein Ticken und Piepsen, der ‚Apparate-Mediziner' überwachte mich. Noch stark betäubt dämmerte ich durch die zweite Tageshälfte und durch die Nacht.
> Am Morgen, Freude, die liebevolle Krankenschwester vom Vortag hatte wieder Dienst. Doch der Vormittag wird lang, im Körper ein eigenartiges Miteinander von Schwere und Gefühllosigkeit, mein Bauch ein gähnend taubes Nichts. Das Draußen scheint unendlich weit entfernt zu sein. Intensivstation ist Ausgeliefertsein.
> Da tritt an mein Bett, sanft und mit kraftvoll klarem Blick, eine Frau, stellt sich vor und fragt: „Darf ich Ihnen auf der Leier etwas vorspielen?" Ungläubiges Staunen erfasst mich, Sekunden im Außen durchwandern Seelenräume. Ich erlebe Glücksgefühl, Demut und Dank. Nie in meinem Leben werde ich diese Begegnung vergessen. Ich sinke zurück, schließe die Augen und höre. Höre die Töne, so wie ich sie noch nie zuvor wahrgenommen habe, es ist, als höre meine Seele.
> Leise verschwindet die Musiktherapeutin und noch lange verbleibe ich klangumwoben. Der Raum ist friedvoll erfüllt, ein Engel scheint Halt gemacht zu haben. Verwundert stelle ich anschließend fest, keinerlei Schmerzen, Schwere oder sonstige Körpergefühle verspürt zu haben. Es waren da nur die Klänge, die mich sacht empor gehoben haben.
> Die Nacht verbringe ich schlaflos, ein ständiges Gepiepse und Gerenne umgibt mich, noch dazu ist mir schlecht und ich muss erbrechen.
> Am Morgen keine Besserung. Die starken Schmerzmittel rauben mir das Wachbewusstsein. Sobald ich ermattet die Augen schließe, drohen mich Kräfte aus dem Körper zu ziehen, ich versinke im Bett, eine schwarze Schwere liegt über meinem Bewusstsein. Ich kämpfe, halte mich mit Hilfe der optischen

Wahrnehmung, und zeitweilig beginne ich die Gegenstände im Raum laut zu benennen. Der alarmierte Arzt stellt mit Blick auf meinen Nachbarn, den Apparat, fest: „Es ist alles in Ordnung".
An mein Bett tritt wieder die Musiktherapeutin. Die vertrauten Klänge erfüllen den Raum, ich beginne mich zu entspannen, die Augen halte ich lieber noch offen, doch dann schließe ich sie ermüdet. Bang erwarte ich, was geschehen wird. Wundersamerweise passiert jetzt nichts Bedrohliches, nein, die Schwere ist gewandelt in sachtes Schweben und Harmonie. Die Töne tragen mich. Ich kann mich ganz den Klängen überlassen, mich fallen lassen. Frieden tritt ein. Liebe, Liebe zu dieser unbekannten Frau keimt.
Nach und nach vergehen die Klänge, der Körper meldet sich wieder, das alte Ringen beginnt von neuem. Mittags verringern die Ärzte auf mein Flehen hin die Schmerzmitteldosierung drastisch. Langsam erwacht mein Kopf, befreit aus betäubender Umklammerung, auch meinen Bauch kann ich wieder wahrnehmen – schmerzhaft. Doch lieber lebe ich mit einem schmerzenden Bauch als mit einem toten Kopf.
Anmerkung: Ich bin kein ‚Musikus', sondern ganz im Gegenteil ein musikalisch unbeschriebenes Blatt."

Patienten auf der Intensivstation befinden sich in einer für sie schwierigen Situation (Bissegger 1999a). Sie sind in einer völlig fremden, unbekannten, atmosphärisch kühlen und geräuschintensiven Umgebung, eingekreist von verschiedensten Apparaturen, angewiesen auf fremde Hilfe. „Das Draußen scheint unendlich weit weg zu sein. Intensivstation ist Ausgeliefertsein." Eine gute Begegnung mit einem betreuenden Menschen kann lebenswichtiges Vertrauen schaffen. Das Hören von Klängen, von Musik, gespielt im Moment, nur für diesen einzelnen Patienten in seiner lebensbedrohlichen Situation, gespielt in der absoluten Hinwendung eines Menschen zu einem anderen, kann zu einem außerordentlich tiefen Erlebnis werden. „Ich höre die Töne, so wie ich sie noch nie zuvor wahrgenommen habe, es ist, als höre meine Seele." Die Unsicherheit, das Bedrohliche kann für eine Weile weichen. Gefühle des Getragenseins, des Umhülltseins, des Friedens, der Demut treten auf. Die Schmerzen können vergessen werden und ein Gefühl des Wohlseins kann aufkommen. Dieses Gefühl des Wohlseins kann für den weiteren Verlauf des Gesundungsprozesses von großer Wichtigkeit sein, da daraus Gefühle der Hoffnung, der Zuversicht, des Lebensmutes entstehen können.
Frau Meier mit ihren feinen, dunkelbraunen Haaren und ihrer zarten, hellen Haut lag sehr ruhig und konzentriert im Bett. Auf Grund des Schwächezustandes war kein Gespräch möglich. Sie schloss nach der Begrüßung sofort

wieder die Augen. Ich setzte mich mit der Leier zu ihr und versuchte mich in die Situation einzufühlen. Welche Klänge sollte ich für sie spielen? Welche Klänge brauchte sie in diesem Moment? Von welchem Ton sollte ich ausgehen? Diese Frage ist in einem Zimmer der Intensivstation nicht immer ganz einfach zu beantworten. Viele Geräusche vermischen sich, oft herrscht ein bestimmter Ton vor, von dem ich mich erst innerlich distanzieren muss, um nicht davon beeinflusst zu werden. Ich wähle schlussendlich den Ton e, von dem aus ich auf der Leier ruhig schwingende, große Intervalle (Quinten, Sexten, Oktaven, Nonen) über die drei Oktaven des Instrumentes verteilt spiele. Der schwingende 6/8-Takt mit dem auftaktigen Kurz-lang passt sich gut der Ein- und Ausatmung an. Die großen, weitend wirkenden Intervalle können einerseits die in den Körper verkrampfte seelische Empfindung etwas lösen, d. h. der körperliche Schmerz und die Schwere sind weniger spürbar, andererseits versuche ich mich damit in die seelische Stimmung der Patientin einzuleben. Für mein Empfinden ist Frau Meier infolge der langen Operation noch nicht wieder ganz bei sich angekommen. Das künstlich Aus-Sich-Heraus-Gelöst-Sein durch die Narkose und die Schmerzmittel muss erst überwunden werden, um sich wieder in einem gesunden Maße seelisch-geistig finden zu können. Die großen Intervalle verdichte ich allmählich und nehme auch kleinere hinzu, immer im freien Spiel, mich in die seelische Stimmung der Patientin hineinversetzend. Durch diese Verdichtung der Klänge versuche ich Frau Meier eine Hilfestellung zu geben, sich selber als Persönlichkeit wieder besser zu spüren, sich zu finden, um von da aus dem ganzen Geschehen eigene Kräfte entgegenstellen zu können. Im Spiel auf der Leier gehe ich zum Grundton d über und münde in einer Melodie in Dur, die ich mit der Singstimme, mit Summen unterstütze. Damit habe ich die offene, weite Stimmung verlassen und bin bei einer klaren Melodie mit Harmoniebegleitung angekommen, die durch die Singstimme zusätzlich zu einem direkten seelischen Angesprochensein führen kann. Nach Beenden des Spiels atmet Frau Meier deutlich ruhiger, ihr Gesichtsausdruck wirkt entspannt.

Beim zweiten Mal scheint Frau Meier schon etwas anwesender zu sein, aber immer noch sehr durchsichtig und verletzbar. Auch dieses Mal ist an einen verbalen Austausch noch nicht zu denken. Ich beginne wieder ähnlich wie beim ersten Mal mit der Leier zu spielen. Die weiten Klänge und großen Bögen, dieses Mal auf d beginnend, werden allmählich dichter und kleiner, ohne den atmenden Duktus zu verlieren. Nach einer Weile bin ich bei der dorischen Tonart angekommen, einer Tonart, die zwar durch die Moll-Terz eine gewisse Abdunklung erfährt, durch die helle sechste Stufe aber leicht bleibt. Da ich spüre, dass Frau Meier sehr intensiv zuhört, fällt es mir leicht zu spielen. Es geht wie von „alleine“. Ich fühle mich beschenkt. Das freie Spiel lasse ich nun in einen alten Hymnus münden. Ich nehme die Stimme dazu und summe die Melodie ohne Text. Durch diesen alten Hymnus mit seinen wunderbar bewegten Melodiebögen wird noch einmal eine Erweiterung des Klang- und Empfindungsraumes spürbar. „Die Töne tragen mich. Ich kann mich ganz den Klängen überlassen, mich fallen lassen. Friede tritt ein.“

REZEPTIVE ALTORIENTALISCHE MUSIKTHERAPIE (rAM)

Gerhard Tucek

Das therapeutische Gesamtkonzept der Altorientalischen Musiktherapie (AM) begründet sich in einem Zusammenspiel unterschiedlicher Methoden wie rezeptives tonartenspezifisches Musikhören, musikalische Improvisation, aktives Musizieren (von Patient und Therapeut), imaginative Techniken, konzentrative Bewegungsübungen sowie geführte bzw. freie Musik-, Bewegungs- und Tanzimprovisation.

Die historischen Wurzeln dieses Therapieverfahrens reichen bis in die Zeit musikalischer Heilzeremonien zentralasiatischer Schamanen zurück, die – ähnlich der späteren islamischen Medizin – auf der Idee einer universell gültigen – *durch Naturgesetzmäßigkeiten* manifestierten – kosmischen Ordnung gründen. In der mittelalterlich-abendländischen Ästhetik gibt es bis Bonaventura nahezu identische Konzepte. Auch der Philosoph Boethius (480–524) vertritt in seinem Werk „De Musica“ die Auffassung einer ästhetischen Theorie, die sich von einer göttlichen und kosmischen Ordnung herleitet.
Heute verweist György Dorczi (1981) darauf, dass harmonischen Proportionen in Natur, Kunst und Architektur gemeinsame Grundstrukturen zugrunde liegen. Mittels seines „Dinergiemodells“ beschreibt er einen allgemein gültigen musterbildenden Prozess, der sich im Spannungsfeld von Gemeinsamkeiten und Gegensätzlichkeiten begrenzter Formen begründet. Nach Dorczi erscheinen diese Formen dem Betrachter aufgrund ihrer Verkörperung der kosmischen Ordnung als „schön“. Die aus der Zusammenführung von Gegensätzen entstehende kreative Kraft war auch seit jeher ein zentrales Thema in Fragen der Gesundheit und gelingenden Lebens. So zählt etwa die Erkenntnis, dass zwischen den zahllosen verschiedenen Formen dieser Welt eine Verbindung besteht, zu den ältesten Erkenntnissen der Menschheit. Mittels bewusster Teilhabe an diesen Ordnungsprinzipien vermag das Individuum an der kosmischen Harmonie zu partizipieren. Historische Schriften und heutige Erkenntnisse zeigen, wie die schöpferische Bewe-

gung zunächst die Form verlässt, um später wieder als leibliche Funktion aufzutauchen (wie z. B. der Blutkreislauf). Die Tatsache, dass man bei allen in der Natur auftretenden Formen immer wieder auf gleiche Grundmuster stößt, legt bis heute den Schluss nahe, dass die gesamte Schöpfung wesenhaft durch gemeinsame Gesetzmäßigkeiten miteinander in Verbindung steht. Diese (historischen und zeitgenössischen) Ideen bilden gleichermaßen die theoretische Grundlage für das Wiederaufgreifen und die Weiterentwicklung der therapeutischen Interventionsmethoden der AM, welche regulierend auf körperliche und psychische Abläufe einwirken.

Seit den 80er Jahren des vergangenen Jahrhunderts haben der türkische Psychologe, Musiker und Sufilehrer Oruc Güvenc und der Autor dieses Beitrags die AM wiederbelebt und im Westen etabliert. Während Güvenc in seiner Tätigkeit traditionell-türkische sowie sufische Aspekte stärker betont, stehen aufgrund der Aufgaben des Autors als klinischer Musiktherapeut, Kulturwissenschaftler und Studiengangsleiter des Hochschullehrgangs für Altorientalische Musiktherapie klinische und kulturwissenschaftliche Fragestellungen im Vordergrund. Dem gemäß sieht er seine primäre Aufgabe darin, diese historisch gut dokumentierte Kulturtechnik behutsam an die hiesigen Gegebenheiten und Anforderungen des 21. Jahrhunderts heranzuführen. In diesem Prozess muss sich die AM den Herausforderungen der europäischen Diaspora stellen.

Medizingeschichtliche Aspekte

Aus allen Epochen der arabischen und türkisch-islamischen Kulturgeschichte zeugen Berichte von der tiefgreifenden Wirkung von Musik auf den Menschen. Man maß der theoretischen Betrachtung und Fundierung musikalischer Effekte schon früh große Bedeutung bei. Islamische Ärzte begriffen den Menschen als Mikrokosmos, in dem sich die gesamte Schöpfung widerspiegelt. Ihr Verständnis der Schöpfung kommt in dem Ausspruch *„al - insan ramz al – wujud“*: *„Der Mensch ist das Sinnbild der Schöpfung“* plastisch zum Ausdruck. So deuteten die islamischen Ärzte den menschlichen Körper als ein materialisiertes Abbild der Seele. Aus diesem Grund sahen sie die körperliche Disposition aufs Engste mit geistig-mentalem und seelischem Geschehen verknüpft. Wir treffen hier bereits auf frühe Formen psychosomatischen Denkens. Mit anderen Worten sah die islamische Medizin den Menschen als innen- und außenbezogenes Wesen: innenbezogen durch geistig-mentale und seelische Prozesse, außenbezogen durch die verschiedenen

Grade der makrokosmischen Hierarchien, die ihrerseits wieder Ausdruck universeller kosmischer Grundprinzipien waren.
Neben der naturwissenschaftlich orientierten Medizin wurden bei der Behandlung der Patienten auch metaphysische und kosmologische Aspekte berücksichtigt. Umfassende geistige, seelische und körperliche Gesundheit galt als vollständige Teilhabe an der universellen kosmischen Ordnung, die wiederum aus der Versöhnung des Wachbewusstseins mit dem „mysterium tremendum“ des Weltalls resultierte. Diese Versöhnung stand in Zusammenhang mit:

- einer deutenden Gesamtschau des Weltalls
- einer Teilhabe an der sittlichen Ordnung der Gemeinschaft
- einer ganzheitlichen Gründung und Entfaltung des Individuums mit:
  - sich selbst (Mikrokosmos)
  - seiner Kultur (Mesokosmos)
  - dem Weltall (Makrokosmos)
  - dem letzten Geheimnis in sich und jenseits seiner selbst

Alle therapeutischen Methoden bzw. geistigen Übungen sollten dem Menschen bei der Entfaltung des Bewusstseins hin zu obigen Lebensaspekten anleiten.
Vor diesem Hintergrund fand Musik nicht nur in die von der islamischen Orthodoxie bisweilen angefeindete „wissenschaftliche Medizin“ Eingang, sondern auch in die „prophetische Medizin“. So galt Musik dort als „Nahrung für die Seele“. Der berühmte Arzt und Philosoph Al Farabi (870–950 n. Chr.) prägte den für die weitere Entwicklung der AM grundlegenden Ausspruch: „Der Körper ist krank, wenn die Seele geschwächt ist und er ist beeinträchtigt, wenn sie beeinträchtigt ist. Daher geschieht die Heilung des Körpers durch die Heilung der Seele, indem ihre Kräfte wieder hergestellt und ihre Substanz in die rechte Ordnung gebracht wird mit Hilfe von Klängen, die dies bewirken können und dafür geeignet sind.“ (zit. in Kümmel 1977, 158)
Ein weiteres historisches Beispiel des arabischen Arztes und Philosophen Ibn-Hindu aus dem 10. Jahrhundert beschreibt die der AM zugrundeliegende pharmakologische Wirktheorie von Musik (vgl. Bürgel 1972, 243 f): „Was aber die Wissenschaft von der Musik anbetrifft, so gehört sie in einer bestimmten Hinsicht zur Medizin ... Wer die Musik ausübt, spielt nämlich geradezu mit den Seelen und Körpern ... denn wir wissen doch generell, dass es eine Art der Melodie und des Trommelns und des Blasens und des Rhythmus’ gibt, die Trauer, eine andere, die Freude hervorruft, eine andere,

die beruhigt und entspannt, eine andere, die beunruhigt und beklemmt, eine andere, die schlaflos macht, eine andere, die einschläfert; wir verordnen bei der Therapie von Melancholikern häufig die ihnen entsprechenden und für sie nützlichen „tara'iq" (entspricht Tonarten).

Dieses Zitat zeugt u. a. auch von der Idee der Musiktherapie als eine die Wissenschaft und Kunst verbindende Disziplin. Im Zuge der „Assimilation" der Medizin Zentralasiens und des Vorderen Orients übernahm der lateinische Westen vom 11./12. Jahrhundert an diese heilende Funktion der Musik. Dies war unter anderem deshalb möglich, weil viele Texte, die meist in arabischer Sprache verfasst waren, ins Lateinische übersetzt wurden. Für die historische Entwicklung von Musiktherapie hat demnach auch der islamische Raum wesentliche Bedeutung.

Oruç Güvenç hat 1985 in seiner Dissertation dieses Therapiesystem aus der Sicht einer praktisch-musiktherapeutischen Perspektive für die Türkei einer ersten wissenschaftlichen Betrachtung und Aufarbeitung zugeführt. Seither sind die therapeutischen Effekte und die transkulturelle Wirkung dieser Behandlungsmethode in mehreren Beiträgen für den europäischen Kulturraum diskutiert worden. (siehe: Gutjahr et al. 1993; Özelsel 1995; Tucek / Mastnak 1998; Tucek 1997, 1999, 2000, 2001b, c, d, 2003)

Rezeptive AM

Gemäß historischer Aufzeichnungen liegt ein wesentliches heilsames Moment der AM in der *Musikstruktur* als solcher. So gibt es konkrete Zuordnungen hinsichtlich der Wirkung von Tonarten (Makamen) zu Körperorganen, Emotionen etc. (siehe Abb. 1).
Wichtig ist dabei im Auge zu behalten, dass es im Verlauf der musikgeschichtlichen Entwicklung der AM insgesamt sieben unterschiedliche Kodizes gab, die nur zum Teil bis heute überliefert sind. Die einzelnen Makamwirkungen, die im Rahmen der synoptischen Tafeln (siehe unten) zunächst eine einheitliche Wirkungszuschreibung zu haben scheinen, wurden offensichtlich auch in früheren Zeiten unterschiedlich interpretiert. Über mehr als 1000 Jahre konstant bleibt jedoch die theoretische Grundlegung der Makammusik als emotions- und organspezifisches Instrument. Vor diesem Hintergrund erforscht der Autor z. Zt. an der Universität Wien, ob sich die historischen Wirkungszuschreibungen der Makamen bestätigen lassen. Leitgedanke dieser Forschungen ist die Idee, dass Musik kraft ihrer Struktur

wirkt (ohne dabei allerdings die Bedeutung von therapeutischer Beziehung aus den Augen zu verlieren).

Tonart	*Emotion*	*Körperorgan*
Rast	Behagen, innere Ruhe, Freude	Kopf, Gesicht, Augen, gegen Lähmung
Rehavi	Gefühl von Unendlichkeit	Brust, Magen, Herz, Flanke
Hüseyni	Friede, Ruhe, Entspannung	Schienbeine, Unterschenkel, Leber, innere Organe, gegen Durst
Iraq		Schultern, Arme, Hände
Buselik	Stärke, Friede	Hüften, Lenden, Oberschenkel, Blutzirkulation, Hara
Ussak	Freude und Lächeln	Herzbereich, Beine, Schlafstörungen
Zangula		Hüften, Schienbeine, Unterschenkel
Isfahan	Selbstbewusstsein, Beweglichkeit, gegen negative Gedanken	Nacken, Hals, Schultern
Nawa	Geschmack und Trost	Nieren, Rückgrat, Lenden, Oberschenkel
Buzurk	Furcht	Brust, Magen, Herz, Flanke
Maya		
Zirafkand		Herz, Brust, Lunge, Unterleib

Abb. 1: Übersicht über das Zusammenspiel von Tonart, Emotion, Körperorgan (nach Neubauer 1990).

Modi	*Tierkreis-zeichen*	*Elemente*	*Mischungen*	*Körpersäfte*	*Geschlecht*
Rast	Widder	feurig	warm-trocken	gelbgallig	männlich
Iraq	Stier	erdig	kalt-trocken	schwarzgallig	weiblich
Zirafkand	Zwillinge	luftig	warm-feucht	blutbezogen	männlich
Isfahan	Krebs	wässrig	kalt-feucht	weißschleimig	weiblich
Rahavi	Löwe	feurig	warm-trocken	gelbgallig	männlich
Buzurk	Jungfrau	erdig	kalt-trocken	schwarzgallig	weiblich
Zankula	Waage	luftig	warm-feucht	blutbezogen	männlich
Maya	Skorpion	wässrig	kalt-feucht	weißschleimig	weiblich
Busalik	Schütze	feurig	warm-trocken	gelbgallig	männlich
Nava	Steinbock	erdig	kalt-trocken	schwarzgallig	weiblich
Husaini	Wassermann	luftig	warm-feucht	blutbezogen	männlich
Ussaq	Fische	wässrig	kalt-feucht	weißschleimig	weiblich

Abb. 2: Die astrologisch-medizinischen Zuordnungen zu den zwölf Modi der Musikpraxis im Anonymus Gotha 85 nach Neubauer 1990.

Die astrologisch-medizinischen Zuordnungen zu den zwölf Modi der Musikpraxis im Anonymus Gotha 85 (nach Neubauer 1990).

Diese Dimension erschließt sich allerdings erst bei genauerem Studium historischer Texte. Dort finden sich vielfältige Hinweise über den therapeutischen Umgang des Arztes mit dem Patienten (Details hierzu weiter unten sowie bei Sari 1993, Tucek 1995).

Ebenso verständlich werden dort die Grundlagen einer Allostase-Theorie, die von einer Tendenz zu einem (nicht statisch feststehenden, sondern fließenden) Gleichgewicht im psychischen und biologischen Apparat des Menschen ausgeht. Dieses Gleichgewicht wurde mittels einer Vielzahl künstlerischer, ästhetisch ansprechender, affektiv wirkender Sinnesgenüsse herbeizuführen versucht (siehe weiter unten Riyazed-Konzept sowie Tucek 2000, 122 f.).

AM bestand über Jahrhunderte hinweg vorwiegend aus rezeptiv-pharmakologischen Techniken, wobei es allerdings kaum speziell für musiktherapeutische Zwecke komponierte Musik gegeben zu haben scheint. Metaphysischer Grundgedanke war – wie bereits zuvor beschrieben – die Idee der Repräsentanz einer kosmischen Ordnung und Harmonie durch Musik.

Altorientalische Musiktherapie – eine esoterische Heilslehre?

Über viele Jahrhunderte war die islamische Mystik auch Trägerin philosophischer Ideen. In den Persönlichkeiten zahlreicher Wissenschaftler wie z. B. Al Farabi, Avicenna etc. vereinigten sich aus heutiger Sicht gänzlich divergente Weltsichten wie z. B. Mystik, Philosophie, Naturwissenschaften u. a.
Die vom Autor vertretene Position versteht Mystik nicht als eskapistische Geisteshaltung (vgl. Bloch 1963) mittels derer eine Person aus persönlichen und sozialen Missständen in religiöse und irrationale Tagträumereien flüchtet, sondern als den Versuch einer Aussöhnung der Ratio mit den Unwägbarkeiten und Gegensätzlichkeiten menschlichen Seins. Hierfür gibt es eindrucksvolle Beispiele. Z. B. wurde Avicenna gleichermaßen von Mystikern und Philosophen verehrt und gründete seine mystischen Theorien auf philosophischen Anschauungen, innerhalb derer er erkenntnistheoretische und ontologische Vorstellungen entwickelte. In seiner Lehre ergänzten beide Erkenntnisformen einander – Illuminismus und Rationalismus.
Das im Abendland vorherrschende Descartes'sche Paradigma, dass jede Erkenntnis eine rationale zu sein habe, scheint mystische Erkenntnisart per se auszuschließen. Eine kulturwissenschaftliche Betrachtung unterschiedlicher Zivilisationen lässt – „geistige Faulheit" im Sinne des Verzichts auf korrektes philosophisches Denken hier ausschließend – den Schluss zu, dass mystische Erfahrungen sehr wohl wissenschaftlich (im Sinne von rational) reflektierbar sind. Von Platon über Pythagoras bis hin zu Pascal, Schopenhauer, Schelling und Wittgenstein – um nur einige wenige zu nennen – verweisen auch abendländische Philosophen auf das befruchtende Wechselspiel zwischen Illuminismus und Rationalismus. Zwar kann und soll eine kritische und vergleichende Forschung die konkrete mystische Erfahrung nicht ersetzen, sie lässt sich aber durchaus vernünftig mitteilen und reflektieren. Somit wird die Position des Autors klar, dass die Berufung auf „höhere Erkenntnis" nichts mit einer unverbindlichen und sich des kritischen Diskurses verweigernden Haltung zu tun hat. Die hier vertretene Sicht auf Mystik differenziert deutlich zwischen mystischer Erfahrung und krankhaften seelischen Erscheinungen.

Menschliche Entwicklungsstadien

SUFISMUS (Fana--/ Baqa - Konzept)EGO – PSYCHOLOGIE
(E. Eriksons Entwicklungsstadien)

Ridha **Nafs - i - Kamila**
„Zufriedenheit" --------------------------------------- „Vollkommene Nafs"

Tawakkul **Nafs - i - Mardiyiyya**
„Gottvertrauen" ----------------------------------- „Erfüllende Nafs"

Sabir **Nafs - i - Radiyya**
„Geduld" --------------------------------- „Erfüllte Nafs"

Fakirlik **Nafs - i - Mutmainna**
„Armut" --------------------------- „Sichere Nafs"

Zuhd **Nafs - i -Mulhamma**
„Verzicht"------------------- „Inspirierte Nafs" -----------------------------------
Genital --------- Reife, Erwachsen

Wara **Nafs - i - Lawwama**
"Abstinenz" ----------- „Anklagende Nafs" ------------------------**Super Ego** -----
Phallisch ------ Jugend, Pubertät, Latenz, Lokomotor – Phallisch

Tauba **Nafs - i -Insani**
„Umkehr" ----- „Menschliche Nafs"--------------------------------- **Ego** ---------
Anal ---------- Muskulär Anal

Nafs - i - Haywani
„Tierische Nafs"--- **Id** -------------
Oral ---------- Oral - Sensorisch

Nafs - i - Nebati
„Pflanzliche Nafs"

Abb. 3: Menschliche Entwicklungsstadien
(nach Shafii, modifiziert von M. Özelsel)

In der historischen Literatur gibt es beeindruckende Berichte über Sufis, die in ihrer Kenntnis über seelische Prozesse modernen Seelenärzten ebenbürtig, wenn nicht sogar überlegen zu sein scheinen.
Philosophisch sind Sufis am ehesten Phänomenalisten, die in der sichtbaren Welt nur die Außenseite der Schöpfung erkennen. Dies wird oft mit dem Begriff des „Schleiers“ umschrieben. Durch eine langjährige und gewissenhafte Schulung der Seele und das Durchschreiten einzelner Stadien der seelisch-geistigen Entfaltung (siehe nafs-Konzept Abb. 3) können diese Schleier allmählich gelüftet werden, bis der Suchende allmählich zum göttlichen Kern der Schöpfung vordringt.
AM bestand über Jahrhunderte hinweg vorwiegend aus rezeptiv-pharmakologischen Techniken, wobei es allerdings kaum speziell für musiktherapeutische Zwecke komponierte Musik gegeben zu haben scheint. Metaphysischer Grundgedanke war – wie bereits zuvor beschrieben – die Idee der Repräsentanz einer kosmischen Ordnung und Harmonie durch Musik.

Altorientalische Musiktherapie – eine esoterische Heilslehre?

Über viele Jahrhunderte war die islamische Mystik auch Trägerin philosophischer Ideen. In den Persönlichkeiten zahlreicher Wissenschaftler wie z. B. Al Farabi, Avicenna etc. vereinigten sich aus heutiger Sicht gänzlich divergente Weltsichten wie z. B. Mystik, Philosophie, Naturwissenschaften u. a.
Die vom Autor vertretene Position versteht Mystik nicht als eskapistische Geisteshaltung (vgl. Bloch 1963) mittels derer eine Person aus persönlichen und sozialen Missständen in religiöse und irrationale Tagträumereien flüchtet, sondern als den Versuch einer Aussöhnung der Ratio mit den Unwägbarkeiten und Gegensätzlichkeiten menschlichen Seins. Hierfür gibt es eindrucksvolle Beispiele. Z. B. wurde Avicenna gleichermaßen von Mystikern und Philosophen verehrt und gründete seine mystischen Theorien auf philosophischen Anschauungen, innerhalb derer er erkenntnistheoretische und ontologische Vorstellungen entwickelte. In seiner Lehre ergänzten beide Erkenntnisformen einander – Illuminismus und Rationalismus.
Das im Abendland vorherrschende Descartes'sche Paradigma, dass jede Erkenntnis eine rationale zu sein habe, scheint mystische Erkenntnisart per se auszuschließen. Eine kulturwissenschaftliche Betrachtung unterschiedlicher Zivilisationen lässt – „geistige Faulheit“ im Sinne des Verzichts auf korrektes philosophisches Denken hier ausschließend – den Schluss zu, dass mystische Erfahrungen sehr wohl wissenschaftlich (im Sinne von rational) reflektierbar sind. Von Platon über Pythagoras bis hin zu Pascal, Schopenhauer, Schelling und Wittgenstein – um nur einige wenige zu nennen – verweisen auch

abendländische Philosophen auf das befruchtende Wechselspiel zwischen Illuminismus und Rationalismus. Zwar kann und soll eine kritische und vergleichende Forschung die konkrete mystische Erfahrung nicht ersetzen, sie lässt sich aber durchaus vernünftig mitteilen und reflektieren. Somit wird die Position des Autors klar, dass die Berufung auf „höhere Erkenntnis“ nichts mit einer unverbindlichen und sich des kritischen Diskurses verweigernden Haltung zu tun hat. Die hier vertretene Sicht auf Mystik differenziert deutlich zwischen mystischer Erfahrung und krankhaften seelischen Erscheinungen. In der historischen Literatur gibt es beeindruckende Berichte über Sufis, die in ihrer Kenntnis über seelische Prozesse modernen Seelenärzten ebenbürtig, wenn nicht sogar überlegen zu sein scheinen.

Philosophisch sind Sufis am ehesten Phänomenalisten, die in der sichtbaren Welt nur die Außenseite der Schöpfung erkennen. Dies wird oft mit dem Begriff des „Schleiers“ umschrieben. Durch eine langjährige und gewissenhafte Schulung der Seele und das Durchschreiten einzelner Stadien der seelisch-geistigen Entfaltung (siehe nafs-Konzept Abb. 4) können diese Schleier allmählich gelüftet werden, bis der Suchende allmählich zum göttlichen Kern der Schöpfung vordringt.

Diese Erkenntnistheorie ist nach Lerch (2002, 79) „... illuministisch und kreist um die geistige Gabe der Intuition.“ Ziel des gesamten Prozesses ist nicht, sich von der Welt abzuwenden, sondern dem (unreflektierten, „schlafenden“) Menschen zu helfen, die ihn beherrschenden Bindungen an weltliche Dinge zu relativieren bzw. auch zu überwinden. Hiermit wird deutlich, dass diese Haltung (die auch diese geistige Dimension des Menschseins anerkennt) nicht notwendigerweise die Identifikation mit einer spezifischen religiösen Überzeugung (Islam bzw. Sufismus) zur Folge hat. In diesem Sinne ist die therapeutische Haltung offen für ein geistig/spirituelles, philosophisches oder psychologisches Verständnis. (siehe Abb. 4)

Übergeordnetes Therapieziel Autoregulation / Equilibration / Allostase Körperlich, psychisch, sozial, kognitiv, geistig	
Therapeutische Techniken	*Therapeutische Haltung*
Rezeptives tonartenspezifisches Musikhören Aktives Bewegen / Tanz Rezeptives Bewegt-werden Musikalische Improvisation (dyadisch, alleine, stützend) Therapeutisches Gespräch Geleitete / freie Imagination Arbeit mit Elementen (Wasser, Ton, etc.) Lehrgeschichten, Poesie künstlerisches Gestalten (Ebru, Ornamentik)	Philosophisch/phänomenologisch Psychologisch Religiös / spirituell

Abb. 4: Historische und gegenwärtige Techniken der Altorientalischen Musiktherapie in überarbeiteter Version 2003

Kollegen musik(psycho)therapeutischer Schulen rezipierten bislang das Therapieziel der AM weitgehend als „... auf geistiges Wachstum ausgerichtet“. (Frohne-Hagemann in: Decker-Voigt 2001, 172) Diese eindimensionale Wahrnehmung verwundert den europäischen Vertreter der AM u. a. deshalb, weil sich diese Methode mittlerweile in vielfältiger Weise klinisch etabliert hat (neurologische und kardiologische Rehabilitation, Onkologie, Sonder- und Heilpädagogik, Arbeit mit behinderten und benachteiligten Menschen, Geriatrie, psychosomatische Erkrankungen). Zweifellos versucht AM den Menschen aber auch in seiner Lebenssinndimension anzusprechen – ist in diesem Sinne auch „auf geistiges Wachstum ausgerichtet“. Dies soll nachfolgend genauer erläutert und differenziert werden:
Historische Aufzeichnungen belegen, dass Musik im Orient bereits seit dem 9. Jahrhundert gleichermaßen in Krankenhäusern wie auch in den Konventen der Mystiker systematisch zur Anwendung gebracht wurde, wobei die musiktheoretischen Grundlagen mit der Übernahme der griechischen Ethos-

lehre durch die islamischen Gelehrten bereits im 7. Jahrhundert gelegt wurden. Diese besagt, dass die hörbare Bewegung die Bewegung der Seele nicht nur darzustellen und widerzuspiegeln, sondern auch zu erzeugen vermag. Klang, Rhythmus und Gemütsleben stehen in enger Wechselbeziehung zueinander (nach H. Albert (L 1899) in: Kümmel 1977, vgl. auch Platon 1985).
Ein wesentlicher Schlüssel zum Musikverständnis des Orients liegt in der Kenntnis ihrer situativen Kontextgebundenheit. Die oftmals im Westen postulierte Musikfeindlichkeit des Islam bezieht sich nämlich nicht auf die Musik *per se*, sondern auf die äußeren Umstände der Musikausübung. Demgemäß wurde eine Hierarchie musikalischer Gattungen entwickelt, die ich nach al-Faruqui (1985) synoptisch zusammenfassen möchte (siehe Abb. 5):

• *Koranlesung (qira'ah) bzw. religiöse Gesänge:* (adhan, tahlil/talbiyyah, takbirat, madih, tasbih, tahmid) werden als höchste Form musikalischer Tätigkeit gesehen
• *gesungene Dichtung (shi'r):* sofern mit der islamischen Ethik vereinbar
• *Familien- und Festmusik:* Schlummerlieder, Frauen und Hochzeitsgesänge etc.
• *"Occupational Music":* Karawanen-, Hirten-, Arbeitsgesänge etc.
• *Militärmusik (Tabl Khanah)*
• *Vokal-/ Instrumentalimprovisationen:* layali, avaz, taqasim, istikhbar etc.
• *ernste, metrisch gebundene Gesänge und Instrumentalmusik:* dawr, muwashsah, tasnif etc.; bashraf, da'irah, sama'i, dulab etc.
• *Musik vor- oder nicht-islamischen Ursprungs*
• *Sinnliche Musik in abzulehnenden Zusammenhängen*

Abb. 5: Hierarchie musikalischer Gattungen (nach al-Faruqui, 1985)

Die Mächtigkeit der Musik

Die in Abb. 1 und 2 angeführten Zuordnungen beruhen auf der Rezeption und Weiterentwicklung der (oben erwähnten) griechischen Ethoslehre durch islamische Gelehrte. Musik wurde zur Wissenschaft, musste dabei aber auch sakralisiert werden. Dies war u. a. deshalb notwendig, weil es immer wieder Berichte über durch Musik ausgelöste Ekstase sogar von Fürsten und Kalifen gab. Da aber ein „Außer-Kontrolle-Geraten" gemäss der islamischen Orthodoxie unerwünscht war, musste Musik durch Systematisierung und Sakralisierung „bezähmt" werden. Diese Bezähmung führte u. a. dazu, dass je nach Kontext ein- und dieselbe Musik in Spitälern, Sufikonventen oder am fürstlichen Hof zur Anwendung kam. Das verbindende Element war die Überzeugung hinsichtlich ihrer tiefgreifenden emotionalen Wirkung, die durch entsprechende – auch wieder kontextmäßig zu erfassende – Texte noch vertieft und intensiviert wurde. Jeweils unterschiedliche Anwendungsbereiche brachten – daran angepasst – entsprechende Methoden hervor. Höfische Musik hier ausklammernd, möchte ich mich nachfolgend auf sufische bzw. klinische Anwendungen (eigentlich *darü-shifah* = Gesundheitshäuser!) beschränken.
In Spitälern wurden neben den – im heutigen Sinne – biomedizinischen Methoden auch „beziehungsmedizinische" therapeutische Konzepte entwickelt, die eine Harmonisierung des Menschen auf allen Sinnesebenen herbeiführen sollten (*riyazed*). Die *menschliche Stimme* und das *Gehör* wurden mittels liebevoller Gespräche, Poesie, Geschichten, Gesang, Musik, der *Sehsinn* mittels harmonischer Innen- und Außenarchitektur, der *Geruchssinn* mittels Blumenhainen und Düften, der *Tastsinn* mittels Naturmaterialien bei Gewändern und taktil angenehmen Oberflächenstrukturen sowie der *Verdauungstrakt* mittels spezieller Diäten und Fastenkuren positiv beeinflusst.
Auch in den Konventen der Mystiker kamen Musik, Poesie und Tanz als beliebte Formen mystischer Gottesverehrung zur Anwendung. Darüber hinaus wurden Techniken wie zum Beispiel rituelles Fasten, Klausuren im Sinne des Rückzugs in die Einsamkeit, Ritualgebet, Gottesgedenken (*dhikr*), Meditation, Sozialdienst und Lehrgespräche (*sohbet*) zur Reifung der menschlichen Seele praktiziert.
Rumi, der große islamische Mystiker und Gelehrte des 13. Jahrhunderts, sah die Überwindung des menschlichen Unglücks nicht durch Wissenschaft gewährleistet, sondern „durch die Schönheit der musikalischen Melodie und den Zauber der Dichtung". (Öztürk, 2002, 136) An anderer Stelle sagt er sinngemäß zur universellen Wirkung dieser Methoden: „Die Sprachen von Musik und Dichtung sind universell und bedürfen deshalb keiner Über-

setzung; sie sind die Sprachen der Liebe." (ebd. 135, 139) Rumis Sicht entspricht somit der eines musikpharmakologischen Konzeptes, dessen Grundparadigma lautet: Hören ist von entscheidender Bedeutung für die Orientierung des Menschen in der Welt. Deshalb vermag auch der musikalische Klang als solcher heilsam zu wirken (siehe Tucek 2001c, 320). Rezente neurophysiologische Forschungen bestätigen diese Sicht. (vgl. Hesse 2003 in Tucek; Bernatzky 2003; Nöcker-Ribaupierre 2003).
Aus heutiger – westlicher Sicht haben u. a. auch Rudolf zur Lippe (1987) und H. G. Gadamer (1977) die Sicht vertreten, dass musikalisches Geschehen eine direkte Sinnenerfahrung zulässt, die keiner weiteren Interpretation bedarf.
Ebenso schlüssig und legitim ist allerdings auch eine Sicht, die Empathie und Kongruenz des Therapeuten als wesentliche Wirkfaktoren versteht. Im Sinne der historisch belegten Prinzipien „Du kannst einen Menschen nur so weit führen, wie du selbst gegangen bist" bzw. „Du kannst nur das vermitteln, was du selbst lebst." (Sari 1993) weist die AM immer schon auf die therapeutische Beziehungsdimension hin.

Was bedeuten die bisherigen Überlegungen für einen im Sinne der AM Auszubildenden?

Zunächst ist neben der fundierten musikalischen Ausbildung auch eine umfassende kulturwissenschaftliche Reflexion des geistig-philosophischen Hintergrundes der AM gefordert. Der auszubildende Musiktherapeut durchläuft somit einen Enkulturationsprozess (eigentlich Bikulturationsprozess), in Zuge dessen er hiesiges Therapieverständnis mit traditionell östlichem Verständnis verbindet. Hierfür ist eingehende praktische Selbsterfahrung wesentlicher Teil der Ausbildung. So lernt der Therapeut z. B. schrittweise zu reflektieren, welche Faktoren im therapeutischen Beziehungsgeschehen ihn zu welcher musikalischen Intervention veranlassen.
Er erlernt ferner einzelne idealtypische Therapieverläufe. So wird etwa zu Beginn der therapeutischen Sitzung der Patient mittels (vorwiegend rezeptiver) Musik, Bewegung und Tanz in einen physisch und psychisch entspannteren Zustand geleitet. Der dadurch verringerte Leidensdruck zieht im Regelfall Veränderungen im Denken, Fühlen, Wahrnehmen, der Emotionen, Einstellungen etc. nach sich. Auch im europäischen Therapiekontext gibt es vergleichbare Konzepte, die beispielsweise Musik, Tanz, Poesie, Malerei etc. zur Wiederherstellung biologischer und psychischer Rhythmen nutzen (vgl. Bonin et al. 1999). AM stellt *zunächst* nicht *persönlichen Ausdruck* sondern *ordnenden und Struktur gebenden Eindruck* ins Zentrum des therapeu-

tischen Handelns. Dieser Zugang hat sich in der klinischen Tätigkeit in den Bereichen der neurologischen, kardiologischen, onkologischen und psychiatrischen Rehabilitation bewährt.
Daraus kann in einer zweiten Phase der innere und äußere Raum für Verhaltensmodifikation erwachsen. Die Patienten zeigen in dieser Phase oftmals auch die Bereitschaft, sich mit eigenen Schattenanteilen auseinander zu setzen und an ihrer Integration zu arbeiten. Als besonders effektives methodische Hilfsmittel haben sich hierbei durch Musik bzw. Tanz induzierte Zustände veränderten Wachbewusstseins, Lehrgeschichten und Poesie sowie Imaginationsübungen erwiesen.
Das gesamte Therapiekonzept der AM folgt der Idee, Leben als *Gesamtkunstwerk* wahrzunehmen. Aufgabe des Therapeuten ist es, dem Patienten Hilfestellung bei der Entwicklung einer *guten Gestalt* bzw. *Gänzlichung* des menschlichen Seins zu leisten. Der gesamte Prozessverlauf ist darauf ausgerichtet, den Patienten bei der schrittweisen Entwicklung von Kohärenz zu unterstützen. Der Patient wird dabei als Suchender der eigenen Lebensgestalt angesprochen, der erfahren soll, „was Leib und Seele zusammenhält".
In einer dritten Phase wird dieser Prozess bewusst thematisiert und reflektiert. Eigene aktive kreative (musikalische oder bildnerische) Betätigung ist hier nicht selten. An diesem Punkt erweitert die heutige therapeutische Anwendung der AM historisch verbürgte Konzepte. Sie sucht den Patienten zunächst mittels spezifischer Impulssetzung für seine psychischen und körperlichen Muster zu sensibilisieren, um ihn danach in die „Freiheit der eigenen Wahl vor dem Hintergrund vorangegangener harmonischer Sinneserfahrung" zu entlassen.
Die Erfahrungen werden – wo vom Patienten gewünscht (aber keinesfalls zwingend) – in allen Phasenverläufen mit dem Therapeuten besprochen. Diesem kommt vorwiegend *beratende* Funktion zu, wobei die dabei eingenommene therapeutische Haltung in einzelnen Aspekten durchaus mit westlichen Konzepten korrespondiert (siehe weiter unten). Einen Sonderfall bildet im Kontext der verbalen Bearbeitung die Arbeit mit Patienten nach schwerem Schädel-Hirn-Trauma, denen eine kognitive Aufarbeitung kaum möglich ist (siehe: Tucek / Auer-Pekarsky / Stepansky 2001).

Die Frage nach einer möglichen Kompatibilität der AM mit heutigem therapeutischen Denken hat sich im klinischen Alltag bereits beantwortet. AM besteht heute aus einer Kombination tradierter Techniken (siehe Abb. 4) sowie aus Interventionen, die sich aus der jeweiligen (am Bedürfnis des Patienten orientierten) Therapiesituation ergeben. Die Ergebnisse dieser Prozesse haben sich bislang (noch) nicht zu expliziten Methoden verfestigt. Zur

Zeit werden Studentenpraktika sowie die klinische Erfahrungen verschiedener „Altorientalischer Musiktherapeuten“ gesammelt und ausgewertet. Als *Common Sense* in diesem Prozess lässt sich bislang die Ausrichtung auf Ressourcen- und nicht Konflikt- bzw. Defizitorientierung beschreiben.
Im Rahmen der Möglichkeiten als Studiengangsleiter plädiert der Autor in diesem Prozess für prinzipielle Offenheit gegenüber anderen Methoden, Techniken und Sichtweisen, da sich ja vielfältige Überschneidungen und Berührungspunkte zwischen AM und anderen musiktherapeutischen Schulen und Therapieansätzen finden lassen. (Im Rahmen des Studiums werden Studierende auch ermuntert, die Arbeitsweise anderer Musiktherapieschulen kennen zu lernen und zu reflektieren).
Beispielsweise rückt heutige Verhaltenstherapie ebenfalls „gesunde“ Persönlichkeitsanteile therapeutisch in den Mittelpunkt und folgt dem Bild des „heilen Menschen“. Ein derartiges Menschenbild fördert die Entfaltung der Person zu der ihr zu Grunde liegenden Essenz. Dies fordert den einzelnen Menschen, in sinnenhafter Offenheit zur Außen-, Innen- und transzendenten Welt sein individuelles „Heilsein“ (seine „Ganzheit“) zu entwickeln. Dieser Erkenntnisprozess ist seinem Wesen nach offen und zieht keine scharfen Trennlinien zwischen physischen, psychischen und spirituellen Seinsdimensionen. Therapie zielt nach diesem Verständnis innerhalb ihres medizinischen Auftragsprofils auch darauf ab, den Patienten zur Umsetzung von Lebensprinzipien als Konkretion eines höheren Ordnungsprinzips zu bewegen („e-movere“).
Weitere Berührungspunkte ergeben sich u. a. mit dem Buberschen Dialogmodell, der klientenzentrierten Psychotherapie nach Carl Rogers, Viktor Frankls Logotherapie sowie Roberto Assagiolis Psychosynthese.
Exemplarisch seien einige wesentliche Aspekte genannt:

- Zwischenmenschliche Begegnung mittels Einfühlung und Verstehen als bereits weiter oben beschriebenes Agens
- Ausrichtung an einer transzendenten Seinsbestimmtheit (die Person als Ich steht immer zugleich in Beziehung zu anderen Menschen, zur Welt und zu Gott)
- Sinnorientierung und Überwindung leidvoller Lebenserfahrungen durch „innere Zustimmung“ (Authentizität)
- Ansprache des Patienten als „Spezialist“ des eigenen Lebens (Lebenskunst)
- Offenheit für meditative Praktiken
- Annahme einer allgemeinen menschlichen Evolution durch individuelles Wachstum (im Sinne von Assagiolis Psychosynthese (1965)), wie ebenso

die in der klientenzentrierten Psychotherapie beschriebene „Aktualisierungstendenz“ als wesentliches inneres Wachstumsbestreben des Organismus’.

Auf das historische Menschen- und Weltbild der AM hat der Autor in mehreren Beiträgen umfassend Bezug genommen, so dass sie hier unterbleiben kann. (1997, 2001a, 2003)

Abschließend soll noch einmal ausdrücklich auf den Faktor „Persönlichkeit und persönliches Weltbild des Therapeuten“ im Rahmen der AM eingegangen werden:
Bislang wurde der AM in Kollegenkreisen u. a. deshalb mit Vorbehalten begegnet, weil sich die Leitfiguren Oruc Güvenc sowie auch der Autor selbst dem Sufismus (der islamischen Mystik) verbunden fühlen. In den frühen Etablierungsphasen der AM in Europa wurde in der Tat zu unscharf zwischen der Therapiemethode und ihrer Interpretation differenziert. Mittlerweile ist dieser Schritt jedoch vollzogen, so dass sich heute die Frage, ob denn ein Musiktherapeut der AM Moslem oder Sufi sein muss – auch im Sinne obiger Erläuterungen – (seriöser Weise) nicht mehr stellt. Dennoch, das Vorhandensein bzw. die Entwicklung von über den psychischen Bereich hinausreichenden geistigen Kräften (wie sie Menschen mit spiritueller Ausrichtung erstreben bzw. bereits entwickelt haben), ist für das bestmögliche Gelingen einer therapeutischen Beziehung günstig, wiewohl nicht unbedingt erforderlich.
In gewissem Sinne hat ja Therapie immer auch etwas mit einer Mythologisierung des Lebens zu tun. Da diese Aspekte allerdings bereits anderenorts ausführlich besprochen wurden, sollen sie hier nur angemerkt werden. (Tucek 2003)
Die gegenwärtige Situation der AM ist aus der Sicht des Autors mit jener der frühen Etablierungsphasen der Hypnotherapie vergleichbar. Auch ihr eilte der Ruf „mystischen Zaubers“ voraus. Zunächst wurden dem Hypnotiseur besondere Kräfte sowie die völlige Macht über den Hypnotisierten zugeschrieben. Es ist Jovanovic zu verdanken (der im klinischen Bereich einen Zusammenhang zwischen einer höheren Hypnotisierbarkeit und der Erfahrung des Hypnotiseurs beschrieb), dass die Diskussion auf eine rationale Ebene gestellt werden konnte (Jovanovic 1988, 188). Jovanovics Schlussfolgerung, dass Hypnotherapie in jedem Fall eine entsprechende Ausbildung und Erfahrung des Hypnotiseurs erfordert, kann sich der Autor hinsichtlich der AM inhaltlich voll anschließen. Zu einer fundierten Ausbildung gehören umfassendes theoretisches Basiswissen sowie praktische therapeutische Er-

fahrung. Dass darüber hinaus auch ein gewisses Einfühlungsvermögen die Qualität des Therapeuten wesentlich mitbestimmt, versteht sich beinahe von selbst.
Diese Einfühlung ist aber nicht im Sinne unreflektierter intrapsychischer Mechanismen (Gegenübertragung, projektive Identifikationen etc.) zu verstehen, sondern nimmt Rücksicht auf eine (therapie)kulturelle Sozialisation europäischer Studenten. Aus der heutigen Sicht der AM ist eine solche Einfühlung in ihrer vollen Ausprägung nur dann möglich, wenn der Therapeut gemäß seines Menschen- und Weltbildes das „so sein" seiner eigenen Person und der des Patienten in allen Seinsdimensionen grundlegend bejaht. Die volle Qualität der therapeutischen Beziehung entfaltet sich demnach vor dem Hintergrund eines derartigen Menschen- und Weltbildes, knüpft sich jedoch keinesfalls an eine bestimmte Konfession (wie oben dargestellt). Demgemäß sind auch in der AM neben den theoretischen Kenntnissen nicht „mystische" Kriterien entscheidend, sondern vielmehr die Wahrhabung von therapiespezifischem „Gespür" und die Aneignung von praktischer Erfahrung. So zeigt auch die Geschichte der Nordoff-Robbins-Musiktherapie, dass gerade die „Ausstrahlung" eines einfühlsamen Musikers sein Musizieren therapeutisch höchst wirksam werden lassen kann.

AM sieht sich hier wesensverwandt mit C. Rogers' klientenzentrierter Psychotherapie, die besonders das „Gespür" – die Einfühlungsgabe des Therapeuten – betonte. Für Rogers war dies eine der notwendigen und hinreichenden Bedingungen für einen erfolgreichen psychotherapeutischen Prozess (Rogers 1965). Der Therapeut soll im Schutzbereich therapeutischen Raumes an sich die Probleme des Klienten erleben und seine diesbezüglichen Erfahrungen an ihn zurückgeben.
Im Sinne der rezeptiven AM setzt der Therapeut – und hierin liegt der Unterschied zum Konzept von Rogers – allerdings einen ausgleichenden Impuls anstatt seine diesbezüglichen Erfahrungen zurückzugeben. Mit anderen Worten muss der Therapeut der AM in der Lage sein im ersten Schritt zu „doppeln" (durch das Verstehen der eigenen Person ist auch ein Verstehen des Patienten besser möglich = Terminus aus der Psychodrama-Therapie), um danach die entsprechende ausgleichende Intervention zu setzen. Auch hier sind wiederum die Reflexion der eigenen intrapsychischen Prozesse selbstverständlich unerlässliche Voraussetzung, was eingeübt werden muss.
Dennoch: Darüber hinaus bedient sich die AM einer Form von „Gespür", das im Sinne des Schweizer Kulturphilosophen J. Gebser eher als „instinkthaft" zu bezeichnen ist. „Jede Kunst ist in ihrem Wesen vorwiegend Ausdruck des Prärationalen und des Irrationalen, wobei das Mentale als Ord-

nungskraft mitspielt; sie ist also vornehmlich innerhalb der magischen und mythischen Bewusstseinsstrukturen beheimatet. Ihre Wurzeln liegen wahrscheinlich noch tiefer, denn sie ist die ursprungsnahste Ausdrucksart des Menschen." (Gebser 1986, 602). Die Ursprünge musikalischen Empfindens und Gestaltens liegen demnach in der Frühzeit menschlicher Stammesgeschichte, gleichsam im Vorrationalen, Instinkthaft-Gefühlhaften. Hier schließt sich der Kreis zu tiefenpsychologischen Ideen, die ähnliche Ansätze vertreten (Haesler 1985, 260): „Weil die Formen menschlichen Erlebens und Fühlens mit den musikalischen Formen sehr viel mehr als mit den Formen der diskursiven Sprache übereinstimmen, kann Musik das Wesen der Gefühle mit einer Detailliertheit und Wahrheit enthüllen, die der diskursiven Sprache nicht zugänglich sind" ... „Musik ist eine ‚Sprache', deren Ursprünge in frühe vorsprachliche Wahrnehmungs- und Kommunikationsweisen zurückreicht." (Haesler 1985, 261). Dies bedeutet aber für den Therapeuten, dass er in seiner anthropogenen Bestimmtheit jener alten Fähigkeiten mächtig ist und so über einen sehr „intuitiven" Kanal den Klienten wahrnehmen und mit ihm kommunizieren kann und mit diesen Voraussetzungen „instinktiv" oft zum für die Therapie „richtigen" Verhalten gelangt. Diese Fähigkeit bedarf jedoch auch einer theoretischen Fundierung und praktischen Einübung.

Der Autor tritt hier für eine genauere Differenzierung zwischen *„Intuition"* im Sinne stammesgeschichtlicher Bewusstseinsentfaltung (siehe Gebser) und *transzendenten* Qualitäten, die im sakralen Kontext als Manifestation des Geistigen beschrieben werden, ein. Von der Bewegung wäre Ersteres aus der Tiefe nach oben steigend, während Zweiteres sich von oben nach unten bewegt. Aus dieser Sicht ist ein idealtypisches Ziel von Therapie, als Mensch in einem konstruktiven und bewusst wahrgenommenen Spannungsbogen zwischen diesen Polen ausgewogen zu leben.

Von diesen beinahe metatheoretischen Überlegungen auf konkret therapeutisch nutzbare Aspekte zurückkehrend, berühren wir in diesem Zusammenhang auch einen für musiktherapeutische Belange wichtigen Diskussionspunkt, nämlich, ob es nicht im Sinne moderner Musik(psycho)therapie angezeigt wäre, sich in das Musikempfinden des Patienten hineinzuversetzen? AM findet sich oftmals mit dem Vorwurf konfrontiert, dass Musiktherapie sich nicht nach den musikalischen Vorlieben des Therapeuten richten dürfe, sondern auf das spezifische Musikverständnis des Klienten einzugehen habe.

Zunächst ein konkreter Sonderfall aus dem Bereich der Arbeit des Autors mit Patienten nach schwerstem Schädel-Hirn-Trauma: Es erscheint sinnvoll,

die in frühen Remissionsstadien oft stark suggestiblen Patienten mittels AM in eine positive bzw. freudvolle Stimmung zu versetzen. Heftige Gefühlsausbrüche bei älteren Patienten, (im Sinne etwa von Weinen) die durch z. B. österreichisches bzw. deutsches Volksliedgut (auf der assoziativen Schiene) ausgelöst werden können, erscheint aus der Sicht der AM deshalb als wenig zielführend, da kognitive Verarbeitungs- und Integrationsmöglichkeiten der Patienten in diesen Phasen höchst eingeschränkt sind. Hier steht die Eröffnung eines Raumes für freudvolle Seinserfahrung im Vordergrund.
In anderen Bereichen ist die Frage nach Selbstbestimmung und Autonomie des Patienten aus der Sicht des Autors differenzierter zu stellen als nur im Sinne der Frage nach dem Musikgeschmack. So wäre im Sinne eines fruchtbaren Austausches von der Kollegenschaft notwendigerweise anzuerkennen, dass die AM hier einen eigenständigen – über Jahrhunderte empirisch und auch heute im klinischen Alltag erfolgreich erprobten – Weg geht, der sich von musik(psycho)therapeutischen Sichtweisen abhebt. Auf der anderen Seite bedarf der Altorientalische Musiktherapeut selbstverständlich auch der Fähigkeit und Bereitschaft, sich möglichst flexibel auf verschiedene musikalische Ausdrucksarten einlassen zu können, möglichst „empathisch" die jeweils vom Patienten gewünschte Musik mitzu(er)leben, mitzuempfinden und auch für ihn zu spielen, falls es diesem nicht gelingen sollte, auf das vom Therapeuten zunächst gestellte Musikangebot einzugehen.

Abschließend noch ein Gedanke zum Thema *Konfliktorientierung*:
Große Teile des historischen Konzeptes der Altorientalischen Musiktherapie haben sich auch im heutigen klinischen Kontext bewährt. Einzelne Bereiche bedürfen jedoch einer Erweiterung, Vertiefung bzw. kritischen Hinterfragung. Die Tatsache, dass westliche Altorientalische Musiktherapeuten sich als Vertreter einer Tradition verstehen, fordert im Zuge des Enkulturationsprozesses eine ernsthafte Auseinandersetzung mit bewahrenden wie auch progressiven Aspekten ein. Seit nunmehr 19 Jahren versucht der Autor diesen Prozess mitzugestalten und wissenschaftlich zu begleiten. So hat sich in der klinischen Praxis der stark kunstbezogene, nicht konfliktorientierte, sondern auf Ausgleich von Überschüssen und Defiziten orientierte Ansatz als sehr brauchbar erwiesen. „Nicht konfliktorientiert" heißt jedoch keineswegs, dass die Therapeutenformel: „psychische Entwicklung ist Akzeptanz plus Konfrontation" nicht auch für die AM ihre Gültigkeit hat. Bisweilen ist es von großer Wichtigkeit, den Patienten mit den sein Leben behindernden Aspekten zu konfrontieren, oder – wie ein mit dem Autor befreundeter Psychotherapeut formulierte – „... die konstruktive Kraft des ‚Nein in der Liebe' zu nutzen". Dennoch bilden die Orientierung an einer

freudvollen Seinserfahrung des Patienten sowie Ressourcenorientierung weiterhin ein wichtiges Grundgerüst bei der Prozessbegleitung hin zur Entwicklung neuer Lebensperspektiven des Patienten.

ERFAHRUNGEN MIT DEM UNTERRICHTSFACH „REZEPTIVE MUSIKTHERAPIE“ AN DER UNIVERSITÄT FÜR MUSIK UND DARSTELLENDE KUNST WIEN

TONIUS TIMMERMANN

I. Situation und Ansatz

1. Allgemeines zum Unterrichtsfach

Seit 1992 unterrichte ich im Rahmen eines Lehrauftrages an der Universität für Musik und Darstellende Kunst Wien das Unterrichtsfach „Rezeptive Musiktherapie“ in Form einer „Vorlesung mit Übung“. Diese Veranstaltung findet im ersten Jahr des Musiktherapie-Studiums mit zwei Semesterwochenstunden statt, das sind insgesamt 60 Unterrichtsstunden à 45 Minuten, die ich wegen der räumlichen Entfernung in sechs Blocks (drei pro Semester) an zwei aufeinander folgenden Tagen erteile.
Diese Blocks beinhalten, möglichst abwechslungsreich, theoretische und praktische Teile, deren Aufeinanderfolge einem Plan folgt, sich in der konkreten Praxis jedoch auch am Gruppenprozess orientiert. Das Fach bewegt sich auf einer Grenzlinie zwischen Selbsterfahrung und der Vermittlung von Fachwissen und Fertigkeiten. Diese Situation erfordert eine sensible Handhabung durch den Unterrichtenden. So wird in der ersten Stunde mit den Studenten besprochen, dass eigenes Erleben sinnvolle Voraussetzung für diese Art des Lernens ist, eine tiefenpsychologische Aufarbeitung in diesem Rahmen aber nicht möglich ist. Dafür steht ihnen die das gesamte Studium begleitende Einzellehrmusiktherapie zur Verfügung. Ich mute diesen speziell ausgewählten Studenten die Entscheidung zu, was sie in der Gruppe mitteilen und was sie dorthin mitnehmen wollen, wo es ausreichend Raum und Zeit dafür gibt.

2. Rezeptive und aktive Elemente als sich ergänzende Vorgehensweisen in der Musiktherapie

Ich betrachte rezeptive und aktive Vorgehensweisen als sich methodisch ergänzende Elemente der musiktherapeutischen Arbeit (vgl. Timmermann 1998b).

Die Situation des jeweiligen Patienten entscheidet in der Einzeltherapie, ob Musikhören oder Musikmachen angeboten wird. Ändert sich seine Situation, können sich auch Vorgehensweisen ändern. Bei Patienten mit einer tendenziell schwachen Ich-Struktur kann man mehr methodische Stringenz vereinbaren. Ansonsten ermöglicht die moderne tiefenpsychologisch orientierte Psychotherapie methodische Flexibilität, was der Musiktherapie mit ihrem großen Repertoire an möglichen Angeboten entgegenkommt. Im offenen Raum als Spiel-Raum inszeniert sich im Lauf der Zeit, was aus dem Patienten in der Begegnung mit dem therapeutischen Du entsteht. Der konkrete Prozessmoment bestimmt die Entscheidung, *mit* dem Patienten zu spielen oder *für* ihn. Gezielte Angebote aus dem musiktherapeutischen Repertoire aktiver und rezeptiver Musiktherapie helfen ihm, neue Erfahrungs- und Verhaltensmöglichkeiten durch experimentelles Erleben und Handeln zu vertiefen. Was für die Einzelmusiktherapie gilt, lässt sich in der Gruppensituation auf den Gruppenprozess anwenden bzw. auf die Einzelarbeit in und mit der Gruppe. So weit das Grundsätzliche.

Als ich in den 70er Jahren meine Ausbildung in Wien begann, war rezeptive Musiktherapie, die in den 40er, 50er und 60er Jahren eine zentrale Rolle spielte, weitgehend von aktiven Vorgehensweisen mit musikalisch freier Improvisation abgelöst und tauchte nur noch sporadisch im Unterricht auf. Im Fach „Harmonikale Grundlagenforschung“ lernte ich das Monochord kennen und begann, mich für einen möglichen Einsatz in der Musiktherapie zu interessieren (Timmermann 1981). Im Rahmen meiner Recherchen beschäftigte ich mich mit Literatur speziell über die Rezeption von Elementen der Musik in der Therapie (Breuen 1971; Castelliz 1971; Glaser 1973; Hildebrandt 1980; Kreuels 1978; Pontvik 1955; Sperlich 1969; Streich 1980). Die Wirkung monotonaler Klangfarben, Intervalle, Skalen und Rhythmen erschien mir damals als faszinierendes und zukunftsträchtiges Forschungsgebiet für die Musiktherapie. Zum Monochord kamen später andere monotonale Klänge von Gongs, Klangschalen, Trommeln, Rasseln usw. dazu. Viele Impulse erhielt ich in der Zusammenarbeit mit Wolfgang Strobel (Strobel / Timmermann 1991) (vgl. dazu den Beitrag von A. Schmucker in diesem Buch). Nachdem ich mich früher bereits mit der Archetypenlehre C. G. Jungs auseinander gesetzt hatte, schien sich für mich hier eine Lücke zu schließen, denn schon Jung selbst hatte geschrieben, seine Archetypenlehre würde die Musik wohl kaum ausschließen (dazu später mehr).

Als ich begann, therapeutisch mit dem Monochord zu arbeiten (Timmermann 1983a), wurde mir bewusst, welche Ansprüche instrumentales Spiel *für* den Patienten an die Therapeutenhaltung stellt. Diese Vorgehensweise, die ich mittlerweile als „Für-Spiel“ – im Unterschied zum „Vor-Spiel“ – bezeichne, ist eine musiktherapeutische Verwirklichung psychotherapeutischer Techniken wie „Holding“ und „Nähren“, bei denen es darum geht, an den frühen Wurzeln der Persönlichkeit elementare Versorgung wie Halten, Tragen, Wiegen usw. im therapeutischen Setting zu vermitteln. Die Resonanz des Patienten ist direkt zu spüren, etwa an Reaktionen im Körper, in der Atembewegung, in seinen Tränen, seinem Strahlen, oder sie wird anschließend im aufarbeitenden Gespräch deutlich.

Dieses „Für-Spiel“ umfasst nicht nur die Arbeit mit monotonalen Klängen, sondern darüber hinaus auch ein improvisiertes Musizieren und Singen des Therapeuten für den Patienten, bei dem sowohl das Instrument als auch die Art und Weise des Spiels vom Therapeuten durch Einfühlung in die Situation gewählt und entwickelt werden. Dies ist immer auch ein sehr persönlicher Vorgang, bei dem der Therapeut sich auf eine momentane, subjektive Gestaltung einlässt. Der wesentliche Unterschied zum Interpretieren eines komponierten Stückes oder zum Spielen eines Musikstückes durch einen technischen Tonträger liegt auf der Hand. Es bietet dem Therapeuten weniger Schutz und mutet mehr unmittelbare Offenbarung zu. Der therapeutischen Abstinenz entspricht, dass der Therapeut nicht um seiner selbst willen spielt, sondern im Dienste des Patienten.

Daraus ergeben sich die didaktischen Ziele für die Arbeit mit den Studenten. Es geht nicht nur um die Vermittlung eines methodischen Rüstzeugs, sondern wesentlich um eine Haltung und einen dem gemäßen Entwicklungsprozess. Im zeitlichen Rahmen einer Ausbildung kann dieser nicht abgeschlossen werden, dafür braucht es viele Jahre beruflicher Praxis. Doch ein Bewusstsein und ein Gespür für diese Zusammenhänge lässt sich durch Erfahrungen schon vermitteln, und dadurch werden Wachstumsimpulse initiiert, die weiterwirken können.

II. Die curricularen Inhalte

Der Unterricht beinhaltet drei Elemente: Erfahrungsangebote, Übungsangebote und theoretische Reflexion. Die Studenten erleben zunächst verschiedene Settings, Vorgehensweisen und Musiken an sich selbst (Patientenrolle). Dann üben sie sich darin, dies auf ihre Weise der Gruppe anzubieten (Therapeutenrolle). Dieser Prozess wird begleitet von Erfahrungsaustausch und Reflexion auf der Metaebene, aber auch andere Konzepte, Modelle und Gedanken zum Thema werden besprochen.

1. Wie wird Musik erlebt?

Ausgangspunkt des angestrebten Bewusstseinsprozesses bei den Studenten ist deren Alltagserfahrung mit Musik. Jeder soll über die Frage „Wann höre ich warum welche Musik?“ in Form eines Brainstormings mit Stift und Papier nachsinnen. Die Ergebnisse werden an der Tafel gesammelt und schließlich ausgewertet. Schnell wird deutlich, wie unterschiedlich schon innerhalb einer – ja auch unter dem Gesichtspunkt der Musikalität ausgewählten – Studentengruppe der Umgang mit Musik gehandhabt wird, welche Rolle Vorlieben und Abneigungen spielen, wann welche Musik bevorzugt oder abgelehnt wird. Jeder setzt Musik jedenfalls für sich ein, um Wirkungen zu erzielen. Wenn man das Material, das dieses Brainstorming liefert, ordnet und strukturiert, findet man praktisch die ganze Bandbreite dessen, was man über die Wirkung von Musik letztlich aussagen kann.
Dabei werden regelmäßig vier Gegensatzpaare von „klassischen“ Wirkprinzipien des Musikhörens erkennbar, die ich folgendermaßen benenne:

„allopathisch“ – „homöopathisch“
trophotrop – ergotrop
strukturierend – auflösend
biographisch – fantasiert

Die erste Wirkkomponente kann man mit den pharmakologischen Prinzipien von Allopathie und Homöopathie vergleichen: Ist die momentane Stimmung eine traurige, wird entweder (allerdings weitaus seltener) eine heitere Musik quasi als Gegenmittel zur Umstimmung eingesetzt, oder das Anhören einer traurigen Musik soll bewirken, dass die augenblickliche Stimmung verstärkt wird, mit der (bewussten oder unbewussten) Absicht, durch zustimmendes Durchleben eine Katharsis zu bewirken und einen anderen Zustand zu erreichen.
Auch beim zweiten Gegensatzpaar kann man pharmakologische Wirkprinzipien zum Vergleich heranziehen: Anregung und Beruhigung entsprechen der Polarität unseres Nervensystems, Sympathikus und Parasympathikus, dem ergotropen Prinzip auf der einen Seite, dem Aktivität, Kreativität, aber auch Hyperaktivität und Halluzination entsprechen, und dem trophotropen Prinzip auf der anderen Seite, dem Entspannung, Ruhe, Erholung aber auch Erschlaffung und Betäubung zuzuordnen sind.
Als weitere Wirkungspolarität taucht immer wieder auf, dass Musik einerseits einen ordnenden, strukturierenden, zusammenhaltenden oder zusam-

menführenden Einfluss hat oder andererseits eher auflösend, zerfließend oder gar destabilisierend wirkt.
Therapierelevant ist außerdem die biographische Ebene, die durch die Zuordnung von Musiken in bestimmte Lebensphasen und Ereignisse auch immer wieder bei Studenten aktiviert wird. Dieser steht hier das Erleben fantasierter innerer Gestaltungen, Tagträume usw. gegenüber, das durch Musik ausgelöst werden kann. Die biographischen Assoziationen haben nichts mit dem Charakter der Musik selbst zu tun, sondern in welchen Lebensmomenten sie für den Hörenden eine Bedeutung hat. Dagegen können musikalische Inhalte durchaus im Zusammenhang mit den durch sie ausgelösten inneren Bildern stehen.
Diese Unterrichtssequenz ermöglicht den Studenten eine deutlichere Wahrnehmung des eigenen musikalischen Profils, Bewusstseins und Umgangs mit Musik – und die Unterschiede zu den Kommilitonen. Um diesen Ansatz noch zu vertiefen, lade ich die Studenten ein, Musikstücke mitzubringen, die für sie selbst in ihrem Leben eine bestimmte Bedeutung haben, ohne dass sie den anderen vorher darüber etwas mitteilen. Indem sie diese der Gruppe in einem selbstgestalteten Setting vorspielen, verbindet sich der musikorientierte Bewusstseinsprozess mit ersten Übungen zur Gruppenleiterrolle.

2. Einstimmung: Körper – Atem – Musik

Unter chronologischen Gesichtspunkten liegt zwischen dem ersten und zweiten Teil des letzten Abschnitts ein Lernschritt, der sich auf die Gestaltung des gesamten Settings bezieht. Dieses umfasst

- die Einstimmung: Angebote zur Körperposition, Wahrnehmungsübungen und sonstige Vorbereitungen
- das Musikerleben selbst

Ich beginne damit, dass ich in der ersten Unterrichtsphase selbst verschiedene Musiken im Rahmen eines jeweils adäquaten Gesamtsettings zur Rezeption anbiete. Dabei wird erlebbar, wie wesentlich für den sich anvertrauenden Menschen die Gestaltung der Atmosphäre durch beispielsweise Wortwahl und Stimmklang sind. Die verbalen Angebote, die zum Musikerleben führen, sollen eine therapeutische Situation ermöglichen, in der ein Patient sich Zeit lassen und sich dem eigenen Erleben hingeben kann. Die verbalen Angebote, auch wenn es sich um wiederkehrende Formulierungen handelt, sollten immer wieder in einer Weise einladend klingen, dass der Mensch sich wirklich gemeint fühlt und innerlich zustimmen kann. Sie führen in ein möglichst offenes Erlebnisfeld, wo wesentliches Eigenes gespürt werden kann.

Drei Körperpositionen im Einstimmungs-Setting lassen sich grundsätzlich unterscheiden:

1. Liegen am Boden
Auf einer Decke oder Matte zu ruhen wird meist als die intensivste Körperposition zum Musikhören erlebt. Man ist hier sehr regressionsfähig. Das kann als angenehm erfahren werden, aber auch als „ungeschützt", „preisgegeben", „ausgeliefert" usw. Daher empfiehlt sich, dem Rezipienten eingangs Möglichkeiten des Umgangs mit negativem bis bedrohlichem Erleben zu beschreiben, z. B.: Augen öffnen, sich aufsetzen, in der Einzeltherapie „Stopp" sagen. Für das Liegen am Boden bieten sich, wie für die beiden anderen Settings, spezielle Angebote der Körper- und Atemwahrnehmung an, die sich aus der Körperposition ergeben, beispielsweise das Spüren des Rückens am Boden, das Sich-dem-Boden-anvertrauen usw.

2. Sitzen auf einem Hocker oder Stuhl
Diese Position ist für manche Patienten adäquater, weil sie weniger regressiv und damit auch weniger bedrohlich ist. Der Stuhl, je nach Beschaffenheit, lädt tendenziell zum bequemen („gemütlichen") Sitzen mit Anlehnen ein, wobei aber leicht durch ein „Versacken" die freie Atmung behindert und ein eher dumpfer Gemütszustand herbeigeführt wird. Der Hocker ist hier oft deutlicher, da der Mensch mit seiner Aufrichtung, mit dem, was ihn beugt und schmerzt, sehr konkret konfrontiert wird.

3. Stehen – Bewegung – Tanz
Das Stehen ist damit durchaus vergleichbar, es ist sogar noch ein Stück deutlicher, da hier lediglich die Fußunterflächen mit der Erde verbinden. Wie stehe ich so da? Was macht dann die Musik mit mir, bewegt sie etwas in mir, bringt sie mich in äußere Bewegung und in welche, in eine Slow Motion oder einen wilden Tanz ...? Die Grenze zu aktiven Vorgehensweisen der Musik- und Tanztherapie ist hierbei fließend. Solange jedoch der Therapeut die Musik, in welcher Weise auch immer, hervorbringt und Bewegung von ihm als ein mögliches Angebot formuliert wird, definiere ich die Vorgehensweise als dem Bereich rezeptiver Musiktherapie zugehörig.

Partnerarbeit ist eine weitere und weiterführende Möglichkeit, sowohl im Rahmen der Einstimmung als auch beim Erleben von Musik. Wenn die

Gruppenteilnehmer bereits miteinander vertraut sind, können Körperbewusstsein und Atem durch achtsame Berührung intensiviert und lösende Prozesse initiiert werden, was eine große Aufnahmefähigkeit für die Musikrezeption bewirken kann. Im gemeinsamen Sichbewegen zu einer Musik, z. B. Rücken an Rücken, führt die Musik in subtiler Weise in den Bereich Beziehung und Partnerschaft, mit allen Konsonanz- und Dissonanzaspekten.

3. Kultur des Lauschens – Schule des Hörens

Die Studenten erfahren also zunächst selbst verschiedene Angebote als Möglichkeiten, Patienten auf Hörerfahrungen einzustimmen. Neben den Körper- und Atem-Wahrnehmungs-Angeboten beziehe ich immer auch die akustische Ebene der Wahrnehmung ein, etwa: Fünf Minuten nur hören, was jetzt schon tönt. In der modernen Welt ist der Mensch häufig gegen seine Absicht einer dominanten Lautsphäre und einer Berieselung oder Überschwemmung mit Musik ausgesetzt. Die Kultivierung von Stille, sensiblem Lauschen und bewusstem Hören sind von daher umso mehr wesentlicher Bestandteil einer Schulung akustischer Wahrnehmungsfähigkeit. Musik kann in ihrer Gestalt nur erfasst werden, wenn Stille diese Gestalt begrenzt. Durch den teilweise exzessiven Umgang mit Sinneseindrücken in der heutigen Medienlandschaft sind solche Fähigkeiten häufig wie „zugekleistert“, so dass ein „Reinigen der Pforten der Wahrnehmung“ (Aldous Huxley) als korrigierende Übung sinnvoll ist. Dieser ästhetischer Lernprozess umfasst konkret drei Vorgehensweisen, die im Folgenden vorgestellt werden. Dabei wird einerseits durch bewusstes Hören akustische Wahrnehmungsfähigkeit geschult. Gleichzeitig werden die musikalischen Inhalte erlebt und besprochen, und die Studenten selbst üben sich ein in die Rolle des Gruppenleiters.

1. Erleben elementarer Klänge und Rhythmen

Über die Elemente der Musik im therapeutischen Einsatz berichtet ausführlich der nächste Abschnitt. Hier sei nur so viel vorweggenommen, dass es sich bei diesen klanglich-rhythmischen Rezeptionen nicht unbedingt um Musik im Verständnis der abendländischen Tradition handelt. Geht man vom kompositorischen Gestalten aus, sind die Angebote der sog. „Minimal Music“ vielleicht am ähnlichsten. Aber sie erinnern auch an ethnische Musik, in der das repetitive Element als mehr oder weniger variiertes Wiederholen rhythmisch-melodischer Formen weltweit kultiviert wurde. Im schamanistischen Heilen finden sie als archaische musiktherapeutische Elemente häufig Verwendung.

2. Livemusikspiel für den Patienten auf einem selbstgewählten Instrument mit freien bzw. an eines der oben genannten Elemente gebundenen Improvisationen oder eines Stückes aus der Musikliteratur
Die wichtigste künstlerisch-therapeutische Musizierpraxis in modernen musiktherapeutischen Ausbildungen ist die Improvisation. Sie bietet die beste Möglichkeit, das Atmosphärische und das Not-wendige zu erspüren, musikalisch auszudrücken und permanent zu wandeln. Jeder Student hat mindestens ein zentrales Musikinstrument, auf dem er sich auch technisch und künstlerisch weiterentwickelt. Dazu kommt die Arbeit mit der Stimme. Im Laufe seiner Entwicklung kann also das „Für-Spiel" sicher und ausdrucksstark eingesetzt werden. Dabei kann sowohl aus einem Repertoire an Stücken aus der Literatur als auch aus einem Fundus an Improvisationsstrukturen geschöpft werden, beispielsweise: zentraltönige (Bordun-)Musik über einfache Skalen wie Pentatonik, Kirchentonarten usw. oder auch funktional-harmonische Volksliedhaftigkeit oder komplexere Kadenzverbindungen. Letztlich sollte ein Therapeut auf jedem Instrument seines Instrumentariums und vor allem auch mit der Stimme für den Patienten spielen bzw. singen können. Dabei ist allerdings sichere Einfachheit überzeugend, denn entscheidend ist, dass nichts „wackelt", damit der Patient sich getragen und geschützt fühlen kann.

3. Vorspielen eines Musikstückes von Kassette oder CD
Teil der musiktherapeutischen Ausbildung ist im Allgemeinen eine Form von Musiklehre, die Musik auch in ihren historischen und geografischen Dimensionen beleuchtet. Ansonsten wird von einem „Profi" im Musikbereich erwartet, dass er musikalische Bildung und Geschmack entwickelt, ein Gespür für das Atmosphärische in Musiken. Dies schlägt sich in seiner persönlichen und dann auch professionellen Diskothek nieder. Vorschläge dazu aufzulisten, halte ich für nicht förderlich, da die Musik – wenn man sie schon über technische Medien vermittelt – zumindest aus dem musikalischen Selbsterfahrungsprozess des Musiktherapeuten heraus kommen sollte, damit ein direkter Bezug zwischen Musik, Therapeut und Patient entstehen kann.

4. Elemente der Musik – Akustische Archetypen

Das Erleben musikalischer Elemente ist, wie eingangs erwähnt, ein Charakteristikum der schwedischen (Pontvik; Glaser) und der Wiener Schule der Musiktherapie (Breuen; Castelliz; Kreuels; Sperlich). Harmonikales Denken und Forschen stellt eine akustische Verbindung zur Tiefenpsychologie C. G. Jungs dar, insbesondere seiner Archetypenlehre.

Der Begriff „Archetypus“ und seine Verbindung zur Musik taucht bereits bei Johannes Kepler auf, der stark von Platon und dessen Begriffen „Idee“ und „Urbild“ geprägt war. In seinem „5. Buch von der Weltharmonie“ (1609) spricht er beispielsweise im Hinblick auf die Intervalle als Grundelementen der Musik von „... verissimae Harmoniae Archetypo, qui intus est in Anima“, d. h. vom „Archetypen der wahrhaften Harmonie, der der Seele innewohnt“ (Kepler zit. in Haase 1970, 40). Für Kepler sind die im Kosmos wirkenden Proportionsgesetze zugleich auch seelische Dispositionen. Der Begriff „Archetypus“ taucht bei ihm lange vor C. G. Jung in der Bedeutung von „Urprägung, Urgestalt, Urbild“ auf. Jung führte ihn in die Tiefenpsychologie ein. Er und seine Schüler erforschten interkulturell seine visuellen Aspekte (die „Ur-bilder“) und die in Mythen, Märchen und Träumen auftauchenden Motive. Jung selbst meinte jedoch, dass seine Archetypenlehre die Musik wohl kaum ausschließen werde (zit. in Haase 1970, 40). Hier kann man von „Urklängen“ oder „klanglichen Grundstrukturen“ sprechen. Es handelt sich um Schwingungsphänomene, die im Hörbereich des Menschen von ihm in ihrer akustischen Natur erfahren werden und Archetypen des kollektiven Unbewussten darstellen. Diese Ebene wurde bislang in der Archetypenforschung noch wenig berücksichtigt und beschrieben (vgl. Timmermann 1987, 64 ff; Strobel / Timmermann 1991; Timmermann 1994, 196 ff). In der Musik können Zahlen sinnlich als Ordnungsstrukturen bzw. ordnende Strukturen erfahren werden, was den psychohygienischen und -therapeutischen Einsatz von Musik durchaus mitbegründen kann.

Eine therapierelevante Schulung des musikalischen Bewusstseins setzt am besten beim Einzelton und seinem Innenleben, also der Struktur der Obertonreihe und deren klangfarbe-spezifischen Manifestationen an. Hörerfahrungen werden ergänzt durch die Vermittlung grundlegenden harmonikalen Wissens. Das ideale Instrument hierfür ist das mehrsaitige Monochord, wenn alle Saiten auf eine Tonhöhe gestimmt sind. Streicht man nun abwechselnd mit einem Finger der rechten und linken Hand über die Saiten, ergibt sich ein sehr obertonreiches Klangspektrum, wobei die Obertöne in kreisenden Melodien über dem Einzelton auftauchen (näheres in Timmermann 1989b) – wie ein akustisches Mandala.

Auf diese Weise wird der *Einzelton* als Keimzelle aller musikalischen Formen erfahren. Im Unterschied zum Geräusch ist Klang immer eine periodische Schwingung und impliziert damit das Element *Rhythmus*. Durch Betonung und Zeiteinteilung entstehen daraus weitere archetypische Grundrhythmen und daraus wiederum komplexere rhythmische Strukturen. In der Obertonreihe sind alle *Intervalle* (in der Reihenfolge ihres Konsonanzgrades) enthalten und daraus entfaltet sich das Element *Skala*. Skalen sind weltweit – bewusst oder unbewusst – die Strukturen, die Bahnen, in denen sich die Melodien bewegen; in der Polyphonie werden bestimmte Töne dieser Skalen simultan gespielt und als Akkorde bezeichnet, die die Tongeschlechter und funktionale Harmonik in der abendländischen Musik bestimmen. Aus diesen verschiedenen Elementen entstehen wiederum musikalische Figuren, Abbildungen energetischer Prozesse auf der akustischen Schwingungsebene. Dies alles zusammen bildet die archetypischen Grundlagen der Musik, die hier noch einmal im Überblick dargestellt seien:

Archetypische Grundstrukturen der Musik

1. Einzelton mit Obertonreihe	Klangfarbe
2. Rhythmus	periodische Schwingung als Basis-Rhythmus, verschiedene Rhythmen
3. Intervalle	Konsonanz – Dissonanz
4. Skalen	Melodien, melodische Motive simultan: Akkorde, Tongeschlechter
5. Musikalische Figuren	Glissando, kreisförmige Wiederholungen usw.

1. Zum Element „Einzelton/Klangfarbe"

Dieses lässt sich am ehesten durch Hörerfahrungen mit monotonalen Instrumenten erfahrbar machen, die charakterisiert sind durch ihre besondere Klangfarbe, welche sich aus der jeweiligen Konstellation bzw. Gewichtung der Obertöne ergibt. Einige sind sehr archaisch und einige werden seit Urzeiten im kultischen und heilerischen Kontext verwendet, vor allem Schwirrholz, Maultrommel und Didjeridu.
Andere Instrumente zeugen von hochentwickelter materieller Kultur. Neben dem oben bereits erwähnten Monochord gibt es Klangschalen von der Größe einer Teeschale bis hin zum Umfang von über einem Meter, und daher auch von sehr unterschiedlicher Wirkung; das Gleiche gilt für Gongs. Mögliche Wirkungen kann man in der einschlägigen Literatur studieren (Timmermann 1983b u. 1989b; Strobel / Timmermann 1991; Engert-Timmermann / Timmermann 1997 u. 2001, vgl. dazu auch den Beitrag von A. Schmucker in diesem Buch).

2. Zum Element „Rhythmus“

Die *Rassel* ist sowohl onto- wie phylogenetisch ein Urinstrument und wird zur rhythmischen Stimulation verwendet. Auch der *Musikbogen*, der bereits in Jahrtausende alten Höhlenmalereien auftaucht, dient weltweit zur Trance-Induktion. Das bekannteste Instrument des Schamanen ist die *Trommel*, die er häufig als Pferd, Boot, Wagen oder Schlitten bezeichnet. Außerdem wird der Trommelschlag häufig in Verbindung gebracht mit dem mütterlichen Herzschlag. Wenn wir bedenken, dass wir die ersten neun Monate intrauterin in dieser rhythmischen Pulsation schwingen, ist es nicht verwunderlich, dass der Klang der Trommel eine so tiefe Wirkung auf den Menschen hat und dass sie in solch frühe Seinszustände führen kann.

3. Zum Element „Intervalle“

Zu diesem Element führe ich ein Experiment durch, bei dem ich den Studenten verschiedene Intervalle vorspiele und diese spontan dazu Assoziationen notieren, die anschließend vorgelesen und verglichen werden. Bei diesem Vergleich kommt meist das heraus, was seit der Antike zur Wirkung der Intervalle von verschiedenen Autoren gesagt wird: nämlich viel Verschiedenes und einiges Übereinstimmende (vgl. auch Timmermann 1983b). Vielleicht liegt es daran, dass eine archetypische Wirkung nicht mit den oberflächlichen Mitteln gängiger Versuchsdesigns nachgewiesen werden kann (welche anderen gibt es aber?). Ich überlasse es immer den Studenten, sich dazu ein eigenes Urteil zu bilden, indem sie darüber weiterforschen.

4. Zum Element „Skalen“

Dies gilt auch für das Thema „Skalen“. Dazu erhalten die Studenten von mir ein Blatt mit verschiedensten Skalen, von Kirchentonarten über den Orient bis zur Ganztonreihe. Ich empfehle, sich damit spielenderweise zu beschäftigen, sie als Ausdruck musikalischer Stimmungen, kulturgeprägt oder archetypisch, selbst zu erleben und zu integrieren oder auch als Struktur für improvisiertes „Für-Spiel“ zu verwenden.

5. Das Element „Musikalische Figuren“

Musikalische Figuren wie Glissando, kreisförmige Wiederholungen, Triller usw., wie sie auf der visuellen Ebene beispielsweise Grundformen wie Kreis oder Spirale entsprechen, werden in der Improvisation eher spontan einge-

setzt. Dennoch ist es für uns Musiktherapeuten interessant zu reflektieren, inwiefern sie von Komponisten bewusst eingesetzt werden, um bestimmte Wirkungen zu erzielen, wie es z. B. der Filmkomponist Norbert Jürgen (Enjott) Schneider darstellt (Schneider 1996).
Das Archetypische in der Musik bleibt dennoch zweischneidig: Einerseits sind musikalische Elemente nicht beliebig, andererseits lässt sich, mit wissenschaftlichen Methoden jedenfalls, keine objektive Wirkung nachweisen. Dies in einer offenen Atmosphäre zu erfahren, erachte ich im Rahmen einer Musiktherapie-Ausbildung für sinnvoll.

5. Theorie und Forschungsstand

Für den theoretischen Teil meines Unterrichtes habe ich ein Repertoire von relevanten Texten zusammengestellt, die ich mit den Studenten bespreche: Basistexte zu den verbreitetsten Methoden und zur Forschung, Texte musikphilosophischen, musiksoziologischen und (musik-)bewusstseinsgeschichtlichen Inhaltes. Diese Texte und ihre Diskussion sind Teil der begleitenden Metaebene, die zu dieser Form eines ganzheitlichen Lernprozess der Studenten wesentlich dazugehört. Dabei lassen sich vier Hauptpunkte unterscheiden:

1. Musikbewusstsein in Zeit und Raum

Musikhören hat immer auch eine historische und geographische Dimension und ist eng mit der jeweiligen Sozialisation und deren psychischen Aspekten und Folgen für den Hörenden verknüpft. Diese Tatsache relativiert das aktuelle Musikerleben schon vor der Auswahl der Klänge, Rhythmen oder Stücke. Zu meinem Repertoire an Texten, die für diese Thema Anregungen bieten und Diskussionsgrundlage sein können, gehören die Buchkapitel „Vom Musikbewusstsein unserer Zeit“ (Hamel 1980), „Musikhören in der Industriegesellschaft“ (Timmermann 1994) und, quasi als Weltmusikgeschichte, das Gebsersche Bewusstseinsmodell (Gebser 1978) auf die Musik angewendet (Timmermann 1987, 42) und anhand von Musikbeispielen dargestellt, wobei auch Analogien zur ontogenetischen Musikentwicklung behandelt werden. Gleichzeitig wird dadurch die Wirkung von Musik anderer Kulturen, zeitgenössischer und experimenteller Musik erfahren, die unsere vertrauten Gehörsbahnen verlässt. Da ein möglichst weiter Musikbegriff der Musiktherapie am ehesten entspricht, gehören solche Hörerfahrungen zu dem Wachstumsprozess, der in einer Ausbildung angeregt werden soll.

2. Musikrezeption und Forschung

Was kann die Wissenschaft beim heutigen Forschungsstand überhaupt über die Wirkung von Musik aussagen, und was bedeutet dies für die musiktherapeutische Praxis? Als Basistext zur musikpsychologischen Rezeptionsforschung studieren und diskutieren wir einen Text von Gembris (1996), der die Ergebnisse dieser Forschung gut und übersichtlich zusammenfasst.
Ein anderer wissenschaftlicher Ansatz ist die Harmonikale Grundlagenforschung, die Prof. Haase am Hans-Kayser-Institut der Wiener Musikhochschule in den 50er Jahren aufbaute (vgl. Haase 1976, 1980) und die von Anfang an eng mit der Musiktherapie verknüpft war. Experimente mit akustisch-physikalischen Gesetzmäßigkeiten von Schwingungsphänomenen, die im Hörbereich als Klang erlebt werden, machen das innere Wissen um seine zahlen- bzw. proportionsgesetzliche Struktur erlebbar und verstehbar. Auch die Gehörsdisposition und das Phänomen des „Zurechthörens" (Haase 1977) gehören in diesen Zusammenhang.

3. Methodik rezeptiver Musiktherapie

Die praktischen Erfahrungen der Studenten mit rezeptiver Musiktherapie werden ausgelöst durch Vorgehensweisen, wie ich sie selbst praktiziere und daher authentisch vermitteln kann. Diese sind stark geprägt durch eigene Selbsterfahrung mit körperorientierten Methoden, vor allem der Atemtherapie (nach Herta Richter, München) und der Zusammenarbeit mit meiner Frau Gabriele Engert-Timmermann sowie den sich daraus ergebenden Konzepten (vgl. die gemeinsamen Veröffentlichungen 1997 u. 2001).
Als Texte zu anderen Methoden wurden bisher verwendet: allgemein zur rezeptiven Musiktherapie von Frank-Bleckwedel (1996), zur *„Regulativen Musiktherapie"* von Schwabe (1996) und zu der von Helen Bonny entwickelten *„Guided Imagery and Music"* von Metzner (1996).

4. Musik und verschiedene Zustände des Bewusstseins

Musikhören beeinflusst den momentanen Bewusstseinszustand eines Menschen. Eine philosophische Einführung in diese Thematik ist das Kapitel „Wo sind wir, wenn wir Musik hören" von Peter Sloterdijk (1993, 394 ff). Einen systematischen Überblick über die verschiedenen Formen bzw. Zustände des Bewusstseins bietet Scharfetter (1991, 41 ff)). Anhand dieser Landkarte kann man gut reflektieren, wie welche Musik unter welchen Umständen wohin führen kann.

6. Was wirkt in der rezeptiven Musiktherapie?

Naturgemäß schwingt diese Frage durch die gesamte Veranstaltung hindurch mit und wird immer wieder zum Thema. Drei Aspekte werden dabei aus dem Erleben heraus theoretisch reflektiert.

1. Die therapeutische Beziehung

Die Psychotherapieforschung konnte „Beziehung“ als zentralen Wirkfaktor nachweisen. In der Beziehung zwischen Therapeut und Patient wirken aus tiefenpsychologischer Sicht neben der Realbeziehung noch Übertragung und Gegenübertragung, Abwehr und Widerstand, das Arbeitsbündnis und die Therapeutenhaltung. Natürlich schwingen auch im professionellen Rahmen generelle Aspekte zwischenmenschlicher Beziehung wie Sympathie, Geschlechterspannung etc. mit; der Umgang damit ist durch Professionalität geprägt. Dies Thema taucht auch in anderen Unterrichtsfächern auf und wird hier speziell unter dem Aspekt der rezeptiven Musiktherapie betrachtet. Durch die praktischen Übungen wird erlebbar, dass der Therapeut bei dieser Form durch Settingsgestaltung und Musik einen mächtigen, suggestiven Einfluss auf die Befindlichkeit der ihm Anvertrauten nehmen kann und dass es einer großen Achtsamkeit und Klarheit bedarf, um mit dieser Situation umgehen zu können. Das experimentelle Rollenspiel ist dafür die beste Anleitung. Es muss jedoch immer wieder die Metaebene in Form einer das Geschehen auch theoretisch durchdringenden Reflexion eingeschaltet werden.

2. Das Setting

Dies gilt auch für die Gestaltung des Settings. Die persönlichen Erfahrungen zeigen ein Repertoire an Möglichkeiten auf, die immer wieder im Hinblick auf verschiedene Praxisfelder und Momente im therapeutischen Prozess hin reflektiert werden. Die Gestaltung des Settings schafft dabei Beziehungs-Wirklichkeit, z. B. in Form einer Atmosphäre, in der die Rezipienten sich grundsätzlich angenommen und sicher begleitet fühlen, damit sie sich öffnen können für das, was bei ihnen auftaucht. Darüber hinaus werden Wirkungen von Körperpositionen, Atemerleben und akustischem Ambiente mitgeteilt und reflektiert.

3. Die Musik an sich

Da durch die Rezeptionsforschung keine objektiven Wirkfaktoren der Musik isoliert werden konnten, müssen wir sie immer wieder im Zusammenwirken mit den anderen Bedingungen betrachten. Als Musiktherapeuten gehen wir natürlich nicht davon aus, dass es beliebig ist, was da erklingt. So hilft uns nur das eigene Experiment und seine Reflexion weiter, die möglichst viele Faktoren einbezieht: die verschiedenen Elemente und Arten der Musik, Parameter wie Lautstärke, Dynamik etc., die Interpretation durch den Musizierenden, materielle Gegebenheiten wie die spezifischen Qualitäten der Instrumente, Tonträger etc. Vor allem im „Für-Spiel“ hat der Musiktherapeut eine sprichwörtlich tragende Rolle, die jeweils auf ihre Wirkung hin analysiert wird.

III. Unterrichtsziele und ihre didaktische Verwirklichung in der Arbeit mit den Studenten

Nachdem bislang die Lehrinhalte und ihre Bedeutung für die musiktherapeutische Ausbildung behandelt und gleichzeitig auf den damit verbundenen Bewusstseinsprozess reflektiert wurden, geht es im folgenden Abschnitt um eine Vertiefung dieser Reflexion: durch welche konkreten Angebote wird der innere Prozess der Studenten im Hinblick auf die zu erreichenden Lernziele initiiert und gestaltet?

1. Die therapeutische Haltung als Bedingung für die Anwendung therapeutischer Techniken

Der therapeutische Beruf erfordert auf Grund der hohen Verantwortung, die mit ihm verbunden ist, auch ein hohes Berufsethos. Es ist – übrigens ähnlich wie in der Kunst – nicht damit getan, Techniken zu erlernen und anzuwenden. Diese Techniken bilden zwar die Grundlage für die Berufsausübung, aber sie müssen in einer Weise integriert sein, dass ihre Anwendung in einer von der ganzen Persönlichkeit durchdrungenen Weise zur Wirkung kommen kann. Dazu gehört ein innerer Prozess, der durch Einzel- und Gruppen-Selbsterfahrung bzw. Einzel- und Gruppen-Lehrtherapie angeregt und begleitet wird, aber auch in den anderen musiktherapeutischen Fächern, zumindest solchen, die sich auf die musiktherapeutische Berufspraxis beziehen, gehört die Selbstreflexion in Bezug auf das, was man beim Patienten anwenden will, unbedingt dazu.

Musik ist unser zentrales Medium und in der rezeptiven Musiktherapie geht es speziell um das Hören von Musik und ihren Elementen als Wirkfaktor in der Therapie. Daher scheint mir für dieses Fach das Bewusstsein betreffs des eigenen alltäglichen Umgangs mit Musik ein guter erster Schritt zum Erkennen des eigenen Persönlichkeitsprofils als Musikrezipient zu sein. Zunächst geht es darum, eigene Vorlieben und Abneigungen deutlich zu spüren und in Bezug zu den Kommilitonen zu relativieren. In der Konsequenz kann man dazu stehen („So bin ich eben“), sich hinterfragen („Wie komme ich zu diesen Vorlieben und Abneigungen, was haben sie mit meiner persönlichen Geschichte zu tun ...?“) und evt., auf Grund des gegebenen spezifischen Settings, verändernde Neuerfahrungen machen, neue Erlebnisebenen wagen, nie Gehörtes an sich heranlassen, Vor-Urteile hinter sich lassen und eine musikalische Bewusstseinserweiterung erfahren. Womöglich kann dies gleichzeitig geschehen: die zur Persönlichkeit gehörenden musikalischen Vorlieben („meine Musik“) bleiben im Vordergrund und werden im musikalischen Entwicklungsprozess vertieft, die eigene musikalische Sozialisation wird erkannt und anerkannt, und darüber hinaus werden neue Hörwelten erschlossen und bereichern die Persönlichkeit.
Soeben wurden zwei Schritte und Rollen verbunden, die in den folgenden beiden Abschnitten noch einmal gesondert betrachtet werden sollen: das Erleben als Rezipient bzw. Patient und das Erleben als Gruppenleiter bzw. Therapeut.

2. Einüben in das Erleben rezeptiver Musiktherapie

Erleben als Rezipient ist Selbsterfahrung in der Patientenrolle. Die Studenten erleben Vorgehensweisen, wie sie in der Musiktherapie einzeln oder in der Gruppe angeboten werden. Dies ist die Voraussetzung für Empathie, und diese wiederum ist Voraussetzung für die angemessene Gestaltung von Hörerfahrungen. Dabei erleben die Studenten zunächst einmal exemplarisch meine Person in der Therapeutenrolle, wenn ich ihnen ein Setting und eine Musik anbiete. So können sie selbst spüren, wie Worte und Stimmklang, Umgang mit der Zeit, verschiedene musikalische Elemente und Musiken wirken. Sie erfahren, dass Körper- und Atemwahrnehmung sowie das akustische Hier und Jetzt zum ganzheitlichen Erleben dazugehören, dass die Seele daran gespürt wird und sich öffnen kann, dass Musik an der Grenze zur Stille intensiver wahrgenommen wird. Sie erfahren die Unterschiede des Musikerlebens im Liegen, Sitzen, Stehen und in der Bewegung, ferner: wo ihre Bedürfnisse nicht mit meinen Angeboten übereinstimmen und wie sie bzw. andere damit umgehen.

Diese Erfahrungen werden mitgeteilt und besprochen. Im Allgemeinen möchte man sie mit den anderen Gruppenmitgliedern teilen, einiges fließt vielleicht eher in die Einzellehrmusiktherapie ein. Ein wesentlicher Lernschritt ist, gerade für junge Studenten, innere Erfahrungen in Worte fassen und sie mittels dieser Worte nach außen und damit den anderen zu Gehör zu bringen. Dies wird später die Erwartung an die Patienten sein, und insofern muss jeder das erst einmal von sich selbst und den anderen Gruppenmitgliedern erwarten können. Dieser Lernschritt wird gleichzeitig in den anderen Fächern mit Selbsterfahrungscharakter geübt.

3. Einüben in die Therapeutenrolle

Auf der Basis dieser Erfahrungen können die Studenten erste eigene Versuche mit der vertrauten Gruppe machen, was in jeder Hinsicht leichter ist als damit gleich im Rahmen des Praktikums konfrontiert zu sein. Die Vertrautheit und nichthierarchische Form der Beziehung nimmt dem Anfänger Scheu und die Rückmeldungen sind gleichzeitig Lernerfahrungen für alle. Natürlich muss dazu ein Klima geschaffen werden, in der nicht Konkurrenz und Häme herrschen, sondern Offenheit und Ehrlichkeit bei gleichzeitiger Achtung und Wertschätzung. Die experimentelle Lernsituation bedeutet: als Anfänger muss ich es nicht können, sondern meine Versuche offenbaren, wie etwas wirkt.

Bei der Gestaltung des Settings sind neben den inhaltlichen Angeboten die Hauptwirkfaktoren: Lautstärke und Klang der Stimme, Wortwahl und fehlende Worte, Umgang mit Zeit und Pause, die Wahl des Grundsettings für eine Musik. Dies ist nicht nach einem Lehrbuch, sondern lediglich durch eigenes experimentelles Handeln zu erlernen.

Auch der Umgang mit technischen Medien in der rezeptiven Musiktherapie kann zwar durch wichtige Tipps vorbereitet werden, so z. B. den Lautstärkepegel grundsätzlich erst mal ganz herunter und dann achtsam hineinzudrehen, zuerst durch Prüfung ganz sicher zu gehen, dass das Tonband mit der richtigen Seite und an der richtige Stelle eingelegt ist usw. Aber in der konkreten Situation und dem damit verbundenen Anfängerstress werden diese Dinge doch immer wieder mal außer Acht gelassen, was dazu führt, dass die Bedeutsamkeit sehr deutlich hervortritt und gewürdigt wird.

Mein wesentlichstes Anliegen ist allerdings die Live-Musik, die Einübung in das Spiel *für* den Patienten. Auch vorspielerfahrene Studenten spüren sehr schnell, dass durch das vorbereitende Setting im Hörer eine andere Haltung entsteht als im Konzertsaal. Obwohl diese im Einzelfall durchaus ähnlich sein kann, wird die dort beispielsweise durchaus legitime Fähigkeit, analytisch zu hören oder auch im Hinblick auf die technische Qualität der Darbietung, hier entweder als Abwehr oder Missverständnis gedeutet. Selbst wenn es sich um ein Musikstück aus der Literatur handelt, das für die Gruppe gespielt wird, ist die Intention primär auf die Tiefenwirkung ausgerichtet, darauf, etwas in der Seele in Schwingung zu versetzen und in Erscheinung treten zu lassen, inneres Erleben zu ermöglichen, das für die therapeutische Situation relevant wird.

Beim improvisierten Instrumentalspiel und Singen kommt das Faktum hinzu, dass der Musiktherapeut als Spielender etwas mehr oder weniger Persönliches von sich gibt, das er in den Dienst der therapeutischen Arbeit mit dem Patienten stellt. Dies in angemessener Weise zu tun, erfordert viel Übung und Erfahrung, zunächst im vertrauten Kreise, später in der Arbeit mit Patienten. Diesen Prozess zu initiieren, ein Stück weit zu begleiten und Anregungen für seinen weiteren Verlauf zu geben ist das Befriedigendste an dieser Lehrveranstaltung.

LITERATUR

Åkerlind, A. (2003): Five weeks in the Spectrum Program – narratives of five patients. (In Swedish). Final paper presented for certification as a licenced psychotherapist. SAPU psychotherapy training institute, Stockholm

Abrams, B. (2002a): Transpersonal Dimensions of the Bonny Method. Bruscia, K. E. / Grocke, D. E. (Hg.): Guided Imagery and Music: The Bonny Method and Beyond. Gilsum. 339–358

Abrams, B. (2002b): Methods of Analyzing Music Programs used in the Bonny Method. Guided Imagery and Music. Bruscia, K. E. / Grocke, D. E. (Hg.): Guided Imagery and Music: The Bonny Method and Beyond. Gilsum. 317–335

Achenbach, T. M. et al. (1993): Nine-Year Outcome of the Vermont Intervention Program for Low Birth Weight Infants. Pediatrics 91 (1), 45–55

Achterberg, J. (1990): Gedanken heilen. Die Kraft der Imagination – Grundlagen einer neuen Medizin. Reinbek bei Hamburg

Adorno, Th. W. (1962): Einleitung in die Musikpsychologie. Frankfurt

Alridge, D. (1996): Music therapy research and practice in medicine: from out of the silence. London

Aldridge, D. (1999a): Musiktherapie in der Medizin. Göttingen, Toronto, Seattle

Alridge, D. / Alridge, G. (1999b): Life as Jazz: Hope, Meaning, and Music Therapy in the Treatment of Life-Threatening Illness. Dileo, C. (Hg.): Music Therapy & Medicine: Theoretical and Clinical Applications. MD, American Music Therapy Association, 79–94

Al-Faruqi / Ibsen, L. (1985): Music, Musicians and Muslim Law. Journal of the Society for Asian Music 17 (1): 3–36

Assagioli, R. (1965): Psychosynthesis. A Manual of Principles and Techniques. New York. Dtsch (1978): Handbuch der Psychosynthesis. Angewandte transpersonale Psychologie. Freiburg i.Br.

Auerbach, L. (1982): Musik als Massendroge unserer Zeit. Intervalle 4, 41–48

Balint, M. (1970): Therapeutische Aspekte der Regression. Stuttgart

Balint, M. (1973): Therapeutische Aspekte der Regression. Die Theorie der Grundstörung [Orig. London 1968]. Reinbek bei Hamburg

Baumann, M. / Gessner, C. (2004): Zwischenwelten. Musiktherapie bei Patienten mit erworbener Hirnschädigung. Wiesbaden

Beckh, H. (1987): Die Sprache der Tonart in der Musik. Frankfurt

Behne, K.-E. (1984): Befindlichkeit und Zufriedenheit als Determinanten situativer Musikpräferenzen. Musikpsychologie 1, 7–21

Behne, K.-E. (1993) Wirkungen von Musik. Musik und Unterricht 18, 4–9

Behne, K.-E. (1999): Zu einer Theorie der Wirkungslosigkeit von (Hintergrund-) Musik. Musikpsychologie 14, 7–23

Besseler, H. (1926): „Grundfragen des musikalischen Hörens". Jahrbuch der Musikbibliothek Peters 32, 35–52

Bettelheim, B. (^{7}1984): Kinder brauchen Märchen. München

Bindel, E. (1985): Die Zahlengrundlagen der Musik im Wandel der Zeiten. Stuttgart

Birnholtz, J. C. / Benaceraff, B. R. (1983): The Development of Human Fetal Hearing. Science 222, 516

Bishop, S. (1994): The use of Guided Imagery and Music with Adult Female Survivors of abuse in an inpatient psychiatric setting. Salina, Kansas

Bissegger, M. (1995): Anthroposophische Musiktherapie am Beispiel der Inneren Medizin in der Filderklinik. Musiktherapeutische Umschau Bd. 16 Heft 4, 289–298

Bissegger, M. (1999a): „... dem andern begegnen ..." Musiktherapie auf der Intensivstation. Einblicke. Beiträge zur Musiktherapie 9, 69–78

Bissegger, M. (1999b): Musiktherapie bei frühgeborenen Kindern und ihren Müttern. Ein Pilotprojekt mit Unterstützung der A.-T. Kind-Stiftung, Hamburg. [unveröffentl. Manuskript]

Bissegger, M. (2000): Musiktherapie bei frühgeborenen Kindern und ihren Müttern. Aldrige, D. (Hg.): Kairos V, Beiträge zur Musiktherapie in der Medizin. Bern, 26–39

Bissegger, M. (2001): Anthroposophische Musiktherapie. Decker-Voigt, H.-H. (Hg.): Schulen der Musiktherapie. München

Blake, R. (1994a): Vietnam Veterans with Post Traumatic Stress Disorder: Findings From a Music and Imagery Project. Journal of the Association of Music and Imagery 3, 5–17

Blake, R. / Bishop, S. R. (1994b): The Bonny Method of Guided Imagery and Music in the treatment of Post Traumatic Stress Disorder (PTSD) with adults in a psychiatric setting. Music Therapy Perspectives, 12 (2), 125–129

Bloch, E. (1963): Avicenna und die aristotelische Linke. Frankfurt

Bolay, V. (1974): Musik-Therapie 1. Aus dem Entspannungstraining nach musiktherapeutischen Gesichtspunkten. Schweinfurt

Bolay, V. / Selle, E.-W. (1982): Entspannungstraining nach musiktherapeutischen Gesichtspunkten. Trainerhandbuch (mit Tonträger). Schweinfurt

Bolay, V. (2002): Charakterisierung der psychosozialen Belastung und der Krankheitsbewältigung von Hämo-Dialysepatienten als Vorbereitung für ein Coachingkonzept zur Verbesserung der Behandlungsqualität. Nieren- und Hochdruckkrankheiten 31 (5), 186–192

Bolin, N. (1994): Musik – eine Droge? Musik und Unterricht 24, 29–35

Bonde, L. O. (1996/2000a): Grounding Image Potentials in the Musical Experience. Reflection on a Tape Analysis of "Creativity I". Col legno 2000a: www.musik.aau.dk

Bonde, L. O. (1997): Music Analysis and Image Potentials in Classical Music. Nordic Journal of Music Therapy, 6 (2), 121–128

Bonde, L. O. (2000b): Metaphor and Narrative in Guided Imagery and Music. Journal of the Association for Music and Imagery 7, 59–76

Bonde, L. O. (2002a): Models and Methods of Music Therapy: Guided Imagery and Music – The Bonny Model. Wigram, T. / Nygaard Pedersen, I. / Bonde, L. O. (Hg.): A Comprehensive Guide to Music Therapy. London. 115–121

Bonde, L. O. (2002b): New Resources in GIM. Noprdic Journal of Music Therapy 11 (2), 193–196

Bonde, L. O. (2002c): Theoretical Foundations of Music Therapy: Music as Analogy and Metaphor. Wigram, T. / Nygaard Pedersen, I. / Bonde, L. O. (Hg.): A Comprehensive Guide to Music Therapy. London. 97–111

Bonde, L. O. (2002d): Bibliography on Guided Imagery and Music (GIM) and Related Topics. Database. Institute of Music and Music Therapy, Aalborg University. Internet: www.musik.aau.dk/research/musikterapi/gim-resource-center

Bonde, L. O. (2003): Rapport over projektet „Receptiv musikterapi med udskrevne cancerpatienter. En effektundersøgelse med fokus på stemning (mood) og livskvalitet (pilot-undersøgelse)". Institut for musik og musikterapi AAU. Aalborg

Bonde, L. O.: Researching the music. Wheeler, B. L. (Hg.): Music Therapy Research. Quantitative and Qualitative Perspectives. 2. Auflage. Gilsum. [im Druck]

Bonde, L. O.: „To draw from bits and pieces a more supportable narrative“ An introduction to Paul Ricoeur's theory of metaphor and narrative and a discussion of its relevance for a hermeneutic understanding of music-assisted imagery in The Bonny Method of Guided Imagery and Music (BMGIM). Canadian Journal of Music Therapy. [im Druck]

Bonin, D. v., Giger, A., Stöcklin, C., Moser, M. (1999): Rhythmologische Untersuchungen zur Sprachtherapie. Heusser, P. (Hg.): Akademische Forschung in der Anthroposophischen Medizin. Bern. 357–368

Bonny, H. (1975): Music and Consciousness. Journal of Music Therapy 12, 121–135

Bonny, H. (1976): Music and Psychotherapy. Dissertation. Baltimore

Bonny, H. (1978a): GIM monograph No .1: Facilitating GIM sessions. Salina

Bonny, H. (1978b): GIM monograph No. 2: The role of taped music programs in the GIM process. Salina

Bonny, H. (1978c): GIM Monografie Nr. 1: Leiten von GIM Sitzungen. Deutsch von C. Maack. Hamburg

Bonny, H. (1978d): GIM Monografie Nr. 2: Die Rolle der Musikprogramme im GIM-Prozess. Deutsch von C. Maack. Hamburg

Bonny, H (1980): GIM Monograph No. 3: Pats, present and future implications. Salina, Bonny, H. (1983): Music Listening for Intensive Coronary Care Units. Music Therapy 3 (1), 4–16

Bonny, H. (1993): Body Listening: An new way to review the GIM Tapes. Journal of the Association of Music and Imagery 2, 3–10

Bonny, H. (1999): Music and Consciousness. Nordic Journal of Music Therapy 8 (2), 171–179

Bonny, H. (2002c): Body Listening: An new way to review the GIM Tapes. Nordic Journal of Music Therapy 11 (2). [im Druck]

Bonny, H. (2002a). Twenty-one years later – a GIM update. Bonny, H. / Summer, L. (Hg.): Music and Consciousness – the Evolution of Guided Imagery and Music. Gilsum

Bonny, H. / Summer, L. (Hg.) (2002b): Music and Consciousness: The Evolution of Guided Imagery and Music. Gilsum

Bonny, H., Kellogg, J. (2002b): Guided Imagery and Music and the mandala: A case study illustrating the integration of music and art therapies. Bonny H. /

Summer, L. (Hg.): Music Consciousness: The Evolution of Guided Imagery and Music. Gilsum

Bonny, H. / Pahnke, W. N. (1972): The Use of Music in Psychedelic (LSD) Psychotherapy. Journal of Music Therapy 9, 64–87

Bowlby, J. (1969): Trennung. München

Borling, J. (1998): Vortrag bei der Landesarbeitsgemeinschaft Nord der Deutschen Gesellschaft für Musiktherapie. Hamburg, 27. Juni 1998

Brelet, F. (1986): Le TAT. Phantasmes et situations projectives. Paris

Breuen, E. (1971): Musikalische Elemente im Einsatz in der Therapie. Abschlussarbeit Wien

Brockert, S. (2002): Du sollst dich lieben. Das neue Menschenbild der Positiven Psychologie. München

Brüggenwerth, G. et al. (1994): EEG – Veränderungen emotionaler Reaktionen auf Musik. EEG-EMG 25, 117–125

Bruhn, H. / Oerter, R. / Rösing, H. (Hg.) (1993): Musikpsychologie. Ein Handbuch. Reinbek bei Hamburg

Bruhn, H. / Frank-Bleckwedel, E. M. (1994): Rezeptive Musiktherapie. Bruhn, H. / Oerter, R. / Rösing, H. (Hg.): Musikpsychologie. Ein Handbuch. Reinbek bei Hamburg, 412–417

Bruscia, K. E. (1991): Embracing life with AIDS: Psychotherapy through Guided Imagery and Music (GIM). Bruscia, K. E. (Hg.): Case Studies in Music Therapy. Gilsum. 581–602

Bruscia, K. E. (1994): IAP. Improvisational Assessment Profiles. Kartlegging gjennom musikkterapeutisk improvisation. Sandane

Bruscia, K. E. (1995): Manifestations of Transference in Guided Imagery and Music. Journal of the Association of Music and Imagery 4, 17–36

Bruscia, K. E. (1996): Embracing live with Aids: Psychotherapy through Guided imagery and music (GIM). Bruscia, K. E. (Hg.): Case studies in music therapy. Gilsum, 581–602

Bruscia, K. E. (2002a): Boundaries of GIM and Bonny Method. Bruscia, K. E./ Grocke, D.: Guided Imagery and Music – the Bonny Method and Beyond. Gilsum. 37–62

Bruscia, K. E. (2002b): A Psychodynamic Orientation to the Bonny Method. Bruscia, K. E. / Grocke, D. E. (Hg.): Guided Imagery and Music. The Bonny Method and Beyond. Gilsum. 225–244

Bruscia, K. E. (2002c): Developments in Music programming for the Bonny Method. Bruscia, K. E. / Grocke, D. E. (Hg.): Guided Imagery and Music. The Bonny Method and Beyond. Gilsum. 307–315

Bruscia, K. E.: First-Person Research. Music Therapy Research. Wheeler, B. L. (Hg.): Quantitative and Qualitative Perspectives. 2. Auflage. Gilsum. [im Druck]

Buber, M. (1983): „Ich und du". Heidelberg

Buber, M. (1997): Das dialogische Prinzip. Heidelberg

Bunt, L. / Pavlicevic, M. (2001): Music and emotion: Perspectives from music therapy. Juslin, P. N. / Sloboda, J. A. (Hg.): Music and emotion. Theory and research. Oxford. 181–203

Bürgel, J. C. (1972): Zur Musiktherapie im Arabischen Mittelalter. Fs. Arnold Geering. Bern/Stuttgart. 241–245

Burns, D. S. (2002): Guided Imagery and Music in the Treatment of Individuals with Chronic Illness. Bruscia, K. E./ Grocke, D. E. (Hg.): Guided Imagery and Music. The Bonny Method and Beyond. Gilsum. 171–186

Busnel, M. C. / Mosser, Ch. / Relier, J. P. (1986): Preliminary results on the effect of acoustic stimulations on premature infants. Pediatric Research 20, 1056

Cahn, R. (1998): L'adolescent dans la psychanalyse. L'aventure de la subjectivation. Paris

Caine, J. (1991): The Effects of Music on the Selected Stress Behaviors, Weight, Caloric and Formula Intake, and Length of Hospital Stay of Premature and Low Birth Weight Neonates in a Newborn Intensive Care Unit. Journal of Music Therapy 28 (4), 180–192

Canacakis, J. (2000): Ich sehe deine Tränen. Trauern, Klagen, Leben können. Stuttgart

Carlsson, M. (2001/02): Kundalini and the Bonny Method of Guided Imagery and Music. Journal of the Association for Music and Imagery 8, 35–55

Cassidy, J. W. / Standley, J. M. (1995): The Effect of Music Listening on Physiological Responses of Premature Infants in the NICU. Journal of Music Therapy 32 (4), 208–227

Castelliz, I. (1971): Untersuchungen über den Stimmungsgehalt diatonischer Intervalle der Durskala aufwärts als Grundlage für eine mögliche Anwendung in der Musiktherapie. Abschlussarbeit Wien

Chabert, C. (1995): Contribution des méthodes projectives. Bourguignon, O. / Bydlowski, M. (Hg.): La recherche clinique en psychopathologie. Paris

Chapman, J. S. (1979): Influence of Varied Stimuli on Development of Motor Patterns in the Premature Infant. Anderson, G. / Raff, B. (Hg.). Newborn Behavioral Organization: Nurs Res and Impl. New York. 61–80

Clark, M. F. (2002): The Evolution of the Bonny Method of Guided Imagery and Music. Bruscia, K. E. / Grocke, D.: Guided Imagery and Music – The Bonny Method and Beyond. Gilsum 5–28

Clarkson, G. (1995): Adapting a Guided Imagery and Music Series for a Nonverbal Man with Autism. Journal of the Association of Music and Imagery 4. 121–138

Clarkson, G. (2002): Combining Gestalt Dreamwork and the Bonny Method. Bruscia, K. E. / Grocke, D. E. (Hg.): Guided Imagery and Music. The Bonny Method and Beyond. Gilsum. 245–256

Coleman, J. M. / Pratt, R. R. / Stoddard, R. A. / Gerstmann, D. R. / Abel, H. H. (1998): The Effects of Male and Female Singing and Speaking Voices on Selected Physiological and Behavioral Measures of Premature Infants in the Intensive Care Unit. International Journal of Arts Medicine, 5 (8), 4–11

Collins, S. K. / Kuck, K. (1991): Music Therapy in the Neonatal intensive Care Unit. Neonatal Network 9 (6), 23–26

De Casper, A. F. / Fifer, W. P. (1980): Of Human Bonding: Newborns Prefer their Mother's Voices. Science 208, 1174–1176

De Casper, A. J. / Spence, M. J. (1986): Prenatal Maternal Speech Influences Newborns' Perception of Speech Sound. Infant Behavior and Development 9, 133–150

De la Motte-Haber, H. / Kopiez, R. (1995) (Hg.): Der Hörer als Interpret. 7. Schriften zur Musikpsychologie und Musikästhetik. Frankfurt

De Mendelsohn, F. (1989): Von der Musik der Psychoanalyse zur Psychoanalyse der Musik. Zeitschr. d. Östrr. Berufsverb. d. Mthp. 3, 27 f. und 38

Decker-Voigt, H.-H. (2001) (Hg.): Schulen der Musiktherapie. München, Basel

Decker-Voigt, H.-H. (2002): The Thorny Path Leading to the Healing Arts in Medicine. Levine, S. K. (Hg.): Crossing Boundaries, Explorations in Therapy & the Arts. Toronto. 21–30

Decker-Voigt, H.-H. (2005): „Musiktherapeutische Tiefenentspannung (MTE)". Lilienthal. [in Vorbereitung]

Decker-Voigt, H.-H. (2004): Entspannungstechniken und rezeptive Musiktherapie. Kursbuch Musiktherapie. München. [in Vorbereitung]

Decker-Voigt, H.-H. / Maetzel, F. K. (1998): „Selbsthilfe zur Herz-Kreislaufstärkung". CD/Handbuch in der Reihe „Musik und Gesundsein". Hamburg, New York

De Nora, T. (1999): Music as a technology of the self. Poetics 27, 31–56

Der Neue Brockhaus, Band 3 (1985 a). Wiesbaden

Der Neue Brockhaus, Band 5 (1985 b). Wiesbaden

Dittrich, A. (1985): Ätiologie-unabhängige Strukturen veränderter Wachbewusstseinszustände. Stuttgart

Dogiel, J. (1880): Über den Einfluss der Musik auf den Blutkreislauf. Archiv für Anatomie und Physiologie. Abteilung Psychologie, 416–428

Dorczi, G. (1981): "The Power of Limits". Boulder

Dörfler W. ([2]1994): Das Lebensgefüge der Musik. Bd. I, II, III. Dornach

Dörner, K. / Plog, U. (1986): Irren ist menschlich. Bonn

Draguns, J.G. (1996): Ethnocultural Considerations in the Treatment of PTSD: Therapy and Service Delivery. Marsella, A. J. / Friedman, M. J./ Gerrity, E. T. / Scurfield, R. M. (Hg.): Ethnocultural Aspects of Posttraumatic Stress Disorder: Issues Research, and Cultural Applications. Washington

Drewes, R. / Schemion, G. (1991): Lernen bei Musik: Hilfe oder Störung? – Eine experimentalpsychologische Analyse einer pädagogisch-psychologischen Kontroverse. Musikpsychologie 8, 46–66.

Droh, R. / Spintge, R. (1983) (Hg.): Angst, Schmerz, Musik in der Anästhesie. Basel

Drury, N. (1989): Der Schamane und der Magier. Reisen zwischen den Welten. Basel

Dulz, B. / Schneider, A. ([2]1996): Borderline Störungen. Theorie und Therapie. Stuttgart

Eagle, M. N. (1988): Neuere Entwicklungen in der Psychoanalyse. Stuttgart

Edgar, I. R. (1994): Imagery Fields: the Cultural Construction of Dream Interpretation in Three Contemporary British Dreamwork Groups. Internet: www.dur.ac.uk/i.r.edgar/cultdream.thesis.html

Ehrenfels, Chr. v. (1890): Über Gestaltqualitäten. Vierteljahresschrift für wissenschaftliche Philosophie XIV 3. Neuabdruck Weinhandel, F. (Hg) (1960): Gestalthaftes Sehen, Darmstadt, 47–60

Ekman, P. / Friesen, W.V. (1969): Nonverbal leakage and clues to deception, Psychiatry 32 (1), 88–106

Eliade, M. (1999): Schamanismus und archaische Ekstasetechniken. Frankfurt

Engel, H.-H. (1999): Musikalische Anthropologie. Anregungen zum Studium der Anthroposophischen Musiktherapie. Bearbeitet von: Maurer, M., / Schneider, H. / Spalinger, J. Dornach

Engelmann, I. (1995): Musiktherapie in psychiatrischen Kliniken. Fragebogenuntersuchung zur Verbreitung und Durchführung. Der Nervenarzt 66, 217–224

Engert-Timmermann, G. / Timmermann, T. (1997): Atem- und Musiktherapie im Zusammenwirken. Musik-, Tanz- und Kunsttherapie 8, 63–68

Engert-Timmermann, G. / Timmermann, T. (2001): Körper – Atem – Musik. Eine ganzheitliche Methode in der nonverbalen Psychotherapie. Storz, D. / Oberegelsbacher, D.: Wiener Beiträge zur Musiktherapie Bd. 3. Wien, 113–125

Erickson, M. H. / Rossi, E. L. (1981): Hypnotherapie. München

Erickson, M. H. / Rossi, E. L. (^{2}1989): Hypnotherapie. Aufbau, Beispiele, Forschungen. München

Escande, M. (1993) : De l'écoute musicale à la psychothérapie. Bulletin du Groupe Toulousain de Psychanalyse, 5

Evers, S. (1991) Was geschieht bei Musikhören im menschlichen Körper? Zur Physiologie des Musikerlebens. Musik und Unterricht 7/1991, 16–18

Evers, S. (1994): Musik als biologische Droge? Musik und Unterricht 24/1994, 40–42

Fedor-Freyberg, F.G. (1987): Pränatale und perinatale Psychologie und Medizin. Saphir, Alvjö/Schweden.

Felber, R. et al. (^{2}2003): Anthroposophische Kunsttherapie. Bd. III Musiktherapie und Gesangstherapie. Stuttgart

Ferguson, D.N. (1960): Music as Metaphor. The Elements of Expression. Minneapolis

Fernald, A. (1982): Acoustic Determinants of Infant Preferences for "Motherese". Diss. Oregon [unveröff. Diss.]

Fischer, R. (1971): A cartography of the ecstatic and meditative states. Science 174 (4014), 897–904

Fleming-Rabe, B. (1990): Musiktherapie in der stationären Behandlung von Alkoholabhängigen. Decker-Voigt, H.-H. (Hg.): Musik und Kommunikation. Lilienthal, 114–116

Foa, E. B. et al. (2000): Effective treatments for PTSD. Practice Guidelines from the International society for Traumatic Stress Studies. New York

Frank-Bleckwedel, E. M. (1996): Rezeptive Musiktherapie. Decker-Voigt, H.-H. et al.: Lexikon Musiktherapie. Göttingen, Bern, Toronto, Seattle. 326–331

Frankl, V. E. (1999): Theorie und Therapie der Neurosen. Einführung in Logotherapie und Existenzanalyse. München

Fricke, J. (1989): Der Klang der Musikinstrumente nach den Gesetzen des Gehörs: Wechselwirkung Mensch – Instrument. Das Instrumentalspiel, Wien, München, 275–284

Fricke, J. (2003): Systemische Musikwissenschaft. Niemöller, K. W. (2003): Systemische Musikwissenschaft. Festschrift Jobst Fricke. Frankfurt 13–24

Fritsch, J. / Sherokee, I. (1995): Unendlich ist der Schmerz. Eltern trauern um ihr Kind. München

Fröhlich, A. (1994): Pädagogische Überlegungen zum Thema Bewußtsein und Bewußtlosigkeit. Bienstein, C. / Fröhlich, A. (Hg.): Bewußtlos. Düsseldorf

Frohne, I. / Maack, M. (1976): Musiktherapie in der Drogenberatung. Lilienthal

Frohne, I. (1981): Das Rhythmische Prinzip. Grundlagen, Formen und Realisationsbeispiele in Therapie und Pädagogik. Lilienthal

Frohne, I. (1983/2001): Zur Bedeutung der verschiedenen künstlerischen Medien. Frohne-Hagemann, I. (2001): Fenster zur Musiktherapie. Musik-therapietheorie 1976-2001. Wiesbaden. 71–82

Frohne, I. (1987): Musik in der Therapie Drogenabhängiger. Spintge, R. / Droh, R. (Hg.): Musik in der Medizin. Berlin. 243–252

Frohne-Hagemann, I. (1990) (Hg.) : Musik und Gestalt. Klinische Musiktherapie als integrative Psychotherapie. Paderborn (durchgesehene Neuauflage 1999 Göttingen)

Frohne-Hagemann, I. (1990): Integrative Musiktherapie als psychotherapeutische, klinische und persönlichkeitsbildende Methode. Frohne-Hagemann, I. (Hg.): Musik und Gestalt. Klinische Musiktherapie als integrative Psychotherapie. Paderborn 1990. 99–120; 2. durchgesehene Auflage 1999, Göttingen. 101–123

Frohne-Hagemann, I. (1990/2001): Integrative Musiktherapie und ihr psychotherapeutisches Selbstverständnis. Frohne-Hagemann, I. (2001): Fenster zur Musiktherapie. Musik-therapie-theorie 1976–2001. Wiesbaden. 97–114

Frohne-Hagemann, I. (1991/2001): Zur Funktion der Musik in der Integrativen Musiktherapie. Frohne-Hagemann, I. (2001): Fenster zur Musiktherapie. Musik-therapie-theorie 1976-2001. Wiesbaden. 115–123

Frohne-Hagemann, I. (1996): Musiktherapie vor dem Hintergrund integrativer Theorie und Therapie. Decker-Voigt, H.- H. (Hg.): Schulen der Musiktherapie. München, Basel. 157–182

Frohne-Hagemann, I. (1996/2000/2001): Das musikalische Lebenspanorama (MLP) – narrative Praxis und inszenierende Improvisation in der Integrativen Musiktherapie. Frohne-Hagemann, I. (2001): Fenster zur Musiktherapie. Musik-therapie-theorie 1976–2001. Wiesbaden. 175–198

Frohne-Hagemann, I. (1999a): Musik und Traum. Frohne-Hagemann (Hg.): Musik und Gestalt, Klinische Musiktherapie als integrative Psychotherapie. Göttingen. 158–178

Frohne-Hagemann, I. (2001): Fenster zur Musiktherapie. Musik-therapie-theorie 1976–2001. Wiesbaden,

Frohne-Hagemann, I. (2001a): Ästhetik und Leiblichkeit als Meta-Konzepte integrativer Musiktherapie. Frohne-Hagemann, I.: Fenster zur Musiktherapie. Musik-therapie-theorie 1976–2001. Wiesbaden, 259–294

Frohne-Hagemann, I. (2001b): Musik, Imagination und Traum. Internet (bis Januar 2004): www. imitberlin.de

Frohne-Hagemann, I. (2002): Vom Sinn und Unsinn des Nachnährens. Moreau, D. v. / Wölfl, A. (Hg.): Zur Idee des therapeutischen Nachnährens – was kann Musiktherapie leisten? Wiesbaden. 11–28

Frohne-Hagemann, I. (2003): Das Musikalische Gefühlsspektrum (in Anlehnung an K. Hevner). Berlin. [unveröff. Seminarpapier]

Frohne-Hagemann, I. / Pleß-Adamczyk, H. (2004): Indikation Musiktherapie bei psychischen Problemen im Kindes- und Jugendalter. Musiktherapeutische Diagnostik und Manual nach ICD 10. Göttingen

Gabrielsson, A. / Lindström, E. (2001): The influence of musical structure on emotional expression. Juslin, P. N. / Sloboda, J. A. (Hg.): Music and emotion. Theory and research. Oxford. 223–248

Gadamer, H. G. (1977): Die Aktualität des Schönen. Stuttgart

Gaver, W. W. / Mandler, G. (1987): Play it again, Sam. Cognition and Emotion 1, 259–282

Gebser, J. (1978): Ursprung und Gegenwart. Ges. Werke Bd. 2 u. 3, Schaffhausen

Gebser, J. (1986): Gesamtausgabe Ursprung und Gegenwart. Band 1&2 Schaffhausen

Geier, R. (1987): Rausch als Identitätsersatz. Scheiblich, W. (Hg.): Rausch, Ekstase, Kreativität. Freiburg, 39–48

Geiger, E. (2000): Group GIM with Cancer Patients. [unveröffentlichtes Manuskript]

Gembris, H. (1981): Teilprobleme der Forschung und Praxis in der rezeptiven Musiktherapie. Musiktherapeutische Umschau Bd. 2, Heft 2, 93–105

Gembris, H. (1987): Forschungsprobleme der Musiktherapie am Beispiel des Themas ‚Musik und Entspannung'. Musiktherapeutische Umschau 8, Heft 4, 300–309

Gembris, H. (1990): Situationsbezogene Präferenzen und erwünschte Wirkungen von Musik. Musikpsychologie 7, 73–95

Gembris, H. (1993): Zur Situation der rezeptiven Musiktherapie. Musiktherapeutische Umschau Bd. 14, Heft 3, 193–206

Gembris, H. (1996): Rezeptionsforschung. Decker-Voigt, H.-H. / Knill, P. J. / Weymann, E. (Hg.): Lexikon Musiktherapie. Göttingen, Bern, Toronto. 321–326

Gembris, H. (1999): 100 Jahre musikalische Rezeptionsforschung. Ein Rückblick in die Zukunft. Musikpsychologie 14, 24–41

Glaser, H. (1973): Intervalle – therapeutisch gesehen. Die Heilkunst 5, 170–175

Goldberg, F. et al. (1988): Therapeutic Factors in two forms of inpatient group psychotherapy. Music Therapy and Verbal Therapy. The Journal of the Eastern Group Psychotherapy Society 12, 145–156

Goldberg, F. (1992): Images of Emotion: The Role of Emotion in Guided Imagery and Music. Journal of the Association for Music and Imagery 1, 5–18

Goldberg, F. (1994): The Bonny Method of Guided Imagery and Music as Individual and Group Treatment in a Short-Term Acute Psychiatric Hospital. Journal of the Association of Music and Imagery, 3, 18–34

Goldberg, F. (1995a): The Bonny method of guided imagery and music. Wigram, T. / Saperston, B. / West, R. (Hg.): The Art and Science of Music Therapy: A Handbook. Chur. 112–128

Goldberg, F. (1995b): Lecture: "Reflections and Connections". Workshop at the Creative Arts Institute. Asilomar

Goldberg, F. (1999): The Bonny method of guided imagery and music. Wigram, T. / Saperston, B. / West, R. (Hg.): The Art & Science of Music Therapy. Amsterdam. 112–128

Goldberg, F. (2000): I Am the Creator and the Created: A Womans's Journey from Loss to Wholeness. Einblicke, Beiträge zur Musiktherapie 10, 47–58

Goldberg, F. (2002): A Holographic Field Theory Model of the Bonny Method of Guided Imagery and Music (BMGIM). Bruscia, K. E. / Grocke, D. E. (Hg.): Guided Imagery and Music – The Bonny Method and Beyond. Gilsum. 359–378

Gouk, P. (2000): Musical Healing in Cultural Context. Aldershot

Grocke, D. E. (1999): A Phenomenological Study of Pivotal Moments in Guided Imagery and Music (GIM) Therapy. Faculty of Music. The University of Melbourne. Melbourne

Grocke, D. E. (2002a): The Bonny Music Programs. Bruscia, K. E. / Grocke, D. (Hg.): Guided Imagery and Music – The Bonny Method and Beyond. Gilsum. 99–136

Grocke, D. E. (2002b): The Evolution of Bonny's Music Programs. Bruscia, K. E. / Grocke, D. E. (Hg.): Guided Imagery and Music – The Bonny Method and Beyond. Gilsum. 85–98

Grof, S. (^{2}1983a): Topografie des Unbewussten: LSD im Dienste tiefenpsychologischer Forschung. Stuttgart

Grof, S. (1983b): LSD-Psychotherapie. Stuttgart

Grof, S. (1985): Geburt, Tod und Transzendenz. Neue Dimensionen in der Psychologie. München

Grof, S. (1993): Geburt, Tod und Transzendenz. Neue Dimensionen in der Psychologie. München

Gustorff, D. / Hannich, H.-J. (2000): Jenseits des Wortes. Bern

Gutjahr, L. et al. (1994a): Die Wirkung altorientalischer Musik im EEG. EEG-EMG 25, 126–129

Gutjahr, L. et al. (1994b): Die Heilsame Wirkung der Musik – ein physiologischer Zugang. EEG-EMG Zeitschrift 25 (2), 126–129

Güvenc, O. (1985): Geschichtlicher Abriss der Musiktherapie im Allgemeinen und im Besonderen bei den Türken. Band 1 der Studientexte der Schule f. Altorientalische Musik- und Kunsttherapie, Eigenverlag, A 3924 Schloss Rosenau, Niederneustift 66

Haase, R. (1970): Leitfaden einer harmonikalen Erkenntnistheorie. München

Haase, R. (1976): Der messbare Einklang. Grundzüge einer empirischen Weltharmonik. Stuttgart

Haase, R. (1977): Über das disponierte Gehör. Wien

Haase, R. (1980): Harmonikale Synthese. Wien

Haase, U. / Schwabe, C. (Hg.) (2003): Konzept und Offenheit. Musiktherapie in Theorie und Praxis. Materialien zum wissenschaftlichen Symposium der Akademie für angewandte Musiktherapie Crossen, November 2002. Crossen

Hack, M. et al. (1991): Effect of Very Low Birth-Weight and Subnormal Head Size on Cognitive Abilities at School Age. The New England Journal of Medicine 325 (4), 231–237

Haesler, L. (1985): Musik und Psychoanalyse. Bruhn, H. / Oerter, R. / Rösing, H. (Hg.): Musikpsychologie – Ein Handbuch in Schlüsselbegriffen. München, Wien, Baltimore

Hamel, P. M. (1980): Durch Musik zum Selbst. Wie man Musik neu erleben und erfahren kann. München, Kassel

Hanks, K. J. (1992): Music, Affect and Imagery: A Cross-Cultural Exploration. Journal of the Association for Music and Imagery 1, 19 – 31

Hanslick, E. (1854): Vom Musikalisch-Schönen. Ein Beitrag zur Revision der Ästhetik der Tonkunst, Leipzig

Haselhauer, E. (1986): Berieselungsmusik. Droge und Terror. Wien

Hauschild, H.-J. (1976): Therapeutische Wirkungen von Musik (Untersuchungen zur Regulativen Musiktherapie Schwabes). Phil. Diss. Martin-Luther-Universität Halle-Wittenberg

Hauschild, H.-J. (1979): Untersuchung zu situativen und anhaltenden Wirkungen der Regulativen Musiktherapie auf das Befinden von Patienten mit funktionellen oder neurotisch bedingten Beschwerden. Schwabe, C. (Hg.): Regulative Musiktherapie, Jena, Stuttgart, New York. 165–204

Hegi, F. (1998): Übergänge zwischen Sprache und Musik. Die Wirkungskomponenten der Musiktherapie. Paderborn

Heise, D. (1988): Computer analysis of cultural structures. Social science. Computer Review 6 (1), 183–197

Helmholtz, H. von (1863): Die Lehre von den Tonempfindungen als physiologische Grundlage für die Theorie der Musik. Braunschweig

Hepper, P. G. / Shahidullah, B. S. (1994): Development of Fetal Hearing. Archives of Disease in Childhood 71, 81–87

Hess, P. / Rittner, S. (1996): Verändertes Wachbewusstsein. Decker-Voigt, H.-H. / Knill, P. J. / Weymann, E. (Hg.): Lexikon Musiktherapie. Göttingen, Tokyo, Mailand. 398–403

Hevner, K. (1936): Experimental studies of the elements of expression in music. The American journal of psychology 48, 246–268

Hildebrandt, G. (1980): Harmonikale Strukturen der rhythmischen Funktionsordnung von Atmung und Kreislauf beim Menschen. Schulze, Werner (Hg.): Festschrift für Rudolf Haase. Eisenstadt, 30–42

Hillecke, T. / Bolay, H. V. (2000): Musiktherapie bei chronischen Schmerzen – Theoretische Grundlagen. Das Heidelberger Modell. Anästhesiologie, Intensivmedizin, Notfallmedizin, Schmerztherapie 35, 394–400

Höck, K. / König, W. (1976): Neurosenlehre und Psychotherapie. Jena

Höck, K. (1981): Konzeption der intendiert dynamischen Gruppenpsychotherapie. Höck, K. / Ott, J. / Vorwerg, U. (Hg.): Theoretische Probleme der Gruppenpsychotherapie, Psychotherapie und Grenzgebiete 1. Leipzig. 13–34

Hoerner, W. (1993): Zeit und Rhythmus. Stuttgart

Hofmann, R. (1996): Indikation zur Regulativen Musiktherapie. Schwabe / Röhrborn 1996, 105–113

Hörmann, K. (1988): Musik- und Tanztherapie – Situation und Perspektiven. Hörmann K. (Hg.): Musik- und Tanztherapie. Münster. 7–20

Horowitz, M.J. (1986): Die Kontrolle der visuellen Vorstellungskraft und therapeutische Intervention. Singer, J. L. / Pope, K. S. (Hg.): Imaginative Verfahren in der Psychotherapie. Paderborn. 51–66

Hüppi, P. S. et al. (1996): Structural and Neurobehavioral Delay in Postnatal Brain Development of Preterm Infants. Pediatr Res 39, 895–901

Husemann, A. (²1989): Der musikalische Bau des Menschen. Stuttgart

Hüther, G. (2004): Ebenen salutogenetischer Wirkungen von Musik auf das Gehirn. Musiktherapeutische Umschau Bd. 25, Heft 1, 5–16

Hutterer-Krisch, R. (2001): Behandlungsfehler in der Psychotherapie. Hutterer-Krisch, R. (Hg.): Fragen der Ethik in der Psychotherapie: Konfliktfelder, Machtmissbrauch, Berufspflichten. Wien, New York Seiten?

Indians Sacred Spirit, Die Gesänge der Indianer. Virgin Records Ltd. Stück Nr. 2: Tor-Cheney-Nahana (Winter ceremony), 1994

Izard, C. / Malatesta, C.Z. (1987): Perspectives on emotional development I. Osofsky, J. D. (Hg.): Handbook of infant development. New York. 494–554

Izard, C. (1994): Die Emotionen des Menschen. Weinheim

Jacobi, M. E. / Eisenberg, G. M. (2002): The Efficacy of Guided Imagery and Music (GIM) in the Treatment of Rheumatoid Arthritis. Journal of the Association of Music and Imagery 8, 57–76

Janata, P. et al. (2002): The Cortical Topography of Tonal Structures Underlying Western Music. Science 298, 2170–2176

Janus, L. (1990): Die Psychoanalyse der vorgeburtlichen Lebenszeit und der Geburt. Pfaffenweiler

Jerneizig, R. / Langenmayr, A. / Schubert, U. (1991): Leitfaden zur Trauertherapie und Trauerberatung. Stuttgart

Jochheim, M. (2004): Einfach da sein dürfen. Musiktherapie mit bewusstseins- und wahrnehmungsgestörten Patienten. Baumann, M./Gessner, C. (2004): Zwischenwelten. Musiktherapie bei Patienten mit erworbener Hirnschädigung. Wiesbaden

Jovanociv, U. J. (1988): Methodik und Theorie der Hypnose – Psychobiologische Grundlagen – Hypnosetechnik – Phänomenologie – Mechanismen. Stuttgart, New York

Jung, C. G. (1959): Basic writings of Jung. Garden City, New York

Jung, C. G. (1964): Approaching the Unconscious. Jung, C.G. (Hg.): Man and His Symbols. New York

Jung, C. G. (1969): The Structure and Dynamics of the Psyche. Collected Works, 8. London

Jung, C. G. (1981): Das Symbolische Leben, verschiedene Schriften. Jung-Merker, L. / Rüf, E. (Hg.): C. G. Jung. Gesammelte Werke. Bd. 18. Olten

Jung, C. G. (1988): Bewusstes und Unbewusstes: Beiträge zur Psychologie. Frankfurt

Jung, M. (2001): Probleme der Organtransplantation aus der Sicht der Integrativen Therapie. Integrative Therapie 3, 218–246

Jünger, E. (2000): Sämtliche Werke in 18 Bänden. Bd. 3: Strahlungen II. Stuttgart

Junglas, J. (2002): Allgemeine Psychotherapie. Fengler, J.(Hg.): Handbuch der Suchtbehandlung. Beratung, Therapie, Prävention. Landsberg am Lech. 25–31

Juslin, P. N. / Sloboda J. A. (2001a): Music and emotion. Theory and research. Oxford

Juslin, P. N. / Sloboda, J. A. (2001b): Psychological perspectives on music and emotion. Juslin, P. N. / Sloboda J. A. (Hg.): Music and emotion. Theory and research. Oxford. 71–103

Justice, R. W. (1994). Music Therapy Interventions for People with Eating Disorders in an Inpatients Setting. Music Therapy Perspectives 12 (2), 104–110

Kapteina, H. (1989): Musiktherapie für Suchtkranke. Musiktherapeutische Umschau Bd. 10, Heft 1, 17–32

Kapteina, H. (1994): Musikunterricht und Suchtprävention. Musik und Unterricht 27, 12–15

Kapteina, H. (1996): Ambulante Suchtkrankenberatung und -behandlung. Decker-Voigt, H.-H. et al. (Hg.): Lexikon Musiktherapie. Göttingen 1996. 8–13

Kapteina, H. (2001): Musiktherapeutisches Konzept für die Suchtstation des Kreiskrankenhauses Siegen. Siegen

Kapteina, H. / Hörtreiter, H. (1993): Musik und Malen in der therapeutischen Arbeit mit Suchtkranken. Stuttgart

Kapteina, H./ Kröger; M. (2003): Musik in der Therapie und Prävention bei Suchterkrankung und -gefährdung am Beispiel von Kindern suchtkranker Eltern.
Internet: www.musiktherapie-sasp.de/material/forum/02_kinder/2.18.pdf

Karow, D. / Rötter, G. (2000): Eine Studie zur analgetischen Wirkung von Musik. Musikpsychologie 16, 84–101

Kasayka, R. (2002): A Spiritual Orientation to the Bonny Method: To Walk the Mystical Path on Practical Feet. Bruscia, K. E. / Grocke, D. E. (Hg.): Guided Imagery and Music. The Bonny Method and Beyond. Gilsum. 257–272

Kast, Verena (1982): Trauern – Phasen und Chancen des psychischen Prozesses. Stuttgart

Kast, Verena (1997): Wenn Geburt und Tod zusammenfallen: Trauer aus der Sicht der Therapeutin. Lutz, G. / Künzer-Riebel, B. (Hg.): Nur ein Hauch von Leben. Lahr, 63–78

Kiel, H. (1993): Guided Imagery and Music – ein Konzept der rezeptiven Musiktherapie. Musiktherapeutische Umschau Bd. 14, Heft 4, 327–339

Klaus, M. H. / Kennell, J. H. (1976): Maternal-Infant-Bonding. St. Louis

Klausmeier, F. (1978): Die Lust, sich musikalisch auszudrücken. Reinbek

Klein, J. P. (1995): L'art thérapie. Paris

Knill, P. J. (1993): Ausdruckstherapie. Künstlerischer Ausdruck in Therapie und Erziehung. Überarbeitete Neuauflage. Lilienthal

Kohler, C. (1968): Kommunikative Psychotherapie. Jena

Kohler, C. (1971) (Hg.): Musiktherapie. Theorie und Methodik. Jena

Koller, M. (1980): Beobachtungen mit dem musikalischen katathymen Bilderleben bei Patienten mit psychovegetativen Symptomen. [unveröffentlichte Dissertation]

König, K. (^{4}1995): Sinnesentwicklung und Leiberfahrung. Hg.: v. Arnim, G., Stuttgart

Körlin, D. (1999): Spontaneous Peak Experiences in Guided Imagery and Music Groups – A Catalyst for Working Through Psychodynamic Issues. Proceedings of "Exploring the Spiritual Dimension". Conference, Department of Psychology, Stockholm University. Stockholm

Körlin, D. (2002a): A Neuropsychological Theory of Traumatic Imagery in the Bonny Method of Guided Imagery and Music (BMGIM). Bruscia, K. E. / Grocke, D. (Hg.): Guided Imagery and Music – the Bonny Method and Beyond. Gilsum. 379–416

Körlin, D. / Nybäck H. / Goldberg, F. (2000): Creative Arts Groups in Psychiatric Care: Development and Evaluation of a Therapeutic Alternative. Nordic Journal of Psychiatry 54, 333–340

Körlin, D. / Wrangsjö, B. (2002b): Treatment Effects of Guided Imagery and Music (GIM) Therapy. Nordic Journal of Music Therapy 11 (1), 3–15

Koschnik, W. J. (1992): Standardwörterbuch für die Sozialwissenschaften. 2 Bde. München

Kötter, E. (1996): Zu Bezügen zwischen den Benennungen von Affekten in der Barockmusik und Begriffen der heutigen Emotionspsychologie. Musikpsychologie 12, 75–88

Kramer, J. / Alstad, D. (1993): The Guru Papers: Masks of Authoritarian Power. Berkeley

Krause, R. (1990): Psychodynamik der Emotionsstörungen. Scherer, K. R.: Psychologie der Emotion. Bd. C IV, 3. Göttingen. 630–705

Kreitler, H. / Kreitler, S. (1972): Psychology of the Arts. Durham

Kreuels, A. (1978): Musiktherapie unter Berücksichtigung der musikalischen Elemente. Abschlussarbeit Wien

Kriz, J. (1994): Gundkonzepte der Psychotherapie. Weinheim

Kühn, M. (2001): "The times they are a' changing ..." (Bob Dylan). Sehnsucht nach der Musik im Medienzeitalter. Bd. 22, Heft 2, 83–92

Kümmel, W. F. (1976a): Gesundheit und Krankheit unter dem Aspekt der „musica". Teil 1. Musik & Medizin 10, 31–36

Kümmel, W. F. (1976b): Gesundheit und Krankheit unter dem Aspekt der „musica". Teil 2. Musik & Medizin 11, 29–35

Kümmel, W. F. (1977): Musik und Medizin. Ihre Wechselbeziehung in Theorie und Praxis von 800 bis 1800. Freiburg

Küntzel-Hansen, M. (1971): Wir hören und lernen Musik. Hannover [als Quellentext]

Lacan, J. (1980): Das Ich in der Theorie Freuds und in der Technik der Psychoanalyse. Olten

Lange, v. A. (1968): Mensch, Musik und Kosmos. Anregungen zu einer goetheanistischen Tonlehre. Bd. I, II. Freiburg

Langenberg, M. (1996): Affektivität. Decker-Voigt, H.-H. / Knill, P. / Weymann, E. (Hg.): Lexikon Musiktherapie. Göttingen, 3–4

Langer, S. (1953): Feeling and Form. New York

Langer, S. (1984): Philosophie auf neuem Wege. Frankfurt

Lantermann, E. D. (1983): Handlung und Emotion. Euler, H. A. / Mandl, H. (Hg.): Emotionspsychologie. München. 273–282

Laplanche, J. / Pontalis, J.-B. (1998): Das Vokabular der Psychoanalyse. Frankfurt

Laughlin, C. D. / McManus, J. / Shearer, J. (1993): Transpersonal Anthropology. Walsh, R. / Vaughan, F. (Hg.): Paths Beyond Ego: The Transpersonal Vision. New York. 190–195

Lecourt, E. (1979): Praktische Musiktherapie. Salzburg

Lecourt, E. (1988): La musicothérapie. Paris

Lecourt, E. (1997): Voix et émotion, recherche collective. La Revue de Musicothérapie XVII, 2/3, 63–65

Lehmann, A. C. (1994): „Habituelle und situative Rezeptionsweisen beim Musikhören – eine einstellungstheoretische Untersuchung". Schriften zur Musikpsychologie und Musikästhetik 6. Frankfurt, 129f.

Leidecker, K. (2002): Studie „Klänge der Betäubung" – Musiktherapie mit Alkoholikern. Leidecker, K.: Musik als Begegnung. Schöpferisches Handeln zwischen Pädagogik und Therapie. Wiesbaden. 118–154

Lerch, W. G. (2002): Denker des Propheten. Die Philosophie des Islam. München

Leuner, H. (1970): Katathymes Bilderleben. Stuttgart

Leuner, H. (1971): Halluzinogene in der Psychotherapie. Pharmakopsychiatrie, Neuro-Psychopharmakologie 4, 333–351

Leuner, H. (1974): Die Bedeutung der Musik in imaginativen Techniken der Psychotherapie. Revers, W. J. / Harrer, G. / Simon, W. C. M. (Hg.): Neue Wege der Musiktherapie. Düsseldorf, Wien

Lewis, K. (2002): The development of Training in the Bonny Method of Guided Imagery and Music (BMGIM) from 1975 to 2000. Bruscia, K. E. / Grocke, D. (Hg.): Guided Imagery and Music – The Bonny Method and Beyond. Gilsum. 497–517

Liedke, R. (1985): Die Vertreibung der Stille. München

Loewy, J. (2003): Ein Modell klinischer Musiktherapie in der Neugeborenen Intensiv Station. Nöcker-Ribaupierre, M. (Hg.): Hören – Brücke ins Leben. Musiktherapie für früh- und neugeborene Kinder. Forschung und klinische Praxis. Göttingen. 232–249

Logan, B. (1991): Infant Outcomes of a Prenatal Stimulation Pilot Study. Prenatal and Perinatal Psychology Journal 6 (1), 7–31

Lothrop, H. (1998): Gute Hoffnung, jähes Ende. München

Lu, F. G. / Lim, R. / Mezzich, J. E. (1995): Issues in the Assessment and Diagnosis of Culturally Diverse Individuals. Oldham, J. & Riba, M. (Hg.): Review of Psychiatry 14. Washington. 477–510

Lungwitz, H. (1970): Lehrbuch der Psychobiologie. Erste Abteilung. Berlin

Lutz, G. / Künzer-Riebel, B. (1997) (Hg.): Nur ein Hauch von Leben. Lahr

Machleidt, W. / Gutjahr, L. / Mügge, A. (1989): Grundgefühle. Berlin

Machleidt, W. (1994): Ist die Schizophrenie eine affektive Erkrankung? Psychologische Beiträge 36, 348–378

Machleidt, W. (1999): Affekttypologie schizophrener Psychosen. Machleidt, W. / Haltenhof, H. / Garlipp, P. (Hg.): Schizophrenie – eine affektive Erkrankung? Stuttgart. 94–112

Maiello, S. (2003): Die Bedeutung pränataler auditiver Wahrnehmung und Erinnerung für die psychische Entwicklung: eine psychoanalytische Perspektive. Nöcker-Ribaupierre, M. (Hg.): Hören – Brücke ins Leben. Musiktherapie für früh- und neugeborene Kinder. Forschung und klinische Praxis. Göttingen. 85–108

Maler, T. (1989): Musik, Ekstase und Konfliktlösung in einer ostafrikanischen Medizinmann-Praxis. Willms, H. (Hg.): Musiktherapie II: Musik und Entspannung. Stuttgart

Mandler, G. (1979): Denken und Fühlen. Paderborn

Marcelli, D. / Braconnier, A. (1999): Adolescence et psychopathologie. Paris.

Marr, J. (2000): The Effects of Music on Imagery Sequence in the Bonny Method of Guided Imagery and Music. Faculty of Music. The University of Melbourne. Melbourne 171

Maslow, A. H. (1968): Toward a Psychology of Being. New York

Maslow, A. H. (1985): Psychologie des Seins. Frankfurt am Main

Mayring, P. (1992): Eine Klassifikation der Gefühle. Ulich, D. / Mayring, P.: Psychologie der Emotionen. Stuttgart. 136–164

McArthur, D. S. (1988): Birth of a Self in Adulthood. Nortvale

Mc Kinney, C. H. et al. (1993): The Effects of Guided Imagery and Music on Depression and Beta-Endorphin Levels. Journal of the Association of Music and Imagery 4, 67–78

McGuire, W. / Hull R. F. C. (Hg.) (1977): C. G. Jung Speaking: Interviews and Encounters. Princeton

McKeen, T. (1996): Wesen und Gestalt des Menschen. Aufsätze und Vorträge zur anthroposophischen Menschenkunde und Medizin. Stuttgart

Meadows, A. (2002): Distinctions between the Bonny Method of Guided Imagery and Music (BMGIM) and Other Imagery Techniques. Bruscia, K / Grocke, D. E. (Hg.): Guided Imagery and Music: The Bonny Method and Beyond. Gilsum, 63–84

Mederacke, I. (1979): Regulativ-aktive Musiktherapie bei Kindern mit Herz-Kreislauf-Schäden. In Schwabe, C. / Röhrborn, H. (Hg.): Regulative Musiktherapie. Jena, Stuttgart, New York. 206–221

Mederacke, I. (1993): Regulatives Wahrnehmungstraining mit Musik – Praxis mit körperbehinderten Kindern. Decker-Voigt, H.-H. / Eschen, J. Th. / Mahns, W. (Hg.): Kindermusiktherapie. Hamburger Jahrbuch Bd. 3. .Lilienthal, 97–110.

Merriam, A. P. (1964): The Anthropology of Music. Evanston

Metzner, S. (1996): Guided Imagery and Music. Decker-Voigt, H.-H. et al.: Lexikon Musiktherapie, Göttingen, Bern, Toronto, Seattle, 122–124

Metzner, S. (1999): Tabu und Turbulenz. Göttingen

Möller, H.-J. (1976a): Was macht die Musik mit den Lebensgeistern? Musik und Therapie in der Geschichte: Die Theorie des Athanasius Kircher. Musiktherapie. Zeitschrift für die musiktherapeutische Forschung und Praxis. Musik & Medizin 3, 35–36

Möller, H.-J. (1976b): Musik, die den Geist fixiert. Musik und Therapie in der Geschichte: Die musiktherapeutischen Versuche Esquirols. Musiktherapie. Zeitschrift für die musiktherapeutische Forschung und Praxis. Musik & Medizin 5, 39–40

Möller, H.-J. (1977a): Die unheimliche Macht des Klanges. Musik und Therapie in der Geschichte: Heilen durch harmonische Proportionen. Musiktherapie. Zeitschrift für die musiktherapeutische Forschung und Praxis. Musik & Medizin 3, 34–35

Möller, H.-J. (1977b): Die harmonischen Proportionen der Gegensätze. Musik und Therapie in der Geschichte: Die Harmonie als Ordnungsprinzip des menschlichen Körpers im Corpus Hippocratium. Musiktherapie. Zeitschrift für die musiktherapeutische Forschung und Praxis. Musik & Medizin 4, 40–41

Mucchielli, A. (1983): L'analyse phénoménologique et structurale en sciences humaines. Paris

Müller, A. (1994): Aktive Musiktherapie: Stimmungen, Therapieerleben und immunologisch relevante Speichelparameter. Frankfurt

Müller, R. (1990): Musikalische Rezeptionsstrategien und Differenziertheit des musikalischen Urteils in verschiedenen sozialen Situationen. Musikpsychologie 7, 129–146

Müller, R. (2000): Die feinen Unterschiede zwischen verbalen und klingenden Musikpräferenzen Jugendlicher. Musikpsychologie 15, 87–98

Muthesius, D. (1990): Denkt man doch im Silberhaar gern' vergang'ner Zeiten. Musiktherapeutische Umschau Bd. 11, Heft 2, 132–140

Neubauer, E. (1990): Arabische Anleitungen zur Musiktherapie. Sonderdruck der Zeitschrift für Geschichte der arabisch-islamischen Wissenschaften. Band 6. Institut für Geschichte der Arabisch – Islamischen Wissenschaften an der Johann Wolfgang Goethe Universität Frankfurt

Nickel, A. K. et al. (2002): Musiktherapie mit Kindern mit Migräne. Psychotherapeut 47 (5), 285–290

Niedecken, D. (1988): Einsätze. Material und Beziehungsfigur im musikalischen Produzieren. Hamburg

Nijs, M. (1999): Trauern hat seine Zeit. Abschiedsrituale beim frühen Tod eines Kindes. Göttingen

Nöcker-Ribaupierre, M. (1995): Auditive Stimulation nach Frühgeburt. Stuttgart

Nöcker-Ribaupierre, M. (1999): Premature Birth and Music Therapy. Wigram, T. / De Backer, J. (Hg.): Clinical Application of Music Therapy in Developmental Disability, Pediatrics and Neurology. London. 47–68

Nöcker-Ribaupierre M. (2003): Vortrag anlässlich des Symposiums Musik- & Kunsttherapie Mai 1999 in Wien. Musiktherapie. Sammelband. Wien [in Vorbereitung]

Oberhoff, B. (Hg.) (2002a): Psychoanalyse und Musik. Eine Bestandsaufnahme. Gießen

Oberhoff, B. (Hg.) (2002b): Das Unbewusste in der Musik. Gießen

Oberhoff, B. (Hg.) (2003): Die Musik als Geliebte. Gießen

Odgen, T. H. (1997): Über den potentiellen Raum. Forum der Psychoanalyse 13, 1–18

Oerter, U. (1993): Rezeptive Musiktherapie als Lehrangebot. Eine Zusammenschau auf Grund der Einschätzungen von StudentInnen und DozentInnen. Musiktherapeutische Umschau Bd. 14, Heft 4, 340–349

Ortony, A. / Turner, T. J. (1990): What's basic about basic emotions? Psychological Review 97, 315–331

Özelsel, M. (1995): Therapeutische Aspekte des Sufitums – Schamanisches und Islamisches. Ethnopsychologische Mitteilungen 4 (2), 128–157

Palm, G. (2001): Jetzt bist du schon gegangen, Kind. München

Perilli, G. G. (2002): A Theory of Metaphor in the Bonny Method of Guided Imagery and Music (BMGIM). Bruscia, K. E. & Grocke, D. E. (Hg.): Guided Imagery and Music: The Bonny Method and Beyond. Gilsum. 417–448

Petermann, F. / Vaitl, D. (Hg.) (1994): Handbuch der Entspannungsverfahren. Band 2: Anwendungen. Weinheim

Petsche, H. (1987): Gehirnvorgänge beim Musikhören und deren Objektivierung durch das EEG. Musikpsychologie 4, 7–28

Petzold, H. G. (1988): Integrative Bewegungs- und Leibtherapie. Ein ganzheitlicher Weg leibbezogener Psychotherapie. Bd. I/1. Paderborn

Petzold, H. G. (1993a): Integrative Therapie. Modelle, Theorien und Methoden für eine schulenübergreifende Psychotherapie. Integrative Therapie, Schriften zu Theorie, Methodik und Praxis. Bd. II/1, 2 und 3. Paderborn

Petzold, H. G. (1993b): Das „neue Integrationsparadigma“ in Psychotherapie und klinischer Psychologie und die „Schulen des Integrierens“ in einer „pluralen therapeutischen Kultur“ (1992). Integrative Therapie. Modelle, Theorien und Methoden für eine schulenübergreifende Psychotherapie, Integrative Therapie, Schriften zu Theorie, Methodik und Praxis, Bd. II/ 2, 927–1039

Petzold, H. G. / Wolf, H. U. et al. (2000): „Integrative Traumatherapie“ – Modelle und Konzepte für die Behandlung von Patienten mit „posttraumatischer Belastungsstörung“. V. d. Kolk, B. / Mc. Farlane, A. / Weisaeth, L. (Hg.): Traumatic Stress. Grundlagen und Behandlungsansätze. Paderborn, 445–579

Petzold, H. G. (2001): Das biopsychosoziale Modell kritischer Humantherapie und Kulturarbeit – Theorie, Praxis, Wirksamkeit. Jubiläumsausgabe Integrative Therapie. Paderborn

Petzold, H. G. (2002): Zentrale Modelle und Kernkonzepte der „Integrativen Therapie“. www.fpi-publikationen.de/polyloge , 02/2202

Pfeiffer, H. / Timmermann, T. et al. (1986): Fallstudie: Gruppentherapie bei Süchtigen mit musiktherapeutischen Elementen: Gruppenpsychother. Gruppendynamik 21, 236–247

Pfrogner, H. (²1981): Lebendige Tonwelt. München

Pickett, E. (1992): Guided Imagery and Music (GIM) With a Dually Diagnosed Woman Having Multiple Addictions. Journal of the Association of Music and Imagery 1, 55–68

Pickett, E. / Sonnen, C. (1993): Guided Imagery and Music: A Music Therapy Approach to Multiple Personality Disorder. Journal of the Association of Music and Imagery 2, 49–72

Piontelli, A. (1996): Vom Fötus zum Kind: Die Ursprünge des psychischen Lebens. Stuttgart

Platon, Sämtliche Werke. Übersetzt von F. D. Schleiermacher u. H. Müller und hg. von W. F. Otto, E. Grassi u. G. Plamböck, mit zahlreichen Nachdrucken. Bd. 4 (1985): Timaios, Kritias, Minos, Nomoi. Hamburg

Plutchik, R. (1984): Emotions and Imagery. Journal of Mental Imagery 8, 105–112

Pohlen, M. (1999): Was ist Psychotherapie als Wissenschaft? Forum der Psychoanalyse 15, 71–80

Pontvik, A. (1955): Heilen durch Musik. Zürich

Porat, R. / Meltzer, B. (1998): Images of War and Peace. Journal of Sandplay Therapy VII/2, 24 – 70

Priestley, M. (1982): Musiktherapeutische Erfahrungen. Stuttgart

Priestley, M. (1994): Analytical Music Therapy. Phoenixville

Prior, M. (2002): „Mini-Max-Interventionen“, 15 minimale Interventionen mit maximaler Wirkung. Heidelberg

Reddemann, L. (2001): Imagination als heilsame Kraft. Zur Behandlung von Traumafolgen mit ressourcenorientierten Verfahren. Stuttgart

Reinecke, H. P. (1974): Musikpsychologie und musikalische Kommunikation. Berlin-West

Reinhardt, A. (2002): Regulative Musiktherapie bei Borderline-Persönlichkeitsorganisationen nach Clarkin. Akademie für angewandte Musiktherapie Crossen [unveröffentlichter Vortrag]

Reinhold, S. (1993/^{3}2004): Musiktherapie in der Intensivmedizin. Glöckler, M./Schürholz, J. / Walker, M. (Hg.): Anthroposophische Medizin. 2. durchgesehene und überarbeitete Auflage 2004. Stuttgart. 88–94

Reinhold, S. (1997): Englische Handglocken. Bd. 18, Heft 1, 25–34

Reinhold, S. (^{2}2002): Musiktherapie für Sterbende. Treichler, M. (Hg.): Den Sinn des Todes fassen. Mut zur Begleitung Sterbender. Stuttgart. 95–105

Reinhold, S.(1996): Anthroposophische Musiktherapie. Eine Hinführung. Soziale Hygiene 157. Bad Liebenzell

Rejzlik, W. (2001): Musikpräferenzen Jugendlicher unter besonderer Berücksichtigung der massenmedialen Verbreitung von Musik. Dissertation Wien

Richard, J. F. (1990): Les activités mentales: comprendre, raisonner, trouver des solutions. Paris

Richard, J. F. (2001) : Le processus de subjectivation à l'adolescence. Paris

Ricoeur, P. (1984): Time and narrative. Vol. 2. Chicago

Righetti, P. L. (1996): The Emotional Experience of the Fetus: a Preliminary Report. Pre-and Perinatal Psychology Journal 11(1), 55–65

Rogers, C. R. (1965): A theory of therapy, personality and interpersonal relationships, as developed in the client-centered framework. Lindzey, G. / Hall, C. S. (Hg.): Theories of Personality: Primary Sources and Research. New York, London, Sydney

Rogers, C. R. (1977): Therapeut und Klient. Grundlagen der Gesprächspsychotherapie, Frankfurt

Röhrborn, H. (1987): Der symptomzentrierte Psychotherapieansatz der RMT. Schwabe, C. (Hg.): Regulative Musiktherapie. Stuttgart, Leipzig 58–67

Röhrborn, H. (1992): Regulative Musiktherapie in der Dyade. [unveröffentlichter Vortrag]

Röhrborn, H. (1993): Zum Psychotherapiekonzept der Regulativen Musiktherapie (RMT) nach Schwabe. Musiktherapeutische Umschau Bd. 14, Heft 2, 134–141

Röhrborn, H. (1994): Regulative Musiktherapie im Kontext eines tiefenpsychologisch orientierten Gruppenpsychotherapiekonzepts. Vortrag, XIII. Arbeitstagung des Arbeitskreises Klinische Psychologie in Rehabilitationskliniken. Bad Wildungen – Reinhardshausen

Röhrborn, H. (1995): Regulative Musiktherapie im Kontext eines tiefenpsychologisch orientierten Gruppenpsychotherapiekonzepts. In: Bürckstümmer, E. / Burmeister, G. / Wintzler, G. / Würther, K. (Hg.): Psychotherapie in Rehabilitationseinrichtungen. Regensburg. 135–149

Rotter, F. (1984): Sozialpsychologie der Musik – einige Grundannahmen und Überlegungen. Musik und Kommunikation 10, 25–26

Rubel, E. W. (1984): Ontogeny of Auditory System Function. Annual Review Physiology 46, 213

Rudstam, G. (2002): Att synliggöra det osynliga. Final paper presented för certification at the "Expressive Arts" institute. Stockholm

Rueger, C. (1991): Die musikalische Hausapotheke, für jedwede Lebens- und Stimmungslage von A–Z. Genf, München

Ruland, H. (1981): Ein Weg zur Erweiterung des Tonwesens. Basel

Ruland, H. (2003): Musik als erlebte Menschenkunde. [2. Auflage]. Borchen

Ruud, E. (1980): Music Therapy and its Relationship to Current Treatment Theories. St. Louis

Ruud, E. / Mahns, W. (1991): Meta-Musiktherapie. Wege zu einer Musiktherapie. Oslo

Salber, W. (1989): Der Alltag ist nicht grau. Bonn

Salber, W. (1991): Gestalt auf Reisen. Bonn

Samuel, R. (Hg.) (1983): Novalis. Schriften. Die Werke Friedrich von Hardenbergs. Bd. III. Stuttgart, Berlin, Köln

Sander, F. (1927): Experimentelle Ergebnisse der Gestaltpsychologie. X. Kongress DG Ps 1927, Bonn-Jena 1928

Sari (1993): Geschichte der Medizin I & II. Lehrveranstaltung an der Schule für Altorientalische Musik- und Kunsttherapie. [unveröffentlichtes Manuskript]

Schafer, M. (1988): Klang und Krach. Eine Kulturgeschichte des Hörens. [Orig. Toronto 1977]. Frankfurt

Scharfetter, C. (1991): Allgemeine Psychopathologie. Eine Einführung. Stuttgart, New York

Scherer, K. R. (1979): Entwicklung der Emotionen. Hetzer, H. / Todt, E. / Seiffge-Krenke, I. (Hg.): Angewandte Entwicklungspsychologie des Kindes- und Jugendalters. Heidelberg. 211–253

Scherer, K. R. (1990a): Psychologie der Emotion. Bd. C IV, 3. Göttingen

Scherer, K. R. / Wallbott, H. G. (1990b): Ausdruck von Emotionen. Scherer, K. R.: Psychologie der Emotion. Bd. C IV, 3. Göttingen. 345–422

Schiltz, L. (1995): De l'utilisation de la musicothérapie avec des adolescents souffrant d'un blocage du fonctionnement pulsionnel. D.U. art en thérapie et en psychopédagogie. Université René Descartes, Paris-V. Paris

Schiltz, L. (1999): Musique et élaboration imaginaire de l'agressivité à l'adolescence. Evaluation d'une expérience thérapeutique. Thèse de doctorat en psychologie clinique. Université René Descartes, Paris-V. Paris

Schiltz, L. (2002a): Musiktherapeutische Behandlung jugendlicher Borderline Patienten. Petersen, P. (Hg.): Forschungsmethoden künstlerischer Therapien. Methodische Grundlagen, Projekte, Vorschläge. Stuttgart 385–402

Schiltz, L. (2002b): Archétypes signalant la reprise du processus de subjectivation. La Revue de musicothérapie XXII (1), 8–11

Schiltz, L. (2003a): Some Epistemological considerations about Musictherapeutic Research. Schiltz, L. (Hg.): Epistemology and Practice of Research in the Arts Therapies. Luxembourg. 45–55.

Schiltz, L. (2004a): Musicothérapie et quête de sens à l'âge adulte avancé. Sudres, J.L. (dir) : La personne âgée en Art-Thérapie. De l'expression au lieu social. Paris, 221–226

Schiltz, L. (2004b): L'influence de la musique sur l'organisation limite à l'adolescence. Publications du Ceric. Université de Savoie. [im Druck]

Schiltz, L. (2004c): La fonction du double à l'âge de la quête d'identité. La Revue Française de Psychiatrie et de Psychologie médicale. [im Druck]

Schiltz, L. (2004d): Le blocage cognitif, émotionnel et motivationnel des élèves surdoués en situation d'échec scolaire grave. Résultats d'études cliniques et expérimentales sur la „résignation apprise". La Revue Française de Psychiatrie et de Psychologie médicale. [im Druck]

Schmidt-Atzert, L. / Ströhm, W. (1983): Ein Beitrag zur Taxonomie der Emotionswörter. Psychologische Beiträge 25, 126–141

Schneider, N. J. (1996): Filmmusikalisches Komponieren als Symbolarbeit. Institut für Musiktherapie am Freien Musikzentrum München (Hg.): Symbolbildung in der Musiktherapie. München, 105–113

Schneider, R. (1992): Musikzeit. Musik und Unterricht 14, 4–11

Schroeder, W. (1999): Zum Geleit für: Strobel, W.: Reader Musiktherapie, Klanggeleitete Trance, musiktherapeutische Fallsupervision und andere Beiträge. Wiesbaden.

Schumacher, K. / Muthesius, D. / Frohne-Hagemann, I. (2004): Die Geschichte der psychotherapeutisch orientierten Musiktherapie in Berlin – Ein historischer und systematischer Überblick. Müller, Th. (Hg.): Psychotherapien und Körperarbeit in Berlin. Geschichte und Praktiken der Etablierung. Heft 86 der „Abhandlungen zur Geschichte der Medizin und der Naturwissenschaften" hg. von R. Winau und J. Bleker, Husum, im Druck

Schumacher, K. / Calvet-Kruppa, C. (2001): Die Relevanz entwicklungspsychologischer Erkenntnisse für die Musiktherapie. Decker-Voigt, H.-H. (Hg.): Schulen der Musiktherapie. München

Schumacher, R. (1982): Die Musik in der Psychiatrie des 19. Jahrhunderts. Marburger Schriften zur Medizingeschichte. Bd. 4. Frankfurt

Schwabe, C. (1969): Musiktherapie bei Neurosen und funktionellen Störungen. 2. Auflage 1972, 3. Auflage 1973, Jena

Schwabe, C. et al. (1971): Physiologische und psychologische Untersuchungen zur rezeptiven Einzelmusiktherapie. Kohler, C. (Hg): Musiktherapie –Theorie und Methodik, Jena, 57–71

Schwabe, C. (1978): Methodik der Musiktherapie und deren theoretische Grundlagen. Leipzig

Schwabe, C. (1979): Regulative Musiktherapie. Jena, Stuttgart, New York

Schwabe, C. (^{2}1980): Methodik der Musiktherapie und deren theoretische Grundlagen. Leipzig

Schwabe, C. (1983): Aktive Gruppenmusiktherapie für erwachsene Patienten. Leipzig, Stuttgart

Schwabe, C. (^{3}1986): Methodik der Musiktherapie und deren theoretische Grundlagen. Leipzig

Schwabe, C. (^{2}1987): Regulative Musiktherapie. Stuttgart, Leipzig

Schwabe, C. (^{2}1991a): Aktive Gruppenmusiktherapie für erwachsene Patienten. Leipzig, Stuttgart

Schwabe, C. (^{3}1991b): Entspannungstraining mit Musik, Regulatives Musiktraining/Anleitung zur gezielten Selbstentspannung. Leipzig, Stuttgart

Schwabe, C. (1996): Regulative Musiktherapie. Decker-Voigt, H.-H. et al.: Lexikon Musiktherapie, Göttingen, Bern, Toronto, Seattle, 317–320

Schwabe, C. (^{3}1997): Aktive Gruppenmusiktherapie für erwachsene Patienten. Bd. IV Crossener Schriften zur Musiktherapie. Akademie für angewandte Musiktherapie Crossen

Schwabe, C. (2000): Anwendungsmodifikation von Regulativer Musiktherapie und Regulativem Musiktraining. Crossener Schriften zur Musiktherapie Band XI. Akademie für angewandte Musiktherapie Crossen

Schwabe, C. (2003a): Konzeption als Prozess oder als Dogma. Haase, U. / Schwabe, C. (Hg.): Konzept und Offenheit. Crossener Schriften zur Musiktherapie Bd. XIII. Akademie für angewandte Musiktherapie Crossen, 9–14

Schwabe, C. (2003b): Regulative Musiktherapie (RMT). Die Entwicklung einer Methode zu einer Konzeption. Crossener Schriften zur Musiktherapie Bd. XIV. Akademie für angewandte Musiktherapie Crossen

Schwabe, C. / Haase, U. (1998): Die Sozialmusiktherapie (SMT). Crossener Schriften zur Musiktherapie Bd. VII, Akademie für angewandte Musiktherapie Crossen

Schwabe, C. / Röhrborn, H. (1996) (Hg.): Regulative Musiktherapie. Entwicklung, Stand und Perspektiven in der psychotherapeutischen Medizin. 3. überarbeitete und erweiterte Auflage, Stuttgart, Jena

Schwabe, C. / Stein, I. (Hg.) (2000): Ressourcenorientierte Musiktherapie. Materialien zur Tagung „Musiktherapie – Lebensgenuss – Freude?“. Crossener Schriften zur Musiktherapie Bd. XII. Akademie für angewandte Musiktherapie Crossen

Schwartz, F. J. (2003): Medizinische Musiktherapie – ein Forschungsüberblick. Nöcker-Ribaupierre, M. (Hg.): Hören – Brücke ins Leben. Musiktherapie für früh- und neugeborene Kinder. Forschung und klinische Praxis. Göttingen. 135–150

Schwarzer, G. (2000): Musikalische Wahrnehmungsentwicklung: Wie Kinder Musik hören. Musikpsychologie 15, 60–76

Sheth, R. D. et al. (1995): Longitudinal Head Growth in Developmentally Normal Preterm Infants. Archives of Pediatric Adolescent Medicine 149, 1358–1361

Shoemark, H. (2003): Familienzentrierte Musiktherapie für Kinder mit komplexen medizinischen und chirurgischen Problemen. Nöcker-Ribaupierre, M. (Hg.): Hören – Brücke ins Leben. Musiktherapie für früh- und neugeborene Kinder. Forschung und klinische Praxis. Göttingen. 207–231

Short, A. (1992): Music and Imagery with Physically Disabled Elderly Residents: A GIM adaptation. Music Therapy 11 (1), 65–98

Short, A. (2002): Guided Imagery and Music (GIM) in Medical Care. Bruscia, K. E. / Grocke, D. E. (Hg.): Guided Imagery and Music – The Bonny Method and Beyond. Gilsum 151–170

Siegel, D. J. (1999): The Developing Mind – Toward a Neurobiology of Interpersonal Experience. New York

Singer, J. L. / Pope, K. S. (1986): Anwendung der Imaginations- und Phantasietechniken in der Psychotherapie. Singer, J. L. / Pope, K. S. (Hg.): Imaginative Verfahren in der Psychotherapie. Paderborn 13–48

Sloboda, J. A. / Juslin, P. N. (2001a): Psychological perspectives on music and emotion. Derselbe 2001, 71–104

Sloboda, J. A. / O’Neill S.A. (2001b): Emotion in everyday listening to music. Juslin / Sloboda 2001, 415–429

Sloterdijk, P. (1993): Wo sind wir, wenn wir Musik hören? Sloterdijk, P.: Weltfremdheit. Frankfurt. 294–307

Smeijsters, H. (1999): Grundlagen der Musiktherapie. Theorie und Praxis der Behandlung psychischer Störungen und Behinderungen. Göttingen

Soesmann, A. (1995): Die Zwölf Sinne. Tore der Seele. Stuttgart

Spering, M. (2001): Current Issues in Cross-Cultural Psychology Research Topics, Applications, and Perspectives. Institut of Psychology, University of Heidelberg, Germany. Internet: http://www.psychologie.uni-heidelberg.de/ae/allg/mitarb/ms/cross-cultural%20psy.pdf

Sperlich, A. (1969): Die Selektion musikalischer Elemente und Formen für die Musiktherapie und ihre gezielte Akzentuierung bei psychosomatischen Patienten. Abschlussarbeit Wien

Spintge, R. / Droh, R. (1992): Musik – Medizin. Stuttgart, Jena, New York

Standley, J. M. / Moore, R. (1995): Therapeutic Effects of Music and Mother's Voice on Premature Infants. Pediatric Nursing 1, 90–95

Standley, J. M. (1998): Effect of Music Intervention on Head Circumference of Premature Infants: a Post-Hoc Analysis of Music Research in Neonatal Intensive Care. Paper presented at the National Convention of American Music Therapy Association. Cleveland

Stein, I. (1979): Regulatives Musiktraining – Entwicklung und Anwendung bei Studenten. Schwabe, C. (Hg.): Regulative Musiktherapie. Jena, Stuttgart, New York. 226–245

Steiner, R. ([4]2001): Das Hereinwirken geistiger Wesenheiten in den Menschen, GA 102, Dornach

Steiner, R. ([5]1989): Das Wesen des Musikalischen und das Tonerlebnis im Menschen, GA 283, Dornach

Steiner, R. (Sonderausgabe, GA 245): Anweisungen für eine esoterische Schulung, Dornach

Stern, D. N. (1992): Die Lebenserfahrung des Säuglings. [Orig. New York 1986]. Stuttgart

Stern, D. N. (1997): Mutter und Kind. Die erste Beziehung. Stuttgart

Stige, B. (2002): Culture-Centered Music Therapy. Gilsum

Straus, E. (1956): Vom Sinn der Sinne. Ein Beitrag zur Grundlegung der Psychologie. [Reprint der 2. Auflage 1978]. Berlin, Heidelberg

Streich, H. (1980): Musikalische Strukturen in den Tiefen der Psyche. Musiktherapeutische Umschau Bd. 1, Heft 4, 253–264

Strobel, W. (1988): Klang – Trance – Heilung. Die archetypische Welt der Klänge in der Psychotherapie. Musiktherapeutische Umschau Bd. 9, Heft 2, 119–139

Strobel, W. / Timmermann, T. (1991): Ethnotherapeutische Elemente in der musiktherapeutischen Praxis. Klanggeleitete Trance als Weg zum Unbewussten. Andritzky, Walter (Hg.): Jahrbuch für Transkulturelle Medizin und Psychotherapie. Berlin. 113–148

Strobel, W. (1992): Die klanggeleitete Trance. Eine analytisch orientierte Form nonverbaler Hypnotherapie. Hypnose und Kognition 9, 98–117

Strobel, W. (1999): Reader Musiktherapie. Klanggeleitete Trance, musiktherapeutische Fallsupervision und andere Beiträge. Wiesbaden

Strobel, W. (1999b): Schöpferische Psychotherapie. Strobel, W.: Reader Musiktherapie. Klanggeleitete Trance, musiktherapeutische Fallsupervision und andere Beiträge. Wiesbaden. 193–225

Strobel, W. (1999d): Die klanggeleitete Trance in der Psychotherapie. Strobel, W.: Reader Musiktherapie. Klanggeleitete Trance, musiktherapeutische Fallsupervision und andere Beiträge. Wiesbaden. 99–142

Stückert, A. (1997): Verschiedene Aspekte der Musiktherapie auf anthroposophischer Grundlage. München

Stumpf, C. (1883/1890): Tonpsychologie. 2 Bde. Leipzig

Stumpf, C. (1911/1979): Die Anfänge der Musik. Hildesheim

Summer, L. (1981): Guided Imagery and Music with the Elderly. Music Therapy 1, 39–42

Summer, L. (1988): Guided Imagery and Music in the Institutional Setting. St. Louis

Summer, L. (1989): Defining Guided Imagery and Music Lecture: Bonny Foundation Level I GIM Training. Wichita

Summer, L. (1992): Music: The Aesthetic Elixir. Journal of the Association for Music and Imagery 1, 43–54

Summer, L. (1995): Melding Musical and Psychological Processes: The Therapeutic Musical Space. Journal of the Association for Music and Imagery 4, 37–48

Summer L. (2002a): A Neuropsychological Theory of Traumatic Imagery in the Bonny Method of Guided Imagery and Music (BMGIM). Bruscia, K. E. / Grocke, D. E. (Hg.): Guided Imagery and Music – the Bonny Method and Beyond. Gilsum

Summer, L. (2002b): Group Music and Imagery Therapy. Bruscia, K. E. / Grocke, D. (Hg.): Guided Imagery and Music: The Bonny Method and Beyond. Gilsum

Suzuki, D. T. (1988): Studies in Zen. London, Sydney, Wellington

Tart, C. (1975): States of Consciousness. New York

Tatarkiewicz, W. (1979): Geschichte der Ästhetik. Bd. 3. Basel

Taylor, K. (1995): The Ethics of Caring: Honoring the Web of Life in Our Professional Healing Relationships. Santa Cruz

Teirich, H. R. (1958): Musik in der Medizin. Stuttgart

Teirich, H. R. (1963): Die Umsetzung von Musik in innere Bilder. Die Heilkunst, 8

Tesch, R. (1990): Qualitative Research: Analysis Types and Software Tools. London

Thaut, M. H. (2002): Neue Entwicklungen der neurologischen Musiktherapie und ihre Bedeutung für Alterspatienten. Musik und Gesundheit 3, 17–18

The Therapeutic Musical Space. Journal of the Association for Music and Imagery, 4, 37–48

Thesen der Kasseler Konferenz (1998). Musiktherapeutische Umschau, Bd. 19, Heft 3, 232–235

Timmermann, T. (1981): Bedeutung psychischer und musikalischer Strukturen in der Musiktherapie. Abschlussarbeit Hochschule für Musik und Darstellende Kunst Wien

Timmermann, T. (1983a): Einzelmusiktherapie mit einem suchtkranken Rockmusiker. Musiktherapeutische Umschau Bd. 4, Heft 1, 39 – 50

Timmermann, T. (1983b): Musikalische Strukturen und ihre psychische Wirkung. München

Timmermann, T. (1987): Musik als Weg. Zürich

Timmermann, T. (1989a): Die Musen der Musik. Stimmig werden mit sich selbst. Stuttgart. [Neuauflage dort unter dem Titel: Musen und Menschen], s. 1998a

Timmermann, T. (1989b): Das Monochord – eine Wiederentdeckung. Musiktherapeutische Umschau, Bd. 10, Heft 4, 308–320

Timmermann, T. (1994): Die Musik des Menschen. Gesundheit und Entfaltung durch eine menschennahe Kultur. München

Timmermann, T. (1998a): Musen und Menschen. Stuttgart

Timmermann, T. (1998b): Rezeptive und aktive Musiktherapie in der Praxis. Kraus, Werner (Hg.): Heilkraft der Musik. München. 50–66

Tomkins, S. S. (1962): Affect, imagery, consciousness: The positive affects. New York

Toomey, L. (1996/97): Literature Review: The Bonny Method of Guided Imagery and Music. Journal of the Association for Music and Imagery 5, 75–103

Traue, H. C. / Kessler, M. / Rudisch, T. (2000): Zur ätiologischen Rolle gehemmter Expressivität bei Kopfschmerzen. Anästhesiologie, Intensivmedizin, Notfallmedizin, Schmerztherapie 35, 248–254

Treurniet, N. (1981): Psychoanalyse und Selbstpsychologie. Psyche 39 (1985), 905–941

Troué, N. / Bruhn, H. (2000): Musikpräferenzen in der Vorpubertät – Wandel von der Elternorientierung zur Peergruppenorientierung. Musikpsychologie 15, 77–86

Tucek, G. (1995): Orientalische Musik- und Tanztherapie. Musik-, Tanz- und Kunsttherapie 6 (3), 149–166

Tucek, G. (1997): Das Menschenbild in der Altorientalischen Musiktherapie. Musik-, Tanz- und Kunsttherapie 8 (3), 21–34

Tucek, G. / Mastnak, W. (1998): Musiktherapie der Türkvölker Zentralasiens. Gottschalk-Batschkus, Christine E. / Rätsch, Christian (Hg.): Curare Sonderband 14. Berlin. 97–100

Tucek, G. (2000): Altorientalische Musik- und Tanztherapie. Hörmann, K. (Hg.): Jahrbuch f. Transkulturelle Medizin und Psychotherapie 1996/97 Tanztherapie: Transkulturelle Perspektiven. Berlin. 105–150

Tucek G. (2001a): Das Pädagogische Konzept der Altorientalischen Musiktherapie – Ein Praxisforschungsprojekt zur Frage „Spiritualität versus Wissenschaft?“ Abschlussarbeit für den Universitätslehrgang Praxeologie an der Universität Klagenfurt

Tucek G. (2001b): Qualitätsanforderungen in der Musiktherapie – reflektiert und erläutert an ausgewählten Beispielen der Altorientalischen Musiktherapie (AM). Bertolaso, Y. (Hg.): Musik-, Kunst- und Tanztherapie – Qualitätsanforderungen in den künstlerischen Therapien, Münster

Tucek G. (2001c) Altorientalische Musiktherapie (AM) in Praxis, Forschung und Lehre. . Decker-Voigt, H.-H. (Hg.): Schulen der Musiktherapie. München. 312–356

Tucek, G. / Auer-Pekarsky, A. M. / Stepansky, R. (2001d): Altorientalische Musiktherapie bei Schädel-Hirn-Trauma. Musik- Tanz- und Kunsttherapie 1–12

Tucek, G. (2002): Altorientalische Musiktherapie. Batschkus, Ch. Gottschalk / Green, J. C. (Hg.): Handbuch der Ethnotherapien. Hamburg. 237–253

Tucek, G. (2003): Altorientalische Musiktherapie im interkulturellen Dialog – Kulturimmanente und kulturtranszendente Aspekte im Menschenbild. Egner, H. (Hg.): Heilung und Heil. Begegnung – Verantwortung –Interkultureller Dialog. Düsseldorf, Zürich, 120–148

Tunner, W. (1982): Subjektive Distanz, Richtung und Zeit. Gestalt Theory 4, 207–216

Tüpker, R. (1999): Musik – eine Zaubermacht? Kritische Untersuchung zur Bedeutung der Musik im Märchen. Musiktherapeutische Umschau Bd. 20, Heft 3, 231–248

Tüpker, R. (2002): Wo ist die Musik, wenn wir sie nicht hören? Oberhoff, B. (Hg.): Das Unbewusste in der Musik. Gießen. 75–102

Tüpker, R. (2003): Selbstpsychologie und Musiktherapie. Oberhoff, Bernd (Hg.): Die Musik als Geliebte. Gießen. 99–138

Uccusic, P. (1991): Der Schamane in uns: Schamanismus als neue Selbsterfahrung, Hilfe und Heilung. Genf, München

Ulich, D. / Mayring, P. (1992a): Psychologie der Emotionen. Stuttgart

Ulich, D. (1992b): Begriffsbestimmungen und Theoriediskussion. Ulich, D. / Mayring, P.: Psychologie der Emotionen. Stuttgart. 28–57

Vaitl, D. / Petermann, F. (Hg.) (^{2}2000): Handbuch der Entspannungsverfahren. Band 1: Grundlagen und Methoden. Weinheim

Van Tienhoven, A.H. et al. (2001): Culture, Trauma, Transference and Counter-Transference: A Working Model for the Complex Interaction between Refugee Client and Therapist. Präsentation auf der VI International Conference for Health and Human Rights, Cavtat, Kroatien.
Internet: www.ishhr.org/conference/articles

Ventre, M. (2002): The Individual Form of the Bonny Method of Guided Imagery and Music (BMGIM): Bruscia, K. E. / Grocke, D. E. (Hg.): Guided Imagery and Music. The Bonny Method and Beyond, Gilsum, 29–36

Verdeau-Paillès, J. (^{3}1993) : Le bilan psychomusical et la personnalité. Coulay

Vink, A. (2001): Music and Emotion. Living apart together: a relationship between music psychology and music therapy. Nordic journal of music therapy 10 (2), 144–158

Walsh, R. / Vaughan, F. (1993): Paths Beyond Ego: The Transpersonal Vision. New York

Ward, K. (2002): A Jungian Orientation to the Bonny Method. Bruscia, K. E. / Grocke, D.E. (Hg.): Guided Imagery and Music: The Bonny Method and Beyond. Gilsum. 207–224

Wehmeyer, G. (1974): Erik Satie. Regensburg

Wellek, A. (1930/31): Zur Typologie des Gehörs und des Musikerlebens überhaupt. Zeitschrift für Musikwissenschaft 13, 21

Wellendorf, F. (1999): Jenseits der Empathie. Forum der Psychoanalyse 15, 9–24

http://www.wellness.de/: Ein ‚Wellness-Lexikon' mit Hinweisen auf Musik und Musiktherapie zur Ruhe und Entspannung.

Wendt, H. (1958): Musik und Schlaftherapie. Teirich, H. R. (Hg.): Musik und Medizin. Stuttgart. 105–112

Wigram, T. (1991): Die Wirkung von tiefen Tönen und Musik auf den Muskeltonus und die Blutzirkulation. Zeitschr. d. Östrr. Berufsverb. d. Mthp. 2, 3–12

Wigram, T. / Saperston, B. / West, R. (1999): The Art & Science of Music Therapy. Amsterdam

Wigram, T. / Nygaard Pedersen, I. / Bonde, L. O. (2002): A Comprehensive Guide to Music Therapy. London and Philadelphia

Wilber, K. (1977): The Spectrum of Consciousness. Wheaton

Wilber, K. (1979): No Boundary. Eastern and Western Approaches to Personal Growth. Boston, London

Wilber, K. (1980): The Atman Project. A Transpersonal View of Human Development. Wheaton

Wilber, K. (1991): Wege zum Selbst. Östliche und westliche Ansätze zu persönlichem Wachstum. München

Wilber, K. (1995): Sex, Ecology, Spirituality. Boston

Wilber, K. (1997): The Eye of Spirit: An Integral Vision for a World Gone Slightly Mad. Boston

Wilda-Kiesel, A. (1993): Die Konzentrative Entspannung. Studienbücher für Medizinische Berufe. Reinbek

Willms, H. (1977) (Hg.): Musik und Entspannung. Stuttgart.

Willms, H. (1991): Umgang mit der Zeit und musikalisches Verhalten bei Zwangsneurotikern. Behne, K.-E. (Hg.): Musikwissenschaft als Kulturwissenschaft. Regensburg, 161

Winkler, U. (1992): Der Einsatz von Entspannungsübungen bei Schülerinnen und Schülern der Klassen 1, 4 und 5 einer Schule für Verhaltensgestörte. Unveröffentlichte schriftliche Hausarbeit zur zweiten Staatsprüfung für das Lehramt an Sonderschulen. Osnabrück

Winnicott, D.J. (1965): Reifungsprozesse und fördernde Umwelt. Frankfurt.

Winnicott, D.W. (1985): Vom Spiel zur Kreativität. Stuttgart

Witzel, M. (1999): Anmerkungen zur Integrativen therapeutischen Arbeit mit Musik von J. S. Bach. Integrative Therapie 2–3, 251–288

Wormit, A. F. et al. (2002): Charakterisierung der psychosozialen Belastung und der Krankheitsbewältigung von Hämo-Dialysepatienten als Vorbereitung für ein Coachingkonzept zur Verbesserung der Behandlungsqualität. Nieren- und Hochdruckkrankheiten 31, 5, 186–192

Wosch, T. / Frommer, J. (2002a): Emotionsveränderungen in musiktherapeutischen Improvisationen. Musik-, Tanz- und Kunsttherapie 13 (3), 107–114

Wosch, T. (2002b): Emotionale Mikroprozesse musikalischer Interaktionen. Eine Einzelfallanalyse zur Untersuchung musiktherapeutischer Improvisationen. Münster

Wosch, T. (2003a): Der Weg zur Freude. Musikrezeption, Improvisation und Emotion im Kontext aktueller Musikvermittlung. Petrat, N. / Kafurke, R. / Schöne, K. (Hg.): Mit Spaß dabei bleiben. Musikästhetische Erfahrungen aus der Perspektive der Forschung. Essen. 95–108

Wosch, T. (2003b): NeoM – a research-network on emotion in music therapy. Aldrigde, D. / Fachner, J. (Hg.): Info-CD Rom V – Music therapy world [im Druck]

Wrangsjö, B. / Körlin, D. (1993): Guided Imagery and Music as a Psychotherapeutic Method in Psychiatry. Journal of the Association of Music and Imagery 4, 79–92

Yalom, I. (1974): Gruppenpsychotherapie. Grundlagen und Methoden. Ein Handbuch. München

Yalom, I. (1995): The theory and Practice of Group Psychotherapy. Basic Books, NY

Yehuda, N. (2002): Multicultural Encounters in Music Therapy – A Qualitative Research. Voices: A World Forum for Music Therapy.
Internet: http://www.voices.no/mainissues/Voices2(3)Yehuda.html

Zieger, A. (1993): Dialogaufbau in der Frührehabilitation mit hirnverletzten Patienten. Neander, K.-D. / Meyer, G. / Friesacher, H.: Handbuch der Intensivpflege. Landsberg/Lech

Zuckerkandl, V. (1963): Die Wirklichkeit der Musik, Zürich

Zur Lippe, R. (1987): Sinnenbewusstsein. Grundlegung einer anthropologischen Ästhetik. Hamburg

SACHWORTREGISTER

PERSONENREGISTER

AUTORENVERZEICHNIS

Monica Bissegger
Lehrerin und Musiktherapeutin (BVAKT). Musiktherapiestudium auf anthroposophischer Grundlage an der Musiktherapeutischen Arbeitsstätte e. V., Berlin, Leitung: Maria Schüppel. Seit 1990 Musiktherapeutin in der Filderklinik, Filderstadt. Gastdozentin an musiktherapeutischen Ausbildungsinstituten.
Praxisfelder: Innere Medizin, Kinderheilkunde, Frauenheilkunde, Jugendlichen- und Erwachsenen-Psychosomatik, Kinder- und Erwachsenen-Intensivmedizin, Neonatologie.
Filderklinik, Im Haberschlai 7, 70794 Filderstadt
E-Mail: m.bissegger@filderklinik.de

Lars Ole Bonde,
M. A. (Musikwissenschaft, Nordische Literatur). FAMI (Fellow of the Association of Music and Imagery), Hochschullehrer 1979–1981. Adjunkt/Lektor in Musikwissenschaft an der Universität Aalborg (DK) 1981–1987. Musikproduzent im Dänischen Rundfunk 1986–1993. Free-lance Musik- und Opernproduzent 1993–1995. Seit 1995 Lektor (Associate Professor) für Musiktherapie am Institut für Musik und Musiktherapie der Universität Aalborg (DK), Leiter der Forscherausbildung 1995–1997, Studienleiter 1997–2003. Autor und Herausgeber von Büchern und Artikeln zur Musikdramatik, Musikgeschichte, Musikpädagogik und Musiktherapie. Dänischer Redakteur des Nordic Journal of Music Therapy seit 1992.
Institut für Musik und Musiktherapie, Aalborg Universität,
Kroghstraede 6, DK-9220 Aalborg Ost.
lobo@musik.auc.dk www.musik.auc.dk

Hans-Helmut Decker-Voigt
Prof. Dr., M. A. (Expressive Therapy Lesley College/Cambridge USA), geb. 1945
Direktor des Instituts für Musiktherapie der Hochschule für Musik und Theater Hamburg, ehrenamtlicher Präsident der Weiterbildungsakademie für künstlerische Psychotherapien der Herbert von Karajan-Stiftung Berlin, Leiter der Musiktherapie-Abteilung der Klinik Gut Wienebüttel / Akademische Lehreinrichtung des Hamburger Hochschulinstituts. Autor und Herausgeber von bisher 60 Büchern zur Musiktherapie, Herausgeber der Halbjahreszeitschrift „Musik und Gesundsein“.

Hochschule für Musik und Theater, Harvestehuder Weg 12, 20148 Hamburg.
www.decker-voigt-archiv.de
Trainingsseminare für MTE über die Akademie der Herbert von Karajan-Stiftung Berlin c/o Institut für Musiktherapie der Hochschule für Musik und Theater Hamburg,
Harvestehuder Weg, 12, 20148 Hamburg,
www.rrz.uni-hamburg.de/musikmed

Isabelle Frohne-Hagemann

Dr. phil., geb. 1947

Lehrmusiktherapeutin (BVM), FAMI (Fellow of the Association of Music and Imagery), (Lehr-)Supervisorin (FPI), Kinder- und Jugendlichen-Psychotherapeutin, 1975 bis 1990 Dozentin an der Hochschule für Musik und Darstellende Kunst in Hamburg, seit 2003 Dozentin für rezeptive Musiktherapie/GIM am Institut für Musiktherapie der Hochschule für Musik und Theater Hamburg, von 1984–2002 Fachbereichsleiterin des Studiengangs Integrative Musiktherapie an der Europäischen Akademie für Psychosoziale Gesundheit und Kreativitätsförderung, dort weiterhin Lehrtherapeutin und Lehrsupervisorin, 2001 Mitbegründerin des Instituts für Musik, Imagination und Therapie, Berlin (IMIT): www.imitberlin.de
Zahlreiche Veröffentlichungen.

Arbeitet in freier Praxis als (Lehr)Musiktherapeutin, Psychotherapeutin und Supervisorin in Berlin,
Rathenower Str. 29, 12305 Berlin, Tel: 030–7436719
E-Mail: i.frohne-hagemann@t-online.de
www.frohne-hagemann.de

Edith Maria Geiger

geb. 1964, Dipl. (Lehr-) Musiktherapeutin und Lehrmusiktherapeutin (BVM), Kinder-und Jugendlichenpsychotherapeutin, GIM-Therapeutin FAMI (Fellow of the Association of Music and Imagery)

Mitbegründerin des Instituts für Musik, Imagination und Therapie, Berlin (IMIT), Dozentin, Lehrtherapeutin und -Supervisorin für GIM, auch beim Therapeutic Arts and Training Institute, San Francisco, USA, arbeitet in freier Praxis in Berlin
Hyazinthenstr.1, 12203 Berlin,
E-Mail: edith_geiger@freenet.de

Hartmut Kapteina
Prof., geb. 1944, Hochschullehrer für Musikpädagogik und Musiktherapie, Musiktherapeut. Nach Hochschulstudium einige Jahre Lehrer an einer Fachschule für Sozialpädagogik, seit 1972 Professor für Musikpädagogik und Musiktherapie an der Universität Siegen, Mitwirkung beim Aufbau des Studienfaches „Ästhetik und Kommunikation", Betreuung von Projekten und Konzeptentwicklung auf den Gebieten der Kinder- und Jugendarbeit, der Suchttherapie und seit 1986 der Musiktherapie, insbesondere mit psychisch kranken Erwachsenen. Aufbau und Leitung der musiktherapeutischen Zusatzausbildung für Helfende Berufe an der Universität Siegen.
Universität Siegen, Hölderlinstraße 3, 57068 Siegen;
E-Mail: kapteina@musik.uni-siegen.de; Internet: www.musiktherapie-sasp.de
Dort sind auch Informationen über Seminare zur rezeptiven Musiktherapie, insbesondere Musik und Malen zu erhalten.

Dag Körlin,
geb. 1945, MD, FAMI (Fellow of the Association of Music and Imagery)
Certified psychotherapist, Primary GIM Trainer,
Head psychiatrist of the "Spektrum Integrated Modalities Program",
Jakobsberg-Karolinska Psychiatric Outpatient Clinic, Birgittavägen 4, Jakobsberg, Schweden.
Parkvägen 32, 18352 Täby, Schweden.
E-Mail: dag.korlin@telia.com

Carola Maack
M. A., FAMI (Fellow of the Association of Music and Imagery)
Dipl.-Musiktherapeutin, Musiktherapeutin in freier Praxis mit Schwerpunkt Psychotraumatologie. Ausbilderin für Guided Imagery and Music nach Helen Bonny (GIM). Lehrbeauftragte der Fachhochschule Frankfurt/Main und der Hochschule für Musik und Theater Hamburg.
Institut für imaginative Psychotherapie und Musik,
Lohbergenweg 39, 21244 Buchholz
E-Mail: c.maack@t-online.de

Susanne Metzner
Prof. Dr. sc. mus., geb. 1958
Diplom-Musiktherapeutin, Kinder- und Jugendlichen-Psychotherapeutin, langjährige klinische Erfahrungen in der Kinder-, Jugend- und Behindertenarbeit sowie in der Erwachsenen-Psychiatrie; 1991–2002 Lehrtätigkeit am Institut für Musiktherapie der Hochschule für Musik und Theater; Arbeits- und Forschungsschwerpunkte: psychoanalytische Musiktherapie, psychodynamische Therapie mit psychotisch erkrankten Patienten, Triangulierungsprozesse, künstlerische und therapeutische Improvisation, Pychodynamic Movement; 1994–2003 Vorsitzende des Berufsverbandes der Musiktherapeutinnen und Musiktherapeuten in Deutschland e. V.; Vortrags- und Seminartätigkeit im In- und Ausland; freiberufliche Tätigkeit als Supervisorin; seit 2003 Gründungsmitglied und 2. Vorsitzende der Magdeburger Akademie für praxisorientierte Psychologie e. V. (www.mapp-ev.org)
Hochschule Magdeburg-Stendal, Fachbereich Sozial- und Gesundheitswesen, Breitscheidstraße 2, 39114 Magdeburg
E-Mail: Susanne.Metzner@sgw.hs-magdeburg.de

Monika Nöcker-Ribaupierre
Dr. sc. mus., Dipl. Kapellmeister, Dipl. Musiktherapeutin (BVM), Psychotherapie HPG, Forschungstätigkeit und praktische Tätigkeit in der Neugeborenen Intensivstation und in der Entwicklungsneurologie der v. Hauner'schen Universitätskinderklinik in München und im Städt. Krankenhaus München-Harlaching, Gründungsmitglied und langjährige Vorstandsarbeit im Bundesverband „das frühgeborene Kind“ e. V., Leiterin und Dozentin der berufsbegleitenden Weiterbildung Musiktherapie BWM am Freien Musikzentrum in München, Lehrbeauftragte an der LMU München, im Wissenschaftlichen Beirat der Musiktherapeutische Umschau, Publikationen, berufspolitische Arbeit, Secretary General der European Music Therapy Confederation EMTC.
Wehrlestr. 22, 81679 München
E-Mail: mnoeckrib@aol.com

Helmut Röhrborn
Dr. med., Facharzt für Psychotherapeutische Medizin/Psychoanalyse
Facharzt für Innere Medizin, Stationäre Psychosomatik und Psychotherapie. Chefarzt. Musiktherapeutischer Schwerpunkt: Rezeptive Musiktherapie, Regulative Musiktherapie nach Schwabe.
Klinik für Psychotherapie und Psychosomatik
Kliniken Erlabrunn gGmbH, Am Märzenberg 1 A, 08349 Erlabrunn

E-Mail: h.roehrborn@erlabrunn.de
privat: Steinbachweg 1, 08349 Erlabrunn,
E-Mail: Helmut.Röhrborn@t-online.de

Lony Schiltz

Dr., Klinische Psychologin, Musiktherapeutin (Diplôme Universitaire Art en thérapie et en psychopédagogie, Université Paris-V), Doktor der klinischen Psychologie. Forscherin am CRP-Santé in Luxemburg. Dozentin an den Universitäten Metz, Paris-V und Luxemburg. Leiterin des Aufbaustudiums in Kunsttherapie an der Universität Luxemburg.
E-Mail: lony.schiltz@education.lu

Andrea Schmucker

Studium der Germanistik, Soziologie und Romanistik mit Magister-Abschluss, langjährige Tätigkeit als Tai-Chi-Lehrerin, neoreichianische Körpertherapie-Ausbildung, Zusammenarbeit mit Wolfgang Strobel seit 1996, seit 2000 Teamleitung in den Weiterbildungsgruppen des von ihm vor circa 10 Jahren gegründeten Weiterbildungs-Instituts für Musik-, Körper- und Trancetherapie.
Oberer Geißelring 10, D-97236 Lindelbach ,Tel.: 09303-99816
E-Mail: andreaschmucker@web.de
Institut für Musik-, Körper- und Trancetherapie:
Dr. Wolfgang Strobel, Zeppelinstraße 78, D-97074 Würzburg,
Tel.: 0931-72477, Fax 0931-8808567,
E-Mail: anando@wolfgang-strobel.de, www.wolfgang-strobel.de

Christoph Schwabe

Dr. phil. habil., Hochschuldozent, Lehrmusiktherapeut, geb. 1934, Begründung, Auf- und Ausbau einer eigenständigen Musiktherapiekonzeption, die sich nicht einseitig an eine psychotherapeutische Schulmeinung anlehnt. Von 1960 bis 1980 Universitätsnervenklinik Leipzig, 1980 bis 1992 Hochschule für Musik „Carl Maria von Weber" Dresden, 1992 Gründung der Akademie für angewandte Musiktherapie Crossen, Sitz Bad Klosterlausnitz. Mitbegründer der Deutschen Musiktherapeutischen Vereinigung Ost. e. V. Zahlreiche Buchveröffentlichungen zum Thema, Herausgeber der Buchreihe „Crossener Schriften zur Musiktherapie".
04626 Vollmershain Nr. 32, Tel./Fax: 034496-22431
E-Mail: schwabe.christoph@gmx.de

Ernst-Walter Selle
Prof. Dr., Professor am Fachbereich Musiktherapie der Fachhochschule Heidelberg; Psychologischer Psychotherapeut und Lehrmusiktherapeut, Schwerpunkt: Psychologische Fächer und Rezeptive Musiktherapie; Kirchenmusiker
Neckarhamm 36, 69123 Heidelberg;
E-Mail: selle@fh-heidelberg.de

Birgit Süselbeck-Schulz
Ausbildung in Integrativer Musiktherapie, Klinische Musiktherapeutin (FPI), Fachschwester für Intensivpflege, langjährige Tätigkeit als Praxisanleiterin und Mentorin für Weiterbildungskandidaten der Intensivpflege, dort Auseinandersetzung mit Sterben und Tod bei Komapatienten, Heilpraktikerin (Homöopathie)
Benrodestraße 125, 40597 Düsseldorf
E-Mail: birgit.sueselbeck@gmx.de

Tonius Timmermann
geb. 1950, Prof. Dr., Diplom-Pädagoge, Musiktherapeut (BVM), Psychotherapie (HPG),
Professor für Musiktherapie an der Hochschule für Musik Nürnberg-Augsburg, Abteilung Augsburg, Leiter des Aufbaustudiengangs Musiktherapie
Praxis für Psychotherapie (HPG) in München: Musiktherapie, Lehrmusiktherapie, Supervision, systemische Therapie und Beratung
Mitbegründer des Instituts für Musiktherapie am Freien Musikzentrum München und Dozent der dort angesiedelten „Berufsbegleitenden Weiterbildung Musiktherapie"
Oberwieserweg 5, 82405 Wessobrunn, Tel/Fax 08809-427
E-Mail: tonius@timmermann-domain.de
www.timmermann-domain.de

Gerhard Tucek
Dr. phil. der Ethnologie, Mag. phil. der Kulturwissenschaften, Studiengangsleiter des interfakultären Lehrgangs für Altorientalische Musiktherapie (Rosenau – München – Istanbul), Leitung des Bereichs für Musik- & Kreativtherapien an der „Wiener Internationalen Akademie für Ganzheitsmedizin". Programmverantwortlicher für den Bereich Musiktherapie und Musikmedizin am Karajan Centrum in Wien, Dozent am Institut für Ethnomedizin in München.

Musiktherapeutische Tätigkeit in den Bereichen Neurologische Rehabilitation, Kardiologische Rehabilitation, Kinderonkologie, Sonder-, Heilpädagogik & Behindertenarbeit, Psychiatrische Rehabilitation
A-3924 Schloß Rosenau Niederneustift 66, Österreich
Tel: 0043 / 2822 / 51248 Fax: +18,
E-Mail: ethno@Eunet.at
www.ethnomusik.com

Rosemarie Tüpker
Dr. phil., geb. 1952, Dipl.-Musiktherapeutin (BVM), Psychotherapeutin (HP), war als Musiktherapeutin im Bereich der Psychosomatik tätig und ist seit 1990 Leiterin des Diplomstudiengangs Musiktherapie der Universität Münster. Mitbegründerin des Instituts für Musiktherapie und Morphologie (IMM) und der Gesellschaft für Psychologische Morphologie (GPM). Forschungsschwerpunkte: Morphologische und psychoanalytischer Grundlagen der Musik und Musiktherapie, Forschungsmethodik, Improvisation, Musik und Therapie im Alter. Herausgeberin der Reihe „Materialien der Musiktherapie" im Lit-Verlag, Münster.
Institut für Musikwissenschaft und Musikpädagogik, Philippistr. 2, 48149 Münster.
E-Mail: tupker@uni-muenster.de
www.uni-muenster.de/Musiktherapie

Thomas Wosch
Dr. phil., geb. 1966, MT-DMVO (Deutsche Musiktherapeutische Vereinigung Oste.V.), Dozent für Musiktherapie, co-editor www.voices.no, Aufbau Studiengang Musiktherapie in Ukraine; Forschungsschwerpunkte: Emotionsprozesse in der Musiktherapie, E-learning, Musiktherapie der Crossener Schule, internationale Lehre; Praxisschwerpunkt: Psychiatrie;
www.sgw.hs-magdeburg.de/musik/pages/team/wosch/wosch.html
Mitbegründer des dortigen Studienganges Musiktherapie, Gastdozent u. a. 2003 in PhD-Studiengang Universität Aalborg/Dänemark
Hochschule Magdeburg-Stendal, FB SGW, Breitscheidstr. 2, 39114 Magdeburg,
E-Mail: Thomas.Wosch@sgw.hs-magdeburg.de

Reader Musiktherapie

Klanggeleitete Trance, musiktherapeutische Fallsupervision und andere Beiträge

Von Wolfgang Strobel
1999. 24 x 17 cm. 232 S., kart.,
(3-89500-135-X)

Auf der Basis jahrzehntelanger, profunder psychiatrisch-psychotherapeutischer Erfahrungen, der genauen Kenntnis verschiedener psychotherapeutischer Schulen und musiktherapeutischer Ansätze entwickelt der Autor sein Konzept der Musiktherapie, bei dem die „Klanggeleitete Trance“ und die Einbeziehung des Körpers einen immer größeren Anteil ausmachen. Alte schamanische Traditionen dienen ihm als Anregung für seine Arbeit mit veränderten Wachbewußtseinszuständen, für heilende Rituale und Tänze. Das Spiel auf archaischen Instrumenten und der therapeutische Umgang mit Klangarchetypen sind wichtige Bestandteile seiner Arbeit.

Musik als Begegnung

Schöpferisches Handeln zwischen Pädagogik und Therapie

Von Klaus Leidecker
2002. 24 x 17 cm. 164 S., kart.,
(3-89500-256-9)

Unsere Zeit fordert die Besinnung auf ureigene Kräfte der Musik als Profession im Spannungsfeld zwischen Kunst, Pädagogik und Therapie und gleichzeitig ihre natürliche Einbindung in aktuelle gesellschaftliche Problemstellungen: Musik als Begegnung „sucht“ den Menschen auf – als Übenden, als Lernenden, als Sich-Entwickelnden, als Klienten ... – im Kontakt mit seinen individuellen Kraftquellen, im Kontakt mit der Welt als Komposition, als Spiegel. Musik kann Seismograf und Wegbegleiter sein, davon erzählt dieses Buch. Als Themenbereiche werden Akustische Ökologie, Elementare Musik, auch Beiträge zur Musikanthropologie angesprochen sowie methodisch-didaktische Ansätze aus der Werkstatt-Arbeit des Autors mit Musik- und Sozialpädagogik-StudentInnen.

ZwischenWelten

Musiktherapie bei Patienten
mit erworbener Hirnschädigung

Hg. von Monika Baumann
und Christian Gessner

2004. 24 x 17 cm. 340 Seiten, kart.,
(3-89500-371-9)

Obwohl noch recht jung auf diesem Gebiet, hat sich die Musiktherapie als wirksame Behandlungsform bei Patienten mit erworbener Hirnschädigung in Deutschland etabliert. Damit entwickelte sich ein eigenes Berufsbild, welches in diesem Buch erstmals umfassend dargestellt wird. Neben der Vermittlung von Fachwissen und wissenschaftlichem Hintergrund werden die Besonderheiten hirnverletzter Patienten wie auch die spezielle Herangehensweise von Musiktherapeuten dargestellt. In einfühlsamen Beschreibungen von Therapieprozessen werden musiktherapeutische Interventionen und Methoden in den verschiedenen Rehabilitationsphasen herausgearbeitet. Durch die praxisbetonten Schilderungen und viele Fallbeispiele bekommen Laien wie Fachleute eine Einblick in diese Arbeit und finden Musiktherapeuten, die neu in diesem Bereich tätig werden wollen, Orientierungshilfen und konkrete Anregungen.

Empfinden – Hören – Sehen
Welche Zugänge wählen
nonverbale Psychotherapien?

Am Beispiel der Diagnose
„Persönlichkeitsstörung"

Hg. von Tonius Timmermann
2004. 24 x 17 cm. 180 Seiten, 31 Abb., kart.,
(3-89500-379-4)

Die Frage, welche nonverbale Therapieform für einen Patienten geeignet ist, interessiert die betroffenen Therapeuten und Ärzte, die aufgrund der diagnostischen Abklärung nach geeigneten Therapieverfahren für einen Patienten suchen und hierfür konkreter Kriterien bedürfen. Am Beispiel der Diagnose „Persönlichkeitsstörung" werden in sieben Falldarstellungen die Zugänge zu dieser seelischen Problematik über Körper und Atem, Kunst, Tanz, Aktive und Rezeptive Musiktherapie dokumentiert. Zusammenfassend werden schließlich Möglichkeiten und Grenzen, Unterschiede und Gemeinsamkeiten der jeweiligen Methoden reflektiert.

Tiefenpsychologisch orientierte Musiktherapie

Bausteine für eine Lehre

Von Tonius Timmermann
2004. 24 x 17 cm. 160 Seiten, geb.,
(3-89500-399-9)

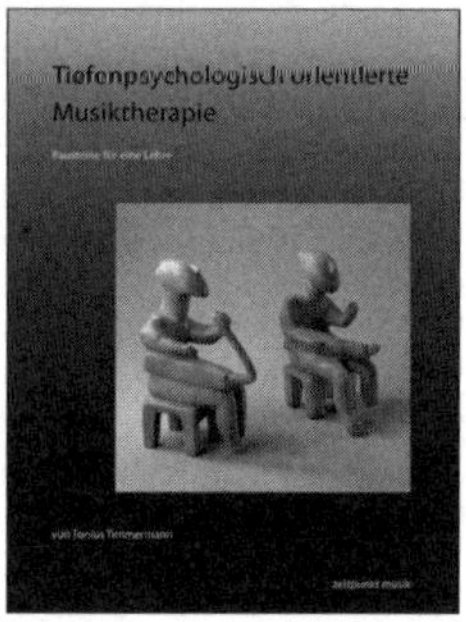

In einer Fülle von psychotherapeutischen Verfahren und Methoden stehen die Musiktherapeutinnen und Musiktherapeuten und haben nur eines sicher gemeinsam: das Medium Musik. Das vorliegende Buch möchte helfen, hier eine Orientierung zu finden und sich auf gemeinsame historische Wurzeln zu besinnen. Diese liegen einerseits im anthropologisch Gegebenen, im Künstlerisch-Ästhetischen und Pädagogischen, andererseits in der Entwicklung der modernen Psychotherapie auf der Basis der Tiefenpsychologie sowie dem aktuellen medizinischen und psychologischen Wissenstand. Aus diesem Material sollten sich, aufgrund der Erfahrungen der letzten fünf Jahrzehnte, Bausteine zu einer musiktherapeutischen Lehre formulieren lassen.
Die Orientierung an der Tiefenpsychologie soll nicht einschränken und ausgrenzen. Sie soll bei den Grundlagen moderner Psychotherapie und ihren Techniken ansetzen und diese mit den besonderen Qualitäten des Mediums Musik in der Therapie verbinden, sodass die musiktherapeutischen Vorgehensweisen – Musikrezeption, improvisierte Dialoge und Gruppenerfahrungen, Körper-, Atem- und Stimmarbeit, Liedarrangement usw. – im Einklang stehen mit den seit über 100 Jahren immer umfassender und differenzierter erforschten und beschriebenen Gesetzmäßigkeiten der Psyche, mit der Dynamik des Unbewussten und seinen intra- und interpersonellen Manifestationen.
Speziell beschrieben werden hierbei u.a.: die entwicklungspsychologische Dimension, also die präverbale Interaktion, verstanden als lautmalerischer Dialog und die Bedeutung von Musik für Sozialisation und Biografie; die Beziehungsaspekte, die im Rahmen eines musiktherapeutischen Prozesses aktualisiert werden können; die Verdichtung unbewusster repetitiver Erlebens- und Verhaltensmuster in der musikalisch freien Improvisation, die gleichzeitig ein tiefenpsychologisches Übungsfeld darstellt und überhaupt der tiefenpsychologische Blick auf das musiktherapeutische Geschehen. Dabei werden auch die Besonderheiten von Einzel- und Gruppenmusiktherapie sowie die Inhalte musiktherapeutischer Ausbildung und Forschung berücksichtigt.
Ein Überblick über Indikation und Arbeitsbereiche der Musiktherapie verdeutlicht eine große Bandbreite und eine sehr unterschiedlicher Klientel. Die damit verbundenen ebenso unterschiedlichen therapeutischen Ansätzen und Behandlungsideologien zwingen, vor allem im Hinblick auf die Ausbildung, zu einem pragmatischen Eklektizismus. Eine tiefenpsychologische Grundhaltung mit einer entsprechend Lehrtherapie ermöglicht dabei Orientierung und Disziplin, sodass ein klienten- und prozessorientiertes Einbeziehen behaviorale/übender, humanistischer und systemischer Elemente kein Ausweichen vor dem Schwierigen darstellt sondern sinnvolle Ergänzung ermöglicht.
In diesem Sinne soll das vorliegende Buch einen Überblick geben über die Bausteine musiktherapeutischer Lehre – Bausteine mit deren Hilfe Musiktherapeuten ihren Beruf sinnvoll erlernen und kompetent ausüben können.